D1692306

Der Archivar

Mitteilungsblatt für deutsches Archivwesen

herausgegeben vom Nordrhein-Westfälischen Hauptstaatsarchiv

Beiband 7

„Archive und Herrschaft"

Referate des 72. Deutschen Archivtages 2001
in Cottbus

Archive und Herrschaft

Referate des 72. Deutschen Archivtages
2001 in Cottbus

veranstaltet vom
VdA – Verband deutscher Archivarinnen und Archivare e. V.

Verlag Franz Schmitt Siegburg
2002

VdA – Verband deutscher Archivarinnen und Archivare e. V.

Redaktion dieses Bandes: Jens Murken

in Verbindung mit
Wolfgang Kramer, Klaus Neitmann, Günther Rohdenburg, Volker Schockenhoff,
Ulrich S. Soénius, Gabriele Viertel, Reimer Witt

Satz und Layout: Jens Murken

ISBN 3-87710-242-5

Die Deutsche Bibliothek verzeichnet diese Publikation in der Deutschen Nationalbibliografie; detaillierte bibliografische Daten sind im Internet über http://dnb.ddb.de abrufbar.

DER ARCHIVAR. Mitteilungsblatt für das deutsche Archivwesen.
Herausgegeben vom Nordrhein-Westfälischen Hauptstaatsarchiv, Zweigarchiv Schloß Kalkum. Schriftleitung: Peter Dohms in Verbindung mit Peter Klefisch, Renate Köhne-Lindenlaub, Wolf-Rüdiger Schleidgen, Volker Wahl und Klaus Wisotzky. Druck: Verlag Franz Schmitt, Siegburg.

Vorwort

Zum siebten Mal wird mit dem vorliegenden Beiband zur Fachzeitschrift „Der Archivar" die Berichterstattung über den Deutschen Archivtag mit einem Tagungsband abgeschlossen, seitdem ein solcher Berichtsband zum ersten Mal für den 66. Deutschen Archivtag 1995 in Hamburg vorgelegt werden konnte. Die auf dem 72. Deutschen Archivtag 2001 in Cottbus gehaltenen Referate sind in diesem Band vereinigt, der nach der dort erfolgten Neuwahl des Vorstandes des VdA nunmehr von dem gegenwärtig im Amt befindlichen Vorsitzenden übergeben wird. Das gibt ihm Gelegenheit, seinem Vorgänger, Dr. Norbert Reimann (Münster), für die Herausgabe von sechs Berichtsbänden zu den Deutschen Archivtagen von 1995 bis 2000 Dank zu sagen und diese Leistung für unseren Fach- und Berufsverband und für das deutsche Archivwesen in das rechte Licht zu rücken. Die Veröffentlichung seiner Ausführungen zur Wahl des Veranstaltungsortes und zum Rahmenthema innerhalb seiner Eröffnungsrede am 19. September 2001 dokumentiert darüber hinaus, dass es selbstverständlich „sein" Archivtag gewesen ist, über den hier berichtet wird. Der nunmehrige Vorsitzende tritt hinter diesen Verdiensten zurück und versieht mit der Herausgeberschaft das, was ihm die Pflicht in diesem Amt gebietet.

Dank zu sagen ist auch dem bisherigen Schriftführer, Dr. Diether Degreif (Wiesbaden), der in die Berichterstattung über den Cottbuser Archivtag ebenfalls noch eingebunden war. Sein zusammenfassender Tagungsbericht wurde in der Zeitschrift „Der Archivar" publiziert (Jg. 55, 2002, Heft 1, 3-9). Dort sind auch die Berichte der Fachgruppen über ihre Arbeitssitzungen auf dem 72. Deutschen Archivtag in Cottbus nachzulesen (ebd., 9-15).

Wie immer sind es die Referentinnen und Referenten, die im mündlichen Vortrag und nun in der schriftlichen Wiedergabe ihrer Beiträge am Gelingen des Deutschen Archivtages in Cottbus Anteil gehabt haben. Ihnen wie auch den Sitzungsleitern und Berichterstattern danke ich für dieses Mitwirken. Es muss allerdings kritisch angemerkt werden, dass nicht alle Sektionsleiter und Referenten ihr Manuskript termingemäß eingereicht haben, so dass der bestehende Grundsatz durchbrochen wird, dass alle auf dem Deutschen Archivtag gehaltenen Referate im Tagungsband zur Verfügung stehen. Wie schon beim vorherigen Band hat Dr. Jens Murken (Bielefeld) das Verdienst, für die Gesamtredaktion des Bandes und die Herrichtung der Druckvorlage verantwortlich gewesen zu sein. Ihm gilt der besondere Dank des Herausgebers.

Den vorliegenden Beiband zur Fachzeitschrift „Der Archivar" erhalten nicht nur die Archivtagsteilnehmer, sondern erstmals alle Mitglieder des VdA. Ihnen allen wünsche ich beim erstmaligen Studium und auch beim Nachlesen Gewinn und nicht zuletzt auch Vergnügen.

Weimar, im November 2002

Volker Wahl
Vorsitzender des VdA

Inhalt

Eröffnung des 72. Deutschen Archivtages in Cottbus
Peter Csendes
    Grußwort 1
Norbert Reimann
    Archive und Herrschaft 3
Jochen Frowein
    Archive und Verfassungsordnung 9

Sektion I: Archive und Archivare im totalitären Staat
Matthias Herrmann
    Das Reichsarchiv in Potsdam (1933-1945) – Wirken und Wirkungen
    unter Einflussnahme nationalsozialistischer Politik 27
Jörg Ludwig
    Das Sächsische Hauptstaatsarchiv Dresden in der Zeit des
    Nationalsozialismus und der Sowjetischen Besatzungszone (1933-1949) 52
Klaus Schwabe
    SED-Archive zwischen Realität und Wunschdenken 69
Torsten Musial
    Deutsche Archivare in den besetzten Ostgebieten 1939 bis 1945 77
Jörg Filthaut
    Diskussion der Sektion 88

Sektion II: Überlieferung von Minderheiten
Reimer Witt
    Einleitung 93
Thomas Steensen
    Zwischen Archiv und Dokumentation. Zur Quellenüberlieferung der
    Friesen, insb. der friesischen Volksgruppe in Schleswig-Holstein 96
Lars N. Henningsen
    Das Archiv der dänischen Minderheit – zwischen Heimatland
    und Mutterland 107
Annett Bresan
    Zu Geschichte und Auftrag des Sorbischen Kulturarchivs in Bautzen . 115
Hanna Krajewska
    Die protestantischen Akten in den polnischen Archiven 125
Renée Rößner
    Zusammenfassung 131

Sektion III: Verlagert, vernichtet, geteilt, gesichert, zurückgeführt – Archivbestände unter den politischen und juristischen Folgen von Krieg und Herrschaftswechseln
Michael Silagi
    Die Zuordnung von Archiven bei Wechsel von Gebietshoheiten
    im Lichte der Staatennachfolgekonvention von 1983 135
Martin Schoebel
    Verschollen, vernichtet, zerrissen, geteilt. – Die archivische
    Überlieferung Pommerns nach dem Zweiten Weltkrieg 153
Astrid M. Eckert
    Hinter den Kulissen der Rückgabe-Diplomatie –
    Interne Positionen der Briten und Amerikaner zur
    Rückgabe deutschen Schriftguts in den 1950er Jahren 163
Dagmar Unverhau
    Zerreißen, vernichten, verlagern, verschwinden lassen – Die Akten-
    politik der DDR-Staatssicherheit im Zeichen ihrer »Wende« 1989 174
Birgit Richter
    Zur Rückübereignung von Archivalien aus Rittergutsbeständen
    nach dem Ausgleichsleistungsgesetz in Sachsen 211

Sektion IV: Archive und Wiedergutmachung
Gabriele Viertel
    Einleitung 223
Ulrich Roeske
    Bundesarchiv-Bestände mit Einzelfallakten über die Behandlung
    feindlichen bzw. jüdischen Vermögens im Zweiten Weltkrieg 226
Frank M. Bischoff
    Bewertung, Erschließung und Benutzung von
    Wiedergutmachungsakten 237
Wolfgang Brunner
    Nutzung der Akten des Staatssicherheitsdienstes der DDR
    zur Rehabilitierung von Betroffenen, Vermissten und Verstorbenen ... 252
Horst A. Wessel
    Der Beitrag der Wirtschaftsarchive zur Entschädigung
    von Zwangsarbeitern 262
Jürgen Treffeisen
    Bewertung, Übernahme und Nutzung von Unterlagen zu
    Zwangs- und Fremdarbeitern der Allgemeinen Ortskrankenkasse
    durch die Staatsarchive in Baden-Württemberg 311

Michael Häusler
    Die Rolle der Kirchenarchive für die Erforschung der Zwangsarbeit
    in den Kirchen 333
Stefanie Unger
    Zusammenfassung 344

Gemeinsame Arbeitssitzung: Archive und Öffentlichkeit
Ulrich S. Soénius
    Einleitung 349
Volker Wahl
    Der Tag der Archive 2001 – Ein Erfahrungsbericht 351
Clemens Rehm
    Vom Haushaltstropf zur Sponsorenquelle:
    Spenden – Freunde – Fördervereine 366
Karl-Ernst Lupprian und Lothar Saupe
    Internetauftritte als Form archivischer Öffentlichkeitsarbeit 382
Andrea Süchting-Hänger
    Zusammenfassung 389

Arbeitskreis »Archivpädagogik und Historische Bildungsarbeit«: Quellen zwischen Authentizität und Instrumentalisierung. Archive und ihre Historische Bildungsarbeit
Günther Rohdenburg
    Einleitung 393
Friedrich P. Kahlenberg
    Vom soziokulturellen Auftrag der Archive – Zur geschichtlichen
    Erinnerung in der Gegenwart 397
Joachim Pieper
    Die Akten der Geheimen Staatspolizei Düsseldorf als Zeugnisse
    des nationalsozialistischen Unrechtsstaates. Methodische und
    didaktische Ideen zur Sensibilisierung Jugendlicher für staatliches
    Unrecht und gegen rechte Gewalt in unserer Zeit 409
Heide Donner
    Die Aufarbeitung von Zeugnissen der Diktatur am Beispiel
    der Bestände des Ministeriums für Staatssicherheit in der
    Außenstelle Rostock – Erfahrungswerte für die Gegenwart 424
Diskussionsbeiträge im Anschluss an die Sektion 429

Forum Gehobener Dienst
Wolfgang Kramer
  Einleitung 437
Stefan Benning
  Bewerber, Bewerberauswahl und Berufsimage. Die Besetzung von
  Ausbildungsplätzen im Gehobenen Archivdienst 438
Hartwig Walberg
  Weiterbildungsmöglichkeiten mit Abschlüssen für ArchivarInnen
  an der Fachhochschule Potsdam 450
Britta Leise
  Erfahrungen einer Studierenden in der postgradualen Weiterbildung
  (Fernstudium) an der Fachhochschule Potsdam 455
Wolfgang Kramer
  Auf dem langen Marsch ... – DiplomarchivarInnen und der VdA:
  Versuch einer Bilanz und eines Ausblicks 460

Anhang
Referentinnen und Referenten 463
Programm des 72. Deutschen Archivtages 465

Eröffnung des 72. Deutschen Archivtages in Cottbus

Peter Csendes
Grußwort

Archive werden oft, vielleicht zu oft, als Gedächtnis und Gewissen der Gesellschaft angesprochen. Man könnte daraus ableiten, dass die Präsenz der Archive in der Öffentlichkeit sehr hoch wäre, doch wissen wir alle, dass dies keineswegs in der erwünschten Weise zutrifft. Es hat jedoch in jüngster Vergangenheit in Deutschland, Österreich und anderen Ländern das Interesse an den Archiven deutlich zugenommen. Ein Grund dafür ist in den gewaltigen und auch gewaltsamen Umbrüchen zu suchen, die wir in Europa erlebt haben und erleben, aber auch darin, dass wir unter dem Eindruck aktuell beobachteten Unrechts stärker über vergangenes Unrecht nachdenken.
Hier eröffnet sich für die Archive eine Bewährungsprobe: Es gilt zu beweisen, dass sie wirklich Gedächtnis und Gewissen der Gesellschaft sind, ein Garant für Rechtssicherheit und Identitätssicherung über die Zeiten hinweg. Die Archivarinnen und Archivare müssen sich in diesem gesellschaftlichen Prozess bewähren, als Informationsverwalter, als Überlieferungsbildner, aber auch in verantwortungsvoller Bildungsarbeit.
Diese Chance, dort Kompetenz beweisen zu können, wo oft vordergründige, populistische Diskussion herrscht, muss genützt werden. Dabei ist es wichtig, Erfahrungen – auch historische Erfahrungen – auszutauschen und zu diskutieren. Der Deutsche Archivtag ist dafür ein hervorragendes Forum.
Es ist mir eine Ehre und Freude, im Namen der ausländischen Teilnehmer, für diese Gelegenheit zu danken, für die Gastfreundschaft, aber auch dafür, dass wir eine schöne Region Deutschlands kennen lernen konnten, die für die meisten von uns Terra incognita gewesen ist.
Ich wünsche dem 72. Deutschen Archivtag in unser aller Interesse einen guten und ertragreichen Verlauf, der Stadt Cottbus möchte ich schon jetzt für das Jahr 2006 und ihr Stadtjubiläum die besten Wünsche aussprechen.

Norbert Reimann
Archive und Herrschaft. Zur Wahl des Veranstaltungsortes und des Rahmenthemas für den 72. Deutschen Archivtag 2001 in Cottbus[1]

Als ich vor mehreren Jahren im Vorstand des Vereins deutscher Archivare, wie der Fachverband des deutschen Archivwesens damals noch hieß, berichtete, dass eine Einladung aus Cottbus vorläge, den Deutschen Archivtag im Jahre 2001 in dieser Stadt zu veranstalten, stieß dieser Vorschlag zunächst bei einigen Vorstandsmitgliedern auf eine gewisse Skepsis, wusste man doch, dass für einen Kongress dieser Größe eine Infrastruktur vorgegeben sein muss, die normalerweise nur in wenigen wirtschaftlichen, kulturellen oder touristischen Metropolen vorhanden ist. Dresden, Hamburg, Darmstadt, Ulm, Münster, Weimar und Nürnberg waren die Städte, die sich seit 1994 jeweils als geeignete Veranstaltungsorte dieser Tagung erwiesen hatten.

Nun, in dieser Hinsicht konnte ich die Vorstandskollegen beruhigen: Veranlasst nicht zuletzt durch die Bundesgartenschau verfügt die Stadt Cottbus über Hotelkapazitäten, die das Angebot vieler anderer, auch größerer Städte weit übertreffen, und über ein Kongresszentrum, das hohen Ansprüchen gerecht wird. Vor allem aber konnte ich überzeugend darlegen, dass ich bei meinem ersten Besuch in Cottbus den Eindruck gewonnen hatte, dass die Stadt den VdA bei der Vorbereitung und Durchführung dieser Tagung mit allen Kräften unterstützen würde. Dies hat sich auch in der Praxis voll bewahrheitet, und deshalb gilt der Dank heute an erster Stelle der Stadt Cottbus, ihrem Oberbürgermeister und der Verwaltung. Insbesondere das Stadtarchiv war ein ganz außergewöhnlich engagierter und zuverlässiger Partner bei der Vorbereitung dieses Kongresses. Mein Dank gilt in gleicher Weise dem Land Brandenburg, das sich nämlich dieser Einladung sogleich angeschlossen, uns bei der Vorbereitung durch das Archivreferat und das Landeshauptarchiv ebenfalls tatkräftig geholfen und – ebenso wie die Stadt – auch eine beträchtliche finanzielle Beihilfe geleistet hat. In diesem Zusammenhang möchte ich aber auch mit besonderer Dankbarkeit die Tatsache erwähnen, dass

---

1 Auszug aus der Eröffnungsrede am 19. September 2001 im Großen Saal des CMT in Cottbus. Der Vortragsstil wurde für die Veröffentlichung beibehalten, auf die Wiedergabe der rein formalen Teile der Rede wurde jedoch weitgehend verzichtet. – Zum Verlauf des Archivtags und der Eröffnungsveranstaltung siehe den Bericht von Diether Degreif, in: Der Archivar 55 (2002), 3-8.

das Land Brandenburg vor genau zehn Jahren bei der Neugründung der Fachhochschule Potsdam dort im Rahmen des Fachbereichs Archiv-Bibliothek-Dokumentation die Möglichkeit eines achtsemestrigen Diplomstudiengangs Archivwesen geschaffen hat. Seitdem gibt es eine Alternative zu der bis dahin in der Bundesrepublik einzig möglichen verwaltungsinternen Fachausbildung für Diplomarchivare, die bundesweit genutzt wird. Von der FH Potsdam gehen wichtige Impulse aus, die die Diskussionen um eine zeitgemäße Ausbildung und die archivwissenschaftlichen Grundlagen unseres Faches bereichern.

Der Vorstand hat gerade um das Rahmenthema dieses Archivtags lange gerungen. Es ist in der Tat nicht leicht, für einen Fachkongress wie den Deutschen Archivtag jedes Jahr erneut ein übergreifendes Thema zu finden. Zum einen sollen die thematischen Schwerpunkte von Jahr zu Jahr wechseln, zum anderen muss aber stets der direkte Bezug zur archivischen Arbeit gewahrt bleiben. Die in der recht heterogenen Zusammensetzung der Teilnehmer begründeten unterschiedlichen Erwartungen wie auch aktuelle Fragestellungen dürfen ebenfalls nicht außer Acht gelassen werden.

Eine Durchsicht der Themen der Deutschen Archivtage der letzten Jahre machte deutlich, dass zwar die gesellschaftlichen Rahmenbedingungen und Herausforderungen unter verschiedensten Aspekten mehrfach behandelt worden waren, nicht jedoch die direkten Wechselbeziehungen zwischen politischer Herrschaftsausübung bzw. politischem System und archivischer Arbeit. Gerade eine solche Reflexion scheint aber heute, elf Jahre nach der Wiedervereinigung und nach der Beendigung des Kalten Krieges, möglich und notwendig. Aus den eben dargelegten grundsätzlichen Erwägungen für die thematische Gestaltung der Archivtage ergab sich die Forderung, dieses komplexe Verhältnis sowohl unter historisch-politischen wie auch unter archivtheoretischen und archivpraktischen Aspekten zu behandeln.

Besondere Aufmerksamkeit dürfte dabei zunächst die historische Betrachtung beanspruchen. Wie vollzog sich archivarische Arbeit während des Nationalsozialismus? Wie haben die Archivare damals ihre Aufgabe gesehen und ausgeführt? Wie hat sich das herrschende System der Archive bemächtigt? Es gab zweifellos viele Archivare, die ihre Arbeit mit voller Überzeugung in den Dienst des Systems gestellt haben, es gab noch mehr Mitläufer, aber es gab auch Opfer, die für ihre Haltung Dienstentlassung, Emigration oder gar den Tod im KZ in Kauf genommen haben. Wir müssen einräumen, dass es bislang nur ganz vereinzelte Untersuchungen zu diesen Fragen gibt. Ähnlich wie die Historiker (natürlich auch viele andere

Berufsgruppen) haben sich die Archivare bis in das vergangene Jahrzehnt hinein nur wenig um die kritische Aufarbeitung der Geschichte ihres Berufsstandes in dieser Zeit bemüht.

Auf einem Archivtag wurden diese Fragen – jedenfalls soweit ich feststellen konnte – bislang noch nie erörtert. Daher kann die Sektionssitzung, die sich diesem Thema widmet, nur ein Anfang sein, von dem aus hoffentlich Impulse für eine intensive Erforschung dieser Fragen ausgehen werden. In Bezug auf die vierzig Jahre SED-Diktatur ist die Situation derzeit sicherlich noch eine andere. Der zeitliche Abstand für eine objektive Klärung persönlicher Verwicklungen ist zweifellos noch zu gering. Hier will die Sektionssitzung mit quellenkritischen Fragestellungen und Institutionengeschichte aber ebenfalls einen ersten Einstieg in die Problematik vornehmen.

Auch die zweite Sektion wird sich einem Themenkomplex zuwenden, der unmittelbar mit politischer Herrschaftsausübung zusammenhängt und heute von ganz besonderer Aktualität ist. Es geht um die archivische Überlieferung von Minderheiten. Ethnische Minderheiten haben sich in den letzten Jahren weltweit verstärkt zu Wort gemeldet und die Sicherung ihrer Rechte und ihrer Identitäten eingefordert. Natürlich würde es wenig Sinn machen, sich auf einem Deutschen Archivtag mit den Problemen von Minderheiten auf dem Balkan, die derzeit besonders aktuell sind, auseinander zu setzen. Aber vielleicht können gerade die Beispiele aus Deutschland und Polen, die die Überlieferung der Friesen, Dänen und Sorben sowie der polnischen Protestanten behandeln, über den Informationswert für die Teilnehmer der Tagung hinaus auch Anregungen für die Identitätssicherung von Minderheiten in anderen Ländern Europas geben.

Leidtragende von Kriegen und politischen Auseinandersetzungen sind in erster Linie die Menschen, die ihr Leben, ihre Gesundheit, ihre Freiheit, zumindest aber ihr Hab und Gut verloren haben. Aber auch die Zeugnisse der Kultur der Völker, und dabei in besonderem Maße die für die Erhaltung ihrer Identität unverzichtbare archivische Überlieferung, sind von Krieg, Gewalt und Herrschaftswechsel unmittelbar betroffen. Diesen Fragen will sich die dritte Sektionssitzung widmen. Der thematische Bogen ist dabei weit gespannt: Er reicht von der Darlegung der völkerrechtlichen Bestimmungen über die Zuordnung von Archiven beim Wechsel von Gebietshoheiten, über das Schicksal der Überlieferung ehemals deutscher Gebiete in Pommern und den preußischen Ostprovinzen, die Rückgabeverhandlungen mit den Siegermächten nach dem Zweiten Weltkrieg bis hin zu den Bemühungen der Staatssicherheit der DDR, im Zuge der Wende ihre gewaltigen Aktenmassen zu vernichten. Der Themenkomplex wird abgerundet von einem Erfahrungsbericht über die aktuellen Rückgabeverhandlungen von Privatarchiven im Zuge des Ausgleichsleistungsgesetzes.

Die vierte Sektion schließlich widmet sich einem Bereich, der sowohl bereits historische wie auch ganz aktuelle archivische Problemfelder umfasst, nämlich der Rolle der Archive bei der Wiedergutmachung von Schäden, die Menschen durch politische Willkür und kriegerische Ereignisse erlitten haben. Hier werden Quellenbestände vorgestellt, die nach Kriegsende, zum Teil bis heute, für die Entschädigung beschlagnahmten „feindlichen" und jüdischen Vermögens herangezogen wurden und werden, aber auch die Nutzung der Stasi-Akten für die Rehabilitierung derer, die von der DDR-Diktatur in ihren Persönlichkeitsrechten massiv beeinträchtigt worden sind. In drei Referaten wird die ganz aktuelle Frage der Entschädigung der Zwangsarbeiter der Nazi-Zeit behandelt. Gerade dies ist ein Problem, das nicht nur fast alle Archive derzeit beschäftigt, sondern bei dessen Bewältigung die Archive ein hohes Maß an moralischer und politischer Verantwortung tragen, da ohne Nachweise aus den Archiven nur ein geringer Teil der noch lebenden ehemaligen Zwangsarbeiter in der Lage ist, seine Ansprüche zu belegen. Die Behandlung gerade dieses Themas auf unserem diesjährigen Deutschen Archivtag ist daher unverzichtbar.

Eine Plenarsitzung widmet sich dem Thema „Archive und Öffentlichkeit". Hier werden zunächst die Erfahrungen diskutiert, die mehr als 500 Archive bei dem erstmalig in diesem Jahr veranstalteten bundesweiten „Tag der Archive" gemacht haben. Referate über Sponsoring und Internetpräsentation der Archive runden den Komplex ab. Aus aktuellem Anlass haben wir das Programm dieser Sitzung um ein Referat erweitert, in dem über den aktuellen Sachstand und die Haltung der Behörde der Bundesbeauftragten für die Unterlagen des Staatssicherheitsdienstes der ehemaligen DDR (BStU) zur Frage des Zugangs der Öffentlichkeit zu personenbezogenen Informationen über Persönlichkeiten des öffentlichen Lebens berichtet wird.

In den Fachgruppensitzungen werden die angesprochenen Themen teilweise unter spartenspezifischen Gesichtspunkten noch vertieft.[2]

---

[2] Berichte über die Fachgruppensitzungen befinden sich ebenfalls im angegebenen Heft 1 (2002) von „Der Archivar" (9-15).

Es soll aber an dieser Stelle auch der Opfer der Terroranschläge vom 11. September in New York und Washington gedacht werden. Durch diese furchtbaren Ereignisse erhält die Thematik des Archivtags eine zusätzliche Aktualität. Zum einen sollte hierdurch wieder stärker bewusst werden, dass existenzielle Bedrohungen der Menschheit, die wir nach Beendigung des Kalten Krieges mehr oder weniger als nicht mehr gegeben angesehen haben, unter anderen Konstellationen, aber letztendlich nicht minder stark, fortbestehen. Uns Archivaren ist der Schutz eines grundlegenden Teils des kulturellen Erbes der Menschheit anvertraut. Auch dieses kann durch Terroranschläge in der Größenordnung, wie wir sie erlebt haben, aber auch durch weit weniger gewaltige, bedroht sein. Wir sollten es daher auch weiterhin als unsere Pflicht ansehen, in der Öffentlichkeit dafür einzutreten, dass Archivgut mit der erforderlichen und möglichen Sicherheit aufbewahrt wird und z. B. die Sicherungsverfilmung wichtiger Bestände in einer den heutigen Erfordernissen gemäßen Form fortgesetzt wird.

Der zweite Aspekt geht in eine ganz andere Richtung. Zweifellos ist es erforderlich, dass Politik und Sicherheitskräfte alles versuchen, den Terrorismus zu bekämpfen und die Sicherheitsstandards zu verbessern. Letztendlich werden jedoch alle diese Bemühungen vergeblich sein, wenn es nicht gelingt, die Ursachen des Hasses zu beseitigen. Um dieses Ziel zu erreichen, muss Verständnis zwischen unterschiedlichen Kulturen, Nationen und Volksgruppen geweckt und müssen Missverständnisse abgebaut werden. Als Historiker und Archivare wissen wir, dass die Gründe für Völkerhass in der Regel in der Vergangenheit zu suchen sind. Bei dem Bemühen, Zustände, Mentalitäten und Befindlichkeiten zu verstehen und Entwicklungen nachvollziehbar zu machen, können gerade die in den Archiven verwahrten historischen Zeugnisse unschätzbare Dienste leisten. Dies gilt im Großen wie im Kleinen. So kann jedes Archiv, vom kleinsten Gemeindearchiv bis zum Nationalarchiv, in seinem Zuständigkeitsbereich Beiträge zur Völkerverständigung leisten. Es sind schließlich meist die kleinen, oft alltäglichen Begebenheiten, die die Gesinnung eines Menschen, und damit auch die der Gemeinschaft, prägen und bestimmen. Auch diese Aspekte der archivischen Arbeit sollten noch stärker in das Bewusstsein dringen.

Angesichts des breiten Fragenspektrums unserer Tagung bin ich besonders glücklich, dass es gelungen ist, in Herrn Professor Dr. Frowein, dem Direktor des Max-Planck-Instituts für ausländisches öffentliches Recht und Völkerrecht, einen Redner für die Eröffnungsveranstaltung zu gewinnen, der in seinem Vortrag zum Thema „Archive und Verfassungsrecht" die Ausgangsbasis aller Diskussionen um den Komplex „Archive und Herrschaft" behandeln wird. Gerade wenn die Arbeit der Archive im Handlungskontext totalitärer Regime Gegenstand der Erörterung ist, müssen wir uns darüber im Klaren sein, dass wir diese Fragen heute aus der Sicht einer verfassungsgebundenen demokratischen Grundordnung betrachten. Dies sollte einerseits den Blick für das Unrecht schärfen, aber andererseits auch davor bewahren, uns zu Urteilen über persönliche Schuld und Verantwortung verleiten zu lassen, deren Wertkategorien in unserem heutigen Bewusstsein begründet sind und die die andersartigen gesellschaftlich-politischen Rahmenbedingungen der jeweiligen Zeit außer Acht lassen.

Ich bin davon überzeugt, dass Cottbus in besonderer Weise geeignet ist, Tagungsort für einen Deutschen Archivtag mit dieser thematischen Ausrichtung zu sein. Zum einen aufgrund der Lage: Die polnische Grenze liegt nur 20 Autominuten von hier entfernt. Wir wissen alle, wie sehr gerade die Beziehungen zwischen Deutschland und Polen historisch belastet sind. Heute sind unsere Länder befreundete Nachbarn, die bald sogar in der Europäischen Union politisch eng miteinander verbunden sein werden. Auch auf archivfachlicher Ebene sind Kontakte, Gedankenaustausch und Zusammenarbeit in den letzten Jahren immer enger geworden. Im Jahre 1998, auf dem Archivtag in Münster, konnten wir sogar den heutigen polnischen Außenminister Professor Bartoszewski als Eröffnungsredner begrüßen.

Weiterhin ist sorbische Minderheit in Cottbus in besonderer Weise augenfällig, von zweisprachigen Straßenamen bis hin zum Sorbischen Museum. Daher ist es sehr nahe liegend, hier die Frage der Überlieferungssicherung von Minderheiten zu erörtern. Sodann haben vierzig Jahre Sozialismus das Bild der Stadt Cottbus besonders nachhaltig geprägt und sich natürlich auch in der Überlieferung des Stadtarchivs niedergeschlagen. Die unmittelbare Begegnung mit den Zeugnissen von vierzig Jahren DDR-Geschichte möge dazu beitragen, das Bewusstsein dafür zu schärfen, dass diese Geschichte in gleicher Weise unsere gemeinsame deutsche Geschichte ist wie die des westlichen Teils der Bundesrepublik.

Das Rahmenthema des 72. Deutschen Archivtags „Archive und Herrschaft" kann auf dieser Tagung sicherlich nur punktuell und in keiner Weise umfassend oder gar abschließend behandelt werden. Es wird und muss vielmehr die archivfachliche und archivgeschichtliche Diskussion langfristig begleiten, um die Bedingungen der Arbeit jeweils bewusst zu machen. Mit der Wahl des Tagungsortes und der Ausgestaltung des Tagungsprogramms wird jedoch, so hoffe ich, heute und in den kommenden Tagen ein erfolgreicher Einstieg in die komplexe Thematik gelingen.

Jochen A. Frowein
Archive und Verfassungsordnung.
Eröffnungsvortrag des Deutschen Archivtages in Cottbus 2001

1. Einleitung

Als ich in der vorigen Woche an der Tagung der Internationalen Juristenkommission in Genf teilnahm, fiel mir eine Veröffentlichung der Japanischen Union für Bürgerfreiheiten (Japan Civil Liberty Union) in die Hand, die sich u. a. mit dem right to know (dem Recht zu wissen) beschäftigte.[1] Danach hat Japan inzwischen ein Informationsfreiheitsgesetz verabschiedet, das es in Deutschland für den Bund bisher noch nicht gibt. Allerdings haben eine Reihe von Ländern derartige Gesetze verabschiedet und das Land Brandenburg, in dem wir uns befinden, war der Vorreiter dieser Entwicklung.

In der japanischen Veröffentlichung wird auch darauf hingewiesen, dass das Oberhaus 1999 ein Gesetz über die nationalen Archive angenommen hat.[2] Dieses Gesetz habe aber das Prinzip der Öffentlichkeit öffentlicher Dokumente nicht wirklich anerkannt und habe keine Verpflichtung der Archive geschaffen, die bei ihnen verwahrten Dokumente offen zu legen. Außerdem habe es keinen Rechtsweg gegen die Verweigerung der Offenlegung geschaffen.

Die japanische Bürgerrechtsunion fordert ausdrücklich, dass das Archivgesetz nach denselben Grundsätzen wie das Informationsfreiheitsgesetz ausgestaltet sein müsse und nach denselben Grundsätzen eine Öffentlichkeit der Dokumente garantieren müsse.[3]

Polen hat gerade ein Informationsfreiheitsgesetz verabschiedet.[4] Das legt fest, dass die willkürliche Verweigerung von Unterlagen zu Gefängnisstrafen führen kann.[5] Diese Regelung dürfte bisher einmalig sein. Sie mag als Anzeichen dafür gewertet

---

1 Japan Civil Liberties Union: Universal Principle – Human Rights Newsletter from JCLU 9 (2001), 2-7.
2 Ebd., 5.
3 Ebd.
4 Veröffentlichte Fassung bei http://www.senat.gov.pl/K4/DOK/DR/700/742.htm.
5 Art. 23 des Gesetzes.

werden, wie stark dort der Versuch gemacht wird, öffentliche Behörden von der neuen Konzeption zu überzeugen.

Öffentliche Archive verwahren in großem Umfang Herrschaftswissen. Dieses Herrschaftswissen betrifft grundsätzlich die Öffentlichkeit im Allgemeinen. In einem demokratischen System besteht eine Vermutung dafür, dass die Öffentlichkeit Zugang zu Herrschaftswissen haben muss, das nicht mehr für aktuelle Entscheidungen benötigt wird. Bei Wissen, das für aktuelle Entscheidungen benötigt wird, müssen naturgemäß in gewissem Umfang andere Standards gelten. Freilich ist auch hier zu sagen, dass die Vermutung für den Zugang der Öffentlichkeit grundsätzlich widerlegt werden muss und nicht etwa umgekehrt die Vermutung dafür sprechen muss, dass öffentliche Dokumente überhaupt unzugänglich sind.

Dieser Grundsatz ist in Deutschland freilich bisher nur begrenzt anerkannt. Als ich vor über 30 Jahren meine Habilitationsschrift über das De-facto-Regime im Völkerrecht, die Rechtslage nichtanerkannter Staaten, schrieb, wusste ich aus Kontakten mit dem Auswärtigen Amt, dass die Bundesrepublik Deutschland eine bestimmte Reaktion auf die Ratifizierung der Genfer Rotkreuz-Konventionen durch die DDR abgegeben hatte, die sich von der Reaktion bei der Ratifikation anderer internationaler Verträge in erheblichem Umfang unterschied, weil naturgemäß die Situation der Rotkreuz-Verträge für einen potenziellen Konflikt in Mitteleuropa von zentraler Bedeutung sein würde. Während die Bundesrepublik bei dem Beitritt der DDR die lateralen Verträge generell erklärte, dass dieser Beitritt nichtig sei und keine Vertragsbeziehungen bestünden, hatte sie wie die USA auf die Note der Schweizerischen Regierung als Depositar, mit der der Beitritt der DDR zu den Rotkreuz-Konventionen mitgeteilt wurde, eine andere Antwort gegeben. Sie hatte wie die USA erklärt, die DDR werde von ihr nicht anerkannt, aber sie nehme Kenntnis von der Annahme der Konvention durch die DDR und von ihrem Willen, sie anzuwenden. Diese Haltung musste zu dem Ergebnis führen, dass eine gewisse rechtliche Wirkung des Beitrittes anerkannt wurde.

Mir war dieser Vorgang aus dem Auswärtigen Amt mit der Verpflichtung mitgeteilt worden, ihn nicht zu zitieren. Mir gelang es aber ohne große Schwierigkeiten, aus amerikanischen Quellen, die veröffentlicht waren, die deutsche Erklärung zu ermitteln. Ich konnte sie daher in meiner Habilitationsschrift unproblematisch verwenden. Das war ein gutes Beispiel dafür, wie unterschiedliche Traditionen der Behandlung derartiger Vorgänge, die man sehr wohl als Herrschaftswissen bezeichnen kann, im Rahmen von Forschungsarbeiten eine erhebliche Rolle spielen können.

Ich gebe Ihnen ein weiteres Beispiel aus meiner eigenen Praxis. Vor kurzem sind nach 30 Jahren die Akten des Auswärtigen Amtes aus der Phase der Ostverträge zugänglich geworden und im Rahmen der regelmäßigen Aktenveröffentlichung, „Akten zur auswärtigen Politik der Bundesrepublik Deutschland", veröffentlicht worden.[6] Ich habe als junger Professor als Sachverständiger an den Verhandlungen in Moskau und Warschau teilgenommen. Ich habe eine Reihe von Vermerken gefertigt, die sich zum Teil in der Aktenveröffentlichung finden. Ich werde in Kürze in einem Beitrag zu einer Festschrift weitere eigene Vermerke aus dieser Zeit der Öffentlichkeit zugänglich machen. Ist es angemessen, so muss man fragen, dass diese Vorgänge, die spätestens seit 1990 für unmittelbare Entscheidungsvorgänge keine Rolle mehr spielen konnten, erst jetzt der Öffentlichkeit zugänglich gemacht werden können? Seit dem Zerfall der Sowjetunion und der Wiedervereinigung Deutschlands bestand keinerlei Interesse mehr daran, wichtige und für Historiker außerordentlich interessante Vorgänge, die in eine andere Etappe der deutschen Geschichte gehören, unter Verschluss zu halten. Ich sehe hier ein gutes Beispiel für Bemühungen darum, die 30-Jahresfrist in ihrer allgemeinen Geltung in Frage zu stellen.

2. Informationsfreiheit und Demokratie

Art. 5 Abs. 1 des Grundgesetzes enthält bekanntlich das Recht jeder Person, sich aus allgemein zugänglichen Quellen ungehindert zu unterrichten. Was sind in diesem Sinne allgemein zugängliche Quellen? Die meist gegebene Antwort lautet, dass für öffentliche Dokumente die entsprechende Behörde entscheiden kann, ob sie der Öffentlichkeit zugänglich gemacht werden und damit allgemein zugänglich sind.[7] Schon das ist nur beschränkt richtig, wie ich Ihnen anhand eines berühmten Beispiels vor Augen führen will. In dem sog. Spycatcher-Fall[8] hatten die britischen

---

6 H.-P. Schwarz: Akten zur auswärtigen Politik der Bundesrepublik Deutschland, München 1970 I-III, 2001.
7 S. für alle Wendt: Art.5 Rdnr. 25, in: v. Münch/Kunig, Grundgesetz Kommentar, Band I, München ⁵2000.
8 Europäischer Gerichtshof für Menschenrechte (EGMR): Observer and Guardian vs. United Kingdom, Urteil vom 26.11.1991, Series A: Judgements and Decisions, No. 216; Sunday Times vs. United Kingdom, Urteil vom 26.11.1991, Serie A: Judgements and Decisions, No. 216.

Behörden verboten, dass Zeitungen im Vereinigten Königreich aus den Memoiren eines früheren britischen Geheimagenten Auszüge veröffentlichten, die in Australien veröffentlicht worden waren. Der Europäische Gerichtshof für Menschenrechte, der in dieser Frage angerufen wurde, entschied wie die damals noch tätige Kommission, deren Mitglied ich war, dass die britische Regierung nach Art. 10 der Konvention niemandem verbieten konnte, Vorgänge zu veröffentlichen, die in einem Staat der Welt allgemein zugänglich waren. Art. 10 der Europäischen Menschenrechtskonvention legt das Recht der Informationsfreiheit ausdrücklich ohne Rücksicht auf Landesgrenzen fest. Das muss, und das ist auch grundsätzlich anerkannt, für Art. 5 GG und seine Informationsfreiheit ebenso gelten. Das bedeutet, dass Informationen, die entgegen dem Willen einer Behörde irgendwo bekannt geworden sind, grundsätzlich als allgemein zugänglich angesehen werden müssen.

Aber die grundlegendere Frage lautet, ob Behörden in einem demokratischen System nicht verpflichtet sind, Informationen, insbesondere wenn sie bereits archiviert sind, der Allgemeinheit zugänglich zu machen.[9] Wenn man sich heute die Begründung des Bundesarchivgesetzes von 1984[10] ansieht, so kann einem nicht verborgen bleiben, dass vieles sehr antiquiert erscheint. Im allgemeinen Teil wird zwar sehr vielversprechend dargelegt, es sei an der Zeit, das schon in der Französischen Revolution postulierte und anerkannte Recht des Bürgers auf Einsichtnahme in Archivalien amtlichen Ursprungs und die Bestätigung dieses Rechts für den Bereich des Bundesrechts verbindlich zu gewährleisten.[11] Es wird auch betont, die öffentliche Nutzung solle nicht nur durch historisch wissenschaftliche Forschung erfolgen, sondern weiten Bereichen politischer Bildungsarbeit dienen, um das Verständnis breiter Bevölkerungskreise für die deutsche Geschichte zu fördern. Das Bundesarchiv erfülle insoweit eine Aufgabe von staatspolitischer Bedeutung und fördere das Verständnis der Bürger für die freiheitlich demokratische Entwicklung in Deutschland.[12]

---

9 Zu der Frage eines Grundrechts auf Information vgl. Grundfragen des Datenschutzes, Gutachten im Auftrag des Bundesministeriums des Inneren, 1971, BT-Drucks. VI/3826, 62 ff.
10 BR-Drucks. 371/84.
11 Ebd., 7.
12 Ebd., 8.

Zu der Sperrfrist von 30 Jahren heißt es etwas lakonisch, sie sei in Anlehnung an internationale übliche Regelungen gewählt worden.[13] Davon kann heute freilich überhaupt nicht mehr die Rede sein. Aber auch 1984 gab es bereits wichtige andere Beispiele, die nicht erwähnt werden.[14] Zur Begründung dieser Frist findet sich nur die sehr allgemeine Formulierung, ihre Festlegung durch Gesetz solle der Rechtssicherheit dienen, da der Anspruch auf Nutzung von Archivgut des Bundes aus einer Reihe von offensichtlichen Gründen (Persönlichkeitsrechtsschutz, staatliche Sicherheitsinteressen, Effizienz der Verwaltung) rechtsverbindlich eingegrenzt werden müsse.[15]

Freilich gibt es in § 5 Abs. 4 des Archivgesetzes die Regelung, dass die Schutzfrist verkürzt werden kann, soweit die besonderen Gründe in Abs. 5 nicht entgegenstehen, also das Wohl der Bundesrepublik Deutschland oder eines ihrer Länder nicht gefährdet wird oder schutzwürdige Belange Dritter nicht entgegenstehen. Die anderen Gründe können hier beiseite bleiben.

Besonders schwierig erscheint aber, dass sich in dem Archivgesetz keinerlei Klarheit darüber findet, nach welchen Maßstäben das Ermessen ausgeübt werden muss, das in § 5 für die Verkürzung der Frist gewährt wird. Diese Regelungen sind ohne Veränderung in das Bundesarchivgesetz von 1988 übergegangen.[16] Offenbar hat es hier eine Diskussion um diese Fragen nicht mehr gegeben. Eine nicht unbedeutende Veränderung in der Neufassung war allerdings die Regelung über Personen der Zeitgeschichte und Amtsträger. Hier können nach § 5 Abs. 5 die Schutzfristen nach Abs. 1 Satz 1 und Abs. 2 verkürzt werden, wenn die schutzwürdigen Belange des Betroffenen angemessen berücksichtigt werden. Auch hier fehlt es allerdings an einer genaueren Klärung, nach welchen Maßstäben vorgegangen werden muss. Ich werde auf das Problem des Persönlichkeitsschutzes später zurückkommen.

Deutlicher als bisher muss aber in Deutschland die Frage gestellt werden, ob die Beziehung zwischen dem Demokratieprinzip und dem Informationsrecht des Bürgers nicht zur Folge haben muss, dass ein grundsätzliches Zugangsrecht des

---

13 Ebd., 11.
14 Vgl. beispielsweise USA, Freedom of Information Act, 5 U.S.C. §552; Schweden, Tryckfrihetsförordning von 1949 i. d. F. vom 1.1.1978.
15 BR-Drucks. 371/84.
16 Gesetz über die Sicherung und Nutzung von Archivgut des Bundes vom 6.1.1988, BGBl. I, 62.

Bürgers zu amtlichen Akten anerkannt wird, wie das fast überall im Ausland heute der Fall ist. Die grundlegende Erörterung von Georg Nolte über die Herausforderung, die das Recht, das sich in Europa entwickelt, für das deutsche Recht hat, muss insofern besonders beachtet werden.[17] Es ist bekannt, dass Schweden bereits 1766 den ersten allgemeinen Akteneinsichtsanspruch eingeführt hat. Nach dem Zweiten Weltkrieg haben das alle skandinavischen Staaten getan, gegen Ende der 1970er Jahre Frankreich, Spanien, Portugal und die Niederlande. Im Jahre 1981 erging eine Empfehlung des Ministerkomitees des Europarates an alle Mitgliedstaaten, ein Akteneinsichtsrecht für jedermann zu begründen.[18] Dieser Empfehlung folgte Griechenland 1986, Italien 1990, Belgien 1994 und Irland 1997. Großbritannien hat sein Gesetz im vorigen Jahr verabschiedet. Nur in Deutschland gibt es bisher einen gesetzlich verbrieften Anspruch nicht. Allerdings liegt inzwischen ein deutscher Gesetzentwurf vor.[19]

Der Europäische Gerichtshof hat bereits im Jahre 1995 aus der Anerkennung eines Anspruchs in den meisten Mitgliedstaaten und seiner Bekräftigung auf Gemeinschaftsebene für die Zuständigkeit der Europäischen Gemeinschaft ein Recht auf Akteneinsicht abgeleitet.[20] Der Generalanwalt hat in diesem Verfahren auf die besondere Beziehung zwischen dem Recht auf Akteneinsicht und dem Demokratieprinzip hingewiesen. Hier liege eine unverzichtbare Voraussetzung für die Ausübung einer wirksamen Kontrolle der öffentlichen Meinung über das Handeln staatlicher Stellen.[21]

Besonders deutlich in dieser Beziehung sind die Entscheidungen des amerikanischen Supreme Court zu der Auslegung des Freedom of Information Act, der 1967 in Kraft getreten ist.

---

17 G. Nolte: „Die Herausforderung für das deutsche Recht der Akteneinsicht durch europäisches Verwaltungsrecht", in: Die Öffentliche Verwaltung 52 (1999), 363-374.
18 Empfehlung des Ministerkomitees des Europarates, Nr. R (81) 19; näher dazu: U. Schäfer: „Die deutsche Gesetzgebung und Transparenzregelungen", in: N. Brübach (Hg.): Der Zugang zu Verwaltungsinformationen – Transparenz als archivische Dienstleistung, Beiträge des 5. Archivwissenschaftlichen Kolloquiums der Archivschule Marburg, Marburg 2000, 209 ff., 220.
19 http://www.transparente-verwaltung.de/html/ifg-bund.htm.
20 Rs. C-58/94, EuGHE 1995-I, 2169.
21 Ebd., 2182 (Nr. 19).

In der Begründung des Gesetzes hatte der damalige Präsident Johnson erklärt: „A democracy works best when the people have all the information that the security of the nation permits. No one should be able to pull curtains of secrecy around decisions which can be revealed without injury to the public interest. [...] I have always believed that freedom of information is so vital that only the national security, not the desire of public officials or private citizens, should determine when it must be restricted."[22]

Der Supreme Court hat dieses Gesetz als eine grundlegende Veränderung der Konzeption der amerikanischen Bundesregierung angesehen. Es heißt in einer neueren Entscheidung: „[...] a new conception of Government conduct was enacted into law, a general philosophy of full agency disclosure". „Congress believes that this philosophy, put into practice, would help ensure an informed citizenry vital to the functioning of a democratic society".[23]
Wenn man das liest, wird deutlich, wieweit die bisherige deutsche Entwicklung von solchen Vorstellungen entfernt ist.

Hierbei sind auch Zahlen von Interesse. In den USA gingen 1991 fast 600.000 Anträge ein. Das Verteidigungsministerium hatte 130.000, das Gesundheitsministerium 12.000 zu bearbeiten. In 88 Prozent aller Fälle wurden Unterlagen zugänglich gemacht.[24] Dabei brauchen Journalisten anders als private Antragsteller keine Bearbeitungsgebühr zu bezahlen.

Nach dem System muss die Antwort spätestens nach zehn Tagen vorliegen, die einmal verlängert werden können. Die Frist von 20 Tagen ist absolut.[25] Auf der Grundlage von Anträgen wurde etwa die hohe Zahl von amerikanischen Soldaten, die im Golfkrieg von eigenem Feuer getötet worden waren, oder auch die Schädigung von US-Soldaten durch Atomstrahlung bei den Versuchen in Nevada bekannt gemacht.[26]

---

22 J. Angelov: Grundlagen und Grenzen eines staatsbürgerlichen Informationszugangsanspruchs, 2000, 103 f.
23 Department of the Interior et al. vs. Klamath Water Users Protective Association, 5.3.2001, US Supreme Court, 69 US Law Week, 4166 (2001), 4170.
24 C. Schulzki-Haddouti: „Zur Lage der Informationsfreiheit in Europa", 2.3.2001, http://www.heise.de/tp/deutsch/inhalt/te/7036/1.html, 5.
25 Vgl. Freedom of Information Act, 5 U.S.C. § 552.
26 Schulzki-Haddouti (wie Anm. 24), 5.

Auf der Grundlage des Gesetzes ist seit 1985 in Washington das private National Security Archive mit Hilfe mehrerer Stiftungen begründet worden, das als Sammelstelle für Regierungsdokumente zur Außen- und Sicherheitspolitik aufgebaut ist.[27] Dort stellen 30 hauptamtliche Mitarbeiter systematisch Anträge nach dem Gesetz, sammeln nicht mehr benötigte Dokumente und erschließen sie in einem umfangreichen Archivierungssystem. So gelangte etwa auch ein offizielles Dokument, das die Existenz des Spionagesystems „Echelon" bestätigte, an die Öffentlichkeit.
Es ist bekannt, dass auch europäische Journalisten immer wieder über die amerikanische Aktenfreigabe Zugang zu wichtigen Quellen in Bezug auf europäische Regierungen erhalten haben.

3. Die europäische Verordnung vom 30. Mai 2001

Von besonderer Bedeutung für die Entwicklung des Akteneinsichtsrechts in Europa ist die Verordnung der EG vom 30. Mai 2001 über den Zugang der Öffentlichkeit zu Dokumenten des Europäischen Parlaments, des Rates und der Kommission, die am 3. Dezember 2001 wirksam wird.[28] In den Erwägungsgründen wird ausdrücklich darauf hingewiesen, dass Transparenz eine bessere Beteiligung der Bürger am Entscheidungsprozess ermöglicht und eine größere Legitimität, Effizienz und Verantwortung der Verwaltung gegenüber dem Bürger in einem demokratischen System gewährleistet. Es heißt dann ausdrücklich: „Transparenz trägt zur Stärkung der Grundsätze der Demokratie und der Achtung der Grundrechte bei, die im Art. 6 des EU-Vertrages und in der Charta der Grundrechte der Europäischen Union verankert sind."[29]

Grundsätzlich sollen nach dem von den europäischen Organen zugrunde gelegten Konzept alle Dokumente der Organe für die Öffentlichkeit zugänglich sein. Der Schutz bestimmter öffentlicher und privater Interessen sollte allerdings durch Ausnahmen gewährleistet werden. Dabei wird besonders darauf hingewiesen, dass den Organen gestattet werden muss, ihre internen Konsultationen und Beratun-

---

27 Zum National Security Archive: http://www.gwu.edu/-nsarchiv/.
28 Verordnung (EG) Nr. 1049/2001 des Europäischen Parlaments und des Rates vom 30.5.2001 über den Zugang der Öffentlichkeit zu Dokumenten des Europäischen Parlaments, des Rates und der Kommission, Amtsblatt der Europäischen Gemeinschaften, 31.5.2001, L 145/43.
29 Ebd., Punkt (2) der Erwägungsgründe.

gen zu schützen, wo dies zur Wahrung ihrer Fähigkeit, ihre Aufgaben zu erfüllen, erforderlich ist.[30]

Gemäß Art. 2 hat jeder Unionsbürger sowie jede natürliche oder juristische Person mit Wohnsitz oder Sitz in einem Mitgliedstaat das Recht auf Zugang zu Dokumenten der Organe. Der Zugang wird verweigert, wenn durch die Verbreitung folgende Interessen beeinträchtigt würden: Der Schutz des öffentlichen Interesses im Hinblick auf die öffentliche Sicherheit, die Verteidigung und militärische Belange, die internationalen Beziehungen, die Finanz-, Währungs- oder Wirtschaftspolitik der Gemeinschaft oder eines Mitgliedstaates. Außerdem ist der Schutz der Privatsphäre und der Integrität des Einzelnen insbesondere gemäß den Rechtsvorschriften der Gemeinschaft über den Schutz personenbezogener Daten festgelegt. Weitere Gründe für die Verweigerung des Zuganges sind der Schutz der geschäftlichen Interessen, der Schutz von Gerichtsverfahren und der Rechtsberatung, der Schutz des Zwecks von Inspektions-, Untersuchungs- und Audittätigkeiten, wobei aber ausdrücklich eine Abwägung mit den öffentlichen Interessen erfolgen muss.[31] Wenn ein überwiegendes öffentliches Interesse an der Verbreitung besteht, muss der Zugang gewährt werden.

Besonders interessant ist, wie hier eine Beziehung zu der 30-Jahresfrist festgelegt wird. Die Ausnahmen für das Recht auf Zugang zu den Dokumenten gilt nach der ausdrücklichen Regelung in Art. 4 Abs. 7 nur für den Zeitraum, in dem der Schutz aufgrund des Inhalts des Dokuments gerechtfertigt ist. Das bedeutet, dass jeweils eine genaue Prüfung stattzufinden hat, ob der Zugang weiterhin gesperrt werden kann. Dann heißt es ausdrücklich: „Die Ausnahmen gelten höchstens für einen Zeitraum von 30 Jahren."

Nur bei Dokumenten, die unter die Ausnahmeregelung bezüglich der Privatsphäre oder der geschäftlichen Interessen fallen und im Falle von sensiblen Dokumenten können die Ausnahmen erforderlichenfalls nach Ablauf dieses Zeitraums weiter Anwendung finden.
Im Verfahren ist ausdrücklich geregelt, dass Zweitanträge gestellt werden können.[32]

---

30 Ebd., Punkt (11) der Erwägungsgründe.
31 Art. 4 Abs. 2 der Verordnung.
32 Art. 8 der Verordnung.

4. Die deutsche Entwicklung

Nachdem eine Reihe von Bundesländern Informationsfreiheitsgesetze angenommen haben,[33] liegt inzwischen auch ein Entwurf eines Informationsfreiheitsgesetzes für den Bund vor,[34] wobei aber bisher nicht klar ist, wann es zu einer Verabschiedung kommen könnte. Nach diesem Vorschlag wird ebenfalls ein ausdrückliches Recht für jedermann auf Zugang zu amtlichen Informationen geschaffen. Die festgelegten Ausnahmen sind verglichen mit der europäischen Regelung deutlich weiter. Insbesondere die Kategorie der Vertraulichkeit der Beratungen von Behörden oder der Kernbereich exekutiver Eigenverantwortung erscheint problematisch. Dabei ergibt sich aus der Systematik klar, dass hier nicht etwa laufende Verwaltungsverfahren betroffen sind, bei denen verständlicherweise der Schutz des Verfahrens die Beschränkung erzwingt.[35]

Auch hier erscheint die europäische Regelung klarer und dem Informationsfreiheitsanspruch angemessener. Danach wird der Zugang zu einem Dokument, das für den internen Gebrauch erstellt wurde und sich auf eine Angelegenheit bezieht, in der das Organ noch keinen Beschluss gefasst hat, verweigert, wenn eine Verbreitung des Dokuments den Entscheidungsprozess des Organs ernstlich beeinträchtigen würde, es sei denn, es besteht ein überwiegendes öffentliches Interesse an der Verbreitung. Sowohl die Notwendigkeit, eine ernstliche Beeinträchtigung nachzuweisen, als auch die Notwendigkeit, eine Interessenabwägung vorzunehmen, erscheinen als wesentliche Einschränkung.

---

33 Berlin (GVBl. 1999, Nr. 45, 561), Brandenburg (GVBl. I/1998, 46), Schleswig-Holstein (GVBl. 2000 Nr. 4, 166); Gesetzentwürfe in Baden-Württemberg (LT-Drucks. 12/5776), Bayern (LT-Drucks. 14/6034 und 14/6180), Bremen (LT-Drucks. 15/768), Hessen (LT-Drucks. 15/1474), Niedersachsen (LT-Drucks. 14/2191), Nordrhein-Westfalen (LT-Drucks. 13/321 und 13/1311) und Sachsen-Anhalt (LT-Drucks. 3/4253).

34 Entwurf eines Informationsfreiheitsgesetzes, IFG, Stand 20.12.2000, veröffentlicht unter http://www.transparente-verwaltung.de/html/ifg-bund.htm.

35 Für eine Darstellung der genauen Regelungen vgl. U. Schäfer: Die deutsche Gesetzgebung und Transparenzregelungen, Anm. 18, 209 ff.; S. Frenzel: Zugang zu Informationen der deutschen Behörden, Speyerer Arbeitshefte 131 (2000); zur gesetzgeberischen Entwicklung: R. Polley: „Die gesetzgeberische Entwicklung zu dem Akteneinsichts- und Informationszugangsgesetz in Brandenburg und zu den Informationsfreiheitsgesetzen in Berlin und in Schleswig-Holstein", in: Brübach (wie Anm. 18), 227 ff.

In Fällen, in denen bereits eine Entscheidung getroffen worden ist, wird der Zugang verweigert, wenn die Verbreitung des Dokuments den Entscheidungsprozess des Organs ernstlich beeinträchtigen würde, es sei denn, es besteht ein überwiegendes öffentliches Interesse an der Verbreitung. Auch hier gilt dasselbe. Es muss eine genaue Analyse der Situation erfolgen. Bei der deutschen Regelung, wonach von einer Vertraulichkeit der Beratungen der Behörden auszugehen ist, die naturgemäß durch jede Veröffentlichung berührt wird, erscheint die Gefahr einer sehr restriktiven Auslegung groß.

Ganz besonders problematisch und meines Erachtens unter keinen Umständen akzeptabel ist der gegenwärtige Vorschlag zur Änderung des Bundesarchivgesetzes.[36] Hier hat sich eine Haltung durchgesetzt, die der 30-Jahresfrist des Bundesarchivgesetzes Vorrang vor der Informationsfreiheit gewähren will. In der Tat war von Udo Schäfer gefordert worden, dass die Normen des Archivbenutzungsrechts gegenüber den Vorschriften der Zugangsgesetze ausdrücklich den Vorrang erhalten sollten.[37] Das war mit der These begründet worden, dass die Vorstellung eines umfassenden Zugangs zu Informationen des öffentlichen Sektors mit der deutschen Rechtstradition nicht vereinbar sei.

In dem gegenwärtigen Entwurf ist dieser Vorrang des Archivrechts in merkwürdiger Weise festgelegt worden. Gemäß § 13 soll das Bundesarchivgesetz dahin geändert werden, dass die Sperrfrist gemäß § 5 Abs. 4 nicht gilt für Informationen, die einem Informationszugang nach dem Informationsfreiheitsgesetz unterlegen haben. Das bedeutet also, dass lediglich dann, wenn aufgrund des Zugangsgesetzes der Zugang gewährt worden ist, die 30-Jahresfrist nicht zu beachten ist.

In der vorliegenden Begründung wird das ausdrücklich bestätigt: Wenn kein Antrag auf Informationszugang gestellt worden sei, stehe einer uneingeschränkten Geltung der archivrechtlichen Vorschriften schon deshalb nichts entgegen, weil bereits an der aktuellen Information kein Informationsinteresse bestanden habe. Daher sei entscheidend, ob tatsächlich ein Informationszugang stattgefunden hat.[38]

---

36 § 13 des IFG-Entwurfs.
37 U. Schäfer: „Das Recht auf Zugang zu Informationen des öffentlichen Sektors in seinem Verhältnis zur Archivierung analoger und digitaler Aufzeichnungen", http://www.lad-bw.de/lad/rziws1.htm.
38 Entwurf eines Informationsfreiheitsgesetzes (wie Anm. 34), 46.

Diese Begründung ist meines Erachtens im juristischen Sinne unschlüssig und würde zu einem extremen Widerspruch in der geltenden Rechtsordnung führen. Wenn das Informationszugangsgesetz einen Anspruch gewährt, der vor der Archivierung durchgesetzt werden konnte, so muss nach der Archivierung dasselbe gelten. Alles andere wäre meines Erachtens auch verfassungsrechtlich aufgrund des Gleichheitssatzes in Art. 3 GG unhaltbar. Es ist ja sehr leicht möglich, dass Kenntnis über Vorgänge, die inzwischen archiviert sind, erst zu einem Zeitpunkt erfolgt, der erheblich nach der Entstehung der Dokumente liegt. Es wäre geradezu widersinnig, in diesen Fällen nicht eine Verpflichtung der Archive zur Ermöglichung des Zuganges zu schaffen. Meines Erachtens kann bei Annahme von Informationsfreiheitsgesetzen kein anderer Maßstab für Archive angewendet werden.[39]

Von besonderer Bedeutung wäre bei Annahme des Informationsfreiheitsgesetzes naturgemäß die Möglichkeit des Rechtsschutzes. Während nach geltendem Recht lediglich ein Anspruch auf fehlerfreie Ermessensausübung besteht, wäre dann der grundsätzlich bestehende Anspruch gerichtlich durchsetzbar, und es bedürfte jeweils einer genauen Darlegung der Gegengründe und eines etwaigen Beweises.

Meines Erachtens sollte als Grundprinzip die Regelung in der europäischen Verordnung vom 31. Mai 2001 angesehen werden. Danach gelten Ausnahmen von dem Recht, Zugang zu einem Dokument zu erhalten, nur solange, wie der Schutz aufgrund des Inhalts des Dokuments gerechtfertigt ist. Die Ausnahmen gelten höchstens für einen Zeitraum von 30 Jahren, wenn nicht ganz besondere Gründe vorliegen, die im Einzelfall festgestellt werden müssen. Diese Regelung muss sowohl für die Zeit gelten, in der sich die Akten bei den Behörden befinden, wie auch für die Zeit seit ihrer Archivierung.

5. Das Prinzip des Persönlichkeitsschutzes

Es ist ein allgemeines Prinzip des Archivrechts und der Gesetze über den Zugang zu öffentlichen Dokumenten, dass ein Schutz der Privatsphäre der in den Dokumenten genannten Personen festgelegt ist. § 5 Abs. 2 des Bundesarchivgesetzes bestimmt relativ pauschal, dass das Archivgut des Bundes, das sich auf natürliche Personen bezieht, erst 30 Jahre nach dem Tode der Betroffenen durch Dritte

---

39 H. Rumschöttel: „Das allgemeine Informationszugangsrecht", in: Brübach (wie Anm. 18), 199 ff., 203.

benutzt werden darf. Ist das Todesjahr nicht oder nur mit unvertretbaren Aufwand festzustellen, endet die Schutzfrist 110 Jahre nach der Geburt des Betroffenen. Das ist sehr weitgehend. Nach verschiedenen Änderungen bestimmt § 5 Abs. 5 jetzt aber, dass für Personen der Zeitgeschichte und Amtsträger in Ausübung ihres Amtes die Schutzfristen verkürzt werden können, wenn die schutzwürdigen Belange des Betroffenen angemessen berücksichtigt werden.

Die europäische Verordnung legt fest, dass der Zugang zu einem Dokument verweigert wird, wenn der Schutz der Privatsphäre und der Integrität des Einzelnen beeinträchtigt würde, insbesondere gemäß den Rechtsvorschriften der Gemeinschaft über den Schutz personenbezogener Daten. Auch die deutschen Landesgesetze ebenso wie der amerikanische Freedom of Information Act enthalten jeweils Ausnahmen für die Fälle, wo die Privatsphäre von Personen betroffen ist.

Die Abgrenzung ist hier dann relativ unproblematisch, wenn es sich lediglich um die Privatsphäre handelt und offensichtlich eine Verbindung zu Regierungshandeln oder anderen öffentlichen Entscheidungen nicht vorliegt. Die schwirige Problematik taucht dann auf, wenn es sich um Mischverhältnisse handelt, wie das in vielen wirklich brisanten Fällen vorliegt. Gibt es auch hier einen Vorrang für das Persönlichkeitsrecht von Politikern, auch soweit es um Handeln geht, das mit der Ausübung ihres öffentlichen Amtes zu tun hat oder gibt es hier umgekehrt eine Vermutung dafür, dass der Zugang gewährt werden muss, um die für die Demokratie so notwendige Transparenz herzustellen?

Meines Erachtens spricht alles dafür, hier den Persönlichkeitsschutz von Amtsträgern auf den Bereich zu beschränken, der völlig von der amtlichen Sphäre getrennt ist und lediglich das Privatleben betrifft. Insbesondere muss der Verdacht ausgeschaltet werden, dass der Persönlichkeitsschutz des Amtsträgers dazu gebraucht wird, kritische Fragen an die Amtsführung unmöglich zu machen, weil die entsprechenden Informationen nicht zugänglich sind.

Die Problematik ist zur Zeit natürlich in besonderer Weise mit der Auseinandersetzung um die Stasidokumente über den ehemaligen Bundeskanzlers Kohl nach dem Gesetz über die Unterlagen des Staatssicherheitsdienstes der ehemaligen Deutschen Demokratischen Republik verbunden. Die Entscheidung des Verwaltungsgerichts Berlin vom 4. Juli 2001 erklärt es für unzulässig, aus den Unterlagen des Staatssicherheitsdienstes personenbezogene Informationen über den ehemaligen Bundeskanzler herauszugeben, soweit diese Informationen aufgrund zielgerichteter Informationserhebung oder Ausspähung einschließlich heimlicher Informationserhebung durch den Staatssicherheitsdienst gesammelt wurden oder soweit Informationen über den Kläger als Dritten gesammelt wurden, auch soweit sie nicht ausschließlich das Privatleben oder die Privatsphäre des Klägers betreffen.[40]

Ich will mich an dieser Stelle nicht in die Interpretation des in seinen Vorschriften für diesen Fall meines Erachtens missglückten Staatssicherheitsgesetzes einlassen. Es wird vieles dafür sprechen, dass der Deutsche Bundestag die Unklarheiten durch eine gesetzliche Regelung beseitigt, die dann hoffentlich mit großer Mehrheit einschließlich der Stimmen der Opposition verabschiedet wird. Gerade auf diesem Gebiet ist es notwendig, einen hohen Konsens in der potenziell betroffenen politischen Klasse zu erreichen.

Wenn man aber versucht, die Frage anhand der allgemeinen Maßstäbe zu erörtern, die hier erwähnt worden sind, so lassen sich vor allem zwei Überlegungen anstellen. Die erste geht dahin, dass die Offenlegung der Stasi-Unterlagen den Sinn haben sollte, das besonders Verbrecherische des Stasi-Systems aufzuklären und diejenigen Personen, die Opfer in der DDR waren, in Kenntnis über ihre Stasi-Überwachung zu setzen. Dieser Gesetzeszweck hat nichts zu tun mit einer historischen und politischen Aufarbeitung der Entscheidungsprozesse in der Bundesrepublik Deutschland, die durch die Verwendung von Unterlagen, die sich im Stasi-Archiv befinden, möglich gemacht wird.

Die andere Erwägung lautet, dass immer da, wo auch in illegaler Weise Unterlagen über die Regierungstätigkeit zugänglich werden, ein hohes öffentliches Interesse daran besteht, die Ordnungsmäßigkeit des Regierungshandelns überprüfen zu können. In den Vereinigten Staaten sind diese Fragen eingehend im Zusammenhang mit den sog. Pentagon-Papers erörtert worden, die für die Entwicklung des Rechts der Informationsfreiheit in der Rechtsprechung des Supreme Court der USA zentrale Bedeutung bekommen haben. 1971 lehnte der Supreme Court es ab, die Veröffentlichung der sog. Pentagon-Papers durch die New York Times und die Washington Post zu unterbinden und erlaubte damit die Veröffentlichung einer klassifizierten Studie des Pentagon über die politischen Entscheidungen für

---

40 VG Berlin, Az. VG 1 A 389.00, veröffentlicht als Anlage zur Pressemitteilung Nr. 34 (2001) unter http://www.berlin.de/vg.

Vietnam.[41] Es war klar, dass die Zeitungen die Papiere in illegaler Weise erhalten hatten.

Die vom Supreme Court in diesem Zusammenhang angestellten Überlegungen können für die Fragestellung nach dem Stasi-Unterlagengesetz sehr relevant sein. Wenn es möglich ist, die entsprechenden Unterlagen von Bezügen auf die wirkliche Privatsphäre des damaligen Bundeskanzlers freizuhalten, und das muss eigentlich möglich sein, spricht auch die eher zufällige Möglichkeit, anhand dieser Unterlagen die Regierungstätigkeit nachträglich zu kontrollieren dafür, die Unterlagen zugänglich zu machen.

Es entspricht offenbar ganz der bisherigen Praxis des Bundesbeauftragten, auf entsprechenden Antrag zur Aufarbeitung der Tätigkeit des Staatssicherheitsdienstes auch Unterlagen mit Informationen über Personen der Zeitgeschichte, Politiker und Amtsträger zugänglich zu machen. Davon sind lediglich solche Informationen ausgenommen, die allein deren Privat- oder Intimsphäre betreffen.

Die jetzige Bundesbeauftragte hat, wie mir scheint, durchaus den Finger auf die Wunde gelegt. Sie hat gesagt, dass neun Jahre lang Akten in derartigen Fällen herausgegeben worden sind und niemals je diese Praxis als rechtswidrig bezeichnet worden ist. Gewiss ist es eindeutig, dass die bisherige Praxis die Rechtslage als solche nicht verändern kann. Trotzdem muss man, wenn man die Dinge von außen betrachtet, doch darauf hinweisen, dass es eine ganz ungewöhnlich ungleiche Behandlung wäre, wenn nun plötzlich eine in vielen anderen Fällen offenbar unproblematisch praktizierte Zugangsregelung in einem der prominentesten Fälle in ihr Gegenteil verkehrt würde.

Wenn man diese Überlegungen anstellt, so muss meines Erachtens gefragt werden, ob die Begriffsbestimmungen des Gesetzes über den Staatssicherheitsdienst nicht anders zu verstehen bzw. durch gesetzliche Klarstellung anders zu fassen sind. Gemäß § 6 Abs. 3 sind betroffene Personen die, zu denen der Staatssicherheitsdienst aufgrund zielgerichteter Informationserhebung oder Ausspähung einschließlich heimlicher Informationserhebung Informationen gesammelt hat. Dieser Satz findet aufgrund ausdrücklicher Regelungen keine Anwendung für Mitarbeiter des Staatssicherheitsdienstes und für Begünstigte, soweit die Samm-

---

41 New York Times vs. U.S., 403 U.S. 713 (1971).

lung nur der Anbahnung oder der Kontrolle ihres Verhaltens im Hinblick auf die Begünstigung gedient hat.

Die entscheidende Frage betrifft Personen, die in Wahrheit nicht in ihrer Eigenschaft als konkrete Personen abgehört wurden, sondern weil sie als Staatsorgan der Bundesrepublik Deutschland im Visier des Staatssicherheitsdienstes waren. Es ist zu fragen, ob der Gesetzgeber mit „Personen" wirklich die Amtsinhaber der Bundesrepublik Deutschland gemeint hat, die selbstverständlich wesentliches Ziel der Abhöraktionen waren. Freilich kann man nicht bezweifeln, dass die Formulierung von § 32 Abs. 1 Nr. 3 des Gesetzes dafür spricht, die Amtsinhaber als Personen wie Privatpersonen anzusehen. Es wäre dringend wünschenswert, wenn hier Klarheit geschaffen würde.

6. Der Persönlichkeitsschutz bei Verstorbenen

Der Persönlichkeitsschutz gilt auch für Verstorbene. Freilich ist hier auch eine Abwägung notwendig. Besonders schwierige Fragen stellen sich, wenn Personen ihre Unterlagen Archiven übergeben haben und diese Unterlagen aus privaten und dienstlichen Vorgängen gemischt sind. Die Max-Planck-Gesellschaft ist mit dieser Problematik im Fall Butenandt konfrontiert.[42] Butenandt hat einen erheblichen Teil seiner Akten, die im Rahmen seiner dienstlichen Tätigkeit entstanden waren, an das Archiv der Max-Planck-Gesellschaft gegeben und festgelegt, dass sie 30 Jahre lang unzugänglich sein sollten.

Die Max-Planck-Gesellschaft hat eine besondere Kommission eingesetzt, die die Geschichte der Kaiser-Wilhelm-Gesellschaft während der Zeit des Nationalsozialismus erforschen soll.[43] Ein Teil der Butenandt-Akten betrifft seine Tätigkeit als Direktor eines Kaiser-Wilhelm-Instituts während der nationalsozialistischen Zeit. Eine Reihe von Anhaltspunkten bestehen dafür, dass Beziehungen zwischen Butenandt und anderen Direktoren von Kaiser-Wilhelm-Instituten, insbesondere mit dem Mentor des KZ-Arztes Mengele, von Verschuer, bestanden. Die Max-Planck-Gesellschaft stand vor der Frage, inwieweit für die Forschungstätigkeiten

---

42 Erinnerung und Ausblendung. Ein kritischer Blick in den Briefwechsel Adolf Butenandts (MPG-Präsident 1960-1972), Pressemitteilung vom 17.5.2001, http://mpiwg-berlin.mpg.de/kwg/Presse170501.htm.
43 Forschungsprogramm „Geschichte der Kaiser-Wilhelm-Gesellschaft im Nationalsozialismus", http://mpiwg-berlin.mpg.de/kwg/index.htm.

über die Geschichte ihrer Vorgänger-Gesellschaft während des Nationalsozialismus die dienstlichen Akten von Butenandt erschlossen werden können.

Nach intensiven Prüfungen und Diskussionen setzte sich die Meinung durch, dass eine Sperrung dieser Akten für 30 Jahre nicht durch die Entscheidung eines ehemaligen Direktors und späteren Präsidenten der Max-Planck-Gesellschaft wirksam angeordnet werden konnte. Vielmehr ist die Max-Planck-Gesellschaft berechtigt, die Akten, die in den dienstlichen Bereich gehören, für die entsprechenden Forschungstätigkeiten freizugeben.

Dabei muss natürlich besonderer Wert darauf gelegt werden, dass Teile der Akten, die etwa private Vorgänge betreffen, unter allen Umständen geschützt werden. Dieses Problem kann gerade bei Korrespondenzen von Wissenschaftlern auftreten. Aber es ist weder rechtlich noch moralisch vertretbar, daraus abzuleiten, dass eine Sperrung über 30 Jahre wirksam angeordnet werden kann. Vielmehr geht es hier auch um den Schutz der Max-Planck-Gesellschaft gegen falsche Verdächtigungen, sie wolle Vorgänge der historischen Forschung und der Öffentlichkeit entziehen, die von Bedeutung für das Verständnis der Rolle der Kaiser-Wilhelm-Gesellschaft in der nationalsozialistischen Zeit sein könnten.

Gewiss muss man in diesem Zusammenhang auch das Risiko einkalkulieren, dass bestimmte Mitteilungen von Historikern in der Öffentlichkeit zu Verwunderung führen und als nicht beweisbare Verdächtigung eines sehr angesehenen Wissenschaftlers interpretiert werden. Man kann nur hoffen, dass in der Diskussion unter Historikern sich hier das angemessene Urteil über das durchsetzt, was als historisch feststellbar und beweisbar angesehen werden kann. Dieses kann aber nicht durch Anordnungen der Max-Planck-Gesellschaft erreicht werden.

7. Schluss

Wenn man die Entwicklung des deutschen Rechts auf dem Gebiet des Zugangs zu amtlichen Dokumenten kritisch betrachtet, so kann man sehr wohl die Frage stellen, woran es liegt, dass wir hier offenbar größere Schwierigkeiten als fast alle anderen Staaten haben, neue Entwicklungen in unsere Rechtsordnung aufzunehmen. Mir scheint deutlich, dass das auch an einer relativ starken Introvertiertheit der deutschen Rechtsordnung liegt. Ich habe darauf in der letzten Zeit mehrfach hingewiesen. Wir haben in verschiedenen Bereichen erlebt, dass das deutsche Recht sich internationalen Einflüssen und Tendenzen weniger leicht öffnet als viele andere Rechtsordnungen.

Ich hoffe, dass die nächsten Entwicklungen dazu führen werden, dass auch bei uns die für die Demokratie so besonders wichtige Vorstellung, dass amtliches Handeln grundsätzlich der Öffentlichkeit gegenüber verantwortet werden muss, stärker anerkannt wird. Für diese öffentliche Verantwortung ist die Möglichkeit des Zugangs zu Dokumenten von entscheidender Bedeutung.

Der Europäische Gerichtshof für Menschenrechte hat immer wieder davon gesprochen, dass in dem demokratischen System, in dem diese Konvention gilt, die Öffentlichkeit ein Recht auf Information hat.[44] Der Zugang zu Dokumenten ist eine wesentliche Verwirklichung dieses Rechtes auf Information.

---

44 Übersicht bei P. Kempees: A systematic guide to the case-law of the European Court of Human Rights 1960-1994, 1996, 659 ff.

Sektion I:
Archive und Archivare im totalitären Staat

Matthias Herrmann
Das Reichsarchiv (1933-1945) – Wirken und Wirkungen unter Einflussnahme nationalsozialistischer Politik[1]

1. Vorbemerkung

Mein Mentor charakterisierte mich einst, als die Dissertation im Jahre 1993 eingereicht wurde, als Chronist. In Anbetracht der Tatsache, dass die Arbeit, die heute ausschnittweise vorzustellen ist, weit über 600 Seiten umfasst, hat er vielleicht sogar recht. Andererseits ist eine Zeit nur aus sich selbst heraus erklärbar. Daher sind die zahlreichen Zitate als Beleg des damaligen Denkens und Handelns unabdingbar. Hinzu kommen die zahlreichen Kritiken, Anregungen und Hinweise der Disputation, die zu berücksichtigen wären. Auf die Fülle der Vorgänge und Entwicklungen an dieser beeindruckenden Institution kann daher nur auszugsweise eingegangen werden. Bevor das eigentliche Thema betrachtet wird, soll das dargestellt werden, was noch benannt werden könnte und eigentlich sollte:

a) Eines der grundlegenden Themen ist die Frage der Gleichschaltung nach 1933, vielleicht sogar die Stellung von Archiven in Umbruchsituationen überhaupt. Berücksichtigt werden müssten das Verhältnis von Konservativismus und Nationalsozialismus am Reichsarchiv, ebenso die Auswirkungen von Personalpolitik auf die Durchsetzung nationalsozialistischer Konformität. Thematisiert werden könnte die Mitwirkung des Reichsarchivs bei der nationalsozialistischen Umgestaltung des Archivwesens und beim „Schrifttumsschutz". Hierbei wäre das Wechselverhältnis zwischen dem Streben nach der „Archivfachspitze" und dem

---

1   Grundlage des Vortrags ist die Dissertation „Das Reichsarchiv (1919-1945). Eine archivische Institution im Spannungsfeld der deutschen Politik." Humboldt-Universität zu Berlin. Fachbereich Philosophie/Geschichtswissenschaften/Bibliotheks- und Informationswissenschaften: Institut für Geschichtswissenschaften. 687 S., 28 Abb., Berlin 1993. Dank gilt dem Mentor der Dissertation, Prof. Dr. Botho Brachmann, für die langjährige Begleitung der Arbeiten. Eine Drucklegung der Dissertation empfiehlt sich insbesondere wegen ihrer akribischen Darstellungsweise, die für die Fortführung von Forschungen zum Archivwesen im Nationalsozialismus bedeutsam sind.

Erlass eines „Archivgutschutzgesetzes" ebenso zu besprechen wie das Reichsarchiv als ein Zentrum der Reichsarchivreformbewegung. Das Thema wird geprägt durch konzeptionelle Vorstellungen des Reichsarchivs und die darauf aufbauenden Auseinandersetzungen mit dem GStA. Nicht zuletzt fließen wesentliche Aspekte der nationalsozialistischen Rassenpolitik, die Frage der Verknüpfung von Luftschutz und Vierjahresplan sowie die Behandlung von Privat- und Wirtschaftsarchiven in diesen Komplex ein.

b) Für das Reichsarchiv bedeutsam, aber in der Literatur doch schon öfter thematisiert, ist die praktische Abtrennung der Kriegsgeschichtsschreibung und die Herausbildung der Heeresarchive. In engem Zusammenhang damit steht der (heute nicht mehr bestehende) Neubau in Potsdam. Interessant ist es, die Herausbildung des Luftarchivs beim Oberbefehlshaber der Luftwaffe als Bestandteil der Zergliederung des Reichsarchivs (1937) zu verfolgen.

c) Persönlichkeiten in der Geschichte wäre ein weiteres Thema. Was kann, was muss und was darf in Bezug auf die Person Albert Brackmanns gesagt werden? Welche Zusammenhänge zwischen führenden Köpfen des Reichsarchivs und dem 20. Juli 1944 gibt es? Was bedeutete die Übernahme der Leitung des Reichsarchivs durch Ernst Zipfel für die gesamte Institution?

d) Interessant insbesondere für die Fachkollegen wären Ausführungen zu grundsätzlichen Aufgaben der Archivabteilung nach der Machtübernahme und ihrem Einfluss auf die Gesamtorganisation. Wie bewältigten die Mitarbeiter damals die archivisch-historiographische Zwitterstellung, welche archivischen Entwicklungen sind im Reichsarchiv seit den Veränderungen 1935/36 festzustellen? Auch hier wäre auf die Entstehungsursachen und frühen Bestandsübernahmen einzugehen; als Stichworte seien exemplarisch genannt: Militaria, Kriegswirtschaft, Auswärtiges Amt, Luftarchiv, Zeitgeschichtliche Sammlungen, Übernahme und Bewertung des Schriftgutes von Reichsbehörden. Noch heute durchaus berücksichtigenswert sind die Erkenntnisse und Erfahrungen auf den Gebieten der Theorieentwicklung zur Überlieferungsbildung, der Übernahme und der Erschließung.

e) Nicht nur für Architekten interessant wäre, welche Möglichkeiten der Planer der Reichshauptstadt, Albert Speer, einem Reichsarchiv in der Reichshauptstadt beimaß.

f) All das mag nach außen nur wenig mit dem Nationalsozialismus zu tun haben. Bei exakter Prüfung ergibt sich dennoch ein Zusammenhang zwischen intensiver werdender Staatlichkeit und Archivaufgaben. Unter den Bedingungen eines totalitären Systems spielen die Fragen der nichtstaatlichen, der parteipolitischen Einflussnahme eine besondere Rolle. Auch dies ist abendfüllend abhandelbar: Die Probleme der Zusammenarbeit des Reichsarchivs mit der NSDAP, ihren Gliederungen und nationalsozialistischen Gruppierungen war vielschichtig. Erstreckte sich deren Wirksamwerden einerseits stark auf die Ebene des Archivwesens des Reiches und der Länder – man benötigte schließlich Auskünfte zur Realisierung der Rassengesetze – entwickelte sich andererseits bei diesen ein eigenes Archivwesen. Beides hatte spezifische Auswirkungen auf die archivarische und archivalische Tätigkeit im Reich und in den Ländern. Die Verbindung zu Genealogie und Familiengeschichte wird wohl bei Bearbeitung des Themas erwartet und ist ungemein ergiebig. Wird die Schwerpunktsetzung allein bei personenbezogenen Unterlagen und Personalakten angesetzt, gelangt man unausweichlich wieder in die Einflussnahme parteipolitischer Gremien auf die Arbeit staatlicher Einrichtungen.

g) Ganz aktuell wären Fragen nach Ziel und Praxis der Erfassung jüdischer Quellen sowie der Behandlung jüdischen Archivgutes während und nach dem Novemberpogrom 1938 durch das Reichsarchiv und die preußische Archivverwaltung. Welche Rolle spielte die Errichtung der Zentralstelle für jüdische Personenstandsregister, welchen Nutzen versprach man sich durch den Erwerb von Archivalien aus jüdischem Besitz?

h) Ein weiteres Kapitel wären Öffentlichkeitsarbeit und Archivbenutzung während des Nationalsozialismus, wobei ebenso grundsätzliche und allgemeine Aufgaben der Benutzung, die Entwicklung einer reichseinheitlichen Benutzungsordnung und die Regelungen für eine Benutzung durch Ausländer zu besprechen wären. Unbedingt zu berücksichtigen wäre die Nutzung des Reichsarchivs zu Zwecken der militärwissenschaftlichen und militärhistorischen Forschung, denn dieses entsprach den Gründungsvoraussetzungen des Archivs. Sonderregelungen wie der „Fall Goldschmidt" wären zu klären. Wann, warum und wie lange konnte eine Benutzung durch Juden noch erfolgen?

i) Schließlich sollte die Publikationstätigkeit und Zusammenarbeit mit der historischen Forschung Gegenstand der Betrachtungen sein. Bei der Zusammenarbeit mit historisch-politischen Forschungseinrichtungen wäre auf alle Fälle die Zusammenarbeit mit dem Reichsinstitut für die Geschichte des neuen Deutschland, die Benutzung zur jüdischen Geschichte und die Einbindung in die Ostforschung zu benennen. Nicht zuletzt sind Aspekte der Zusammenarbeit mit der Zentralstelle für Nachkriegsforschung und der Volksdeutschen Archivverwaltung anzuführen. Wie konnten NSDAP, Gestapo und andere die Archive zu staatspolitischen Zwecken ausnutzen? Welche Möglichkeiten boten Archive und Archivare, wo widersetzten sie sich?

j) Schließlich sei der gesamte Komplex des Zweiten Weltkrieges zu nennen, der einerseits die Archivschutzmaßnahmen im Deutschen Reich selbst betrifft: physischer Archivgutschutz, Luftschutz, Dachbodenentrümpelung und Altpapiersammelaktionen.
Andererseits sind die archivrelevanten Auswirkungen der deutschen Expansionspolitik im Vorfeld und im Verlauf des Zweiten Weltkrieges zu beleuchten. Was hat es mit dem „Reichsarchiv" Saarland, was mit den „Reichsarchiven" in Österreich, in den sudetendeutschen Gebieten sowie im Protektorat Böhmen und Mähren auf sich. Schließlich erfolgte die Herausbildung von „Reichsarchiven" während des Krieges auch im Osten und Südosten Europas.

Da dies in der Kürze der Zeit nicht abzuhandeln ist, sollte es zumindest benannt worden sein. Für das weitere Verständnis sei deshalb die Einrichtung vorgestellt, an der dies zwischen 1933 und 1945 fokusartig zusammenlief: das Reichsarchiv in Potsdam.

2. Reichsarchividee und Gründungsphase 1919

Schon das ausgehende 15. Jahrhundert kannte die Institution von „Reichsarchiven".[2] Sie degenerierten allmählich zu „toten" Archiven, wurden den Beständen des Wiener Haus-, Hof- und Staatsarchivs zugeordnet, in das Pappenheimsche Archiv eingegliedert oder, wie im Falle Wetzlars, bis auf wenige „unteilbare" Reste zersplittert. „Die Geschichte der Reichsarchivalien hat unter keinem guten Stern gestanden."[3] Diese Feststellung Heinrich Otto Meisners kann nicht zutreffender sein. Und so war das deutsche Reichsarchiv, das zu Beginn des Jahres 1920 in

---

2 Parallel zueinander bestanden vier solcher Archive: beim Reichshofrat in Wien, beim Regensburger Reichstag, beim Reichskammergericht in Wetzlar und schließlich am Hof der Reichserzmarschälle, der Grafen von Pappenheim. Schließlich schmückte sich auch ein Münchener Archiv bis in das 20. Jahrhundert hinein mit einem solchen Namen: das bayerische „Reichsarchiv". Keines der bestehenden Archive der Behörden des Heiligen Römischen Reiches Deutscher Nation hatte nach dem Reichsdeputationshauptschluss Fortbestand.
3 Heinrich Otto Meisner: „Übersicht über die Bestände des Deutschen Zentralarchivs" (Rezension), in: Archivmitteilungen (AM) 8 (1958), 33.

Potsdam seinen Sitz nahm, eine Behörde „sui generis". Seine Entstehungsursache waren die Bestimmungen des Versailler Vertrages. Am 12. Juli 1919, also noch vor Verabschiedung des Versailler Vertrages und einer Reichsverfassung, hatte Hans v. Seeckt den „Antrag auf Umwandlung der kriegsgeschichtlichen Abteilungen" des Großen Generalstabes „in ein Reichsarchiv" gestellt.[4] Die beigefügte „Denkschrift über die Zukunft der Archive und kriegsgeschichtlichen Abteilungen des Großen Generalstabes" fixierte die fachliche und vor allem (militär-)politische Zwecksetzung des Institutes.[5] Eine zentrale Position kam dabei der öffentlichen Wirksamkeit des Archivs zu. Trotz wiederholter Einwände wurden letzte Bedenken des Reichsministers des Innern, Eduard H. R. David, auf der entscheidenden Kabinettsitzung am 15. September 1919 zerschlagen. Gustav Noske schleuderte in einer emotionalen Aufwallung den Anwesenden die Behauptung entgegen, dass „das deutsche Volk heute national so verlumpt" sei, dass „alles geschehen muß, um es vor allem national wiederaufzurichten. Durch nichts kann dies wirksamer erreicht werden, als durch die Belebung der stolzen soldatischen Erinnerungen aus dem Weltkriege."[6]

Am 6. Oktober teilte der Reichswehrminister dem Chef der Heeresleitung lapidar mit: „Dem Beschluß des Reichsministeriums vom 5. September 1919 entsprechend sind mit dem 1. Oktober 1919 die kriegsgeschichtlichen Abteilungen des bisherigen Generalstabes als Reichsarchiv dem Reichsministerium des Innern unterstellt worden."[7] Die Kriegsgeschichtlichen Abteilungen des ehemaligen Großen Generalstabes führten ihre wissenschaftliche Arbeit ab dem 1. Oktober 1919 fort.[8] Ritter Hermann Mertz v. Quirnheim, ein enger Vertrauter Hindenburgs im Weltkriege und bis dahin Oberquartiermeister für Kriegsgeschichte im

---

[4] Oberquartiermeister für Kriegsgeschichte, General v. Seeckt: Antrag zur Umwandlung der kriegsgeschichtlichen Abteilungen in ein Reichsarchiv", 12.7.1919, in: BA R 1506 Reichsarchiv Nr. 41 Bl. 98-100.

[5] Denkschrift über die Zukunft der Archive und kriegsgeschichtlichen Abteilungen des Großen Generalstabes, 12.7.1919, in: ebd., Bl. 101-112 (im Folgenden: Seeckt-Denkschrift vom 12.7.1919).

[6] Zit. n. Hans von Haeften: Neuzeitliche kriegsgeschichtliche Forschungsmethoden, 517.

[7] RWM an Chef der Heeresleitung, Seeckt, 6.10.1919 (Abschrift in Stellungnahme Georg v. Viebahn), in: BA RH 18 Chef Heeresarchive Nr. v.255 Bl. 30.

[8] Vgl. Weisung des OQK, General von Seeckt, gez. Mertz v. Quirnheim, unterschrieben i.A. vom Leiter der Zentralstelle, Hptm. Karl Ruppert vom 29.9.1919 zur Wiederaufnahme der Tätigkeit der Kriegsgeschichtlichen Abteilungen am 1.10.1919, in: BA R 1506 Reichsarchiv Nr. 41 Bl. 134-137.

Großen Generalstab, wurde zum Präsidenten berufen. Die Leitung der Sichtungs- bzw. Forschungsabteilungen wurde Oberst Hans v. Haeften übertragen, während des Weltkrieges Verbindungsoffizier der OHL zum Auswärtigen Amt und enger Vertrauter Ludendorffs.

1929 stellte man im Innenministerium fest, dass das Reichsarchiv geschaffen worden sei, „um ehemalige Generalstabsoffiziere unterzubringen gleichsam als getarnte Vorbereitung künftiger kriegerischer Ereignisse."[9] Zweiundzwanzig Jahre später betrachtete es der Chef der Heeresarchive, Friedrich von Rabenau, „als eines der großen Verdienste Seeckts, [...] wenn auch nicht öffentlich, ein militärisches Zentralarchiv gegründet zu haben, in dem zunächst die Dokumente des Weltkrieges gesammelt wurden."[10] Ihm war es gelungen, in einem „Kampf härtester Art den militärischen Grundcharakter gerettet" zu haben. Die militärische Funktionszuweisung prägte das Bestehen der Einrichtung bis zum Jahr 1937.

3. Entmilitarisierung und interne archivische Schwerpunktsetzung

Als sich der Reichskanzler am 10. Januar 1920 für die Schaffung eines komplexen zivilen wie militärischen Reichsarchivs aussprach, war dies die Geburtsstunde des „wirklichen" Reichsarchivs. Erstmals wurden in einer Denkschrift[11] auch sämtliche Aufgaben des Reichsarchivs definiert. Es waren dies
„1. Die Sammlung, Verwahrung und Verwaltung des gesamten Urkunden- und Aktenmaterials des Reiches seit seiner Gründung, soweit es nicht mehr für die laufende Verwaltung gebraucht wird.
2. Die wissenschaftliche Erforschung und Schilderung der hinter uns liegenden Periode der Geschichte des Reichs, die mit dem Weltkrieg ihren Höhepunkt und ihren Abschluß gefunden hat.
3. Die Auskunfterteilung auf Grund des dem Archiv anvertrauten Aktenmaterials."
Auch die seit 1920 eingestellten zivilen Mitarbeiter, häufig namhafte Historiker und Archivare, und die umstrittene Historische Kommission[12] vermochten nicht,

---

9 F. Hepner: Historische Auffassung und politische Stellungnahme. Aufgaben des Reichsarchivs, in: BA R 1501 Reichsministerium des Innern Nr. 13111 Bl. 27.
10 Friedrich v. Rabenau: „Die deutschen Heeresarchive", in: Deutsche Kavallerie-Zeitung 14 (1941), 11.
11 vgl. Friedrich P. Kahlenberg: Deutsche Archive in West und Ost. Zur Entwicklung des Staatlichen Archivwesens seit 1945 (Mannheimer Schriften zur Politik und Zeitgeschichte 4) Düsseldorf 1972, 18, Anm. 14.
12 Zur Mitwirkung bürgerlicher Historiker an den Belangen des Reichsarchivs verab-

die Zielsetzung der Einrichtung zu wandeln. Der umfassende zivile Ausbau war damit noch nicht gesichert.[13]

Ein entscheidender Schritt war die Übernahme der Leitung der Archivabteilung durch Staatsarchivar Ernst Müsebeck vom Geheimen Staatsarchiv Berlin-Dahlem (GStA) am 15. Dezember 1920. Dieser Zeitpunkt ist Zäsur der weiteren Entwicklung des Reichsarchivs.[14] Bereits auf der ersten Monatsbesprechung der Archivabteilung am 6. Januar 1921 verkündete er, wichtigste Aufgabe sei es, „das Reichsarchiv von einem bestimmten Einzelzweck freizumachen, möge er auch noch so groß sein wie der, eine Geschichte Deutschlands im Weltkriege zu schreiben." Vielmehr sei die Archivabteilung zu einer „Rüstkammer, zu einem Zeughaus für die gesamte innere und äußere Verwaltung des Deutschen Reiches und für die wissenschaftliche Erkenntnis unseres Staats- und Nationalbewußtseins seit 1867 zu machen".[15]

Beim Abschluss der ersten Phase der institutionellen Konstituierung des Reichsarchivs (Anfang 1921) wurde ein kritischer Punkt erreicht. Die Diskrepanzen zwischen den unterschiedlichen politischen Gangarten und Interessen der involvierten zivilen Reichsministerien und des Reichswehrministeriums verlagerten sich zunehmend in das Reichsarchiv.[16]

---

schiedete das RMdI am 17.6.1920 einen Erlass über die Gründung einer „Historischen Kommission für das Reichsarchiv". Diese habe „das Reichsarchiv in seiner wissenschaftlichen Tätigkeit zu beraten, die Verbindung [...] mit der Wissenschaft herzustellen und über die Unabhängigkeit seiner Forschungen zu wachen". Vgl. Erlaß betreffend die Bildung einer „Historischen Kommission für das Reichsarchiv" beim Reichsministerium des Innern, 17.7.1920, in: BA N 1017 Hans Delbrück Nr. 50 Bl. 3. Einberufen wurde die Kommission erstmalig am 6./7.11.1920. Ihr Wirken war ebenso Ausdruck des Kräftespiels der an der Arbeit des Reichsarchivs Interessierten, wie auch des Kräftemessens der Politiker, der Militärs und führender Historiographen. Deutlich wird die Vielfalt der Interessen, die einzelne Sparten in der Umbruchzeit mit dem Reichsarchiv verknüpften. Über ihre Tätigkeit informieren die Publikationen von Karl Demeter und Walter Vogel umfassend.

13 Protokoll über die Chefbesprechung am 10.1.1920, in: BA R 43 Reichskanzlei I Nr. 886 Bl. 75.
14 Mitteilung des RMdI an Geheimes Staatsarchiv Berlin-Dahlem vom 15.12.1920 über Ernennung, in: Geheimes Staatsarchiv Preußischer Kulturbesitz (im Folgenden: GStA) Rep. 178 VII 2 E 10 o. Bl.
15 Ernst Müsebeck: Denkschrift (-geschichte) über die Archivabteilung des Reichsarchivs und ihre Aufgaben, 31.5.1922, in BA R 1506 Reichsarchiv Nr. 62 Bl. 177-183.
16 Hauptspannungsfelder waren: 1. die Differenz in den Vorstellungen von Reichsinnenministerium sowie Reichstag und Reichswehrministerium sowie Truppenamt be-

Die wechselhaften Ränke, die um das Reichsarchiv gesponnen wurden, machten schließlich auch die Öffentlichkeit wieder auf das Archiv aufmerksam. Die Berliner Volkszeitung brachte den in der „Republikanischen Presse" veröffentlichten Unwillen nochmals zum Ausdruck: „Mag es nun an der Aehnlichkeit der ‚geni locorum' liegen – ... Tatsache bleibt, daß hier die Gegner der Republik mit dem Gelde der Republik gefüttert werden". Dies sei „nichts anderes als ein [...] Dolchstoß in den Rücken der Republik!"[17] Es blieb nicht die einzige öffentliche Kritik an Publikationen und Arbeitsweise des Reichsarchivs. Der militärisch-zivile, militaristisch-konservative und reich-preußische Zwitterstatus war Ursache für zahlreiche Auseinandersetzungen und hatte Fortbestand bis in die Mitte der dreißiger Jahre.

4. Der Übergang zum Nationalsozialismus

Als Ritter Hermann Mertz v. Quirnheim altershalber in den Ruhestand trat, übergab er die Leitung der Institution zum 1. November 1931 an Hans v. Haeften.[18] Der 61-jährige war seit 1920 Direktor der Forschungsabteilung des Reichsarchivs gewesen und gehörte zu einem der eifrigsten Verfechter des Weltkriegswerkes,

---

züglich des Einsetzens und der Art und Weise der Weltkriegspublizistik; 2. zunehmende außenpolitische Bedenken gegen angestrebte Formen der Weltkriegsgeschichtsschreibung seitens des Auswärtigen Amtes und dessen Anspruch auf das Monopol zur Untersuchung der politischen Verhältnisse während des Krieges; 3. die Frage nach der Zuweisung von Prioritäten innerhalb des Reichsarchivs: Archiv oder Kriegsgeschichtsschreibung ?; 4. die Heterogenität des umgebildeten Beamtenkörpers an sich, in der auch die unter 1., 2. und 3. formulierten Kriterien mitschwangen und 5. die vielschichtige, teilweise gegensätzliche und auf zweckrationale Gründe zurückzuführende Besetzung der Historischen Kommission als Aufsichtsorgan. Letztendlich hatten einen gewissen Anteil an diesen Spannungen auch 6. die Diskrepanzen zwischen dem Geheimen Staatsarchiv und dem Reichsarchiv, die dadurch mitbeeinflusst wurden, dass mehrere Archivare des GStA zum Reichsarchiv übergewechselt waren, hier einen besonderen Zusammenhalt offenbarten und schließlich auch P. Kehr in der Historischen Kommission bemüht war, preußische Auffassungen zum Tragen zu bringen. Vgl. hierzu auch: Karl Demeter: Das Reichsarchiv, Frankfurt/M. 1969, 16.
17 „Das Reichsarchiv in Potsdam. Republikanische ‚Dolchstoß'-Propaganda", in: Berliner Volkszeitung, Abendausgabe, 20.2.1922 (Nr. 86).
18 RMdI an Präsident des Reichsarchivs, 23.10.1931, in: BA R 43 Reichskanzlei I Nr. 886 Bl. 253, sowie: Präsident des Reichsarchivs an Reichskanzlei, 2.11.1931, in: ebd., Bl. 258.

dessen Erarbeitung er mit „Feuereifer" betrieben hatte.[19] Sein Auftreten, das die Souveränität und Geradlinigkeit seines Vorgängers vermissen ließ, hatte Folgen, die sich insbesondere unter der nationalsozialistischen Herrschaft bemerkbar machen sollten. Dennoch konnte Hans Thimme 1933 konstatieren: „Die Angelegenheit Reichsarchiv läuft gut".[20]

Naheliegend war, dass die unter nationaler Schwerpunktsetzung erfolgende Forschungs- und Öffentlichkeitsarbeit von den Nationalsozialisten aufgegriffen würde. Die im Januar 1933 eröffnete Ausstellung „Reichsgedanke und Reich"[21] bot hierzu günstigste Voraussetzungen. Vom Denkansatz nationalistisch, gelang es den Nationalsozialisten, ihre Inhalte zu kooptieren. Der „Völkische Beobachter" feierte sie als dem „deutschen Menschen blutnahe und wesensgleich". Hier liege „das Erz zu einem Schwert bereit, das selbst Bismarck unerkannt in der Scheide ließ, die Waffe der außenpolitischen Propaganda."[22] Ausgehend vom verfassungsgeschichtlichen Rückblick in ebendieser Ausstellung fühlte sich der „Angriff" zu postulieren berufen: „1815, 1849 … – 1919. Drei Fehlschläge. Nun sind wir dran …".[23]

5. Personalpolitik

Offensichtlich waren u. a. der Wandel in der Personalpolitik sowie die Einrichtung des Führerprinzips und parteipolitischer Führungsstrukturen. Zu Beginn des Jahres 1933 besaßen von den weit über 150 Mitarbeitern lediglich 22, davon nur sechs zumeist jüngere Beamte, das Parteibuch der NSDAP.[24] Für die Masse der

---

19 Unter seiner Leitung entstanden insgesamt neun Bände des amtlichen Werkes „Der Weltkrieg 1914 bis 1918", zwei Ergänzungsbände über die Kriegswirtschaft und einer zum Feldeisenbahnwesen. Auch er gehörte bereits im Weltkrieg zu einer taktisch flexibel agierenden Gruppe des Militärs, die auch nach der Niederlage eine direkte Konfrontation zu den politischen Leitlinien zu umgehen bemüht war. Vgl. Demeter (wie Anm. 16), 32 f., 40-42, sowie „Hans v. Haeften†", in: Wissen und Wehr 7 (1937), 420.
20 Vgl. Tagebuch Hans Thimmes, in: BA Kl Erw 842 Hans Thimme Nr. 2 Bl. 75.
21 Vgl. Hans Goldschmidt: Das Reich und Preußen im Kampf um die Führung. Von Bismarck bis 1918, Berlin 1931 u. a.; die Ausstellung war seit Ausgang der 1920er Jahre vorbereitet worden.
22 Ahv.: „Reichsgedanke und Reich", in: Völkischer Beobachter, 17.1.1933, 17.
23 „Das Gedächtnis der deutschen Nation. Ein Gang durch das Reichsarchiv in Potsdam. Ein Jahrhundert Sehnsucht nach dem einigen Reich", in: Der Angriff, Januar 1933.
24 BA R 1506 Reichsarchiv Nr. 119 Bl. 1 f.

wissenschaftlichen Beamten und Angestellten vollzogen sich erst allmählich und nicht vollständig Schritte, die über ein bloßes „Mitläufertum" hinausgingen. Schwierigkeiten bereitete vor allem die Tatsache, dass zahlreiche der ehemaligen Offiziere dem „Stahlhelm – Bund der Frontsoldaten" angehörten und „zunächst wenig Interesse und Verständnis für einen Zusammenschluß aller Beamten im nationalsozialistischen Sinne" zeigten.[25] Noch ragten aus der „gewöhnlichen engen Sphäre des Militarismus" auch „freiere, politisch einfühligere und human gebildete Charaktere hervor, Träger der Traditionen Scharnhorsts, Gneisenaus und Boyens." Friedrich Meinecke, der eine solche Charakteristik für die Zeit vor der Machtergreifung traf, rechnete diesen auch den Präsidenten des Reichsarchivs, Hans v. Haeften, zu.

Die Vereidigung der Mitarbeiter auf den Führer 1934 war ein Mittel zur Durchsetzung äußeren Zwanges auf das Bekenntnis zum Nationalsozialismus. In den „Stimmungsberichten" wurde aber bezweifelt, dass eine politische Umstellung tatsächlich erfolgt sei: „Immerhin sind verschiedene noch mit großer Vorsicht zu behandeln."[26] Nicht zuletzt wegen mangelhafter Identifikation mit den Zielen des Nationalsozialismus musste Hans v. Haeften den Dienst quittieren. Ernst Müsebeck war in seiner kurzen kommissarischen Amtszeit gescheitert. Im Zuge der „Erneuerung" der Beamtenschaft des Reichsarchivs auf administrativem Wege folgte die Entlassung von national gesinnten, linksliberalen und jüdischen Beschäftigten.

Im Juni 1935 wurden die Oberarchivräte Ludwig Bergsträßer und Veit Valentin sowie der Archivrat Martin Hobohm entlassen. Mit Wirkung vom 22. Mai 1934 wurde den Archivräten Albrecht und Karl-Heinrich Schäfer gekündigt.[27] Im Oktober 1935 folgten diesen die Archivräte Kinitz, Herbert Alexander Graf v. Wartensleben, Werner Blankenstein und Otto Danz. Es waren Mitarbeiter, die von Anbeginn an am Reichsarchiv tätig und teilweise Kriegsversehrte bzw. ehemalige Generalstäbler waren. Die offiziellen Begründungen bezogen sich auf mangelhafte Dienstausführung und mangelhaften Fleiß, geistige Schwerfälligkeit bzw. fehlende berufliche Eignung. Tatsächlich war beabsichtigt, sich vom überalterten Stammpersonal ebenso zu trennen wie von politisch missliebigen Mitarbeitern, um deren Stellen nach Paragraph 6 Abs. 2 des Gesetzes zur Wiederher-

---

25 Vgl. Geschichte der nationalsozialistischen Beamtenarbeitsgemeinschaft und des Reichsbundes der Deutschen Beamten, Potsdam 14.1.1938, in: BA R 1506 Reichsarchiv Nr. 119 Bl. 14.
26 Stimmungsbericht September 1934 in: BA R 1506 Reichsarchiv Nr. 119 Bl. 5.
27 Vgl. Schreiben RMdI an Reichsarchiv, 22.5.1934, in: BA R 1506 Reichsarchiv Nr. 111, Bl. 597 f.

stellung des Berufsbeamtentums durch jüngere ausfüllen zu können.[28] Das, was beim Personalabbau 1923 wegen politischer Prämissen noch nicht durchgesetzt werden konnte, erfolgte nun innerhalb kürzester Zeit.
Schließlich setzte auch im Reichsarchiv die Entfernung „nichtarischer" Persönlichkeiten aus dem öffentlichen Leben sein. Alex Bein emigrierte noch 1933.[29] Am 21. April 1934 erfolgte die Entlassung von Hans Goldschmidt auf der Grundlage des Arierparagraphen. Den Einsprüchen des Vorsitzenden der Historischen Reichskommission, Hermann Oncken, und der Gräfin Bismarck, die eine Wiedereinstellung forderten, wurde seitens des Innenministeriums nicht stattgegeben. Lediglich die weitere wissenschaftliche Arbeit im Reichsarchiv zu den von ihm begonnenen Themenkreisen wurde vorerst noch gebilligt.[30] Auf der Grundlage des Paragraphen 6 wurde zum 18. Mai 1936 Ministerialrat Martin Löwenthal, seit 1. Oktober 1933 am Reichsarchiv und seit 1. April 1934 Leiter des Sachgebietes Gerichtsakten, entlassen.[31] Gegenseitiges Misstrauen und karrieristisches Gebaren wurden Alltag. Militärische, nationalsozialistische und streng hierarchische Umgangsformen ersetzten zum erheblichen Teil die wissenschaftlichen Kontakte zwischen den Beamten.

6. Herauslösung der Kriegsgeschichtsschreibung und Abtrennung der Militariabestände

Kurz nach der nationalsozialistischen Machtergreifung forderte Blomberg nachdrücklich die erneute Angliederung der kriegsgeschichtlichen Forschungsabteilungen an die Reichswehrführung.[32] Das Gebäude auf dem Brauhausberg war von

---

28 Vgl. Albert Brackmann, „Versetzung von wissenschaftlichen Beamten in den Ruhestand", 15.10.1935, in: BA R 1506 Reichsarchiv Nr. 105 Bl. 212-219.
29 Vgl. zu dessen Stellung als einziger Jude (neben anderen sog. „Halbjuden"): R. Jütte: „Der Beitrag deutsch-jüdischer Einwanderer zum Aufbau eines Archivwesens in Israel", in: Der Archivar 43 (1990), 395-414.
30 Vgl. BA R 1506 Reichsarchiv Nr. 106 Bl. 585 sowie BA NL 298 Hans Goldschmidt Nr. 4.
31 „Da er nicht reinarischer Herkunft" war, erachtete es Albert Brackmann als „für nicht länger tragbar, daß er über Volksgenossen arischer Herkunft, besonders über Parteigenossen Auskünfte aus den Gerichtsakten erteilt." Vgl. Reichsarchiv an Reichs- und Preußisches Ministerium des Innern (im Folgenden: RuPrMdI), 18.5.1936, in: BA R 1506 Reichsarchiv 111 Bl. 624.
32 Reichswehrminister an RMdI, 13.12.1933, Geheim, in: BA WF-10 Chef Heeresarchive Nr. 2180.

nichtmilitärischen Beständen und zivilem Personal zu räumen. Das Reichsarchiv wurde von der fachlich und personell durchdachten Umgestaltung und der Aufnahme entsprechender Schritte nur noch in Kenntnis gesetzt.[33] Die formale Herauslösung wurde im Oktober angekündigt,[34] der tatsächliche Wechsel erfolgte in Zusammenhang mit der etatrechtlichen Verselbständigung erst am 1. April 1935.[35] „Ein altes Band" war nach 16-jähriger Trennung, während der „die Tradition der Kriegsgeschichtlichen Abteilung des alten Generalstabs wahrgenommen" wurde, „neu geknüpft" worden.[36] Parallel dazu wurde die „Gruppe Auswertung" im Reichsarchiv (Borries/Viebahn) zur „7. (Kriegswissenschaftlichen) Abteilung des Truppenamtes". Interessant und deshalb anzumerken ist, dass auch weiterhin das gesamte Reichsarchiv und seine Mitarbeiter sowie die dort „auftretenden Verrats- und Verlustfälle" durch die im Mai 1935 von Canaris geschaffene Stelle „Z Arch Rw M" („Zentralarchiv beim Reichswehrministerium") kontrolliert wurden.[37]

Die erneute Einrichtung der Forschungsanstalt beendete den nahezu 15 Jahre währenden Dualismus zwischen Archiv- und Forschungsabteilung. Die Integration des Reichsarchivs in ein vereinheitlichtes Reichsarchivwesen schien dadurch sogar in den Bereich des Möglichen gerückt zu sein.

Doch die Reichswehr forderte nicht nur die Herauslösung der Forschungsabteilungen, sondern auch die Errichtung eines Heeresarchivs. Als frühe Auswirkung der Remilitarisierung entstand dadurch eine erhebliche Gefährdung für das Reichsarchiv als Gesamtinstitution. Vier umfangreiche und eng miteinander verflochtene Komplexe standen zur Klärung an. Jeder für sich war bedeutsam, alle

---

33 Reichswehrminister an Präsidenten Reichsarchiv, 21.12.1933, in: BA WF-10 Chef Heeresarchive Nr. 2180.

34 Wörtlich: „Die bisherige kriegsgeschichtliche Abteilung [...] wird, einer Vereinbarung zwischen dem Herrn Reichswehrminister und dem Herrn Reichsminister des Innern entsprechend, aus dem Reichsarchiv herausgelöst", Truppenamt an V. A., 25.10.1934, in: BA RH 2 Oberkommando des Heeres Nr. 2609 Bl. 43.

35 Der Auffassung von Friedrich Christian Stahl: „Die Organisation des Heeresarchivwesens in Deutschland 1936-1945", in: Aus der Arbeit des Bundesarchivs, Boppard 1977, 74 f., über das Gründungsdatum (1.4.1934) kann nicht zugestimmt werden. Vgl. Begrüßungsschreiben Becks an die Forschungsanstalt vom 30.3.1935, in: BA RH 2 Oberkommando des Heeres 2609 Bl. 63.

36 Vgl. Begrüßungsansprache des Chefs des Truppenamtes vom 25.4.1935, in: BA W-10 Kriegsgeschichtliche Forschungsanstalt des Heeres Nr. 67 Bl. 48 ff.

37 Zuvor: Abwehrstelle Berlin beim Wehrbezirkskommando III, vgl. BA RH 2 Oberkommando des Heeres Nr. 133b Bl. 169 f.

gemeinsam aber waren von grundsätzlicher, nahezu existenzieller Bedeutung. Es handelte sich um folgende Schwerpunkte:
1. Das Reichsarchiv bedurfte einen Neubaues, um seine Funktion weiterhin ausüben zu können.
2. Die seitens der Reichswehr beabsichtigte Herauslösung der Forschungsabteilungen und schließlich auch der militärischen Bestände war zugunsten des zentralarchivischen Charakters zu entscheiden.
3. Die Herbeiführung einheitlicher archivischer Organisationsformen durch die Reform des Archivwesens im Reich wurde aus fachlichen und politischen Gründen notwendig, um Kompetenzverschiebungen zu Lasten der staatlichen Einrichtungen zu verhindern.
4. Zur Bestimmung des Reichsarchivs als einzige und zentrale Archivverwaltung mit Zuständigkeit für die Überlieferung oberer und oberster Reichsbehörden war die eindeutige Abgrenzung zum Preußischen Geheimen Staatsarchiv von grundlegender Bedeutung.

7. Herausbildung der Heeresarchive

Ende 1934 war General Ludwig Beck beim Präsidenten des Reichsarchivs vorstellig geworden. In Zusammenhang mit der Errichtung des Magazinneubaues[38] sollte die „vielleicht zu einem späteren Zeitpunkt zu verwirklichende Absicht des Reichswehrministeriums" Berücksichtigung finden, „wieder ein Kriegsarchiv zu bilden".[39] Die maßgeblichen Impulse gingen von der Gruppe Borries/Viebahn

---

38 Am 20.6.1934 wurde mit den Erdarbeiten zur Errichtung des T-förmigen Anbaues begonnen. Der zweiflügelige Trakt in den Maßen 60 x 14 m und 71 x 14 m besaß ein Erdgeschoss und sechs Obergeschosse. Aus Brand- und Luftschutzgründen war er nur durch einen Verbindungsbau vom alten Gebäude begehbar. Schon am 10. November konnte Richtfest gefeiert werden und der Innenausbau setzte ein. Ziel für die Belegung mit Archivalien war der 1.3.1935. Über die Konstruktion und die technischen Details, die erhebliche Auswirkungen bei der Zerstörung des Archivs 1945 haben sollten, informiert ausführlich: Rudolf Wiesen: „Der Neubau des Heeresarchivs Potsdam", in: Archivalische Zeitschrift 45 (1939), 7-15 (mit Bildbeilagen); ders.: „Bau von Bibliotheken und Archivgebäuden. Das Archivgebäude auf dem Brauhausberg", in: Neue Bauwelt 6 (1951), 519-522. – Ebenso erfolgte die Erwähnung in der Publizistik, u. a.: „Reichsgeschichte in sieben Stockwerken. Neuorganisation des Reichsarchivs – Ein Besuch in Deutschlands interessantestem Hochhaus", in: Schwäbischer Merkur, 21.9.1935 (Nr. 221).
39 Reichwehrminister i.A. Ludwig Beck an den Präsidenten des Reichsarchivs, 30.11.1934, in: BA RH 18 Chef Heeresarchive Nr. v. 255 o. Bl.

(Auswertung der Kriegserfahrungen) aus, die seit 1925 im Auftrag des Truppenamtes (T 4 – Heeresausbildungsabteilung) an der Erfassung verwertbarer Weltkriegserfahrungen arbeitete.[40]
Ein im Januar 1935 vorgestellter Entwurf der neuen Archivgliederung beanspruchte die Militaria als festen Bestandteil des Reichsarchivs. Ihre Bearbeitung habe durch ausgebildete Archivare zu erfolgen. „Solche Pläne noch in letzter Stunde zu verhindern"[41] war die Aufgabe der nahezu zeitgleich erschienenen Denkschrift über „Die Notwendigkeit der Errichtung eines Kriegsarchivs".[42] Werner Freiherr v. Fritsch berief sich im Auftrage des Reichskriegsministers und Oberbefehlshabers (OB) der Wehrmacht auf das Eigentumsrecht an den der „Abteilung A II des Reichsarchivs zu treuen Händen übergebenen Kriegsakten."[43] Gefordert wurde zugleich entschieden die Mitbeteiligung seines Ressorts bei allen entsprechenden Entscheidungen über das Reichsarchiv. Die vollständige Herauslösung der Militaria sei unter Bezugnahme auf aktuelle militärische Forschungen nach der Wiedererlangung der „deutschen Wehrhoheit" dringendes Erfordernis.[44] Nach vielschichtigen Debatten stimmte Albert Brackmann im Dezember 1935 der Errichtung des allgemeinen Heeresarchivs zu, wobei er wohl auf eine Einbezie-

---

40 Ihr gehörten an: General a. D. Kurt v. Borries, Oberst a. D. Theodor Jochim, Major a. D. Georg v. Viebahn. Sie waren weder Angestellte der Reichswehr noch des Reichsarchivs sondern arbeiteten auf Honorarbasis. Vgl. Denkschrift über die kriegswissenschaftlichen Forschungsstätten des Reichsheeres, 3.4.1933, in: BA RH 18 Chef Heeresarchive Nr. v.255. Über die Tätigkeit der Gruppe informiert ausführlich R. Brühl: Militärgeschichte und Kriegspolitik. Zur Militärgeschichtsschreibung des preußisch-deutschen Generalstabes 1816-1945, Berlin 1973, 306-312. Im Gegensatz zu der sonst mitunter einseitig ausgerichteten bzw. überspitzten Darstellung von Brühl müssen die zu dieser Gruppe getroffenen Aussagen durchaus als berechtigt und objektiv anerkannt werden. Brühl dürfte deren Bedeutung für die Reichswehr und die Rolle, die sie bei der Abtrennung des Heeresarchivs spielte, eher noch unterschätzt haben.
41 Waldemar Erfurth (an Reichswehrministerium), 28.1.1935, in: BA RH 18 Chef Heeresarchive Nr. 255.
42 Vgl. „Die Notwendigkeit der Errichtung eines Kriegsarchivs" (7 Bl.) und Anlage (7 Bl.) o.D. o.V. (Gruppe Auswertung, 6.12.1934), in: BA RH 18 Chef Heeresarchive Nr. v.255 Bl.
43 Reichskriegsminister und OB der Wehrmacht i.V. Werner Frhr. v. Fritsch an RuPrMdI, 20.6.1935, in: BA RH 2 Chef Heeresarchive Nr. 2609 Bl. 83 f.
44 Kriegswissenschaftliche Abteilung Potsdam betr. „Einrichtung eines allgemeinen Kriegs- und Heeresarchivs", 27.6.1935, in: BA RH 2 Oberkommando des Heeres Nr. 2609 Bl. 85-92.

hung in die von ihm konzipierte Reichsarchivverwaltung hoffte.[45] Am 1. April 1937 gab der Reichs- und Preußische Minister des Innern in einem Runderlass den Übergang der Abteilung II der Archivabteilung des Reichsarchivs sowie seiner Zweigstellen Dresden und Stuttgart an das Heeresarchiv bekannt.[46] Durch die notwendig gewordene Neugliederung und eine aktualisierte Funktionsbestimmung kam es zu weiteren Auseinandersetzungen mit dem Heeresarchivwesen. Besondere Streitpunkte waren die Unterlagen der Kriegswirtschaft, militärisch interessierende Archivalien der Länder, kriegsgeschichtlich relevante Einzelbestände, das Luftarchiv und die Bücherei.

Das Jahr 1937 ist als Zäsur für das Reichsarchiv zu betrachten. Es verlor den Charakter eines komplexen Zentralarchivs für die Überlieferung zur Geschichte des Reiches. Bedingt durch die Abtrennung des gesamten militärischen Komplexes gelang es, sich verstärkt der archivischen Funktion zuzuwenden. In der Folgezeit sind bis zum Beginn des Zweiten Weltkrieges und darüber hinaus verstärkte Übernahmen von Schriftgut der Reichsbehörden sowie ein erheblicher Aufschwung in der Erschließungstätigkeit an bereits übernommenen Beständen festzustellen.

8. Reich und Preußen

Für die Zeit des Nationalsozialismus ist eine zunehmende Vermengung von Aufgaben des Reiches und Preußens, d. h. im speziellen Falle des Reichsarchivs und des Geheimen Staatsarchivs festzustellen. Maßgeblich beeinflusst wurde dies durch den 1931 erschienenen Erlass des Reichsministers des Innern über „Verwertung von Akten für wissenschaftliche Zwecke" – ein übergreifendes Instrumentarium für die Bestandsabgrenzung zwischen Archiven unterschiedlicher Länder bzw. Trägerschaft.

Dem Reichsarchiv, definiert als „archivalische Zentralstelle für die Geschichte des Deutschen Reiches seit 1867 und die Geschichte der Deutschen Einheitsbewegung", wurde durch diesen Erlass die Aufgabe zuteil, „alles für die Geschichte des Reiches bedeutsame Quellenmaterial [...] zu sammeln und für die Zwecke des Reiches und der Wissenschaft zu erhalten." In seine direkte Zuständigkeit waren

---

45 Vgl. OB des Heeres, 11.3.1937, Bildung der Heeresarchive, in: HVBl 19 (1937), 10 vom 17.3.1937, Ziff. 291, 118 f. Zum gesamten Vorgang der Herausbildung des Heeresarchivs vgl. Stahl (wie Anm. 35), 74 f.

46 Rd.Erl. v. 1.6.1937 - VI A 5416/1880, Übergang der militärischen Akten des Reichsarchivs auf das Heeresarchiv, Belegstück in: BA RH 18 Chef Heeresarchive Nr. v.64 Bl. 10.

die Akten aller obersten und von 18 namentlich aufgeführten höheren Reichsbehörden[47] gestellt worden, für die zugleich ein turnusmäßiger fünfjähriger Abgaberhythmus festgelegt wurde.

Der Erlass beschränkte wesentlich die Interessen der Staatsarchive der Länder und stellte einen Höhepunkt in der Entwicklung des Reichsarchivs sowie des Archivwesens im Reich dar.[48] Die nichtpreußischen Landesarchivverwaltungen stimmten dieser Regelung nicht bzw. nur unter Vorbehalt zu. Insbesondere Bayern, das „ja ohnehin in dem Rufe" stand, dass es „allem, was von Berlin kommt, mißtrauisch und ablehnend gegenüberstehe",[49] votierte dagegen, ebenso die Württembergische und die Sächsische Archivdirektion.[50] Thüringen sprach sich entschieden für die Anbietung der Akten der höheren Reichsbehörden an die Landes- und Provinzialarchive aus. Schon nach einem Jahr erfolgte eine Korrektur der Festlegungen zu Punkt II. B. des Erlasses betreffend die Ablieferungen von „sonstigen Reichsbehörden".

Die Bestimmung des Reichsarchivs zur einzigen und zentralen Archivverwaltung mit Zuständigkeit für die Überlieferung oberer und oberster Reichsbehörden war von grundlegender Bedeutung. Einer Lösung des Problems standen die permanenten Ansprüche des Preußischen Geheimen Staatsarchivs auf Übernahme der zivilen Überlieferung zur Geschichte des Reiches unter Dominanz Preußens entgegen. Ein Entwurf zur „Neuordnung des deutschen Archivwesens" vom 22. November 1935 sah beispielsweise erneut die Herausbildung eines Reichshauptarchivs und einer zentralen und übergreifenden Reichsarchivverwaltung vor, die entsprechend der Totalität des Staatsaufbaues beim Staatschef und somit beim

---

47 Es handelt sich um Folgende: Archäologisches Institut des Deutschen Reichs, Reichsgesundheitsamt, Bundesamt für das Heimatwesen, Chemisch-Technische Reichsanstalt, Physikalisch-Technische Reichsanstalt, Reichsamt für die Landesaufnahme, Zentralnachweiseamt für Kriegerverluste und Kriegergräber, Reichsfinanzhof, Reichsmonopolverwaltung für Branntwein, Reichsschuldenverwaltung, Statistisches Reichsamt, Reichsaufsichtsamt für Privatversicherung, Reichswirtschaftsgericht, Kartellgericht, Reichsversicherungsamt, Reichsversorgungsgericht, Reichsgericht mit Nebengerichten und Oberreichsanwalt, Deutsche Seewarte.

48 Erlass des Reichsministers des Innern vom 11.12.1931 über Verwertung von Akten für wissenschaftliche Zwecke, in: RMBl (Zentralblatt für das Deutsche Reich) 59 (1931) Nr. 53 vom 11.12.1931.

49 Generaldirektor (im Folgenden: GD) der Bayerischen Staatsarchive an GD der Preußischen Staatsarchive, 30.1.1932, in: GStA Rep. 178 VII 2 E 10, Beiheft o. Bl.

50 Vgl. den nachfolgenden Beitrag von Jörg Ludwig: „Das Sächsische Hauptstaatsarchiv Dresden in der Zeit des Nationalsozialismus und der Sowjetischen Besatzungszone (1933-1949)".

preußischen Ministerpräsidenten einzurichten sei.[51] Das GStA konnte sich insbesondere die Tatsache zunutze machen, dass im Reichsarchiv selbst das Problem eines komplexen Zentralarchivs, d. h. der Geschlossenheit ziviler und militärischer Überlieferung, zu diesem Zeitpunkt nicht geklärt war.

Dass beide Archive kein gutes Einvernehmen besaßen, schuf Freiräume, in die Dritte stoßen konnten. Die Vermengung barg aber ebenso die Chance einer Vereinheitlichung von Abläufen im Archivwesen. Ein hervorragendes Beispiel, das die Zustände geeignet charakterisiert, ist der spätere Direktor des Reichsarchivs selbst: Ernst Zipfel.

9. Übernahme der Leitung des Reichsarchivs durch Ernst Zipfel

Albert Brackmanns „planmäßiges" Ausscheiden mit Erreichung der Altersgrenze hatte zu einigem Erstaunen geführt, zumal die Bestrebungen zur Errichtung zentralisierterer Formen des deutschen Archivwesens maßgeblich von seinen Vorstellungen geprägt worden waren.[52] Anlässlich seiner Pensionierung bedauerten das eine Vielzahl leitender Archivare und einflussreicher Persönlichkeiten. Die neu zu besetzende Position wurde zum Spielball zwischen den Interessen des Reichsinstituts für Geschichte des neuen Deutschlands, W. Frank, und Parteigrößen. Doch weder den für die Stelle angetretenen Bewerbern Willy Hoppe und K. A. Eckardt noch einem anderen Außenseiter gelang es letztendlich, sich in diesen auf parteipolitischer Ebene ausgetragenen Rivalitäten zu behaupten.

Am 19. September 1936, während des 26. Deutschen Archivtages in Karlsruhe, war der bisherige Personalreferent der Archive, Ernst Zipfel, zum Direktor des Reichsarchivs Potsdam ernannt worden. Insgesamt übernahm er damit die Leitung eines Archivs, das sich mitten in der Umgestaltung befand. Wie er Müsebeck mitteilte, habe er „bei Antritt seines Amtes eine im großen bereits unabänderliche Lage vorgefunden." Sein nicht ungetrübtes Verhältnis zu den eingeleiteten Maßnahmen seines Amtsvorgängers, vor allem bezüglich der Reichsarchivreform, erschwerte diesen Schritt erheblich. Er vermochte deshalb seine Hauptaufgabe „nur darin zu sehen, die Einheit des politischen Reichsarchivs im Rahmen der

---

51 Vgl. BA R 1506 Reichsarchiv Nr. 12 Bl. 101-104. Die Widersprüchlichkeit dieses Entwurfes und die Verantwortlichkeit für dessen Inhalt ist offensichtlich. Die Preußischen Vorstellungen (Unterstellung Reichsarchiv und Provinzialarchive) finden sich hier ebenso eingebettet wie die der Militärs (Zusammenfassung der Archive aller Wehrmachtsteile und Unabhängigkeit vom Staatsarchivsystem).

52 Vgl. zu personellen Fragen ausführlich Helmut Heiber: Walter Frank und sein Reichsinstitut für Geschichte des neuen Deutschlands, Stuttgart 1966.

gesamten politischen Archivverwaltung zu erhalten".[53] Zwar strebte auch er in Zusammenhang mit der Reichsarchivreform an, das Reichsarchiv nicht nur in Verwaltungseinheit, sondern in eine enge räumliche und institutionelle Verbindung zum GStA zu bringen. Insgesamt aber sollten – seiner Auffassung nach – die Erhaltung der geschichtlichen Einheit in ihrer Vielfalt maßgebend sein.
Unter Ausnutzung und konsequenter Durchsetzung des „Führerprinzips"[54] schaffte er das bisher praktizierte „Kollegialitätsprinzip" ab. Analog dazu wurde der Deutsche Archivtag konsequent zu einem archivischen Führungsmittel umgestaltet, denn seit 1936 hatten alle Archivleiter daran teilzunehmen. Auch das persönliche Klima am Reichsarchiv, wie im Reich überhaupt, verschlechterte sich. Freimütige Äußerungen wurden aus Angst vor etwaigen (personal-)politischen Folgen zurückgestellt.[55]
Kurz nach Dienstaufnahme begann Zipfel mit der „Bereisung" der Archive, wobei es ihm zunehmend gelang, eine engere Verbindung untereinander herzustellen. Er verbrachte jährlich etwa 100 Tage an Staatsarchiven und Behörden außerhalb Berlins bzw. Potsdams. Zu seinen Zielen gehörte es, jährlich einmal in jedem Staatsarchiv seines Zuständigkeitsbereiches persönlich anwesend zu sein, um Probleme „vor Ort" zu klären. Die gescheiterte rechtliche Vereinheitlichung vollzog sich dadurch allmählich und über die Form der persönlichen Kontakte. Allerdings litt darunter die zentrale Geschäftsführung im Reichsarchiv, die im Wesentlichen durch Hermann Cron oder Heinrich Otto Meisner wahrgenommen wurde. Als weiteres „Führungsmittel" zur schrittweisen Vereinheitlichung des Archivwesens im Reich diente ihm das „Mitteilungsblatt des Generaldirektors der Staatsarchive", dessen erste Nummer am 9. April 1936 erschien.[56] Im Gegensatz zu seinem Vorgänger, den „Nachrichtenblättern des Reichsarchivs Potsdam", die auf Anregung Brackmanns entstanden waren und zwischen 1935 und 1936 erschienen,[57] besaß es weit umfangreichere Ziele. Seine spezifische Ergänzung sollte

---

53 Ernst Zipfel an Ernst Müsebeck, 4.11.1936, in: BA R 1506 Reichsarchiv Nr. 62 Bl. 210.
54 Vgl. Bericht des Generaldirektors der Staatsarchive über die Tätigkeit der Preußischen Archivverwaltung für das Jahr 1936 (aufgezeichnet ca. 1942), in: GStA Rep. 178 I Nr. 4 Bl. 41 und 83.
55 Bericht vom 7.1.1937, in: BA R 1506 Reichsarchiv Nr. 119 Bl. 62.
56 Dieses „Mitteilungsblatt" ist eine einmalige zeit- und archivgeschichtliche Quelle. Seine (auch partielle) kritische Edition empfiehlt sich aus verschiedensten Gründen außerordentlich.
57 Vgl. BA W-10 Kriegsgeschichtliche Forschungsanstalt des Heeres Nr. 120.

es in den „Mitteilungen aus dem Reichsarchiv" finden,[58] die jedoch nie erschienen. Stattdessen gelangte das Mitteilungsblatt zu einer funktionalen Ausweitung und zur Verbreitung über das gesamte Reich. Die hier veröffentlichten Erlasse, Verordnungen, Anordnungen, Ausführungsbestimmungen sowie Hinweise und Erfahrungsberichte besaßen einerseits amtlichen Charakter und waren – soweit Reichsverordnungen zum Abdruck gelangten – mitunter auch reichsweit verbindlich. Andererseits erhielt es zunehmend den Charakter einer Beispielsammlung für den Erfahrungsaustausch. Die in der preußischen Archivverwaltung und beim Reichsarchiv praktizierten Maßgaben besaßen zwar keinen verbindlichen Charakter für die übrigen Archivverwaltungen, doch dienten sie zunehmend als Leitfaden und in strittigen Angelegenheiten als normative Handlungsgrundlage.

Nachdem er 1935 die Berufung zum Sachbearbeiter für Haushalts-, Verwaltungs- und Personalfragen des Reichsarchivs erhalten hatte, übernahm er diese Aufgabe 1936 auch beim Generaldirektor der Preußischen Staatsarchive. Seit dem 19. September 1936 war er Direktor des Reichsarchivs und kommissarischer Leiter der Preußischen Archivverwaltung; seit dem 1. Oktober 1938 schließlich auch Generaldirektor der preußischen Staatsarchive. Schon 1937 hatte er die kommissarische Leitung des Institutes für Archivwissenschaft übernommen und avancierte seit dem 14. November 1938 zu dessen Direktor. 1938 wurde er Mitglied des Beirates des Reichsinstituts für die Geschichte des neuen Deutschland, am 22. Mai 1940 Kommissar für den Archivschutz (anfangs nur für die besetzten Westgebiete, ab April 1941 auf das gesamte Reich und einen Teil der besetzten Territorien im Osten ausgeweitet). Letztlich wurde er noch im Januar 1944 mit der Leitung der Unterabteilung I des RMdI für Archiv- und Schriftgutwesen beauftragt.

In zunehmendem Maße wurden archivische und archivrelevante Erlasse für reichs- bzw. preußische Behörden aufeinander abgestimmt und zugleich den außerpreußischen Landesregierungen bekannt gegeben. Die Schaffung einheitlicher Maßgaben für das Archivwesen im Reich, nunmehr auch von den außerpreußischen Archivverwaltungen einschließlich Bayerns befürwortet, setzte sich auf dem Wege von Empfehlungen durch, nicht aber auf dem Wege von Reichsgesetzen. Festzustellen bleibt, dass die Person Zipfel ebenso schillernd wie umstritten war und ist. Seine langjährige Kenntnis von Interna des Reichsarchivs und der Preußischen Archivverwaltung und seine Kontakte zu Reichs- und preußischen Behörden sowie Parteidienststellen wusste er aber geschickt zu nutzen, um die Verhältnisse des Archivwesens zu ordnen. Zugleich wirkten sich diese Voraussetzungen

---

58 Vgl. u. a.: Protokoll der Abteilungsleiterbesprechung vom 27.2.1937, in: BA R 1506 Reichsarchiv Nr. 53 Bl. 43.

günstig auf die weitere archivische Entwicklung des Reichsarchivs aus. Nach 1936/37 konnte – auch bedingt durch den Wegfall des militärischen Primats – eine immense archivarische und archivische Aktivität entfaltet werden. Es gelang der Archivabteilung, seit 1937 verstärkt Schriftgut von Reichsbehörden zu übernehmen. In dieser Zeit festigten sich die ohnehin schon beachtlichen Leistungen auf dem Gebiet der Theorieentwicklung zur Überlieferungsbildung. Selbst die Beziehungen zum Auswärtigen Amt, das seine Unterlagen im Politischen Archiv zusammenfasste, konnten intensiviert werden. Beachtenswerte Leistungen vollbrachten die Archivare letztendlich beim systematischen Ausbau zeitgeschichtlicher Sammlungen, was zu diesem Zeitpunkt keine Selbstverständlichkeit war.

10. Besondere Auswirkungen nationalsozialistischer Einflussnahme

Trotz zahlreicher Versuche, diese zu neutralisieren, bleibt festzustellen, dass die nationalsozialistische Politik auch sehr spezifische Auswirkungen auf die archivarische und archivalische Tätigkeit hatte. Eine immer stärkere Einflussnahme der NSDAP, ihrer Gliederungen und nationalsozialistischer Gruppierungen auf den Dienstbetrieb und auf archivalische Grundsätze waren festzustellen. Hervorzuheben sind insbesondere rassistische Entwicklungstendenzen, die nicht nur Einfluss auf das Reichsarchiv und die Bestrebungen zur Herausbildung eines Reichsarchivwesens, sondern auf das gesamte Archivwesen im Reich nahmen. Besonders deutlich wurde das u. a. bei der schon 1933 einsetzenden Diskussion um eine „reichsrechtliche Regelung des Schrift-Denkmalschutzes" (Reichsschrifttumsgesetz der NSDAP).[59] An der Debatte beteiligten sich neben den Archiven das RMdI, das Reichssippenamt, die Parteikanzlei der NSDAP und der Stellvertreter des Führers. Faktisch handelte es sich um eine politischen Prämissen unterworfene Fortführung der schon in den zwanziger Jahren aufgenommenen Debatte um „Archivgutschutz" und die Schaffung eines Archivgutschutzgesetzes. Die Bestrebungen von NSDAP und ihren Gliederungen sowie dem Reichssippenamt standen den staatlichen Vorhaben teilweise diametral entgegen. Eine Vielzahl von sich überschneidenden Vorstellungen stand zur Diskussion und ebenso viele Ausführungsbestimmungen zu angestrebten innenministeriellen bzw. Führererlassen lagen vor. Da aber trotz längerer Bemühungen weder zum Reichsschrifttumsgesetz (NSDAP) noch zum Sippenamtsgesetz (Reichssippenamt RSA) Einigkeit erzielt werden konnte und auch der Erlass eines Archivgutschutzgesetzes ausblieb,

---

[59] Vgl. Reichssippenamt an RMdI Frick, 31.5.1933, zugleich Gesetzesvorschlag enthaltend, in: BA K R 39 / 353 o. Bl.

gelangten die bereits ausgearbeitet vorliegenden Nachfolge- und Ausführungsverordnungen nicht zur Geltung. Je länger das Archivwesen ohne ein verbindliches Rechtsmittel blieb, desto größer wurde der Wirrwarr unterschiedlichster ressortspezifischer Verordnungen, die schließlich auch Gefahr liefen, einander zu widersprechen. Ein Ausweg bot sich lediglich durch die Auslegung, möglicherweise auch Verbiegung anderer vorliegender Rechtsgrundsätze, so des Gesetzes zum Verbot der Ausfuhr von Kulturgut. Ein Rechtsanspruch, beispielsweise auf die in jüdischem Besitz befindlichen Quellen, konnte in all den Jahren nicht konstruiert werden.

Aufgrund des Fehlens einer archivischen Zentralstelle sah sich das Reichsarchiv gezwungen, derartige Mängel ohne ausreichende juristische Fundamentierung durch eigenständiges Eingreifen auszugleichen.[60] Die Vorstellungen archivisch nicht kompetenter Institutionen widersprachen nicht zuletzt in wesentlichen Punkten auch dem Schutz der Quellen. So weigerten sich u. a. die Archivare im Jahre 1939, Änderungen an jüdischen Archivalien vorzunehmen. Dies hatte seinen Hintergrund im Erlass der „2. Verordnung zur Durchführung des Gesetzes über die Änderung von Familiennamen" vom 17. August 1938.[61] Nach Forderung Globkes sollten die Personenstandsregister unter Vermerk des Ortes, Datums und einer Erklärung über die diskriminierende Namensveränderung (Israel bzw. Sara) durch die Archivare ergänzt werden. Der Protest des Reichsarchivs wegen der unarchivarischen nachträglichen Veränderung von Quellen blieb wirkungslos, es erfolgte ein entsprechender Hinweis im Mitteilungsblatt des Generaldirektors.[62] Abstammungstheorien und die politisch bedingte Forcierung der Genealogie hatte eine Schwerpunktsetzung bei der Erschließung und Übernahme, aber auch bei der Auswertung personenbezogener Unterlagen und Personalakten zur Folge. Die Erfassung jüdischer Quellen erlangte eine hervorgehobene Bedeutung. Das Reichsarchiv wurde schließlich integriert in die Erfassung jüdischen Archivgutes vor, während und nach dem Novemberpogrom 1938. Das manifestierte sich u. a. in der Zusammenarbeit mit der Zentralstelle für jüdische Personenstandsregister. Zielstrebig erfolgte der Erwerb von Archivalien aus jüdischem Besitz. Nach Ausbruch des Zweiten Weltkrieges kam es zu verschiedensten Übereinkünften zwischen Reichsarchiv und rassepolitischen Stellen.

Auch die Öffentlichkeitsarbeit und Archivbenutzung wurde durch die Politik beeinflusst. Frühzeitig wurde Benutzern jüdischer Abstammung die Benutzungs-

---

60 Vgl. BA R 1506 Nr. 53 Bl. 34.
61 Vgl. RGBl 1938 I, 1044.
62 MBl GD StA 1939 Nr. 2 Ziff. 2.

erlaubnis und vielfach auch die von ihnen angefertigten Forschungsarbeiten entzogen. Symptomatisch hierfür ist der „Fall Goldschmidt". Eine neue Benutzungsordnung und die Neuregelung der Benutzung durch Ausländer zogen schließlich eine reichseinheitliche Benutzungsordnung nach sich.

Die Nutzung des Reichsarchivs zu Zwecken der militärwissenschaftlichen und militärhistorischen Forschung wurde einerseits durch die Fortführung bisheriger Arbeiten, andererseits aber auch durch die neu begründete Zusammenarbeit mit historisch-politischen Forschungseinrichtungen geprägt. Beredter Ausdruck dessen war das Zusammenwirken mit dem „Schlageter-Gedächtnismuseum e. V.", mit dem Reichsinstitut für die Geschichte des neuen Deutschland, mit der Zentralstelle für Nachkriegsforschung und der Volksdeutschen Archivverwaltung sowie die Einbindung in die Ostforschung. Beachtlich ist zudem der Aufschwung in der Forschungsarbeit zur jüdischen Geschichte und die Unterstützung der Benutzung zu staatspolitischen Zwecken (NSDAP, Gestapo u. a.).

Während das Reichsarchiv an seiner neuen Identität im Reichsgefüge arbeitete, legten sich Schatten über die europäische Politik. Der drohende Ausbruch eines Krieges führte indes nicht dazu, geeignete Sicherungsmaßnahmen einzuleiten. Als eine der Ursachen dafür muss der Versailler Vertrag angesehen werden, der für das Deutsche Reich über lange Jahre etwa die Forschung und zugleich die Vorbeugung vor verschiedenen militärischen Einwirkungen, so der Luftwaffe und der Anwendung von Gas, verbot. Ein weiterer Hintergrund ist in der deutschen Militärdoktrin zu sehen. Noch immer galt der Schlieffenplan als Grundelement eines künftigen (Angriffs-)Krieges, womit die Annahme verbunden war, dass ein möglicher Krieg außerhalb der Reichsgrenzen geführt und deutsches Territorium von den gegnerischen Kräften nicht betreten würde. In engem Zusammenhang mit der Schlieffen-Doktrin stand das Fortwirken des bereits im Ersten Weltkrieg aufgetretenen Glaubens an die Berücksichtigung der Haager Landkriegsordnung von 1907, insbesondere ihres Paragraphen 56.[63] Aufschlussreich ist, dass dennoch einzelne Archive bzw. Archivverwaltungen die Gefahr eines drohenden Krieges, zumindest aber die von Kriegen ausgehende Gefahr für die Archive erkannten und sofort nach der Machtübernahme eigenständig und mit relativ großem Engagement entsprechende Forschungen aufnahmen. Auf dem Deutschen Archivtag 1934 standen zwei Vorträge zur Debatte, die sich ausschließlich mit dem Verhältnis von Archiven und Krieg befassten. Erstmals wurde über den Luftschutz für

---

63 Abkommen zur friedlichen Erledigung internationaler Streitfälle vom 18.10.1907, in: RGBl 1910, 5-375, vor allem: Anlage zum Abkommen. Ordnung und Gebräuche des Landkrieges, Art. 56, 1050 f.

Archive[64] sowie über die Auswirkungen von Gaskampfstoffen auf Archivalien[65] referiert und debattiert. Anfänglich als Defaitismus abgetan, kam es schon bald zur organisierten Vorbereitung des Archivwesens und des Reichsarchivs auf mögliche Kriegseinwirkungen. Dachbodenentrümpelung und Altpapiersammelaktionen in Archiven und bei Registraturbildnern – teilweise mit verheerenden Folgen für die Überlieferungsbildung – waren die Folge.
Vorerst aber ließ die rasche Aufeinanderfolge von Siegen gegen Polen, Frankreich, Belgien und die Niederlande das Gefühl einer erheblichen inneren Sicherheit aufkommen, weshalb dem 1940 eingesetzten „Kommissar für den Archivschutz" auch keine weitergehenden inneren Befugnisse übertragen wurden. Mit Ausnahme von Umlagerungen im Magazingebäude verliefen die ersten Kriegsjahre am Reichsarchiv relativ gleichförmig. Statt die Sicherung der eigenen Bestände vorzubereiten, erfolgten nach September 1939 sogar verstärkte Übernahmen von Beständen verschiedenster Reichsbehörden. Die luftschutztechnische Gebäudesicherung oblag dem Eigentümer des Gebäudes, dem Heeresarchiv. Noch 1942 gingen die leitenden Gremien für Potsdam davon aus, dass der hier vorhandene Magazinneubau „gegen Brandgefahr einen beachtenswerten Schutz bietet".[66]
Spätestens seit Ende 1943 war das Reichsarchiv zugleich bemüht, die noch bei den Ministerien liegenden Registraturen zu sichern oder sich zumindest für deren sichere Unterbringung einzusetzen. Das hatte seine Ursache in den zahlreichen Luftangriffen, denen diese im November 1943 ausgesetzt waren. Trotz erheblicher Mengen dezentral gesicherter Unterlagen der Reichsbehörden waren gerade auf diesem Gebiet bereits schmerzhafte Verluste eingetreten. Den größten Anteil hieran dürften die alliierten Bombenangriffe auf Berlin und weitere Städte gehabt haben, wobei Ministerialgebäude und -archive sowie teilweise deren Auslagerungsstätten zerstört wurden. Weitere Aktenverluste traten in Berlin und andernorts durch Zweckentfremdung in der Nachkriegszeit bis einschließlich zum Winter 1945/46 ein. Während bei den direkten Kriegs- und Fremdeinwirkungen eine hohe quantitative Verlustziffer anzusetzen ist, erfolgte eine qualitative Dezimierung bestimmter Bestände durch die Ausführung der seit 1944 angeordneten Aktenvernichtungen. Doch nicht nur übergeordnete Instanzen und ihre Weisungen, sondern auch unkontrollierte Kassationen einzelner übereifriger bzw. sich selbst

---

64 Hans Burkardt: „Die Frage des Luftschutzes für Archive und Akteien", in: Archivalische Zeitschrift 44 (1936), 172-180.
65 Franz Zernik: „Über den Einfluß von Gaskampfstoffen auf Archivalien", in: Archivalische Zeitschrift 44 (1936), 181-185.
66 Bericht des Chefs der Heeresarchive an den Beauftragten des Führers für die militärische Geschichtsschreibung, 9.12.1942, in: BA WF-10 Chef Heeresarchive Nr. 2216.

schützender Beamter sind dafür verantwortlich zu machen. Betroffen davon waren vor allem politisch brisante Unterlagen, die verbrannt oder anderweitig zerstört worden sind. Bis zum September 1944 wirkte das Reichsarchiv zusätzlich als Auffanglager für geflüchtete Unterlagen aus den polnischen Gebieten und drängte auf die weitere Sicherstellung einer archivfachlich exakten Arbeit anderer Archive, so des Reichsarbeitsdienstes.[67]
Dennoch hatten die einsetzenden Kriegseinwirkungen auf Berlin erste Auslagerungen durch das Reichsarchiv ab August 1943 zur Folge. Weitere Transporte folgten im Januar 1944.

11. Ende und Anfang

Als erste Bomben und Brandkanister das Dachgeschoss des Potsdamer Magazingebäudes durchschlugen, bestätigte sich die Richtigkeit der vorgenommenen Auslagerungen auf tragische Weise. Neben weiteren Flüchtungen veranlasste Zipfels eine weitgehende Räumung der Archive insgesamt.[68] Das Archivwesen kämpfte nunmehr um „Sein oder Nichtsein".
Um 1945 betrug der Gesamtumfang des Reichsarchivs etwa 11.000 lfd.m, doch die Auswirkungen des Zweiten Weltkriegs hemmten seine wissenschaftlich-produktive Tätigkeit. Rund 50 Prozent seiner Bestände waren planmäßig in Schächte verlagert, als das Reichsarchiv am 14. April 1945, kurz vor Kriegsende, Opfer eines angloamerikanischen Bombenangriffs auf Potsdam wurde. „Sämtliche Bomben schlugen bis fast zum Erdgeschoss durch. Infolge der Detonationen zersprangen die Fenster, und der Aufwind entfachte in Verbindung mit dem Phosphor einen wahren Feuersturm durch sämtliche Geschosse, so dass das große Gebäude in kurzer Zeit in Flammen stand. An eine Löschung des Brandes war, wie Augenzeugen berichten, nicht zu denken, man musste sich darauf beschränken, sein Übergreifen auf das Verwaltungsgebäude zu verhindern. Dieses hat ebenfalls einen Treffer erhalten, der den Westflügel absprengte und das Nebengebäude I (Bücherei) vernichtete. Auch das Nebengebäude II (Kommandantenhaus) ist durch Bomben und Brand zerstört. Nach bisherigen Feststellungen sind 6 - 7 Tote zu beklagen, darunter wahrscheinlich OAR Thimme […]. Wir versuchen, so viel wie möglich von den Gegenständen in den Zimmern in einen noch leidlich erhaltenen Raum einstweilen zu bergen und zu sichern". Der archivalische

---

67 Vgl. Tagebuch (Sept.) 1944-1945, in: GStA Rep. 178 A Nr. 8, sowie ebd. Nr. 37.
68 Vgl. Wilhelm Rohr: „Die zentrale Lenkung deutscher Archivschutzmaßnahmen im Zweiten Weltkrieg", in: Der Archivar 3 (1950), 111.

Schaden des Reichsarchivs blieb qualitativ vergleichsweise gering. Im Wesentlichen befanden sich – mit Ausnahme des größten Teiles der wertvollen zeitgeschichtlichen Sammlungen und der Dienstbücherei – nur noch Akten von untergeordneter Bedeutung in den Räumen des Magazins und einige wertvollere Unterlagen in den Dienstzimmern der Archivare.[69] Vernichtet wurden aber etwa 95 Prozent der fast vollständig im neuen Magazingebäude verbliebenen Bestände des Heeresarchivs.

Der Verlust an Menschenleben und ideellen Werten war beklagenswerter und vor allem vermeidbar. So, wie die Stadt in nur einer knappen Stunde durch britische Lancester-Bomber in Schutt und Asche gelegt worden war, zerfiel auch das Reichsarchiv. Die alliierten Truppen standen zu diesem Zeitpunkt an Elbe und Oder und hatten die Masse der Ausweichstellen eingenommen.

Der Direktor des Reichsarchivs, Ernst Zipfel, gehörte zu dem in der Direktive Nr. 24 des Alliierten Kontrollrates (Entfernung von Nationalsozialisten und Personen, die den Bestrebungen der Alliierten feindlich gegenüberstehen, aus Ämtern und verantwortlichen Stellungen, Pkt. 55) aufgeführten Personenkreis und blieb von weiterer archivischer Tätigkeit ausgeschlossen.

Die geteilte staatliche und politische Entwicklung Deutschlands nach dem Zweiten Weltkrieg verhinderte die Zusammenführung der Bestände des Reichsarchivs und des gesicherten Schriftgutes der Reichsbehörden, das noch nicht an das Reichsarchiv gelangt war. Erst der gesellschaftliche Umbruch in Deutschland 1989/90 ermöglichte es, die Überlieferung oberer und oberster deutscher Reichsbehörden nach 1871 institutionell im Bundesarchiv zusammenzufassen. Damit hat dieses die alleinige archivische Nachfolge des Reichsarchivs angetreten.

---

69 Von den Beständen der Hauptabteilung D des Reichsarchivs (Zeitgeschichtliche Sammlungen) wurden 1943/44 Nachlässe, nichtstaatliche Archive und die Schriftsammlung nach Schönebeck und Staßfurt ausgelagert. Die Manuskript-, Bild- und Drucksammlungen verblieben noch im Magazin. Von den Nachlässen wurden anfangs nur wenige Bruchstücke zurückgeführt. Bei den nichtstaatlichen Archiven und der Schriftsammlung mussten nur geringe Verluste festgestellt werden. Vgl. Gerhard Schmid: „Probleme des Nichtstaatlichen Archivgutes im Deutschen Zentralarchiv Potsdam", in: AM 6 (1956), 46-48.

Jörg Ludwig
Das Sächsische Hauptstaatsarchiv Dresden in der Zeit des Nationalsozialismus und der Sowjetischen Besatzungszone (1933-1949)

Die Archivgeschichte kann nicht zu den bevorzugten Themen der Historiker gezählt werden. Mit ihrer eigenen Geschichte tun sich aber selbst die Archivare schwer. Erst in den letzten Jahren zeichnet sich eine gewisse Änderung ab. Matthias Herrmann, Torsten Musial, Johanna Weiser und andere haben Arbeiten zur Geschichte deutscher Archivverwaltungen, insbesondere auch zur Archivgeschichte der NS-Zeit, vorgelegt.[1] Das sächsische Archivwesen wird in diesen Arbeiten nur am Rande behandelt. Zum Vergleich mit den Entwicklungen im Reich, in Preußen und den anderen Ländern während der NS-Zeit ist es aber lohnend, auch das sächsische Beispiel heranzuziehen. Schließlich gehörte das Sächsische Hauptstaatsarchiv Dresden in den 1930er und 1940er Jahren zu den größten und wichtigsten deutschen Archiven.

Im Unterschied zu den Studien von Herrmann, Musial und Weiser, die sich nur bis zum Jahr 1945 erstrecken, soll in der vorliegenden Untersuchung auch der Übergang von der NS-Zeit in die Nachkriegszeit berücksichtigt werden. Auf diese Weise können Brüche und Kontinuitäten in der Archivgeschichte jener Zeit klarer herausgearbeitet werden. Eine Gleichsetzung des Herrschafts- und Gesellschaftssystems in Deutschland bzw. Ostdeutschland vor und nach 1945 ist damit jedoch nicht verbunden.

Die Forschungs- und Quellenlage für Sachsen ist nicht ungünstig. Mit Aspekten der sächsischen Archivgeschichte in der NS- und SBZ-Zeit beschäftigten sich in jüngerer Zeit Diplomarbeiten von Claudia Richert und Veit Scheller.[2] Für die

---

1 Matthias Herrmann: Das Reichsarchiv (1919-1945). Eine archivische Institution im Spannungsfeld der deutschen Politik, Diss. Humboldt-Universität zu Berlin 1993 (ungedruckt); Konrad Krimm: „Das Badische Generallandesarchiv im NS-Staat. Kampfplatz, Nische, Abstellraum", in: ders./Herwig John (Hg.): Archiv und Öffentlichkeit. Aspekte einer Beziehung im Wandel, Stuttgart 1997, 75 ff.; Torsten Musial: Staatsarchive im Dritten Reich. Zur Geschichte des staatlichen Archivwesens in Deutschland 1933-1945, Potsdam 1996; Johanna Weiser: Geschichte der preußischen Archivverwaltung und ihrer Leiter. Von den Anfängen unter Staatskanzler von Hardenberg bis zur Auflösung im Jahre 1945, Köln-Weimar-Wien 2000.

2 Claudia Richert: Das Sächsische Hauptstaatsarchiv Dresden 1933-1939. Aspekte der Geschichte, Diplomarbeit Fachhochschule Potsdam 1999; Veit Scheller: Die Entwicklung des Sächsischen Hauptstaatsarchivs Dresden zwischen 1945 und 1950, Diplom-

Thematik stehen im Hauptstaatsarchiv Dresden reichlich Quellen zur Verfügung. Im dienstlichen Schriftgut wurden offenbar kaum Kassationen vorgenommen (freilich erfolgte auch keine Bewertung). Archivars- bzw. Direktorennachlässe sind allerdings eher schlecht überliefert bzw. noch nicht ausreichend erschlossen.

Wie in fast allen deutschen Archiven ging die Machtergreifung der Nationalsozialisten auch im Sächsischen Hauptstaatsarchiv ohne größere Schwierigkeiten vor sich. Aus dem konservativ eingestellten Archivpersonal musste niemand entfernt werden: Juden, Demokraten und Freimaurer gab es hier nicht. Nur ein Arbeiter wurde entlassen, „da er sich in der Trunkenheit abfällig über den Reichskanzler geäußert hatte und dafür mehrere Wochen Gefängnis bekam."[3]
Im amtlichen Schriftverkehr haben sich sächsische Staatsarchivare zur Machtergreifung nicht direkt geäußert. Ihre Position dürfte freilich jener sehr nahe gestanden haben, die der Bautzner Bibliothekar und Stadtarchivar Marx in einer Rede anlässlich der Eröffnung des „Zweigarchivs für die sächsische Oberlausitz in Bautzen" (einer 1933 eingerichteten Außenstelle des Hauptstaatsarchivs) formulierte. Die Bautzner Zeitung vom 14. Juni 1933 berichtete: „Marx bemerkte, daß die Archivare und Bibliothekare es immer für eine Selbstverständlichkeit ansahen, altes deutsches Kulturgut zu schützen, daß sie in diesem Bestreben aber fast immer allein waren und gelitten haben, weil ihrem Tun so wenig Verständnis entgegengebracht wurde. Sie begrüßten deshalb die neue Zeit, die bewußt die Verbundenheit mit der historischen Vergangenheit betone. Denn das führe dazu, daß der Archivgedanke lebendig werde zum Guten für Volkstum und Vaterland."[4]
Die Machtergreifung der NSDAP mit all ihren Konsequenzen war Anfang 1933 noch nicht voll zu überschauen; insofern darf es nicht verwundern, wenn die Staatsarchivare den Fall der Weimarer Republik zunächst damit begrüßten, dass die Weimarer Insignien entfernt und die Bildnisse der Wettiner hervorgeholt und im Archiv aufgehängt wurden. Natürlich sollte dies nicht als Wiederaufleben monarchistischer oder partikularistischer Tendenzen oder gar als Distanzierung von den neuen Machthabern gedeutet werden: Dem neuen Staat stellte sich das

---

    arbeit Humboldt-Universität zu Berlin 1995. In vielen Punkten überholt ist: Evelyn Palla/Hans-Joachim Hesche: Zur Geschichte des Staatsarchivs Dresden 1945-1976. Die Entwicklung vom Sächsischen Landeshauptarchiv zum sozialistischen Staatsarchiv der DDR, Diplomarbeit Humboldt-Universität zu Berlin 1982.
3 Sächsisches Hauptstaatsarchiv Dresden (im Folgenden: HStADD): Geschichte des Sächsischen Hauptstaatsarchivs (im Folgenden: Archivchronik), Bd. 1: Jahrbuch, Bl. 150.
4 HStADD, Geschäftsakten, Kap. II, Nr. 25, Bd. 1, Bl. 52.

Hauptstaatsarchiv von Anfang an ohne Wenn und Aber zur Verfügung. Weisungen von staatlichen und Parteistellen wurden ohne Zögern ausgeführt. Dies betraf insbesondere die Ausschaltung missliebiger Benutzergruppen (vor allem der Juden) und die Übernahme von Schriftgut aufgelöster Organisationen (z. B. der Freimaurer), aber auch die Anlage von Spezialinventaren zu jüdischen Angelegenheiten oder zur so genannten Kampfzeit der NSDAP. Auch im „Bildprogramm" folgte das Archiv schnell den Vorgaben der Nationalsozialisten: Im Jahr 1934 wurde eine Hitler-Büste aufgestellt; seit dem 8. November 1937 hing ein „Führerbild" im Benutzersaal.

Der 1933 amtierende Direktor des Hauptstaatsarchivs, Hans Beschorner, erkannte sehr wohl, dass die Ereignisse von 1933 auch Auswirkungen auf die deutsche Archivlandschaft haben würden. In einem Schreiben an den Generaldirektor der preußischen Staatsarchive, Albert Brackmann, vom 19. Februar 1934 stellte Beschorner die Loyalität des Hauptstaatsarchivs gegenüber einer zentralen Reichsarchivverwaltung in Aussicht, bat aber zugleich um Berücksichtigung der Erfahrungen und Traditionen der Länderarchivverwaltungen.[5]

Nicht nur als Behörde fügte sich das Hauptstaatsarchiv bruchlos in die neuen Verhältnisse; auch die Archivare – die sich vor 1933 in NS-Organisationen nicht engagiert hatten – passten sich schnell an. Dies lässt sich insbesondere an den wissenschaftlichen Archivaren bzw. den Beamten des höheren Dienstes belegen. Der Archivdirektor Beschorner und der Archivar Rolf Naumann gingen mit „schlechtem" Beispiel voran und traten am 1. Mai 1933 in die NSDAP ein.[6] Die übrigen Staatsarchivare folgten – z. T. bedingt durch die Mitgliederaufnahmesperre der NSDAP, z. T. infolge späteren Eintritts in den sächsischen Archivdienst – in den Jahren 1936/37, so dass vor dem Krieg alle wissenschaftlichen Archivare NSDAP-Mitglieder waren (ein Archivar war zugleich Mitglied der SS). Motivierend für diesen Schritt war neben ehrlicher Überzeugung von der Richtigkeit der NS-Politik auch die Erkenntnis, dass auf diese Weise bessere Karrieremöglichkeiten gegeben waren (ab Mitte der 1930er Jahre galt die NSDAP-Mitgliedschaft als Voraussetzung für die Übernahme in den Archivdienst bzw. in das Beamtenverhältnis).

Bereitwillig standen die Archivare den Anforderungen der politischen Bildungsarbeit zur Verfügung, die nach 1933 von NS-Stellen formuliert wurden. Sie arbeiteten an NSDAP-Schulungen, beim Heimatwerk Sachsen, bei der Deutschen

---

5 HStADD, Kap. II, Nr. 18, Bd. 1, Bl. 232 f.
6 Bundesarchiv Berlin, ehemaliges Berlin Document Center, NSDAP-Zentralkartei, Hans Beschorner.

Volkshochschule und anderen systemnahen Einrichtungen mit. Sie verfassten Zeitungsartikel, Aufsätze und Broschüren für politische Zwecke, insbesondere auch zur so genannten Grenzlandproblematik[7] und zur Problematik der so genannten Auslandsdeutschen.

Seit 1933 unterstützte das Hauptstaatsarchiv auch die Arbeit der Nordostdeutschen Forschungsgemeinschaft, die in diesem Jahr gegründet worden war, um die nationalsozialistische Ostforschung zu koordinieren und die Revanche- und Eroberungspolitik im Osten vorzubereiten.[8] Für die NOFG – an deren Programmen sich auch viele preußische Staatsarchivare, an leitender Stelle Albert Brackmann und Johannes Papritz, beteiligten – verfassten Hans Beschorner, Eilhart Eilers und Martin Naumann Beiträge zur Flurnamenforschung sowie historische Studien zu den sächsisch-böhmischen und sächsisch-polnischen Beziehungen. Dabei fällt auf, dass dieses Engagement einerseits individuellen politischen Auffassungen entsprach (mehrere sächsische Staatsarchivare waren Mitglied im revanchistischen „Bund deutscher Osten"[9]), während andererseits die Archivdirektoren Hans Beschorner und Hellmut Kretzschmar (seit August 1937) die ostpolitischen Aktivitäten der Nationalsozialisten auch „archivegoistisch" nutzten, indem sie ältere landesgeschichtliche Forschungsthemen (z. B. zur sächsisch-polnischen Union oder zur Ortsnamensforschung) in den neuen Programmen platzierten.

Eine „ostpolitische" Besonderheit in Sachsen stellte das Problem der in der Oberlausitz lebenden Sorben dar. Die Archivare waren eifrig bemüht, Maßnahmen der neuen Machthaber zu unterstützen, die sich gegen die slawische Minderheit richte-

---

7   Vgl. insb. Rolf Naumann: Sachsens Geschichte als deutsches Grenzlandschicksal, Dresden 1935.
8   Zur NOFG vgl. Michael Fahlbusch: Wissenschaft im Dienst der nationalsozialistischen Politik? Die „Volksdeutschen Forschungsgemeinschaften" von 1931-1945, Baden-Baden 1999, S. 178 ff.; zur Zusammenarbeit der sächsischen Landeshistoriker mit der NOFG vgl. Esther Ludwig: „Rudolf Kötzschke – Das schwere Bemühen um die Bewahrung der ‚unantastbaren Reinheit des geschichtlichen Sinnes'", in: W. Held/U. Schirmer (Hg.), Rudolf Kötzschke und das Seminar für Landesgeschichte und Siedlungskunde an der Universität Leipzig, Beucha 1999, 49 ff.
9   Der Bund Deutscher Osten entstand im Jahr 1933 im Ergebnis der Gleichschaltung aller „Ostverbände" durch die NSDAP. Er betrieb eine revanchistische Propaganda unter den so genannten Auslandsdeutschen und war ein wichtiger Träger der nationalsozialistischen Ostpolitik. In Sachsen zeichnete sich der BDO insbesondere durch seine antisorbischen Aktivitäten aus; vgl. Dieter Fricke (Hg.): Die bürgerlichen Parteien in Deutschland. Handbuch der Geschichte der bürgerlichen Parteien und anderer bürgerlicher Interessenorganisationen vom Vormärz bis zum Jahr 1945, Bd. 1, Leipzig 1968, 156 ff.

ten. Seit Juli 1934 unterlag die Einsichtnahme in Akten zu sorbischen Angelegenheiten einem besonderen Genehmigungsvorbehalt durch den Archivdirektor.[10] „Prowendische" Benutzungsvorhaben wurden behindert, „wendenfreundliche" Forscher in einem „schwarzen Buch" notiert, um sie ggf. von der Benutzung auszuschließen. Karteikarten des sächsischen Flurnamensverzeichnisses, die überwiegend sorbische Namen enthielten, wurden auffällig gekennzeichnet und durften nicht veröffentlicht werden. Das Hauptstaatsarchiv schaltete sich damit aktiv in die antisorbische Politik der Nationalsozialisten ein, die letztlich auf die „Germanisierung" der Sorben abzielte.[11]

Insbesondere die „Ostinteressen" führten auch zu einem relativ starken Interesse des Hauptstaatsarchivs an den berüchtigten deutschen Archivkommissionen, die in den von Deutschland besetzten Gebieten agierten.[12] In Polen und Frankreich waren auch sächsische Staatsarchivare eingesetzt.[13] Das Hauptstaatsarchiv machte Ansprüche auf ausländisches Archivgut geltend, die teilweise auch realisiert wurden. 1941 und 1943 trafen Akten aus der Tschechoslowakei in Sachsen ein, die im Hauptstaatsarchiv, vor allem aber in seiner Außenstelle in Bautzen, verwahrt wurden. Hauptsächlich handelte es sich um Unterlagen zur Oberlausitz, die aus Prager Archiven geraubt worden waren.[14] Nachdem Kretzschmar erfahren hatte, dass preußische Staatsarchive Unterlagen aus polnischen Archiven erhalten sollten, erhob er auch Forderungen auf polnisches Archivgut. Zu einer Übernahme von Beständen durch das Hauptstaatsarchiv kam es jedoch nicht. Dies galt auch für Frankreich, wo für Sachsen jedoch zahlreiche Archivalien verfilmt wurden. Bemerkenswert ist das fehlende Unrechtsbewusstsein gegenüber diesen Vorgängen sogar noch in den Jahren nach dem Krieg. In einem Gutachten für den sächsischen Ministerpräsidenten vom August 1947 bezeichnete Kretzschmar den Archivalienraub als archivfachlich gerechtfertigt, da er „nach international anerkannten Grundsätzen des Registratur- oder Provenienzprinzips" erfolgt sei: „Die Abgaben von 1941 und 1943 stellen daher keinen willkürlichen Eingriff in ge-

---

10 HStADD, Kap. II, Nr. 10, Bd. 2, Bl. 72.
11 Martin Kasper: Geschichte der Sorben von 1917 bis 1945, Bautzen 1976, 117 ff., bes. 155 f. (Geschichte der Sorben, Bd. 3).
12 Vgl. zu den Archivkommissionen insb. Musial (wie Anm. 1), 109 ff.
13 In Polen Eilhart Eilers und in Frankreich Horst Schlechte.
14 Vgl. hierzu jetzt: Jürgen Rainer Wolf: „Perspektiven einer sächsisch-tschechischen Zusammenarbeit auf dem Gebiet des Archivwesens – Rückblick und Ausblick", in: Grenzüberschreitende böhmisch-sächsische Beziehungen – Widerspiegelung im Archivwesen und in der Landesgeschichte. Tagungsbeiträge des 10. Sächsischen Archivtages 19.-21. Oktober 2001 in Aue, Dresden 2002, 33 ff.

schichtlich gewachsene Zusammenhänge dar, sondern sie bereinigen in einem übrigens verhältnismäßig geringfügigen Umfange die sinngemäße Zuteilung der Überlieferung."[15] In späterer Zeit mochte man sich der Vorgänge nicht mehr erinnern. So wurden in der im Jahr 1955 herausgegebenen Beständeübersicht des Landeshauptarchivs die Entnahmen aus tschechischen Archiven geleugnet und die an polnische und französische Archive gerichteten Forderungen heruntergespielt: „Es entsprach den Grundsätzen der Archivwissenschaft, daß in bewußter Ablehnung der oft geäußerten nationalsozialistischen Praktiken aus den Archiven der Besatzungsgebiete keinerlei Archivalien entfernt wurden, obwohl dazu nach oberflächlichen historischen Maßstäben in Polen wie in Frankreich Gelegenheit gewesen wäre. Das Hauptstaatsarchiv hat sich damit begnügt, sich gelegentlich Überblicke über die in den fremden Archiven vorhandenen Archivalien zu verschaffen, soweit sie die eigenen Bestände ergänzten oder die landesgeschichtlichen Belange als Grundlagen für künftige Forschungen förderten und abrundeten."[16] Angesichts der historischen Tatsachen lassen sich diese Behauptungen nur als „Schwierigkeiten mit der Wahrheit" bezeichnen.

Bis zum Beginn der 1940er Jahre kann unter den sächsischen Staatsarchivaren eine große bis sehr große Zustimmung zum Nationalsozialismus vermutet werden. Hierbei spielten die innen- und außenpolitischen „Erfolge" der neuen Machthaber – die ja auch von zahlreichen konservativen, ja selbst einem Teil liberal eingestellter Historiker anerkannt wurden[17] – eine entscheidende Rolle. Zugleich kommt Entwicklungen im Archivwesen selbst eine erhebliche Bedeutung zu. Für das Hauptstaatsarchiv ist dabei vor allem der in der Weimarer Republik immer wieder vergeblich geforderte Personalzuwachs zu nennen,[18] der jetzt realisiert werden konnte. Im Jahr 1937 wurden dem Hauptstaatsarchiv je zwei neue Stellen des höheren und des gehobenen Dienstes zur Verfügung gestellt. Dazu kamen 1939 noch jeweils eine Stelle des höheren, gehobenen und mittleren Dienstes für die Außenstelle in Bautzen (Zweigarchiv für die sächsische Oberlausitz), die jedoch wegen des Kriegsausbruches nicht besetzt wurden. Nach preußischem

---

15 HStADD, Kap. II, Nr. 56, Bd. 1, Bl. 87.
16 Übersicht über die Bestände des Sächsischen Landeshauptarchivs und seiner Landesarchive, Leipzig 1955, 26.
17 Karen Schönwälder: Historiker und Politik. Geschichtswissenschaft im Nationalsozialismus, Frankfurt/M.-New York 1992, 120 f.
18 Vgl. dazu eine Denkschrift von Hans Beschorner aus dem Jahr 1931 in: HStADD, Kap. II, Nr. 18, Bd. 1, Bl. 216 ff.

Vorbild sollte 1939 beim Hauptstaatsarchiv außerdem eine Archivberatungsstelle eingerichtet werden, was ebenfalls kriegsbedingt scheiterte.[19]

Der 1937 erreichte Personalzuwachs ermöglichte es, die zahlreicher werdenden Aufgaben bei der Behördenberatung und bei der Erschließung und Benutzung des Archivgutes anzugehen. Dies galt zunächst für die vor allem im Zusammenhang mit den so genannten Ariernachweisen und dem Reichserbhofgesetz von 1933 stark ansteigende Benutzung (1933: 6.552 Benutzertage; 1938: 10.454 Benutzertage; vgl. Anhang). Seit 1938 intensivierte das Hauptstaatsarchiv außerdem die Zusammenarbeit mit den anbietungspflichtigen Stellen, die jetzt öfter besucht und eingehender beraten werden konnten als zuvor. Bemerkenswert war auch, dass seit dem Direktorat von Helmut Kretzschmar (August 1937) monatliche Dienstberatungen durchgeführt wurden und dass die Jahresberichte des Hauptstaatsarchivs erheblich an fachlicher Qualität gewannen.

Diese „professionellen" Fortschritte verstärkten die Identifikation der Archivare mit dem neuen Staat. In gleicher Weise wirkten die verstärkte Benutzung, die nicht nur als Belastung des Archivbetriebes angesehen wurde, sondern auch Selbstbestätigung vermittelte, sowie die intensivierte Öffentlichkeitsarbeit. Anlässlich der Verabschiedung von Hans Beschorner als Direktor des Hauptstaatsarchivs im Juli 1937 beschrieb ein Zeitungsartikel die neu gewonnene Stellung der Archive in der Gesellschaft folgendermaßen: „auch die Archive sind nun auf dem Wege vom Staats zum Volksarchiv. Mögen ihre Bestände nach wie vor rein den Niederschlag staatlicher Verwaltungstätigkeit darstellen, so ist doch ihre Auswertung nicht mehr Aufgabe der Wissenschaft und der Pflege fiskalischer Interessen allein, sondern aus den Quellen der Archive werden heute Bedürfnisse und Notwendigkeiten einer breiten Öffentlichkeit und der ganzen Volksgemeinschaft gespeist."[20]

Das neue Regime erfüllte die Erwartungen der Archivare aber nicht überall. Zwar wurden dem Hauptstaatsarchiv neue Kompetenzen gegenüber den nichtstaatlichen Archiven in Sachsen eingeräumt und quasi eine Landesarchivdirektion errichtet, doch brachten der nationalsozialistische Kompetenzenwirrwarr, das ungeregelte Eingreifen von Parteistellen und Misserfolge bei der Schaffung reichseinheitlicher archivgesetzlicher Regelungen Verdruss und Enttäuschung. Auch der von den Archivaren erhoffte Zuwachs an Einfluss in der Staatsverwaltung stellte sich nicht ein. Fachlich gerechtfertigte Forderungen und Wünsche des Hauptstaatsarchivs wurden von der vorgesetzten Stelle (Sächsische Staatskanzlei bzw.

---

19 HStADD, Kap. II, Nr. 32, Bl. 97.
20 HStADD, Kap. I, Nr. 24, Personalakte Hans Beschorner.

Reichsstatthalter) oft nur lauwarm unterstützt.[21] Gegen das Votum des Hauptstaatsarchivs musste das in der Weimarer Zeit übernommene Sächsische Kriegsarchiv im Jahr 1937 dem Heeresarchiv Dresden überlassen werden. Überstürzte Abgaben der staatlichen Behörden im Zusammenhang mit der Septemberkrise von 1938 beeinträchtigten den Dienstbetrieb stark. Auch die wachsende Abhängigkeit vom Direktor des Reichsarchivs/Generaldirektor der preußischen Staatsarchive Ernst Zipfel in Berlin wurde mit Unbehagen betrachtet.

War die Einstellung der Archivare zum Nationalsozialismus bis zum Anfang der 1940er Jahre als überwiegend systemnah oder systemkonform zu bezeichnen, so begann die Zustimmung seitdem langsam zu schwinden. Dies hing vor allem mit den negativen Einflüssen des Krieges auf das Archivwesen zusammen. Durch die Einberufung mehrerer Archivare (darunter vier von insgesamt sechs Archivaren des höheren Dienstes) wurde der zuvor erreichte Personalzuwachs nicht nur rückgängig gemacht, sondern es trat tatsächlich ein empfindlicher Personalabbau ein. Mit reduziertem Personal und mit technischen und organisatorischen Einschränkungen verschiedenster Art musste das Hauptstaatsarchiv die Auslagerung wertvoller Bestände in zuletzt 35 „Ausweichstellen" organisieren, um der Gefahr von Archivgutverlusten bei Luftangriffen zu begegnen. Erheblich in Anspruch genommen wurde das Archiv auch durch umfangreiche Übernahmen aus der 1943 teilweise „stillgelegten" Landesregierung (wobei u. a. die Regierungspräsidien aufgelöst wurden). Kohlen- und Kraftstoffmangel sowie Materialknappheit sorgten für Verstimmung und Frustration. Bereits im Winter 1940 war die Heizanlage von Mitte Februar bis Anfang April außer Betrieb gesetzt worden, was den Dienstbetrieb nahezu vollständig lahm legte.[22] Zur Beschaffung von mehreren

---

21 Als Beispiel kann das vergebliche Bemühen Kretzschmars angeführt werden, in das weit verbreitete „Handwörterbuch des sächsischen Verwaltungsrechtes" von Günther von der Mosel Beiträge über das Archivwesen aufnehmen zu lassen, womit die Kenntnisnahme archivischer Probleme in der Verwaltung gefördert werden sollte. Das Innenministerium unterstützte Kretzschmar hierbei nicht; vgl. HStADD, Kap. II, Nr. 8, Bd. 3, Bl. 186 f. Ähnlich verhielt es sich mit Kretzschmars Vorschlag vom Februar 1939, im Anschluss an eine Dienstbesprechung des Reichsstatthalters mit den Regierungspräsidenten und Landräten eine Besichtigung des Hauptstaatsarchivs durchzuführen, um archivfachliche Probleme anzusprechen. Ein frustrierter Dorsualvermerk Kretzschmars vom 30.12.1943 lautet: „Hierauf ist nie etwas erfolgt. Die Verkommenheit der Landratsarchive und die überstürzten Notmaßnahmen im Luftkriege sind die Folgen, die jeder Einsichtsvolle kommen sehen mußte!"; vgl. HStADD, Kap. XIII, Nr. 4, Bd. 2, Bl. 1.
22 HStADD, Kap. II, Nr. 8, Bd. 4, Bl. 42 ff.

Rollen Bindfaden, die zur Verpackung des auszulagernden Archivgutes dringend benötigt wurden, sah sich Kretzschmar zu einem nervenaufreibenden Schriftverkehr mit zahlreichen kriegswirtschaftlichen Organisationen und Lieferanten genötigt. Trotz dieser vielen Belastungen und der immer schwierigeren politisch-militärischen Lage sind Skepsis oder gar Defätismus in der Geschäftskorrespondenz des Hauptstaatsarchivs auch in dieser Zeit nicht zu bemerken, wohl aber Untertöne der Resignation und der Kriegsmüdigkeit.

Im Jahr 1944 konnte Kretzschmar allerdings einen wichtigen fachlichen Erfolg verbuchen: die Einrichtung des Archivpflegersystems. Seit Mitte der 1930er Jahre hatten die Archivdirektoren dem Reichsstatthalter wiederholt die Einsetzung ehrenamtlicher Archivpfleger vorgeschlagen, um das Hauptstaatsarchiv bei der Vorfeldarbeit zu entlasten und die Behördenberatung und Archivgutsicherung zu verbessern. Es war schließlich geglückt, für das Jahr 1939 Haushaltsmittel für die Archivpfleger zu erhalten; doch als der Krieg ausbrach, wurden die bewilligten Gelder gestrichen.[23] Erst 1944, als „Luftschutz" und Sicherung des Archivgutes anders nicht mehr zu bewältigen waren, gelang die Verwirklichung der alten Pläne. Im Juli 1944 nahmen die Archivpfleger (bei denen es sich oft um Lehrer handelte) ihre Arbeit in den jeweiligen Landkreisen und Städten auf.[24] Ihrem Einsatz ist es zu verdanken, dass die sächsische Archivverwaltung auf die Kriegsereignisse trotz äußerst begrenzter Ressourcen überhaupt noch reagieren konnte,[25] und auch nach dem Krieg haben Archivpfleger wichtige Dienste geleistet – z. B. bei der Sicherung der Gutsarchive im Zuge der Bodenreform.

Den Krieg und das Kriegsende überstand das Hauptstaatsarchiv ohne größere materielle Schäden. Das Archivgebäude blieb bei Luftangriffen verschont; unter den ausgelagerten Archivalien waren jedoch kleinere Verluste zu beklagen. Bei der einzigen funktionsfähigen größeren Verwaltung im Dresdner Stadtgebiet, der Stadtverwaltung, meldete Hellmut Kretzschmar am 17. Mai 1945, dass das Hauptstaatsarchiv den Dienstbetrieb wieder aufgenommen habe.[26] Eine kritische Reflexion der Vergangenheit in der „Stunde Null" fehlt in den Akten; ob sie erfolgte oder unterblieb, wissen wir nicht. Alle Aufmerksamkeit wurde nun auf die dringenden archivfachlichen Angelegenheiten gerichtet, vor allem auf die Rückführung der ausgelagerten Bestände und auf die (Rück-)Gewinnung von Fachpersonal. Auch die „Freilenkung" des Sächsischen Hauptstaatsarchivs (seit September

---

23 HStADD, Kap. II, Nr. 32, Bl. 99.
24 HStADD, Archivchronik, Bd. 1, 1944.
25 Übersicht über die Bestände (wie Anm. 16), 25.
26 HStADD, Kap. II, Nr. 8, Bd. 5, Bl. 136.

1945 umbenannt in „Sächsisches Landeshauptarchiv") von den Behörden, die wegen Zerstörung ihrer Dienststellen übergangsweise im Gebäude untergebracht waren,[27] musste bewerkstelligt werden.

Um diese Ziele zu erreichen, bemühte sich Kretzschmar um eine Zusammenarbeit sowohl mit der sowjetischen Besatzungsmacht wie mit den neuen politischen Kräften in Sachsen. Diese Bereitschaft zur Zusammenarbeit wurde jedoch sehr schnell auf eine harte Probe gestellt. Die Verordnung der Landesverwaltung Sachsen über den personellen Neuaufbau der Landesverwaltung vom 24. Juli 1945 legte fest, dass alle ehemaligen Mitglieder der NSDAP und bestimmter NSDAP-Gliederungen (insbesondere SS, SA, SD) weder eingestellt, übernommen noch weiter beschäftigt werden durften.[28] Die beiden letzten im Landeshauptarchiv verbliebenen wissenschaftlichen Archivare, Hellmut Kretzschmar und Rolf Naumann, sowie eine Reihe weiterer Mitarbeiter erhielten im November 1945 ihre Kündigung.

In dem Kündigungsschreiben teilte die Landesverwaltung Hellmut Kretzschmar freilich zugleich mit, dass für ihn bei der Sowjetischen Militäradministration in Deutschland (SMAD) ein Antrag auf einstweilige Weiterbeschäftigung gestellt worden sei. Der ehemalige Direktor wurde gebeten, die Amtsgeschäfte interimistisch weiter zu führen. Außerdem sollte er beim Block der antifaschistisch-demokratischen Parteien umgehend eine Bescheinigung über seine antifaschistische Tätigkeit erwirken.[29]

Diese Bescheinigung, die Kretzschmar am 7. November 1945 bei der LDPD beantragte, war wohl relativ unproblematisch zu erlangen. In einem am 14. Februar 1946 an Kretzschmar gerichteten Schreiben des Sonderausschusses des Blocks hieß es: Kretzschmar habe „einen bewußten Kampf gegen den Nazismus geführt, […] indem Sie trotz Ihres 1938 zur Rettung des Sächs. Hauptstaatsarchivs vor nazistischem Einfluß erfolgten Eintritts in die NSDAP Ihre antifaschistische Gesinnung und Haltung auch weiterhin offen und mutig bekundeten. Sie haben der nazistischen Irrlehre in Ihrer Dienststelle und Ihrer wissenschaftlichen Arbeit

---

27 Im Mai 1945 waren dies: Vereinsbank; Abwicklungsstelle der sächsischen Landesfinanzverwaltung; Hauptvermessungsamt III – Katastervermessung; Reichsbund der Haus- und Grundbesitzer – Abteilung Kriegsschäden; Abwicklungsstelle der Sächsischen Wirtschaftsverwaltung (ehem. Sächsisches Ministerium für Wirtschaft und Arbeit); Städtisches Leihamt – Hausratbergung; Landwirtschaftliche Berufsgenossenschaft; Statistisches Landesamt; Landesamt für Denkmalpflege; Meldekopf der ehemaligen Sächsischen Landesregierung.
28 HStADD, Kap. II, Nr. 55, Bd. 1, Bl. 258.
29 HStADD, Kap. I, Nr. 56, Bd. 1, Personalakte Hellmut Kretzschmar, Bl. 134 f.

nicht nur keinen Raum gewährt, sondern sind ihr – auch im Kriege – öffentlichen entgegengetreten. Weiter haben Sie die Meldungen der Auslandssender verbreitet, den Verkehr mit jüdischen Mitbürgern aufrechterhalten, nat.-soz. Befehle in Ihrem Betriebe nicht durchgeführt, verfolgten Antifaschisten trotz eigener schwerer Gefährdung tätige Hilfe geleistet und beim Zusammenbruch des Hitlerregimes Ihren Dienst ohne Zögern weitergeführt."[30] Diese Erklärung ermöglichte Kretzschmar die Rückkehr in den öffentlichen Dienst. Ab 1. Juli 1946 übernahm er formell wieder die Leitung des Hauptstaatsarchivs.

Vor dem Hintergrund der biographischen Tatsachen – soweit sie bekannt sind – muss die Erklärung Erstaunen auslösen. Von einem bewussten Kampf Kretzschmars gegen den Nazismus zu sprechen, dürfte kaum gerechtfertigt sein. Kretzschmar trat im Mai 1937 der NSDAP bei (der Antrag wurde am 2. Juni 1937 gestellt, die Aufnahme erfolgte rückwirkend[31]) und nicht erst 1938, wie es in der Entnazifizierungserklärung heißt und wie er es selbst behauptet hat. Er tat diesen Schritt offensichtlich in der Absicht, nach dem bevorstehenden Ausscheiden von Hans Beschorner die Leitung des Hauptstaatsarchivs übernehmen zu können (wofür die Parteimitgliedschaft unerlässlich war, obwohl er dieses Motiv nach 1945 abgestritten hat[32]). Bedenken bei Parteistellen bestanden nicht. Die NSDAP-Kreisleitung Dresden urteilte vor Kretzschmars Parteieintritt: „In Bezug auf seine nationalsozialistische Zuverlässigkeit ist er als durchaus einwandfrei anzusprechen. Er ist in jeder Beziehung opferbereit, eine Ablehnung bei einer Sammlung oder bei einem Verkauf ist noch nicht erfolgt. Er gehört dem Opferring an. Wir haben von Vg. Dr. Kretzschmar den besten Eindruck und bezeichnen ihn als einen aufrechten und anständigen Menschen. Nachteiliges in persönlicher Hinsicht ist uns über den Vg. Kretzschmar nicht bekannt geworden."[33] Kretzschmar war vor 1937 Mitglied in mehreren Unterorganisationen der NSDAP sowie im Bund Deutscher Osten. Im Januar 1937 wurde er in den Beirat des von Reichsstatthalter

---

30 Ebd., Bl. 136.
31 Bundesarchiv Berlin (ehemals BDC), NSDAP-Zentralkartei. In einem wohl im Jahr 1945 verfassten Aufsatz über seine Stellung zur NSDAP behauptete Kretzschmar dagegen, er sei Anfang 1938 als letzter der wissenschaftlichen Beamten des Hauptstaatsarchivs in die NSDAP eingetreten; vgl. HStADD, Nachlass Kretzschmar, Nr. 50, nicht foliiert.
32 Im selben Aufsatz heißt es: „Jedes Interesse egoistischer Natur hat mir also bei meinem Eintritt ferngelegen." Der Eintritt sei vielmehr erfolgt, um die Landesgeschichte gegen parteipolitisch gebundene Unsachlichkeit und propagandistische Tendenzen zu verteidigen.
33 HStADD, Kap. I, Nr. 56, Bd. 2, Bl. 12.

und Gauleiter Martin Mutschmann besonders geförderten Heimatwerkes Sachsen berufen und übernahm dort das Fachreferat „Politische Geschichtsforschung". Auch in seiner publizistischen Tätigkeit und seinem wissenschaftspolitischen Wirken (seit 1938 als stellvertretender Vorsitzender der Sächsischen Kommission für Geschichte) sind Konzessionen an die nationalsozialistischen Machthaber auszumachen.[34] Als Beispiel kann ein Vortrag über „Sächsische Geschichte als deutsches Grenzlandschicksal" angeführt werden, den Kretzschmar am 3. April 1937 im Rahmen der Volkspolitischen Woche des Nationalsozialistischen Deutschen Lehrerbundes im Vereinshaus Dresden hielt.[35] Dabei sprach sich Kretzschmar für eine nationalsozialistische Neuausrichtung der Geschichtswissenschaft aus: „Das Bild der deutschen Vergangenheit [...] muß von den lebendigen Blutströmen unseres völkischen Bewußtseins durchpulst sein." Einen hohen Stellenwert maß er der Zurückweisung von Thesen der slawischen Geschichtswissenschaft bei, wobei die Landesgeschichte durch zielgerichtete Forschungen Schützenhilfe leisten sollte. Kretzschmar lobte in diesem Zusammenhang, dass sich die „Abwehrarbeit unseres Bundes Deutscher Osten" bereits mit „schönem Erfolge" der Forschungsergebnisse der sächsischen Landesgeschichte bedienen könne. Weiterhin hielt er es in seiner Rede für notwendig, die Landesgeschichte zur Volksgeschichte weiterzuentwickeln, wobei Grenzlandprobleme die Kulminationspunkte darstellen sollten. Für die Zeit nach 1918 sollten die Anfänge der nationalsozialistischen Bewegung und die „Wandlung vom roten Königreich des Marxismus zu einem der treuesten Gaue Adolf Hitlers" bevorzugt untersucht werden.

Trotz dieser markigen Sätze kann Kretzschmar nicht als überzeugter, aktiver Nationalsozialist bezeichnet werden. Ein Gutachten des SD vom Februar 1936 schätzt seine politische Haltung wohl recht zutreffend ein: „Kretzschmar hat sich vor der Erhebung politisch nicht betätigt. Er war weder Gegner der Bewegung noch hat er ein besonderes Interesse für diese gezeigt. K. ist in erster Linie Wissenschaftler und Schriftsteller, der sich stark im Bund Deutscher Osten beschäftigt. An der Schulung der Ortsgr.-Sachbearbeiter und an der Rednerschulung hat er teilgenommen. Kretzschmar ist Mitglied der NSV und des RLB, ferner des RDB und des Opferringes. Kretzschmar hat einen sehr anständigen Charakter, ist volksverbunden und kennt keinen Standesdünkel. An Sammlungen beteiligt er

---

34 Reiner Groß: „Die Sächsische Kommission für Geschichte 1900-1945", in: Geschichtsforschung in Sachsen. Von der Sächsischen Kommission für Geschichte zur Historischen Kommission bei der Sächsischen Akademie der Wissenschaften zu Leipzig 1896-1996, Stuttgart 1996, 63, 65 f.
35 HStADD, Nachlass Kretzschmar, Nr. 66, Bd. 2.

sich in anerkennenswerter Weise. Gegen seine politische Zuverlässigkeit bestehen keine Bedenken."[36]

Kretzschmar leistete aus Karriereabsichten die von den Nationalsozialisten geforderten Treuebekenntnisse und politischen Dienste. Er blieb aber letztlich ein „Mitläufer" und hat keine weltanschaulichen Positionen des Nationalsozialismus bezogen, obwohl insbesondere im Hinblick auf „ostpolitische" Probleme (aktive Mitgliedschaft im BDO) Affinitäten zu Auffassungen der neuen Machthaber zu erkennen sind.

Hellmut Kretzschmars Weiterbeschäftigung als Direktor des Landeshauptarchivs eröffnet eine Kontinuitätslinie im sächsischen Archivwesen von der NS-Zeit bis in die SBZ und die spätere DDR hinein. Dies gilt im Grunde auch für seinen Amtsnachfolger Horst Schlechte, der nach einer Ausbildung am IfA in Berlin-Dahlem im Jahr 1937 im Hauptstaatsarchiv eingestellt worden war. Freilich wäre es schwierig zu behaupten, mit Kretzschmar und Schlechte hätte ein nahtloser Übergang einer „braunen" Archivistik in die DDR stattgefunden, denn beide transportierten fachliche Prinzipien einer preußischen Archivwissenschaft in das Archivwesen der SBZ bzw. der DDR, die sich lange vor der Machtergreifung durch die Nationalsozialisten herausgebildet hatte und die von diesen im Kern nicht beeinflusst worden war.

Die Sichtweise eines nahtlosen personellen Überganges wird auch deswegen schwer aufrechtzuerhalten sein, weil im Personalbestand des Landeshauptarchivs nach 1945 erhebliche Veränderungen eintraten. Von ehemals sechs wissenschaftlichen Archivaren waren zwei im Krieg gefallen, zwei wurden wegen NSDAP-Mitgliedschaft nicht wieder eingestellt und nur zweien gelang es (Schlechte erst wieder ab 1950), in ihrer Position zu verbleiben. Auch im gehobenen Dienst erfolgte ein erheblicher Personalaustausch. In dieser Hinsicht stellte das Jahr 1945 für das Hauptstaatsarchiv einen wesentlich radikaleren Einschnitt dar als das Jahr 1933.

Die Personalfrage blieb bis 1950 insbesondere im höheren Dienst kritisch, da es schier unmöglich war, gutes und politisch unvorbelastetes Fachpersonal zu gewinnen. Aus dieser Zwangslage heraus ergaben sich einerseits Chancen für junge Kräfte und „Seiteneinsteiger", andererseits entstand die Forderung, in der SBZ bald eine eigenständige Archivarsausbildung zu organisieren.[37]

---

36 HStADD, Kap. I, Nr. 56, Bd. 2, Bl. 13.
37 Volker Wahl: „‚Auf jeden Fall soll die Qualität des Archivarstandes gewahrt werden'. Eine Denkschrift von 1948 zur künftigen Ausbildung des wissenschaftlichen Archivarnachwuchses in der Sowjetischen Besatzungszone", in: Friedrich Beck/Wolfgang Hempel/Eckart Henning (Hg.): Archivistica docet. Beiträge zur Archivwissen-

Mit reduziertem Personal und unter erheblichem Ressourcenmangel musste das Landeshauptarchiv die zahlreichen ausgelagerten Bestände in das Magazin zurückführen, was im Spätsommer 1948 abgeschlossen werden konnte. Die Benutzung lief seit 1946 schrittweise wieder an, so dass im Jahr 1948 3.394 Benutzertage registriert werden konnten. Dies entsprach 32 Prozent der Benutzertage des Jahres 1937 (vgl. Anhang). Auch im Bereich der Behördenberatung und bei der Zusammenarbeit mit nichtstaatlichen Archiven normalisierte sich die Lage allmählich wieder.

Reibungsvoll gestaltete sich allerdings die Zusammenarbeit mit der Sowjetischen Militäradministration in Sachsen (SMAS). Die SMAS, die eine eigene Archivabteilung unterhielt, forderte kurzfristig die Erstellung bestimmter Spezialinventare und entlieh zahlreiche Archivalien, insbesondere zur Geschichte der sozialistischen Arbeiterbewegung, der deutsch-russischen Beziehungen und der russischen bzw. sowjetischen Diplomatie. Einen nicht unbeträchtlichen Teil davon gab sie dem Landeshauptarchiv nicht wieder zurück. Die Archivalien wurden beim Abzug der SMAS mit in die UdSSR geführt und befinden sich heute in russischen Archiven. Das Landeshauptarchiv und sein Direktor Hellmut Kretzschmar mussten die bittere Erfahrung machen, Objekt einer ausländischen Archivkommission zu sein, die nach Belieben Anordnungen treffen, Archivdienstleistungen anfordern und Akten „ausleihen" konnte, ohne sie zurückzugeben. So oder so ähnlich hatten sich auch die deutschen Archivkommissionen im Ausland verhalten.

Nicht so schwierig wie mit der SMAS gestaltete sich die Zusammenarbeit des Landeshauptarchivs mit der neuen sächsischen Landesregierung. Wie in der Zeit vor 1945 ressortierte das Archivwesen beim Ministerpräsidenten bzw. der Staatskanzlei. Angesichts der sehr erheblichen politischen, wirtschaftlichen und gesellschaftlichen Wandlungen in der SBZ spielte das Archivwesen für die SED-Politiker keine besonders beachtenswerte Rolle. Da auch die übergeordnete Fachaufsicht des Reiches mit dem Jahr 1945 verschwunden war, entstand für die Landesarchivverwaltung fachlich ein beachtlicher Freiraum.

Kretzschmar baute nach 1945 die Organisation der Archivpfleger neu auf, in deren Reihen die Entnazifizierung erhebliche Lücken gerissen hatte. Die Benutzersaal-Ordnung wurde überarbeitet (1947 und 1949), wobei der Genehmigungsvorbehalt bei der Benutzung durch „Nichtarier" beseitigt und einige Regelungen zugunsten der Benutzer gelockert wurden.[38] Im März 1948 überprüfte das Landeshauptarchiv den Entwurf einer kommunalen Archivordnung und entwarf eine

---

schaft und ihres interdisziplinären Umfelds, Potsdam 1999, 583 ff.
38 HStADD, Kap. II, Nr. 10, Bd. 2, Bl. 133 f., 138 f.

Idealtektonik für die sächsischen Kommunalarchive, verwendete in der Gliederung allerdings recht antiquierte Betreffe („Armen- und Wohltätigkeitspolizei"; „Aufhebung von Leichnamen" usw.).[39] 1947 und 1948 organisierte Kretzschmar Weiterbildungskurse für sächsische Kommunalarchivare, die unter den zahlreichen „Seiteneinsteigern" auf großes Interesse stießen. Seit 1947 wandte sich das Landeshauptarchiv außerdem wieder der historisch-politischen Bildungsarbeit und der Landesgeschichte zu, wobei zunächst an das 100-jährige Jubiläum der Revolution von 1848 angeknüpft werden konnte. Unter maßgeblicher Beteiligung des Landeshauptarchivs entstand ein Tafelwerk von 28 Tafeln, auf denen Vorgeschichte, Ablauf und Ergebnisse der Revolution erläutert wurden.[40] Kretzschmar bereitete außerdem eine Edition von Berichten der französischen Gesandtschaft in Dresden aus den Jahren 1848/49 vor.[41]

Der fachliche Freiraum wurde durch manche wirtschaftliche und politische Zwänge immer wieder eingeengt. Bis 1950 blieb die Personalausstattung des Landeshauptarchivs dürftig. Mehrere Vorstöße Kretzschmars bei der Staatskanzlei fruchteten nicht. Gegen den Protest des Direktors wies die Landesregierung zwischen 1948 und 1950 mehrfach die Herausnahme von Archivalien aus dem Landeshauptarchiv an, um sie sowjetischen bzw. polnischen Stellen zu schenken.[42] Es wurde auch immer schwieriger, an den westdeutschen Archivtagen bzw. am gesamtdeutschen fachlichen Meinungsaustausch teilzunehmen.[43] Dies führte dazu, dass die Landesarchivverwaltungen in der SBZ informelle Diskussionsforen facharchivischer Fragen schufen. Führende Archivare der Archivverwaltungen Sachsens, Thüringens, Sachsen-Anhalts sowie anfänglich auch aus Berlin trafen sich

---

39 HStADD, Kap. II, Nr. 18, Bd. 5, Lage 12.
40 Palla/Hesche (wie Anm. 2), 22.
41 Erweitert um sächsische Gesandtschaftsberichte aus Paris erschien die Arbeit 1956: Hellmut Kretzschmar/Horst Schlechte: Französische und sächsische Gesandtschaftsberichte aus Dresden und Paris 1848-1849, Berlin 1956 (Schriftenreihe des Sächsischen Landeshauptarchivs, 2/3).
42 HStADD, Kap. II, Nr. 18, Bd. 5, Lage 33. Im Jahr 1948 diente ein Staatsvertrag zwischen Russland und Sachsen, im Jahr 1949 ein Aktenband, der zahlreiche Schreiben Thomas Müntzers enthielt, als Geschenk an Stalin. Im Jahr 1950 wurden mehrere Pläne Warschaus, die von Pöppelmann oder aus seinem Umkreis stammten, der polnischen Regierung geschenkt.
43 Für den Abdruck eines Beitrages in der westzonalen Fachzeitschrift „Der Archivar" über das Schicksal wichtiger sächsischer Archive im Krieg erhielt Kretzschmar jedoch die Erlaubnis. Der Beitrag unter dem Titel „Die Schicksale der größeren sächsischen Archive" ist abgedruckt in: Der Archivar 1 (1948), 181 ff.

in den Jahren 1946 bis 1949 zweimal jährlich zu intensiven Gesprächen, die als Besprechungen im „wettinischen Dreieck" in die ostdeutsche Archivgeschichte eingegangen sind.[44]

Seit dem Frühjahr 1949 formierte sich jedoch allmählich eine zentrale Archivverwaltung in der SBZ bzw. in der bald gegründeten DDR, die den Landesarchivverwaltungen rasch Regelungskompetenzen entzog und Entscheidungen traf, die mit diesen nicht abgesprochen waren. Deutlich wurde dies etwa daran, dass das DDR-Archivwesen Ende 1949 dem Ministerium des Innern unterstellt wurde, obwohl sich z. B. Kretzschmar vehement für eine Anbindung beim Ministerpräsidenten ausgesprochen hatte. Gering war der Einfluss der Länder auch auf die in der DDR eingeführte Benutzungsordnung bzw. auf die Verordnung über das Archivwesen in der DDR vom 13. Juli 1950. In dieser Verordnung behielten die Landesarchivverwaltungen zwar noch einige Kompetenzen, doch dominierten zentralistische Strukturen. Mit dem Jahr 1949 setzt daher ein neuer Entwicklungsabschnitt in der Geschichte des Hauptstaatsarchivs Dresden bzw. der staatlichen Archivverwaltung in Sachsen ein.

Die alten „bürgerlichen" Facharchivare fügten sich resignierend in die neuen Umstände. Sie hatten in der NS-Zeit gelernt, dass es besser war, sich bestimmten Entscheidungen und Entwicklungen nicht zu widersetzen, wenn man die berufliche Position nicht aufs Spiel setzen wollte. Dies galt nun auch für die mühsam errungene Stellung im Archivwesen der SBZ/DDR, die durch die NS-Belastung der Archivdirektoren durchaus prekär und gefährdet blieb. In einem Brief an Willy Flach, der ihm in fachlichen und persönlichen Auffassungen nahe gestanden hat,[45] fasste Hellmut Kretzschmar am 1. März 1950 zusammen: „Man wird also letzten Endes gegen diese Entwicklung kaum mit Erfolg ankämpfen. Sie gehört in den weiten Zusammenhang der Fragen, von denen ich schon bei unserer Dezemberbesprechung in Potsdam den etwas peinlichen Eindruck hatte, dass wir in den Ländern mit ihnen erst in einem Entwicklungsstadium befasst worden sind, in dem an ihrer Lösung nicht mehr viel zu ändern ist. So wird uns nichts weiter übrig bleiben, als aus Situationen, an deren Entstehen wir weder positiv noch negativ beteiligt sind, das beste für unsere Behörden herauszuholen."[46]

---

44 HStADD, Kap. XIII, Nr. 32, Bd. 1 und 2. Vgl. auch Wahl (wie Anm. 36), 584 ff.
45 Zu Willy Flach vgl. Volker Wahl: „Willy Flach (1903-1958)", in: Thüringer Archivarsverband (Hg.): Lebensbilder Thüringer Archivare, Rudolstadt 2001, 72 ff.
46 HStADD, Kap. II, Nr. 18, Bd. 5, Lage 18.

Anhang:
Benutzung im Sächsischen Hauptstaatsarchiv Dresden 1933 – 1949
(in Benutzertagen)[47]

Jahr	Benutzertage
1933	6552
1934	8152
1935	9936
1936	9582
1937	10454
1938	8892
1939	7910
1940	4486
1941	5152
1942	5909
1943	5163
1944	3037
1945	–[48]
1946	923
1947	2887
1948	3394
1949	2897

---

47 HStADD, Archivchronik, Bd. 1.
48 Der Benutzersaal blieb im Jahr 1945 geschlossen; eine private Benutzung fand nur in ganz wenigen Fällen statt.

Klaus Schwabe
SED-Archive zwischen Realität und Wunschdenken

Mit der Übernahme der Archive der SED-Bezirksleitungen Rostock, Schwerin und Neubrandenburg 1993 durch die beiden Landesarchive Schwerin und Greifswald erhielten wir eine außerordentlich bedeutsame Quellengruppe zur jüngsten Zeitgeschichte dieser Region. Es ist eine Dokumentation zu 45-jährigem Bemühen, die historische Entwicklung nach dem Willen und dem Plan einer Menschengruppe zu gestalten, die für sich das Privileg beanspruchte, alleinige Führungskraft des Gesellschaftsprozesses zu sein und alle anderen Komponenten beherrschen zu können. – Ein Vorhaben, das wohl eher der Mythologie zugerechnet werden könnte als dem 20. Jahrhundert. Die schriftliche Überlieferung ist demzufolge eine Mischung aus Illusion, Wunsch und Realität. Gleichzeitig ist es eine Form der Widerspiegelung von DDR-Realität aus der Sicht der SED, die auch Elemente der Alltagsgeschichte beinhaltet, was diese Quelle aufwertet, abgesehen von ihrer politischen Relevanz.

Mit ihrer auf Beschluss des Sekretariats des ZK der SED vom 8. April 1963 erfolgten Gründung erhielten das zentrale Parteiarchiv und die Bezirksparteiarchive die Aufgabe, „den Kampf der Partei für die Durchsetzung des Parteiprogramms, um den Aufbau der entwickelten sozialistischen Gesellschaft in der Deutschen Demokratischen Republik"[1] zu dokumentieren. Im Mittelpunkt sollte dabei der Nachweis der Überlegenheit des Sozialismus gegenüber dem Kapitalismus und damit die Dokumentation der Erfolgsgeschichte des real existierenden Sozialismus in der DDR stehen. Neben Objektivität wurde Parteilichkeit, als Ausdruck von SED-Interesse, in der Aussage von Schriftgut wichtiges Kriterium für dessen Bewertung. Historisch wertvolles Schriftgut hatte dem zu entsprechen, wobei Parteilichkeit hier an die erste Stelle gerückt wurde. Damit ist zwangsläufig die Frage nach dem Wahrheitsgehalt von SED-Schriftgut gestellt. Um es vorweg zu nehmen: Jeder der sich mit diesen Akten beschäftigt, muss wissen, dass eine gründliche Quellenkritik unerlässlich ist.

Gestützt und abgesichert von der sowjetischen Besatzungsmacht ließ sich die SED ideologisch vom Marxismus-Leninismus und dem eigenen Machtinteresse leiten. Praktische Politik hatte einer Theorie zu folgen, die im Wesentlichen im 19.

---

1 Leitfaden für die endgültige Ordnung und Verzeichnung der Bestände der Bezirksleitung und der Kreisleitungen der SED aus der Zeit nach dem 6. Parteitag der SED. Parteiinternes Material, Februar 1972.

Jahrhundert entwickelt wurde und bisher nirgendwo erfolgreich angewendet worden war. Im öffentlichen Selbstverständnis jedoch hieß es stets, im Interesse der werktätigen Bevölkerung zu handeln, auch dann, wenn diese es nicht verstehen würde, denn nach Karl Marx komme es nicht darauf an, was dieser oder jener Proletarier über den Geschichtsverlauf denke, sondern nur darauf, was die Arbeiterklasse ihrer historischen Mission gemäß zu tun gezwungen ist. Ein scheinbarer Freibrief für Arroganz und Selbstherrlichkeit.

In diesem Konflikt steht auch das bezirkliche Archivgut, das in beträchtlichem Umfang vorhanden ist. Einerseits liefert es ein Zeugnis für den Fleiß und den Willen der Menschen nach dem Ende des Zweiten Weltkrieges ein neues Leben aufzubauen, und andererseits ist es Ausdruck permanenter Verletzung grundlegender Menschenrechte im Zuge der Errichtung des Unrechtsstaates DDR und der Machtausübung durch die SED. Der SED-Führung war vor allem daran gelegen, ihren Führungsanspruch zu dokumentieren als Voraussetzung für einen erfolgreichen Aufbau der sozialistischen Gesellschaft. Das sollte der Nachwelt primär übermittelt werden. Nach diesem Grundsatz hatten die Abteilungen der Bezirksleitung, die Kreisleitungen und die jeweils ausgewählten Grundorganisationen und Ortsleitungen der SED das Schriftgut an das Bezirksparteiarchiv abzugeben. Mit diesem Schriftgut haben wir die mittlere und untere Ebene in der Parteienhierarchie, die vor allem Belege für die Funktion von Zentralismus und Parteidisziplin liefert. Ohne diese Quellen ist die Funktion der SED-Diktatur, das Verhalten der Menschen in ihrer Anpassung oder Opposition schwerlich erklärbar. Der Einheitsaktenplan, eine „Vertrauliche Verschlusssache" des Sekretariats des ZK, regelte Details bis hin zu den Aufbewahrungsfristen. Insofern war das Archiv Zwischen- und Endarchiv zugleich.

Der überwiegende Teil der Akten suggeriert eine heile Welt des Sozialismus. Widersprüche und Probleme wurden stets als Einwirkung des „Klassenfeindes" und gegnerischen Einflusses vor allem des westdeutschen und amerikanischen Imperialismus dargestellt, so der 17. Juni 1953 als faschistischer Putsch, der Bau der Berliner Mauer am 13. August 1961 als Rettungstat für den Weltfrieden und die Millionen „Republikflüchtigen" als von der Bundesrepublik abgeworbene und verirrte Menschen. Immer betrachtete sich die SED daran als unschuldig. Immer waren es angeblich die gegnerischen Einflüsse, die zu Problemen beim sozialistischen Aufbau führten. Insofern verbirgt sich dahinter die Entstellung der Wirklichkeit und es ergibt sich die Frage, ob diese Darstellung von den SED-Mitgliedern angenommen wurde.

Wichtiger Gradmesser hierfür sind die Parteiausschlüsse und Parteierziehungsmaßnahmen gegenüber Mitgliedern und Kandidaten. Die Arbeit der Parteikontrollkommissionen belegt, dass etwa ein Drittel von ihnen in den drei Nordbezirken, das sind rund 150.000 Personen in zwei Generationen, betroffen waren. Der größte Teil entzog sich der Partei durch Flucht in die Bundesrepublik und ein Teil wurde aufgrund parteifeindlichen Verhaltens ausgeschlossen. So ergibt sich doch die Tatsache, dass die Glaubwürdigkeit der SED bei der Mehrheit der Mitglieder vorhanden war, wobei diese Glaubwürdigkeit wahrscheinlich durch die übermächtige Rolle der Parteidisziplin herbeigeführt wurde.

Bis zum Ende der DDR vertrat die SED die These der „Einheit von Partei und Volk". Damit sollte zum Ausdruck gebracht werden, dass die SED eine Politik im Interesse des Volkes macht und die Bevölkerung mit deren Zielen einverstanden ist. Die Akten belegen jedoch, dass es zu allen Zeiten erhebliche Vorbehalte und vielfach eine Ablehnung der SED und ihrer Politik bei den nicht parteigebundenen Bürgern gab. In Eingaben, Befragungen zu aktuellen politischen Ereignissen, in den Maßnahmen zur Absicherung von Veranstaltungen, propagandistischen Aktionen gegen Einflüsse westlicher Ideologie und Lebensweise und nicht zuletzt in den drastischen Urteilen der Justiz bei Aktivitäten gegen politische Gegner finden wir eine Bestätigung der Ablehnung. Repräsentative Umfrageergebnisse sind in den Archiven der SED-Bezirksleitung allerdings nicht vorhanden. Realitätsferne und das Ignorieren von Andersdenkenden, was nicht unbedingt Gegnerschaft bedeuten musste, war der SED-Führung eigen. Ihre Feindbilder waren ein Ausdruck von Unsicherheit und Angst.

In meinen weiteren Ausführungen werde ich nun darauf eingehen, wie versucht wurde, in den Archiven der SED-Bezirksleitung eine Erfolgsgeschichte des Sozialismus zu dokumentieren und nach welchen Prinzipien das zu erfolgen hatte. Zunächst sei gesagt, dass ein solches Vorhaben nicht gelang. Das lag jedoch nicht an den Archivaren und ihren Fähigkeiten, sondern an dem Vorhaben, eine Gesellschaft aufzubauen, deren Ziel utopisch war und Methoden beanspruchte, die eher bereits untergegangenen Epochen entsprachen. Wir haben im Landeshauptarchiv Schwerin seit der Übernahme der Parteiarchive 1993 mit einer vertieften Erschließung wichtiger Bestände, beginnend mit der KPD- und SED-Landesleitung Mecklenburg, einen gründlichen Einblick in deren Tätigkeit erhalten.

Warum eine solche intensivere Erschließung? Die Antwort: 1. Weil wir all jenen an der DDR-Geschichte Interessierten ein Findhilfsmittel an die Hand geben wollen, das eine möglichst objektive Auswahl der Akten ermöglicht. Geschichtsklitterung beginnt beim Findhilfsmittel, indem wichtige Aktentitel so gewählt werden, dass sie eine einseitige Sicht auf den Akteninhalt vermitteln, der durch entsprechende Enthältvermerke noch unterstrichen wird. Je weiter die Geschichte voranschritt, die DDR in eine Existenzkrise hineingeriet, um so ausgeprägter ist dieser Tatbestand zu verzeichnen. Das Negative und Problemhafte ist aus den Findhilfsmitteln, die von den Archivaren des Bezirksparteiarchivs erstellt wurden, weitgehend verschwunden. Ein Beispiel soll das unterstreichen: Der Titel einer Akte aus der Abteilung Wirtschaftspolitik heißt: „Analysen und Einschätzungen über Planerfüllung" und besitzt als Enthält-Vermerk: „Statistik über den innerbetrieblichen Wettbewerb". Kein Hinweis auf die vorhandenen Probleme in der Materialversorgung und Ersatzteilbeschaffung, mangelnde Bereitstellung von Waren für die Bevölkerung und Nichterfüllung der Aufgaben im Wohnungs- und Straßenbau! Ein wenig geübter Benutzer wird eine solche Akte also nicht bestellen und ein anderer bestellt zehn solcher Akten, weil er vermutet, es könnte für ihn etwas Interessantes darin enthalten sein.

2. Als Findhilfsmittel für die Bestände des SED-Parteiarchivs sind umfangreiche Karteien vorhanden, die nicht nur für den Benutzer schwer zu handhaben, sondern auch in der Bereitstellung durch den Benutzerdienst recht aufwändig sind. Für derartig bedeutsame Bestände der Zeitgeschichte, die zudem auch häufig benutzt werden, sind moderne Findhilfsmittel erforderlich. Die Erschließung nach dem Faust-Programm ist sowohl für den Benutzer, der ohne unnötigen Suchaufwand an seine Informationen gelangt als auch für den Archivar, der die Benutzung vorbereitet oder Anfragen zu bearbeiten hat, optimal. Es ist zu vermuten, dass künftig immer weniger Archivare immer mehr Archivbestände zu betreuen haben. Das allein erfordert schon einen rationalen Umgang mit der Arbeitszeit. Es ist aber erforderlich zu betonen, dass weder wesentliche Entstehungszusammenhänge noch wichtige Strukturen des Bestandsaufbaus verloren gingen, um die Spezifik von SED-Schriftgut auch für den Benutzer erkennbar nachvollziehbar zu erhalten. Das Provenienzprinzip ist somit in jeder Hinsicht gewahrt worden und Ergänzungen und Modifikationen wurden nur dort vorgenommen, wo sie im Interesse eines Erkenntnisgewinns waren.

Die Archivierung von SED-Schriftgut nach den Richtlinien und Weisungen der SED-Führung ging von der Prämisse aus, dass Sozialismus und Kommunismus über Kapitalismus und Imperialismus siegreich sein werden. Die Bewertung von Parteischriftgut hatte dem zu folgen und somit bestand das Ziel der Bewertung darin, eine „aussagekräftige Quellenbasis für die Erfüllung der aktuellen Aufgaben der Partei und für die Erforschung der Parteigeschichte durch die Auswahl des historisch wertvollen Parteischriftgutes zur Aufbewahrung in den Parteiarchiven zu schaffen."[2] Die Nachwelt sollte so die Möglichkeit erhalten, den siegreichen Weg zum Sozialismus nachzuvollziehen, wobei nicht verschwiegen wird, dass es sich dabei nicht um einen ‚Spaziergang' handelte. Die SED hatte Feinde in ihrem

---

2 Einheitsaktenplan der Sozialistischen Einheitspartei Deutschlands, ZK 04/74.

Ringen um einen sozialistischen deutschen Staat. Als größte Widersacher wurden die Kräfte des Monopolkapitals und ihre Helfer von der CDU bis zur SPD angesehen, wobei das je nach Bedarf variieren konnte. Waren die Sozialdemokraten von Kurt Schumacher bis Willy Brandt bis Mitte der 1970er Jahre stets im Visier heftigster Attacken, so änderte sich das mit der neuen Ostpolitik und dem gemeinsamen Papier von SED und SPD vom August 1987. Stets sah sich die SED mit ihren Funktionäre in der Rolle vermeintlicher historischer Überlegenheit und schulmeisterte: „Jeder Westdeutsche soll sich diese einfachen Tatsachen vor Augen halten, um den ganzen Unterschied zwischen den beiden deutschen Staaten zu erkennen. Bei uns: Anwendung neuer Formen der Demokratie (die Arbeiterrechte im Arbeitsgesetzbuch, die Weiterentwicklung der Gemeinden, die verbesserte Bearbeitung aller Eingaben der Bevölkerung usw.). In Bonn: Anwendung immer neuer Formen der Ausbeutung (Notstandsgesetze, Arbeitshetze, Terror gegen alle, die etwas für den Frieden tun). Jeder Westdeutsche soll sich gut informieren und darüber nachdenken."[3] – Es war schon erstaunlich, mit welcher Arroganz die Bundesrepublik permanent als in der Krise befindlich dargestellt wurde, die die Bevölkerung unterdrückt und ausbeutet, aber kein Wort zu der sich rasch entwickelnden Wirtschaft, der Überlegenheit in der Produktivität, der Attraktivität der Erzeugnisse und nicht zuletzt dem sich rasch vermehrenden Wohlstand der Menschen verloren wurde. Letzteres passte nicht in das Leninsche Bild vom „faulenden und sterbenden Imperialismus". Die Kontakte zu den Menschen in der Bundesrepublik, der Strom der Pakete von West nach Ost, der Einfluss von Rundfunk und Fernsehen vermittelte etwas anderes. Dennoch hielt die SED bis zu ihrem Ende daran fest, mit der DDR die Zukunft Deutschlands zu vertreten. Soweit die Unterlagen der Westarbeit der SED überliefert sind, sprechen sie von den Bemühungen der in die Bundesrepublik gesandten Emissäre, Verbindungen zu Gewerkschaften, Parteien, Verwaltungen zu knüpfen. Man ließ es sich etwas kosten, wenn Sozialdemokraten und Gewerkschafter bereit waren, die DDR zu besuchen.

Nicht weniger wichtig war die Einschränkung von Freiheit und Demokratie. Der Bau der Mauer am 13. August 1961, von der SED-Führung als notwendige friedenserhaltende Maßnahme deklariert, wurde von der überwiegenden Mehrheit der DDR-Bürger nicht akzeptiert, wurden doch Familienbande abgeschnitten und die ohnehin schon eingeschränkte Freiheit des Reisens in den Westen fast vollständig beseitigt. Hatten Hunderttausende Bürger die Möglichkeit der offenen Grenze genutzt, um die DDR zu verlassen, gelang das bis zur Eröffnung neuer Wege über

---

3 LHA Schwerin, BPA Schwerin, Nr. IV/B/2/10/147.

Ungarn, Polen und der Tschechoslowakei nur relativ wenigen Menschen. Unter allen Umständen, einschließlich des Gebrauchs der Schusswaffe, sollte die „Republikflucht" verhindert werden. In einer Direktive der Bezirksleitung heißt es dazu: „Die Bezirksleitung erwartet, dass alle Angehörigen der bewaffneten Kräfte unter Führung der Partei diese verantwortungsvolle Aufgabe stets im Interesse der Arbeiter und Genossenschaftsbauern, aller Werktätigen so lösen, dass die Staatsgrenze zur imperialistischen BRD ununterbrochen und lückenlos gesichert ist."[4] Wer es dennoch wagte über die Ostsee, im selbstgefertigten Ballon oder auf anderen Wegen, musste damit rechnen, im Gefängnis zu landen oder gar erschossen zu werden. Eine Alternative hierzu war, sich mit der Situation abzufinden, seinen Frieden mit dem System in der DDR zu machen und sich so gut wie möglich einzurichten, was aber nicht bedeutet, sich loyal oder gar systembejahend zu verhalten. Befragungen des Instituts für Meinungsforschung oder des Instituts für Jugendforschung belegen, dass die SED-Führung bei der Mehrheit der Bevölkerung kein besonderes Ansehen besaß. Diese wiederum hatte wenig Vertrauen zu den Menschen und forderte die Parteimitglieder auf, sich wachsam gegenüber gegnerischen Einflüssen zu verhalten, was einem Verlangen nach Spitzeldienst und Denunziation gleichkam. Zeugnisse hiervon sind im SED-Archiv umfangreich vorhanden unter dem Stichwort „Parteikontrollkommission".

Die überlieferten SED-Unterlagen geben aber auch ein Zeugnis für Widerstand gegen die SED und deren angemaßten Führungsanspruch, gegen Stalinismus und Willkürherrschaft. Regelmäßig fanden große Aktionen zur Überprüfung des Verhältnisses der Mitglieder zur Partei statt, bei der all jene ausgeschlossen wurden, die sich parteifeindlich verhielten, wobei die Kriterien hierfür sehr weit gefasst waren – Westemigration, Haltung zum 17. Juni 1953, Slansky-Prozess, Mauerbau, Friedensbewegung, Antisowjetismus, Opportunismus und Revisionismus – um nur einige zu nennen. Insbesondere ehemalige Sozialdemokraten waren der Parteifeindlichkeit verdächtig.

Als Mitte der 1980er Jahre eine Wende des Sozialismus eingeleitet wurde, erwies sich die SED als reformunfähig und Gorbatschow wurde mit seiner Politik eine Existenzbedrohung. Jeder, der Gleiches für die DDR begrüßt hätte und dementsprechend aktiv wurde, geriet in die Mühlen des Repressionsapparates der Partei und des Staates. Als „Schild und Schwert der Partei" wurde das MfS aktiv, wenn es in einer Notiz der Abteilung Sicherheit der SED-Bezirksleitung heißt: „Bitte lasse die benannten Kollegen mal prüfen."[5] Im Bezirk Schwerin registrierte die

---

4 LHA Schwerin, BPA Schwerin, IC/D/2/2/4.
5 LHA Schwerin, BPA Schwerin, 1987-1989, Nr. 24.

geheimdienstliche Aufklärung Anfang 1989 sieben Gesprächskreise und Gruppen mit oppositionellem Inhalt. Besonders junge Leute fühlten sich von dem Tun dieser Gruppen angezogen. Die Bezirksverwaltung des MfS hatte IM in diese Gruppen eingeschleust und kannte somit Themen und Mitglieder. In einem Bericht an die SED-Bezirksleitung wird mitgeteilt: „Im Berichtszeitraum kann im Ergebnis der operativen Vorgänge und operativen Personenkontrolle sowie der operativen Auswertung von Einzelinformationen eingeschätzt werden, dass feindliche Kräfte aus dem Operationsgebiet in vielfältiger Form versuchen, mit inneren feindlich-negativen Kräften zusammenzuwirken, legale Möglichkeiten zu missbrauchen und zwischenstaatliche Abkommen und Verträge zu unterlaufen."[6] Gemeint sind hier Verbindungen zu Gruppen aus der Friedensbewegung der Bundesrepublik, die durch die gemeinsame Arbeit gegen das Wettrüsten in Ost und West entstanden sind, aus denen die SED-Führung aber ein Bedrohungsszenario entwickelte.

Aus den archivierten Unterlagen zur Oppositionsbewegung geht hervor, dass erstens die SED-Führung eine große Furcht davor hatte und unsicher war, wie man ihr am besten begegnen sollte. Die Auseinandersetzung mit gegnerischen Auffassungen und Personen in der Vergangenheit erfolgte in der Regel DDR-intern. Das war in den 1980er Jahren nicht mehr möglich, da nach der Unterzeichnung der Akte von Helsinki die Präsenz der Medien und die internationalen Beziehungen der oppositionellen Gruppen ein großes Maß an Publizität herstellten. Zweitens war die SED-Bezirksleitung in diesen Fragen nicht eigenverantwortlich handlungsfähig. Im Politbüro des ZK der SED wurden die Entscheidungen gefällt, wie an den taktischen Manövern bis hin zur Zulassung des Neuen Forum zu ersehen war. Das lähmte die SED-Führung vor Ort und macht vor allem die Parteibasis handlungsunfähig. Somit ist es auch nicht verwunderlich, dass aus den Grundorganisationen der SED schon frühzeitig der Ruf nach einer Reform der SED erklang und führende Funktionäre für das Chaos zur Verantwortung gezogen werden sollten. Drittens: Die SED-Führung wurde von den Ereignissen überrollt. So heißt es in einer Denkschrift des Sekretariats der SED zu „Vorstellungen zur Erneuerung der Partei" im November 1989: „Im Namen der Schweriner Kommunisten fordern wir das Politbüro auf, mit Nachdruck jetzt endlich unerbittlich und gründlich reinen Tisch zu machen, alle Machenschaften offen zu legen und gegen diejenigen, die unsere Partei und unser Land in die Krise gestürzt haben, keine Schonung walten zu lassen."[7]

---

6   MfS BV Schwerin, AKB 48 a.
7   LHA Schwerin, BPA Schwerin, 1987-1989, Nr. 32.

Das plötzliche Ende der DDR und damit das der SED hatte für die Bezirksparteiarchive erhebliche Konsequenzen. Die Verhältnisse in den SED-Kreis- und Bezirksleitungen waren ab Oktober ziemlich chaotisch. Von einem geordneten Rückzug aus der Verantwortung, wie es bei demokratischen Parteien nach einer Wahlniederlage der Fall ist, konnte keine Rede sein (und auch da soll es ja im Bezug auf die Akten manchmal Probleme geben). Es ist also davon auszugehen, dass die Mitarbeiter in starkem Maße mit ihrem eigenen Schicksal beschäftigt waren. Nur teilweise gelangte das Schriftgut aus den Registraturen in das Archiv. So fehlt uns beispielsweise fast vollständig das Schriftgut der Bezirksparteikontrollkommission aus den Jahren 1987 bis 1989 und gleichfalls das der Abteilung Sicherheit. Dabei ist im Nachhinein nicht nachzuvollziehen, ob es nicht abgegeben wurde oder im Archiv vernichtet wurde. Aus unseren Informationen ist zu ersehen, dass in den Bezirksparteiarchiven zeitweise Funktionäre beschäftigt waren, die sich wohl weniger mit Ordnung und Verzeichnung des Schriftgutes beschäftigt haben dürften als vielmehr mit dessen Kassation.

Es gab aber auch Archivleiter, die noch 1990 nach den Kassationsrichtlinien des ZK Akten in den Reißwolf geschickt haben. Sie haben der Geschichte der DDR damit keinen guten Dienst erwiesen, da es sich um wichtige Bereiche handelte, wie Sicherheit und Parteiorgane. Dennoch verfügen wir mit den Archiven der SED-Bezirksleitungen über eine wichtige Quellengruppe der mittleren und unteren Leitungsebene, die wichtige Aufschlüsse über die Tätigkeit der SED liefert. Das ist wesentlich mehr als wir beispielsweise über die NSDAP im Archiv besitzen. Nachdem wir jetzt im Wesentlichen aus der Phase der Bearbeitung von Rehabilitationsanliegen heraus sind, können wir uns mehr der archivwissenschaftlichen Aufbereitung der Bestände zuwenden. Dabei können wir uns zunächst nur den Kernbeständen zuwenden, da die personelle Besetzung des Fachbereichs mehr nicht zulässt. Es ist zu hoffen, dass es zu keinen weiteren personellen Kürzungen kommt, handelt es sich doch bei den SED-Beständen um eine bedeutsame Hinterlassenschaft zur DDR-Geschichte.

Torsten Musial
Deutsche Archivare in den besetzten Gebieten 1939 bis 1945

Die Tätigkeit deutscher Archivare in den während des Zweiten Weltkriegs von Deutschland besetzten Gebieten ist ein Kapitel deutscher Archivgeschichte, das lange Zeit nur wenig Beachtung gefunden hat. Es umfasst zwar nur die kurze Zeitspanne von sechs Jahren, doch es berührt grundlegende Fragen unserer Berufsehre. Zunächst gebe ich einen allgemeinen Überblick über die Tätigkeit deutscher Archivare in den besetzten Gebieten von 1939 bis 1945, bevor ich auf den Einsatz im besetzten Polen besonders eingehe.

Während des Zweiten Weltkrieges waren deutsche Archivare in allen von Deutschland besetzten Gebieten tätig. Ziel der Heeresarchivare[1] waren die Kriegsministerien und Depots mit militärischen Akten der okkupierten Länder. Die Außenministerien der besetzten Länder wurden von den Kommandos des Auswärtigen Amtes durchforscht. Die Archivkommissionen des Sicherheitsdienstes der SS suchten nach politisch brisanten Beständen. Der Einsatzstab Reichsleiter Rosenberg war führend an der Plünderung von privaten und jüdischen Archiven beteiligt. Außerdem waren Vertreter des Arbeitswissenschaftlichen Instituts der Deutschen Arbeitsfront, von Luftwaffe und Marine sowie der NSDAP unterwegs. Ergänzt wurde dieses Spektrum durch verschiedene Einzelunternehmen, wie z. B. vom Kolonialpolitischen Amt der NSDAP. Auch Archivare der deutschen Staatsarchive waren in den okkupierten Ländern eingesetzt.[2]

Insgesamt arbeiteten über achtzig wissenschaftliche Archivbeamte aus fast allen deutschen Ländern und Österreich in den besetzten Gebieten. Die größten der so genannten Archivschutzgruppen gab es in den Pariser Archiven und in Polen. Der Begriff „Archivschutz" für ihren Einsatz ist irreführend. Vordergründiges Ziel dieser Gruppen war nicht die Sorge um die fremden Archive, um die Erhaltung des Archivguts für die unterworfenen Völker, sondern der Schutz der Ar-

---

1 Vgl. dazu Friedrich-Christian Stahl: „Die Organisation des Heeresarchivwesens 1936-1945", in: Aus der Arbeit des Bundesarchivs. Beiträge zum Archivwesen, zur Quellenkunde und zur Zeitgeschichte (Schriftenreihe des Bundesarchivs 25), Boppard am Rhein 1977, 69-101, 70.
2 Vgl. Torsten Musial: Staatsarchive im Dritten Reich. Zur Geschichte des staatlichen Archivwesens in Deutschland 1933-1945 (Potsdamer Studien 2), Potsdam 1996.

chive, um diese im deutschen Interesse auszunutzen. Die Leitung der meisten Gruppen lag in der Hand preußischer Archivare. Bemerkenswert war die Qualität der Besetzung der Gruppen. Allein in der Archivschutzkommission für Frankreich befanden sich fünf Archivdirektoren bzw -leiter. Den gesamten Einsatz koordinierte der Generaldirektor der preußischen Staatsarchive und Direktor des Reichsarchivs sowie spätere Kommissar für Archivschutz Ernst Zipfel. Die Einsätze verliefen fast immer nach dem gleichen Muster. Zunächst folgten einzelne Archivbeamte so unmittelbar wie möglich den vorrückenden Truppen und sicherten die Archive. Nach der vollständigen Besetzung der Länder wurden Archivschutzkommissionen dorthin entsandt. Struktur und Aufgaben der Archivschutzgruppen richteten sich nach den Kriegszielplanungen der Nationalsozialisten. Es erfolgte eine genaue Ausrichtung an dem Status, den die Nationalsozialisten dem jeweiligen Land zuerkannt hatten und eine exakte Einpassung in die dementsprechenden Formen der Verwaltung.

Die Aufgaben der Archivschutzgruppen in den besetzten Ländern, mit Ausnahme Österreichs und den quasi Deutschland angegliederten Gebieten, bestanden im Wesentlichen aus folgenden Punkten:
– Sicherung der Archive,
– Überprüfung des Personals auf Abstammung sowie fachliche und politische Eignung im Sinne der Nationalsozialisten,
– Ermittlung von Archivgut deutscher Provenienz und dessen Vorbereitung zur Rückführung nach Deutschland,
– Inventarisation von Archivgut fremder Provenienz, das für die deutsche Geschichte von Bedeutung ist; Fotokopierung bzw. Abtransport der wichtigsten derartigen Bestände,
– Bereitstellung des Archivguts der fremden Archive für die Auswertung durch Nutzer von NSDAP und staatlichen Stellen,
– wissenschaftliche Forschung, v. a. mit dem Ziel der Rechtfertigung der deutschen Ansprüche und Annexionen.

Mehr noch als in der Struktur der Archivschutzgruppen kam die Verstrickung deutscher Archivare in die nationalsozialistische Okkupationspolitik in der Art der Aufgaben und dem Grad ihrer Erfüllung zum Ausdruck. Natürlich existierten Anordnungen von zentralen Stellen des nationalsozialistischen Regimes. Die Aufgaben und Ziele der Archivschutzgruppen formulierten jedoch die Archivdirektoren und die leitenden Archivare um Ernst Zipfel. Die Umsetzung der Vorhaben vor Ort hing dann von den eingesetzten Beamten ab. Alle Bereiche der Tätigkeit deutscher Archivare in den besetzten Gebieten boten die Möglichkeit, fachlich korrekt zu arbeiten oder sich zu kompromittieren. Dabei wird deutlich, dass Letzteres in

Ländern wie Polen, die zur totalen Ausbeutung vorgesehen waren, wesentlich eher und häufiger geschah, als in den Ländern, denen ein gemäßigteres Besatzungsregime zugebilligt worden war.

Schon die Suche nach Archivgut ließ das Anspruchsdenken deutscher Archivare erkennen. Seit langem hatte sich in Deutschland das Provenienzprinzip durchgesetzt. Nun jedoch, da es um die Ausfolgerung von Archivalien aus Archiven fremder Staaten ging, wurde die Anwendung des Pertinenzprinzips vorgeschlagen. Allerdings ging es immer nur darum, es im deutschen Interesse anzuwenden. Bereits 1938, nach der Annexion des Sudetenlandes, wurde unter Mitwirkung von bayerischen, österreichischen und sächsischen Archivaren ein deutsch-tschechoslowakisches Archivabkommen entworfen, in welchem Deutschland und dem ihm angegliederten Sudetengebiet das Pertinenzprinzip gegenüber der tschechoslowakischen Seite zugestanden wurde, dieser jedoch Entsprechendes verwehrt blieb. Der Vorgang wiederholte sich 1939/40 bei der so genannten Archivauseinandersetzung zwischen dem Reich sowie den angegliederten Gebieten und dem Generalgouvernement, bei der das Pertinenzprinzip ebenfalls nur im Interesse Deutschlands angewandt wurde.

Für die Ausfolgerung aus französischen Archiven schien dagegen zunächst nur das Provenienzprinzip akzeptabel. Zwar hatte der Direktor des Staatsarchivs Hannover und Leiter der Archivschutzgruppe in Paris, Georg Schnath, als Ziel seines Einsatzes formuliert: „Es galt, mit allen Kräften die einmalige Gunst der Stunde zu nutzen und Frankreichs Archive gewissermaßen für Deutschland zu erobern."[3] Und die Vorgabe für die Pariser Archivschutzgruppe lautete, bei der Wahrnehmung der archivischen Interessen Deutschlands gegenüber Frankreich nicht kleinlich zu sein. Die Mitarbeiter der Gruppe aber sahen nahezu einhellig das Provenienzprinzip als Grundlage für die deutschen Forderungen an. Mit Ausnahme von Georg Winter, dem stellvertretenden Leiter der Archivschutzgruppe Frankreich, der auch das Pertinenzprinzip angewandt sehen wollte, stellten sich die Gruppenmitglieder somit auf eine archivwissenschaftlich vertretbare Position. Diese beinhaltete freilich die Annahme, dass Elsass und Lothringen zum Deutschen Reich kämen und somit für diese Sprengel ebenfalls Forderungen zu erheben wären. Von Ernst Zipfel zu Äußerungen zu dieser Auffassung aufgefordert,

---

3 BA-MA, WF-10/21691, o. Bl., veröffentlicht bei: Karl Heinz Roth: „Eine höhere Form des Plünderns. Der Abschlußbericht der ‚Gruppe Archivwesen' der deutschen Militärverwaltung in Frankreich 1940-1944", in: 1999. Zeitschrift für Sozialgeschichte des 20. und 21. Jahrhunderts 4 (1989), 79-122, 95.

kamen die Archivdirektoren des Reiches zu einer anderen Meinung. Sie wollten mehrheitlich auch den Pertinenzgrundsatz angewandt sehen. Quintessenz war, dass man „den Archivaren nicht Befangenheit in Theorien zum Schaden der deutschen Interessen vorwerfen können" sollte.[4] Selbst konkrete Wünsche wurden angemeldet, wie vom Direktor des HStA Dresden Hellmut Kretzschmar, der nach einem Besuch in Paris anmerkte, dass Sachsen beim Auffinden von Archivalien, „die nach der Provenienz französisch sind, deren ganz besonderer geschichtlicher Wert sie aber für Sachsen begehrenswert erscheinen läßt", deren Überlassung fordern würde.[5] Und so gab Ernst Zipfel 1941 die Devise aus: „Bei Regelungen mit Staaten außerhalb des Reiches aber, vor allem mit Feindstaaten, muß oberstes Gesetz nicht die Theorie unseres engen Fachs, sondern ausschließlich der Vorteil des Reichs sein. Praktische und politische Gesichtspunkte geben da den Ausschlag."[6] Der Pertinenzgrundsatz sollte insbesondere bei der Anpassung an die künftigen Grenzen angewandt werden. Hier sollte eine Teilung nach dem örtlichen Betreff möglich sein. Dementsprechend wies die Rückforderungsliste an Frankreich sowohl Provenienz- als auch Pertinenzforderungen auf. Die beschriebenen Vorgänge machen einerseits deutlich, dass wesentliche Momente zum Aufgeben einer fachlich korrekten Arbeitsauffassung von der Spitze des deutschen Archivwesens ausgingen. Und sie beweisen andererseits, dass es möglich war, diesem Druck zu widerstehen. Dennoch zeigen die Jahre 1940 und 1941, dass deutsche Archivare, überwältigt von den Erfolgen der Wehrmacht und der Möglichkeit des nahezu unbeschränkten Zugriffs auf fremde Archive, ihre anfängliche Zurückhaltung aufgaben und gegen ihr Berufsethos verstießen.

In den Fällen, in denen eine Ausfolgerung von Archivgut nicht ohne weiteres möglich war, wurde dessen Austausch angestrebt. Hauptsächlich wurden diese Austauschaktionen im besetzten Westeuropa mit dem großen Ziel durchgeführt, nicht nur zwischen Deutschland und den besetzten Gebieten, sondern auch zwischen den besetzten Gebieten selbst zu tauschen und somit eine europäische Bestandsbereinigung zu erreichen. Wenngleich dieses Vorhaben nicht in die Tat umgesetzt werden konnte, belegt es doch recht deutlich, dass auch Archivare nicht von überzogenen Vorstellungen verschont blieben. Bemerkenswert ist in diesem Zusammenhang die Tatsache, dass an eine Bestandsbereinigung zwischen den deutschen Archiven keineswegs gedacht war. Die durchgeführten Austausch-

---

4 BA Koblenz, R 146, Nr. 44, o. Bl.
5 HStA Dresden, Dienstregistratur, Kap. II, Nr. 47, Bl. 55.
6 Konferenz der Leiter der Archivschutzgruppen im Westen am 8. und 9. April 1941, BA Koblenz, R 146, Nr. 44, o. Bl.

aktionen waren nicht für beide Seiten gleich vorteilhaft. Ein Vergleich des Umfangs der nach Deutschland gegebenen mit dem Umfang der aus deutschen Archiven gekommenen Archivalien belegt das. Für die Niederlande betrug dieses Verhältnis 10:1, für Frankreich sogar 100:1. Für die Austauschaktionen, selbst wenn sie fachlich gerechtfertigt und ohne Übervorteilung erfolgten, trifft aber das Gleiche zu, was für die Ausfolgerung von Archivgut gesagt wurde. Da sie unter den Bedingungen der deutschen Besatzung erfolgten, sind sie nur schwer zu rechtfertigen. Zwar gab es, da in Westeuropa die einheimischen Archivverwaltungen im Amt geblieben waren, somit zumindest einen Partner, der über ein gewisses Maß an Legitimität verfügte. Dessen Entscheidungsfreiheit allerdings war begrenzt.

Einen weiteren Arbeitsbereich bildete die Inventarisation. Der deutschen Forschung sollte damit ein Arbeitsmittel an die Hand gegeben werden, welches ihr jenen Zugang zu den fremden Archiven erschloss, der ihr in den Vorkriegsjahren oft verwehrt geblieben war. Zugleich sollte damit die Forschungstätigkeit der Archivare gefördert und das wissenschaftliche Ansehen der Archive gehoben werden. Neben dem Archivgut deutscher Provenienz, welches größtenteils zurückgeholt wurde bzw. werden sollte, gab es weiteres Material, das für die deutsche Forschung von Interesse war. Wichtige derartige Bestände wurden fotokopiert. Trotz des großen Ausmaßes der Verfilmungen, in Frankreich beispielsweise über 500.000 Kopien, konnte dadurch kaum das gesamte Spektrum abgedeckt werden. Die Benutzung in den fremden Archiven war nach wie vor nötig. Die Inventare sollten bei einer gezielten und effektiven Benutzung behilflich sein. Somit kann ihre Bedeutung nicht hoch genug eingeschätzt werden. Viele der damals erstellten Inventare hatten auch über das Kriegsende hinaus Bestand und befinden sich heute in deutschen Archiven. Ein Teil von ihnen wurde sogar publiziert.[7] Dennoch boten auch die Inventare die Möglichkeit des Missbrauchs. Ein Beweggrund für ihre Erstellung war natürlich, mit ihrer Hilfe die für Deutschland zurückzufordernden Archivalien zu ermitteln. Georg Schnath, Leiter der Archivschutzgruppe in Frankreich, galt die Inventarisation gegenüber den Franzosen als hervorragende Tarnung für die Erstellung der Liste des zurückzufordernden Archivgutes. Doch mit einer derartigen Rückforderungsliste oder einem Inventar war auch Kräften, die keine Archivfachleute waren und denen ansonsten nur

---

7 Bernhard Vollmer: Inventar von Quellen zur deutschen Geschichte in niederländischen Archiven, München 1957; Wolfgang H. Stein (Hg.): Inventar von Quellen zur deutschen Geschichte in Pariser Archiven und Bibliotheken (Veröffentlichungen der LAV Rheinland-Pfalz 39), Koblenz 1986.

oberflächliche Entnahmen geglückt wären, der gezielte Zugriff auf diese Archivalien möglich. In Frankreich war diese Möglichkeit sehr real geworden, nachdem Himmler und Heydrich diesbezügliche Forderungen erhoben hatten.

Mit dem Näherrücken der Front zogen sich die Archivschutzgruppen zurück. Ihr Rückzug erfolgte immer planmäßig und keinesfalls überstürzt. Der größte Teil der Dienstregistraturen wurde mit nach Deutschland gebracht, oft sogar noch Bestände der Archive der besetzten Gebiete mitgeführt. Der schriftliche Niederschlag der Tätigkeit deutscher Archivare sollte nicht in die Hände der Alliierten fallen. Neben der Verantwortung der Archivare für ihre eigene Registratur spielte dabei das Bewusstsein, nicht immer rechtmäßig gehandelt zu haben, eine große Rolle.

Der deutsche Archivschutz in Polen

Bereits am 6. September 1939 legte die Publikationsstelle beim GStA Berlin-Dahlem einen „Plan für den Archivschutz im ehemaligen Polen mit Übersicht der Archive" vor.[8] Am 27. September 1939 ging mit dem Direktor des StA Breslau, Erich Randt, der erste deutsche Archivar in das besetzte Polen. Die Archive in den an Ostpreußen bzw. Schlesien angegliederten Gebieten kamen zu den Sprengeln der Staatsarchive Breslau und Königsberg. Das Staatsarchiv Danzig wurde unter der Bezeichnung Reichsarchiv für den neu gebildeten Reichsgau Danzig Westpreußen zuständig und das Posener Wojewodschaftsarchiv wurde zum Reichsarchiv für den Reichsgau Posen (Wartheland). Beide Archive waren dem RMdI und dem jeweiligen Reichsstatthalter nachgeordnet. Als oberste Archivbehörde im Generalgouvernement fungierte seit Oktober 1939 die Archivverwaltung des Generalgouvernements unter der Leitung von Erich Randt. Nachgeordnet waren Archivämter in den Distrikten Warschau, Radom, Lublin und Krakau und, nach dem Überfall auf die Sowjetunion, Lemberg. Insgesamt waren 25 wissenschaftliche Beamte aus preußischen, sächsischen und österreichischen Archiven in Polen eingesetzt.

Nach der Übernahme der Archive wurde dem polnischen Archivpersonal unmissverständlich bedeutet, welches Verhalten erwartet wurde. Auf einer Versammlung aller Mitarbeiter der Warschauer Staatsarchive Anfang Oktober 1939 drohte Erich Randt, jeden verhaften zu lassen, der den bisherigen Zustand der Archive ver-

---

8 BA Koblenz, R 146, Nr. 24, o. Bl.

ändern würde.⁹ Jüdische und politisch verdächtige Mitarbeiter wurden sofort entlassen. In den Warschauer Archiven betraf das etwa 50 Prozent des Personals. Von den polnischen Angestellten, die weiter beschäftigt wurden, verlangte die deutsche Archivleitung die Abgabe einer schriftlichen Erklärung zum Gehorsam gegenüber der deutschen Verwaltung. Die Verweigerung dieser Erklärung führte zu sofortiger Entlassung. Doch auch den verbliebenen polnischen Angestellten wurde nicht getraut. Der Leiter des Warschauer Archivamtes, Erich Weise, legte sich wegen seiner polnischen Sekretärin zu Hause eine Geheimregistratur an. Diese Vorsichtsmaßnahmen erfolgten nicht ohne Grund. Der Einsatz deutscher Archivare in Polen war vom ersten Tag an politisch motiviert. Sie waren zwar gekommen, um polnische Archive vor Zerstörung und Verlusten zu bewahren. Dies jedoch nur zu dem Zweck, sie für Deutschland nutzbar zu machen. Stellvertretend sei dazu der als Leiter des Staatsarchivs Kattowitz eingesetzte Karl Gustav Bruchmann zitiert: „Für die Kassation werden im hiesigen Gebiet andere Maßstäbe anzulegen sein als im Altreich. Was zunächst die Bestände an Archivalien aus preußischer Zeit anlangt, so sind diese zahlenmäßig so schwach, daß man nach Möglichkeit für die Erhaltung des Restes sorgen muß. Auch die Akten aus polnischer Zeit sind durch die Evakuierungsmaßnahmen der Polen wie durch die Einwirkungen des Krieges sehr zusammengeschmolzen; es wird daher nötig sein, mit dem Kassieren erheblich zurückhaltender zu sein, da es nur so später möglich sein wird, die zwanzigjährige Mißwirtschaft der Polen in Oberschlesien aktenmäßig zu belegen. Für die aus den Ostkreisen des Regierungsbezirkes (ehemals kongreßpolnische und galizische Gebiete) stammenden Akten können bei der Aussonderung dagegen wieder schärfere Maßstäbe angewandt werden."¹⁰ Diese Vernichtung großer Mengen von Schriftgut, 1943 im Staatsarchiv Kattowitz z. B. 50 Tonnen, wurde den Deutschen dann auch nach dem Krieg von polnischer Seite vorgeworfen.

Schon nach kurzer Zeit begann der Abtransport von Archivgut nach Deutschland. Zunächst holte man jene Archivalien zurück, die Deutschland bzw. Österreich

---

9 Józef Stojanowski: „Karta z dziejów Archiwum Akt Nowych w Warszawie w okresie okupacji w latach 1939-44", in: Archeion 30 (1959), 69-94, 72. Der Fall der Leiterin des Stadtarchivs von Torun, Helena Piskorska, belegte exemplarisch, dass das keine leeren Drohungen waren. Sie hatte bei der Flucht der polnischen Verwaltung Findbücher aus dem Archiv herausgegeben. Da sie diese nicht zurückholen konnte, wahrscheinlich befanden sie sich schon in Kowel, wurde sie am 10. November auf Veranlassung von Randt verhaftet (BA Koblenz, R 146, Nr. 6, Bl. 243).
10 GStA PK Berlin, Rep. 178, XXVII, Nr. 2, Bd. 1, Bl. 13.

infolge der verschiedenen Friedensverträge, wie Tilsit 1807 oder St. Germain 1932, hatten abgeben müssen. Unter anderem wurden fünf Waggons mit Akten der preußischen Zentralbehörden von 1793 bis 1806 betreffs Neuostpreußens und Akten der österreichischen Verwaltung in Westgalizien bis 1809 abtransportiert. Dazu kamen aber auch Pergamenturkunden des Deutschen Ritterordens, die bereits im 15. Jahrhundert an Polen gekommen waren. Als Nächstes wurden umfangreiche Aktenverlagerungen aufgrund der neuen Grenzziehungen der Okkupanten in die Wege geleitet. Alles Archivgut, welches innerhalb der „neuen Grenzen des Reiches" erwachsen war, sollte in die Archive des Reiches überführt werden. Trotz des wissenschaftlichen Anstrichs, den man sich dabei gab, nahm man es mit der Anwendung des Provenienzprinzips nicht so genau und folgte dem Pertinenzprinzip. So wurden beispielsweise in den Fällen, in denen die neuen Grenzen bisherige Verwaltungsbezirke trennten, die Akten der Lokalbehörden, falls diese ihren Sitz im neuen Reichsgebiet hatten, vollständig dorthin übernommen. Falls diese aber ihren Sitz im Generalgouvernement hatten, wurde versucht die Bestände zu trennen. Selbst Archivalien, welche sich nur auf das neue Reichsgebiet bezogen, aber nicht dort entstanden waren, wurden für den Abtransport ausgesucht. In einem Brief an Erich Randt von Anfang April 1940 brachte Ernst Zipfel zum Ausdruck: „Die Entscheidung darüber, welche Bestände aus den Archiven der besetzten Gebiete in das Reich zu überführen sind, darf meines Erachtens nicht ausschließlich nach rechtlichen Gesichtspunkten getroffen werden."[11] Neben internen Arbeitsanweisungen und Besprechungen der Archivare wurden auch, vom RMdI und Generalgouverneur Hans Frank genehmigte, „Grundsätze für die archivalische Auseinandersetzung zwischen Reich und Generalgouvernement", wie diese Aktionen verbrämt genannt wurden, ausgearbeitet. Mit diesen Richtlinien, die im Mai 1940 erstellt worden waren, erhielt die Archivauseinandersetzung, die seit Februar 1940 im Gange war, eine systematische Grundlage. Von nun an wurden nicht mehr nur die Materialien entnommen, die im schnellen Zugriff fassbar waren, wie dies in den ersten Wochen der SD und andere Gruppen praktiziert hatten. Deutsche Staatsarchive erstellten Listen mit ihren Forderungen an polnische Archive. Zugleich gingen die in den besetzten Gebieten tätigen Beamten an die Durchforstung und Inventarisierung der polnischen Archive. Anhand der Forderungslisten wurde dann ganz gezielt interessierendes Archivgut ausgesucht. Im Zweifelsfall entschied immer der Nutzen für Deutschland. Es galt der Grundsatz, wie Erich Randt betonte, „Recht ist, was

---

11 BA Koblenz, R 146, Nr. 36, o. Bl.

dem Deutschen Volke nützt".[12] Es wurden allerdings nicht nur Archivalien abtransportiert. Die Dienstbücherei des Staatsarchivs Kattowitz wurde zu einem großen Teil aus Büchern aufgebaut, die von der Gestapo u. a. bei jüdischen Verlagen beschlagnahmt worden waren. Diese erfolgreiche Zusammenarbeit gedachte der damalige Archivleiter Karl Gustav Bruchmann fortzusetzen.[13]

Neben der Sicherstellung des polnischen Archivguts schob sich die Frage seiner Auswertung in den Vordergrund. Seit der Besetzung Polens waren die Bestände bereits unter den verschiedensten Gesichtspunkten erforscht worden. Als Erstes war dies durch Sicherheitsstellen mit dem Ziel erfolgt, Material über Juden und politische Gegner zu erlangen. Das war hauptsächlich durch Beschlagnahme der entsprechenden Akten in Archiven und Registraturen geschehen. Das Auswärtige Amt und das Reichspropagandaministerium hatten die gleiche Vorgehensweise gewählt, um Quellen für ihre Aktenpublikationen zu erhalten. Um diesen Unternehmungen zu besseren Ergebnissen zu verhelfen, aber auch um die deutsche Ostforschung und nicht zuletzt die eigenen Forschungen der Archivare zu fördern, mussten alle dafür in Frage kommenden Quellen in den Archiven erschlossen werden. Stichprobenartige Eingriffe genügten dafür nicht. Die Bestände mussten mit wissenschaftlichen Methoden durchgearbeitet werden. Im Zusammenhang mit der Anfertigung von Archivgutforderungslisten wurden in großem Umfang Inventare angefertigt. Beispielsweise entstanden Verzeichnisse der Archivalien, die deutsche Siedlungen und Siedler betrafen oder ein Inventar der sächsisch-polnischen Beziehungen. Darüber hinaus wurden ganze Findbücher abgeschrieben sowie Akten fotokopiert. Dienten diese Archivarbeiten dem Zweck, die Bestände sowohl für die deutschen Behörden als auch für die deutsche Forschung, besonders natürlich die Ostforschung mit ihren Institutionen NOFG, Publikationsstelle Berlin-Dahlem sowie den sich im Generalgouvernement niedergelassenen Ostforschungseinrichtungen entsprechend aufzubereiten, gedachten die beteiligten Archivare an der Auswertung auch selbst zu partizipieren. Das Ostprogramm der preußischen Archivverwaltung von 1931 wurde neu aufgelegt. Am 3. Februar 1940 erging die „Verfügung über die von der Archivverwaltung zu tragenden Veröffentlichungen auf dem Gebiet der Ostforschung". Der Grundtenor des modifizierten Programms unterschied sich nicht von dem Programm

---

12 GStA PK Berlin, Rep. 92, Nachlass Ernst Randt, Randt an Zipfel, 10.9.1941, o. Bl.
13 „Weitere Vermehrung der Dienstbücherei gerade auf dem Wege der Zusammenarbeit mit der Gestapo und Sicherheitsdienst werden angestrebt; dabei wird auch mit Durchführung der umfangreichen Sichtungsarbeiten diesen Stellen bei ihrer Arbeit ein Dienst erwiesen" (GStA PK Berlin, Rep. 178, XXVII, Nr. 2, Bd. 1, Bl. 14.).

von 1931. Aber nun verbanden sich konservative Positionen früherer Jahre mit der Rechtfertigung der Annexionen. Mit dem Nachweis der Überlegenheit der Deutschen geriet man allerdings in gefährliche Nähe zur Rassenideologie der Nationalsozialisten. Von den Themen des Ostprogramms wurde rund die Hälfte in Angriff genommen. Die Fertigstellung erwies sich als problematischer. Dafür wurde die Thematik vielfach in Zeitungsartikeln oder kleineren Aufsätzen abgehandelt. Daneben wurden mehrere Ausstellungen gestaltet, u. a. 1940 und 1941 mit den Titeln „Deutsche Leistung im Weichselraum" und „Deutschlands Kampf im Osten".

Mit dem Näherrücken der Front begann man im Verlauf des Jahres 1943 damit, besonders wichtige Archivalien auszulagern. Ende Juli 1944 wurden in Krakau die Geheimakten und Tagebücher der Archivverwaltung des Generalgouvernements sowie der Archivämter Lemberg und Lublin aus den Jahren 1941 bis 1944 verbrannt. Am 2. August 1944 erhielt die Archivverwaltung den Befehl zur Räumung des Dienstsitzes in Krakau. Am 5. August wurde der Dienstsitz nach Breslau in das dortige Staatsarchiv verlegt. Der deutsche Archivschutz in Polen war beendet.

Insgesamt muss die Tätigkeit deutscher Archivare in den besetzten Gebieten differenziert gesehen werden. Neben der ungerechtfertigten Aneignung von Archivgut stand die Sorge um ihren Schutz. Zweifellos wären ohne den Einsatz deutscher Archivare die Verluste der fremden Archive weitaus größer gewesen. Im Verhältnis zum Gesamtbestand dieser Archive sowie zu den von anderen Archivunternehmen weggeführten Aktenmassen waren die von den staatlichen Archivaren abtransportierten Archivalienmengen eher gering. Und keineswegs alle eingesetzten Beamten beteiligten sich daran. Ein großer Teil von ihnen verhielt sich korrekt. Dennoch bleiben neben dem politischen Anspruch und der Zielsetzung, unter der die Archivschutzeinsätze erfolgten, die Verstrickungen in die nationalsozialistische Besatzungspolitik, das aktive Teilhaben und sogar das Initiieren von Plünderungen als unverrückbare Tatsachen bestehen. Archivare, die in den besetzten Gebieten tätig gewesen waren, wie Karl Gustav Bruchmann, Kurt Dülfer, Wolfgang Kohte, Wolfgang Mommsen, Johannes Papritz, Georg Schnath oder Georg Winter verblieben nach dem Krieg auf ihren Direktorposten oder setzten ihre Karreren, die sie bis an die Spitze des bundesrepublikanischen Archivwesens führten, nahezu ungebrochen fort. Entschuldigungen waren selten. Noch 1959 wies Rudolf Fitz, einer der in Polen eingesetzten deutschen Archivare, Vorwürfe polnischer Archivare zurück und sprach die deutschen Beamten von jeglicher Schuld frei. Sie wären nur Ausführende von Weisungen der NS-Machthaber gewesen und hätten stets nach international anerkannten Grundsätzen gehandelt.

Wenn überhaupt jemand die Schuld an den enormen Verlusten der polnischen Archive trüge, so Rudolf Fitz, dann seien dies in erster Linie polnische Archivare selbst, welche die deutschen Auslagerungsanweisungen nicht ordentlich durchgeführt hätten.[14] Freilich hatten die polnischen Archivare keineswegs die Anweisungen der Deutschen während der Okkupation eilfertig durchgeführt. Schließlich wussten sie, dass die Deutschen in den Archiven nach interessanten Dokumenten suchten. Also versteckten sie wichtiges Archivgut in Altpapierstößen, arbeiteten langsam und oberflächlich.[15] Kam eine Anweisung zur Auslagerung, konnten sie nie genau wissen, ob diese Bestände nur aus Sicherungsgründen oder aber ins Reich abtransportiert wurden. Doch die letztliche Entscheidungsgewalt hatten nun einmal deutsche Archivare. Bei aller Differenziertheit und Abwägung der Zwänge, die auch für deutsche Beamte während des Besatzungsregimes bestanden – aus den Dokumenten ergibt sich eindeutig, in welch bedenkenloser Weise sie sich gerade in polnischen Archiven bedienten. Und selbst unter Anwendung international anerkannter Grundsätze, jede Entnahme von Archivgut ohne Einverständnis der einheimischen Archivverwaltung oder Regierung ist Raub.

Ich möchte mit meinen Worten ein Nachdenken anregen über unser Berufsethos und über die Frage seiner Interpretierbarkeit. Gerade in Diktaturen ist das Berufsethos des Archivars großen Belastungen ausgesetzt. Dennoch sind wir selbst für seine Wahrung verantwortlich. Insofern trifft die eingesetzten Archivare eine individuelle Schuld.

---

14 Rudolf Fitz: Besprechung von „Les Archives de la Republique Pologne", Warschau 1956, in: Archivalische Zeitschrift 55 (1959), 181.
15 Alicja Makowska und Bohdan Ryszewski: „Zarys dziejów Archiwum Panstwowego w Kielcach (Z okazji czterdziestolecia)", in: Archeion 39 (1963), 45-62, 53; Witold Suchodolski: „Archiwa polskie za okupacji (1939-1945)", in: Archeion 17 (1948), 54-83, 62.

Jörg Filthaut
Diskussion der Sektion

Die sich im Anschluss an den dritten Vortrag der Sektion, gehalten von Dr. Torsten Musial (Stiftung Archiv der Akademie der Künste Berlin), entwickelnde Diskussion kreiste vor allem um die Verstrickung von Archivaren in die Politik des NS-Regimes und die anschließende Aufarbeitung der Vergangenheit.
Zunächst nahm Dr. Joachim Deeters (Historisches Archiv der Stadt Köln) Bezug zu den Ausführungen des Referenten zum Provenienz- und Pertinenzprinzip gegenüber Archiven in den besetzten Gebieten. Es sei zu hinterfragen, inwieweit das Provenienzprinzip in den 1930er und 1940er Jahren tatsächlich in deutschen Archiven verwirklicht worden ist. Zum Beispiel war im Stadtarchiv Köln noch 1945 ein 1.000 Nummernplan entworfen worden. Der Referent entgegnete darauf, dass in jener Zeit sowohl Provenienz- als auch Pertinenzprinzip stark reflektiert wurden, gerade in Frankreich gibt es umfangreiche Abhandlungen dazu.
Jonas Eberhardt (Stadtarchiv Hameln) erkundigte sich, inwieweit verstrickte Archivare später von den Besatzungsmächten rechtlich belangt wurden. – Generell sei kaum etwas passiert, so die Antwort. Mögliche Gründe können nur vermutet werden, so etwa der Wegfall der Dienstregistraturen oder im Falle Frankreich das verhältnismäßig milde deutsche Besatzungsregime, das später vom guten Nachkriegsverhältnis abgelöst wurde. In Bezug auf Polen müsste man die dortigen Kollegen befragen und die Literatur, besonders Zeitschriften, studieren. Hier sei vielleicht ein späterer Zeitpunkt des Unrechtsbewusstseins zu vermuten.
Während der Sektionsvorsitzende Professor Dr. Volker Schockenhoff (FH Potsdam) anmerkte, diese Diskussion gehe über das Referat hinaus, sei aber Desiderat der Forschung, schaltete sich der Referent Dr. Karl-Josef Kreter (Stadtarchiv Hannover) ein, um zwei Aspekte der Frage Eberhardts zu unterscheiden, nämlich hinsichtlich der Justiz der vormals besetzten Länder und der Konsequenzen für verstrickte Archivare in Deutschland. Was letztere anging, so verharrten vor allem diejenigen, die in den besetzten Ostgebieten zum Einsatz kamen, bis 1952 in Wartepostion in Provinzarchiven, der eine Art Rehabilitierung mit zeitlichem Abstand analog den Entnazifizierungsversuchen folgte. Als Beispiel wurde Karl-Georg Buchmann genannt. Dessen Kassationsbestimmungen wurden auch später von polnischen Archivaren angekreidet. Die Informationen stammten aus Wolfgang Mommsens Nekrolog auf Buchmann, der dieses Verhalten nicht Buchmann individuell, sondern der Kriegssituation zuschreibe.
Daraufhin betonte Dr. Klaus Wisotzky (Stadtarchiv Essen) unter Bezugnahme auf die Einleitung des Sektionsleiters die Parallele zur Historikerdebatte über die

eigene NS-Vergangenheit und fragte einerseits, ob es Berufsverbote gab und ob andererseits Alternativen, vor allem personelle, zum eingeschlagenem Weg existierten und was die Unterschiede zwischen BRD und DDR waren.
Schockenhoff konstatierte in seiner Antwort, dass dies ein Desiderat der Forschung sei, aber systematisch vor allem anhand der Entnazifizierungsakten erforscht werden könne, zumal die Studien von Musial und Herrmann bis 1945 reichten und Kreter andere Quellen verwende. Inzwischen sei auch der nötige historische Abstand erreicht; es gehe eigentlich nicht mehr nur um Personen, sondern um Handlungsspielräume und Berufsethos. Die nicht aufgearbeitete ideologisierte Erinnerung sei zu behandeln, besonders im deutsch-deutschen Vergleich. Wie verhielten sich gesellschaftliche Kontinuität und Brüche in dieser Frage in beiden deutschen Staaten?
Deeters berichtete darauf, dass Karl Heinrich Schäfer, ein dem katholischen Milieu in Berlin entstammender Archivar, der sich sehr für katholische Geschichtsschreibung eingesetzt hatte, nach einem KZ-Aufenthalt gestorben war. Musial erläuterte, dass es kein generelles Berufsverbot für Archivare nach dem Krieg gab; in der Phase der Entnazifizierung stützte man sich gegenseitig. Ernst Zipfel konnte nicht mehr als Archivar weiterarbeiten aufgrund seiner herausgehobenen Stellung, zumal die anderen Kollegen sich von ihm distanzierten. Ein anderes Beispiel für ein Karrierende sei Erich Rand.
Dr. Gebhard Falk (Brandenburgisches Landeshauptarchiv Potsdam) berichtete als persönliche Anekdote, dass er von 1953 bis 1956 Assistent bei Friedrich Schneider in Jena war, der Archivar in Graiz gewesen und im Krieg beim Luftwaffenstab Kesselring in Rom für die vatikanischen Archive verantwortlich war. Nach dem Krieg erhielt Schneider einen Orden des Vatikans für seine Haltung und Einsatz während der Kriegszeit.
Sektionsleiter Schockenhoff beendete unter Hinweis auf die Ähnlichkeiten der Debatte zu jener der Historiker die Diskussion, um zum nächsten Referat übergehen zu können. Anknüpfend an Deeters Bericht sei aber zu fragen, warum es keine Erinnerungskultur für Opfer-Archivare gibt. Als Beispiel führte er Ernst Posener und dessen Emigrantenvita an und forderte eine diesbezügliche Wende der Debatte. Eine differenzierte Perspektive sei nötig: Opportunisten, Täter, Opfer seien gleichermaßen in den Blick zu nehmen. Problematisch sei es, belastete Archivare zum Vorbild zu nehmen, vor allem auf unreflektierte Weise.
Dr. Annekatrin Schaller (Westfälisches Archivamt Münster) brachte den Einwand, von wem diese Arbeit geleistet werden solle, zumal ein fundiertes Quellenstudium nötig sei.
In seiner Antwort sah Schockenhoff das Problem im Fehlen eines archivwissenschaftlichen Lehrstuhls in der BRD. Die Diplomarbeiten an der Potsdamer Fach-

hochschule reichten nicht aus. Die Forschung müsse wohl über Projekte organisiert werden.

Nach dem Vortrag von Dr. Jörg Ludwig (Sächsisches Ministerium des Innern, Dresden) kommentierte Schockenhoff, das sächsische Beispiel sei besonders interessant für die Übergangsphase vom Nationalsozialismus zur SBZ/DDR. Veit Scheller (ZDF, Historisches Archiv Mainz) ergänzte, dass Kretzschmar als Direktor des Hauptstaatsarchivs nach dem Ende des NS-Regimes trotz Belastung auf seinem Posten blieb, weil er ein herausragender Landeshistoriker war. Da spielte seine „Nebentätigkeit" als Archivar keine Rolle. Denn Personen in herausragenden Funktionen waren von der Säuberung ausgenommen, wenn sie als unersetzbar galten.

Nach dem Referat von Dr. Klaus Schwabe (Landeshauptarchiv Schwerin) wiederholte Schockenhoff zunächst seine Kritik, die Sektion besser in zwei geteilt zu haben, jeweils dem NS-Regime und der SED-Herschaft gewidmet.

Scheller erkundigte sich danach, wieviel Personal und zeitliche Planung bei Verzeichnung aller drei SED-Bezirke im Bereich des heutigen Bundeslandes Mecklenburg-Vorpommern aufgewendet werden müssten. Schwabe entgegnete, nur für die Schweriner Situation (für zwei Bezirke) sprechen zu können. Dort bestehen 1,5 Stellen, wobei jeder Inhaber noch andere, weitreichende Aufgaben wahrzunehmen habe. Es gelte daher, mit diesen Personen den Anfang zu machen bei einem zeitlichen Horizont von 20 Jahren.

Dr. Peter Hoheisel (Sächsisches Staatsarchiv Chemnitz) warf danach drei Kritikpunkte ein: Zunächst seien die Bestände bereits durch die zur Zeit der DDR erfolgte Verzeichnung benutzbar. Eine Neuerschließung verneble daher womöglich ursprüngliche Kriterien der alten Bewertung und Erschließung, zumal sie drittens die Kenntnis des SED-Archivwesens nicht überflüssig mache.

Dem Vorredner beipflichtend, stellte Dr. Hans-Holger Paul (Archiv der sozialen Demokratie der Friedrich-Ebert-Stiftung Bonn) fest, dass einer gemeinsamen Erschließung eine einheitliche Konzeption zugrunde liegen müsse.

Schwabe erwiderte, dass dies intern die Richtung sei, darüber hinaus sei die fachliche Diskussion zu berücksichtigen. Hinsichtlich Hoheisels Einwänden rechtfertigte er die Neuerschließung gerade aufgrund der SED-Perspektive der bisherigen Verzeichnung, welche natürlich weiterhin zu erklären sei. Das Ziel sei ein objektives Findmittel.

Angela Ullmann (Deutscher Bundestag, Parlamentsarchiv Bonn) gab zu bedenken, dass alles Archivgut dann neu zu verzeichnen wäre, da jede Verzeichnung perspektivgebunden und damit letztlich parteiisch sei.

Schwabe antwortete, dass in der DDR Archive gezwungen waren, nach vorgegebenen Kriterien zu erschließen. Es sei weder wünschenswert noch machbar, alles neu zu erschließen, aber SED-Unterlagen, besonders die Bezirksleitungen, seien ausgesprochen wertvoll.

Dr. Karlheinz Kuba (Vermögensverwaltung des FDGB Berlin) fragte, worauf die Neuerschließung sich konzentriere. Die Kriterien der SED seien wichtig für den Benutzer, zumal Entscheidungsstrukturen in den Strukturen der Bestände sichtbar werden.

Gisela Haker (Bundesarchiv Berlin) merkte an, dass in der Stiftung Archiv der Parteien und Massenorganisationen der ehemaligen DDR Bestände nach DDR-Verzeichnung sehr intensiv genutzt werden. Zugang genieße Priorität vor idealer Verzeichnung. Als Kompromiss schlug sie eine Überarbeitung der Verzeichnungsergebnisse vor, die einer Neuerschließung vorzuziehen sei, zumal Quellenkritik schließlich Nutzeraufgabe sei.

Dr. Nils Brübach (Archivschule Marburg) warf ein, dass Schwabes Ansatz das lobenswerte Ideal darstelle, sinnvoller sei aber Ergänzung bestehender Findhilfsmittel. Hinsichtlich des Sektionsthemas konstatierte er, dass sich die Arbeitsprinzipien des Fachs dem jeweiligen Regime anpassten. Archivare sollten sich deshalb dem externen Urteil ebenso stellen wie der Frage der Veränderung von Arbeitsmethoden.

Professor Dr. Eckart Henning (Archiv zur Geschichte der Max-Planck-Gesellschaft Berlin-Dahlem) kommentierte schließlich, dass die Archivare bezüglich der Diskussion über die NS-Vergangenheit des Berufsstandes zu sehr im eigenen Saft schmorten. Anregungen seien von Historikern zu finden etwa bei Ingo Haar zu Johannes Papritz, Kurt Dülfer und Wolfgang Mommsen. Zu Ernst Zipfel und Wilhelm Rohr ergänzte er, dass diese bei aller berechtigten Kritik umfangreiche Archivbestände retteten, indem sie deren rechtzeitige Evakuierung veranlassten.

In seinem Resümee deutete Schockenhoff die rege Beteiligung durch Besuch und Diskussion der Sektion als anhaltendes Interesse am Thema. Er griff Hennings Vorschlag auf, Anregungen bei den Historikern zu suchen und erklärte die Binnendiskussion unter den Archivaren mit der langen Dominanz des Historiker-Archivars. Die Diskussion über die DDR-Vergangenheit sei davon abkoppeln, weshalb die Zusammenlegung beider Regime in eine Sektion wenig glücklich gewesen sei. Es handele sich um zwei Themen, an denen weitergearbeitet werden müsse – auch auf Archivtagen. So sei z. B. die bekannte Erschließungsdiskussion daraufhin abzuklopfen, ob die unterschwellige Ideologie eine bestimmte Abbildung vorgeschrieben und ob das funktioniert habe.

Sektion II:
Überlieferung von Minderheiten

Reimer Witt
Einleitung

Nationale, ethnische und sprachliche Minderheiten haben sich in Deutschland und als Deutsche im Ausland gegenüber der „Herrschaft" im Sinne des Themas unseres Archivtages behaupten müssen. Ihr Weg von der Verfolgung und Ausgrenzung über die Toleranz und den Schutz zur Gleichberechtigung und Förderung spiegelt sich nicht nur in den Archiven der „Herbergsstaaten und -kommunen". Minderheiten haben ihre speziellen Archivstrukturen stets unter besonderen Bedingungen, in eigener Trägerschaft oder auf privater Basis entwickelt und spezielle Archivbestände über ihre Einrichtungen und das Schicksal ihrer Mitglieder aufgebaut. Bei ihren Aufgaben der Sammlung und Sicherung waren und sind sie vielfach auf die Kooperation mit lokalen Institutionen und Vereinen sowie internationalen Einrichtungen auch nicht fachlicher Art angewiesen. Ihre Existenz war und ist immer wieder gefährdet. Die breitere Kenntnis über das Archivwesen von Minderheiten kann zur Stabilisierung ihrer Verhältnisse beitragen.

Unter diesen Prämissen wird unsere Sektionssitzung neben historisch-politischen Aspekten der Archivgeschichte vor allem Beiträge sowohl zur theoretischen wie zur praktischen Archivarbeit von Minoritäten bieten. Sie spiegeln die Besonderheiten und den Reichtum unterschiedlicher Kulturen, Traditionen und Sprachen zumeist auf kleinem Raum, aber auch grenzüberschreitend. Themenauswahl und Tagungsort luden ein, sich intensiver mit Minderheiten zu befassen. Unserem „Call for Papers" sind Kolleginnen und Kollegen repräsentativer archivischer und dokumentarischer Einrichtungen gefolgt.

Ich darf hier besonders begrüßen
Herrn Professor Dr. Thomas Steensen, den Direktor des Nordfriisk Instituuts in Bredstedt in Nordfriesland. Herr Steensen war als Redakteur der „Husumer Nachrichten" und Korrespondent der Deutschen Presse-Agentur tätig, bevor er an der Christian-Albrechts-Universität in Kiel Geschichte, Friesisch, Politikwissenschaft und Soziologie studierte. Für seine Dissertation „Die friesische Bewegung in Nordfriesland", für die er neben dem Landesarchiv Schleswig-Holstein und vielfältigen lokalen Archiven auch das Archiv des Völkerbundes in Genf

benutzte, hat er 1986 den Conrad-Borchling-Preis der Alfred Toepfer Stiftung F.V.S. zu Hamburg erhalten. Als Honorarprofessor lehrt er heute an der Universität Flensburg. Das Nordfriisk Instituut verfügt über reichhaltige Sammlungen und Dokumentationen zur Geschichte der Friesen und der nordfriesischen Regionalgeschichte.

Herr Dr. Lars N. Henningsen war nach dem Studium in den Fächern Latein und Geschichte an der Universität in Aarhus an dänischen Staatsarchiven, dem Landsarkivet for Sønderjylland in Aabenraa und dem Riksarkiv in Kopenhagen tätig. Nach einem Forschungsaufenthalt als wissenschaftlicher Mitarbeiter an der Dansk Centralbibliotek for Sydslesvig in Flensburg und seiner Promotion zum Dr. phil. an der Universität zu Odense wurde er 1989 Leiter des Archivs und 1996 auch Leiter der Forschungsabteilung an der Dansk Centralbibliotek for Sydslesvig. Mit seinen Publikationen zu historischen und Minderheitenthemen sowie seiner Verantwortung als Redakteur und Herausgeber der „Skrifter udgivet af Historisk Samfund for Sønderjylland" und der „Sønderjyske Årbøger" und schließlich auch als Vorsitzender von Historisk Samfund for Sønderjylland hat er durch archivische Findbücher, eine Beständeübersicht seines Archivs und ebenso durch archivmethodische Handbücher das Archivbewusstsein der dänischen Minderheit geprägt und ihren Quellenbeständen ein weites Nutzungsfeld in deutschen und dänischen Forscherkreisen gesichert.

Frau Annett Bresan hat sich nach dem Abitur an der Sorbischen Erweiterten Oberschule in Bautzen und dem Studium in Archivwissenschaft bei Professor Botho Brachmann an der Berliner Humboldt-Universität seit 1993 als Archivarin und wissenschaftliche Mitarbeiterin am Sorbischen Institut Bautzen e. V. engagiert und promoviert an der TU Chemnitz-Zwickau bei Professor Reiner Groß zum Thema: „Pawol Nedo 1908-1984. Ein biographischer Beitrag zur sorbischen Geschichte". Paul Nedo war in den Jahren 1933 bis 1950 Vorsitzender der Domowina, der nationalen Organisation der Lausitzer Sorben.

Frau Dr. Hanna Krajewska studierte an der Universität Lódz Polnische Philologie und promovierte mit einer Arbeit über das „Filmleben in Lódz von 1896 bis 1939" zum Doktor der Geschichte. Von 1994 an war sie Abteilungsleiterin im Hauptarchiv der Alten Akten in Warschau und wurde ein Jahr später Direktorin des Archivs der polnischen Akademie der Wissenschaften. Neben archiv-fachwissenschaftlichen Arbeiten gilt ihr Interesse besonders der Geschichte des Protestantismus und der protestantischen Minderheit in Polen. Im Übrigen ist Frau Krajewska auf unseren deutschen Archivtagen keine Unbekannte, hat sie hier doch wiederholt die Interessen der polnischen Sektion der Archive von Universitäten und wissenschaftlichen Einrichtungen vertreten.

Die Vortragenden können also alle aufgrund ihrer Ausbildung und ihrer Verantwortungsbereiche aus eigener Erfahrung und Zuständigkeit Spezialarchive von Minderheiten in Deutschland und von deutschen und religiösen Minderheiten im Ausland vorstellen. Sie werden dabei zum einen die Besonderheiten ihrer Entwicklung und ihrer charakteristischen Bestände sowie zum andern die Möglichkeiten ihrer Benutzung und wissenschaftlichen Auswertung hervorheben. Ich bin sicher, dass wir in der Zielsetzung unseres Tagungsthemas, das die Wechselwirkungen zwischen politischer Herrschaft und archivischer Arbeit herausarbeiten möchte, mit politischen und archivischen Problemen bekannt werden, die wenig beachtete gesellschaftliche Verhältnisse in ihren archivischen Reflexionen vergegenwärtigen und gerade im Vergleich regionaler Ausprägungen von Minderheitenfragen den Blick für die besondere Verantwortung der Mehrheiten schärfen werden.

Frau Reneé Rößner, Archivschule Marburg, wird die unter diesen Umständen sehr interessante Aufgabe der Berichterstattung über die anschließende Diskussion übernehmen. Dafür sei ihr schon an dieser Stelle gedankt.

Thomas Steensen
Zwischen Archiv und Dokumentation. Zur Quellenüberlieferung der Friesen, insbesondere der friesischen Volksgruppe in Schleswig-Holstein

Friesen, Friesland – vielen kommen dabei sommerliche Tage am Strand auf einer friesischen Insel in den Sinn, auf Sylt, Föhr oder Amrum vielleicht, auf Norderney oder Terschelling. Manchen stehen die mit kräftigen Farben gemalten Landschaftsbilder Emil Noldes vor Augen. Andere denken an den Husumer Dichter Theodor Storm und seine Novelle „Der Schimmelreiter", in der er das friesische Grundthema Landverlust und Landgewinn literarisch gestaltete. Auf einem Archivtag sei auch der aus Nordfriesland stammende Alt-Historiker Theodor Mommsen genannt, Träger des Nobelpreises für Literatur.

Die Friesen sind ein Volk mit eigener Geschichte, dessen Wohngebiet entlang der Nordseeküste allerdings durch Meereseinschnitte, Landes- und Staatsgrenzen geteilt ist. Die drei Frieslande – Nordfriesland im Bundesland Schleswig-Holstein, Ostfriesland im Bundesland Niedersachsen, Westfriesland in den Niederlanden – haben sich in politischer, kultureller und sozioökonomischer Hinsicht sehr unterschiedlich entwickelt. Gleichwohl bestehen auch weiterhin Verbindungen. Insbesondere in Nord- und Westfriesland setzt sich eine „friesische Bewegung" für die Bewahrung und Förderung friesischer Sprache und Kultur ein; auch in Ostfriesland bestehen friesische Heimatvereine und ein regionales Kulturinstitut.

Wenn es hier um die Quellenüberlieferung bei den Friesen gehen soll, dann ist darunter vor allem die Überlieferung der friesischen Vereinigungen und von Personen, die sich für die friesische Sprache und Kultur eingesetzt haben, zu verstehen. Es soll also in diesem Beitrag keineswegs ein umfassender Überblick über Archivbestände zur allgemeinen friesischen Geschichte gegeben werden. Dass diese mit dem Selbstverständnis der Friesen aufs engste verbunden ist – man denke nur an Themen wie Sturmfluten und Deichbau oder Seefahrt und Handel in der Nordsee, dem „Friesischen Meer" –, bedarf kaum der Erwähnung. An dieser Stelle geht es aber ausschließlich um die friesische Sprach- und Kulturbewegung, also *nicht* um Archivbestände von Gemeinden, Landschaften, Deichverbänden usw. usw. Dabei soll die Quellenüberlieferung bei den Nordfriesen im Vordergrund stehen. Doch werden abschließend auch West- und Ostfriesland in den Blick genommen. Das Interesse an friesischer Sprache und Geschichte nahm in allen drei Frieslanden in der Zeit der Romantik stark zu. Im Laufe des 19. Jahrhunderts wurden die ersten friesischen Vereine gegründet. In der Regel handelt es sich damit um Quellen, die im 19. und 20. Jahrhundert entstanden sind.

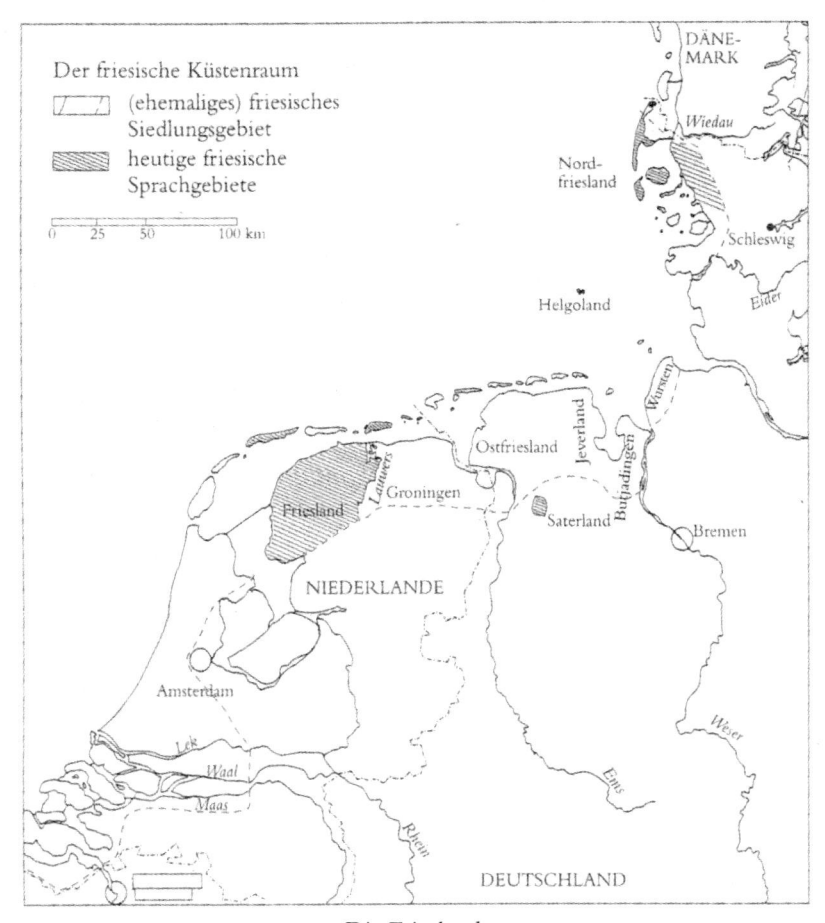

Die Frieslande

1. Nordfriesland

Als der Reiseschriftsteller Johann Georg Kohl in den 1840er Jahren nach Nordfriesland kam, da war er fasziniert von der friesischen Sprache und notierte darüber: „Ich kenne keine Sprache, die Sprachen der kaukasischen Gebirgsvölker vielleicht ausgenommen, welche so viele ganz verschiedene Dialekte hätte." Mit Blick auf unser Thema könnte man dieses Zitat etwa folgendermaßen abwandeln:

Ich kenne keine Volksgruppe, die kaukasischen Gebirgsvölker vielleicht ausgenommen, bei der die historischen Quellen über so viele verschiedene Archive verstreut wären – wie die friesische. Als ich vor rund zwei Jahrzehnten Quellenstudien zu meiner Dissertation über die friesische Bewegung Nordfrieslands betrieb, da hatte ich die Freude, mehr als 25 Archive und Dokumentationsstätten in vier europäischen Staaten kennen zu lernen. Wie ist die Vielfalt der Überlieferung und der Archivierung zu erklären?

Eine „Archivlandschaft" ist immer auch das Ergebnis der geschichtlichen Entwicklung und ein Spiegelbild der spezifischen Bedingungen in der jeweiligen Region. Nordfriesland war zu keinem Zeitpunkt eine – wie bereits 1828 der Historiker A. L. J. Michelsen formulierte – „politische Gesamtpersönlichkeit". Es gab nie einen nordfriesischen Staat, und eine einheitliche Gebietskörperschaft für alle Teilbereiche, mit Ausnahme der Insel Helgoland, entstand erst 1970. Wenig später wurde sodann das Kreisarchiv Nordfriesland in Husum gegründet.

Die Menschen identifizierten sich vor allem mit ihrem nächsten Lebensbereich, und dies galt und gilt insbesondere für die Inseln. Quellen zu den inselfriesischen Bestrebungen werden daher insbesondere in den auf den Inseln entstandenen Archiven und Sammlungen bewahrt. Dies sind auf Sylt das 1908 gegründete Sylter Heimatmuseum in Keitum und das 1947 geschaffene Sylter Archiv in Westerland, auf Föhr das 1908 gegründete Carl-Haeberlin-Friesenmuseum und seit mehreren Jahren die Ferring-Stiftung in Alkersum, auf Amrum neuerdings das *Öömrang Archüf* in Nebel. Auf der Insel Helgoland hat der Verein zum Wiederaufbau des früheren Helgoländer Nordseemuseums erst kürzlich in einer früheren Hummerbude ein Archiv eingerichtet.

Was die verschiedenen friesischen Vereine insbesondere auf dem Festland angeht, so befinden sich deren Unterlagen zumeist bei dem Schriftführer oder dem Vorsitzenden. Nur selten wurde es an ein Archiv oder eine Dokumentationsstätte abgegeben. In aller Regel ist das Material schwer zugänglich, ungesichert und nicht verzeichnet.

Nicht erfasst oder verzeichnet sind sehr häufig auch die Nachlässe hervortretender Personen. Einige befinden sich immerhin in Archiven – neben dem Kreisarchiv ist hier vor allem das Landesarchiv Schleswig-Holstein in Schleswig zu nennen, etwa mit dem wichtigen Nachlass von Rudolf Muuß (1892-1972) – oder in anderen Dokumentationsstätten, etwa im Nordfriesischen Museum Nissenhaus in Husum. Vor allem Unterlagen zur frisistischen Sprachwissenschaft verwahrt die

Nordfriesische Wörterbuchstelle an der Universität Kiel. Schriftstücke zu Teilaspekten finden sich in der Staatsbibliothek Århus, Dänemark. Zum Teil umfangreiche Sammlungen liegen in privater Hand. Was Texte in nordfriesischer Sprache betrifft, so wurden für die Zeit bis 1969 Findbücher erarbeitet und veröffentlicht, und zwar für die Dialekte des Festlandes und der Inseln Föhr und Amrum, nicht jedoch für die Dialekte von Sylt und Helgoland.

Die friesischen Bestrebungen wurden von Anbeginn an, d. h. seit etwa 1840, überschattet von dem deutsch-dänischen Gegensatz im Herzogtum Schleswig. In den 1920er Jahren kam es zu einer nationalpolitischen Zweiteilung der friesischen Bewegung in eine deutsch gesinnte Richtung und eine kleinere „nationalfriesische" Gruppe, die aber mit der dänischen Minderheit zusammenarbeitete. Auch dieser Tatbestand spiegelt sich in der Archivsituation wider. Die Nationalen Friesen, 1923 als Friesisch-Schleswigscher Verein gegründet, gaben ihre Quellenüberlieferung zumeist an die *Dansk Centralbibliotek for Sydslesvig* in Flensburg ab, und zwar noch in der jüngsten Vergangenheit. Das gilt etwa für die Nachlässe des Vereinsgründers Johannes Oldsen (1894-1958) und seines Nachfolgers Carsten Boysen (1912-1985) ebenso wie für die Vereinsunterlagen. Hier wirkten sich die offenbar noch heute empfundene tiefe Verbundenheit mit der dänischen Minderheit und wohl auch Vorbehalte gegen staatliche, von „deutschen Beamten" verwaltete Einrichtungen aus.

Demgegenüber überließ der 1902 gegründete deutschorientierte Nordfriesische Verein für Heimatkunde und Heimatliebe seine Vereinsarchivalien vor Jahren großenteils dem Kreisarchiv Nordfriesland. Im Kreisarchiv liegen auch einzelne Nachlässe von Personen, die in unterschiedlichen friesischen Vereinen eine Rolle spielten.

Die friesischen Bestrebungen wurden begleitet, beeinflusst, manchmal auch gelenkt durch staatliche Instanzen. Deren Archivalien befinden sich vor allem im Landesarchiv Schleswig-Holstein, im Geheimen Staatsarchiv Preußischer Kulturbesitz, in verschiedenen Abteilungen des Bundesarchivs und, aufgrund der grenzübergreifenden Aspekte, im Politischen Archiv des Auswärtigen Amts. Aufschlüsse über die Haltung dänischer Instanzen geben Aktenbestände im Reichsarchiv, Kopenhagen, und im Archiv des dänischen Außenministeriums.

Seit 1965 besteht als, wie es in der Satzung des Trägervereins heißt, „zentrale wissenschaftliche Einrichtung in Nordfriesland für die Pflege, Förderung und Erforschung der friesischen Sprache und Kultur" das *Nordfriisk Instituut* in Bredstedt.

Das Institut unterhält, so führt die Satzung weiter aus, „eine Fachbibliothek, ein Archiv und einen Verlag". Damit liegt es auf der Hand, dass das Institut auch die Funktion eines wissenschaftlich geführten Archivs für die verschiedenen Vereine und Einrichtungen der friesischen Volksgruppe übernimmt. Dies konnte jedoch bis heute nur ansatzweise verwirklicht werden. Neben der beschriebenen kleinräumigen Identifikation spielte dabei die nationalpolitische Zweiteilung eine Rolle. Als dem Streben nach wissenschaftlicher Objektivität verpflichtete Einrichtung war das Institut von Anfang an um eine unabhängige und unparteiische Position bemüht. Diese wurde vielfach nicht verstanden oder missverstanden, so dass das Institut mehrfach in den bis in die 1970er Jahre und zum Teil noch darüber hinaus geführten nationalpolitischen Meinungsstreit geriet. Nicht zuletzt deswegen war zeitweise sogar die Existenz gefährdet. Eine Einrichtung, über die gestritten wird, deren Bestand unsicher erscheint, eignet sich aber in den Augen vieler Menschen kaum als langfristig sicherer Aufbewahrungsort für Archivgut. Erst seit dem Ende der 1980er Jahre kann die heftige nationalpolitische Auseinandersetzung als beendet gelten.

Das Nordfriisk Instituut in Bredstedt
ist die zentrale wissenschaftliche Einrichtung in Nordfriesland
für die Erforschung und Förderung der friesischen Sprache, Geschichte und Kultur.
(Foto: Thomas Steensen)

Gemessen an der Aufgabenfülle des *Nordfriisk Instituut* war und ist dieses personell unzureichend ausgestattet. Es fehlt eine archivisch ausgebildete Fachkraft (und ebenso fehlt eine ausgebildete Kraft für die Bibliothek). Dennoch wird im Bereich der Dokumentation und Archivierung eine recht umfangreiche Arbeit geleistet. In den vergangenen Jahren konnten insbesondere umfassende Dokumentationsabteilungen zur Übersee-Auswanderung aus Nordfriesland und zur Landwirtschaftsgeschichte aufgebaut werden. Im Rahmen dieses Beitrags geht es jedoch ausschließlich um den Themenbereich friesische Vereine, friesische Bestrebungen und friesische Sprache. Die auf diesem Gebiet geleistete dokumentarische Arbeit sei hier wenigstens kurz umrissen:

- Das Institut strebt eine möglichst vollständige Sammlung aller Druckwerke über Nordfriesland an. Dabei wird besonderer Wert auf Veröffentlichungen von den und über die friesischen Vereinigungen gelegt.

- Recht umfangreich ist die grundsätzlich zu allen Themenbereichen Nordfrieslands geführte Zeitungsausschnittsammlung. Einen Schwerpunkt bildet auch hier die friesische Bewegung. Systematisch ausgewertet werden sieben Tageszeitungen, darunter eine aus Ost- und eine aus Westfriesland, außerdem Wochenblätter, Zeitschriften und wenn immer möglich überregionale Presseorgane.

- Das Bemühen um Vollständigkeit richtet sich insbesondere auf alle Publikationen in nordfriesischer Sprache, sei es in Büchern, Zeitschriften oder Zeitungen. Darüber wird jährlich ein Verzeichnis im *Nordfriesischen Jahrbuch* veröffentlicht. Gesammelt werden außerdem Manuskripte in friesischer Sprache.

- Die Dokumentation umfasst auch den audiovisuellen Bereich, insbesondere wieder im Hinblick auf die friesischen Vereinigungen und die nordfriesische Sprache. So verfügt das Institut über ältere Tonbandaufnahmen der friesischen Sprache, die im Zuge früherer Sprachforschungen entstanden (viele weitere befinden sich in der Nordfriesischen Wörterbuchstelle der Universität Kiel und in Privatbesitz), und über Mitschnitte friesischer Veranstaltungen, außerdem über zahlreiche Schallplatten, Audio- und Videocassetten, CDs etc. Radio- und Fernsehbeiträge über die friesischen Vereinigungen und in friesischer Sprache werden dokumentiert, soweit dies personell und technisch möglich ist.

- Die bisher nur unzureichend geordnete Bildersammlung des Instituts bezieht sich grundsätzlich auf alle Themenbereiche. Auch hier liegt ein Schwerpunkt auf den friesischen Bestrebungen. Mit Hilfe einer in Bredstedt ansässigen Schwerbehinderteneinrichtung werden die Bilder zur Zeit digitalisiert.

- Das Institut sammelt Archivalien aus den friesischen Vereinen sowie natürlich auch die des eigenen Trägervereins. Es verwahrt und verzeichnet Nachlässe von Personen aus der friesischen Bewegung und der nordfriesischen Heimatforschung. Genannt seien etwa Nis Albrecht Johannsen d. Ä. (1855-1935), Nis Albrecht Johannsen d. J. (1888-1967), Christian Jensen (1857-1936), Dr. Ernst Obsen George (1894-1970) oder Hermann Schmidt (1903-1979); der Nachlass dieses Sylter Sprachpflegers spiegelt auch die stark zergliederte und nicht befriedigende Archivsituation in Nordfriesland wider, denn er wurde nach dem Tod Schmidts auf drei Einrichtungen verteilt.

Nis Albrecht Johannsen (1888-1967) gehört zu den zentralen Persönlichkeiten in der nordfriesischen Sprach- und Kulturarbeit des 20. Jahrhunderts. (Foto: Sammlung Thomas Steensen)

- Das Institut verfügt über eine umfangreiche Dokumentation mit Kopien und Exzerpten zur Entwicklung der friesischen Bewegung vor allem vor 1945 aus rund 25 Archiven etc. Sie sind nach dem Pertinenzprinzip und chronologisch geordnet. Es handelt sich dabei um die vom Verfasser während der Arbeit an seiner Dissertation gesammelten Materialien.

Über alle Bereiche der Archivierung und der Dokumentation legt das Institut in seinen jährlich veröffentlichten Arbeitsberichten Rechenschaft ab. Ein auf dem neuesten Stand befindliches Verzeichnis des Archivbestands erschien im *Nordfriesischen Jahrbuch* 2001 und zugleich im Internet.

Ein Vergleich mit der Situation der beiden nationalen Minderheiten im deutsch-dänischen Grenzland, die beide über wissenschaftlich in vorbildlicher Weise geführte Archive verfügen, lenkt die Aufmerksamkeit auf drei Problembereiche, die teilweise bereits angeführt wurden:
- die heterogene Zusammensetzung der friesischen Volksgruppe in Schleswig-Holstein. Hier ist auf die starke lokale Bindung vieler Menschen und die fortbestehende organisatorische Trennung hinzuweisen.
- die lange Zeit unsichere Stellung der friesischen Volksgruppe. Erst in der Landesverfassung Schleswig-Holsteins von 1990 wurde ihr ein „Anspruch auf Schutz und Förderung" zugesichert. Damit eng zusammen hängt
- die lange Zeit und im Grunde heute noch bestehende mangelhafte finanzielle und personelle Ausstattung, obgleich sich hier seit Ende der 1980er Jahre manches zum Besseren gewandelt hat. Im Unterschied zu den beiden nationalen Minderheiten werden die Friesen auch nicht von einem benachbarten Staatsvolk unterstützt.

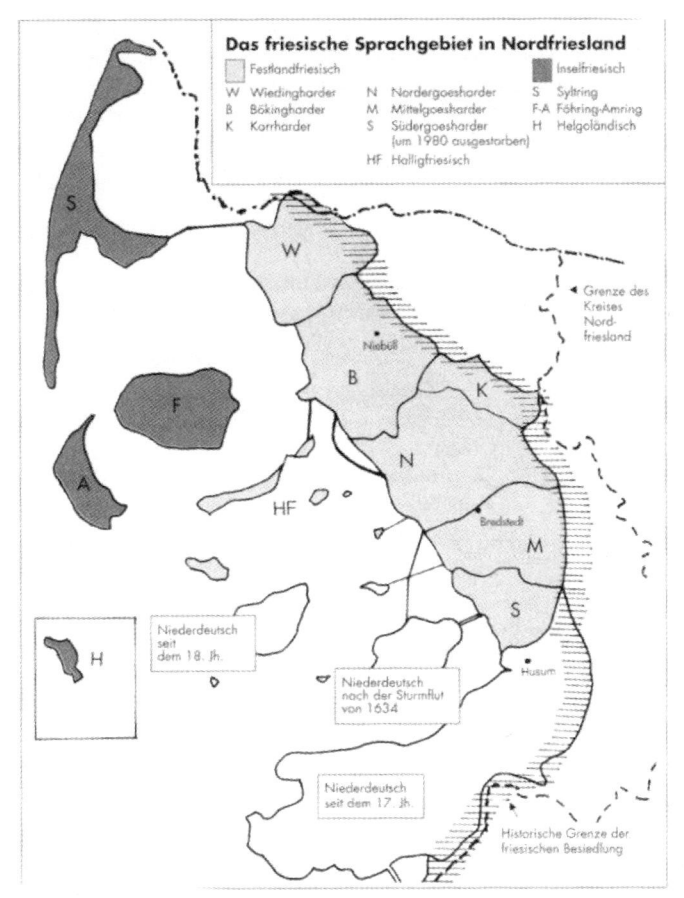

Friesisches Sprachgebiet in Nordfriesland

2. Ostfriesland

Ostfriesland hat seine ursprüngliche friesische Sprache schon lange verloren. Dennoch fühlen sich viele Menschen dort sehr bewusst als Friesen. Es bestehen mehrere friesische Heimatvereine; genannt seien vor allem die 1820 in Emden gegründete Gesellschaft für bildende Kunst und vaterländische Altertümer, kurz „Emder Kunst" genannt, und der 1909 gebildete Verein für Heimatschutz und Heimatgeschichte in Leer. Schriftgut der Vereine und Nachlässe von in der Heimatbewegung tätigen Personen befinden sich in den Niedersächsischen Staatsarchiven Aurich und Oldenburg, verschiedenen Stadtarchiven, Museen und vielfach in Privathand. Die traditionsreiche Ostfriesische Landschaft in Aurich, die sich nach dem Zweiten Weltkrieg zum regionalen Kulturinstitut für Ostfriesland entwickelte, gibt ihre für die aktuelle Arbeit nicht mehr benötigten Akten an das Staatsarchiv in Aurich ab. Die Sprachdenkmäler in ostfriesischer Sprache sind verzeichnet. Südlich von Ostfriesland, im Landkreis Cloppenburg, liegt das aus drei Gemeinden bestehende Saterland. Hier, also außerhalb des eigentlichen Kerngebiets, wird die ostfriesische Sprache weiterhin gesprochen, von annähernd 2000 Menschen. Texte in saterfriesischer Sprache werden zumeist verzeichnet und gesammelt von der Arbeitsstelle Niederdeutsch und Saterfriesisch an der Universität Oldenburg. Das Schriftgut der 1977 gegründeten Heimatvereinigung der Saterfriesen *Seelter Bound* befindet sich in privater Hand.

3. Westfriesland

In der Provinz Friesland der Niederlande, in Deutschland als Westfriesland bezeichnet, sprechen etwa 400000 Menschen Friesisch. Es handelt sich also um die bei weitem größte friesische Sprachgemeinschaft. Zur Zeit der Romantik setzten auch hier Bestrebungen für die friesische Geschichte und Sprache ein. 1827 wurde ein erster wissenschaftlich-volkskundlich ausgerichteter Verein gegründet, 1844 folgte eine Vereinigung mit dem Ziel der Sprachförderung. Im Verlauf des 19. und 20. Jahrhunderts entstanden eine vielfältige friesische Bewegung und eine reiche Literatur in westfriesischer Sprache. Für beide Bereiche besteht seit 1959 ein selbständiges Dokumentationszentrum, verbunden mit einem Literaturmuseum, das *Frysk Letterkundich Museum en Dokumintaasjesintrum (FLMD)* in Ljouwert/Leeuwarden. Es dient als Archiv der friesischen Bewegung und dokumentiert die friesische Literatur seit 1800. Hier sind etwa zehn Fachkräfte tätig. Finanziert wird die Einrichtung zu 70 Prozent von der Provinz und zu 30 Prozent vom Reich. Ein weiterer Ausbau ist für 2003 geplant: Da auch die Provinzialbibliothek *(Provinciale en Buma Bibliotheek van Friesland)* und die friesische Abteilung des niederländischen Reichsarchivs *(Rijksarchyf in Friesland)* Archivalien und Sammlungen zur friesischen Bewegung verwahren, ist eine Zusammenfassung der drei Einrichtungen vorgesehen. Auf diese Weise sollen nicht zuletzt die neuen technischen Möglichkeiten insbesondere auch zur multimedialen Erschließung und Aufbereitung des Materials noch besser genutzt werden. Neben den Archiven und Bibliotheken besteht weiterhin das 1938 gegründete große wissenschaftliche Institut Westfrieslands, die *Fryske Akademy* in Ljouwert/Leeuwarden, mit fast 80 Mitarbeiterinnen und Mitarbeitern; sie verwahrt ihr Schriftgut bisher weitgehend selbst und wird es künftig an das Reichsarchiv bzw. das FLMD abgeben.

4. „Interfriesische" Überlieferung

Seit dem 19. Jahrhundert bestehen „interfriesische" Beziehungen, also Verbindungen zwischen Menschen und Vereinen in den drei Frieslanden. 1925 wurde ein erster Friesenkongress gehalten, 1930 der erste Friesenrat gebildet. Dieses grenzüberschreitende Gremium wurde 1956 erneut gegründet und unterhält, seit kurzem Interfriesischer Rat genannt, Sektionen in jedem der drei Frieslande. Das Schriftgut befindet sich an verschiedenen Stellen, insbesondere bei der Ostfriesischen Landschaft in Aurich, großenteils wohl in Privathand. Für die Sicherung und Verzeichnung dieser gesamtfriesischen Überlieferung fühlt sich offenbar niemand wirklich zuständig.

5. Empfehlungen

Welche Schlussfolgerungen können gezogen werden?
- Sinnvoll wäre ein Verzeichnis aller auf die friesische Bewegung und die friesische Sprache bezogenen Archivalien. Diese Arbeit ist namentlich für Nordfriesland, z. T. auch für Ostfriesland zu leisten, wobei auf die Quellenverzeichnisse umfassender wissenschaftlicher Arbeiten zurückgegriffen werden kann. Ob auf dieser Grundlage eine „Flurbereinigung" unter den bestehenden Einrichtungen vorgenommen werden sollte, müsste sodann geprüft und besprochen werden. Wichtig wäre in jedem Fall eine genaue Abgrenzung der jeweiligen Sammelgebiete für die Zukunft. Bei aller Rücksichtnahme auf gewachsene Strukturen und die nordfriesische Heterogenität sollte sich *eine* Einrichtung auch als Archiv für die nordfriesische Volksgruppe verstehen. Hierfür kommt, auch im Hinblick auf eine wünschenswerte Symbiose mit der Forschung, wohl am ehesten das *Nordfriisk Instituut* in Betracht. Dabei ist eine enge Zusammenarbeit und Abstimmung mit dem Kreisarchiv Nordfriesland, dem Landesarchiv Schleswig-Holstein und der *Dansk Centralbibliotek for Sydslesvig, Studieafdeling,* unerlässlich.
- Die meisten lokalen Sammlungen und Archive in Nordfriesland verfügen nicht über veröffentlichte Bestandsverzeichnisse. Erstrebenswert wäre u. U. ein Gesamtrepertorium für Nordfriesland.
- Das Schriftgut des die drei Frieslande umfassenden Friesenrats und weiterer „interfriesischer" Einrichtungen sollte zumindest zentral verzeichnet und archivisch gesichert werden. Möglicherweise können einige Bestände auch zusammengeführt werden.
- Viel stärker noch als bisher sollten sich die verschiedenen Archiv- und Dokumentationsstätten um eine öffentlichkeitswirksame, auch multimedial angelegte Präsentation ihrer Bestände bemühen.

– Grundsätzlich gilt: Das Bewusstsein für den Wert der Quellenüberlieferung der Friesen, ihrer Kultur- und Sprachbewegung sowie ihrer eigensprachlichen Literatur sollte weiter geschärft werden. Diese Überlieferung bildet eine unverzichtbare Grundlage friesischer Identität.

6. Weiterführende Literaturhinweise

– Joh. Frieswijk, J. J. Huizinga, L. G. Jansma, Y. B. Kuiper: Skiednis dan Fryslân 1750-1995, Amsterdam/Ljouwert 1998.
– Johannes Jensen: Nordfriesland in den geistigen und politischen Strömungen des 19. Jahrhunderts, Neumünster 1961; Nachdruck: Bräist/Bredstedt 1993.
– Horst Haider Munske (Hg.): Handbuch des Friesischen, Tübingen 2001.
– Dietmar von Reeken: Heimatbewegung, Kulturpolitik und Nationalsozialismus: Die Geschichte der „Ostfriesischen Landschaft" 1918-1949, Aurich 1995.
– Sjoerd van der Schaaf: Skiednis fan de Fryske biweging, Ljouwert/Leeuwarden 1977.
– Thomas Steensen: Die friesische Bewgung in Nordfriesland im 19. und 20. Jahrhundert (1879-1945), 2 Bände, Neumünster 1986 (Quellen und Forschungen zur Geschichte Schleswig-Holsteins, 89 und 90).
– Thomas Steensen: Nordfriesland im 19. und 20. Jahrhundert. In: Geschichte Nordfrieslands, 2. aktualisierte Aufl., Heide 1996, 204-435 und 441-454.
– Thomas Steensen (Hg.): Das große Nordfriesland-Buch, Hamburg 2000.
– G. R. Zondergeld: De friese beweging in het tijdvak der beide wereldoorlogen, Leeuwarden 1978.

Lars N. Henningsen
**Das Archiv der dänischen Minderheit –
zwischen Heimatland und Mutterland**

Thema dieser Sektion ist die Überlieferung von Minderheiten. In diesem Bereich gebührt bekanntlich dem deutsch-dänischen Grenzland Schleswig besondere Aufmerksamkeit, weil hier nicht weniger als drei Minderheiten oder Volksgruppen vertreten sind, und zwar die dänische Minderheit und die Friesen im Landesteil Schleswig südlich der deutsch-dänischen Staatsgrenze sowie die deutsche Minderheit in Nordschleswig nördlich der Staatsgrenze. Von den Friesen haben wir eben gehört (vgl. den Beitrag von T. Steensen). Im Folgenden werde ich hauptsächlich die dänische Minderheit im deutschen Landesteil Schleswig berücksichtigen. Um das Bild jedoch möglichst vollständig vorzustellen, werde ich auch die Verhältnisse der deutschen Volksgruppe im dänischen Nordschleswig kurz erwähnen.
Bis 1864 war das Herzogtum Schleswig ein Teil von Dänemark. Von 1864 bis 1920 war es Teil der preußischen Provinz Schleswig-Holstein. 1920 wurde Schleswig aufgrund der neuen Staatsgrenze zwischen Dänemark und Deutschland geteilt. Die Minderheiten sind ein Resultat dieser neuen Grenzziehung. Im jetzigen deutschen Landesteil Schleswig gibt es eine dänisch gesinnte Bevölkerung, die rund 50.000 Personen umfasst. Und in Nordschleswig gibt es die deutsche Minderheit mit heute ungefähr 15.000 Angehörigen. Im Folgenden wird, wie angekündigt, besonders von der dänischen Minderheit die Rede sein.
Die Minderheit in Südschleswig bietet heute den Hintergrund für eine Vielzahl von Kultureinrichtungen: Es gibt 49 dänische Schulen mit etwa 5.700 Schülern und 57 Kindergärten mit etwa 1.600 Kindern. 24 dänische Pastoren betreuen etwa 6.600 Mitglieder der dänischen Kirchengemeinden. Der dänische Gesundheitsdienst mit 21 Krankenschwestern sorgt für Altersheime und Alterswohnungen. Der Südschleswigsche Verein (SSF) umfasst etwa 15.000 Mitglieder, Sekretariate, Versammlungshäuser, Rentnerwohnheime und dazu Hunderte von Vereinen. Die Anfänge dieser Aktivitäten gehen in die Mitte des 19. Jahrhundert zurück und wurden besonders nach 1920 – noch mehr nach 1945 – fortentwickelt. Die gesamte Tätigkeit entfaltet sich in privater Trägerschaft.

1. Das Archiv der dänischen Minderheit

Wie werden aber die archivalischen Verpflichtungen dieser Minderheit wahrgenommen? – Seit 1989 gibt es in Flensburg, im Gebäude der dänischen Zentralbibliothek, ein besonderes *Archiv für die dänische Minderheit*. Die Wurzeln des

Archivs sind jedoch älter. 1963 wurde in der Bibliothek die so genannte Studienabteilung gegründet. Die Studienabteilung ist ein Forschungsinstitut, das die Aufgabe hat, die Geschichte der dänischen Minderheit in Südschleswig und die Geschichte Schleswigs innerhalb der alten Grenzen zwischen Königsau und Eider zu erforschen. Die Abteilung hatte bei der Gründung nicht nur Forschungsaufgaben, sie sollte auch Material sammeln, das Südschleswig betrifft.[1]

Erst 1987 wurden jedoch die äußeren Voraussetzungen einer eigentlichen Archivarbeit geschaffen. In einem neuen Anbau zum Bibliotheksgebäude wurde ein eigener Magazinraum eingerichtet, der klimatisiert und mit Platz sparenden Rollregalen für 1.000 laufende Meter Akten ausgestattet ist. Ein Archiv für die dänische Minderheit wurde gegründet, in enger Zusammenarbeit mit der Studienabteilung. Beide Einrichtungen wurden und werden vollständig durch Zuschüsse des dänischen Staates, also des Mutterlandes, finanziert. Seit 1996 sind Archiv und Studienabteilung als *eine* Institution – eine Forschungsabteilung – zu betrachten. Die Institution ist juristisch gesehen ein eingetragener Verein, und zwar mit eigenem Vorstand. Mitarbeiter der Forschungs- und Archivabteilung sind der Leiter, ein Wissenschaftler, ein Stipendiat und ein Archivmitarbeiter.

Aufgaben des Archivs waren und sind
1. die Sicherung von Archivalien, Fotografien, Tonbändern zur Geschichte der dänischen Volksgruppe in Südschleswig,
2. die Aufbewahrung, Ordnung und Registrierung des gesammelten Materials und
3. die Sammlungen der Öffentlichkeit zur Verfügung zu stellen.

Es muss hervorgehoben werden, dass hier von einem Archiv mit begrenztem Ziel die Rede ist: ein Archiv für die dänische Minderheit und – historisch bedingt – für die nationalen Friesen, jenem Teil der Friesen, der seit 1923 mit der dänischen Bewegung Zusammenarbeit gepflegt hat und der sich heute vom Südschleswigschen Wählerverband (SSW) vertreten lässt.

Wie erwähnt werden die meisten Aktivitäten der dänischen Minderheit von privaten Vereinen und Organisationen getragen. Das Archiv hat deswegen *keinen Anspruch* auf Akten der Minderheit. Die erste Aufgabe des Archivs war es daher, Zutrauen unter den Organisationen und Institutionen, Vereinen und Privatleuten zu erzeugen, damit diese ihre Akten abgeben würden. Das gelang ziemlich schnell. In der Tat betrachten heute fast alle Organisationen der dänischen Minderheit das Archiv in Flensburg als ihr Archiv und geben ihre älteren Unterlagen an das Ar-

---

1 Vgl. Lars N. Henningsen/Johann Runge: „Die Forschungsabteilung und das Archiv an der Dansk Centralbibliotek for Sydslesvig", in: Die Heimat 4/5 (1992), 77-87.

chiv ab. Der dänische Hauptpastor z. B. hat seine Pastoren und Gemeinden aufgefordert, ihre Unterlagen zur professionellen Betreuung dem Archiv zu übergeben. Ähnlich ist der Fall in der Partei SSW und in der Hauptorganisation der Minderheit SSF.
Die Abgaben an das Archiv haben seit der Gründung jährlich einen Umfang von etwa 50 laufenden Metern betragen. Die Bestände sind jetzt auf etwa 700 laufende Meter Akten angewachsen. Heute gibt es umfangreiche Bestände aller dänischen SSF-Sekretariate seit 1920, 24 Kirchenarchive mit Kirchenbüchern und Verwaltungsakten seit 1920,[2] die Bestände der Partei SSW, der Zentralbibliothek, anderer Institutionen und vieler dänischer Schulen seit 1920, Bestände von 300 selbständigen Vereinen (mit Protokollen, Mitgliederkarteien, Briefwechseln und Rechnungen seit Mitte des 19. Jahrhunderts), 600 Personen- und Familiennachlässe mit Tagebüchern, Briefwechseln u. a. m., Bestände zur Geschichte der nationalen Friesen seit den 1920er Jahren, insbesondere Personennachlässe und Sekretariatsakten, den Bestand der Zeitung „Flensborg Avis" – Redaktions- und Redakteur-Archive – und schließlich den ganz wertvollen Bestand Europäische Minderheitenunion FUEV (seit der Gründung 1949).

Für alle Bestände können zwei Dinge hervorgehoben werden: Zum einen entstammen sämtliche Akten privater Provenienz. Akten öffentlicher Provenienz gibt es im Archiv im Prinzip nicht. Zum anderen hängt die chronologische Abgrenzung der Akten mit dem Charakter des Archivs als Minderheitenarchiv zusammen: Es gibt einige wenige Akten aus der Zeit vor 1800. Im Allgemeinen gehören die Akten aber der Zeit nach Entstehung des modernen Nationalgefühls, d. h. der Trennung zwischen deutsch und dänisch, also der Zeit nach 1840 an. Seit 1920 und besonders seit 1945 werden die Bestände immer umfangreicher, parallel zur Entwicklung der Minderheit in diesen Jahren.

2. Ein Archiv zwischen Heimatland und Mutterland

Was ist nun das Besondere dieses Minderheitenarchivs? Das Archiv liegt sozusagen *zwischen Heimatland und Mutterland*, also zwischen dem deutschen Schleswig mit seinen öffentlichen Archivinstitutionen und dem Mutterland Dänemark. Diese Besonderheit tritt in mehreren Hinsichten hervor.

---

2 Vgl. dazu Lars N. Henningsen: „Die kirchlichen Bestände im Archiv der dänischen Minderheit in Flensburg", in: Mitteilungen zum Archivwesen in der Nordelbischen Ev.-Luth. Kirche 15 (1996), 11-13.

2.1. Ort der Aufbewahrung und Zuständigkeit

Bis in die 1950er Jahre war das Verhältnis zwischen der dänischen Minderheit und der deutschen Gesellschaft von vielerlei Spannungen gekennzeichnet. Deutsche Institutionen und Behörden wurden von der dänisch gesinnten Bevölkerung mit Skepsis betrachtet – Archivunterlagen wollte man jedenfalls nicht an deutsche Archive abgeben. Eine Abgabepflicht bestand zudem nicht, da alle Akten der Minderheit, wie erwähnt, im Prinzip privater Provenienz entstammen: Sie sind bei privaten Vereinen, Organisationen und Personen entstanden. Diese Privatakten wollte die Minderheit nicht dem „Feind", d. h. deutschen Archiven übergeben. Eher wollte man die Akten in Sicherheit bringen, d. h. in das Mutterland Dänemark. In der Tat wurden im 19. Jahrhundert und auch in den Jahren zwischen den Weltkriegen z. B. Personennachlässe und Vereinsarchive nach Dänemark gebracht, und zwar in die Königliche Bibliothek und das Reichsarchiv in Kopenhagen, nach 1920 ins Landesarchiv in Apenrade nördlich der neuen Staatsgrenze. Auch nachdem sich das Verhältnis zwischen Minderheit und Mehrheit seit den 1950er Jahren besserte, wurden Kontakte zwischen Minderheit und örtlichen deutschen Archiveinrichtungen in Schleswig kaum gepflegt. Unterlagen vieler dänischer Einrichtungen im Landesteil Schleswig und dazu Personennachlässe, Vereinsarchive und Akten früherer Zeiten wurden dementsprechend nicht an fachkundig geleitete Archive abgegeben. Die Akten waren bedroht, weil keine Abgabepflicht bestand und weil Kontakte zu deutschen Institutionen im Heimatland nicht vorhanden waren. Archive des Mutterlandes Dänemark konnten sich nicht um die lokalen Akten der Minderheit in Südschleswig kümmern.

Um genau dieser Problematik entgegenzusteuern, wurde 1989 das Archiv der dänischen Minderheit gegründet, und zwar in engem Kontakt zur Studienabteilung. Die Frage der Archivierung wurde also nicht von den örtlichen öffentlichen Archiven des Heimatlandes, auch nicht direkt von öffentlichen Archiven im Mutterland, sondern von der Minderheit selbst gelöst – und zwar im Heimatland, durch finanzielle Mittel des Mutterlandes. Das Archiv sollte Akten mit Bezug zum dänisch gesinnten Bevölkerungsteil – und nur diese – übernehmen. Akten von öffentlicher Provenienz oder Akten ohne Beziehung zur Minderheit lagen nicht im Aufgabenbereich des Archivs. Seit der Gründung existiert daher eine ausgesprochene Aufgabenteilung mit den örtlichen öffentlichen Archiven. Wenn Akten öffentlicher Provenienz oder Akten ohne Beziehung zur dänischen Minderheit angeboten werden, sollen sie an ein anderes Archiv weitergeleitet werden. Das Archiv ist als Ergänzung zu bestehenden Archiven in Deutschland zu verstehen.

2.2. Nutzung des Archivguts

Auch bei der Regelung von Nutzung, Zugänglichkeit und Schutzfristen spürt man den Einfluss von Mutterland und Heimatland.
Alle Akten des Archivs sind von privater Provenienz, d. h. die Vorschriften der Gesetzgebung über öffentliches Archivgut finden hier keine Anwendung. Die abgebenden Personen, Vereine und Institutionen können selbst die Schutzfristen festsetzen, woraus Unterschiede von Archivbestand zu Archivbestand resultieren. In einigen Fällen hat sich die abgebende Familie die Entscheidung vorbehalten, in anderen Fällen der Vorsitzende des Vereins. In der Praxis aber wird teils die Gesetzgebung in Dänemark, teils das schleswig-holsteinische Archivgesetz von 1992 als Richtschnur angesehen. Die großen Verwaltungsarchive des SSF und des SSW sind z. B. nach den Vorschriften über öffentliches Archivgut in Schleswig-Holstein zugänglich. Die Kirchenbücher sind nach dänischen Vorschriften zugänglich, d. h. nach 50 Jahren. Die Personennachlässe sind weitgehend nach den dänischen Vorschriften über privates Archivgut, d. h. nach 80 Jahren allgemein zugänglich.

2.3. Findbücher

Die Findbücher nutzen ebenfalls die Möglichkeiten des Mutterlandes und des Heimatlandes gemeinsam. In den Jahren 1992 und 1993 wurden eigene gedruckte Übersichten von den Beständen der Vereine[3] und Personennachlässe[4] und von den dänischen Kirchenbüchern[5] herausgegeben, 1999 dazu eine summarische Übersicht über alle etwa 1.000 Einzelbestände.[6] 1996 wurde das Archiv in das vom Landesarchiv in Schleswig publizierte Verzeichnis „Archive in Schleswig-Holstein" aufgenommen.

---

3 Foreningsarkiver i Arkivet ved Dansk Centralbibliotek for Sydslesvig, hg. v. Lars N. Henningsen. Arkivserien udg. af Studieafdelingen ved Dansk Centralbibliotek for Sydslesvig, Flensborg 1992.
4 Personarkiver i Arkivet ved Dansk Centralbibliotek for Sydslesvig, hg. v. Lars N. Henningsen. Arkivserien udg. af Studieafdelingen ved Dansk Centralbibliotek for Sydslesvig, Flensborg 1993.
5 Danske Kirkebøger i Sydslesvig, hg. v. Lars N. Henningsen. Arkivserien udg. af Studieafdelingen ved Dansk Centralbibliotek for Sydslesvig, Flensborg 1993.
6 Arkivet ved Dansk Centralbibliotek for Sydslesvig. En oversigt, hg. v. Lars N. Henningsen. Arkivserien nr. 7, udg. af Studieafdelingen ved Dansk Centralbibliotek for Sydslesvig, Flensborg 1999.

Des Weiteren wurden auch die Möglichkeiten des Internets wahrgenommen. 1999 wurde die Gesamtübersicht im Netz präsentiert und im Jahr 2001 wurden auch eine große Anzahl der Findbücher in vollem Umfang im Internet zugänglich.[7] Dadurch wird dem Benutzer möglich gemacht, sich im Detail auf einen Archivbesuch vorzubereiten.

Schließlich sind die Bestände auch in Archivverzeichnissen des Mutterlandes publiziert worden. 1998 wurde ein zweibändiges Findbuch über Bestände privater Vereine in dänischen Archiven im Grenzland publiziert.[8] Hier sind die Bestände des Archivs in Flensburg berücksichtigt. Und last but not least: Im Mutterland gibt es seit 2000 eine Internetdatei über Archive privater Provenienz in öffentlichen Archiven.[9] Sie umfasst 100.000 Bestände. Auch hier wurden die Bestände des dänischen Minderheitenarchivs aufgenommen.

2.4. Abhängigkeit anderer Archive

Auch die Erforschung der Geschichte der Minderheit zeigt die Abhängigkeit vom Mutterland wie vom Heimatland. Die Minderheit sorgt selbst für die Sicherung ihrer eigenen Überlieferung im Archiv in Flensburg, d.h. im Heimatland Schleswig. Nur selten genügt es jedoch, allein die Akten des Minderheitenarchivs einzusehen, wenn ein Thema historisch bearbeitet werden soll. Auch Akten anderer Archive müssen berücksichtigt werden, und zwar sowohl in Deutschland als auch in Dänemark. Die örtlichen Staats- und Kommunalarchive in Schleswig-Holstein und die Archive auf deutscher Bundesebene sind wichtig. In Kopenhagen gibt es z. B. Bestände des dänischen Grenzvereins und anderer Organisationen auf Reichsebene mit ganz wichtigen Unterlagen zur Geschichte der Minderheit. Es gibt Personennachlässe, und besonders wichtig sind die Akten des dänischen Außenministeriums einschließlich des Konsulats in Flensburg.

3. Forschungsmöglichkeiten

Zuletzt die Frage: *Welche Forschungsmöglichkeiten gibt es im Archiv der dänischen Minderheit?* – Die Bestände des Minderheitenarchivs haben Schwächen und Stärken. Für die allgemeine Familien- und Ahnenforschung gibt es kaum Möglichkeiten im Archiv, eben weil allgemeine bevölkerungsstatistische Quellen hier nicht vorhan-

---

7   Homepage: www.dcbib.dk/dcb/Arkivet.
8   Kim Furdal (Hg.): Foreningsarkiver fra Sønderjyllands Amt og Sydslesvig, Aabenraa 1998.
9   DANPA: http://danpa.dda.dk.

den sind. Nur Personen, die irgendeine Beziehung zur Minderheit gehabt haben, sind hier nachweisbar, z. B. in den Kirchenbüchern der dänischen Gemeinden, in Mitgliederverzeichnissen und natürlich in den 600 Nachlässen.

Für die allgemeine Orts- und Regionalgeschichte gibt es ebenfalls geringe Möglichkeiten. Nur Vereine, Institutionen und Persönlichkeiten der Minderheit sind im Archiv vertreten. Dagegen können hier alle möglichen Aspekte der Geschichte der dänischen Minderheit und ihrer Institutionen untersucht werden. Auch zur Geschichte der nationalen Friesen gibt es hier Möglichkeiten. Von besonderer Breite sind die Unterlagen der ersten Jahre nach 1945. Etwa 100.000 Südschleswiger haben sich in diesen Jahren als Mitglieder der Minderheit registrieren lassen. Über viele dieser Personen gibt es Unterlagen – und ebenfalls über die umfangreichen Aktivitäten der dänischen Bewegung in diesen Jahren.

Für die Kulturgeschichte, Mentalitätsgeschichte und Geschichte des privaten Lebens liegen gute Quellen vor, die nicht nur für die Minderheit, sondern auch für die Mehrheitsbevölkerung relevant sind. Ich denke an die vielseitigen Bestände der privaten Nachlässe (mit Tagebüchern oder z. B. auch Tausenden von Briefen von Soldaten aus den zwei Kriegen dieses Jahrhunderts). Hier liegt die Stärke des Archivs. Private Nachlässe mit vielseitigem Material sind hier vielleicht proportional besser vertreten als in manchen der öffentlichen Archiven.

Soweit zur dänischen Minderheit in Südschleswig und ihrer Archivüberlieferung.

4. Archiv/Historische Forschungsstelle der deutschen Volksgruppe in Dänemark

Für die deutsche Volksgruppe in Nordschleswig ist ebenfalls ein besonderes Archiv und eine Forschungseinrichtung vorhanden: Das *Archiv/Historische Forschungsstelle der deutschen Volksgruppe in Dänemark* ist im Gebäude der deutschen Zentralbibliothek und des deutschen Generalsekretariats in Apenrade untergebracht.

Das Archiv wurde 1977 vom historischen Verein der deutschen Volksgruppe „Heimatkundliche Arbeitsgemeinschaft für Nordschleswig" gegründet. Im Jahre 2000 wurden Rollregale mit einer Kapazität von 360 laufenden Metern aufgestellt. Die Einrichtung wird von einem Wissenschaftler, dem Historiker Frank Lubowitz M. A. als Leiter betreut. Im Archiv werden Bestände der Volksgruppe, d. h. von Vereinen, Organisationen und Personen seit etwa 1860/65 bis heute archiviert. Auch die Bestände dieses Archiv bezeugen die Abhängigkeit von sowohl dem Mutterland wie auch dem Heimatland, und zwar noch deutlicher als im Falle des Archivs der dänischen Minderheit. Viele Bestände der Nordschleswigschen Minderheit sind an Archive in Deutschland, besonders das Landesarchiv in Schleswig abgegeben worden. Und noch größere Bestände sind im dänischen Landesarchiv in Apenrade zu finden, was mit der deutschen Niederlage im Zweiten Weltkrieg zusammenhängt. Im Mai 1945 wurden große Bestände der deutschen Organisationen in Nordschleswig entweder vernichtet, damit sie nicht in dänische Hände fielen, oder sie wurden von dänischen Behörden beschlagnahmt. Diese ganz wichtige Dokumentation zur Geschichte der Minderheit von 1920 bis 1945 befindet sich heute im Landesarchiv in Apenrade, nicht im Archiv der deutschen Minderheit. Die großen Lücken in den Beständen des deutschen Minderheitenarchivs hängen also mit der Konfliktsituation der deutschen Minderheit gegenüber dem Herbergsstaat bis 1945 zusammen.

Wir sind zum Schluss gekommen. Kurz: Die Besonderheiten beider Minderheitenarchive bezeugen auf diese Art das Verhältnis der jeweiligen Minderheit gegenüber dem Herbergsstaat. Das Schicksal Deutschlands im Jahre 1945 hat die zwei Minderheitenarchive unterschiedlich geprägt. Bei der Kapitulation wurden viele Bestände der deutschen Minderheit entweder vernichtet oder in das dänische Landesarchiv überführt. Umgekehrt hat die Niederlage Deutschlands indirekt eine gute Erhaltung der Bestände der dänischen Minderheit in Südschleswig möglich gemacht. – Die Überlieferung der Minderheiten erzählt wirklich Geschichte!

Annett Bresan
Zu Geschichte und Auftrag des Sorbischen Kulturarchivs in Bautzen

Cottbus ist das kulturelle Zentrum der Sorben in der Niederlausitz – der Archivtag in dieser Stadt bietet daher eine hervorragende Möglichkeit, sich der Minderheitenproblematik zu widmen und in der Heimat der Sorben etwas über die Geschichte und den Auftrag des Sorbischen Kulturarchivs (SKA) zu berichten. Erläuterungen zu einer speziellen Problematik, die sich auf die Sorben bezieht und für ein breiteres Publikum gedacht sind, werden gewöhnlich mit einem Grundriss zur sorbischen Geschichte, Sprache und Kultur und deren Minderheitensituation eingeführt. In diesem Beitrag soll das nur sehr knapp gehalten sein.

Die Sorben sind die Nachkommen von Slawen, die im 6. Jahrhundert in das Land zwischen Oder und Elbe einwanderten und es in kleineren Stammesverbänden besiedelten. Es gelang ihnen nicht wie den slawischen Stämmen in Böhmen, Mähren, der Slowakei und Polen, sich im Laufe der Geschichte zu Nationen zu konsolidieren. Seit der deutschen Ostkolonisation bis ins 17. Jahrhundert übernahmen sie mehr oder weniger freiwillig deutsche Sprache und Kultur. Aus verschiedenen geographischen, politischen und sozialen Gründen konnten sich zwei Stämme, die in der Nieder- und Oberlausitz siedelten, ihre nationalen Eigenheiten bewahren – wenn auch immer und immer noch von Verlust bedroht. Mit Helgoland hat ein sorbischer Dichter sein Volk zu Beginn des 20. Jahrhunderts verglichen, heutzutage kann man von der Metapher „Eisscholle" hören. Sorbisch, wobei noch zwischen Niedersorbisch (um Cottbus) und Obersorbisch (um Bautzen) unterschieden wird, ist eine westslawische Sprache, wie das Polnische, Tschechische und Slowakische. Zwanzigtausend Menschen benutzen die sorbische Sprache noch im täglichen Leben, mehr als doppelt so viele bekennen sich dazu, Sorbe zu sein. In Cottbus kann man diese Bezeichnung allerdings kaum hören, hier benutzen auch die Sorben die Bezeichnung „Wenden", die sie von ihren deutschen Nachbarn erhalten haben. Das Wort „Sorben" ist von der sorbischen Eigenbezeichnung „Serby, Serbja" abgeleitet. Darauf soll die kurze Einführung beschränkt sein.

Staatsarchiv, Stadtarchiv, Universitätsarchiv, Archiv der „xyz"-Stiftung – bei den meisten Archiven entspricht die Benennung dem Provenienzbildner. Was aber ist ein Kulturarchiv? Liegen in unseren Magazin-Regalen bemalte Ostereier und Trachtenteile? Natürlich nicht – sorbische Kultur ist mehr als im Allgemeinen in der deutschen Presse vermittelt wird. Unsere Benutzer sind Sprachwissenschaftler,

Historiker, Ethnografen und Kulturwissenschaftler, Literaten, Journalisten und Publizisten, Museumsmitarbeiter, Chorleiter, Studenten und Schüler. Und diese suchen und finden im Sorbischen Kulturarchiv Gedichte, Kompositionen, Sprachdenkmäler, lexikographische und topographische Kataloge, Almanache sorbischer Studenten, handgeschriebene Zeitungen, Romane, persönliche Korrespondenzen, amtliche Schreiben, Materialsammlungen, Plakate, Protokolle, historische Sprachaufzeichnungen, Fotografien und Filme. Kurz: Archivgut von sorbischen Vereinigungen und Institutionen, Nachlässe sorbischer Persönlichkeiten sowie sachthematische Sammlungen bilden den Aktenbestand. Dieser wird ergänzt durch Foto-, Plakat-, Tonträger-, Film- und Zeitungsausschnittsammlungen. Familienforscher haben, nebenbei bemerkt, kein Glück bei uns. Archivalien in sorbischer Sprache sind relativ jung – das älteste Dokument überhaupt stammt aus der zweiten Hälfte des 16. Jahrhunderts und liegt im Stadtarchiv Bautzen. Einige wenige Fragmente aus der Frühzeit sorbischen Schrifttums werden auch im SKA aufbewahrt, eine umfangreichere Überlieferung setzt erst zu Beginn des 19. Jahrhunderts ein. Ebenso unspektakulär ist der Umfang des Aktenbestandes – er umfasst rund 500 laufende Meter.

Das Archivgut, das nicht zu einem Nachlass oder einer konkreten Provenienz gehört, wurde und wird nach Pertinenzen geordnet. Vor allem die historischen Aktenbestände sind untereinander auf das Vielfältigste verbunden. So beinhalten Nachlässe auch Sammlungen, eine der Korrespondenzsammlungen ist nichts anderes als der Briefnachlass einer Person, ein anderer Nachlass ist identisch mit der Überlieferung eines örtlichen sorbischen Vereins etc. Seiner Tektonik nach ist das Sorbische Kulturarchiv daher eher ein Sammlungsarchiv. Darüber hinaus begreifen wir – und vor allem die Benutzer – uns auch als zeitgenössisches Dokumentationszentrum. Zu den am häufigsten benutzen Beständen gehört die Foto- und die Zeitungsausschnittsammlung, ebenso werden Fernsehbeiträge aufgezeichnet und beispielsweise Programmzettel aktueller sorbischer Veranstaltungen gesammelt. Dabei sind wir leider oft auf die eher zufällige Hilfe Einzelner angewiesen. Als Findhilfsmittel stehen dem Benutzer drei gedruckte Bestandsverzeichnisse und neuere, mit Computerunterstützung zusammengestellte Findbücher zur Verfügung. Die Erfassung per Computer ermöglicht die rasche Zusammenstellung von bestandsübergreifenden sachthematischen oder biographischen Inventaren. Die Magazinräume des Archivs sind im Gebäude des Sorbischen Instituts untergebracht. Bibliothek und Archiv sind als eine Abteilung dieser wissenschaftlichen Einrichtung zusammengefasst. Ihr Leiter ist Dr. Franz Schön, z. Zt. sind eine wissenschaftliche und sechs Bibliotheks- und Archivmitarbeiterinnen hier beschäftigt.

Ein Wort zur Zweisprachigkeit: Die Mitarbeiter müssen natürlich der sorbischen Sprache mächtig sein. Der zeitliche Mehraufwand für die Erstellung zweisprachiger Bestandsverzeichnisse ist meiner Meinung nach ein notwendiger Tribut an die Besonderheit unserer Einrichtung. Bei der elektronischen Datenerfassung benutzen wir ein selbst entwickeltes Programm auf dBase-Grundlage, mit dem ohne Probleme die für das Sorbische nötigen diakritischen Zeichen geschrieben werden können.

Das Sorbische Kulturarchiv ist eine noch relativ junge Einrichtung, allerdings mit einer rund hundertjährigen Vorgeschichte. Seine Existenz geht auf die Tätigkeit einer Gesellschaft, der „Macica Serbska", zurück. Diese konstituierte sich in der Mitte des 19. Jahrhunderts als „Verein wendischer Bücherfreunde" – unter dem Zeichen von nationaler Romantik und slawischer Wiedergeburt – nach dem Vorbild anderer slawischer Macica-Gesellschaften. Das Archiv selbst ist daher nicht nur Aufbewahrungsort historischer Dokumente, sondern auch ein Bestandteil sorbischer Geschichte. Als Archiv nach unserem Verständnis entstand es jedoch erst einige Jahrzehnte später. Die „Macica Serbska" sah in erster Linie die Herausgabe von Büchern und die Unterstützung sorabistischer Forschung als ihre Aufgabe an. Die dafür benötigte Literatur, zu der auch Handschriften gehörten, war ab 1868 in Privatwohnungen untergebracht. Nach dem Bau des „Wendischen Hauses" in Bautzen aus Spendengeldern fand die Bücher- und Handschriftensammlung 1904 ein permanentes Domizil. Aber erst 1923 ist zum ersten Mal explizit von einem Archiv die Rede; die Trennung zwischen Bibliotheks- und Archivgut wurde schließlich 1927 vollzogen. Die laxe Ausleihpraxis hielt jedoch einige in der sorbischen Kulturgeschichte wichtige Persönlichkeiten davon ab, ihren Nachlass dem Archiv anzuvertrauen.

Von den staatlichen Behörden wurde das sorbische Kulturleben mit Misstrauen und Missfallen beobachtet. Davon geben u. a. die Akten der 1923 eigens dafür geschaffenen Überwachungsbehörde Auskunft. Die so genannte Wendenabteilung war institutionell an die Amts- bzw. Kreishauptmannschaft Bautzen angebunden, ohne allerdings im Behördenverzeichnis aufgelistet zu sein. Die Nationalsozialisten gingen seit 1935 zu einer repressiven Politik gegen die Sorben über. Schritt für Schritt und bis ins kleinste lächerliche Detail wurde das Sorbische aus der Öffentlichkeit eliminiert. 1937 wurde jegliche sorbische Vereinstätigkeit verboten. Bibliothek und Archiv der „Macica Serbska" wurden drei Jahre später konfisziert und der so genannten „Publikationsstelle" des Geheimen Reichsarchivs in Berlin-Dahlem überlassen. Dabei handelte es sich um eine von preußischen Archivaren gegründete Vereinigung zur Unterstützung von Forschungen zur osteuropäischen Geschichte. Laut Maßgabe ihres Direktors, Dr. Johannes Papritz, sollte die dafür benötigte Literatur an einer Stelle zusammengezogen werden, die dafür sorgt, dass diese der breiteren Öffentlichkeit nicht zugänglich wird.

Der Zufall wollte es, dass die Bestände der Publikationsstelle zu Kriegsende in die Lausitz ausgelagert wurden. Hier konnte das sorbische Bibliotheks- und Archivgut im Sommer 1945 sichergestellt werden. Ein Teil war jedoch inzwischen sowjetischen Beutetruppen in die Hände gefallen. Wie die meisten bürgerlichen Vereine erhielt die „Macica Serbska" unter den neuen gesellschaftlichen Bedingungen keine Genehmigung sich neu zu konstituieren. Ihre Bücher und Archivalien wurden in den Nachkriegsjahren auf vollkommen unzulängliche Weise gelagert. Erst das 1951 gegründete Institut für sorbische Volksforschung, quasi der Nachfolger der „Macica Serbska" als wissenschaftliche Forschungseinrichtung, bot einen geeigneten Aufbewahrungsort. Aber es mussten wiederum einige Jahre vergehen, bis es 1956 – fast zwanzig Jahre nach der Konfiszierung – wieder der Öffentlichkeit zugänglich gemacht werden konnte. Inzwischen hatte sich ein Wissenschaftler des Instituts, der ehemalige Schuldirektor Dr. Frido Metšk, mit großem Engagement des Archivs angenommen. Da kein Bestandsverzeichnis aus der Vorkriegszeit existierte, ging er von einem 85- bis 90-prozentigen Verlust aus. „Restarchiv der Macica Serbska" nannte er daher auch das erste Bestandsverzeichnis, welches im Druck erschien. Metšk bemühte sich um den Ausbau des Archivs zu einem zentralen sorbischen Archiv. Es wurde um einige wichtige umfangreiche Nachlässe und Sammlungen erweitert ebenso wie um das Archivgut der Domowina, dem Dachverband sorbischer Vereine. Im Sorbischen Kulturarchiv befand sich bis 1991 auch ein Bestand staatlicher Provenienz, und zwar das Archivgut der erwähnten „Wendenabteilung".

Der DDR-Sorbenpolitik kommt – bei aller Ambivalenz – das Verdienst zu, die Sorben erstmalig mit einer breit gefächerten Förderung unterstützt zu haben. Verschiedene staatlich finanzierte Institutionen entstanden, u. a. das erwähnte wissenschaftliche Institut wie auch ein Universitätsinstitut (in Leipzig), ein Lehrerbildungsinstitut, Rundfunkredaktionen, ein Volkskunstensemble, ein Berufstheater etc. Dem umtriebigen Archivleiter Metšk gelang es schließlich Anfang der 1960er Jahre, das Archiv beim Institut für sorbische Volksforschung von der Staatlichen Archivverwaltung der DDR zum Endarchiv für alle sorbischen Institutionen festschreiben zu lassen. Die gute Absicht konnte jedoch aufgrund mangelnder Magazinkapazität nicht verwirklicht werden. Eine freudige Überraschung war 1971 die Rückgabe mehrerer Archivalieneinheiten des verloren geglaubten Macica-Archivs aus der Sowjetunion. Neueste Untersuchungen zum Schicksal der Macica-Bibliothek lassen annehmen, dass die hohe Verlustquote relativiert werden kann.

Während der oben erwähnten Verhandlungen um den Status des Archivs setzte sich immer mehr der von Metšk eingeführte Terminus „Sorbisches Kulturarchiv" durch. Kulturarchiv – das kann in erster Linie als Begriff verstanden werden, mit dem die gesamte Palette der im SKA aufbewahrten Archivalien abgedeckt ist. Vielleicht ist es auch eine Abgrenzung zu Archiven mit konkreten, gesetzlich festgelegten Zuständigkeiten. Und für unsere Benutzer sind die historischen Zeugnisse immer noch Basis für die heutige kulturelle Tätigkeit.

Die politische Wende in der DDR 1989 war auch für das SKA im wahrsten Sinne des Wortes eine Wende. Das Institut, bisher eine Einrichtung der Akademie der Wissenschaften der DDR, wurde positiv evaluiert. Ohne Unterbrechung konnte seit 1992 die sorabistische Forschung unter dem Namen „Serbski institut/Sorbisches Institut" in der rechtlichen Form eines eingetragenen Vereins mit dem Hauptsitz in Bautzen und einer Außenstelle in Cottbus fortgesetzt werden. Endlich gab es finanzielle Mittel für den Ausbau und die technische Ausstattung der Magazinräume. Obsolet war indessen der Status als Endarchiv für sorbische Institutionen. Auf staatliches Archivgut, d. h. die Wendenabteilung, erhob das Sächsische Staatsarchiv Anspruch, dem auch stattgegeben wurde. Glücklicherweise wird es im Staatsfilialarchiv Bautzen aufbewahrt.

Die veränderte Situation nach 1989 konfrontiert das Sorbische Kulturarchiv mit einem grundsätzlichen und bisher ungelösten Problem: der Rechtsstatus des Archivs bzw. des Sorbischen Instituts. Es ist, wie erwähnt, ein eingetragener Verein. In den Statuten wurde von den Gründungsmitgliedern, zu denen u. a. die Minister für Wissenschaft Sachsens und Brandenburgs gehörten, festgelegt: „Die Aufgabe des Instituts besteht in der Erforschung und Pflege der sorbischen Sprache, Geschichte und Kultur sowie der Sammlung und Archivierung der hierfür erforderlichen Materialien". In der Geschäftsordnung heißt es hinsichtlich des Archivs sehr knapp: „Das Sorbische Kulturarchiv ist ein öffentliches Archiv. Die Benutzungsordnung wird vom Leiter des SKA erstellt und vom Institutsdirektor bestätigt." Auf unsere konkreten Fragestellungen finden wir darin keine Antwort.

Einer dieser kritischen Punkte ist die Zuständigkeit für die Bestände sorbischer DDR-Institutionen. Ein Beispiel soll die Problematik illustrieren: Kurioserweise betrifft es gerade den Bestand, den wir bisher immer als unseren ureigenen betrachtet haben, nämlich die Akten des Instituts selbst. Im Juli 2000 erhielt das Archiv ein Schreiben der Sächsischen Archivverwaltung, in dem Anspruch auf die Akten unserer Vorgängereinrichtung erhoben wurde. Ohne Zweifel, das Gesetz gibt den Beamten, die sich acht Jahre nach der Auflösung des Instituts für sorbische Volksforschung nunmehr für die Akten interessierten, Recht: Die Forschungseinrichtung gehörte zur Akademie der Wissenschaften der DDR, nach der

Auflösung der einzelnen Institute wurden die Staatsarchive in den jeweiligen Sitzländern mit der Archivierung der Materialien betraut. Nun gibt es jedoch mit dem Sorbischen Institut e. V. einen unmittelbaren Nachfolger des DDR-Instituts. Langjährige Forschungsprojekte wurden ungeachtet der Auflösung und Neugründung weitergeführt. Solche „bunten Vögel", die zudem weiterleben, finden im Gesetzestext keine Beachtung. So schön auch alle offiziellen Verlautbarungen zum Schutz von Minderheiten klingen, im konkreten Fall kann sie jeder gesetzestreue Bürokrat mit einem Lächeln und einem Appell an die Vernunft wegwischen. Dem Ansinnen der Kollegen möchte ich deshalb auch keine böse Absicht oder Schikane unterstellen. Wir können daher nur auf eine großzügige Lösung hoffen, damit dieser Bestand nicht auseinander gerissen wird und im SKA verbleiben kann. Ebenso prekär ist folgende Frage: Was passiert mit dem Archiv, wenn das Institut ohne Nachfolgeeinrichtung seine Arbeit einstellen sollte? Mit dieser Perspektive leben die meisten noch existierenden sorbischen Einrichtungen. Welche Sicherheiten haben Minderheitenarchive innerhalb der deutschen Archivlandschaft? Werden Archiv und Bibliothek als eigenständige Einrichtung Unterstützung finden oder aus Kostengründen anderen Archiven zugeordnet? Gehen wir von dem Standpunkt aus, dass das sorbische Archivgut gesetzlich geschütztes Kulturgut ist. Wer aber hat Anspruch darauf? Die Sorben leben in zwei Bundesländern – sollte das sorbische Archivgut nach der historischen oder nach der gerade gültigen deutschen Verwaltungsstruktur getrennt werden? Der Bund weist bis jetzt die „kulturelle" Verantwortung für die ethnischen Minderheiten von sich. Ganz abgesehen davon, dass das sorbische Archivgut in Dresden, Potsdam oder Berlin nur noch beschränkten Wert für das Kulturleben in der Lausitz haben würde. Und welche Rechte hätten z. B. die „Macica Serbska", die 1990 wieder gegründet wurde, oder die Domowina? Ich möchte nicht alle Konsequenzen durchgehen, die sich im Fall der Auflösung für das Archiv und die einzelnen Bestände ergäben. Aktuell ist aber jetzt schon die Frage, wie dieser Umstand vorausschauend in Verträgen mit neuen Nachlass- und Registraturbildnern formuliert werden kann.

Auf der Suche nach Antworten auf diese und andere Fragen könnte ich mir auch ein spezielles Forum als hilfreich vorstellen, in dem ähnliche Erfahrungen und Probleme ausgetauscht, Anregungen gegeben und Lösungsvorschläge diskutiert werden. In einem solchen Rahmen könnten darüber hinaus archivtechnische Probleme zur Sprache kommen, die sich aus der speziellen Situation von Sammlungs- und kleinen Archiven ergeben. Ich beschränke mich an dieser Stelle auf die Nennung einiger Stichpunkte: Eine oft diskutierte Problematik, z. B. in der Fachgruppe 8, ist die Bewertung und Archivierung von Massenakten. Dieses Phänomen ist im SKA schlicht und einfach nicht vorhanden. Dafür erfordert der Sammlungscharakter unserer Archivalien eine sehr tief gehende Verzeichnung. Unsere Benutzer sind sicherlich für die minimalen Wartezeiten und Anmeldungsfristen dankbar, ebenso für die enge und komplikationslose Zusammenarbeit mit der Bibliothek. Die personelle und räumliche Einheit ermöglicht ganztägige Öffnungszeiten. Das enge Miteinander mit der Bibliothek hat dagegen den Nachteil, dass es vor allem bei grauer Literatur, Broschüren, Faltblättern, Gelegenheitsdrucken usw. Zuordnungsprobleme gibt. In gleichem Maße erschwert das erwähnte Nebeneinander von Provenienz- und Pertinenzprinzip die Einordnung und Abgrenzung kleinerer Archivalieneinheiten.

Die Dokumente von und über die Sorben sowohl in unserem Archiv als auch in staatlichen, kommunalen und kirchlichen Archiven geben Kenntnis davon, welchen Wert Sprache und Kultur für die Angehörigen der Minderheit hatten und wie die Mehrheit auf das Phänomen Minderheit reagierte. Ebenso vermitteln sie etwas von der Überzeugungsarbeit, die unabhängig vom politischen System für die Anerkennung und für die Unterstützung einer Minderheitensprache und -kultur geleistet werden musste (und muss). Das gilt in gleichem Maße für die Minorität und die Majorität. Aufbewahrung von „sorbischen" Archivalien ist gleichzeitig ein Akt historischen Selbstverständnisses und ein Beitrag zur Bildung eines solchen. Diese spezifischen Erfahrungen zugänglich zu machen, ist m. E. die Aufgabe der Archive von Minoritäten. (Das soll nicht beschränkt sein auf ethnische resp. Sprachminoritäten.) Sie funktionieren als Gedächtnis bestimmter Gruppen, die sich in irgendeiner Hinsicht nicht durch eine Mehrheit repräsentiert fühlen. Sie sind selbst institutionalisierter Ausdruck für die Pluralität unserer Gesellschaft und tragen dazu bei, dafür den Blick zu schärfen. Das Sorbische Kulturarchiv sehe ich daher nicht nur als Teil der Minderheiten- resp. sorbischen Kultur, sondern ebenso der Kultur der Gesamtheit resp. aller in der Lausitz lebenden Menschen.

Weiterführende Literatur

1. Allgemeines zu den Sorben:

Die Sorben in Deutschland, hg. v. Jan Mahling/Martin Völkel/Macica Serbska, Bautzen (Domowina-Verlag) 1991.

Die Sorben in Deutschland = Serbja w Nemskej: sieben Kapitel Kulturgeschichte, hg. v. Dietrich Scholze, Bautzen (Lusatia Verlag) 1993.

Serbja – Serby: die Sorben in Deutschland, hg. v. d. Stiftung für das sorbische Volk, 3., überarb. Aufl. Bautzen 1999.

Die Sorben/Wenden in Deutschland und nationale Minderheiten in Europa: Beiträge auf dem Kolloquium der Brandenburgischen Landeszentrale für politische Bildung und des Sachgebietes Schule für Niedersorbische Sprache und Kultur, Cottbus, 20.9.2000, Potsdam (Brandenburg. Landeszentrale f. polit. Bildung) 2000.

Geschichte der Sorben: Gesamtdarstellung, Leiter des Autorenkollektivs: Jan Šolta, Bautzen (Domowina-Verlag) 1974-1979, Bd. 1-4 (Spisy Instituta za serbski ludospyt = Schriftenreihe des Instituts für sorbische Volksforschung; 39-42)
   1. Jan Brankack/Frido Metšk: Von den Anfängen bis 1789 (1977).
   2. Jan Šolta/Hartmut Zwahr: Von 1789 bis 1917 (1974).
   3. Martin Kasper: Von 1917 bis 1945 (1976).
   4. Klaus J. Schiller/Manfred Thiemann: Von 1945 bis zur Gegenwart (1979).

Peter Kunze: Kurze Geschichte der Sorben: ein kulturhistorischer Überblick in 10 Kapiteln, 2. Aufl. Bautzen (Domowina-Verlag) 1997.

Peter Kunze: Die Sorben/Wenden in der Niederlausitz: ein geschichtlicher Überblick, 2., durchges. Aufl., Bautzen (Domowina-Verlag) 2000. – (Wobrazki ze Serbow)

Wilhelm Zeil: Sorabistik in Deutschland: eine wissenschaftsgeschichtliche Bilanz aus fünf Jahrhunderten (Schriften des Sorbischen Instituts = Spisy Serbskeho instituta; 12), Bautzen (Domowina-Verlag) 1996.

Thomas Pastor: Die rechtliche Stellung der Sorben in Deutschland (Schriften des Sorbischen Instituts = Spisy Serbskeho instituta; 15), Bautzen (Domowina-Verlag) 1997.

Sorbisches Lesebuch = Serbska citanka, hg. v. Kito Lorenc. Aus dem Sorbischen, Tschechischen und Lateinischen übertragen von Kito Lorenc/Volker Ebersbach/Werner Fraustadt/Leopold Haupt/Luise Hoffmann u.a., Leipzig 1981 (Reclams Universal-Bibliothek; 602).

Jacob Jatzwauk: Wendische (Sorbische) Bibliographie, Leipzig 1929 (Veröffentl. des Slav. Inst. an der Fr.-Wilhelms-Univ. Berlin [Reprint: Nendeln/Liechtenstein: Klaus Reprint, 1968].

Jurij Mlynk: Serbska bibliografija 1945-1957: z dodawkami do 1945 = Sorbische Bibliographie 1945-1957: mit Nachträgen bis 1945 (Spisy Instituta za serbski ludospyt = Schriftenreihe des Instituts für sorbische Volksforschung; 10), Budyšin 1959. *[Die Bibliographie erscheint seit 1965 alle fünf Jahre.]*

Serbska bibliografija = Sorbische Bibliographie: 1991-1995, Gesamtred. Franc Šen, Budyšin 1998.

2. Literatur (in deutscher Sprache) zum Sorbischen Kulturarchiv (und zur Sorbischen Zentralbibliothek):

Frido Metšk: „Das sorbische Kulturarchiv in Bautzen", in: Archivmitteilungen 13 (1963), 150-152.

Frido Metšk: „Archivordnung für das Sorbische Kulturarchiv in Bautzen", in: Letopis B 10 (1963), 113-117.

Frido Metšk: „Sorbisches Archivwesen in Vergangenheit und Gegenwart", in: Niederlausitzer Studien 3 (1969), 149-157.

Frido Metšk: „Die historischen Bestände des Sorbischen Kulturarchivs: ein Rückblick mit Anfang", in: Letopis B 26 (1979), 178-186.

Frido Metšk: „Das Sorbische Kulturarchiv in Bautzen", in: Archivmitteilungen 29 (1979), 196-198.

Peter Kunze: „40 Jahre Gesetz zur Wahrung der Rechte der sorbischen Bevölkerung – 25 Jahre Sorbisches Kulturarchiv", in: Archivmitteilungen 38 (1988), 88-89.

Franz Schön: „Sorbische literarische Kultur und sorbische Bibliotheken", in: Das Büchereiwesen der deutschen Minderheiten im Ausland: Geschichte, Organisation und Bedeutung, hg. v. Alexander Ritter, Flensburg 1997, 151-155.

Franz Schön: „Über die historischen Buchbestände der Sorbischen Zentralbibliothek: neue Erkenntnisse zum Schicksal der Sammlungen der Macica Serbska", in:

27. ABDOS-Tagung, Göttingen, 18. bis 21. Mai 1998: Referate und Beiträge, zsgest. von Walter Andreesen, Berlin 1998, 149-152.

3. gedruckte Bestandsverzeichnisse

Frido Metšk: Bestandsverzeichnis des Sorbischen Kulturarchivs in Bautzen, Bautzen (Domowina-Verlag) 1963-1977, Bd. 1-4.
    1. Das Restarchiv der Macica Serbska (Spisy Instituta za serbski ludospyt = Schriftenreihe des Instituts für sorbische Volksforschung; 20) (1963).
    2. Nachlässe von Mitgliedern der Macica Serbska (Spisy Instituta za serbski ludospyt = Schriftenreihe des Instituts für sorbische Volksforschung; 45) (1976).
    3. Das Depositum Wendenabteilung (Spisy Instituta za serbski ludospyt = Schriftenreihe des Instituts für sorbische Volksforschung; 35) (1967).
    4. Archivalische Sammlungen der Macica Serbska (Spisy Instituta za serbski ludospyt = Schriftenreihe des Instituts für sorbische Volksforschung; 51) (1978)

4. Internet-Adressen

www.serbski-institut.de
www.sorben-wenden.de

Hanna Krajewska
Die protestantischen Akten in den polnischen Archiven

Die Geschichte des Protestantismus in Polen hat verschiedene, sogar dramatische Schicksale erlebt, und Ähnliches ist auch ihren Dokumenten zugestoßen. Zum besseren Verständnis der Schicksale der Akten möchte ich zu Beginn meiner Ausführungen kurz auf die Geschichte des Protestantismus in Polen eingehen.

1. Zur Geschichte des Protestantismus in Polen

Die historischen Wurzeln der protestantischen Kirche in Polen liegen in der Blütezeit der Reformationsbewegung. Lutherische Einflüsse und erste Regungen des Protestantismus finden wir schon 1518 in Danzig, 1522 in Posen und 1525 in Warschau. Auch die Reformierten hatten drei kirchliche Mittelpunkte: einen in Kleinpolen, einen in Litauen und einen in Großpolen. Dass sich der polnische Hoch- und Kleinadel mehr nach Genf als nach Wittenberg orientierte, lag teils in den damaligen Verhältnissen begründet, teils auch in Polens Charakter, der den Protestantismus als das Signal eines zeitgemäßen, erstrebenswerten Fortschritts erscheinen ließ. Neben den Lutheranern und Reformierten bauten auch die Böhmischen Brüder ihr Kirchenwesen in Polen noch weiter aus.

Zu den bekanntesten Protestanten in Polen gehörte Jan Laski. Er war der Neffe des gleichnamigen Erzbischofs von Gnesen und Primas von Polen; er war mit Erasmus von Rotterdam, mit Zwingli und anderen protestantischen Größen bekannt. Die günstige rechtliche Entwicklung des Protestantismus erreichte in der Warschauer Konföderation vom 28. Januar 1573 ihren Abschluss. Die Evangelischen in Polen hatten mit dieser „Magna Charta libertatum" eine gewisse persönliche und kirchliche Rechtsbasis erreicht. Sie galt nur für die Adligen, nicht aber für das gesamte Staatsvolk.

Im 16. Jahrhundert befand sich Polen in Union mit Litauen. Der größte Teil Litauens gehörte der Familie Radziwill. Sie hat mit ihren Untertanen das Reformierte Bekenntnis angenommen. Ähnlich war es in Teschen in Südpolen, wo letztlich Fürst Wenzlaw aus der Piasten-Dynastie mit seinem ganzen Volk vom Katholizismus zum Protestantismus konvertiert ist.
Die Gläubigen in den Städten, in welchen die lutherische Religion vorherrschte, waren zumeist Deutsche.

Die Reformationsbewegung hatte die Oberfläche des polnischen Lebens allerdings gleichsam nur leicht gekräuselt. Die anfänglich günstige Entwicklung brach im 17. Jahrhundert wegen der katholischen Gegenreformation zusammen. Viele Adelige kehrten wieder zur römisch-katholischen Religion zurück. Schließlich blieben in Polen nur drei große Inseln übrig, in denen die Protestanten ihren Glauben ausüben konnten: in Litauen bei den Radziwill, in Teschen-Schlesien und in Lissa bei Posen. Die Protestanten in Lissa standen unter dem Schutz der mächtigen Magnatenfamilie der Leszczynski. Eine markante Persönlichkeit der Lisser Brüdergemeinde war Johann Antos Comenius. Berühmt war auch Senior Daniel Jablonski, der spätere, bekannte Hofprediger der Könige Friedrich I. und Friedrich Wilhelm I. von Preußen.

Der Hauptkampf gegen die Protestanten fand während der Zeit der Gegenreformation statt. Die systematische Verfolgung der Protestanten und ihre Entrechtungen, wie das Verbot der Wiedererrichtung evangelischer Gotteshäuser, die zunehmenden Beschränkungen der Möglichkeiten, Karriere zu machen, erreichten ihren Höhepunkt zur Zeit der beiden sächsischen Könige August II. und August III. im 18. Jahrhundert. Gewiss, man kann in diesem Zusammenhang von der Intoleranz und der Herrschsucht des katholischen Klerus sprechen. Aber eines muss man dabei auch betonen: Polen war im 17. und im 18. Jahrhundert ein Asylland für die protestantischen Verfolgten aus Österreich, Böhmen, Holland, Schottland und Frankreich. Hier in Polen haben sie von verschiedenen Magnaten zahlreiche Unterstützungen erhalten.

Schließlich und endlich kam es zu einem Vertrag, der am 24. Februar 1768 unterzeichnet und am 5. März vom Sejm als so genannter Warschauer Traktat bestätigt worden ist. Den Protestanten und den Nichtunierten Griechisch-Orthodoxen brachte der Warschauer Traktat die folgenden Rechte: freie und öffentliche Ausübung ihres Glaubens, Besitzsicherung der bestehenden Kirchen und Schulen, Anstalten und Stiftungen, Neubau von Gotteshäusern sowie die Bildung eines Konsistoriums.

Aber schon 1772 geschah die erste Teilung Polens. Bereits 1793 folgte die zweite Teilung und schließlich 1795 die dritte. Im preußischen Teil Polens (Danzig, Stettin, Grüneberg, Breslau und in Posen) gab es eine Union der Evangelisch-Augsburgischen und Reformierten Kirche. Dort hatte es stets recht viele Protestanten gegeben. Im russischen Teil Polens, in Warschau und in Litauen, aber auch im österreichischen Teil, in Südpolen mit Lemberg und Krakau, wurde die Geschichte des Protestantismus fast von allem Anfang an geschrieben.

Dank des Ansiedlungs- und Toleranzpatentes von Zar Alexander I. mit der polnischen Regierung in Warschau und der Kaiserin Maria Theresia sind viele Deutsche, zumeist lutherische Personen, nach Polen gezogen. Sie kamen aus der Pfalz, aus Hessen, aus Bayern, aus Preußen und aus den Sudetenländern. Der Protestantismus wurde wieder geboren, weil die russischen Zaren in Zentral-Polen und Kaiser Franz Joseph in Galizien den Protestanten alle Rechte garantierten.

Nach dem Ersten Weltkrieg erlangte Polen am 11. November 1918 wieder seine volle staatliche Freiheit und Selbständigkeit. Im Polen wohnten in der Zwischenkriegszeit, das heißt etwa von 1918 bis 1939, ungefähr eine halbe Million Protestanten bei einer Gesamtbevölkerung Polens von etwa 24 Millionen Einwohnern im Jahre 1938. Es existierten damals sieben protestantische Kirchen. Während des Zweiten Weltkriegs von 1939 bis 1945 befand sich die evangelische Kirche in einer großen Abhängigkeit von der Politik des nationalsozialistischen Dritten Reiches.

Mit dem Kriegsende endete auch die Existenz der deutschen evangelischen Kirche in Polen. Viele Protestanten, zumeist Deutsche, waren gezwungen nach Deutschland zurückzukehren. In Polen blieben nur die Protestanten, welche sich als Polen fühlten und sich zum polnischen Staat bekannten. Sie bildeten jetzt allerdings eine religiöse Minderheit im Staat. Heute, bei ungefähr 40 Millionen Einwohnern in Polen, sind 94 Prozent davon Katholiken. Nur etwa 100.000 Einwohner gehören der protestantischen Konfession an. In Warschau mit rund zwei Millionen Einwohnern leben zur Zeit etwa 3.000 Protestanten.

2. Die historischen Dokumente der Geschichte des Protestantismus in Polen

Von den Akten der protestantischen Gemeinden sind fast sämtliche erhalten geblieben, zudem existiert viel Material von den zahlreichen protestantischen Institutionen.

Nach dem Zweiten Weltkrieg hat es in Polen große und umfassende Nationalisierungsmaßnahmen gegeben. Alle Archive in Polen sind zu Staatsarchiven gemacht worden. Die Aristokratie, die Wirtschaft und die Kirche wurden gezwungen all ihre Akten den Staatsarchiven zu überlassen. Die katholische Kirche war groß. Sie hatte viele Parochien, Kirchen, einen zahlreichen Klerus und zahlreiche Gläubige. Trotz des Gesetzes zur Abgabe an die staatlichen Archive und trotz der damit verbundenen Strafen sind von den Dokumenten der katholischen Kirche nur rund die Hälfte in die Staatsarchive gelangt. Später konnte die katholische Kirche ihre Diözesanarchive aufbauen.

Die protestantischen Gemeinden aber sind zumeist leer ausgegangen. Die Masse der Gläubigen und viele Pastoren befanden sich schon in Deutschland, ihre Kirchen kamen allmählich zur katholischen Kirche. Deswegen sind alle protestantischen Akten bei den Staatsarchiven gelandet. Die heute noch vereinzelt bei protestantischen Archiven verbliebenen Materialien sind begrenzt und haben ihren Schwerpunkt in der Zeit nach 1945. Die Akten der Reformierten Kirche (Jednota) sind in der Universitätsbibliothek in Warschau gelandet.

Nach dem Kriegsende von 1945 war die Situation der protestantischen Akten sehr schwierig. Sie müssen sich vorstellen: allumfassender und tief in das Leben eingreifender Kommunismus, kein Verständnis für die Religion und – als eine besondere Reaktion nach dem Zweiten Weltkrieg – die Abneigung gegen die deutsche Sprache. Viele Akten wurden versteckt, vergessen und nicht bearbeitet. Zum Glück befanden sich in den staatlichen Archiven, wo keine Vernichtung geschah, noch Akten. Aber viele dieser Akten, besonders kleine Aktenbestände, sind bis jetzt nicht erschlossen und bearbeitet worden; von ihnen gibt es nur vorläufige Verzeichnisse. Erst in den 1970er Jahren wurde begonnen, Akten der Konsistorien in Posen, Breslau und in Danzig zu bearbeiten, später erfolgte die Erschließung und Bearbeitung von Akten größerer Gemeinden.

Ich selbst habe in den 1980er Jahren protestantische Akten der Warschauer Gemeinde archivisch bearbeitet. Die Akten betrafen die lutherische Parochie. Sie stammten aus den Jahren von 1517 bis 1945 und umfassten zusammen 40 laufende Regalmeter. Die Dokumente waren in einem guten Zustand, viele trugen alte Signaturen. Die Schwierigkeiten lagen in der Sprache und in der Verschiedenheit ihrer Handschriften von den königlichen Privilegien des 16. Jahrhunderts bis hin zu den mit der Schreibmaschine geschriebenen Dokumenten des 20. Jahrhunderts. Die Sprache war am Anfang Latein, dann Polnisch, Deutsch und Russisch. Dieser Aktenbestand war so lange versteckt, dass viele Historiker schon sicher waren, dass diese Akten nicht mehr existierten. Die Erstellung eines neuen Inventars war wie die Entdeckung einer längst vergessenen Geschichte.

Ähnlich war es mit den Konsistorialakten aus Warschau. Die Dokumente befanden sich im Zweiten Weltkrieg leider in einem Gebäude neben der Warschauer Altstadt. Während des Warschauer Aufstandes von 1944 sind dort alle Archive verbrannt, und viele Konsistorial-Akten sind durch Feuer zerstört worden. Diejenigen, die erhalten geblieben sind, hatten Brandspuren und waren in einem schlechten Zustand. Vom ganzen Aktenbestand sind nur ungefähr 30 Prozent erhalten geblieben. Trotz seines schlechten Zustands wird dieser Dokumentenbestand oft benutzt.

In den 1990er Jahren begann das Interesse an den protestantischen Akten immer größer zu werden. Weil die Dokumente die polnische und die deutsche Geschichte betreffen, habe ich im Jahre 1994 mit dem Deutschen Historischen Institut in Warschau Gespräche über das Projekt eines Archivführers zu den Archivalien zur Geschichte des Protestantismus in den polnischen Staatsarchiven geführt. Nach ersten Sondierungen beauftragte das DHI 1995 eine Gruppe von überwiegend polnischen Archivaren und Historikern, die Verzeichnung der Archivbestände auf der Basis der bestehenden Findmittel zu beginnen. Diese Verzeichnung dauerte bis zum Juni 1999.

Unter den Begriff „Protestantismus" wurden all diejenigen Konfessionen subsumiert, die im Gefolge der Reformation entstanden sind und sich zur Festlegung ihrer Lehre auf das Evangelium beriefen, also Mennoniten, Baptisten, Adventisten, Herrnhuter usw. Standesamtsbücher und Matrikel-Akten wurden berücksichtigt, und inzwischen ist auch mein Projekt eines Verzeichnisses von Matrikeln und Standesamtsakten, welche sich in polnischen Staatsarchiven befinden, realisiert worden. Dieses Verzeichnis ist nach Orten und innerhalb derselben nach den Bekenntnissen alphabetisch geordnet. 1999 ist es in Zusammenarbeit mit der Generaldirektion der Staatlichen Polnischen Archive fertig gestellt worden.

In dem Archivführer zu den protestantischen Archivbeständen wurden die Archive alphabetisch nach den polnischen Ortsnamen aufgenommen. Die Bestände des jeweiligen Archivs wurden nach einer festen Reihenfolge verzeichnet, und zwar:
1. Bestände protestantischer Institutionen und Kirchenämter nach der Bedeutung der Institution (Konsistorium, Pfarrei, sonstige protestantische Gesellschaften und Vereine),
2. Kirchenbücher,
3. Bestände sonstiger Institutionen nach folgendem Schema:
   Akten von Selbstverwaltungskörperschaften (Städte, Herrschaften, Gemeinden),
   Staatsverwaltung (Regierung, Ministerien, Bezirks- und Kreisverwaltung),
   Sondereinrichtungen (Polizei, Steuerbehörden, Universitäten, Schulen),
   Verbände und Vereine sowie schließlich
   Familienakten und Nachlässe.

Der Archivführer ist schon fertig und im Internet auf der Seite des Deutschen Historischen Instituts in Warschau zugänglich (www.dhi.waw.pl/ania.html). Im Herbst dieses Jahres kommt der Archivführer auch als Buch heraus. Er ist mit einer Finanzhilfe des Polnischen Wissenschaftlichen Komitees gedruckt worden. Am Ende des gedruckten Archivführers befindet sich ein Orts- und Namensregister, das bei der Internetversion fehlt.

Der Archivführer berücksichtigt nur Akten, die sich in den Staatsarchiven befinden. Die polnischen staatlichen Archive bestehen aus drei Zentralarchiven, dem Hauptarchiv Alter Akten, dem Archiv Neuer Akten und dem Archiv der Mechanischen Dokumentation, die sich alle in Warschau befinden, aus 29 Staatsarchiven und weiteren 64 Abteilungen und Außenstellen, insgesamt 96 Archiven. Nach dem polnischen Archivgesetz müssen alle Akten, welche aus den unterschiedlichsten Gründen zu den staatlichen Archiven gekommen sind, dort verbleiben. Das heißt: Wir führen keine Rückgaben an Privatpersonen, Kirchen oder an die Wirtschaft durch. Wie immer gibt es dabei natürlich auch Ausnahmen, wie etwa bestimmte Deposita, die ihren Eigentümern zurückgegeben werden.

Die heutige, kleine protestantische Kirche in Polen hat, wie ich schon erwähnt habe, ihre eigenen Archive. Diese Archive haben aber zumeist keine Inventare, und der Zugang zu ihnen ist nur mit Genehmigung des Bischofs oder Pastors möglich. Die weiteren Materialien zur polnischen protestantischen Geschichte befinden sich heute in Deutschland, in Russland und in Österreich. In Deutschland befinden sie sich im Evangelischen Zentralarchiv in Berlin und in verschiedenen Heimatarchiven, wie in Mönchengladbach, in Kaiserslautern, in München usw., in Österreich im Konsistorialarchiv in Wien, in Russland in St. Petersburg im Historischen Staatsarchiv. In all diesen Ländern kann man kleine polnische, protestantische Spuren auch in Staats- und Universitätsarchiven finden.

Die Geschichte des Protestantismus in Polen ist so bunt wie die gemeinsame deutsch-polnische Geschichte. Deshalb beschäftigen sich immer mehr deutsche und polnische Wissenschaftler mit dieser Problematik und benutzen immer mehr zugängliche Dokumente.

Renée Rößner
Zusammenfassung

Die Sektion II, die unter dem Thema „Überlieferung von Minderheiten" stand, wurde von Professor Dr. Reimer Witt (Landesarchiv Schleswig-Holstein) eröffnet. Witt würdigte die Bedeutung ethnischer bzw. sprachlicher Minderheiten im Kulturleben der Bundesrepublik und betonte in diesem Zusammenhang die hohe Verantwortung der in Minderheiteninstitutionen und -archiven tätigen Fachwissenschaftler.
Im Gegensatz zum Schriftgut anderer Minderheiten bewegt sich die von Professor Dr. Thomas Steensen (Bräist/Bredstedt) vorgestellte „Quellenüberlieferung der Friesen" „zwischen Archiv und Dokumentation". Unterlagen von Vereinen und Nachlässen prominenter Persönlichkeiten aus Nordfriesland liegen verstreut in zahlreichen Archiven (darunter im dänischen Reichsarchiv in Kopenhagen und im Landesarchiv Schleswig-Holstein), in Dokumentationsstellen, Museen, Vereinen oder sie befinden sich nach wie vor in Privatbesitz. Eine besondere Rolle spielen hierbei das Archiv der dänischen Minderheit der Dansk Centralbibliotek for Sydslesvig in Flensburg, wohin ein großer Teil der Überlieferung des in den 1920er Jahren herausgebildeten „nationalpolitischen" Zweiges der friesischen Bewegung abgegeben wurde, sowie das Kreisarchiv Nordfriesland in Husum, das zahlreiche Unterlagen des deutsch orientierten Nordfriesischen Vereins bewahrt. Der in die 1840er Jahre zurückreichende und bis heute nachwirkende deutsch-dänische Gegensatz, die in den 1920er Jahren erwachsende nationalpolitische Zweiteilung der friesischen Bewegung in eine deutsch gesinnte Richtung und eine „nationalfriesische" Gruppe und das Fehlen einer politischen Gesamtvertretung der Friesen, ihre bis zur Verankerung des Minderheitenschutzes in der schleswig-holsteinischen Landesverfassung 1990 ungesicherte Stellung, schließlich die starke lokale Bindung der Friesen haben eine stärkere Konzentrierung auch der archivalischen Überlieferung bislang verhindert.
Analog zu dem im westfriesischen Ljouwert/Leeuwarden ansässigen Frysk Letterkundich Museum en Dokumintaasjesintrum könnte das Nordfriisk Instituut in Bredstedt, das u. a. Vereinsunterlagen, Zeitungsausschnitte, Druckwerke und Kopien fremden Archivguts sammelt, als nordfriesisches Zentralarchiv fungieren und so der Zersplitterung der Überlieferung entgegenwirken. Mit der Bündelung und zentralen Sicherung und Erschließung friesischer Überlieferung in einem Archiv, verbunden mit liberalen Benutzungsmöglichkeiten und einer wirksamen Öffentlichkeitsarbeit sowie zeitgemäßer multimedialer Präsentation, könnte die Identitätsbildung der nordfriesischen Minderheit gefördert werden. Ein erster

Schritt in diese Richtung wurde mit der kurz vor der Veröffentlichung stehenden Beständeübersicht des Instituts getan.

Als Ergänzung zu deutschen Archiven versteht sich das der Dänischen Zentralbibliothek für Südschleswig angegliederte, 1989 gegründete „Archiv der dänischen Minderheit". Dr. Lars N. Henningsen (Flensborg/Flensburg) beschrieb die Einflüsse, die „Heimatland und Mutterland" auf das Archiv nehmen. Das Archiv der dänischen Minderheit, das mit der Studienabteilung der Bibliothek eng kooperiert, wird ausschließlich mit dänischen Mitteln finanziert. Es beherbergt Bestände privater Provenienz, für die keine Abgabepflicht besteht – so z. B. die Unterlagen des SSW, von Akten und Protokollen dänischer Kirchen und Sozialeinrichtungen, Nachlässe dänisch gesinnter Schleswiger und den Bestand der Europäischen Minderheitenunion FUEV – und lehnt sich bei Fragen der Benutzung sowohl an dänische als auch an deutsche Gesetzgebung an. Henningsen ging in diesem Zusammenhang auch kurz auf das 1977 gegründete Archiv/die Forschungsstelle der deutschen Volksgruppe in Apenrade/Åbenrå ein; auch hier sind die ideellen und materiellen Bindungen an beide Staaten erkennbar. Die Stärken des Flensburger Archivs liegen auf dem Gebiet der Kultur- und Sozialgeschichte. Vor allem aus der Zeit nach 1920 sind umfangreiche Bestände zur Geschichte der Dänen im Landesteil Schleswig und zu deren Kulturleben überliefert.

Der „Geschichte und Aufgaben des Sorbischen Kulturarchivs" widmete sich der Vortrag von Annett Bresan M. A. (Budysin/Bautzen). Das Kulturarchiv, das eine Außenstelle in Cottbus unterhält, ist eine Abteilung des Sorbischen Instituts (Serbski institut), das 1992 aus dem Institut für sorbische Volksforschung der DDR hervorging. Es bewahrt Unterlagen sorbischer Vereinigungen und Einrichtungen, Nachlässe sowie sachthematische Sammlungen aus dem 19. und 20. Jahrhundert und ordnet die unterschiedlichen Bestände sowohl nach Pertinenz als auch nach Provenienz. Die Bandbreite der in dem Kulturarchiv liegenden Archivalien hat einen besonderen Wert für die Kulturpolitik in der Lausitz und die Identität der dort lebenden Bevölkerung. Bresan wies auf zwei wichtige Probleme hin, die in der speziellen Situation von Minderheitenarchiven begründet sind. Neben der Sorge um den Bestand von Minderheitenarchiven in Zeiten knapper Haushaltsmittel stehen die Fragen nach den Zugriffsrechten anderer Archive auf Behördenbestände sorbischer Thematik und nach Verbleib und Sicherung sorbischer Sammlungen im Falle der Schließung eines Minderheitenarchivs. Bresan sprach sich für die Einrichtung eines speziellen, auf die Anforderungen an Minderheitenarchive ausgerichteten Forums aus, das die Möglichkeit eines kontinuierlichen Erfahrungsaustausches bieten könnte.

Mit einem Blick über die deutsche Staatsgrenze hinweg beendete Dr. Hanna Krajewska (Warschau) die Reihe der Sektionsvorträge. „Die protestantischen Akten in den polnischen Archiven" repräsentieren eine religiöse Minderheit von rund 100.000 Menschen, die gut vier Prozent der Gesamtbevölkerung Polens ausmachen. Während die Katholiken nach 1945 ihr Archivgut trotz der allgemeinen Bestrebungen, Archivalien in staatlichen Archiven zu konzentrieren, zum größeren Teil behalten konnten, mussten die verbliebenen protestantischen Gemeinden ihre Unterlagen an die Staatsarchive abgeben. Dort blieben diese jahrzehntelang weitgehend unerschlossen. Aufgrund des steigenden Forschungsinteresses an Akten protestantischer Gemeinden (und anderer im Gefolge der Reformation entstandener Glaubensgemeinschaften) initiierte das Deutsche Historische Institut (DHI) Warschau Mitte der 1990er Jahre die Erstellung eines Inventars zu den protestantischen Archivbeständen in polnischen Staatsarchiven. Es konnte soeben fertig gestellt werden, ist im Internet bereits verfügbar und soll im kommenden Jahr um ein Register erweitert in den Druck gehen. Es versteht sich als Ergänzung zu entsprechenden Findmitteln zu Archivbeständen der protestantischen Gemeinden Polens sowie anderer Staaten.

Die anschließende kurze Diskussion konzentrierte sich auf das in den Vorträgen bereits behandelte Problem des Verhältnisses zwischen Minderheitenarchiven und staatlichen Archiven. Dabei ging Hanna Krajewska noch einmal auf die Rolle der katholischen Archive in Polen ein. Während Polen nach 1945 bemüht war, das kirchliche Archivwesen zu verstaatlichen, eröffnete sich bereits mit dem Ende des Stalinismus für die katholische Kirche die Möglichkeit, ihre eigene Archivorganisation auszubauen. Anders verhält es sich mit den Archiven der protestantischen Gemeinden. Sie wurden überwiegend in die staatlichen Archive integriert und können nicht zurückgegeben werden. Nur wenige Gemeinden verfügen über sehr kleine eigene, meist sehr junge Bestände. Nach Meinung mehrerer Diskutanten wäre eine Abgabe staatlicher und kommunaler Archivbestände zu Minderheitenfragen an Minderheitenarchive, etwa an das sorbische Kulturarchiv wünschenswert. Reimer Witt verwies auf die Möglichkeit von Depositalverträgen, mit Hilfe derer auch die Hinterlegung staatlichen und kommunalen Archivgutes in einem fachlich geleiteten Minderheitenarchiv juristisch abgesichert werden könnte.

Sektion III:
Verlagert, vernichtet, geteilt, gesichert, zurückgeführt – Archivbestände unter den politischen und juristischen Folgen von Krieg und Herrschaftswechseln

Michael Silagi
Die Zuordnung von Archiven bei Wechsel von Gebietshoheiten im Lichte der Staatennachfolgekonvention von 1983

1. Einige Vorbemerkungen

Unser Thema berührt zwei Problemkreise. Zunächst geht es um Konsequenzen für die Zuordnung von Archiven aus dem Übergang von Gebietsteilen – hier: insbesondere der reichsdeutschen Landstriche jenseits von Oder und Neiße – auf andere, d. h. auf Nachfolgestaaten. Zugleich geht es um mögliche Konsequenzen von Vertreibung, Flucht oder Umsiedlung der angestammten Bevölkerung eines abgetretenen Gebietes. Die Vermengung sukzessionsbedingter und vertreibungsbedingter Erwägungen führt in der Diskussion um die Zuordnung von Archiven zu Ergebnissen, die nicht immer zu überzeugen vermögen.

Wenn in sukzessionsrechtlichen Abhandlungen zur Staatennachfolge vom „Provenienzgrundsatz" die Rede ist, so ist damit nicht das bloße Verbleiben von Dokumenten in dem durch die Herkunft gestifteten Zusammenhang der jeweiligen Registratur gemeint. Häufig – und dies nicht nur im juristischen Schrifttum – geht es auch um die Beibehaltung der Zuordnung der Dokumente zu einer unbeweglichen Verwaltungseinrichtung und damit zum Ort der Aufbewahrung im Sukzessionszeitpunkt.[1] In diesem Sinne hat etwa Ludwig Bittner den Begriff verwendet: Österreich sei es bei den Verhandlungen von 1919 gelungen, so sein Resümee der Auseinandersetzungen nach dem Zerfall der Habsburgermonarchie, für seine überkommenen Archivbestände das Provenienzsystem durchzusetzen.[2]

---

1 Anders Herbert Kraus: „Völkerrechtliches Gutachten", in: Ders./Erich Weise: Zwei Gutachten über die Archive des Deutschen Ordens sowie des altpreußischen Herzogtums (als Ms. gedruckt) Göttingen 1949, 8, (Nr. 6). Danach gründe sich der Provenienzgrundsatz auf der Pertinenzeigenschaft von Urkunden zu einem bestimmten Zessum (d. h. abgetretenen Gebiet).
2 Ludwig Bittner: „Die zwischenstaatlichen Verhandlungen über das Schicksal der

Bei der Konvention von 1983 und generell bei völkerrechtlichen Verträgen ist zu beachten, dass sie im konkreten Fall so lange nicht gelten, bis sie nicht für die jeweils betroffenen Staaten in Kraft getreten sind. Soweit Vertragsnormen als Kodifikation von Völkergewohnheitsrecht zu qualifizieren sind, kann allerdings die Bewertung eines solchen Falles am Maßstab dieser gewohnheitsrechtlichen Normen erfolgen.

2. Die Wiener Konvention von 1983
2.1. Zur Kodifikation der Staatennachfolge in Archive

Im Rahmen der Kodifikationstätigkeit[3] der Vereinten Nationen wurde am 8. April 1983 die „Wiener Konvention über Staatennachfolge in Staatsvermögen, Staatsarchive und Staatsschulden"[4] verabschiedet. Dies geschah am Ende einer sechswöchigen Konferenz von Staatenvertretern. Vorausgegangen waren mehrjährige Vorarbeiten im Rahmen der Völkerrechtskommission der Vereinten Nationen (ILC[5]). Sonderberichterstatter für den Gegenstand war der algerische Völkerrechtler Mohammed Bedjaoui,[6] nachmals Richter und Präsident am Internationalen Gerichtshof in Den Haag (IGH).[7] Das Übereinkommen tritt nach Hinterlegung der fünfzehnten Ratifikations- oder Beitrittsurkunde in Kraft. Ein Zeitpunkt dafür ist derzeit noch nicht abzusehen. Bis zum 31. Dezember 2000 sind ihm nämlich erst fünf Staaten beigetreten.[8]

    österreichischen Archive nach dem Zusammenbruch Österreich-Ungarns", in: Archiv für Politik und Geschichte N.F. 3 (1925), Bd. 4, 58 (67 ff.; insb. 76).

3 Zur Bedeutung der Kodifikation siehe Shabtai Rosenne: „Codification of International Law", in: Encyclopedia of Public International Law (EPIL), Bd. 1, 1992, 632 ff.

4 Vienna Convention on Succession of States in Respect of State Property, Archives and Debts (vom 8.4.1983), in: International Legal Materials (ILM) 1983, 306 ff.; eine (ost-)deutsche Übersetzung findet sich bei Walter Poeggel/Rolf Meißner (Leitung): Staatennachfolge im Völkerrecht, 1986, 156 ff., Anlage.

5 Vgl. zur ILC (International Law Commission) Francis Vallat: „International Law Commission", in: EPIL, Bd. 2, 1995, 1208 ff.

6 Zur besonderen Bedeutung der Tätigkeit der ILC-Sonderberichterstatter s.ebd., 1211.

7 Siehe dazu Ignaz Seidl-Hohenveldern: „Das Wiener Übereinkommen über Staatennachfolge in Vermögen, Archive und Schulden von Staaten", in: Österreichische Zeitschrift für öffentliches Recht und Völkerrecht (ÖZöRV) 34 (1983), 173 ff.

8 Interessanterweise handelt es sich dabei mit Kroatien und Mazedonien sowie Estland, Georgien und der Ukraine um Nachfolgestaaten Jugoslawiens bzw. der Sowjetunion; vgl. Multilateral Treaties as Deposited with the Secretary General, Status as at 31 December 2000 (UN Doc. ST/LEG/SER.E/19), 130.

Die Konvention von 1983 gliedert sich in sechs Teile. Am Anfang stehen allgemeine Bestimmungen.[9] Die beiden abschließenden Teile sind mit „Streitbeilegung"[10] und „Schlußbestimmungen"[11] überschrieben. Dazwischen wird in Teil II, III und IV je gesondert die Staatennachfolge in das Staatsvermögen,[12] in die Staatsarchive[13] und in die Staatsschulden[14] behandelt. Diese drei zentralen Teile der Konvention enthalten jeweils als Abschnitt 1 eine „Einleitung" mit allgemeinen Regelungen für sämtliche Nachfolgetatbestände und einen Abschnitt 2 mit „Bestimmungen für bestimmte Kategorien der Staatensukzession". Diese Zweiteilung ist deshalb von Bedeutung, weil die (für die Archive noch näher zu behandelnden) Grundsätze in Abschnitt 1 für sämtliche Nachfolgetatbestände gelten. Abschnitt 2 behandelt dann jeweils gesondert Gebietsabtretungen, Entkolonisierung, Vereinigung von Staaten, Sezession und Staatszerfall.

Von den in Abschnitt 1 (Art. 19-26) der Archivregelungen (Teil III) aufgenommenen Grundsätzen ist der Gedanke des „sauvegarde de l'intégrité des fonds d'archives d'Etat" (Art. 25) von besonderem Interesse. Daneben verdient auch das Rechtsmissbrauchsverbot im zeitlichen Umfeld der Staatennachfolge, d. h. während der sog. „période suspecte"[15] (Art. 26), Beachtung. Hingegen vermisst man das Gebot der Rücksichtnahme auf das Recht der Völker der beteiligten Staaten auf Entwicklung, auf Information über ihre Geschichte und auf ihr kulturelles Erbe in Abschnitt 1. Lediglich bei einzelnen Tatbeständen des Abschnittes 2 ist dieses Gebot angeführt, und es fehlt – darauf sei bereits hier besonders hingewiesen – bei Art. 27, der die Übertragung von Teilen des Territoriums eines Staates regelt.

Archive werden also gesondert vom übrigen staatlichen Eigentum in einem eigenen Kapitel der Konvention geregelt. Als Teil des kulturellen Erbes kommt ihnen nämlich ein besonderer Stellenwert zu.[16] Allerdings gehören Archive als Sammel

---

9 Teil I (Art. 1-6).
10 Teil V (Art. 42-46); die Streitschlichtung ist allerdings fakultativ, d. h. die Konvention sieht kein verbindliches Verfahren zur Beilegung von Meinungsverschiedenheiten bei der Auslegung der Konvention vor.
11 Teil VI (Art. 47-51).
12 Teil II (Art. 7-18).
13 Teil III (Art. 19-31).
14 Teil IV (Art. 32-41).
15 Vgl. dazu Silagi: Staatsuntergang und Staatennachfolge, 1996, 231 ff.
16 Auf diesen Aspekt für eine Sonderbehandlung der Archive im Vergleich zum sonstigen Staatseigentum weist Bedjaoui: „Eleventh report on succession of States in respect of matters other than treaties", in: Yearbook of the International Law Com-

stätten von Dokumenten, die auf amtlichem Wege erwachsen sind und die in amtlichem Interesse aufbewahrt werden, zunächst zum öffentlichen Eigentum.[17] Wie für das übrige öffentliche Eigentum gilt auch für Archive, dass sie nur dann unmittelbar von der Konvention erfasst werden, wenn sie Vermögen des „Staates", eben Staatsarchive, sind. Die Vermögensdefinition der Konvention durchlief während der Kodifikation mehrere Stadien, an deren Ende Art. 8 folgendermaßen lautete: „Für die Zwecke der Artikel im vorliegenden Teil [i. e. Teil II] bedeutet ‚Staatsvermögen des Vorgängerstaates' Vermögen, Rechte und Interessen, die zum Zeitpunkt der Staatennachfolge nach dem innerstaatlichen Recht des Vorgängerstaates diesem Staat gehörten." Diese Definition in der Endfassung der Konvention unterscheidet sich maßgeblich von früheren Vorschlägen des Sonderberichterstatters Bedjaoui. Anfangs war in den Entwürfen von „public property" die Rede, erst später wurde dieser Begriff durch „State property" ersetzt. Öffentliches Eigentum (public property) umfasste alles Eigentum sowie Rechte und Ansprüche hieran, welche außer dem Staat selber einer Gebietskörperschaft des Staates oder einer Körperschaft des öffentlichen Rechts gehörten (Art. 1 des Entwurfes i. d. F. des Dritten Berichts von 1970[18]). Die Verengung von „public" zu „State property" und die Ausgrenzung des Eigentums anderer Gebietskörperschaften als des Zentralstaates wäre besonders in Hinblick auf die Archive misslich. Als sich Bedjaoui der Archivthematik zuwandte, war zwar die Definition des Staatseigentums bereits in der zitierten Weise verengt, aber in Bezug auf die Archive kehrte der Sonderberichterstatter zunächst trotzdem zu einem umfassenden, auf alle öffentlichen Einrichtungen bezogenen Archivbegriff zurück – davon wird bei der Behandlung der Gebietsabtretung noch näher zu handeln sein. Archive weisen nämlich, so die Begründung, Merkmale auf, die den dort gesammelten Dokumenten gegenüber dem übrigen Staatsvermögen Eigenständigkeit verleihen und differenziertere Lösungen als angemessen erscheinen lassen.[19]

2.2. Zur Archivdefinition

Art. 20 der Wiener Konvention von 1983 geht von einem umfassenden Archivbegriff aus („alle Dokumente beliebigen Alters und beliebiger Art"[20]). Im Bericht der

---

mission (YBILC) 1979, II, 1, 80, hin.
17 Vgl. Max Huber: Die Staatensuccession, Leipzig 1898, 68; Walther Schönborn: Staatensukzessionen, Berlin 1913, 82.
18 Vgl. Bedjaoui: Third report, in: YBILC 1970, II, 133.
19 „Report of the ILC on the work of its 31st session", in: YBILC 1979 II, 2, 79, Nr. 1 f.
20 Art. 20 lautet: „Für die Zwecke der Artikel im vorliegenden Teil bedeutet Staats-

UN-Völkerrechtskommission über ihre 31. Session[21] wird als Beispiel einer besonders detaillierten Definition des Begriffes „Archive" Art. 2 der Vereinbarung von 23. Dezember 1950 zwischen Italien und Jugoslawien angeführt.[22] Danach umfasst der Begriff „Verwaltungsarchive und -dokumente", insbesondere Katasterregister, Landkarten und Pläne, Kopien, Zeichnungen, Entwürfe, statistische und andere ähnliche Dokumente der technischen Verwaltung, welche sich u. a. auf öffentliche Arbeiten, das Eisenbahnwesen, öffentliche Wasserwege, Häfen und Werften beziehen, Dokumente von Interesse entweder für die Bevölkerung insgesamt oder für einen Teil der Bevölkerung, wie z. B. Geburts-, Heirats- und Todesurkunden, Statistiken, Register oder andere dokumentarische Beweisstücke von Diplomen oder Berufsbefähigungsnachweisen, Urkunden, welche bestimmte Eigentumskategorien, Rechtslagen oder Privatrechtsverhältnisse betreffen, wie z. B. beglaubigte Urkunden, Prozessakten, und zwar unter Einschluss von Sicherheitsleistungen.[23] Der Ausdruck „historische Archive und Dokumente" soll nicht nur solche Archivgegenstände umfassen, die selber von historischem Interesse sind, sondern auch solche Urkunden, Pläne und Entwürfe, welche sich auf Denkmäler von historischem oder kulturellem Interesse bezögen.[24]

2.3. Archivgut und Bibliotheksgut

Die Abgrenzung des Archivguts vom Bibliotheksgut ist fließend.[25] Schrift und Druck sind keine hinreichenden Kriterien für die Unterscheidung, und so genannte „Filmarchive" oder „Programmarchive" enthalten in der Regel eher Museums-

---

archive des Vorgängerstaates alle Dokumente beliebigen Alters und beliebiger Art, die der Vorgängerstaat in Ausübung seiner Funktionen hergestellt oder empfangen hat, die zum Zeitpunkt der Staatennachfolge nach seinem innerstaatlichen Recht dem Vorgängerstaat gehörten und die er direkt oder unter seiner Kontrolle als Archive für beliebige Zwecke bewahrt hat."

21 „Report of the ILC on the work of its 31st session", in: YBILC 1979, II, 2, 5 (81).
22 „Accord (avec annexe et échange de notes) concernant la répartition des archives et des documents d'ordre administratif ou d'intérêt historique se rapportant aux territoirers cédés aux termes du Traité de paix", abgeschlossen in Rom zwischen Jugoslawien und Italien am 23. Dezember 1950, United Nations Treaty Series (UNTS), Bd. 171, 291; vgl. auch Bedjaoui: „Eleventh report", in: YBILC 1979, II, 1, 75.
23 Art. 2, UNTS Bd. 171, 292 ff.
24 Art. 2, letzter Absatz, ebd., 294.
25 Ivo Striedinger: „Was ist Archiv-, was Bibliotheksgut?", in: Archivalische Zeitschrift 36 (1926), 151 ff.

oder Bibliotheksgut.[26] Auch die ILC wies darauf hin, dass eine vollständige Trennung zwischen den Begriffen „Archive" und „Bibliotheken" nicht bestehe. Während Archive im Allgemeinen den Bestand von Urkunden, die ein organisches Ganzes darstellen, umfassten, verstehe man unter Bibliotheken solche Anstalten, die aus Akten bestünden, welche einzeln und für sich genommen individuelle Einheiten darstellten. Trotzdem treffe es zu, dass Archivalien häufig in Bibliotheken aufbewahrt würden und umgekehrt.[27] Auch die Abgrenzung zwischen Archiven und Museen sei nicht immer eindeutig.[28]

3. Zur Archivregelung bei Gebietsabtretungen in der Wiener Konvention von 1983
3.1. Das Schicksal der Staatsarchive und der örtlichen Archive

Man kann zwar, wie gesagt, Staatsarchive als Teil des Staatsvermögens betrachten – dabei wären dann die archivierten Dokumente bewegliches Staatsvermögen –, aber Archive weisen doch wesentliche Unterschiede zum sonstigen Staatsvermögen auf. In seiner Darstellung der Archivklauseln der Konvention von 1983[29] fasste Andreas Zimmer diese Besonderheiten folgendermaßen zusammen: „Erstens handelt es sich um historische und administrative Dokumente, zweitens wurden die Staatsarchive vom Vorgängerstaat hergestellt oder ihm von anderen übermittelt [...], und drittens hat der Vorgängerstaat diese Dokumente als Archive aufbewahrt und als solche verwaltet."[30]
Auf der Staatenkonferenz zur Verabschiedung der Konvention von 1983 sprachen sich besonders Österreich und Ungarn bei sämtlichen Nachfolgetatbeständen dafür aus, jeweils (nur) diejenigen Archivbestände an andere Nachfolgestaaten zu übergeben, die nach dem Provenienzsystem dem Nachfolgestaat gehören oder gehört hatten.[31] In der endgültigen Fassung der Wiener Konvention von 1983 wurde dieses Prinzip allerdings nur für die so genannten „neuen unabhängigen Staaten", d. h. für den Fall der Entkolonisierung, aufgenommen. Art. 28 Abs. 1 (a) bestimmt, dass, wenn der Nachfolgestaat ein neuer unabhängiger Staat ist,

---

26 Vgl. dazu Adolf Brenneke: Archivkunde: Ein Beitrag zur Theorie und Geschichte des europäischen Archivwesens, Leipzig 1953, 32 ff., 35.
27 „Report of the ILC on the work of its 31st session", in: YBILC 1979, II, 2, 81, Nr. 9.
28 Ebd., Nr. 10.
29 Vgl. Andreas Zimmer: Friedensverträge im Völkerrecht, Koblenz 1988, 61-64.
30 Ebd., 62.
31 Vgl. UN Conference on Sucession of States in Respect of State Property, Archives and Debts, Official Records (UN Doc. A/CONF.117/16) Vol I, 164 f.; s. auch Seidl-Hohenveldern (wie Anm. 7), 194.

Archive, die dem Territorium gehörten, „auf das sich die Staatennachfolge bezieht und die während der Periode der Abhängigkeit Staatsarchive des Vorgängerstaates wurden", auf den neuen unabhängigen Staat übergehen.
Hingegen sieht Art. 27 – sofern die betreffenden Nachfolgestaaten nicht etwas anderes vereinbaren – für den Fall der Gebietsabtretung Folgendes vor: Wenn ein Teil des Territoriums eines Staates von diesem Staat einem anderen Staat übertragen wird, so
a) soll der Teil der Staatsarchive des Vorgängerstaates, der für eine normale Verwaltung des Territoriums, auf das sich die Staatennachfolge bezieht, dem Staat zur Verfügung stehen sollte, dem das betreffende Territorium übertragen wurde, auf den Nachfolgestaat übergehen; und
b) soll der Teil der Staatsarchive des Vorgängerstaates, der nicht durch Unterabsatz (a) erfasst wird und ausschließlich oder hauptsächlich das Territorium betrifft, auf das sich die Staatennachfolge bezieht, auf den Nachfolgestaat übergehen.
In seinem ersten Entwurf für diesen Artikel war Bedjaoui noch von einer umfassenden Definition öffentlicher Archive ausgegangen. Zunächst war bei Gebietsabtretung der Übergang folgender Archive des Vorgängerstaates auf den Nachfolgestaat vorgesehen: „Archives of every kind belonging to the territory to which the succession of States relates".[32] Mit „belonging to the territory" waren Archive gemeint, die regelmäßig nicht dem Zentralstaat zuzuordnen wären.[33] Sie waren also, genau genommen, nicht unter den engen Begriff des Staatseigentums zu subsumieren, welcher auch der erwähnten Definition des Staatseigentums in Art. 8 zugrunde liegt. Dies sah auch der Sonderberichterstatter: Von seinem Vorschlag umfasst seien sowohl örtliche Archive als auch Staatsarchive im eigentlichen Sinn; es gehe dabei um Dokumente, welche zum abgetretenen Gebiet gehörten,[34] so dass

---

32 Vgl. Bedjaoui: „Twelfth report", in: YBILC 1980, II, 1, 10.
33 Anders Kraus (wie Anm. 1), 9 (Nr. 9): „Ein regionales oder lokales Archiv ist ein solches, dessen Inhalt sich ausschließlich auf das Zessum oder Teile desselben bezieht." Diese Definition stellt nicht auf die Rechtsträgerschaft der Archiveinrichtung (bzw. den Eigentümer der Dokumente) ab, sondern auf den Inhalt des Archivgutes.
34 Bedjaoui: „Twelfth report", in: YBILC 1980, II, 1, 10, definiert „belonging to the territory" folgendermaßen: „The test is whether archives ‚belong' to the territory. The documents involved were produced, created – ‚generated' – *in* or *by* the territory concerned by the State succession. They may be local archives relating specifically to the territory, and in that case there is no reason to deprive that territory to the benefit of the former predecessor State. They may, however, also be State archives formed in the territory and relating to the predecessor State's activity in the territory. Normally [d. h. im Regelfall; interessanter ist allerdings der folgende Vorbehalt, von dem noch

sie der Vorgängerstaat „natürlich" nicht entfernen würde. Bedjaoui hatte erkannt, dass bei Gebietsabtretungen eine Beschränkung der Regelung der Nachfolge auf Archive im Eigentum des Zentralstaats bzw. des Gesamtstaats, wie sie Art. 8 der Konvention hinsichtlich des übrigen Staatseigentums entspräche, unbefriedigend wäre.

Die Völkerrechtskommission tilgte zwar jeden expliziten Hinweis auf lokale Archive, allerdings betonte sie in ihrem 33. Bericht, wo Art. 27 in seiner endgültigen Fassung vorgestellt wurde, dass die nicht mehr ausdrücklich erfassten öffentlichen Archive, insbesondere die lokalen Archive, weiterhin auf den Nachfolgestaat übergehen sollten.[35]

Wichtig ist, dass von den Verfassern der Konvention von 1983 kein Unterschied zwischen Registraturgut und Archiven von historischer und kultureller Bedeutung gemacht wird. Im Kriegsrecht ist dies wohl anders: Die Haager Landkriegsordnung von 1899/1907 stellt historische Archive unter besonderen Schutz;[36] Ähnliches gilt für die Haager Konvention aus dem Jahr 1954 zum Schutze der Kulturgüter im Falle eines bewaffneten Konflikts.[37]

3.2. Der Grundsatz der „intégrité des fonds d'archives"

Bei Gebietsabtretungen hält also Art. 27 (gleich den Regelungen der Sezession und des Staatszerfalls) für die Staatsarchive am Betreffs-Prinzip fest.[38] Dies steht

---

die Rede sein wird] such archives should pass to the successor State." [Hervorhebung im Original].

35 Vgl. „Report of the ILC on the work of its 33rd session", in: YBILC 1981, II, 2, 60: „State archives of every kind, which have a direct and necessary link with the management and administration of the part of the territory transferred, must unquestionably pass to the successor State. [...] Where the archives are not State archives at all, but are local administrative, historical or cultural archives, owned in its own right by the part of the territory transferred, they are not affected by these draft articles." (Auch hier gilt dies nur für den Regelfall; vom Vorbehalt wird noch die Rede sein).

36 Vgl. Ludwig Engstler: Die territoriale Bindung von Kulturgütern im Rahmen des Völkerrechts, Köln 1964, 205 ff.; Stefan Turner: „Das internationale Kulturgüterrecht und die Zerstreuung des deutschen Kulturbesitzes nach dem Zweiten Weltkrieg", in: Wilfried Fiedler (Hg.): Internationaler Kulturgüterschutz und deutsche Frage, Berlin 1991, 109, 146 ff.

37 Vgl. dazu Waldemar A. Solf: „Cultural Property, Protection in Armed Conflict", in: EPIL, Bd. 1, 1992, 892 ff.

38 Die in den vorausgehenden Fußnoten angeführten Stellungnahmen von Bedjaoui und der ILC neigen allerdings hinsichtlich der nicht mitgeregelten örtlichen Sammlungen

in einem gewissen Spannungsverhältnis zum bereits erwähnten Art. 25 in Abschnitt 1 von Teil III der Konvention, der ein Bekenntnis zum Provenienzgrundsatz zu enthalten scheint. Dort heißt es nämlich: „Keine der Bestimmungen im vorliegenden Teil wird in irgendeiner Hinsicht für Fragen als präjudizierend betrachtet, die sich aufgrund der Wahrung des einheitlichen Charakters von Gruppen von Staatsarchiven des Vorgängerstaates ergeben können." In der authentischen französischen Fassung ist von „sauvegarde de l'intégrité des fonds d'archives d'Etat" die Rede. Zunächst war lediglich im Entwurf des Artikels, der den Nachfolgetatbestand des Staatszerfalls regelte, eine solche Maßgabe vorgesehen.[39] In der zweiten Lesung beschloss die ILC dann, diese Maßgabe als Vorschrift in den allgemeinen Abschnitt 1 zu den Archiven zu übernehmen. Es wurde nunmehr umfassend eine „preservation of the unity of State archives" festgeschrieben.[40] Erst auf der Staatenkonferenz wurde dies abgeschwächt: Es war nicht mehr die „unity of State archives" zu wahren, sondern nur noch die „integrity of State archive collections" („intégrité des fonds d'archives d'Etat").[41] Allerdings waren zahlreiche Staatenvertreter skeptisch, was den Stellenwert dieser Vorschrift im Verhältnis zu den konkreten Umsetzungen des Betreffs-Prinzips in Abschnitt 2 angeht.[42]

---

eher dem Provenienzgrundsatz zu.
39 Text in: „Report of the ILC on the work of its 32nd session", in: YBILC 1980, II, 2, 21; Kommentar ebd., 25 Nr. 22.
40 „Nothing in the present Part shall be considered as prejudging in any respect any question that might arise by reason of the preservation of the unity of State archives." („Report of the ILC on the work of its 33rd session", in: YBILC 1981, II, 2, 53; Begründung ebd.: „The reference to the preservation of the unity of State archives reflects the principle of indivisibility of archives, which underlies the questions of succession to documents of whatever kind that constitute such State archives, irrespective of the specific category of succession of States involved. Article 24 [in der Zählung des Entwurfes von 1981], therefore, provides for a safeguard in the application of the substantive rules stated in the articles constituting section 2 of the present part."
41 Dies entsprach einem marokkanischen Änderungsvorschlag (UN Conference on Sucession of States in Respect of State Property, Archives and Debts, Official Records [UN Doc. A/CONF.117/16] Vol I, 163).
42 Vgl. ebd., 158 ff. Bei der Schlussabstimmung enthielt sich lediglich die Delegation Ungarns, und zwar deshalb, weil die Konvention ansonsten lediglich von „Archiven" spricht und der hier verwendete Terminus „fonds d'archives" sonst an keiner Stelle vorkommt.

3.3. Das Recht der Völker auf ihr kulturelles Erbe und die Konvention von 1983

Ein anderer Grundsatz für Nachfolgeregelungen fehlt, wie schon erwähnt, bei Art. 27. Bei allen anderen Tatbeständen in Abschnitt 2 des Teils III der Konvention von 1983 ist festgehalten, dass zwischen den betreffenden Nachfolgestaaten in Bezug auf Staatsarchive des Vorgängerstaates geschlossene Abkommen auf das Recht der Völker dieser Staaten auf Entwicklung, auf Information über ihre Geschichte und auf ihr kulturelles Erbe Rücksicht nehmen müssten.[43] Bedjaoui sprach in diesem Zusammenhang in seinem Elften Bericht an die Völkerrechtskommission von 1979 vom „Recht auf kollektives kulturelles Gedächtnis" („cultural memory") und sah das Recht auf den nationalen Archivbestand im Kontext einer „Neuen Weltkulturordnung".[44]

Dieses Gebot zur Achtung des Rechts der Völker auf Information über ihre Geschichte und auf ihr kulturelles Erbe, das bei der Entkolonisierung, bei der Sezession und beim Staatszerfall gilt, ist – anders als die meisten Regelungen in Abschnitt 2 – nicht dispositiv. Es gilt also nicht bloß vorbehaltlich einer einvernehmlichen Lösung unter den betroffenen Staaten, sondern ist zwingender Natur, d. h. auch Vereinbarungen zwischen den beteiligten Staaten über die Archivaufteilung sind am Recht der betroffenen Völker auf ihre Geschichte zu messen.

Die praktische Umsetzung des angesprochenen Rechts ethnischer Kollektive, welche von einer Staatennachfolge betroffen werden, erweist sich allerdings im Einzelfall häufig als problematisch. Exemplarisch für eine missglückte und willkürliche Zuordnung solcher Sammlungen ist Art. 11 Abs. 3 des Friedensvertrags der Alliierten mit Ungarn vom 10. Februar 1947.[45] Danach musste Ungarn den aus dem 18. Jahrhundert stammende Archivbestand der Illyrischen Hof-Deputation bzw. Hof-Commission und der Illyrischen Hofkanzlei[46] an Jugoslawien

---

43 Art. 28 Abs. 7 (Neuer unabhängiger Staat); Art. 30 Abs. 3 (Separation eines Teiles oder von Teilen eines Staates); Art. 31 Abs. 4 (Zerfall eines Staates); beim Staatenzusammenschluss fehlt diese Anordnung naturgemäß.

44 Bedjaoui: „Eleventh report", in: YBILC 1979, II, 1, 80.; vgl. zu den Aktivitäten der UNESCO zur Rückführung von Archivgut: Bedjaoui: „Twelfth report", in: YBILC 1980, II, 1, 1, 4 f.

45 Friedensvertrag mit Ungarn vom 10.2.1947, UNTS Bd. 41, 135, 178; vgl. dazu Robert-Henri Bautier: „Rapport général", in: Actes de la sixième conférence internationale de la table ronde des archives, 1963, 34.

46 Vgl. dazu M. Silagi: „Die internationalen Regelungen zum Archivgut der Habsburgermonarchie nach 1918: Zum Schicksal von Archiven beim Staatszerfall", in: Südost-Forschungen 55 (1996), 311, 322 f.

herausgeben. Es handelte sich hier aber um Dokumente, welche in Wien angefallen waren und seit dem 19. Jahrhundert in Budapest aufbewahrt wurden. Überdies betrafen sie auch weitgehend Gebiete und Personen außerhalb der Grenzen des späteren Jugoslawien. Die Siegermächte des Zweiten Weltkriegs verkannten wohl völlig die Bedeutung des Attributes „illyrisch" in der Wiener Behördensprache des 18. Jahrhunderts[47] und ordneten daher irrtümlich diesen Archivbestand dem Kulturerbe des damaligen Jugoslawien zu. Vor einer voreiligen, von sachfremden Motiven getragenen Zuschreibung historischer Dokumente im Sukzessionsfall an bestimmte Nachfolgestaaten ist daher zu warnen.

Bei Gebietsabtretungen haben, so scheint es, die ILC und ihr Sonderberichterstatter dem Aspekt der Wahrung des kulturellen Erbes der am Nachfolgevorgang beteiligten Staaten für die konkrete Regelung der Archivfragen keine Bedeutung beigemessen. Nur so lässt sich erklären, dass Art. 27 kein solches Rücksichtnahmegebot kennt. Für Verwaltungsarchive, aber auch für historische und kulturelle Archive, die nicht Archive des abtretenden Staates sind, d. h. einem anderen Rechtsträger der öffentlichen Hand zuzuordnen sind, gilt demnach Folgendes: allein die Belegenheit im Abtretungsgebiet begründet die Zuordnung zum Nachfolgestaat. Der in Abschnitt 1 von Teil III (in Art. 26[48]) niedergelegte Grundsatz der Wahrung und Sicherheit von Staatsarchiven in der „période suspecte" wird von der ILC für die Gebietsabtretung noch besonders hervorgehoben: „Local archives which are proper to the territory transferred remain the property of that territory, and the predecessor State has no right to remove them on the eve of its withdrawal from the territory or to claim them later from the successor State."[49]

---

47 Die Wiener Behördensprache hatte im 18. Jahrhundert „illyrisch" im Sinne einer (die Slawen in Cisleithanien und die Bevölkerung des alten Königreichs Kroatien ausschließenden) Zugehörigkeit zu den nicht mit Rom unierten Kirchen verstanden. Hingegen wurde der Begriff seit den napoleonischen Wirren allgemein mit südslawisch oder serbo-kroatisch gleichgesetzt. Zu diesem Bedeutungswandel vgl. den Artikel „illirizmus" von Peter Bán, in: Bán/Varga, Magyar törtélmi fogalomtár [Ungarisches historisches Begriffswörterbuch], Bd. 1, 1989, 205.
48 Art. 26 der Konvention von 1983 lautet: „Für den Zweck der Erfüllung der Bestimmungen der Artikel im vorliegenden Teil soll der Vorgängerstaat alle Maßnahmen ergreifen, um Beschädigung oder Zerstörung von Staatsarchiven, die in Übereinstimmung mit diesen Bestimmungen auf den Nachfolgestaat übergehen, zu verhindern."
49 „Report of the ILC on the work of ist 33rd session", in: YBILC 1981, II, 2, 60.

4. Exkurs: Ostdeutsches Archivgut
4.1. Ostdeutsches Archivgut und die Konvention von 1983

Für Archivgut in den Abtretungsgebieten Ostdeutschlands wäre jeweils zunächst zu prüfen, ob es sich im Sinne der ILC um örtliche Archivsammlungen oder um „staatliche" Archive handelt. Was Registraturgut in den Behörden des Abtretungsgebietes angeht, so erscheint seine Qualifizierung als „lokal" unproblematisch. Anders verhält es sich bei den preußischen Staatsarchiven – etwa demjenigen in Königsberg. Strictu sensu waren Archive in den deutschen Gliedstaaten seit 1867/71 im Sinne der Konvention von 1983 nur dann „staatliche" Archive, wenn sie dem Zentralstaat, also dem Reich, zugeordnet werden konnten.[50] Nur das Reich war nämlich Staat im Sinne des Völkerrechts. Die Möglichkeit einer solchen Zuordnung am Ende des Zweiten Weltkriegs ist zweifelhaft: Das Gesetz zum Neuaufbau des Reichs vom 30. Januar 1934[51] brachte zwar eine „Verreichlichung" der Länder. Nur bei flüchtiger Betrachtung kann aber von deren staatsrechtlichem Untergang gesprochen werden, denn tatsächlich „blieben bis 1945 alle Länder formal bestehen".[52]

Allerdings können die von der ILC für eine Gebietsabtretung entwickelten Grundsätze auch dann nicht einfach auf die Vorgänge von 1944/45 angewandt werden, wenn man das Problem des deutschen Souveränitätsverzichts, der frühestens 1990 wirksam wurde, ausklammert. Das Geschehen unmittelbar nach Kriegsende stellt sich nämlich eher als Untergang eines Staates (Preußen) dar,[53] und dafür sieht die Konvention von 1983 differenziertere Regelungen vor. Bei einer gerechten Aufteilung der Archive wäre insbesondere auch das Recht der beteiligten Völker auf ihr kulturelles Erbe zu achten, wie es die Konvention beim Staatszerfall vorsieht.[54]

4.2. Vertreibung und Archive

Die Zuordnung von Archiven aus Vertreibungsgebieten ist, wie eingangs angedeutet, nicht notwendig mit einer Gebietsabtretung verbunden. So hat es nach

---

50 Vgl. Art. 20 der Konvention.
51 RGBl. 1934 I, 75.
52 Dieter Rebentisch: „Innere Verwaltung", in: Deutsche Verwaltungsgeschichte Bd. 4, 1985, 732, 750.
53 So der Archives Officer der British Control Commission for Germany, C. A. F. Meekings: „Rückgabe von Archiven an Polen", in: Der Archivar 1 (1947/48), 73, 75 f.; vgl. dazu auch A. v. Brandt: „Schicksalsfragen deutscher Archive", in: ebd., 133, 136.
54 Art. 31 Abs. 4 der Konvention.

dem Ersten und nach dem Zweiten Weltkrieg Vertreibungen und Umsiedlungen ethnischer Minderheiten aus ihren angestammten Wohn- und Siedlungsgebieten gegeben, die nicht mit einer Änderung der völkerrechtlichen Zuordnung des betreffenden Gebietes einhergingen.[55]

Keinen archivrechtlichen, geschweige denn sukzessionsrechtlichen Bezug hat etwa die Zuordnung von weitgehend erbenlosem geraubtem jüdischen Kulturgut aus Osteuropa durch die Westalliierten an jüdische Nachfolgeorganisationen. Nicht nur Turner glaubt darin Parallelen zu einer angemessenen Behandlung der „Fragen der Archive der deutschen Ostgebiete"[56] zu erkennen. Die Analogie ist aber abwegig, denn das jüdische Kulturgut war nicht als Archivgut zu qualifizieren.[57] Es handelte sich um geraubte Gegenstände teils aus dem Privatvermögen einzelner, teils aus religiösen Einrichtungen. Auch fehlte jeder Bezug zu einer Gebietsabtretung. In Parenthese sei angemerkt, dass die westdeutschen Behörden den Bestrebungen zur Ausfuhr erhalten gebliebener jüdischer Archive aus Deutschland nach 1945 eher ablehnend gegenüberstanden.[58]

Auch die im Schrifttum angeführten Vereinbarungen aus Umsiedlungsverträgen des Deutschen Reiches anlässlich der Umsiedlung der Balten-Deutschen in den Jahren 1939 bis 1941[59] sind bei genauer Lektüre eher unergiebig.[60] Dies gilt besonders für die von Meyer-Landrut genannten Verträge mit Lettland[61] und mit Estland.[62] Allenfalls Archive im Privatbesitz und kirchliche Sammlungen wurden vom grundsätzlichen Ausfuhrverbot für Kulturgüter ausgenommen. Die Folgerung Meyer-Landruts, damit wäre international anerkannt, dass die das Land

---

55 Vgl. dazu noch immer grundlegend Josef B. Schechtman: European Population Transfers, New York 1946, und ders.: Population Transfer in Asia, 1949.
56 Stefan Turner: „Die Zuordnung beweglicher Kulturgüter im Völkerrecht", in: Fiedler (wie Anm. 36), 19, 107.
57 Jedenfalls nicht bis zu seiner Sammlung und Lagerung in Deutschland, vgl. Michael J. Kurtz: Nazi contraband, New York 1985, 202, 211.
58 Vgl. ebd., 220 f.
59 Vgl. dazu grundlegend Dietrich A. Loeber: Die diktierte Option, ²1974.
60 Auf die Verträge mit Estland und Lettland (wiedergegeben bei Hellmuth Hecker: Die Umsiedlungsverträge des Deutschen Reiches während des Zweiten Weltkrieges, Frankfurt/M. 1971) nimmt Bezug Joachim Meyer-Landrut: „Die Behandlung von staatlichen Archiven und Registraturen nach Völkerrecht", Archivalische Zeitschrift 48 (1953), 45, 119. Auch bei Turner (wie Anm. 56), 104 f., werden diese Verträge angeführt.
61 Dort Zusatzprotokoll Nr. 15 zu Art. 7 sowie Anmerkung 1 nach Nr. 15; wiedergegeben bei Hecker (wie Anm. 60), 73 f.
62 Art. II Nr. 1 Abs. 2, ebd., 18.

verlassende Bevölkerung ihre Geschichte gleichsam „mitführt",[63] ist doch etwas weit hergeholt. Angemerkt sei noch, dass die deutsch-ukrainischen und deutsch-russischen Zusatzverträge zu den Friedensverträgen von Brest-Litowsk Anfang 1917[64] ebenfalls die Rückkehr der deutschen Siedler ins Reich vorsahen.[65] Trotz den für Deutschland und für die Siedler äußerst günstigen Regelungen – insbesondere im Vertrag mit Russland – fehlt dort jeder Hinweis auf ein Recht zur Mitnahme von Archivalien.

4.3. Vertreibung und Konvention von 1983

Für die endgültige Zuordnung von Verwaltungsarchiven aus oder in Vertreibungsgebieten kann die Konvention von 1983 – man könnte sagen: naturgemäß – keine Regeln aufstellen. Gemäß ihrem Art. 3 findet sie nämlich nur „auf die Auswirkungen einer Staatennachfolge Anwendung, die im Einklang mit dem Völkerrecht und insbesondere mit den in der Charta der Vereinten Nationen niedergelegten Prinzipien des Völkerrechts eintritt."[66] Vertreibung steht aber nie im Einklang mit dem Völkerrecht.

Allerdings dürften sowohl Bedjaoui als auch die ILC im Falle der Vertreibung oder auch nur der Auswanderung der Mehrheit der angestammten Bevölkerung in den Altstaat Art. 27 der Konvention für unanwendbar gehalten haben. Dies wird durch einen eher unscheinbaren Vorbehalt bei der Begründung Bedjaouis für die in Art. 27[67] gefundene Regelung deutlich. Besagter Vorbehalt ist in dem Entwurf des Berichterstatters enthalten, welcher sämtliche im Gebiet belegenen Archive (also auch die örtlichen) auf den Nachfolgestaat übergehen ließ. Zunächst wird betont, „State archives which were *situated in the transferred territory*, such as the archives constituted *locally* by the predecessor State for the purpose of adminis-

---

63 Meyer-Landrut (wie Anm. 60), 119.
64 RGBl. 1918, 1030, und RGBl. 1918, 622. Vgl. Karl Strupp: Die Friedensverträge. I. Ostfrieden (Ukraine, Großrußland, Finnland, Rumänien) nebst den Zusatzverträgen, 1918.
65 Vgl. dazu M. Silagi, Vertreibung und Staatsangehörigkeit, Bonn 1999, 89 ff.
66 Daher hat sich 1981 die Regierung der Tschechoslowakei in ihrer Stellungnahme zum Konventionsentwurf der ILC dagegen gewandt, dass Kommentar und Begründung der ILC auch die sukzessionsrelevanten Vorgänge infolge des Münchener Abkommens von 1938 anführen: „The mode of procedure of a State which violated international law cannot, in any event, serve as an argument in support of the proposed legal rules." Wiedergegeben in: YBILC 1981, II, 2, 174.
67 In der endgültigen Nummerierung.

tering the part of the territory in question, must pass to the successor State."[68] Dies sei selbst dann noch angemessen, wenn einige oder viele Bewohner des Abtretungsgebiets für den Vorgängerstaat optierten und abwanderten,[69] doch sei dann Folgendes zu berücksichtigen: „The State archives that were situated in the transferred territory, such as taxation records or records of births, marriages and deaths, concern these transplanted inhabitants. It will then be for the predecessor State to ask the successor State for all facilities such as microfilming, in order to obtain the archives necessary for administrative operations relating to the evacuated nationals. In no case, however, inasmuch as it is a minority of the inhabitants which emigrates, may the successor State be deprived of the archives necessary for administrative operations relating to the majority of the population which stays in the transferred territory."[70]

Bei Vertreibung der Bevölkerungsmehrheit, ja sogar bei deren freiwilliger Option für den bisherigen Heimatstaat und folgender Abwanderung soll aber Art. 27 der Konvention nicht gelten. Entscheidend ist hier der mit „inasmuch" eingeleitete Vorbehalt Bedjaouis, dem die ILC in ihrem Bericht wörtlich gefolgt ist.[71] In einem derartigen Fall fallen also entgegen Art. 27 der Konvention „the archives necessary for administrative operations relating to the evacuated nationals"[72] nicht an den Nachfolgestaat. Das Registraturgut aus dem übergegangenen Gebiet ist, so Herbert Kraus bereits im Jahr 1949, „für die nunmehr dort tätigen Behörden und in diesen Gebieten wohnhaften Menschen von keiner aktuellen Bedeutung; aber er ist in vielfacher Hinsicht (z. B. für Familienstand, Vorstrafen, Ausweis über bestandene Prüfungen usw.) für die Behörden der Aufnahmeländer und die Vertriebenen selbst von wesentlicher Bedeutung"[73] und daher an den Vorgängerstaat herauszugeben.

Auf historische Archive im Abtretungsgebiet treffen die Erwägungen für Verwaltungsarchive und der zitierte Vorbehalt bei Vertreibung der angestammten

---

68 Bedjaoui: „Eleventh report", in: YBILC 1979, II, 1, 107 (Hervorhebung im Original).
69 „This is the obvious, wise and equitable solution. It may happen, however, that in consequence of the transfer of a part of one State's territory, some or many of the inhabitants, preferring to retain their nationality, leave that territory and settle in the other part of the territory, which remains under the sovereignty of the predecessor State."(Ebd.).
70 Ebd.
71 „Report of the ILC on the work of its 33rd session", in: YBILC 1981, II, 2, 60.
72 Bedjaoui: „Eleventh report", in: YBILC 1979, II, 1, 107
73 Kraus (wie Anm. 1), 9 (Nr. 8); ähnlich Hermann Kownatzki: „Grenzen des Provenienzsystems", in: Archivalische Zeitschrift 47 (1951), 217 f.

Bevölkerung nicht im selben Maße zu. Solche Urkunden können aber für die vertriebene Bevölkerung von historischer und kultureller Bedeutung sein. Hier gebietet wohl der Grundsatz der Rücksichtnahme auf das Recht der Völker der beteiligten Staaten auf Entwicklung, auf Information über ihre Geschichte und auf ihr kulturelles Erbe die Herausgabe an den Vorgängerstaat. Dies gilt umso mehr, wenn Archivbestände nicht bloß von lokaler Bedeutung für die Bevölkerung des Abtretungsgebietes sind, sondern Bezug zur Geschichte des Vorgängerstaates insgesamt haben. Solche Archive sollten auch dann nicht beim Nachfolgestaat verbleiben, wenn die angestammte Bevölkerung des Abtretungsgebietes nicht in den Altstaat abwandert. Auch in einem derartigen Fall ist allerdings im Sukzessionsfall vor der voreiligen Zuschreibung historischer Dokumente an einen der beteiligten Staaten zu warnen. Dies gilt umso mehr bei Archivbeständen längst untergegangener Rechtssubjekte: Die Identifikation des Staatsvolkes eines bestimmten Nachfolgestaates als denjenigen Volkskörper, in dem der untergegangene Staat gleichsam „weiterlebt" und der daher legitimer Träger seines kulturellen Erbes ist, dürfte im Einzelfall nicht immer einfach sein.

4.4. Archive des Deutschen Ordens und des Altpreußischen Herzogtums

Bei den beiden Archiven des Deutschen Ordens und des Altpreußischen Herzogtums handelt es sich um „historische Archive". Diese bis zum Jahr 1944 im Preußischen Staatsarchiv in Königsberg aufbewahrten Bestände waren 1944 von dort in andere Teile Preußens verlegt worden. Erst wenn sich diese Verlegung für den oder die möglichen Nachfolgestaaten (neben Polen käme noch die UdSSR/Russland in Frage) als „suspekt" im Sinne von Art. 26 der Konvention von 1983 erwiese, würde sich die Frage stellen, ob die Rückführung in das heutige Polen oder nach Königsberg nicht aus anderen Gründen zu unterbleiben hätte.
Art. 26 der Konvention könnte als Bestätigung des Grundsatzes ausgelegt werden, wonach rechtsmissbräuchliche Beeinträchtigungen der eigenen Staatsarchive durch den souveränen Vorgängerstaat in Hinblick auf eine bevorstehende Staatennachfolge unzulässig sind. Art. 26 und auch der entsprechende Art. 13[74] bezüglich des sonstigen Staatseigentums wurden erst im Frühjahr 1983 – nach Abschluss der Behandlung der Konvention durch die ILC – auf der Konferenz der Staaten-

---

74 Art. 13 lautet: „Für den Zweck der Erfüllung der Bestimmungen der Artikel im vorliegenden Teil soll der Vorgängerstaat alle Maßnahmen ergreifen, um Beschädigung oder Zerstörung von Staatsvermögen zu verhindern, das in Übereinstimmung mit diesen Bestimmungen auf den Nachfolgestaat übergeht."

vertreter in Wien in den Vertragsentwurf eingefügt.[75] In der Verhandlung des Committee of the Whole vom 31. März 1983 wurden die neu vorgeschlagenen Art. 13 und 26 kontrovers diskutiert.[76] Umstritten war, ob das dort aufgestellte Wahrungsgebot mit dem Eintritt der Staatennachfolge oder aber bereits früher greife. Von Vertretern der Dritten Welt wurden Art. 13 und Art. 26 dahin interpretiert, dass sie den Vorgängerstaat schon vor dem Zeitpunkt der Staatennachfolge in die Pflicht nehmen. Westliche Staaten sahen eine derartige Verpflichtung hingegen erst dann für gegeben an, wenn der Sukzessor den Vorgängerstaat in der Verantwortlichkeit für die internationalen Beziehungen eines Territoriums ersetzt habe. Der Vertreter der Bundesrepublik Deutschland stellte den Sinn der Vorschrift überhaupt in Frage, weil damit in die Konvention eine Regel aufgenommen wäre, welche eine Obliegenheit des Vorgängerstaates ohne entsprechende Verpflichtung des Nachfolgestaates beinhalten würde.[77]

Wäre die Konvention tatsächlich so auszulegen, dass eine entsprechende Verpflichtung erst mit dem Eintritt der Staatennachfolge entstünde, so bliebe dies hinter dem völkergewohnheitsrechtlichen Stand noch zurück.[78] Tatsächlich bestehen an der uneingeschränkten Zulässigkeit von Verfügungen des Vorgängerstaates bis zu besagtem Eintritt der Staatennachfolge durchaus Zweifel. Bereits der Ständige Internationale Gerichtshof (StIGH) hat nach dem Ersten Weltkrieg in zwei Streitfällen zwischen Polen und dem Deutschen Reich erkannt, dass Abgänge im Vermögensbestand durch Verfügungen oder normative Änderungen seitens des noch zuständigen Vorgängerstaates über sein Eigentum im betreffenden Gebiet in der als „Période suspecte" bezeichneten Zeit kurz vor Eintritt der

---

75 Daher die Divergenz zwischen der Nummerierung der Artikel im abschließenden Bericht der ILC (YBILC 1981, II, 2, 20 ff.) und in der Endfassung.
76 Dies Aussprache ist wiedergegeben in: UN Doc. A/Conf.117/C.1/SR. 42 vom 5.4. 1983, 3 f.
77 Ebd., 5. Auch der Schweizer Delegierte machte geltend, die Vorschrift sei unausgewogen, indem sie lediglich den Vorgängerstaat binde; überdies unterstelle sie unerlaubtes und sogar böswilliges Verhalten des Vorgängerstaates (ebd.).
78 Vgl. Eli Nathan: „The Vienna Convention on Succession of States in Respect of State Property, Archives and Debts", in: International Law at a Time of Perplexity: Essays in Honour of Shabtai Rosenne, 1989, 489, 502; er hebt die Fragwürdigkeit der Aufnahme von Art. 13 und 26 in eine Konvention hervor, welche die „Auswirkungen einer Staatennachfolge behandelt" (so Art. 1), und betont die Verantwortlichkeit des Vorgängerstaates „for such a failure, quite independently of the provisions of Article 13."

Staatennachfolge rechtsmissbräuchlich und völkerrechtswidrig sein können.[79] Da ein Fall der Gebietsabtretung in Übereinstimmung mit der Satzung der Vereinten Nationen kaum ohne vertragliche Regelung denkbar ist, wird wohl mit dem Abschluss des auf die Staatennachfolge bezogenen Vertrages der Zeitpunkt markiert, von dem an prekäre Verfügungen über Staatsvermögen oder die Zerstörung von Archiven durch den Vorgängerstaat möglicherweise als rechtsmissbräuchlich qualifiziert werden müssten. Bereits vor der Ratifizierung und dem In-Kraft-Treten eines derartigen Vertrages wäre ein Unterzeichnerstaat verpflichtet, sich aller Handlungen zu enthalten, die Ziel und Zweck des Vertrages vereiteln könnten. Rechtsmissbräuchlich könnte demnach auch schon jede Verfügung sein, wenn sie nach Unterzeichnung des besagten Vertrages getroffen wurde.[80]
Hinsichtlich der preußischen Gebiete östlich von Oder und Neiße kann eine solche „période suspecte" gar nicht angenommen werden. Es gibt keinen völkerrechtlichen Grundsatz, der es einem Staat verbieten würde, historische Archive innerhalb seines souveränen Gebietes in eine andere Sammelstätte zu verlegen.[81] Dies gilt in diesem Fall schon deshalb, weil die Aufbewahrung gerade im Staatsarchiv Königsberg ihrerseits eher zufällig war. Überdies erfolgte die Verlegung lange vor dem frühestmöglichen Zeitpunkt eines Erlöschens der deutschen Verwaltungskompetenz über den Einzugsbereich des Staatsarchivs Königsberg und über Königsberg selber – im Jahr 1944 geschah dies zweifellos nicht in Hinblick auf die damals ja noch unvorhersehbare Entwicklung nach dem 8. Mai 1945.
Die beiden genannten Archivsammlungen sind also vom Übergang der Verwaltungskompetenz und von der inzwischen erfolgten Gebietsabtretung nicht berührt.

---

79 Case Concerning the Factory at Chorzów (Claim for Indemnity) (Jurisdiction), Judgment (26. Juli 1927), PCIJ, Ser. A No. 9. Advisory Opinion on certain questions relating to settlers of German origin in the territory ceded by Germany to Poland (10. September 1923), PCIJ, Ser. B No. 6.
80 Zu Art. 13 und Art. 26 siehe Seidl-Hohenveldern (wie Anm. 7), 179 f.
81 Dies betont auch Kraus (wie Anm. 1), 10 f., Nr. 12.

Martin Schoebel
**Verschollen, vernichtet, zerrissen, geteilt. –
Die archivische Überlieferung Pommerns
nach dem Zweiten Weltkrieg**

Als in der Nacht vom 8. zum 9. Mai 1945 in Berlin-Karlshorst der Chef des Oberkommandos der Wehrmacht die Kapitulationsurkunde unterzeichnete, stand bereits fest, dass Deutschland in seiner geographischen Ausdehnung ein anderes Gesicht erhalten sollte als vor Ausbruch des Zweiten Weltkrieges. Die europäische Landkarte wurde neu gezeichnet und staatliche Gebilde mit einer langen, viele Jahrhunderte währenden Tradition durchschnitten. Zu diesen Territorien gehörte auch die preußische Provinz Pommern, deren Territorialbestand vor 1938 im Wesentlichen dem des alten Herzogtums der Greifen entsprochen hatte. Die Oder, die einstige Hauptverkehrs- und Lebensader der Provinz, war zur Grenze geworden.[1] Historisch betrachtet war dies keine neue Erfahrung, schließlich hatte Pommern viele Teilungen erlebt und war lange Zeit Bestandteil Brandenburg-Preußens und Schwedens gewesen. Doch keine der älteren Teilungen hinterließ so tief greifende Spuren wie die Zäsur des Zweiten Weltkrieges.[2]

Im Archivbereich sind diese Spuren bis heute sichtbar und jedem spürbar, der auf pommersche Überlieferung angewiesen ist, für eigene wissenschaftliche Forschungen ebenso wie bei der Ermittlung von Vorfahren oder zur Sicherung von Rechtsansprüchen, wie im aktuellen Bereich der Nachweise von Zwangsarbeit. Umfangreiches und bedeutendes Schriftgut ist im Zweiten Weltkrieg und in den unmittelbaren Nachkriegsjahren vernichtet worden oder bis heute verschollen, zahlreiche Bestände, einzelne Akten, selbst Dokumente wurden zerrissen und sind bis heute auf mehrere Archive verteilt. Hinzu tritt die besondere Situation der staatlichen Zugehörigkeit dieser Überlieferung, die von deutscher wie polnischer

---

1   Vgl. G. Heinrich: „Das Kriegsende 1945 in Mecklenburg und Pommern", in: Historischer und Geographischer Atlas von Mecklenburg und Pommern, hg. v. d. Landeszentrale für politische Bildung Mecklenburg-Vorpommern, Bd. 2: Mecklenburg und Pommern im Rückblick, Schwerin 1995, 92-95.
2   B. Becker/K. Inachin (Hg.): Pommern zwischen Zäsur und Kontinuität 1918 – 1933 – 1945 – 1989, Schwerin 1999; darin zum Archivwesen in Pommern: M. Schoebel, „Pommern und seine historische Überlieferung zwischen Zäsur und Kontinuität" (349-360).

Seite mit unterschiedlicher völkerrechtlicher Begründung beansprucht wird. Damit gewinnt die Frage der pommerschen Überlieferung eine politische Dimension, die nicht nur der neuen Staatsgrenze und ihrer völkerrechtlichen Anerkennung, sondern auch dem Problem der Vertreibung nach dem Zweiten Weltkrieg gerecht werden muss. So stand und steht der Archivar in einem pommerschen Archiv seit 1945 vor eigenen Problemen, die er nicht nur fachlich im kollegialen Miteinander zu lösen sucht, sondern er ist stets in besonderer Weise verwiesen auf politische Rücksichtnahmen und Zwänge, aber auch auf historische und landsmannschaftliche Verpflichtungen und Überzeugungen, deren gegenseitige Bedingtheit und Gegensätzlichkeit die pommersche Archivgeschichte der letzten 55 Jahre bestimmt hat. Vor diesem Hintergrund wage ich einen kleinen Exkurs in die jüngere Archivgeschichte und beschreibe in drei Abschnitten die besonderen Probleme einer zwischen zwei Staaten zerrissenen und geteilten Überlieferung. Ausgehend von der Entwicklung des pommerschen Archivwesens im 20. Jahrhundert möchte ich Ihnen archivbezogen einen kurzen Überblick über die Ereignisse während und unmittelbar nach dem Zweiten Weltkrieg geben, um das Problem zu verdeutlichen, vor dem wir heute stehen. Sich daran anschließend wird der Versuch vorgestellt, diese Probleme in einem zwischenstaatlichen Abkommen in den Griff zu bekommen, wie er zwischen 1959 und 1962 von der DDR und der Volksrepublik Polen unternommen wurde. Schließen werde ich dann mit einer Bestandsaufnahme der jüngsten Entwicklung der vergangenen zehn Jahre und einem vorsichtigen, in die Zukunft gewandten Blick – soweit sich bereits heute weitere Entwicklungslinien erkennen lassen.

1.

Traditionell verfügte die Provinz Pommern im Vergleich zu anderen Regionen über kein sehr differenziertes Archivwesen, denn neben dem 1827 errichteten Provinzialarchiv besaß sie kaum kommunale, kirchliche oder private Archive, die fachlich betreut wurden und der Benutzung zugänglich waren. Viele Kommunen, darunter so bedeutende Städte wie Stettin oder Köslin, hatten zu Beginn des 20. Jahrhunderts ihre ältere Überlieferung im Staatsarchiv deponiert. Ebenso gelangte manch privates Archiv in das Staatsarchiv. Eigenständige kommunale Archive mit einer gewissen Bedeutung für die Landesgeschichtsforschung gab es nur in Stralsund, Greifswald und Stolp.[3]

---

3 J. Wächter: „Die Archive im vorpommerschen Gebiet und ihr historisches Quellengut", in: Greifswald-Stralsunder Jahrbuch 2 (1962), 145-164; R. Biederstedt: „Ge-

Das Provinzialarchiv hat diesen Konzentrationsprozess nach dem Ersten Weltkrieg gefördert. Gemeinsam mit der 1910 gegründeten Historischen Kommission für Pommern versuchte es in den zwanziger Jahren, einen geschlossenen Überblick über alle nichtstaatlichen Archive der Provinz zusammenzutragen. Parallel dazu richtete der Provinzialverband ehrenamtliche und bestallte Archivpflegestellen für diese Archive ein. Die Anleitung und die Aufsicht wurde dem Stettiner Staatsarchiv übertragen, bis 1934 die Archivpflege vollends dem Staatsarchiv eingegliedert wurde.[4]

Das Engagement des Staatsarchivs für den nichtstaatlichen Bereich hatte auch Folgen für die Bestandsbildung. Während die Überlieferung für den nichtstaatlichen Bereich bis gegen Ende der dreißiger Jahre recht umfangreich ist, scheinen die Archivare ihren eigenen Aufgabenbereich der staatlichen Behördenbetreuung nicht mit dem gleichen Erfolg haben meistern zu können. Bei Ausbruch des Zweiten Weltkrieges lagen noch zahlreiche Unterlagen in den Behörden und gingen dort verloren.[5]

Der Zweite Weltkrieg brachte einen tiefen Einschnitt mit erheblichen Folgen für das Archivwesen bis in unsere Tage. Die alliierten Luftangriffe, die seit 1942 auch über Pommern geflogen wurden, zwangen die Archivare zu Vorsichts- und Sicherungsmaßnahmen. Vor allem das Staatsarchiv Stettin, in dessen Magazin zu diesem Zeitpunkt 72.000 Archivpakete in 24.700 Fächern lagen, nach heutiger Berechnung also etwa 8.000 laufende Meter, war aufgrund seiner exponierten Lage unweit von Schloss, Hafen und Bahnanlagen besonders gefährdet. Man begann noch 1942 mit der Auslagerung der Bestände. Als Ausweichquartiere nutzte man Gutshäuser, deren ländliches Umfeld es kaum wahrscheinlich erscheinen ließ, dass

---

schichte des Greifswalder Stadtarchivs", in: ebd., 165-206; H. Ewe: Schätze einer Ostseestadt. Sieben Jahrhunderte im Stralsunder Stadtarchiv, 1974; H. Hacker: „Das Stralsunder Stadtarchiv 1945-1985", in: Jahrbuch für Regionalgeschichte 15 (1988), 230-235.
4 H. Branig: „Das Staatsarchiv Stettin und die Pflege des nichtstaatlichen Archivgutes in Pommern", in: Monatsblätter der Gesellschaft für pommersche Geschichte und Altertumskunde 52 (1938), 82-90, bes. 88 f.
5 Einen guten Überblick über die in das Staatsarchiv Stettin gelangten und die im Krieg vernichteten Unterlagen der pommerschen Behörden bietet die vor kurzem erschienene Beständeübersicht des Staatsarchivs Stettin: Archiwum panstwowe w Szczecinie. Przewodnik po zasobie archiwalnym. Akta do 1945 roku, bearb. v. R. Gazinski, P. Gut u. M. Szukala, Warschau-Stettin 2002.

sie Opfer von Bombardierungen aus der Luft werden würden. Um das Risiko weiter zu vermindern, verteilte man das Archivgut auf vierzehn Auslagerungsorte in der gesamten Provinz. Besonders wertvolle Bestände, wie die Urkunden und Teile des Archivs der Herzöge von Pommern-Stettin, wurden in einem Salzbergwerk bei Grasleben eingelagert. Auch verbrachte man wichtige Bestände nicht vollständig in einen einzigen Auslagerungsort, sondern verteilte sie. Bis zum Jahreswechsel 1943/1944 waren die Auslagerungsarbeiten bereits weit vorangeschritten und 60.000 Pakete evakuiert. So kam es zu keinem nennenswertem Schaden am Archivgut, als am 6. Januar 1944 das Dachgeschoss des Verwaltungsgebäudes völlig niederbrannte. Der Magazinbau blieb unversehrt und sollte das Kriegsende ohne weitere Beeinträchtigungen erleben.[6] Tragisch war das Schicksal des Stadtarchivs Stettin. Aus Angst vor Zerstörungen widerrief die Stadt den Depositalvertrag mit dem Staatsarchiv und brachte ihr Archivgut 1942 in den Stettiner Vorort Hohenkrug. Dort gingen während der Kriegshandlungen 1945 alle Unterlagen verloren.[7]

Mit dem Einmarsch der russischen Armee in Pommern Anfang 1945 und der Besetzung Stettins endete auch die Arbeit des Staatsarchivs. Die Mitarbeiter, die nicht zum Kriegsdienst an die Front abkommandiert waren oder vor den heranrückenden Soldaten die Flucht ergriffen hatten, konnten kaum das Dienstgeschäft aufrecht erhalten. Auch sie mussten wenig später Stettin verlassen.

Die Odergrenze, die südlich von Stettin nach Westen abzweigt, mitten durch das Oderhaff verläuft und zwischen Swinemünde und Ahlbeck auf die Ostsee trifft, hatte auch die einzelnen Archivdepots des Staatsarchivs voneinander getrennt. Acht Depots befanden sich auf dem unter polnischer Verwaltung stehenden Gebiet und sechs Depots in der sowjetischen Besatzungszone. Eine Zusammenführung des Archivgutes war nicht möglich, und so begannen Ende 1945 auf polnischer Seite von der Regierung ernannte Archivare, die Depots zu bereisen und die aufgefundenen Unterlagen nach Stettin zurückzuführen. Immerhin konn-

---

6 M. Stellmach: „Losy archiwaliów szczecinskich w okresie II wojny swiatowej", in: Szczecinski informator archiwalny 8 (1995), 17-39; ders.: „Archiwalia szczecinskie do 1945 roku a wspólczesne potrzeby badawcze nad dziejami regionu", in: Pól wieku polskiej panstwowej sluzby archiwalnej na ziemiach zachodnich i polnocnych, hg. v. K. Kozlowski, Warschau-Stettin 1997, 69-81, hier 75; Schoebel (wie Anm. 2), 353 f.
7 Zum Stadtarchiv Stettin vgl. Regesty dokumentów miasta Szczecina z lat 1243-1856, bearb. v. R. Gazinski, J. Grzelak u. J. Podralski, Stettin 1993; Regestenbuch der Urkundensammlung der Stadt Stettin 1243-1856, 2 Bde., bearb. v. K. O. Grotefend, hg. v. B. Frankiewicz u. J. Grzelak, Stettin 1996.

te man dabei auf das intakt gebliebene Archivgebäude in der Stadt zurückgreifen. Völlig anders auf der deutschen Seite. Hier bemühte sich der letzte Stettiner Archivar, Hermann Gollub,[8] der seit der Abkommandierung Adolf Diestelkamps[9] an die Front das Staatsarchiv geleitet hatte, um eine Betreuung der ausgelagerten Archivalien. Unter dem Dach des mecklenburgischen Staatsarchivs Schwerin richtete er in der alten Kaserne am Greifswalder Nexö-Platz ein Archivlokal ein, wobei er sich gegen konkurrierende Raumansprüche der örtlichen Verwaltung durchsetzen musste. Gemeinsam mit dem letzten Stettiner Magazinmeister bereiste er die Depots und überführte das aufgefundene Material nach Greifswald. Dabei konnte er auf die Unterstützung zahlreicher ortskundiger Heimatforscher bauen, ohne die vieles heute verloren wäre.[10]

Wir besitzen aus den ersten Jahren eindrucksvolle Berichte über die katastrophalen Begleitumstände. So war die Unterbringung der Akten in Greifswald lange Zeit gefährdet und die Mitarbeiter hatten unter schwierigen Bedingungen und ohne Bezahlung ihre Arbeit zu verrichten. Der Magazinmeister wohnte zeitweise im Archiv und schlief auf den Akten. Besonders schmerzlich für die heutige Forschung sind jedoch die umfangreichen Aktenverluste dieser Zeit. Die in Plennin ausgelagerten Unterlagen der Kriegs- und Domänenkammer Köslin wurden von der Sowjetischen Militärverwaltung aufs Feld gefahren und dort verbrannt. Lediglich kleinere Reste konnte der Magazinmeister Nemitz 1947 in einem Rucksack nach Greifswald retten.[11] Doch nicht nur die Militärverwaltung, auch die Not leidende Bevölkerung fügte dem Archivgut große Schäden zu. Viele der alten Wachssiegel wurden von den Urkunden abgeschnitten und zu Kerzen umgeschmolzen, Akten dienten als Brennmaterial zum Sirupkochen oder als Baumaterial zum Abdichten von Lehmdecken und des Dachstuhls. Einige solcher als Baumaterialien benutzten Papiere und Pergamente haben sich 1995 beim Abriss einer Neusiedlerkate in Schwerinsburg angefunden, darunter ein Hexenprozess aus dem Jahr 1588 und Handwerkerpatente des frühen 18. Jahrhunderts.[12]

---

8 W. Leesch: Die deutschen Archivare 1500-1945, 2 Bde., München-London-New York-Paris 1992, hier Bd. 2, 193.
9 Ebd., 119; vgl. M. Schoebel: „Gelehrsamkeit und Bürokratie. Das Staatsarchiv Stettin und seine Direktoren (1900-1945)", in: Muzealnicy, Archiwisci i bibliotekarze szczecinscy w XX wieku, hg. v. K. Kozlowski, Stettin 2002, 77-98, hier 95-97.
10 Wächter (wie Anm. 3), passim; ders.: „Das Landesarchiv Greifswald. Abriss seiner Entwicklung", in: Archivmitteilungen 3 (1963), 104-110.
11 Schoebel (wie Anm. 2), 354 f. mit Anm. 12.
12 Ebd., 354 mit Anm. 13.

Nicht nur das ausgelagerte Archivgut des Staatsarchivs erlitt erhebliche Verluste, auch kommunale und private Archive wurden in Mitleidenschaft gezogen. Besonders schwer traf es das Archiv und die Bibliothek der Fürsten von Putbus. Die im Schloss aufbewahrten Unterlagen wurden 1948 im Hof aufgetürmt, dort sollen sie bis zum ersten Stock gereicht haben, und anschließend auf Befehl der Militärverwaltung in eine Papiermühle gefahren. Von den einst etwa 400 laufenden Metern Unterlagen des wertvollsten Adelsarchivs in Vorpommern konnten die Archivare nur sechs laufende Meter Akten und etwas mehr als einhundert Urkunden retten.

2.

Zu Beginn der fünfziger Jahre waren umfangreiche Teile des einstigen Archivgutes der Provinz Pommern vernichtet oder verschollen, darunter ganze Stadtarchive, wie das der Stadt Stettin oder das von Pasewalk, das auf einem Transport nach Greifswald verloren ging. Etwa 15 Prozent der aus dem Staatsarchiv ausgelagerten Archivalien waren ebenfalls verlustig, die restlichen Teile in die Archive in Stettin und in Greifswald gelangt. Dabei waren Bestände, sogar einzelne Akten oder Handschriften geteilt und zerrissen worden. Unzureichende Kommunikation führte zu einer weitgehenden Unkenntnis auf beiden Seiten über die geretteten Bestände der jeweils anderen Seite.[13] Dies musste dringend erforderliche Erschließungsarbeiten erschweren, insbesondere auf deutscher Seite, da die alten Findhilfsmittel in Stettin verblieben waren. Doch nicht nur die geteilten Bestände stellten ein Problem dar, auch die Frage nach dem künftigen Verbleib der Archivalien gewann zunehmend an Bedeutung. Im Jahr 1959 vereinbarten die Volksrepublik Polen und die Deutsche Demokratische Republik einen gegenseitigen Austausch von Archivgut. Auf Pommern bezogen bot sich hier die Chance, archivfachliche Probleme in kollegialer Kooperation zu lösen. Die archivpolitischen Konstellationen ließen hierzu jedoch nur wenig Raum. Die Frage der Zusammenführung der zwischen Stettin und Greifswald geteilten Bestände spielte nur eine sehr untergeordnete Rolle, vielmehr ging es um die grundsätzliche Frage, welche Archivalien in deutsche oder polnische Obhut gelangen sollten. Besonders deutlich wird die Problematik in einem Gutachten des damaligen Greifswalder Archivleiters, das dieser im Februar 1959 fertigte.[14] Gegenstand der Verhandlungen sollten nur Bestände solcher Bestandsbildner sein, deren Sprengel zum damaligen Zeitpunkt entweder geschlossen auf deutschem oder auf polnischem Gebiet lag.

---

13 Schoebel (wie Anm. 2), 355.
14 Altregistratur des Landesarchivs Greifswald, 1958-1963, IV, 9.

Hierunter fielen lediglich Stadtarchive und einige wenige Bestände, wie der des Kamminer Domkapitels. Zusätzlich meldete die polnische Seite jedoch Wünsche nach dem Archiv der Stettiner Herzöge und den pommerschen Kriegs- und Domänenkammern an. In seiner Argumentation verwies der Archivleiter darauf, dass sowohl das herzogliche Archiv wie auch der Bestand der Kriegs- und Domänenkammer umfangreiches Schriftgut vorpommerscher Pertinenz enthalte. Zudem enthalte der Bestand des herzoglichen Archivs Stettin auch Akten der brandenburgischen Nachfolgebehörden bis in das ausgehende 18. Jahrhundert hinein, die gerade für Altvorpommern zwischen Peene und Oder von besonderer Bedeutung seien. So könne man sich lediglich dazu bereit finden, den älteren Teil dieses Bestandes aus der Zeit vor 1700 abzugeben, wenn im Gegenzug die 2.500 Akten des Wolgaster Archivs der pommerschen Herzöge nach Greifswald abgegeben würden. Die Überführung des Wolgaster Archivs von Stettin nach Greifswald machte Sinn, denn dadurch wäre der bis dahin geteilte Bestand in Greifswald zusammengeführt worden. Die von Greifswald vorgeschlagene Abgabe des Stettiner Archivs, von dem sich Teile bereits in Greifswald befanden, war in der beabsichtigten und letztlich auch so durchgeführten Form wenig sinnvoll, da sie nicht zur Zusammenführung eines geteilten Bestandes führte, sondern die Zerrissenheit des Bestandes zementierte. Schließlich einigten sich beide Seiten auf den Austausch zahlreicher Bestände. Greifswald sollte Stettin das Herzoglich Stettiner Archiv vor 1700, das Domkapitel Kammin, das Kösliner Kriegsgericht, das Hofgericht Köslin, neun Stadtarchivbestände sowie zwei kleinere Reste der Bestände der Regierungen Stettin und Köslin abgeben, während es von Stettin das Wolgaster herzogliche Archiv, Akten der Regierung Stralsund, des Wismarer Tribunals, der Markgrafschaft Schwedt, der Universität Greifswald sowie einzelner vorpommerscher Städte und Amtsgerichte erhalten sollte. Hinzu kamen gegenseitige Verfilmungsprojekte für die Bestände der pommerschen Kriegs- und Domänenkammern. Nach umfangreichen Vorarbeiten sollte der Austausch 1962 vollzogen werden. Während fast alle genannten Greifswalder Bestände nach Stettin gingen, gelangten nur etwa drei Viertel der polnischen Zusagen nach Greifswald. In Stettin zurück blieb das Wolgaster Archiv.[15] Ursache hierfür waren zunächst unzureichende Verfilmungskapazitäten auf polnischer Seite, so dass die erforderlichen Vorarbeiten 1964 noch nicht abgeschlossen waren. Zu diesem Zeitpunkt verfolgte die zentrale Archivdirektion der DDR den Archivaustausch schon nicht mehr mit dem nötigen Nachdruck, so dass das ständige Ersuchen aus Greifswald, der For-

---

15 Archiwum (wie Anm. 5), 33-39.

derung nach dem Wolgaster Archiv Nachdruck zu verleihen, ohne Resonanz blieb und die Abgabe nicht mehr vollzogen wurde.

Rückschauend war der Austausch von 1962 eine politisch motivierte Aktion zweier Nachbarstaaten innerhalb des Warschauer Paktes, die sich in dieser Zeit um die Normalisierung eines nicht ganz einfachen Verhältnisses bemühten.[16] Entsprechend stark stand der politische Wille im Vordergrund, Archivgut von besonderer Bedeutung auszutauschen. Archivfachliche Überlegungen traten dagegen in den Hintergrund. In den entsprechenden Unterlagen der deutschen Seite ist eine Grundhaltung deutlich erkennbar, die einer Abgabe deutscher Akten nach Polen im Wege stand, während die polnische Seite auf das Kulturgut drängte, das zu den „wiedergewonnen Gebieten" gehörte. Dabei spielten weniger völkerrechtliche Positionen ein Rolle als gegenseitige Befindlichkeiten und Emotionen, schließlich lagen das Kriegsende und die Vertreibung erst wenig mehr als ein Jahrzehnt zurück.

3.

Nach den politischen Veränderungen von 1989 in Polen und der Vereinigung der beiden deutschen Staaten im Oktober 1990 haben sich die Voraussetzungen geändert. An die Stelle der Volksrepublik Polen ist die Republik Polen getreten, die nun nicht mehr der Deutschen Demokratischen Republik als Verhandlungspartner gegenübersteht, sondern der Bundesrepublik Deutschland. Die beiden Nachbarstaaten rechts und links der Oder haben innerhalb nur eines Jahres zudem ihr zwischenstaatliches Verhältnis neu geregelt. Am 14. November 1990 unterzeichneten die Außenminister Genscher und Skubiszewski den „Vertrag zwischen der Bundesrepublik Deutschland und der Republik Polen über die Bestätigung der zwischen ihnen bestehenden Grenze", mit dem die Oder-Neiße-Linie offiziell von der Bundesrepublik als Grenze anerkannt und ein Grundproblem der deutschpolnischen Beziehungen beseitigt wurde. Am 17. Juni 1991 folgte in Bonn die Unterzeichnung eines Vertrages über gute Nachbarschaft durch Bundeskanzler Kohl und den polnischen Ministerpräsidenten Bielecki.[17] Gerade dieser Vertrag enthält

---

16 Zum politischen Verhältnis der DDR zu Polen vgl. E. Cziomer: „Brüder oder Rivalen? Die Außenpolitik der DDR gegenüber Polen 1949-1989", in: Annäherungen. Deutsche und Polen 1945-1995, hg. v. Haus der Geschichte der Bundesrepublik, Düsseldorf 1996, 96-109.
17 Auswärtiges Amt und Bundesministerium des Innern in Zusammenarbeit mit der Botschaft der Republik Polen (Hg.): Die deutsch-polnischen Verträge vom 14.11.1990

in Artikel 28 die Bestimmung, dass beide Seiten bei der Erhaltung und Pflege des europäischen kulturellen Erbes zusammenarbeiten. Dies gilt insbesondere für die Kulturgüter, die eine Seite verwahrt und die von den besonderen kulturellen Leistungen der anderen Seite zeugen. Die Probleme der Archive finden ebenfalls Erwähnung und sollten ausgehend von Einzelfällen gelöst werden.

Archivfragen werden auf Pommern bezogen im bilateralen Miteinander nun auf zwei Ebenen behandelt. Eine Ebene bilden die laufenden Verhandlungen über die Rückführung kriegsbedingt verlagerten Kulturgutes, in die seit 1998 auch das Archivgut der Provinz Pommern einbezogen ist. Die zweite Ebene bilden die unmittelbaren Kontakte des Staatsarchivs Stettin und des Landesarchivs Greifswald, die seit etwa einem Jahr eingebettet sind in eine eigene Vereinbarung über die gute nachbarschaftliche Zusammenarbeit des Landes Mecklenburg-Vorpommern und der Wojewodschaft Westpommern. Kollegiale Kontakte in loser Form hat es seit den fünfziger Jahren zwischen beiden Archiven immer gegeben, sie blieben jedoch beschränkt auf einzelne Personen und geprägt von sich im Laufe der Zeit wandelnden Befindlichkeiten. Gerade das bei Archivaren nicht immer beliebte Ausstellungswesen erwies sich als ein taugliches Instrument, die verkrusteten Strukturen aufzubrechen und das Eis der vergangenen Jahrzehnte zu schmelzen. Im Vordergrund der Archivarbeit stand aber zunächst der Austausch von Bestandsinformationen, der 1990 nur zögerlich in Gang gekommen ist, aber Mitte der neunziger Jahre intensiviert wurde, so dass heute beide Seiten erstmals realistisch die tatsächlichen Kriegsverluste abschätzen und Benutzer zielgerichtet an das jeweils andere Archiv verweisen können. Im Erscheinen begriffen ist inzwischen ein grenzübergreifender Archivführer für Pommern. Eine 1999 erschienene gemeinsame Publikation zeigt, wie eng die Bestände der beiden Archive miteinander verwoben sind.[18] Auch an der Bearbeitung der neuen Stettiner Beständeübersicht wirkten Greifswalder Archivare mit. Neue Wege der Kooperation werden inzwischen mit einem gemeinsamen Verfilmungsprojekt beschritten, an das sich eines Tages gemeinsame Erschließungsarbeiten anschließen können. Technisch ist es heute möglich, die auseinander gerissenen Bestände virtuell wieder zusammenzuführen, während der Austausch von Archivgut auf erhebliche Probleme stößt. Wichtige Hilfestellung leisten auch wissenschaftliche Projekte wie archivübergreifend angelegte Editionsvorhaben, die die gegenseitige Zugänglichkeit zum

---

und 17.6.1991, Bonn o. J.
18 K. Koslowski/M. Schoebel (Hg.): Zeugnisse pommerscher Geschichte. Herzogtum Pommern 1140-1648 (Inventare, Findbücher und kleine Schriften des Landesarchivs Greifswald, Bd. 1), Stettin-Greifswald 1999.

Archivgut ebenfalls erleichtern.[19] Insgesamt lässt sich heute feststellen, dass sich die Situation grundlegend verändert hat. Die vertrauensvolle Kooperation hat die einstigen gegenseitigen Vorbehalte weitgehend verdrängt und viele Projekte sind heute denk- und realisierbar, die vor einigen Jahren noch unvorstellbar erschienen.

Um an dieser Stelle nicht der Gefahr zu unterliegen, das Verhältnis zu sehr durch die rosarote Brille zu betrachten, sei abschließend auf zwei große Probleme hingewiesen, die den Umgang miteinander und insbesondere mit dem Archivgut erschweren. Auf der polnischen Seite nimmt die Kenntnis der deutschen Sprache im Archivbereich erkennbar ab, wenn auch das Staatsarchiv Stettin über Archivare verfügt, die des Deutschen mächtig sind. Auf der deutschen Seite wäre es umgekehrt wünschenswert, die Kenntnisse der polnischen Sprache zu verbessern, was dem kollegialen Kontakt förderlich wäre. Doch hier bestehen erhebliche Defizite. Doch nicht nur mangelnde Sprachkenntnisse erschweren gemeinsame Projekte, auch die finanziellen Möglichkeiten ihrer Realisierung verringern sich in den letzten Jahren. Manch hoffnungsvolles Vorhaben, das noch 1995 oder 1996 angeschoben wurde, kann heute nicht mehr fortgesetzt werden. Dies hat mehrere Ursachen. So flossen in den ersten Jahren umfangreiche Bundesmittel, vor allem aus dem Bereich der Kulturarbeit der Vertriebenen in die Vorhaben. Diese Mittel werden nun zurückgefahren. Einerseits setzt die Bundesregierung andere Prioritäten und gewichtet diese Arbeit im Rahmen der europäischen Entwicklung neu, andererseits sieht sie bei der Kulturarbeit für Pommern das Bundesland Mecklenburg-Vorpommern in der Pflicht, dessen Wirtschaftskraft jedoch kaum die Finanzierung größerer Vorhaben zulässt. So sind alle Beteiligten aufgefordert, ihre Anstrengungen zu intensivieren und die Realisierung solcher gemeinsamen Projekte voranzutreiben. Für Archivare ist dies neben den vielfältigen täglichen Aufgaben nur schwer zu leisten, dennoch werden sie sich dieser Herausforderung nicht verschließen.

---

19 Vgl. hierzu die jüngst erschiene Edition der pommerschen Landtagsakten: W. Buchholz (Hg.): Pommersche Landtagsakten, Bd. 1: Von den Anfängen bis zum Erbteilungsvertrag 1541, 1. Teilband: 1521-1535 (Veröffentlichungen der Historischen Kommission für Pommern IV, Bd. 13/1), Köln-Weimar-Wien 2000.

Astrid M. Eckert
Hinter den Kulissen der Rückgabe-Diplomatie –
Interne Positionen der Briten und Amerikaner
zur Rückgabe deutschen Schriftguts in den 1950er Jahren

Die frühen fünfziger Jahre wurden bestimmt von erfolgreichen Verhandlungen zwischen der Bundesrepublik und den Westalliierten, die 1955 in der weitgehenden Souveränität Westdeutschlands gipfelten. Die Rückgabeverhandlungen über jenes Schriftgut, das vor allem britische und amerikanische Truppen 1945 und später in Deutschland beschlagnahmt hatten, zählen jedoch nicht zu den frühen Bonner Erfolgen. Sie schleppten sich über Jahre hin und drohten sogar mehrfach zu versanden. Es ist verschiedentlich bereits darüber spekuliert worden, was konkret die Verhandlungen auf alliierter Seite bremste.[1] Über die spezifischen Gründe, die die Rückgabe der Akten des Auswärtigen Amtes aufschoben, sind wir mittlerweile recht gut unterrichtet: Die in Großbritannien betriebene Aktenedition *Documents on German Foreign Policy* sollte zuvor fertiggestellt werden, und besonders die britischen Historiker weigerten sich, das Projekt mit den Akten nach Deutschland zu verlegen.[2] Ein kritischer Blick auf die deutsche Verhandlungsführung fehlt bisher, obwohl sogar im Auswärtigen Amt selbst Anfang 1954 eingeräumt wurde: „Die Gründe des bisherigen Mißerfolgs liegen zu einem erheblichen Teil bei uns selbst." Da man eine Note der Hohen Kommission vom Juli 1951 erst im April und November 1952 beantwortet hatte, „mußte auf alliierter Seite der Eindruck entstehen, dass ein genügendes Interesse bei uns nicht gegeben sei."[3] Wie es zudem um die Koordination der Briten und Amerikaner bestellt war, welche Positionen sich intern herausbildeten, wer überhaupt mit den Aktenfragen befasst

---

1   Josef Henke: „Das Schicksal deutscher zeitgeschichtlicher Quellen in Kriegs- und Nachkriegszeit. Beschlagnahme – Rückführung – Verbleib", in: Vierteljahrshefte für Zeitgeschichte (VfZ) 30 (1982), 557-620, hier 590; Hellmut Auerbach: „Die Gründung des Instituts für Zeitgeschichte", in: VfZ 18 (1970), 529-554, hier 535.
2   D. C. Watt: „British Historians, the War Guilt Issue, and Post-War Germanophobia: A Documentary Note", in: Historical Journal 36 (1993), 179-185; Sacha Zala: Geschichte unter der Schere politischer Zensur. Amtliche Aktensammlungen im internationalen Vergleich, München 2001, 239-244; Roland Thimme: „Das Politische Archiv des Auswärtigen Amts. Rückgabeverhandlungen und Aktenedition 1945-1995", in: VfZ 49 (2001), hier 328-330.
3   Peter Klassen, Referat 117 (Politisches Archiv), Aufzeichnung, Vertraulich, Rückgabe der Akten des früheren Auswärtigen Amts, 26.1.1954, in: PA/AA, B 118, Bd. 489.

war, ist ebenfalls zur Zeit noch nicht geklärt. Es ist dieser letzte Aspekt, mit dem sich der vorliegende Beitrag auseinandersetzt.

Die erste offizielle Rückgabeforderung Adenauers vom Juni 1950[4] löste bei den Briten und Amerikanern einige Betriebsamkeit aus. Besonders im State Department war man sich nicht im Klaren darüber, was genau die eigenen Truppen erbeutet hatten und wo dieses Material nun war.[5] In London und in Washington machte man sich unabhängig voneinander daran, mit allen beteiligten Ressorts eine Position in der Aktenfrage zu erarbeiten. Ein britisches Positionspapier lag dann im Dezember 1950 vor, das amerikanische erst im Oktober 1952.[6] Ein amerikanischer Diplomat, der die beiden Papiere verglich, fand ihren Ton sehr unterschiedlich: „The American paper takes the line that all documents should be returned, [...] the British starts from the assumption that everything should be kept."[7] Damit hatte er in der Tat den Kern des Problems benannt. Das State Department sollte in Zukunft öfters Probleme haben, die Briten mit den Deutschen in dieser Frage an einen Verhandlungstisch zu bekommen.

---

4 Adenauer an den Geschäftsführenden Vorsitzenden der Alliierten Hohen Kommission, André François-Poncet, 17.6.1950, in: Konrad Adenauer: Briefe 1949-1951, bearb. von Hans Peter Mensing, Berlin 1985, Nr. 257, 232 f.

5 Ein im Auftrag der US-Armee gefertigter Bericht von November 1947 nennt nicht weniger als 121 amerikanische und alliierte Stellen, die sich von 1944-1947 mit Beuteakten befassten. Vgl. Seymour J. Pomrenze: Archivist, an Director, Office of Records Control, Subject: Captured Records in Germany and Austria, 25.11.1947, in: NA (National Archives) Record Group (RG) 242, Pomrenze Collection, AGAR-S Nr. 706, Box 2.

6 Die endgültige Fassung der amerikanischen „Policy on the Return of Seized German Documentation", 24.10.1952, in: NA RG 407, The Adjutant General, Entry 360, Box 3609. Die Briten übermittelten ihre Position an das State Department im Aide Memoire Nr. 101, Ref. 2011/11/51, 20.2.1951, in: ebd. Die ungekürzte Version des britischen Policy Papers vom 15.12.1950 in: Public Record Office (PRO) Cabinet Office (CAB) 103/459.

7 J. W. Auchincloss, German Political Department (GPA), an G. Bernhard Noble, Historical Division (RE), Office Memo, 20.11.1952, in: NA RG 59, Central Decimal File des State Dept. (CDF) 1950-54, 862.423/11-2052. „The tone of the proposals is quite different, that of the British being rather grudging and that of the Americans more liberal. The American paper takes the line that all documents should be returned, with certain specific exceptions, while the British start from the assumption that everything should be kept, except those papers which, as a concession, might be returned to the Germans."

Dabei war die Politische Abteilung des Foreign Office[8] und die britische Hohe Kommission in Wahnerheide einer Aktenrückgabe – wenn auch mit einigen Ausnahmen – gar nicht so abgeneigt. Sie konnten die deutschen Akten aber nicht als Verhandlungsmasse einsetzen, weder den Amerikanern noch den Deutschen gegenüber. Denn das Foreign Office hatte schon früh die de facto Entscheidungskompetenz über deutsche Akten an einen ressortübergreifenden Ausschuss, das Joint Consultative Committee (JCC), abgetreten. Hier, und nicht im Außenministerium selbst, wurde die britische Position zur Aktenfrage erstellt. Das JCC war im Herbst 1947 entstanden, als einige der amtlichen Historiker sich zusammenfanden, um sich gegenseitig über den Verbleib deutscher Quellen zu informieren. Da sich im JCC der geballte Sachverstand aller Ressorts zu deutschen Beuteakten versammelte, war es naheliegend, das Gremium angesichts der ersten deutschen Rückgabeforderung mit einzubeziehen. Es erhielt im Januar 1950 offiziellen Status und stand unter der Leitung des Historikers John W. Wheeler-Bennett.

Das JCC arbeitete zwar unter der Ägide des Foreign Office, dennoch war das Außenministerium nur gleichberechtigter Teilnehmer in einem Gremium, das von Beginn an jegliche Zustimmung zu Aktenrückgaben verweigerte. Dies führte, zugespitzt formuliert, zu der absurden Situation, dass die Politische Abteilung und das Büro des Hohen Kommissars ihren Kampf um die deutschen Akten nicht mit dem Auswärtigen Amt in Bonn führten, sondern mit ihren eigenen Stellen; dass sie diese Stellen mehr unter Druck zu setzen versuchten, als sie selbst von Bonn unter Druck gesetzt wurden, ja, dass sie sich sogar mehr Sperrfeuer aus Bonn gewünscht hätten, um daheim die Phalanx der Obstruktion durchbrechen zu können. Mit einem erstaunlichen Beharrungsvermögen machte das JCC aber bis etwa 1958 den eigenen Diplomaten selbst minimale Konzessionen so schwierig wie möglich. Dass es in seiner Verhinderungspolitik so erfolgreich sein konnte, verdankte es seiner Verankerung in all jenen Behörden, die mit Beuteakten befasst waren. Dazu gehörten das Cabinet Office, die Admiralität, das Luftfahrtministerium, das Board of Trade und andere. Die kontinuierlichen Mitglieder des JCC waren nicht die Spitzenbeamten der Ressorts, sondern die Sachbearbeiter. In dieser zweiten, wenn nicht gar dritten Reihe wurden durch Vorlagen an die nächste Instanz Entscheidungen vorstrukturiert, Informationen gefiltert und informelle Kommunikationsnetze gepflegt.[9] Jeder an seinem Platze drehte das Rad wieder

---

8 Gemeint ist das German Political Department, das 1955 im Central (European) Department aufging. Es stand seit Mai 1953 unter der Leitung von Patrick Francis Hancock.

9 Zu den Dienstgraden im höheren Auswärtigen Dienst bzw. im Home Service vgl. Ulrich Reusch: „Die Londoner Institutionen der britischen Deutschlandpolitik 1943-

zurück, das die britischen Diplomaten in Bonn in dieser von ihnen als untergeordnet betrachteten Sachfrage nach vorne zu bewegen trachteten. Das JCC verkörperte bald das von den Spitzenbeamten gefürchtete Eigenleben der Ministerialbürokratie.

Zwei der im JCC vertretenen Ressorts seien im Folgenden näher betrachtet, nämlich das Cabinet Office und das Foreign Office.

Das Cabinet Office war eines der Ressorts, das ein verstärktes Interesse an den deutschen Militärakten hatte. Seine Historical Section erarbeitete die amtliche britische Geschichte zum Zweiten Weltkrieg.[10] Diese Geschichtsschreibung war ein prestigereiches Unterfangen, mit dem man aus politischen Gründen nicht leichtfertig umging. Seit Oktober 1948 war der Historical Section eine Enemy Document Section (EDS) angegliedert.[11] Unter der Leitung von Brian Melland, bis 1945 Mitarbeiter im militärischen Geheimdienst MI 14, versorgte sie die Militärhistoriker mit Daten und Dokumenten, war also auf den Zugang zu den deutschen militärischen Akten angewiesen.[12] Da diese Militärakten in Washington lagen,

---

1948. Eine behördengeschichtliche Untersuchung", in: Historisches Jahrbuch 100 (1980), 318-443, hier 321 f. einschl. Fn. 5. Mit Spitzenbeamten sind im Home Service alle Dienstgrade ab Under-Secretary aufwärts, im Foreign Service ab Assistant Under-Secretary aufwärts gemeint. Zur Relevanz der sog. „low level records", die ich verstärkt benutzt habe, gegenüber den Dokumenten der „core executive" vgl. Rodney Lowe: „Archival Report. Plumbing New Depths. Contemporary Historians and the Public Records Office", in: 20th Century British History 8 (1997), 239-265, bes. 241-243, 249, 255.

10 Die wissenschaftliche Leitung der amtlichen Geschichtsschreibung oblag dem Cambridge Professor Sir James R. M. Butler, für die Geschichte des Luftkriegs hatte man Sir Charles Webster gewinnen können, die zivile Seite betreute Sir Keith Hancock. – Zur Gründung und Frühgeschichte des Cabinet Office vgl. John F. Naylor: „The Establishment of Cabinet Secretariat", in: Historical Journal 14 (1971), 783-803; zur Historical Section und der offiziellen Geschichtsschreibung vgl. John Connell: „Official History and the Unofficial Historian", in: Royal United Service Institute Journal 110 (1965), 329-334; die Perspektive der Beteiligten bei J. R. M. Butler: „British Official Military History of the Second World War", in: Military Affairs 22 (1958), 149-151; Noble Frankland: History at War. The Campaigns of an Historian, London 1998.

11 Brian Melland, EDS, Progress Report Oct. 1948-Oct. 1949, 14.10.1949, in: PRO CAB 103/336.

12 Noel Annan: Changing Enemies. The Defeat and Regeneration of Germany, London 1995, 3, beschreibt Melland (1904-1971) als „theatrical character". Melland leitete

stellte die Enemy Document Section im August 1948 einen Verbindungsmann dorthin ab. George Friedrichsen war für Melland derjenige, der in Washington das ‚Gras wachsen hörte', da er durch freundschaftliche Verbindung über einen direkten Draht in die Departmental Records Branch beim Generaladjutanten verfügte.[13] Auf dieser Schiene wanderten sogar Abschriften von State Department-Memoranden auf dem kleinen Dienstweg ins Cabinet Office.

Friedrichsen hielt Melland über die Entwicklung der amerikanischen Position zur Aktenfrage auf dem Laufenden und versuchte zu beurteilen, wie akut die Gefahr tatsächlicher Rückgaben sei. Obwohl er im Januar 1950 noch eine geschlossene Haltung gegen Restitution bei allen Beteiligten auf amerikanischer Seite ausmachte,[14] identifizierte er dann im Herbst desselben Jahres das State Department als die Schwachstelle. Man sei dort aus politischer Berechnung zu einigen Konzessionen bereit, einschließlich einer Aktenrückgabe. „These are the people who may create trouble, but not, assuredly the Forces."[15] Melland ließ sich aber nicht nur informieren, er nutzte Friedrichsen auch, um gezielt am Foreign Office vorbei interne Ansichten des JCC zu lancieren. Er wollte sicherstellen, dass man in Washington die offiziellen Verlautbarungen des Foreign Office, mit denen das JCC schon früh unzufrieden war, nicht allzu ernst nahm. So ließ er mitteilen, „that we are not only sensitive but uneasy in London about the restitution question." Aus dem Büro des Generaladjutanten versicherte man daraufhin, „that whatever the State Department was plotting, the US Army was dead against giving back anything, and it was known [here] that the British were against sending *anything at all*."[16] Der inoffizielle

---

während des Krieges die Abteilung MI 14 (d), die sich mit der deutschen Abwehr, dem SD und der Gestapo befasste. Eine der wenigen biographischen Quellen zu Melland ist der Nachruf von Wheeler-Bennett in The Times (London), 29.7.1971, 20.

13 Friedrichsen an Melland, 29.3.1950, in: PRO CAB 103/458. Friedrichsens Freund war Philipp Brower. Friedrichsen war wie Melland ein MI 14-Veteran.

14 Friedrichsen an Melland, 28.3.1950, in: ebd. Er zitierte den Mitarbeiter der Deutschland-Abteilung im State Department Ropshaw mit den Worten: „It would be politically inadvisable for mi[litary] records to be returned to Germany in view of our stated policy against any rearmament in Germany." Im Department of Commerce sehe man die deutschen Akten als „legitimate war booty" an.

15 „The State Department will [...] be a focus of political expediency-measures which might include the return of documents." Friedrichsen an Melland, 13.9.1950, in: PRO FO 370/2088 LS13/10. Das Protokoll der JCC-Sitzung vom 5.4.1951 spricht gar von einer „marked disposition on the part of the State Department towards appeasement" – ein Wort, das im englischen Nachkriegswortschatz wahrlich kein Kompliment war. Vgl. JCC 34th Meeting, 5.4.1951, PRO CAB 103/458.

16 Minute, Melland an Acheson, 17.1.1955, in: PRO CAB 103/336 (Hervorh. i. O.).

Kontakt von einer Arbeitsebene zur anderen brachte wertvolle Hinweise, die zwar nicht in die Sitzungsprotokolle des JCC gelangen durften, die aber trotzdem der allgemeinen Orientierung dienten.

Die Vertreter des Cabinet Office quälte aber spätestens seit dem Winter 1955/56 noch eine ganz andere Überlegung: Die amtlichen Militärhistoriker mussten sich bei wachsendem zeitlichen Abstand zu Kriegsende den Vorwurf gefallen lassen, zu langsam zu arbeiten. Bereits im Herbst 1955 musste Melland unter finanziellen Gesichtspunkten über die Arbeit seiner Abteilung Rechenschaft ablegen.[17] Wären die deutschen militärischen Akten zügig aus Washington zurückgegeben worden, hätte die ganze Enemy Document Section zur Disposition gestanden. Die Beuteakten waren so betrachtet nicht nur Material für die Geschichtsschreibung, sondern ihr Verbleib in alliierter Hand garantierte Arbeitsplätze. Friedrichsen bekam das zu Jahresbeginn 1956 deutlich zu spüren, als er sich dagegen wehren musste, seine Position auf eine halbe Stelle reduziert zu sehen. Offensichtlich war man in der Personalverwaltung der Meinung, dass der Ertrag aus den deutschen Quellen in den USA keine volle Stelle vor Ort mehr rechtfertige.[18] Wenn Melland im JCC gegen eine Rückgabe militärischer Akten argumentierte, dürfte er also auch die Positionen seiner Mitarbeiter bedacht haben.

Dem Foreign Office kam eine Schlüsselrolle in der Frage deutscher Akten zu. Es vertrat die offizielle britische Position nach außen, sowohl den Westdeutschen als auch den Verbündeten gegenüber. Gleichzeitig verwaltete es gemeinsam mit dem State Department die deutschen diplomatischen Akten und betreute die alliierte Edition *Documents on German Foreign Policy* in Whaddon Hall (Buckinghamshire). Kein Ministerium war in der Aktenfrage so durchgängig gespalten wie das Foreign Office. Hier kollidierten die Positionen der direkt mit der Deutschlandpolitik befassten Spitzenbeamten und der Hohen Kommission in Wahnerheide immer wieder mit den Ansichten der Forschungsabteilung unter E. James Passant.[19]

---

17 Melland, Functions and Personnel of the EDS, 16.11.1955, in: PRO CAB 103/339.
18 Vgl. Friedrichsen an Melland, 6.2. und 28.2.1956, in: PRO CAB 103/339. Ähnliches wiederholte sich bei der Rückgabe der Marineakten: die Londoner Botschaft berichtete 1959, das schleppende Rückgabetempo erkläre sich daraus, dass die berufliche Stellung von Commander Saunders von der Historical Section aufs Engste mit dem deutschen Marinearchiv verbunden sei. Vgl. PA/AA, B 118, Bd. 747.
19 E. James Passant war von Haus aus Mediävist. Während des Krieges verließ er seine Position als Fellow am Sidney Sussex College, Cambridge, und arbeitete in der Naval Intelligence Division der Admiralität. Unter seiner Leitung entstand ein vierbändiges Deutschland-Handbuch, dessen historischer Teil 1959 publiziert wurde („A Short

Während die politischen Abteilungen das Rückgabeproblem als einen sekundären Aspekt betrachteten, der hinter den entscheidenden Fragen der Zeit (Deutschlandvertrag, Wiederbewaffnung) eigentlich zurückzutreten hatte, wurde Passant von den britischen Historiker in Whaddon Hall beeinflusst, für die die Akten Dreh- und Angelpunkt ihrer Arbeit waren. Persönlich stand er Wheeler-Bennetts Ansichten gegen eine Rückgabe nahe.[20] Gleichzeitig musste er jedoch im JCC für die Positionen und auch Sorgen der Diplomaten werben, um nicht zu einem Anachronismus in seiner eigenen Behörde zu werden.

Die Ausdifferenzierung der Positionen im Foreign Office vollzog sich noch Ende 1950, als das JCC sein erstes Positionspapier erarbeitete. Nachdem im Juni 1950 Adenauers Rückgabeforderung an die Hohe Kommission eingegangen war, riet der britische Hohe Kommissar Kirkpatrick zu einer „policy of minor concessions", denn die Einbehaltung der diplomatischen Akten sei aus politischen Gründen schwierig, wenn nicht gar unmöglich. Entsprechend fand das erste, ablehnende Positionspapier des JCC keinen Rückhalt in der Deutschlandabteilung. Hier war man nämlich der Meinung, dass die deutsche Forderung angesichts der neuen alliierten Politik gerechtfertigt sei. Bonn sollte weitestmöglichen Handlungsspielraum erhalten, und das vertrage sich nun einmal nicht mit der Einbehaltung der Akten. Die Angelegenheit müsse „as liberal as we can" behandelt werden.[21] Im Hochkommissariat steckte man bereits tief in Fragen der Wiederbewaffnung und legte dar, dass „if German assistance was wanted on big issues, minor concessions must be made."[22] Dass die Akten noch für die historische Forschung in England

---

History of Germany 1815-1945"; deutsche Ausgabe unter dem Titel „Germany 1815-1945. Deutsche Geschichte in britischer Sicht", Berlin 1962). 1945/46 leitete Passant die German Section der Foreign Office Research Division (FORD). Im April 1946 löste er den Historiker Arnold Toynbee als Leiter von FORD ab. Bei seiner Pensionierung im Frühjahr 1955 war er Director of Research and Librarian and Keeper of the Foreign Office Papers. Sein Nachfolger wurde Duncan Wilson.

20 Minute Acheson, CAB, an O. C. Morland, A Johnston, 18.12.1950, in: PRO CAB 103/458: „Although Mr. Passant is himself strongly opposed to the return of the documents, he has [...] some anxiety about the attitude which may be adopted by the [FO] department which deals with political relations with Western Germany."
21 Minute W. D. Allen (i. V. für Gainer) an Passant, 27.12.1950, in: ebd. Die Deutschlandabteilung forderte (noch) nicht, das alliierte Editionsprojekt einfach einzustellen. Sie wollten aber mit der Rückgabe von weniger relevanten Akten beginnen, um den Deutschen gegenüber guten Willen zu demonstrieren.
22 JCC 29th Meeting, 2.11.1950, in: PRO FO370/2088 LS13/15.

benötigt wurden, erschien Kirkpatrick nicht als ausreichende Begründung für ihre Einbehaltung.

Das JCC hatte aber Mittel und Wege, dem politischen Druck etwas entgegenzusetzen. Auf die Bitte der britischen Hohen Kommission, eine Aufstellung aller Beuteakten in britischer Hand zu erarbeiten, reagierte es nicht. Selbst Passant konnte das JCC nicht dazu bewegen, jemals eine solche Liste anzufertigen, die der Orientierung der eigenen Diplomaten dienen sollte. In Wahnerheide wusste man deshalb oft nicht mehr über die Bestände in England als die amerikanischen oder französischen Kollegen im Hochkommissariat oder die deutschen Gesprächspartner im Auswärtigen Amt. Auch die Historische Abteilung im State Department bemühte sich, dem JCC eine Aufstellung abzuringen, nach der man einen Rückgabeplan hätte entwerfen können.[23] Im JCC hatte man also schon früh erkannt, dass sich über das Zurückhalten selbst eines groben Überblicks über die deutschen Akten die Diskussion effektiv steuern oder zumindest verschleppen ließ. Signale aus Bonn bestätigten die Wirksamkeit dieses Vorgehens.[24]

Passants Position den Kollegen im JCC gegenüber, mit denen er persönlich ja konform ging, wurde kniffelig, als Adenauer das Aktenthema in die Verhandlungen um den Deutschlandvertrag einbrachte. Der Kanzler forderte im April 1952 von den Hohen Kommissaren eine prinzipielle Erklärung, dass die Archive und Registraturen deutsches Eigentum seien und zurückgegeben werden würden. Nur mit Mühe konnte Kirkpatrick ihn davon überzeugen, diesen Gegenstand aus den laufenden Verhandlungen auszugliedern und separat zu verhandeln.[25] Das JCC allerdings fühlte sich ob dieses Vorschlages regelrecht abgehalftert und warf Kirkpatrick vor, seine Kompetenzen überschritten, sogar vor Adenauer „kapitu-

---

23 Acheson, Reflections on the Discussion with Dr. Noble, 8.12.1953, in: PRO FO 370/2345 LS5/29; JCC 75th Meeting, 5.1.1955, in: PRO 370/2426 LS5/13.
24 „The Germans said that they had found difficulty in preparing the memorandum [detaillierte Rückgabeforderungen, A. E.] as they did not know what archives were still in existence or where these were." JCC 47th Meeting, 2.4.1952, in: PRO FO 370/2269 LS18/5. Vgl. auch Wilhelm Rohr, Bundesarchiv, an Kultusministerium Nordrhein-Westfalen, 14.5.1958, in: HStA Düsseldorf, BR 2094-44. „Wir dürfen darauf hinweisen, daß über deutsches Schriftgut nichtmilitärischer Provenienz, das sich heute noch in britischer Hand befindet, völlige Ungewißheit herrscht (auch hinsichtlich der Aufbewahrungsorte), weil die Engländer im Gegensatz zu den Amerikanern sich darüber bis heute ausgeschwiegen haben."
25 Adenauer und die Hohen Kommissare 1952 (II), Nr. 41, 9.4.1952, 71. Kirkpatrick, Wahnerheide, an FO, Nr. 476, 10.4.1952, in: PRO FO 370/2244; und 13.8.1952, in: PRO CAB 103/459.

liert" zu haben. Passant musste im JCC das Vorgehen des Hohen Kommissars rechtfertigen. Er führte aus, dass Kirkpatricks Zustimmung zu Verhandlungen politisch unvermeidlich gewesen sei. „Negotiation, however, does not mean wholesale surrender."[26] Das Foreign Office strebe lediglich realistische Konzessionen an, aber keine Anerkennung der Rückgabeforderung als einen legitimen deutschen Anspruch. Passant warb im Auftrag Kirkpatricks darum, dass das JCC seine ablehnende Haltung überdenken möge. Der Hohe Kommissar befürchtete sonst, dass die Zustimmung zu den EVG-Verträgen im Bundestag gefährdet werden könne.[27] Das war natürlich ein übertriebenes Szenario, denn die Aktenfrage lag trotz einer ausführlichen Bundestagsdebatte im Mai 1950[28] nur einer beschränkten Öffentlichkeit bzw. Deutungselite am Herzen. Auch die Presseberichterstattung zum Thema hielt sich in überschaubaren Grenzen. Zu keinem Zeitpunkt hatte sie das Potenzial, wichtige politische Entscheidungen wie die Zustimmung zur EVG ausschlaggebend zu beeinflussen.[29]

Die Mitglieder des JCC zeigten sich von Passants Ausführungen ohnehin nicht beeindruckt. „They did not regard the changed relationship with Western Germany as a reason in itself for making concessions over the documents."[30] Sie hielten Wahnerheide vor, sofort zu konkreten Rückgaben schreiten zu wollen. Bevor mit den Deutschen über irgendetwas verhandelt werden könne, müsse mit den Amerikanern geklärt werden, ob die betreffenden Akten sicherheitsgefährdend oder für historische und militärische Zwecke nützlich seien. „In the Committee's view none of these questions offer scope for negotiations with the Germans." Im Klartext: wo es keinen Verhandlungsspielraum gibt, müsse auch nicht verhandelt werden. Lediglich über solche Akten, die zur Aushebung der deutschen EVG-Kontingente von Belang waren, ließ das JCC mit sich reden.[31]

---

26 JCC 49th Meeting, 14.8.1952, in: PRO FO 370/2269 LS18/11.
27 Kirkpatrick „had given a warning that a ‚political row' in Germany on this question might seriously affect the prospect of ratification of the Contractual Arrangement by the Federal Parliament at Bonn." JCC 49th Meeting, 14.8.1952, in: ebd.
28 Bundestag, 1. Wahlperiode, Stenographische Berichte 3, 63. Sitzung, 11.5.1950, 2310-2315.
29 In eine völlig andere Kategorie fällt zum Beispiel die öffentliche Agitation zugunsten der Landsberger Häftlinge in den Jahren 1949-1951. Nimmt man diese als tertium comparationis, dann wird die beschränkte Öffentlichkeitswirksamkeit der Aktenfrage deutlich. Das Auswärtige Amt hatte zudem kein Interesse an einer Diskussion der Verhandlungen in der Presse.
30 Minute Acheson, CAB, an Morland, CAB, 20.8.1952, CAB 103/459.
31 JCC 53rd Meeting, 5.11.1952, in: PRO FO 370/2269 LS18/15.

Wenn man die Ereignisse im Zeitraffer zusammenfasst, ergibt sich folgendes Bild: Das JCC blieb aus der Perspektive des Büro des Hohen Kommissars und der Deutschlandabteilung über die Jahre ein ärgerlicher Bremsklotz. Die detaillierten, zeit- und wahrscheinlich auch nervenaufreibenden Verhandlungen zwischen JCC und den Diplomaten verharrten seit Ende 1952 auf beidseitig sattsam bekannten Argumentationslinien. Im November 1953 – die Bundesregierung hatte gerade vorgeschlagen, das alliierte Editionsprojekt nach Deutschland zu verlegen und dafür die Kosten zu tragen – machte ein Beamter der Hohen Kommission noch einmal einen Anlauf, im Klartext zu kommunizieren, worum es vor Ort ging: „Our own day-to-day business of Anglo-German relations is more and more with the Federal Ministry for Foreign Affairs, who are the very people who feel most strongly about the Archives. If we turn […] down [their offer] we risk injecting a little poison into all our dealings with them at a time when we are trying to build up our contacts with them."[32]

Dass es nach zähen Verhandlungen mit den Deutschen im April 1956 zu einem Notenaustausch kam, der die Rückgabe der diplomatischen Akten besiegelte, und dass 1958 Verhandlungen um militärisches Schriftgut aufgenommen werden konnten, lag weniger daran, dass es zu einer grundsätzlichen Einigung innerhalb der britischen Regierung gekommen wäre. Vielmehr bahnte eine Kombination von Veränderungen auf allen Seiten den Weg zum Kompromiss. Dazu gehörten der Abgang Churchills, verstärkter Druck der Amerikaner auf die Briten sowie konziliantere Töne der Deutschen in den Verhandlungen. Erst 1958, mit Beginn der Gespräche über die nicht-diplomatischen Akten, gewann das Foreign Office gegenüber dem JCC die Oberhand. Zumindest der Leiter der Deutschlandabteilung, Francis Hancock, wollte seine diplomatischen Energien nicht länger intern verpulvern: „[In 1952] I used to sit on the JCC myself and I know how frightfully difficult and obstructive some of its members are. In those days we thought we had done quite well when we got agreement to return the veterinary archives […]! But nowadays we have got further than this in our political relations with Germany and it does not seem worthwhile annoying the Germans just to satisfy one or two old dug-outs in the Admiralty."[33]

Der neue Leiter der Forschungsabteilung, Cecil Parrott, konnte sich dem nur anschließen und kündigte eine neue Linie gegenüber dem JCC an: „The Committee could not be more obstructive. They just sit there and think up reasons why

---

32 Kit Barclay, Office of the High Commissioner, Memorandum: German Foreign Office Archives – Arguments, o. D. [November 1953], in: PRO FO 370/2344 LS5/248.
33 Minute Hancock, 28.5.1958, in: PRO FO 370/2548 LS5/42.

they should hold on to documents which no one here needs. Any reasonable action by a German today becomes at once the object of their gravest suspicions and they waste hours of my time dissecting German motives."[34] Den Beamten im Foreign Office war offensichtlich einfach der Kragen geplatzt.

---

34 Minute Cecil Parrott, 30.5.1958, in: ebd.

Dagmar Unverhau
Zerreißen, vernichten, verlagern, verschwinden lassen –
Die Aktenpolitik der DDR-Staatssicherheit im Zeichen
ihrer „Wende" 1989

I.

Versetzen wir uns in jene Oktobertage 1989 nach den Festveranstaltungen zum 40. Jahrestag der DDR-Gründung am 6. und 7. Oktober, als Zehntausende für Meinungsfreiheit und Reformen gegen das SED-Regime demonstrierten. Informationen über Korruption und Amtsmissbrauch sowie Hinweise auf gezielte Vernichtung belastender Unterlagen heizten in der Folgezeit die Stimmung der Bevölkerung an. „Der rapide Niedergang des alten Systems war in der Woche nach dem 40. Jahrestag nicht mehr zu übersehen."[1] Das alte System wankte. Am 18. Oktober 1989 wurde Erich Honecker „auf eigenen Wunsch" von allen Ämtern entbunden. Egon Krenz wurde neuer Generalsekretär der SED. Am 24. Oktober wählte ihn die Volkskammer bei 26 Gegenstimmen und 26 Enthaltungen zum Staatsratsvorsitzenden und mit acht Gegenstimmen auch zum Vorsitzenden des Nationalen Verteidigungsrates. Am 7. November sollte die DDR-Regierung geschlossen zurücktreten. Einen Tag später folgte am 8. November das wahre Machtzentrum, das Politbüro der SED. Hans Modrow wurde zum neuen Regierungschef am 13. November gewählt. Am 17. November 1989 wurde der vormals mächtige Minister für Staatssicherheit Erich Mielke aus dem Zentralkomitee der SED ausgeschlossen. Diesen Tag sollte auch das von ihm bis dahin geleitete Ministerium nicht überdauern: Es wurde mit seinen Gliederungen (Bezirksverwaltungen, Objekt- und Kreisdienststellen) formal aufgelöst. Realiter fand eine Umbenennung in das Amt für Nationale Sicherheit (AfNS) statt. Dass es sich um einen Etikettenschwindel handelte – von der Stasi zur Nasi –, zeigten die alten Kader, allen voran der vormalige Stellvertretende Minister für Staatssicherheit und neue Chef des Amtes für Nationale Sicherheit Wolfgang Schwanitz. Die Aporie

---

1 Hermann Weber: Die DDR 1945-1990 (OGG, 20), 2., überarb. u. erw. Aufl., München 1993, 105. Vgl. ders.: Geschichte der DDR, München ²2000, 350 ff. Der Anmerkungsapparat beschränkt sich auf das Notwendige. – Zwischen dem Ministerium für Staatssicherheit (MfS) und dem Amt für Nationale Sicherheit (AfNS) wird in den Bestandsangaben nicht unterschieden. Der Grund ist einleuchtend: Das AfNS existierte nicht mal einen Monat lang in der Zeit vom 17.11.1989 bis zum 14.12.1989.

der Staatssicherheit offenbarte sich darin, dass Mitarbeiter ihr Schweigen brachen: „Unzufriedene und entlassenen Mitarbeiter [...] boten den Medien Informationen über die ‚Aktion Reißwolf' an. [...] So berichtete ein Angehöriger der Hauptabteilung XXII (Terrorabwehr) des AfNS am Morgen des 4. Dezember im Berliner Rundfunk darüber, daß in seiner Dienststelle Unterlagen verbrannt wurden: ‚Ich habe gesehen, daß mein direkter Leiter die Unterlagen genommen hat, damit ins Heizhaus gegangen ist, und daß im Umkreis des Heizhauses, wie verbrannte Papierschnipsel eben aussehen, eben dort liegen, und aus dem Schornstein rausfliegen.'"[2]

Hauptkristallisationspunkte der am 4. Dezember 1989 eskalierenden Proteste wurden die Grundstücke und Liegenschaften, die sog. „Objekte" des AfNS. An diesem Tage ereignete sich das bis dahin Unvorstellbare: In der Erfurter Andreasstraße wurde das Bezirksamt (vormals Bezirksverwaltung) des AfNS besetzt. Auslöser war der Verdacht, dass in dem Gebäude Akten verbrannt wurden. Tagelang hatten dicke Qualmwolken über dem Innenhof gestanden.[3] Empörte Demonstranten drangen auch in die Bezirksämter Dresden, Gera, Leipzig, Suhl und Ost-Berlin ein, um Aktenvernichtungen zu stoppen. „Die Dramatik dieser Geschehnisse ist in DDR-Zeitungen packend geschildert worden."[4] Die Berliner Zeitung vom 6. Dezember 1989 schilderte die ‚Begehung' des Suhler Bezirksamtes in der Nacht vom 4. auf den 5. Dezember mit den Worten: „Zu diesem Rundgang war es erst gekommen, nachdem sich mehr als 2.000 Einwohner spontan zu einem Protestmarsch formiert hatten. Versuche einer Abordnung der Bürgerbewegung, mit Hilfe des Bezirksstaatsanwaltes und unter Einbeziehung der Polizei Einsicht in die Räume zu erlangen und die Vernichtung von möglichem Beweismaterial zu verhindern, waren fehlgeschlagen. Daraufhin begannen Demonstranten, die Metallverkleidung des Eingangstores zu demolieren. Nebelschwaden einer Tränengasgranate trieben die Massen kurzfristig auseinander. Schließlich konnte dann gegen Mitternacht die verlangte Begehung beginnen. Räumlichkeiten und einzelne Schränke wurden durch den Bezirksstaatsanwalt versiegelt. Der Leiter des Bezirksamtes für Nationale Sicherheit, Gerhard Lange, bejahte die Frage, ob in Suhl – wie bereits in Leipzig, Erfurt oder Berlin – massenhaft Akten vernichtet worden

---

2 Zit. n. Michael Richter: Die Staatssicherheit im letzten Jahr der DDR (Schriften des Hannah-Arendt-Instituts für Totalitarismusforschung 4), Weimar-Köln-Wien 73 f.
3 Ebd., 74.
4 Karl Wilhelm Fricke: „Zur Abschaffung des Amtes für Nationale Sicherheit", in: Deutschland Archiv (DA) 23 (1990), 59; ders.: „Das Ende der DDR-Staatssicherheit? Vom MfS zum Amt für Nationale Sicherheit", in: DA 22 (1989), 1340-1344.

seien. Dabei habe es sich um Unterlagen gehandelt, die im Zuge der ,zu weit gefaßten Sicherheitsmaßnahmen vergangener Jahre' angefertigt worden waren."[5]

Am 8. Dezember 1989 wandte sich die Direktorin des Zentralen Staatsarchivs der DDR, Frau Brachmann-Teubner, wegen der in den ersten Dezembertagen ruchbar gewordenen Aktenvernichtungen großen Stils an den „Ministerrat der DDR[,] Amt für Nationale Sicherheit[,] Herrn Dr. Wolfgang Schwanitz[,] Normannenstr. 22[,] Berlin 1130": „Unter Bezugnahme auf Ihre Stellungnahme auf der Pressekonferenz am 7.12. d. J. über stattgefundene Aktenvernichtungen in Ihrem Zuständigkeitsbereich fühle ich mich verpflichtet, auf die besondere Verantwortung des Zentralen Staatsarchivs bei der Sicherung der Rechts- und anderen Interessen der Deutschen Demokratischen Republik und ihrer Bürger sowie beim Schutz der Quellengrundlagen für Ermittlungen und Recherchen jeglicher Art, für die spätere Darstellung der tatsächlichen Geschichte der DDR hinzuweisen. Diese gesamtstaatliche Aufgabe, die gegen die ,Politik der Reißwölfe' zu erfolgen hat, kann das Zentrale Staatsarchiv nur lösen, wenn es dabei auch von den zentralen Staatsorganen einschließlich Ihres Amtes für Nationale Sicherheit unterstützt wird. Die Einhaltung der dafür vorhandenen Rechtsvorschriften ist eine Forderung, der von allen Staatsfunktionären nachzukommen ist. Insbesondere sind alle ungesetzlichen Aktenvernichtungen zu unterbinden."[6] Diese denkwürdige Mahnung ist vor dem Hintergrund des tief greifenden gesellschaftlichen und politischen Wandels der friedlichen Revolution, die sich in jenen Tagen in der DDR vollzog, zu verstehen. Alte Ordnungen bröckelten und delegitimierten sich und mit ihnen die Rechtsgrundlagen. Gemäß § 9 Abs. 3 der „Verordnung über das staatliche Archivwesen [der DDR]" vom 11. März 1976[7] „verwalten" die bewaffneten Organe „ihr Archivgut selbständig nach den Grundsätzen dieser Verordnung. Die Verwaltung, Nachweisführung und Auswertung des dienstlichen Schriftgutes und Archivgutes [!] sowie die Benutzung und Kontrolle der Archive in den bewaffneten Organen erfolgt nach den Festlegungen der zuständigen Minister."[8] Einer von ihnen, der langjährige Minister für Staatssicherheit, Erich Mielke, hatte diese Kompetenz über Dienstanweisungen, Richtlinien und Befehle autark wahrgenommen. Die Entscheidung über Aktenvernichtungen einerseits und Archivierungen anderer-

---

5   Zit. n. Fricke: Abschaffung des AfNS (wie Anm. 4), 59.
6   BArch DO1 MdI 22.0 Nr. 2682, 164.
7   Abgedruckt in Dagmar Unverhau (Hg.): Das Stasi-Unterlagen-Gesetz im Lichte von Datenschutz und Archivgesetzgebung. Referate der Tagung des BStU vom 26.-28.11. 1997 (Archiv zur DDR-Staatssicherheit 2), Münster 1998, 231 ff.
8   § 9 (3) zit. n. ebd., 235.

seits hatte selbstverständlich dazugehört. Das Zentrale Staatsarchiv der DDR war bisher als Endarchiv für diese ministeriale Überlieferung nicht in Anspruch genommen worden; im Gegenteil hatte die Staatssicherheit in dessen Bestände eingegriffen und Akten an sich gezogen.[9] Frau Brachmann-Teubner hatte in ihrem Schreiben einige sehr wichtige Schriftgutkomplexe aufgelistet.[10] Nun erschienen diese Zustände als unhaltbar. Mit der Krise des SED-Staates und der Staatssicherheit als dessen „Schild und Schwert der Partei" verlor diese Autonomie des Ministeriums für Staatssicherheit (MfS) ihre Gültigkeit und Akzeptanz. Die jahrzehntelang eifersüchtig gehüteten Unterlagen und Akten wurden der Staatssicherheit zu einer Belastung, die im Angesicht der sich vollziehenden friedlichen Revolution ein institutionelles Fortbestehen verhindern konnten, weil sie das wahre Gesicht der hauptsächlich nach innen gerichteten politischen Geheimpolizei offenbarten. Selbst Generalleutnant Schwanitz bemühte (allerdings in einer eigenen Dialektik und u. U. gegen die Intention der zitierten Direktorin) am 14. Dezember 1989 dem Genossen Modrow als Vorsitzendem des Ministerrates gegenüber die „Verordnung über das staatliche Archivwesen vom 11. März 1976" und rekurrierte auf die Hilfe des Zentralen Staatsarchivs.[11] Ausgehend von den Schwierigkeiten, die die Auflösung der Bezirksämter (die früheren Bezirksverwaltungen) wegen deren „Blockierung bzw. Besetzung" durch aufgebrachte Bürger, bereite – inzwischen stand das Amt für Nationale Sicherheit zur Disposition –, ging er auf die Last der bis dahin streng abgeschirmten Überlieferungsmassen ein: „Erschwert wird die weitere Auflösung besonders auch dadurch, daß in den Bezirksämtern – auch durch die Überführung aus den Kreisämtern [den vormaligen Kreisdienststellen] – sowie in der Zentrale Schriftgut und andere Materialien aus den vergangenen 40 Jahren in nicht abschätzbaren Größenordnungen (mehrere tausend Tonnen) gelagert sind. Deren Sichtung, Vernichtung, Archivierung bzw. Übergabe an den neuzuschaffenden Nachrichtendienst bzw. Verfassungsschutz wird Monate in Anspruch nehmen, eine spezifische Technologie, einen hohen Kapazitäts- und Kräfteeinsatz erfordern. Hinzu kommt, daß größere Transporte aus Kapazitäts- und aus Sicherheitsgründen nicht erfolgen können. Bei dem Schriftgut und anderen Materialien handelt es sich teilweise um Dokumente und Unterlagen mit höchster Geheimhaltung und außerordentlicher politischer Brisanz. [...] Die Tatsache, daß extremistische Kräfte – z. T. unter Vorgabe, im Auftrag von Bürgerinitiativen zu handeln – ihre Aktivitäten gegen die Ämter in den letzten Tagen

---

9 Dagmar Unverhau: Das „NS-Archiv" des Ministeriums für Staatssicherheit. Stationen einer Entwicklung (Archiv zur DDR-Staatssicherheit 1), Münster 1998.
10 BArch, DO1 MdI 22.0, Nr. 2682, 165 f.
11 BStU, MfS ZAIG Nr. 14279, 52-55.

verstärkt haben und eine Erstürmung von Ämtern nicht auszuschließen ist, erhöhen diese Gefahren um ein weiteres."[12] Schwanitz schlug daher vor: „1. Vernichtung des gesamten Schriftgutes (Akten, manuelle Informationsspeicher und andere schriftliche Unterlagen), aller elektronischen Datenträger und Mikrofilme (im folgenden Materialien) zu Personen, Sachverhalten und Objekten, die für die künftige Arbeit des Nachrichtendienstes und des Verfassungsschutzes der DDR keine unmittelbare Bedeutung haben und die nicht Archivgut im Sinne der Verordnung über das staatliche Archivwesen vom 11. März 1976 sind."[13] – Insbesondere sollten hiermit die Spuren von Bespitzelung (Inoffizielle Mitarbeiter z. B.), Kontrolle, Repression und Überwachung verwischt und „Arbeitsmaterialien ausgeschiedener und noch ausscheidender Angehöriger des Amtes" vernichtet werden. – 2. Sollte mit Hilfe des Zentralen Staatsarchivs „Archivgut auf der Grundlage gültiger Rechtsvorschriften" ausgewählt und verwaltet werden.[14] 3. war festzustellen, welche Materialien Nachrichtendienst und Verfassungsschutz benötigen würden.[15] Die einzelnen Punkte können aus Zeitgründen hier nicht mit Beispielen unterlegt werden. Wichtig ist, wie weit das vormalige MfS – um dieses handelte es sich ja trotz aller Absetzbewegungen von der alten Sicherheitsdoktrin und insbesondere von dem vormaligen Minister Mielke – sein politisch-operatives Schriftgut aufzugeben bereit war. Wie es dazu gekommen ist, soll hier vornehmlich anhand der Ministerbefehle Mielkes und Schwanitz' über Schriftgut-„Reduzierungen"[16] nachgezeichnet werden. Alles andere, insbesondere exakte Angaben über Vernichtungsaktionen, wäre ein weites Feld und muss einer Spezialuntersuchung vorbehalten bleiben.

Die „Wende" ist der zeitliche Rahmen, nicht derjenige der Auflösung der Staatssicherheit, die mit dem 14. Dezember 1989 angesetzt werden kann. An diesem Tage beschloss der Ministerrat die Auflösung des AfNS.[17] Das Ende der Staatssicherheit vollzog sich in Etappen. Diese mit der schließlich verordneten ersatzlosen Streichung von Nachfolgeorganen bilden eine äußerst interessante, aber auch sehr komplexe Phase, nicht zuletzt wegen der Vielzahl der daran politisch verantwortlich Beteiligten. Sie alle entwickelten Vorstellungen über den Umgang mit dem MfS-/AfNS-Schriftgut. Es würde den Rahmen sprengen, diese hier unter den Kriterien von Aufbewahrung bzw. Vernichtung zu analysieren.

---

12 Ebd., 52 f.
13 Ebd., 53.
14 Ebd., 54.
15 Ebd., 54 f.
16 Vom 6., 22. und 29. November 1989.
17 BStU, MfS SdM Nr. 2336, 257.

Was hat es mit der „Wende" auf sich? Dieses ist ein politisches Schlagwort der alten Mächte, der SED und in ihrem Gefolge der Staatssicherheit[18]. Dabei ging es um die Rettung des alten Regimes. Mit dem „freiwilligen" Rücktritt Erich Honekkers am 18. Oktober 1989, in Wirklichkeit herbeigeführt von Egon Krenz und Günter Schabowski zusammen mit Willi Stoph, Harry Tisch u. a., sah man im Politbüro die „Wende", um „das Regime vor dem endgültigen Fiasko zu retten"[19]. Der neue Generalsekretär der SED, Egon Krenz, versprach der Bevölkerung die „Wende", „doch damit war für ihn und andere SED-Führer die Vorstellung verbunden, es bedürfe nur einiger Korrekturen der alten Politik. Dagegen war eine grundsätzliche Erneuerung des politischen Systems die Mindestforderung der oppositionellen politischen Kräfte."[20] Es bedarf also Sorgfalt bei der Wortwahl, um die zeitgleich stattfindende friedliche Revolution dieser Kräfte nicht durch den falschen Gebrauch des Terminus „Wende" zu überlagern, zu beschädigen oder gar zu diskreditieren.

Wie sich der „Prozeß der revolutionären Erneuerung",[21] eben der „Wende", auf die „Neubestimmung der Aufgaben des AfNS"[22] auswirken sollte, wird hier am Beispiel der Aktenpolitik verdeutlicht werden. Wie sich herausstellen wird, kreiste das Denken und Trachten der Staatssicherheit um die Beseitigung der Dokumente der „Überwachungsmaßnahmen des ehemaligen MfS"[23] im schönen Selbstbetrug über die Distanzierung; des Weiteren, wie es im zitierten Zeitungsbericht über die Begehung des Bezirksamtes Suhl hieß, um die Verwischung der „zu weit gefaßten Sicherheitsmaßnahmen vergangener Jahre", statt um „Informationen über territoriale Struktur, Aufgabenstellung, Funktionsbereiche und Umfang der Tätigkeit des ehemaligen MfS; Offenlegung und Einsichtnahme in alle Unterlagen, um Entscheidungen treffen zu können, was begründet geheim bleiben muß; Offenlegung aller gegen Bürgergruppen gerichteten Ermittlungen: Zugang zu allen Gebäuden und Einrichtungen; Entbindung der Mitarbeiter des Amts von der Schweigepflicht, Prüfung der Verletzungen geltenden Rechts."[24]

---

18 BStU, MfS AGM Nr. 107, 95 f.
19 Weber: DDR 1945-1990 (wie Anm. 1), 105.
20 Ebd., 106.
21 So Schwanitz am 18.11.1989 anlässlich der Bildung des AfNS, in: BStU, MfS HA IX Nr. 10789, 42.
22 Ebd.
23 BStU, MfS HA XX Nr. 5122, 100.
24 So Vertreter der Bürgerbewegung in Dresden, nach dem Artikel „Verzögert und dummgestellt", in: Union vom 8. Dezember 1989, zit. n. Fricke: Abschaffung des AfNS (wie Anm. 4), 60.

II.

Zunächst müssen zum besseren Verständnis einige Erläuterungen vorausgeschickt werden. Ein Zentral-, ja Schlüsselbegriff im System des MfS ist die „politisch-operative Arbeit": Das ist nach dem „Wörterbuch der Staatssicherheit"[25] „die auf dem Klassenauftrag der SED an das MfS beruhende Tätigkeit der operativen Kräfte des MfS zur Realisierung der Sicherheitserfordernisse der sozialistischen Gesellschaft". Dass dies eine weitgehend „konspirativ geführte politische Arbeit"[26] war, wird über die Definition der „operativen Kräfte"[27] klar. Letztere sind „die Gesamt[heit] der offiziell oder inoffiziell zur Lösung der politisch-operativen Aufgaben des MfS eingesetzten Mitarbeiter. Zu den operativen Kräften gehören:
- Angehörige des MfS im operativen Dienst,
- Offiziere im besonderen Einsatz,
- Inoffizielle Mitarbeiter (IM),
- Hauptamtliche Inoffizielle Mitarbeiter,
- Kader auf Perspektive (Perspektivkader),
- Gesellschaftliche Mitarbeiter für Sicherheit (GMS)."

Die sechs Gruppen sind unter zwei Obergruppen zu subsumieren: In diejenige der MfS-Angehörigen und in diejenige der Spitzel (IM und GMS). „Ohne ihre inoffiziellen Mitarbeiter *(IM)* wäre die Staatssicherheit nicht das geworden, was sie war: ein fast überall anwesendes Monstrum. Die vielen kleinen und großen Zuträger haben der Stasi den Mythos der Allgegenwärtigkeit und Unfehlbarkeit verschafft und waren der wichtigste Pfeiler für das *MfS*. Die Formen der inoffiziellen Mitarbeit waren vielfältig. [...] Viele arbeiteten dem *MfS* als sogenannte ‚Gesellschaftliche Mitarbeiter Sicherheit' *(GMS)* zu. Das waren Personen in leitenden staatlichen und Parteiämtern. Sie mußten ebenfalls eine Schweigeerklärung abgeben."[28]

---

25 Siegfried Suckut (Hg.): Das Wörterbuch der Staatssicherheit. Definitionen des MfS zur „politisch-operativen Arbeit" (Analysen und Dokumente. Wissenschaftliche Reihe des BStU 5), Berlin 1996, 52.
26 Ebd.
27 Ebd., 265 f.
28 Tina Krone/Irena Kukutz/Henry Leide: Wenn wir unsere Akten lesen. Handbuch zum Umgang mit den Stasi-Akten, Berlin 1992, 17. Zu den IM siehe: Helmut Müller-Enbergs: Inoffizielle Mitarbeiter des Ministeriums für Staatssicherheit. Richtlinien und Durchführungsbestimmungen (Analysen und Dokumente. Wissenschaftliche Reihe

„Die inoffiziellen Mitarbeiter bildeten – im Sprachgebrauch des MfS – die ‚operative Basis'. In ihnen sah das Ministerium seine ‚Hauptwaffe im Kampf gegen den Feind'. Auch hier bezeugt die Sprache die Verwandlung von Menschen in Objekte, vor allem aber enthüllt sie die Militanz der Organisation und ihre Aggressivität."[29] Zum Kern der politisch-operativen Tätigkeit gehörte die „Aufklärung" resp. das „Aufklären".

„Bei der Staatssicherheit ist *Aufklärung* ‚immanenter Bestandteil der […] Abwehrarbeit'. Was sie damit bezeichnet, ist die Tätigkeit des Aushorchens, das, was volkstümlich *Bespitzeln* genannt wird; und das heißt, sie vollzieht sich im Geheimen, ohne, sogar gegen das Wissen dessen, der davon betroffen ist. Sie wird häufig konspirativ durchgeführt, und das schließt Formen der bewussten Täuschung, des Betrugs und der Lüge ein. All das ist beim MfS-spezifischen *Aufklären* mitzudenken."[30]

Seinen Niederschlag fand diese zweifelhafte und anrüchige Tätigkeit vornehmlich in registrierten „Akten und Vorgängen"[31] – dem politisch-operativen Schriftgut bzw. den politisch-operativen Dokumenten par excellence! Dieses wird mit Aufzählung der Kategorien sofort nachvollziehbar. Registrierte „Vorgänge und Akten" sind „IM-Vorgänge, IM-Vorläufe, GMS-Akten; Operative Vorgänge und Untersuchungs-Vorgänge, OPK-Akten sowie Feindobjekt- und Kontrollobjektakten"[32]; Sicherungsvorgänge, die auch registriert wurden, zählen dennoch nicht

---

des BStU 3), Berlin 1996; Jens Gieseke: Die hauptamtlichen Mitarbeiter der Staatssicherheit. Personalstruktur und Lebenswelt 1950-1989/90 (Analysen und Dokumente. Wissenschaftliche Reihe des BStU 20), Berlin 2000; Günter Förster: Die Juristische Hochschule des Ministeriums für Staatssicherheit. Die Sozialstruktur der Promovenden (Studien zur DDR-Gesellschaft 6), Münster 2001.

29 Christian Bergmann: Die Sprache der Stasi. Ein Beitrag zur Sprachkritik, Göttingen 1999, 65.

30 Ebd., 9; ebd., 9 f. das Substantiv Aufklärung, d. h. politisch-operative Aufklärungsarbeit des MfS, Spionagetätigkeit wohl.

31 Dagmar Unverhau: „Die archivische Situation in den neuen Ländern der Bundesrepublik Deutschland Teil II. Aus der Sicht der Archive des Bundesbeauftragten für die Unterlagen des Staatssicherheitsdienstes der ehemaligen DDR", in: Der Archivar 46. (1993), 51.

32 Zur Vertiefung der Arten der Vorgänge und Akten siehe Dagmar Unverhau: „‚Alles sehen, alles hören, nichts wissen'? – Zur archivischen Hinterlassenschaft der Staatssicherheit, in: Leonore Siegele-Wenschkewitz (Hg.): Die evangelischen Kirchen und der SED-Staat – ein Thema kirchlicher Zeitgeschichte, Frankfurt/M. 1993, 35 ff.

im strengen Sinne dazu, weil zu ihnen „Vorgänge und Akten" fehlen. Es handelt sich lediglich um besonders gesicherte Personenerfassungen.
Aus den aufgezählten Aktenkategorien geht hervor, dass es sich bei den registrierten Unterlagen um die wichtigsten politisch-operativen Zielgruppen des MfS handelte, nämlich grob gesagt, um Freund (Kollaborateure, Spitzel eben) und Feind, die es einzusetzen bzw. aufzuklären, zu bearbeiten und zu überführen galt. Vorbeugend für diese Arbeit gab es eine Unmenge von Personenerfassungen für den Fall, dass eine Person noch „politisch-operativ" interessant werden konnte. Vorverdichtungs-, Such- und Hinweiskarteien (VSH) sowie Zentrale Materialablagen spielten in diesem Zusammenhang eine große Rolle neben einer Unmenge weiterer Karteien.[33]

III.

Wie wollte es das MfS, als seine Macht schwand und „Gefahren und Gefährdungen" durch die komplizierte Lage erwuchsen, mit den verfänglichen „operativen Dokumenten"[34] halten? Die Staatssicherheit näherte sich diesem Komplex über die unverfänglicher erscheinenden „dienstlichen Bestimmungen und Weisungen" in dem Mielke-Befehl vom 6. November 1989[35] an. Die „politisch-operative Arbeit" der Mitarbeiter durfte nicht defätistisch in Frage gestellt werden. Die MfS-Angehörigen würden bei dieser Schriftgutgruppe noch am ehesten nachvollziehen können, dass es sich um schrittweise zu bereinigendes Material handelte, von dem Ballast abgeworfen werden musste, um auf „ein unumgängliches Mindestmaß" zu gelangen.[36]
Der diesem Befehl vorausgehende Entwurf der Zentralen Auswertungs- und Informationsgruppe (ZAIG) vom 4. November 1989[37] spricht jedoch eine deutlichere Sprache: „In Anbetracht der zunehmenden Angriffe auf das MfS und der sich zuspitzenden Situation wurde der beiliegende Entwurf einer zentralen Weisung zur erheblichen [!] Reduzierung des Bestandes an dienstlichen Bestimmungen und Weisungen in den KD/OD [Kreisdienst-, Objektdienststellen] erarbeitet, den ich Ihnen mit der Bitte um kurzfristige Meinungsäußerung übergebe." Angesprochen waren laut Verteiler: Stellvertreter des Ministers, Leiter Hauptabtei-

---

33 Siehe die Tätigkeitsberichte 1, 2, 3 und 4 des BStU von 1993, 1995, 1997 und 1999.
34 So Mielke am 6.11.1989, BStU, MfS ZKG Nr. 2995, 1, allerdings nicht im Titel seines Befehls erwähnt.
35 Ebd.
36 Ebd.
37 BStU, MfS BdL/Dok. Nr. 005593.

lung (HA) Kader und Schulung, Leiter des Büros der Leitung (BdL), Leiter Arbeitsgruppe des Ministers (AGM, zuständig für MOB[38]-Arbeit, Schutzbauten). Zusammenfassend wurde diesen Spitzen des MfS vorgeschlagen, einen kleinen Bestand in den KD/OD zu belassen: „1. Da bei der Zusammenstellung der dienstlichen Bestimmungen und Weisungen, die in den KD/OD verbleiben und bei akuter Gefahr in kürzester Frist auch vernichtet werden könnten, ein sehr strenger Maßstab angelegt wurde, geht dieser Vorschlag davon aus, ca. 300-500 dienstliche Bestimmungen und Weisungen in die Bezirksverwaltungen zurückzuführen und nur ca. 50-60 in den KD/OD zu belassen."
Die nächstfolgende Erwägung wurde wohl wegen der bedenklichen Auswirkung auf die Moral der Mitarbeiter als nicht realisierbar erachtet: „Unter Beachtung dieser geringen Anzahl von verbleibenden dienstlichen Bestimmungen und Weisungen und des Charakters ihres Inhalts (Weisungen mit operativ bedeutsamerem Inhalt müssen zurückgeführt werden!) wäre auch die Möglichkeit in Erwägung zu ziehen, vorübergehend keine dienstlichen Bestimmungen und Weisungen in den KD/OD zu belassen."[39]
Unter 2. bereitete die ZAIG weitere Maßnahmen, den eigentlichen Kern der Überlieferung der Staatssicherheit betreffend, vor: „Es erscheint unseres Erachtens dringend erforderlich, zentrale Festlegungen darüber vorzubereiten, wann und in welchem Umfang solche operativ bedeutsamen Dokumente aus den KD/OD ausgelagert werden müssen wie IM-Akten, O[perative] V[orgänge]/O[perative] P[ersonen] K[ontrollen], V[orverdichtungs-] S[uch- und] H[inweis]-Karteien, Zentrale Materialablage."[40]

Um das Ausmaß der Maßnahmen zu ermessen, muss über die in Rede stehenden Kreis- und Objektdienststellen[41] deren Anzahl und Arbeitsauftrag erläuternd hinzugefügt werden: Es existierten 209 Kreis- und sieben Objektdienststellen, Erstere auf Kreisebene und in einigen Großstädten, Letztere in Großbetrieben der Industrie, des Bau- und Verkehrswesens. Sie hatten ein geschlossenes Gebiet nach geheimdienstlichen Gesichtspunkten komplex zu sichern und zu kontrollieren. Sie leisteten mit Spitzeln verschiedener Kategorien den Hauptteil der operativen

---

38 Mobilmachung.
39 Wie Anm. 37.
40 Ebd.
41 David Gill/Ulrich Schröter: Das Ministerium für Staatssicherheit. Anatomie des Mielke-Imperiums, Berlin 1991, 56 ff. Standardwerke über das MfS hat verfasst: Karl Wilhelm Fricke, z. B.: MfS intern. Macht, Strukturen, Auflösung der DDR-Staatssicherheit. Analyse und Dokumentation, Köln 1991.

Arbeit. Wenn also in Vorbereitung des Ministerbefehls von der ZAIG Akten der Inoffiziellen Mitarbeiter, Operativen Vorgänge (OV) und Operativen Personenkontrollen für eine Auslagerung in Betracht gezogen wurden, dann war damit die Arbeit dieser Diensstellen in einem hohen Maße eingeschränkt, wenn nicht gar schon eingestellt.

Eingedenk der ZAIG-Erwägungen bzw. -Vorbereitungen ist der am 6. November 1989 von Minister Erich Mielke gegebene Befehl zur „Reduzierung des Bestandes an dienstlichen Bestimmungen und Weisungen in den Kreisdienststellen/Objektdienststellen",[42] gemessen an seinem Titel, in mehrfacher Hinsicht ein Euphemismus: Reduzierung ist ein schillernder Begriff, die Adressaten[43] des Befehls sind keineswegs vollständig im Titel des Befehls aufgeführt, zudem ist weit mehr an Schriftgut betroffen, als die relativ harmlos klingenden und in vielen Exemplaren vorhandenen dienstlichen Bestimmungen und Weisungen weismachen wollen. Der Titel gibt sich unwichtiger als sein Inhalt. Letztere verbirgt aber bei genauer Lektüre den Ernst der Lage nicht.

Mit „sofortiger Wirkung" sollten die Kreisdienst- bzw. Objektdienststellen den „Bestand an dienstlichen Bestimmungen und Weisungen [...] reduzieren" (1.). Es sollten nach der beigegebenen dreiseitigen Anlage die „zentralen [!] dienstlichen Bestimmungen und Weisungen – einschließlich dazu erlassener Durchführungsbestimmungen –" herausgesucht werden, um sie dann (2.) bei den Leitern der genannten Dienststellen „gesichert aufzubewahren". Letzteres war aber kein Endzustand: „Es sind die erforderlichen Voraussetzungen für ihre kurzfristige Vernich-

---

42 BStU, MfS ZKG Nr. 2995, 1 ff.
43 Ebd. Neben den Leitern der Kreis- und Objektdienststellen fallen Aufgaben im Rahmen der angeordneten „Reduzierung" den Leitern der Bezirksverwaltungen zu (7. Diese „haben in eigener Zuständigkeit den Bestand der sich in Außenobjekten befindlichen dienstlichen Bestimmungen und Weisungen gemäß den Festlegungen dieser Weisung ebenfalls wesentlich zu reduzieren.") sowie den Leitern der Diensteinheiten des MfS Berlin (9. „haben in eigener Zuständigkeit den Bestand der sich in Außenobjekten ihres Verantwortungsbereichs [...] erheblich zu reduzieren sowie die Rückführung und Deponierung [...] zu sichern.") zu; das Ministerium für Staatssicherheit wird mit den Leitern der Hauptverwaltung Aufklärung, der Verwaltung Rückwärtige Dienste und der Hauptabteilungen bzw. selbständigen Abteilungen angesprochen (10.) und zusammen mit den Leitern der Bezirksverwaltungen, dem Rektor der Hochschule des MfS und dem Kommandeur des Wachregiments Berlin „F. E. Dzierzynski" im Umgang „mit allen anderen operativen Materialien" die Gewährleistung höchster Sicherheit eingeschärft.

tung zu schaffen." (2.) Reduzierung heißt also zum einen vernichten, zum andern – und das trifft auf „alle übrigen dienstlichen Bestimmungen und Weisungen" zu – „in die Bezirksverwaltung zu überführen und unter Verantwortung der Dokumentenstelle zu deponieren." Damit nicht genug: Neben den zentralen dienstlichen Bestimmungen und Weisungen existierten diejenigen der Stellvertreter des Ministers, der Leiter von Diensteinheiten des MfS Berlin sowie der Leiter der Bezirksverwaltungen (3.). Wenn sie keinen Bezug zu den in der Anlage aufgeführten Zentralen hatten – die ja zu vernichten waren –, sollten diese in die Bezirksverwaltung verbracht werden. Dieses wurde auch für „alle dienstlichen Bestimmungen und Weisungen des MdI", des Ministeriums des Innern, angeordnet (4.).

Um auf den angesprochenen Euphemismus zurückzukommen: Alle diese Passagen enthalten Weiterungen durch die Einbeziehung von anderem Schriftgut, wie „alle Dokumente der Vorbereitungsarbeit" (welcher? von Weisungen? von IM-Anwerbungen?), „Arbeits- und Aufzeichnungsbücher" (2.), „alle Unterrichtsmaterialien der Hoch- bzw. Fachschule des MfS, die als GVS [Geheime Verschlußsache] oder VVS [Vertrauliche Verschlußsache] ausgezeichnet sind." Und schließlich eine ganz wichtige Gruppe von Unterlagen, die dem „revoltierenden" Volk Einblicke in die inneren Verhältnisse gegeben hätte: „Dossiers über [MfS-]Angehörige sowie weitere Übersichten und Karteien zum Kaderbestand sind ebenfalls in die Bezirksverwaltungen zu überführen und in den Abteilungen Kader und Schulung aufzubewahren" (3.).
Die „operativen Dokumente" sind (ohne dass diese Worte dort vorkommen) im Befehl unter 5. thematisiert, und zwar „Personalakten zu IM, eventuell auch Arbeitsakten", „OV- und OPK-Akten" und „operative Materialien im Ergebnis von Maßnahmen der Linien 26 [Telefonüberwachung], III [Funkaufklärung] und M [Postkontrolle]". Die Leiter der Bezirksverwaltungen sollten „in eigener Zuständigkeit" je nach Lage und Gefährdung entscheiden, wann und welche dieser Materialien der Kreis- bzw. Objektdienststellen „zeitweilig in die Bezirksverwaltung, Abteilung XII [Speicher; Archiv] bzw. zuständige Abteilung/selbständiges Referat zurückzuführen sind" (5.). Eine Einschränkung „der notwendigen politisch-operativen Arbeit" sollte vermieden werden. Hier war wohl der Wunsch der Vater des Gedankens.

Von dem letzten Leiter der Hauptverwaltung Aufklärung, Generaloberst Werner Großmann, wissen wir aus seinen Erinnerungen,[44] dass man die Befehle des Chefs

---

44 Werner Großmann: Bonn im Blick. Die DDR-Aufklärung aus der Sicht ihres letzten

gar nicht abgewartet hatte: „Ende Oktober beginnen wir in den einzelnen Abteilungen, die ersten Akten zu minimieren. Niemand kann absehen, wer sie in die Hände bekommt. Wir müssen unsere Quellen schützen."[45]

Am 13. November 1989 untersetzte Generalleutnant Werner Irmler, der Leiter der Zentralen Auswertungs- und Informationsgruppe (ZAIG), den Ministerbefehl vom 6. November mit „zielgerichteten Maßnahmen",[46] die es „in Anbetracht der aktuellen Lageentwicklung" zu realisieren galt. Die Überschrift bedient sich erneut des schillernden Begriffes „Reduzierung", und zwar „Reduzierung des Bestandes erfaßter und gespeicherter operativ bedeutsamer Informationen sowie vorliegender Einschätzungen der politisch-operativen Lage in den Kreisdienststellen/Objektdienststellen". Reduzierung bedeutet hier, wie eingangs im Interesse eines zuverlässigen Quellenschutzes (Quellen sind Informanten, insbesondere IM) ausgeführt wird, „Maßnahmen zur differenzierten Vernichtung bzw. zeitweiligen Auslagerung von Dokumenten" der genannten Stellen.

Die ZAIG war nicht irgendeine dem Minister für Staatssicherheit unterstehende Diensteinheit. Das von ihr jetzt ins Visier genommene Schriftgut ist nicht irgendwelches. Dieser Bezug ist nicht zufällig, sondern hängt auf das Engste mit ihrer Arbeit zusammen. „Die ZAIG war eine aus der Sicht der Leitung des MfS außerordentlich wichtige Einrichtung, weil sie die auf vielfältige Weise gewonnenen Informationen speicherte [hiermit ist nicht nur die EDV gemeint, sondern auch herkömmliche Ablagen und Karteien], auswertete und analysierte, um daraus Einschätzungen der Lage für die Partei- und Staatsführung zu erarbeiten. Zu ihren Aufgaben gehörten auch die Auswertung zentraler Funkmedien und der Presse sowie aufgabenbezogene Kontrollen in den Diensteinheiten des MfS, Öffentlichkeitsarbeit und Traditionspflege."[47] Wie wichtig die ZAIG war, beweist die Tatsache, dass sie die Dienstaufsicht über die „Gedächtnisinstrumentarien" bzw. über die Verwaltung des Herrschaftswissens einschließlich juristischer Kenntnisse führte, nämlich über die Abteilungen XII (Zentrale Auskunft/Speicher, das MfS-Archiv inbegriffen) und XIII (Zentrale Rechenstation) sowie über die Rechtsstelle.[48]

Chefs, Berlin 2001.
45 Ebd., 180.
46 BStU, MfS ZAIG Nr. 13671, 1 ff.
47 Gill/Schröter (wie Anm. 41), 47.
48 Roland Wiedmann (Bearbeiter): Die Organisationsstruktur des Ministeriums für Staatssicherheit 1989 (Anatomie der Staatssicherheit. Geschichte – Struktur – Methoden. MfS-Handbuch), Berlin 1995, 39.

Die Quintessenz der ZAIG-Tätigkeit bestand in der Verdichtung von Berichten der riesigen Firma Staatssicherheit, deren Sinnen und Trachten auf ständige Informationsgewinnung und auf deren Umsetzung in Berichten an die Partei- und Staatsführung zielte. Das Vorfeld dieses Aufgabengebietes rückte nun am 13. November 1989 mit den „in den Kreisdienststellen/Objektdienst-stellen, insbesondere in den Referaten Auswertung und Information, vorhandenen Informationsspeicher[n]" sowie der „schriftlichen Einschätzung der politisch-operativen Lage"[49] in den Blickpunkt. „Alle in den Kreisdienststellen vorliegenden schriftlichen Informationen für leitende Partei- und Staatsfunktionäre – einschließlich der Duplikate von diesbezüglichen Zuarbeiten für die AKG [Auswertungs- und Kontrollgruppe] der Bezirksverwaltung –, die bis zum 1. Oktober 1989 erarbeitet wurden, sind zu vernichten" (6. 2. Spiegelstrich). Hiermit ist als Beispiel, sozusagen als vornehmstes, die Berichterstattung an die SED und deren Staat herausgegriffen worden. Es wird auch diejenige innerhalb der Staatssicherheit bedacht, nämlich gegenüber „der Bezirksverwaltung und zentralen Diensteinheiten des MfS Berlin sowie weitere in eigener Zuständigkeit der Kreisdienststellen/Objektdienststellen erarbeitete Lageeinschätzungen, die in der AKG der Bezirksverwaltung zugriffsbereit zur Verfügung stehen" (6. 1. Spiegelstrich). Die Anlage enthält eine „Übersicht über die Etappen zur Vernichtung bzw. Auslagerung von Dokumenten"[50] mit den Spalten „Art der Dokumente", „1. Etappe" mit „Vernichtung" und „Auslagerung" und entsprechenden Markierungen, wohingegen die „2. Etappe" nur „Auslagerung" vorsieht.

Neben den „Einschätzungen der politisch-operativen Lage" sind „erfaßte und gespeicherte operativ bedeutsame Informationen" (in der Zentralen Materialablage, ZMA; in der Zentralen Personendatenbank, ZPDB; in den Vorverdichtungs-, Such- und Hinweiskarteien, VSH; in den K[erbloch]K[arteien]-Erfassungen; im Sonderspeicher gemäß Befehl Nr. 11/79 des Ministers[51]) Gegenstand von Maß-

---

49 BStU, MfS ZAIG 13671, 1.
50 Ebd., 4 ff.
51 Ebd., 1 in 3., es handelt sich um SOUD (russisch), zu deutsch System der vereinigten Erfassung von Daten über den Gegner, dieses „war ein streng geheimer Informationsverbund der Sicherheitsdienste von sechs ehemaligen Warschauer Paktstaaten und drei weiteren verbündeten Ländern. Seine Aufgabe war es, Erkenntnisse über gegnerische Geheimdienste sowie über Personen und Institutionen zusammenzuführen, von denen nach dem Verständnis der SOUD-Teilnehmer eine Gefahr für die innere Sicherheit ausging." So Bodo Wegmann/Monika Tantzscher: SOUD. Das geheimdienstliche Datennetz des östlichen Bündnissystems (Analysen und Berichte Reihe B, Nr. 1/96. hg. vom BStU), Berlin 1996, 3.

nahmen, die hier wegen ihrer Kompliziertheit und Spezifik der MfS-Schriftgutverwaltung außer Betracht bleiben müssen. Dass die Lage als ernst eingeschätzt wurde und die vorderste Front zu sichern war, wird damit allemal belegt.

Die so genannten Ausführungsbestimmungen der ZAIG[52] vom 13. November 1989 verursachten Maßnahmen in Diensteinheiten des Ministeriums, z. B.: „Festlegungen über das Vernichten von VSH und ZMA" traf die Auswertungs- und Kontrollgruppe (AKG) der HA XX am 14. November 1989;[53] am 16. November 1989 folgte die HA Kader und Schulung mit „Festlegungen zur Vernichtung von Unterlagen und Materialien der Aus- und Weiterbildung im MfS"[54] bis zum 15. Dezember „in eigner Zuständigkeit" nach.
Am 15. Dezember sollte allerdings das AfNS nicht mehr bestehen. Es wurde aufgelöst.[55] Nur wenige Wochen hatte es, nachdem es am 17. November 1989 an die Stelle des MfS gesetzt worden war, existiert.

Der neue Chef des AfNS, der bereits 38 Jahre im Dienste des MfS stehende Generalleutnant Schwanitz, „verfügte"[56], eingedenk der militärischen Verfassung des AfNS: befahl am 22. November 1989 in bester Mielke-Tradition eine „Reduzierung", ohne dessen Beschönigung bzw. Verhüllung der betroffenen Kernüberlieferung des MfS im Titel fortzusetzen. Es ist genau gesagt die „Reduzierung des Bestandes registrierter Vorgänge und Akten sowie weiterer operativer Materialien

---

52 Ihre Weisungen (in ZAIG Nr. 13671 ihres Schriftgutes, 1) hat die ZAIG selber nicht unter einen Oberbegriff gefasst. Sie beruft sich auf den Minister: „In Durchsetzung der Weisungen des Genossen Ministers vom 31.10.1989 [Aufgabenstellungen zur verstärkten Gewährleistung einer hohen Sicherheit an den Dienstobjekten der BV, KD/OD, BStU, MfS BdL/Dok. Nr. 005033] VVS o008-84/89 (vgl. Ziffer 10.[: U. a. sicherste Aufbewahrung der operativen Unterlagen in Stahlblech- bzw. Panzerschränken; Zentrale Materialbalgen sollten vor unberechtigtem Zugriff geschützt werden]), und vom 6.11.1989, GVS o008-25/89 (vgl. Ziffer 5.)". Diese Ziffer geht ein auf: „- Personalakten zu IM, eventuell auch Arbeitsakten, - OV- und OPK-Akten, - operative Materialien im Ergebnis von Maßnahmen der Linien 26, III und M", also die „operativen Dokumente".
53 BStU, MfS HA XX/AKG Nr. 4504 u. 4487.
54 BStU, MfS SdM Nr. 2275, 101.
55 BStU, MfS SdM Nr. 2336, 326. Die Auflösung sollte bis zum 20.6.1990 abgeschlossen sein; siehe Fricke: Abschaffung des AfNS (wie Anm. 4), 59.
56 Es fehlen wie bei Mielke am 6.11.1989 die deutlich abgehobenen und gesperrt gedruckten Worte „Ich weise an". Siehe BStU, MfS BdL/Dok. Nr. 8996.

und Informationen"⁵⁷. Nach der Kaltstellung des alten Chefs war eine Legitimierung der von der ZAIG am 13. November 1989 gezogenen Weiterungen wohl neben der Berücksichtigung einer neuen Lageentwicklung nötig geworden. Die unter dem „Schwanitz"-Titel angeführte Begründung, die zugleich definiert, was „Reduzierung bedeuten kann, lautet: „Zur Gewährleistung des zuverlässigen Quellenschutzes und der Geheimhaltung spezifischer operativer Mittel, Methoden bzw. Arbeitsergebnisse sind folgende Maßnahmen zur differenzierten Auslagerung bzw. Vernichtung von registrierten Vorgängen und Akten sowie weiteren operativen Materialien und Informationen in den Kreisämtern/Dienststellen bzw. in den Fachabteilungen und selbständigen Referaten der Bezirksämter durchzuführen".⁵⁸

So offen wie hier und ohne Umschweife war die Kernüberlieferung der Staatssicherheit – die registrierten Vorgänge und Akten – vom Chef noch nicht als disponibel thematisiert worden. Da es sich ja um „aktive" Vorgänge handelte, wurde hiermit *die* Arbeit der Staatssicherheit ganz wesentlich tangiert, was in den Kreisämtern/Dienststellen (so die neuen Bezeichnungen) einer Einstellung⁵⁹ gleichkam. „1. Alle OV/OPK-, IM- und GMS-Akten sowie IM-Vorlaufakten der Kreisämter/Dienststellen sind soweit nicht bereits erfolgt, in die Bezirksämter zu überführen." Dort konnten die Leiter entscheiden, welche der registrierten Vorgänge sie in die Abteilungen XII (Zentrale Auskunft/Speicher, u. a. Archivablagen) ihrer Bezirksämter einzulagern gedachten, um sie sozusagen aus dem laufenden Verkehr zu ziehen und in ihren Archiven (Abteilungen XII der Bezirksämter⁶⁰) zu sichern. Andererseits schien dieses auch kein sicherer Ort mehr zu sein bzw. sind praktische Erwägungen des Platzschaffens zu unterstellen. Bereits Archiviertes sollte ausgelagert werden: „3. In den Abteilungen XII der Bezirksämter bereits archivierte Vorgänge und Akten sind entsprechend den inhaltlichen Vorgaben der Ziffer 2 in der Abteilung XII des Amtes für Nationale Sicherheit Berlin einzulagern."⁶¹ Unter Ziffer 5 und 6 wird erörtert, unter welchen Bedingungen noch in

---

57 BStU, MfS ZKG Nr. 1640, S.1.
58 Ebd., 2.
59 Ebd., 3, 4: „In den Kreisämtern/Dienststellen sind nur solche Informationen zu belassen, die für die unmittelbare operative Handlungsfähigkeit benötigt werden. Sie sind sicher aufzubewahren. Maßnahmen zur Vernichtung dieser Informationen haben die Leiter der Kreisämter/Dienststellen auf Weisung bzw. lageabhängig in eigener Zuständigkeit zu veranlassen. Alle übrigen neugewonnenen Informationen sind zu vernichten."
60 Ebd., 2, Ziffer 2.
61 Ebd., 3. Hierzu Richter (wie Anm. 2), 64: „Seit Ende November wurden wichtige

den Kreisämtern/Dienststellen verbliebene „IM-Vorlaufakten" und „OV/OPK" zu vernichten waren – Letzteres auch im Hinblick auf die zukünftige Aufgabenstellung des Amtes für Nationale Sicherheit.

Es folgen dann ab Ziffer 7 detaillierte Vorgaben, wie mit allen „nicht in registrierten Vorgängen und Akten erfaßten operativen Materialien und Informationen der Kreisämter/Dienststellen, einschließlich Lageeinschätzungen u. a. verdichtete[n] Informationen" hinsichtlich Auslagerung und Vernichtung verfahren werden sollte. Letzteres wurde in „Hinweisen",[62] die in detaillierter Aufzählung zwei Seiten[63] umfassen, zweifelsfrei gemacht. Was in Karteien und Dateien unter Beachtung von „notwendigen Maßnahmen zur Speicheränderung"[64] zu löschen war, wird in Ziffer 9 vorgegeben. Löschung und Vernichtung sind, sieht man auf das Ganze, überwiegend der Fall, gelegentlich wurden Auslagerungen in die Bezirksämter vorgesehen. Dass dieses alles unbemerkt und unbeobachtet geschehen sollte, glaubte die Staatssicherheit selber nicht mehr: „Bei der Auslagerung ist zu beachten, daß es zunehmende Erkenntnisse gibt über Kontrollen von Kreisämtern/Dienststellen durch Kräfte aus Sammlungsbewegungen[65]/Vereinigungen zur Feststellung der Vernichtung bzw. Auslagerung von Materialien."[66] Gerade diese Maßnahmen sollten für Bürger das Fass zum Überlaufen bringen!

Schwanitz' Anweisung vom 22. November 1989 wurde in den sich anschließenden Novembertagen von den Leitern der Bezirksämter aufgegriffen. „Sowohl hinsichtlich der Menge der vernichteten Unterlagen als auch in bezug auf die Art

---

Unterlagen unter dem Kennwort ‚Archiv Berlin' aus allen Bezirks- und Kreisdienststellen in die Berliner Normannenstraße gebracht, wo sie entweder in den Reißwolf gelangten, verbrannt bzw. verkollert oder ins kommunistische Ausland sowie in konspirative Objekte gebracht wurden". Die im Zweiten Tätigkeitsbericht des Bundesbeauftragten für die Unterlagen des Staatssicherheitsdienstes der ehemaligen Deutschen Demokratischen Republik 1995, o. O. o. J, 64 enthaltene Übersicht der von der Abteilung XII des MfS in den Jahren 1950-1989 archivierten Vorgänge zeigt eine bei den IM-Akten augenfällige Zunahme für 1989. Es sind hier nur die Archivsignaturen gezählt, über den Umfang, die Anzahl der Bände, ist nichts ausgesagt.

62 BStU, MfS ZKG Nr. 1640, 6 f.
63 Darunter „Unterlagen über Wahlen zu Volksvertretungen", ZMA-Informationen/Materialien zu", u. a. „Angehörigen von Kirchen und Religionsgemeinschaften und deren Organisationen, zu denen es keine Hinweise auf feindliche Tätigkeit gibt", „Nichtwählern", „Wehrdienstverweigerern", „Bausoldaten", „Anträge auf Heirat mit Ausländern", „Personen mit asozialer Lebensweise", u. a. m.
64 Wie Anm. 62, ebd., 3.
65 MfS-Terminus für Bürgerrechtsbewegungen.
66 In Ziffer 11, wie Anm. 62, ebd., 4.

der Akten handelte es sich bei der nun beginnenden ‚Aktion Reißwolf' um einen in der Geschichte der Staatssicherheit der DDR einmaligen Vorgang."[67] Es war Eile geboten, da, wie gesagt, durch „Sammlungsbewegungen" die Aktenvernichtungen behindert worden wären.

Der nächste Befehl ließ nicht lange auf sich warten. Am 29. November 1989 wies Schwanitz in radikalisierter Fortsetzung des von Mielke Begonnenen die „Reduzierung der dienstlichen Bestimmungen und Weisungen des MfS auf den für die Gewährleistung der Arbeit des Amtes für Nationale Sicherheit erforderlichen Mindestbestand"[68] an. Drei sehr umfangreiche Anlagen führen aus, was zu geschehen hatte: Anlage 1 (8 Seiten) „Dienstliche Bestimmungen und Weisungen, die in den Diensteinheiten verbleiben"; Anlage 2 (21 Seiten) „Dienstliche Bestimmungen und Weisungen, die einzuziehen und bis auf 1 Exemplar zu vernichten sind"; Anlage 3 (47 Seiten) „Dienstliche Bestimmungen und Weisungen, die außer Kraft gesetzt und zu vernichten sind". Als Termin wurde der 31. Januar 1990 in erstaunlicher Verblendung über die realen Vorgänge im Lande gesetzt!

Eine merkwürdige Mischung von Realitätsnähe und Realitätsferne kennzeichnet Schwanitz' Telegramm vom 3. Dezember 1989 an die Leiter der Diensteinheiten, in dem er die Konsequenzen für die AfNS-Arbeit aus der Agonie der alten SED-Oligarchie zog: „Im Zusammenhang mit dem Rücktritt des ZK und des Politbüros der SED, den erfolgten Parteiausschlüssen, Maßnahmen im Zusammenhang mit der Fahndung nach Schalck-Golodkowski und dazu bereits öffentlich erhobenen Forderungen ist mit Demonstrationen, Kundgebungen, Streikandrohungen bzw. Streiks und anderen öffentlichkeitswirksamen Handlungen zu rechnen, die durch feindliche Kräfte bzw. kriminelle Elemente zu gewaltsamen Handlungen und Störungen der öffentlichen Ordnung und Sicherheit genutzt werden können. Versuche von Terrorhandlungen und Geiselnahmen und ähnliches sind nicht auszuschließen. Besondere Beachtung ist dem weiteren Verhalten von rechtsradikalen Kräften beizumessen.
In den operativen Diensteinheiten des Amtes für Nationale Sicherheit, den Bezirks- und Kreisämtern sind sofort alle erforderlichen Voraussetzungen zu schaffen, um lageabhängig die volle Arbeitsbereitschaft herzustellen.

---

67 Richter (wie Anm. 2), 61.
68 BStU, MfS BdL/Dok Nr. 6896; Anlagen Nr. 6897-6899.

In diesen Diensteinheiten sind Führungsgruppen zu bilden, die eigens die erforderlichen Maßnahmen zu veranlassen haben. Die Objektsicherung ist unverzüglich zu verstärken."[69]
In schärfstem Kontrast zu dieser verordneten Kräfteanspannung aller Diensteinheiten auf ministerialer, Bezirks- und Kreisebene – wer war denn insbesondere von den beiden Letzteren zu diesem Zeitpunkt noch voll arbeitsfähig? – steht die ebenfalls von Schwanitz „am 03.12.1989 angewiesene Auflösung der Kreisämter[70] für Nationale Sicherheit", die, so der Genannte, in einem Telegramm (Dringlichkeit „Sturm") vom 9. Dezember 1989, „keinen weiteren Aufschub mehr"[71] dulde.

„Aber nicht nur beim AfNS liefen Vernichtungsaktionen, sondern auch bei der SED, den Blockparteien, den Massenorganisationen sowie in vielen Institutionen und Ministerien."[72] Vieles deutete auf Auflösung, ja das Ende hin. Der sowjetische Geheimdienst KGB entsandte Anfang Dezember eine Kommission nach Berlin, um Unterlagen durch die Entsendung nach Moskau zu sichern bzw. vernichten zu lassen.[73]

Dieses alles konnte vor den Bürgern nicht geheim bleiben. Die Öffentlichkeit war alarmiert. Noch am 4. Dezember 1989, an dem das Bezirksamt Erfurt von Bürgern besetzt worden war, um Aktenvernichtungen zu verhindern, musste Schwa-

---

69 BStU, MfS SdM Nr. 2336, 98 (als Telegramm) und VRD Nr. 481, 1 (als Schreiben).
70 Ist die Formulierung so wortwörtlich zu nehmen? Oder meinte er Vorbereitung der Auflösung? In Analogie zur Vorbereitung der Auflösung der Bezirksämter, so Schwanitz in seinem Telegramm (Dringlichkeit „Flugzeug") vom 13.12.1989, in: BStU, MfS SdM Nr. 2336, 255.
71 BStU, MfS SdM Nr. 2336, 95.
72 Richter (wie Anm. 2), 65. Auf einer demnächst zu veranstaltenden Tagung der BStU über „Hatte ,Janus' eine Chance? Das Ende der DDR und die Sicherung einer Zukunft der Vergangenheit" werden hierüber genauere Aufschlüsse erwartet. Siehe auch: Matthias Wagner: „Aktenvernichtungen in der Zeit der ,Wende'", in: DA 33 (2000), 608-619.
73 Richter (wie Anm. 2), 64: „Anfang Dezember 1989 kam außerdem eine Kommission der Archiv-Registrierabteilung des sowjetischen Geheimdienstes KGB nach Berlin und verlangte, innerhalb einer Woche alle das KGB interessierenden Unterlagen mit Operativ- und Informationsmaterial nach Moskau zu schicken. Die Berliner KGB-Residentur erhielt den Befehl, alle übrigen Materialien ähnlicher Provenienz an Ort und Stelle zu vernichten. Dies erfolgte auf einem sowjetischen Truppenübungsplatz mittels eines Flammenwerfers." Als Beleg hierfür siehe ebd., Anm. 71: Iwan N. Kusmin, 1989 Stellv. Chef d. Filiale des KGB in Berlin, in: FAZ vom 30.9.1994.

nitz einen Vernichtungsstopp über die Bezirks- und Kreisämter verhängen, um nicht weiteres Öl ins Feuer zu gießen. Die Abänderung im Text deutet auf taktische Schadenbegrenzung hin: „ab sofort ist jegliche vernichtung und jeglicher transport, einschlieszlich kurierfahrten von dienstlichen unterlagen zu stoppen. [Im Entwurf stand, was dann gestrichen wurde: Die weitere Rückführung von Dokumenten aus den Kreisämtern in die Bezirksämter hat nur dann zu erfolgen, wenn jegliche Gefährdung bzw. Öffentlichkeitswirksamkeit ausgeschlossen werden kann.] Es ist alles zu unternehmen, um die erforderliche sicherheit der noch in den aemtern vorhandenen dokumente zu gewaehrleisten."[74]

Erfurt war kein Einzelfall gewesen, wie schon die genannten Beispiele Dresden, Gera, Leizig, Suhl und Ost-Berlin belegen. Seit dem 4. Dezember 1989 kam es in allen Bezirksstädten der DDR zur Bildung von Bürgerkomitees, „die darangingen, in den ehemaligen MfS-Dienststellen die Akten zu sichern und zu verhindern, daß weiterhin Dokumente vernichtet beziehungsweise entwendet werden konnten."[75] Wie noch zu zeigen sein wird, blieb diese Situation in den Führungsspitzen des AfNS nicht ohne Wirkung.

Am folgenden Tag, dem 5. Dezember 1989, stellte Schwanitz wiederum in einem Telegramm (Dringlichkeit „Luft") allen Leitern die Besorgnis erregende Lage vor Augen: „In den letzten Stunden hat sich die Lage weiter zugespitzt. Vor allem der Druck auf das AfNS und alle seine Diensteinheiten hat zugenommen.
In fast allen BÄfNS[76] und KÄfNS[77] [also bestanden diese noch, s. Anm. 70] haben Bürger versucht, in die Gebäude und Räume einzudringen, um die Vernichtung und den Transport von Dokumenten zu verhindern. Ich verweise in diesem Zusammenhang auf mein Schreiben vom 4.12.1989, in dem ich jegliche Vernichtung und jeglichen Transport von Dokumenten und Unterlagen untersagt habe."[78] Bürger, die Einlass begehrten, konnten nicht mehr abgewiesen werden – unvorstellbar in früheren Zeiten! Da eine weitere Zuspitzung der Lage nicht ausgeschlossen werden konnte, versuchte Schwanitz die Lage durch Gesprächsbereitschaft zu entspannen: „Deshalb weise ich erneut daraufhin, daß mit allen Personen das Gespräch zu suchen ist. In den Gesprächen sind die Aufgaben des AfNS und die daraus resultierenden Sicherheitserfordernisse zu erläutern. Dabei ist auch

---

74 BStU, MfS ZKG Nr. 8914, 1.
75 Gill/Schröter (wie Anm. 41), 178.
76 Bezirksämter des Amtes für Nationale Sicherheit.
77 Kreisämter des Amtes für Nationale Sicherheit.
78 BStU, MfS SdM Nr. 2336, 330.

darauf zu verweisen, daß wir nicht gegen die Kontrolle unserer Arbeit sind. Die Spezifik unserer Arbeit verlangt aber auch spezifische Kontrollmethoden."[79]

„Rücktritte im Amt für Nationale Sicherheit" bzw. „Das Kollegium[80] des Amtes für Nationale Sicherheit ist gestern geschlossen zurückgetreten"[81] meldete die Berliner Zeitung am Mittwoch, den 6. Dezember 1989 und bezog sich dabei auf eine Presseerklärung des Amtes für Nationale Sicherheit, die das ganze personelle Ausmaß verdeutlichte: „daß die Stellvertreter des ehemaligen Ministers für Staatssicherheit, Generaloberst Rudi Mittig und Generalleutnant Gerhard Neiber,[82] sowie 17 Leiter von größeren Dienstbereichen des früheren Ministeriums für Staatssicherheit mit sofortiger Wirkung von ihren Funktionen entbunden wurden. Leiter des Amtes ist weiterhin Dr. Wolfgang Schwanitz." Letzterer hatte als einziger von vier Stellvertretern Mielkes diesen Aderlass, diese Kaltstellung der alten Spitzenkader, überlebt. Er hatte den Befehl Nr. K 4896/89[83] über die Funktionsent-

---

79 Ebd.
80 Wiedmann (wie Anm. 48), 14; neben dem Minister für Staatssicherheit bzw. dem Leiter des AfNS bestand es aus dessen drei Stellvertretern und neun Leitern von Diensteinheiten, siehe die nächste Fußnote.
81 Nach Walter Süß: Staatssicherheit am Ende. Warum es den Mächtigen nicht gelang, 1989 eine Revolution zu verhindern (Analysen und Dokumente. Wissenschaftliche Reihe des BStU 15), Berlin 1999, 637, war der Rücktritt bereits am 4.12. beschlossene Sache gewesen. Zur Begründung siehe seine Anm. 12: „Im ‚Sekretariat des Ministers' findet sich folgender Zettel: ‚Erklärung der Pressestelle des Amtes für Nationale Sicherheit: Am 4. Dezember 1989 ist das Kollegium des Amtes für Nationale Sicherheit geschlossen zurückgetreten'"; BStU, ZA [für Zentralarchiv, eine zeitweilige Organisationseinheit des MfS; bei Unverhau: MfS], SdM 2336, Bl. 340.
82 Großmann, Leiter der Hauptverwaltung Aufklärung, wird noch nicht genannt! Siehe Süß (wie Anm. 81), 639: „Von Modrow wurden die Entlassungen am 14. Dezember bestätigt. Am gleichen Tag wurden in einer weiteren Beurlaubungswelle die meisten noch verbliebenen Leiter von Hauptabteilungen und selbständigen Abteilungen abgelöst und ebenso die Leitung der HV A, die zuvor nicht betroffen gewesen war."
83 BStU, MfS SdM Nr. 2275, 12-14. 19 Personen waren betroffen. Neben den beiden Stellvertretern die Leiter folgender Diensteinheiten: ZAIG, HA II, HA PS, HA I, HA XVIII, HA XX, Leiter des Sekretariats des Ministers, KL der SED, Abt. M, Abt. X, BdL, HA VII, HA III, OTS, Abt. N, Abt. XIII sowie Stellvertreter des Leiters AG beim Leiter des Amtes. „Die 1. Stellvertreter bzw. Stellvertreter der genannten Leiter" rückten vorerst in die Führung der Diensteinheiten auf. In diesem Befehl nicht genannt sind folgende Mitglieder des Kollegiums: Generalmajor Erich Rümmler, Leiter der AGM; Generalleutnant Dr. Günter Möller, Leiter der HA KuSch; Generalmajor

hebung und Beurlaubung „bis zur Entlassung aus dem aktiven Dienst" unterzeichnet.
Zwischen anscheinender Erneuerung, zwischen Öffnung und Gesprächsbereitschaft, und alten Gegebenheiten, Abschottung und Herrschaftsanspruch, versuchte Schwanitz, einen Spagat zu vollziehen, wobei er sowohl das tief verwurzelte Misstrauen in der Bevölkerung gegen seinen Apparat als auch die Dynamik der neuen Machtverhältnisse unterschätzte.

War es nicht unrealistisch, als ebenfalls am 6. Dezember 1989[84] Schwanitz „das unbedingte Einhalten der geltenden Rechtsvorschriften und dienstlichen Bestimmungen" für den Schutz der Staatsgeheimnisse[85] einschärfte. „Es ist in jedem Fall mit angemessenen Mitteln zu verhindern, daß unberechtigte Personen Einsicht in Staatsgeheimnisse des Amtes für Nationale Sicherheit nehmen. Alle rechtswidrigen Angriffe sind unter Einsatz der erforderlichen rechtlichen Möglichkeiten abzuwenden."[86]

Vorgänge der friedlichen Revolution reflektierte Schwanitz in einem weiteren an die Leiter der Diensteinheiten versandten Telegramm (Dringlichkeit Luft) am 6. Dezember 1989:[87] „ 1. Es ist damit zu rechnen, daß autorisierte Kontrollgruppen, bestehend aus Vertretern staatlicher Organe sowie von Bürgerrechtsbewegungen, gebildet und in den BÄfNS [Bezirksämtern des AfNS] und anderen Diensteinheiten Arbeits- und Kontrollmöglichkeiten erhalten werden.
Können unter Ausschöpfung aller dazu geeigneten Möglichkeiten, einschließlich unter Bezugnahme auf mein heutiges Fernschreiben zum Geheimnisschutz, das

---

Dr. Siegfried Hähnel, Leiter der BV Berlin, dieses nach dem Stand vom Oktober 1989 in: Wiedmann, Die Organisationsstruktur des MfS 1989 (wie Anm. 48), 14.

84 Nach Richter (wie Anm. 2), 88 f., der eine andere Überlieferung – diejenige der Bezirksverwaltungen bzw. -ämter – primär vor sich hatte, wiederholte Schwanitz am Abend des 6.12.1989 diese Anweisung den Leitern der Bezirksämter gegenüber.

85 BStU, MfS SdM Nr. 2275, 166: Anordnung zum Schutz der Staatsgeheimnisse vom 15.1.1988, Ordnung über die Organisation der VS-[Verschlußsachen-]Arbeit im Ministerium für Staatssicherheit vom 1. Januar 1975 und Schreiben des Leiters des Büros der Leitung vom 5.11.1987 zur Umsetzung der Zentralen VS-Nomenklatur.

86 Ebd.

87 Dieses wurde am darauf folgenden Tag, dem 7.12.1989, an die Leiter der Bezirksämter und die Leiter der Paßkontrolleinheiten (PKE) umgesetzt, so nach Uwe Thaysen: Der Runde Tisch. Oder: Wo blieb das Volk? Der Weg der DDR in die Demokratie, Opladen 1990, 169 f., Dok. 8: AfNS-Anweisung zur Vernichtung von MfS-Akten.

offziell verwendet werden kann, die Forderungen dieser Kontrollgruppen nicht abgewiesen werden, sind die Öffnung von Räumen und Schränken sowie die Einsichtnahme in Dokumente und Unterlagen zu ermöglichen."[88] Die realen Machtverhältnisse forderten ihren Tribut. Der schlichte Verweis auf den Geheimnisschutz würde nicht ausreichen. Was konnte, was sollte in keinem Fall vorgelegt werden? Unter 2. werden Dokumente und Materialien aufgezählt, die einzusehen waren, unter 3. solche, bei denen dieses „in jedem Fall" zu verhindern war. Hierbei handelt es sich um die eigentlichen operativen bzw. registrierten Unterlagen der Bespitzelung (Unterlagen Inoffizieller Mitarbeiter bzw. Gesellschaftlicher Mitarbeiter Sicherheit, Operative Vorgänge, Operative Personenkontrollen), um Dokumente zur Organisation von Aufklärung und Spionageabwehr sowie zur Arbeit im Operationsgebiet und ferner um SOUD betreffende Materialien.[89]

Die in den Befehlen Mielkes und Schwanitz vom November 1989 oft berührte VSH-Kartei, die Zentrale Materialablage und die Sichtkartei konnten vorgezeigt werden.[90] Sie standen wohl Schwanitz vor Augen, als er unter 4. auf eine besondere List, vorgeblich ein Angebot zur Kooperation, verfiel. Seine Mitarbeiter sollten bereit sein, um „gegebenenfalls kontrollfähige Vereinbarungen zu treffen, daß jene Unterlagen und Karteien vernichtet werden, die ‚Überwachungsmaßnahmen des ehemaligen MfS' enthalten. Auch damit ist zu demonstrieren, daß diese Maßnahmen vom AfNS nicht fortgesetzt werden."[91] Es handelte sich hierbei zwar auch um Überwachungsmaßnahmen, aber, gemessen an denjenigen, die sich in IM-Akten, Operativen Vorgängen und Operativen Personenkontrollen niederschlagen, waren das sozusagen die lässlicheren Sünden des MfS, wenngleich sie die flächendeckende Omnipotenz offenbaren. Mit der Vernichtung der VSH- und Sichtlochkartei wie der ZMA, die verschlagen eingefädelt werden sollte, versuchte man, den Gegnern Sand in die Augen zu streuen, während die eigentlichen Überwachungsakten und -vorgänge als Staatsgeheimnisse unter Verschluss gehalten werden sollten. Diese Absichten waren perfide und dreist zugleich.

Die neuen politischen Kräfte der friedlichen Revolution schlossen sich zusammen und verlangten ein Mitspracherecht. Der „Zentrale Runde Tisch"[92] konstituierte

---

88 BStU, MfS SdM Nr. 2336, 327.
89 Ebd., 328. Zu SOUD siehe Anm. 51.
90 Ebd., 327, unter 1.
91 Ebd., 328.
92 Gill/Schröter (wie Anm. 41), 178. Jetzt grundlegend Uwe Thaysen (Hg.), Der Zentrale Runde Tisch der DDR. Wortprotokoll und Dokumente, 5 Bände, Wiesbaden 2000; hier Band I, 1 ff.

sich am 7. Dezember 1989 in Berlin. Dieses Gremium des Übergangs bestand zum einen aus Vertretern der Bürgerbewegungen und der neu entstandenen Parteien, zum anderen aus den Altparteien und der SED. Als Moderatoren fungierten Kirchenvertreter. Von den Beschlüssen, die gefasst wurden und als Aufforderungen an die Regierung gestellt wurden, dürfte die Auflösung des AfNS unter ziviler Kontrolle[93] am weitgehendsten gewesen sein:

„1. Die Regierung der DDR wird aufgefordert, einen sofortigen Maßnahmeplan öffentlich bekanntzugeben, wie durch Sicherungskräfte des MdI alle Dienststellen des AfNS auf allen Ebenen unter Kontrolle gestellt werden, damit keine Vernichtung von Dokumenten bzw. Beweismaterial erfolgen kann und Mißbrauch ausgeschlossen wird.

2. Die Regierung der DDR wird aufgefordert, das AfNS unter ziviler Kontrolle aufzulösen und die berufliche Eingliederung der ausscheidenden Mitarbeiter zu gewährleisten. Über die Gewährleistung der eventuell notwendigen Dienste im Sicherheitsbereich soll die Regierung die Öffentlichkeit informieren.

3. Die Regierung wird aufgefordert, zur Unterstützung der Tätigkeit Unabhängiger Bürgerkomitees den rechtlichen Rahmen festzulegen."[94]

Der Ministerrat hatte bereits vor dem Zusammentreten des Zentralen Runden Tisches[95] die „Beauftragten des Vorsitzenden des Ministerrates", die am 5. Dezember in alle Bezirke entsandt worden waren,[96] bestätigt.[97] Diese sollten im Auftrage des Ministerpräsidenten „in engem Zusammenwirken mit den örtlichen Staats- und Rechtspflegeorganen und Vertretern der Bürgerkomitees alle mit der Tätigkeit der Dienststellen des Amtes für Nationale Sicherheit zusammenhängende Fragen beraten und einer Lösung zuführen".[98] Zutreffend ist festgestellt worden,[99] dass diese Beauftragten „ein Ausdruck aufkeimenden Mißtrauens gegenüber bisherigen Befehlssträngen waren" und „ an der bürokratischen Hierarchie der

---

93 Die Regierung folgte dieser Forderung am 14.12.1989, siehe Fricke: Abschaffung des AfNS (wie Anm. 4), 59.
94 Zit. nach Gill/Schröter (wie Anm. 41), 178; Wortprotokoll bei Thaysen (wie Anm. 92), Bd. 1, 1 ff.
95 Sitzungsbeginn um 14.00 Uhr; siehe Thaysen (wie Anm. 1), Bd. 1, 1; der Ministerrat hatte um 8.00 Uhr mit seiner Sitzung begonnen; siehe BArch DC 20 I/3-2876, 4. MR v. 7.12.1989, Bd. 1, 1; die Sitzung schloss um 12.20 Uhr.
96 Süß (wie Anm. 81), 640.
97 Bestätigung durch den Ministerrat der DDR am 7.12.1989, in: BStU, MfS HA IX, Nr. 11483, 12; HA XX Nr. 5122, 67.
98 Zit. nach Gill/Schröter (wie Anm. 41), 178 f.
99 Süß (wie Anm. 81), 640.

Staatssicherheit vorbei Sorge tragen sollten, daß die Lage wieder unter Kontrolle kam." Eine „Vollmacht"[100] enthielt ihre Aufgaben: „– zur Durchsetzung der Sicherung der DO [Dienstobjekte] des AfNS, – zur Wiederherstellung und Gewährleistung der Einhaltung der Gesetze, – zur Wiederherstellung der Arbeitsfähigkeit der Bereiche, die im Interesse der Schadensabwendung wirksam werden müssen, – zur Sicherung der Nichteinsichtnahme in das [...] Schriftgut des AfNS, – zur Sicherung der Bewaffnung vor unberechtigter Zugriffnahme."

Der Ministerrat instruierte die Regierungsbeauftragten am 7. Dezember 1989 zusätzlich bzw. speziell durch ein an sie gerichtetes folgenreiches Fernschreiben:[101] „3. In der gemeinsamen Arbeit der Beauftragten des Vorsitzenden des Ministerrates mit den Vertretern örtlicher Staatsorgane und Bürgervertretern ist nach dem Grundsatz des Vertrauens und der gegenseitigen Achtung sowie unter Gewährleistung von Ruhe, Ordnung und Sicherheit und der Wahrung des Geheimnisschutzes auszugehen."[102] Neben diesen direkten Instruktionen enthält das Telegramm indirekte Richtlinien für andere bzw. Festlegungen der Regierung.

Unter 4. wurde der Aktionsradius von Dienststellenleitern des AfNS vor Ort abgesteckt. Bei aller Gesprächs- und Auskunftsbereitschaft über Aufgaben, Funktionen und Verantwortlichkeiten des AfNS auf Bezirks- und Kreisebene durften die „nationalen Sicherheitsinteressen", in Klammern „Quellenschutz",[103] nicht preisgegeben werden.

Dass die Regierung den Bürgerkomitees gegenüber eine Doppelstrategie[104] – Vorgabe einer neuen Politik durch Kritik am MfS bei Fortsetzung der alten Linie der Staatssicherheit bezüglich der Vernichtung von verfänglichen Unterlagen – anwandte, wird im brisanten Hauptteil des Fernschreibens greifbar. Dieser beginnt

---

100 Ebd., 642 und ebd., Anm. 32: Die Vollmacht ist im Bestand des Büros Schwanitz ohne Datum und Unterschrift überliefert, beginnend mit dem Satz „Zu Ihrer persönlichen Information übermittle ich Ihnen folgende Information", in: BStU, MfS SdM Nr. 2336, 258.
101 BStU, MfS HA IX, Nr. 11483, 12-13; ebenso HA XX Nr. 5122, 67-68.
102 Ebd., 12.
103 Ebd., 13.
104 Joachim Gauck sprach 1996 (Am Tag, als die Stasizentrale gestürmt wurde, in: ORB, 20.1.1996, 20.45-22.00 Uhr) von „Doppelspiel", zit. n. Richter (wie Anm. 2), 96; so auch Tobias Hollitzer: „Wir leben jedenfalls von Montag zu Montag". Zur Auflösung der Staatssicherheit in Leipzig. Erste Erkenntnisse und Schlußfolgerungen (Analysen und Berichte, Reihe B, Nr. 1/99, hg. vom BStU: Die Entmachtung der Staatssicherheit in den Regionen 6), Berlin 1999, 149: „Das Doppelspiel Modrows und seiner Regierungsbeauftragten".

mit „2." und bezieht sich auf „Festlegungen" des Ministerrates in seiner Sitzung vom 7. Dezember 1989 – diese Überlieferung wird noch problematisiert werden. Sie betreffen die alte wie die neue Staatssicherheit, MfS und AfNS:
„Die Regierung verurteilt das unberechtigte Sammeln von Informationen durch das ehemalige Ministerium für Staatssicherheit und verbietet ein Fortsetzen derartiger Praktiken.
Die Regierung bekräftigt das Erfordernis des Schutzes von Staatsgeheimnissen und wendet sich gegen ein Offenlegen von Staatsgeheimnissen, die die nationale Sicherheit gefährden.
Die Regierung beauftragt den Leiter des Amtes für Nationale Sicherheit, die unberechtigt angelegten Dokumente unverzüglich zu vernichten. Das Vernichten hat unter Aufsicht von Beauftragten, der örtlichen Staats- und Rechtspflegeorgane und gegebenenfalls Vertretern der Öffentlichkeit zu erfolgen.
Der Minister für Innere Angelegenheiten und die Vorsitzenden der örtlichen Räte werden beauftragt, die öffentliche Ordnung und Sicherheit und die Arbeitsfähigkeit der örtlichen Staatsorgane zu gewährleisten."[105]
Diese doppelzüngigen „Festlegungen" – am 4. Dezember war noch aus taktischen Gründen ein Stopp der Aktenvernichtungen befohlen worden – belegen nicht nur die Nähe der Regierung Modrow resp. des Ministerrates zur Staatssicherheit, sie zeigen, was weiter zu untermauern sein wird, das direkte Zusammenspiel auf. Die „Festlegungen" des Ministerrates resümieren und verschärfen gleichzeitig die am 6. Dezember 1989 von Schwanitz erlassenen Anweisungen über die Wahrung der Staatsgeheimnisse und über das Verhalten von AfNS-Angehörigen im Umgang mit Kontrollgruppen, insbesondere mit Bürgerrechtsbewegungen, wenn diese die Öffnung von Räumen und die Einsichtnahme in Dokumente und Unterlagen verlangen sollten.[106] Die Verschärfung liegt in dem von der Regierung an den Leiter des AfNS gerichteten Beauftragung, „die unberechtigt angelegten Dokumente unverzüglich zu vernichten" – unter Aufsicht u. a. „von Beauftragten der Regierung". Innerhalb kürzester Zeit wurde das Steuer herumgeworfen, nachdem am 4. Dezember keine Vernichtungen mehr AfNS-intern hatten stattfinden sollen. Zwei Tage danach änderte Schwanitz die Taktik erneut: Wie erinnerlich, verordnete er seinen Diensteinheitenleitern die „Bereitschaft", in Absprache mit den Kontrollgruppen zu „Vereinbarungen" (und zwar kontrollfähigen) über Vernichtungen von Unterlagen und Karteien, die „‚Überwachungsmaßnahmen des ehemaligen MfS' enthalten", zu gelangen. Damit sollte die Progressivität des AfNS demon-

---

105 BStU, MfS HA IX Nr. 11483, 12.
106 Siehe oben bei Anm. 70; BStU, MfS HA XX Nr. 5122, 100.

striert und gleichzeitig suggeriert (Schwanitz: „demonstriert") werden, „daß diese Maßnahmen vom AfNS nicht fortgesetzt werden."[107] „Als reinster Zynismus ist die Bekundung des Leiters des AfNS, *Wolfgang Schwanitz*, zu werten, auch die Vernichtung der Überwachungsunterlagen des MfS dokumentiere, daß die alten Maßnahmen des MfS nicht fortgesetzt werden".[108] – Es sei wiederholt: Das Fernschreiben des Ministerrates autorisierte einen Tag später am 7. Dezember den Leiter des AfNS, „die unberechtigt angelegten Dokumente [unter Aufsicht zwar] unverzüglich zu vernichten".

Über diesen Auftrag ist debattiert worden, und zwar mit Blick auf die Urheberschaft: Handelt es sich hierbei um eine Vernichtungsanweisung Modrows? Nach einem Artikel in der Zeit vom 27. April 1990 mit dem bezeichnenden Titel „Viele Fragen ohne Antworten" erklärte dieser, „er habe sich schon seit dem Ende seiner Dresdener Amtszeit (als Bezirkssekretär der SED) dafür eingesetzt, daß die ‚Vergangenheit auf keinen Fall unter den Tisch gekehrt werden' dürfe".[109]

Ein weiterer Blick zurück belegt die Abrede unter Zuhilfenahme einer namhaften Persönlichkeit. Anfang Januar 1992 entlastete der „Bundesbeauftragte für die Stasi-Akten, Joachim Gauck, […] den PDS-Bundestagsabgeordneten Hans Modrow von dem Vorwurf […], in seiner Amtszeit als DDR-Ministerpräsident die Vernichtung von Stasi-Akten angeordnet zu haben. In einem AFP vorliegenden Schreiben an Modrow bestätigte Gauck, dass die ‚Behauptung, in meiner Behörde existiere ein Aktenvernichtungsbefehl vom Dezember 1989, der von Ihnen unterzeichnet wurde, zumindest bezogen auf die derzeit erschlossenen Unterlagen des ehemaligen Staatssicherheitsdienstes, einer Grundlage entbehrt.' Im übrigen stamme diese Aussage nicht aus seiner Behörde, schrieb Gauck."[110]

Frühzeitig hatte beispielsweise Uwe Thaysen den Finger in die Wunde gelegt, obwohl er keine Kenntnis von dem Fernschreiben des Ministerrates hatte, wohl aber von einer Filiation desselben. In „Der Runde Tisch", erschienen 1990, teilte er als Dokument 9 ein „PKE [Paßkontrolleinheit]-Fernschreiben über Beschluß des Ministerrates zur unverzüglichen Vernichtung von MfS-Akten" vom Abend des 7. Dezember 1989 mit.[111] Die Regestierung ist missverständlich, weil sie den

---

107 Ebd.
108 Ebd.
109 Zit. nach Thaysen (wie Anm. 87), 167. Siehe hierzu Richter (wie Anm. 2), 96: „Später bestritt er [Modrow], den Befehl zur Vernichtung der Akten gegeben zu haben und behauptete, Schwanitz habe eigenmächtig gehandelt."
110 Neues Deutschland vom 9.1.1992, 5.
111 Thaysen (wie Anm. 87), 171. Siehe hierzu Richter (wie Anm. 2), 96: „Nach Erkennt-

Empfänger „pke wismar" als Urheber erscheinen lässt. Diese Einheit sollte das Telegramm an „ka wismar" weiterleiten. Es stammte aus Rostock von dem Leiter des Bezirkskreisamtes. Dessen Leiter war Generalleutnant Mittag gewesen, der am 6. Dezember zusammen mit anderen Spitzen der alten MfS-Generalität geschasst worden war; dennoch unterzeichnete Oberst Amtor i. V. für ihn. Dieses Dokument wurde Thaysen zusammen mit zwei anderen[112] „von jemandem anvertraut, der von Amts wegen und auf höchster Ebene mit der Auflösung des MfS betraut war. Aus ihnen ist die Aufforderung an künftige Historiker abzuleiten, umfassend und endgültig zu ermitteln, welches die Haltung der beiden Regierungen *Modrow* [...] zur Beendigung aller Praktiken des Staatssicherheitsdienstes war. Dazu wird zum Beispiel auch gehören, gleichsam das Gegenstück, den (oder die) diesen drei Dokumenten zugrunde liegenden Erlass(e) zu ermitteln."[113] Das in Rede stehende Fernschreiben des Ministerrates zieht aus den beiden Schwanitz-Schreiben vom 6. Dezember 1989 die Konsequenz und legitimiert diese. Es liegt dem Amtor-Fernschreiben zugrunde.

Das Fernschreiben an die Beauftragten des Vorsitzenden des Ministerrates dokumentiert, was „der Ministerrat [...] in seiner Sitzung am 07.12.1989 [...] festgelegt"[114] hatte. Hans Modrow hat das Fernschreiben neben Walter Halbritter[115] unterzeichnet, und zwar handschriftlich. Was salviert Ersteren? Die komplizierte Überlieferungslage? Diese besteht darin, dass sich in dem Protokoll der Sitzung

---

nissen des Neuen Forums Rostock wies Modrow über Telex vor allem die Vernichtung von Akten an". Und ebd., Anm. 221, dass ein entsprechendes Telex Modrows in Rostock gefunden wurde. Vgl. hiermit das „pke stralsund zur weiterleitung an" in: Thomas Ammer/Hans-Joachim Memmler (Hg.): Staatssicherheit in Rostock. Zielgruppen, Methoden, Auflösung (Edition Deutschland Archiv), Bonn 1991, 57.

112 Sie sind hier bereits erörtert worden: Schwanitz am 6.12.1989 über die Wahrung der Staatsgeheimnisse und darauf am selben Tag, wie mit den Kontrollgruppen zu verfahren war: Hierin kommt der von Thaysen als reinster Zynismus apostrophierte Vorschlag, die Überwachungsunterlagen des MfS zu vernichten, vor. Siehe bei Anm. 78 u. Anm. 81 ff.

113 Thaysen (wie Anm. 87), 167.

114 BStU, MfS HA IX Nr. 11483, 12.

115 Dieser war – nach *Wer war wer in der DDR*, 3., akt. Ausgabe, Frankfurt/M. 1995, 269 – von 1967-1989 Mitglied des Präsidiums des Ministerrates und vom Dezember 1989 bis Februar 1990 Beauftragter von Ministerpräsident Modrow für die Gespräche am Zentralen Runden Tisch. – Ebenso in der Auflage für die Bundeszentrale für politische Bildung, Bonn 2000, 307. – Vgl. damit Süß (wie Anm. 81), 642, der von Staatssekretär Halbritter spricht, dem die Regierungsbeauftragten auf zentraler Ebene untergeordnet waren.

des Ministerrates vom 7. Dezember 1989 – es handelte sich um die 4. Sitzung – kein entsprechender Beschluss bzw. Tagesordnungspunkt[116] finden lässt. Das viel zitierte Fernschreiben an die Beauftragten des Vorsitzenden des Ministerrates ist mit den aufgeführten Unterschriften aus mehreren Überlieferungen, sprich Diensteinheiten des AfNS[117] belegt. Der Ministerrat verbreitete[118] es im AfNS mit dem vollständigen Wortlaut der Punkte 1 bis 4.

Eine andere, um Punkt 4 verkürzte Variante, aber mit einer Liste der diskreditierten Dienstanweisungen (Stichwort „das unberechtigte Sammeln von Informationen" bzw. „die unberechtigt angelegten Dokumente") versehen – die dem kompletten Telegramm nicht anliegt –, richtete der Ministerrat an die „raete der bezirke", damit diese das „fernschreiben an die beauftragten des vorsitzenden des ministerrates" weiterleiten. Unter der Auflistung des Dienstanweisungen steht maschinenschriftlich „hans modrow".[119] Dann bleibt nach dem Stande der Recherchen als dritte Form des Fernschreibens (als Filiation der vorherigen) auf dasjenige zu verweisen, das Thaysen 1990 ohne Herkunfts- bzw- Bestandsnachweis abgedruckt hat. Genau genommen ist es die Umsetzung, die der Leiter des Bezirksamtes Rostock vorgenommen hatte. Dabei wurde nicht der genaue Wortlaut wiederholt. Es wurde in eigenen Worten zusammengefasst, und dieses ge-

---

116 Selbst in „3. zu TOP. –: Festlegungen und Informationen des Ministerrates" wird das Fernschreiben nicht erwähnt, in BArch DC 20 I/3-2876, 4. MR v. 7.12.1989, Bd.1, 26-29. Ebd., 13, heißt es: „Außerhalb der Tagesordnung nahm der Ministerrat folgende Information seines Vorsitzenden entgegen und traf entsprechende Festlegungen: […] – Zu den vom Präsidenten der Volkskammer übermittelten Empfehlungen des Ausschusses für Nationale Verteidigung wird festgelegt, daß die sich daraus ergebenden Aufgaben durch die zuständigen Mitglieder des Ministerrates in eigener Verantwortung durchzuführen sind. Sie haben darüber den Präsidenten der Volkskammer direkt zu informieren." Hierüber haben dankeswerterweise Kollegen im Bundesarchiv Berlin recherchiert. Im Bestand DA 1 Volkskammer der DDR (Akten des Sekretariats der Volkskammer und des Büros des Präsidenten der Volkskammer) ließen sich die gen. Empfehlungen nicht ermitteln. Die Akten des Ausschusses für Nationale Verteidigung weisen im Bestand für die Jahre 1977 bis 1989 eine Überlieferungslücke auf.
117 BStU, MfS HA IX Nr. 11483, 12 f. HA XX Nr. 5122, 67 f.
118 BStU, MfS HA XX Nr. 5122, 66 ff. Ebd., 66: Beiliegendes Fernschreiben an die Beauftragten des Vorsitzenden des Ministerrates zur Kenntnisnahme und Information der Mitarbeiter. Über Konsequenzen aus diesem Schreiben für die weitere Tätigkeit im Amt für Nationale Sicherheit liegen noch keine Festlegungen vor." So Oberst Paroch aus der HA XX am 8.12.1989.
119 Überliefert vom Bezirksamt Rostock, jetzt BStU Außenstelle Rostock Abt, XII / Bündel 8.

schah nicht ohne eine gewisse Schärfe (Beginn mit der Wahrung der Staatsgeheimnisse) und Eigenwilligkeit (keine Einsichtnahme mehr), wenn nicht gar Eigenmächtigkeit. Noch am 7. Dezember 1989 unterzeichnete Oberst Amtor i. V. für Generalleutnant Rudolf Mittag, den Leiter des Bezirksamtes (früher Bezirksverwaltung) Rostock, folgendes Schreiben, das Thaysen in Telegrammform und -schreibung aus geheimgehaltener „Quelle" erhielt: „Den Leitern der Kreisaemter ist folgendes mitzuteilen:
Der Ministerrat der DDR hat in seiner Sitzung am 7. Dezember 1989 besondere Maßnahmen zur Gewährleistung des Schutzes von Staatsgeheimnissen festgelegt: In dem Beschluss wendet sich der Ministerrat gegen ein Offenlegen von Staatsgeheimnissen, die die nationale Sicherheit gefährden. Die Regierung hat den Leiter des Amtes für Nationale Sicherheit beauftragt, die unberechtigt angelegten Dokumente unverzüglich zu vernichten. Zum Vorgehen erhalten Sie weitere Hinweise. Bis zu diesem Zeitpunkt haben alle Aktivitäten hinsichtlich Einsichtnahme in dienstliche Unterlagen bzw. deren Sicherstellung zu unterbleiben. Werden derartige Absichten bekannt, haben mich die Leiter der Kreisämter darüber sofort zu informieren. Mittag Generalleutnant[,] i. V. Amtor [handschriftlich] Oberst [handschriftlich]".[120]
Thaysens Quintessenz – „Dokument 9 belegt sodann (siehe die Uhrzeit des Fernschreibens 20.15 Uhr), wie sich die Dienststellen des AfNS zur konkreten Ausführung der Aktenvernichtung auf einen Beschluß der Regierung *Modrow* berufen (konnten)."[121] – trifft zu. Es misslang jedoch der Regierung und der Staatssicherheit, damit die Bürgerrechtler einzubinden,[122] insofern erwies sich das „klug" eingefädelte Vorgehen als nicht durchführbar.

Zur Genese des Fernschreibens muss ein äußerst interessantes und aufschlussreiches Dokument hinzugefügt werden. Durch dieses wird das direkte Zusammenspiel von Staatssicherheit und Ministerrat nachvollziehbar. Es ist das „Festlegungsprotokoll über die Leitungsberatung [des AfNS-Leiters] am 07.12.1989",[123] die in den ganz frühen Morgenstunden stattgefunden haben muss. Das wissen wir

---

120 Abgedruckt in Thaysen (wie Anm. 87), 171.
121 Ebd., 167.
122 Jürgen Vogel: Magdeburg, Kroatenweg. Chronik des Magdeburger Bürgerkomitees. Beobachtungen in der Zeit der Wende zwischen Lüge und Wahrheit, Braunschweig-Magdeburg ²1991, 12 ff.; die Anweisung musste von Modrow zurückgenommen werden. Siehe auch: Karl-Heinz Arnold: Schild und Schwert. Das Ende von Stasi und Nasi, Berlin 1995, 172 f.
123 BStU, MfS SdM Nr. 2336, 259-262, hier 260.

aus zwei Dokumenten. Der Anwesenheitsliste des Ministerrates, 4. Sitzung am 7. Dezember 1989, ist zu entnehmen, dass „Dr. Wolfgang Schwanitz ab 8.20 Uhr" teilgenommen hat; der Ministerrat tagte von 8.00 bis 12.20 Uhr;[124] der Zentrale Runde Tisch war für 14.00 Uhr anberaumt, was die frühen Aktivitäten der anderen erklärt. Aus dem Festlegungsprotokoll der von Schwanitz geführten „Leitungsberatung" geht hervor, dass bis 9.00 Uhr im Ministerrat ein AfNS-Papier vorliegen musste: „2. Auf Weisung des Gen.[ossen] GL [Generalleutnant] Schwanitz (telefonische Übermittlung an Gen. Engelhardt) bis 9.00 Uhr Erarbeitung und Überbringung eines Dokumentes zum Ministerrat über die Außerkraftsetzung von dienstlichen Bestimmungen des ehemaligen Ministers im Zusammenhang mit der Überwachung von Bürgern, bereits mit der Amtsübernahme des Leiters des AfNS. (Wer ist wer, Sicherheitsüberprüfungen, OPK, KP[125]/KT[126] […], PID [Politisch-ideologische Diversion], Veranstaltungen usw. – Auswahl von wesentlichen Bestimmungen) verantw.: Gen Bausch/Lemme". Staatssicherheit und Ministerrat arbeiteten Hand in Hand – in der Intention, sich vom MfS unter gleichzeitiger Spurenverwischung abzusetzen, und zwar dergestalt, dass das AfNS dem Ministerrat den Telegrammtext[127] erarbeitet hat. Indiz hierfür ist die Tagebuch

---

124 BArch DC 20 I/3-2876, 4. MR v. 7.12.1989, Bd.1, 1.
125 Siehe BStU (Hg.): Abkürzungsverzeichnis. Häufig verwendete Abkürzungen und Begriffe des Ministeriums für Staatssicherheit. 2., erw. Aufl., Berlin 1996, 53, zu KP: „Kontaktperson – Bezeichnung von Abwehrdiensteinheiten des MfS für Personen, zu denen Kontakt (Verbindung) hergestellt wurde mit dem Ziel, diese Person partiell zu nutzen. Keine Kategorie inoffizieller Mitarbeiter, aber nicht selten Nutzung von KP mit Zügen der IM-Arbeit. KP wurden nicht registriert."
126 Ebd., 54, Kontakt, Kontakttätigkeit, siehe KP, also Anm. 125.
127 Süß (wie Anm. 81), 643, sieht Kurt Zeiseweis, Oberst und Stellvertreter des Leiters der Zentralen Arbeitsgruppe Geheimnisschutz (ZAGG) im MfS/AfNS (siehe: Die Organisationsstruktur des MfS 1989, 208), als Drahtzieher: „Der AfNS-Chef hat diese Idee [Vernichtung jener Unterlagen und Karteien der Überwachungsmaßnahmen des ehemaligen MfS, 6.12.89] über seinen Verbindungsmann auch dem zuständigen Staatssekretär [Halbritter] eingeflüstert. Am folgenden Tag erhielten die Regierungsbeauftragten, die eben vor Ort eingetroffen waren, ein von Halbritter und Modrow abgezeichnetes Telegramm, das Zeiseweis formuliert hatte." Ganz sicher ist dieses aber nicht, wie der Anm. 35 bei Süß auf 643 zu entnehmen ist: „Zeiseweis hat sich in einem Interview stolz dazu bekannt, er habe für Halbritter den Text, mit der Aufforderung, die Archive zu vernichten, formuliert. In: Rob Hof: Der Oberst. Kurt Zeiseweis Offizier des MfS – ein Porträt, ORB 24.9.1995, 20.15-21.00Uhr. Nicht ganz ausgeschlossen ist, weil Zeiseweis in dem Interview das Datum nicht nannte, dass ein zweites Fernschreiben ähnlichen Inhalts einige Tage später gemeint war. Da in der

nummer des AfNS-Büros der Leitung („BdL/359/89") unter der Kopfzeile „Ministerrat der Deutschen Demokratischen Republik Berlin, 7.12.1989".[128]

Die beiden vorhergehenden Tagebuchnummern „BdL/357/89" und „BdL/357/89" können Schreiben Schwanitz' zugeordnet werden. Die erste Nummer ist für seine „Persönliche Erklärung [...] auf der Pressekonferenz am 7. Dezember 1989" vergeben, die zweite steht auf seiner Weisung an die Leiter der Diensteinheiten, ebenfalls vom 7. Dezember. Beide Dokumente sind mit dem Telegramm des Ministerrates inhaltlich direkt verbunden. Auf der Pressekonferenz bezog sich Schwanitz auf das Telegramm des Ministerrates an die Regierungsbeauftragten: „Der Ministerrat hat heute Festlegungen zur Wiederherstellung der Ordnung und Gesetzlichkeit getroffen. Bevollmächtigte des Ministerrates befinden sich in den Bezirken."[129] Diese Erklärung wird vermutlich nach der Sitzung des Ministerrates stattgefunden haben. Die Tagebuchnummer „BdL/357/89" scheint jedoch eine andere Sprache zu sprechen – zur Erinnerung: das Telegramm hat die Nr. „BdL/359/89" –, indem es nach der niedrigeren Nummernfolge die Ministerratssitzung vorausnimmt. Tatsache ist, dass die Staatssicherheit diese Sitzung durch die Erarbeitung des Telegrammtextes vorbereitet hat. Zeitnah sind die persönliche Erklärung Schwanitz' für die Pressekonferenz und die Anweisung an die Leiter der AfNS-Diensteinheiten gefertigt worden. Ob die Vergabe der Tagebuchnummern auf die richtige Reihenfolge der Entstehung oder bloß auf die Nummernvergabe beim Eintrag in das Tagebuch verweist, ist von untergeordneter Bedeu-

---

Öffentlichkeit aber bisher nur das erste Telegramm bekannt ist und der ehemalige Oberst bei seinem Interviewpartner unterstellte, er wüsste Bescheid, ist das sehr unwahrscheinlich." Arnold (wie Anm. 122), 172, hält die „Festlegung des Ministerrates, die er am 7. Dezember trifft und am selben Tag den Regierungsbeauftragten in den Bezirken der DDR fernschriftlich mitteilt" als vom „eine vom AfNS initiierte", ohne nähere Angaben. Arnold war stellvertretender Chefredakteur der SED-gesteuerten Berliner Zeitung, so K. W. Fricke in einer Rezension in der FAZ vom 13.2.1996.

128 BStU, MfS HA IX Nr. 11483, 12. HA XX Nr. 5122, 67. Kollegen im Bundesarchiv zu Berlin haben unter den „Eingängen" im Ministerrat – BArch, DC 20 / 11381 – den Entwurf dieses Fernschreibens (Entwurf ist durchgestrichen) ohne die Tagebuchnummer des Büros der Leitung im AfNS ermittelt. Es trägt aber die Unterschriften von Hans Modrow und von Halbritter mit dem Zusatz bei Letzterem „7/12". Wie daraus dann die Ausfertigung mit der BdL-Nr. gemacht worden ist, lässt über Kopierkünste und anderes spekulieren. In der Dokumentenstelle (Dok.) des BdL Nr. 103655 liegt ein ausgefertigtes Telegramm vor, das allerdings keine originalen Unterschriften trägt. Die Schriftzüge sind allerdings vorhanden – darauf kopiert?

129 BStU, MfS AGM Nr. 107, 46.

tung. Von Bedeutung ist, dass das Zusammenspiel von AfNS und Ministerrat bezeugt wird.

„Ausgehend von der falschen Sicherheitspolitik [Letzteres handschriftlich an die Stelle von -doktrin gesetzt] der [SED gestrichen und handschriftlich eingefügt:] früheren Partei- u. Staatsführg. wurde durch den ehemaligen Minister für Staatssicherheit eine Reihe von Befehlen und Weisungen erlassen, die auf eine breite Überprüfung und Kontrolle von Personen abzielte. Das betrifft besonders folgende Befehle und Weisungen".[130] So wandte sich Schwanitz auch noch am 7. Dezember 1989 an seine Leiter und ließ die Aufzählung folgen.
Dass diese Auflistung direkten Eingang in den Ministerrat gefunden hat – wohl zusammen mit dem Telegrammtext, denn Erstere unterlegt Letzteren – ist aus dem in der Außenstelle der BStU Rostock[131] überlieferten Telegramm des Ministerrates an die Räte der Bezirke resp. die Regierungsbeauftragten zweifelsfrei ersichtlich. Ist es doch zusammen mit einer Liste von Dienstanweisungen versandt worden, an deren Ende maschinenschriftlich „hans modrow" steht.
Es findet sich darauf verzeichnet: „dienstanweisung zur politisch-operativen bekaempfung der politisch-ideologischen diversion und der politischen untergrundtaetigkeit unter jugendlichen personenkreisen in der ddr vom 15.5.1966 [-] da nr. 4/66, vvs 365/66; dienstanweisung zur leitung und organisation der politisch-operativen bekaempfung der staatsfeindlichen hetze vom 26.6.1971 [-] nr. 2/71, vvs 398/71; dienstanweisung zur politisch-operativen sicherheit des reiseverkehrs von buergern der ddr nach nichtsozialistischen staaten vom 12.8.1985 [-] nr. 4/85, vvs 0008-59/85; dienstanweisung zur politisch-operativen sicherung von veranstaltungen vom 5.2.1985 [-] nr. 1/85, vvs 0o08-5/85; dienstanweisung zur vorbeugenden verhinderung, aufdeckung und bekaempfung politischer untergrundtaetigkeit vom 20.2.1985 [-] nr. 2/85, vvs 0008-6/85; dienstanweisung zur zurueckdraengung von antragstellungen auf staendige ausreise nach nichtsozialistischen staaten und westberlin sowie zur vorbeugenden verhinderung, aufklaerung und bekaempfung damit im zusammenhang stehender feindlich-negativer handlungen vom 10.12.1988 [-] nr. 1/82, vvs 0008-19/82; dienstanweisung zur politisch-operativen sicherung der volkswirtschaft der ddr vom 30.3.1982 [-] nr. 1/82, vvs 0008-19/82."[132]

---

130 BStU, MfS AGM Nr. 107, 47 f.; hier 47.
131 Wie Anm. 119.
132 Ebd.

Diese Dienstanweisungen „des ehemaligen Ministers [gemeint ist Mielke, der an diesem Tag in Untersuchungshaft kam[133]] im Zusammenhang mit der Überwachung von Bürgern"[134] finden sich allesamt auf der Schwanitz-Weisung vom 7. Dezember mit der Tagebuchnummer „BdL/358/89". Es fehlen allerdings drei, die drei ersten der Auflistung: „Richtlinie zur Durchführung von Sicherheitsüberprüfungen vom 17.11.1982 [-] Nr. 1/82, GVS 0008-14/82"; Richtlinie zur Durchführung operativer Personenkontrolle vom 25.2.1981 [-] Nr. 1/81, GVS 0008-10/81"; Instruktion zur Vorbeugung und Verhinderung des ungesetzlichen Verlassens der DDR und der Bekämpfung des staatsfeindlichen Menschenhandels vom 15.1.1976 [-] Nr. 1/76, VVS 0008-40/76"[135]. Bisher ist nicht zu entscheiden, ob hier eine fehlerhafte Übermittlung des Telegramms vorliegt oder ob das Fehlen andere Gründe hat. Die vollständige Auflistung, die in einem im Bestand des Ministerrates in den „Eingängen" überlieferten Entwurf[136] vorhanden ist, spricht wohl für die erste Mutmaßung.

Der Schlusssatz des Telegramms an die Räte der Bezirke, der unter dieser erschreckenden Demaskierung einer flächendeckenden Überwachung und Allzuständigkeit steht, ist weitgehende Wortmagie, Beschwörung einer so nicht vorhandenen Realität bzw. deren Schönzauberei: „mit der bildung des amtes fuer nationale sicherheit wurden diese befehle und weisungen und alle weiteren, die der aufgabenstellung des amtes nicht entsprechen, ausser kraft gesetzt."[137] Als sich Wolfgang Schwanitz einen Tag nach der Bildung eines Amtes für Nationale Sicherheit am 18. November 1989 an seine Leiter wandte, sprach er zwar viel von der „Neubestimmung der Aufgaben und der Arbeitsweise des Amtes",[138] schloss aber mit folgender Festsetzung: „Die dienstlichen Bestimmungen und Weisungen des bisherigen Ministers für Staatssicherheit behalten im Sinne einer Übergangsregelung vorerst ihre Gültigkeit."[139] Im Zusammenhang mit dem Rücktritt des Kollegiums am 4. bzw. 5. Dezember und der Entbindung der Spitzen der Generalität von ihren Funktionen am 6. Dezember 1989 sieht Walter Süß[140] die drastische Ver-

---

133 Fricke: Abschaffung des AfNS (wie Anm. 4), 62.
134 BStU, MfS SdM Nr. 2336, 260, Leitungsberatung vom 7.12.1989.
135 BStU, MfS AGM Nr. 107, 47.
136 BArch, DC 20 / 11381. Entwurf ist später durchgestrichen worden. Diese Recherche verdanke ich den Kollegen im Bundesarchiv zu Berlin.
137 Ebd. BStU, MfS SdM Nr. 2336, 260.
138 BStU, MfS HA IX Nr. 10789, 42. Die Neubestimmung war, als das AfNS aufgelöst wurde, im Übrigen noch nicht erfolgt.
139 Ebd., 44.
140 Süß (wie Anm. 81), 639 f.

änderung des normativen Rahmens gegeben. „Eine ganze Reihe von Richtlinien und Dienstanweisungen, ‚die auf eine breite Überprüfung und Kontrolle von Personen abzielte[n]', wurden rückwirkend zum 18. November ‚außer Kraft gesetzt'".[141] Schwanitz erteilte dazu am 7. Dezember einen Befehl: dieser ist hier erörtert worden. Diesbezüglich bedarf der Hervorhebung, dass die „Richtlinie zur Bearbeitung Operativer Vorgänge" (RL Nr. 1/76), die wegen ihrer Anleitung zur „Zersetzung" berüchtigt ist, unerwähnt blieb. Will man beurteilen, wann sie noch in Kraft war, muss man sich in die Weisung Schwanitz' vom 29. November 1989 die „Reduzierung des Bestandes der dienstlichen Bestimmungen und Weisungen des MfS auf den für die Gewährleistung der Arbeit des Amtes für Nationale Sicherheit erforderlichen Mindestbestand"[142] eingehend vertiefen.[143] „Ideologie" bzw. behauptete Wirklichkeit und wirkliche Wirklichkeit sind beim MfS/AfNS nicht immer deckungsgleich. Es erfordert eine große recherchierende Kraft, um beide auszugraben. Hinsichtlich der tatsächlich vorgenommenen Aktenvernichtungen dürfte das eine wahre Herkulesarbeit mit ungewissem Ausgang sein. Darüber einmal zu gegebener Zeit mehr.

Ein kleiner Einblick in die Büchse der Pandora, in reale und geplante Vernichtungsaktionen von Unterlagen, soll genommen werden: Am 12. Dezember 1989 berichtete die Hauptabteilung XIX (Verkehr, Post, Nachrichtenwesen): „Im Ergebnis einer durchgeführten Bestandsaufnahme beläuft sich die anfallende Papiermenge im Fall einer angewiesenen Vernichtungsaktion auf ca. 12,75 t."[144] Der geschätzte Umfang „der aus dem Apparat der Parteiorganisation zu vernichtenden Materialien" belief sich auf 300 Sack „(1 Sack ca. 50 kg.)", was 15.000 kg ergab.[145] Das „Archiv" blieb hierbei noch „unberücksichtigt". Aus der Hauptabteilung VI (Paßkontrolle, Tourismus, Interhotel) wurde am 13. Dezember 1989 berichtet: Es „sind ca. 37 Tonnen Dokumente/Materialien vorhanden, die einer zentralen Vernichtung bedürfen. Darüber hinaus existieren [sic!] ca. 173 Tonnen Dokumente/ Materialien, die bisher im Urzustand in verschiedenen Papierfabriken vernichtet

---

141 Ebd.
142 BStU, MfS BdL/Dok Nr. 6896.
143 Vgl. hierzu Süß (wie Anm. 81), 640: „Es war zwar schon Ende November befohlen worden, jene Richtlinie bis auf ein Exemplar pro Diensteinheit einzuziehen; ‚im Sinne einer Übergangsregelung' sollte sie jedoch ‚vorerst ihre Gültigkeit' behalten." Auf welche umfangreiche Anlage des sog. Befehls vom 29.11.1989 wird sich hier genau bezogen?
144 BStU, MfS ZKG Nr. 8914, 4.
145 Ebd., 9 f.

worden sind. Hier ist eine umgehende Klärung besonders schnell nötig"[146] – was auch immer das heißen mag ...
Die Hauptabteilung VII (Abwehrarbeit MdI/Deutsche Volkspolizei) zeichnete sich bei ihrer Meldung vom 13. Dezember 1989 durch besondere Umsicht hinsichtlich der Vernichtungsmöglichkeiten aus: „Aus dem Bestand der HA VII sind insgesamt 533 lfd. Meter Archivmaterialien zusammengestellt. Möglichkeiten der Vernichtung werden gesehen durch Nutzung von bestimmten Kraftwerken bzw. der Müllverbrennungsanlage am Heizkraftwerk Lichtenberg. Gegebenenfalls könnte auch die Einbeziehung der Freunde [Sowjets] geprüft werden."[147] Die Abteilung M (Postkontrolle) machte am 12. Dezember 1989 viele Vorschläge, da sie durch die Briefzensur (Speicher M 01 und M 02) auf einer Menge Zündstoff saß, wie ihr bewusst war: „1. Vernichtung der Speicher M 01 und M 02[:] Die Vernichtung der Speicher hat aufgrund der hohen politischen Brisanz, z. T. sind auch Rückschlüsse auf Quellen möglich, höchste Priorität und sollte vorrangig genehmigt werden. Gesamtvolumen davon M 01 und M 02, davon 10 Tonnen (Karteikarten mit einliegenden Negativen) [der Postsendungen] 5 Tonnen (Karteikarten) Bei einer Trennung von Karteikarten und Negativen wären bei einem Einsatz von 20 Mitarbeitern etwa bis 24-30 Arbeitstage notwendig. Es sind ca. 20 Papiersäcke Fotonegative zu erwarten, die zu verbrennen bzw. chemisch zu vernichten sind. Aufgrund des hohen Aufwandes der Trennung von Papier und Fotomaterial sowie des Gesamtumfanges wird die Vernichtung durch Verbrennen vorgeschlagen. 2. Vernichtung von Akten-, Dokumenten- und anderem Schriftgut[:] In der Diensteinheit lagern ca. 2 Tonnen IM-Akten (3 Papiersäcke), VS-Materialien und anderes Schriftgut. Vorschlag: Verkollern, eine Vorvernichtung ist in der DE [Diensteinheit] ist möglich."[148] Vorvernichten – ein Paradoxon in sich – bedeutet Zerreißen, Zerkleinern. Im sog. Kupferkessel in der Stasi-Zentrale in Berlin-Lichtenberg wurden nach der Auflösung der Staatssicherheit Unmengen von Papiersäcken mit vorvernichtetem Material gelagert. Die Abteilung M hatte an ihrem Zustandekommen eifrig mitgewirkt: „4. Vorvernichtetes Material[:] Bereits gelagert sind: - ca. 400 Papiersäcke mit Filmen, Fotodokumentationen u. a. z. T. zerrissen, unsortiert, Charakter der Materialien ist erkennbar Vorschlag: Verbrennen – ca. 3.500 Papiersäcke mit vorverkleinertem Material (Papierstreifen v. 4-5 mm Breite, Wort- bzw. Textfragmente z. T. lesbar. Vorschlag: Verkollern".[149]

---

146 Ebd., 12.
147 Ebd., 21.
148 Ebd., 23.
149 Ebd., 24.

Es bleibt zu hoffen, dass die paradoxe Bezeichnung „vorvernichtetes Material" nicht in die Archivwissenschaft eingeht! Tradiert werden sollte aber mit Blick auf die fokussierte Aktenpolitik der Staatssicherheit „Warum es den Mächtigen nicht gelang, 1989 eine Revolution zu verhindern"[150] – und dabei sollte auch ihr unsinniges Hantieren mit ihren Unterlagen als ein wesentlicher Beitrag zu ihrem Untergang, bzw. wie man sich selber eine Grube gräbt, unbedingt Erwähnung finden!

---

150 So der bezeichnende Untertitel der Monographie von Walter Süß: Staatssicherheit am Ende, Berlin 1999.

Birgit Richter
Zur Rückübereignung von Archivalien aus Rittergutsbeständen nach dem Ausgleichsleistungsgesetz in Sachsen

Die Archive der ehemaligen Rittergüter in den fünf neuen Bundesländern waren im 20. Jahrhundert zweimal unmittelbar von den Folgen von Herrschaftswechsel betroffen: 1. Durch die Besatzungsmacht gefördert, gelangten sie nach 1945 infolge der politischen Neuordnung Deutschlands mit den enteigneten Schlössern und Gutshäusern in staatliches Eigentum. 2. Im Ergebnis des Einigungsvertrages von 1990 wurden diese Archive unter bestimmten Voraussetzungen als den früheren Eigentümern rückübertragbar eingestuft. Diese Beständegruppe, die sich in der Regel in der Verwahrung der ostdeutschen Staatsarchive befindet, ist auch in Sachsen überdurchschnittlich von Restitutionen betroffen.

1. Charakteristik der Bestände

In Sachsen entstanden bis zum 19. Jahrhundert etwa 1.000 Rittergüter als Lehnsherrschaften, die vorwiegend auf der mitteldeutschen Grundherrschaft basierten.[1] Die Besitzer wurden durch den Landesherrn meist durch Belehnung mit der Wahrnehmung öffentlich-rechtlicher Funktionen betraut (Gerichtsbarkeit, Polizeibefugnis, das Patronat in Kirchen- und Schulangelegenheiten sowie ggf. weitere Ehrenrechte). Darüber hinaus waren die Güter durch ihre Eigenwirtschaft in ein ökonomisches Geflecht eingebunden. Unter den Lokalgewalten dominierten die Rittergüter in ihrem Anteil an Grund und Boden in vielen Teilen des Königreichs Sachsen. Aufgrund dessen wird die Bedeutung dieser Überlieferung für die Dokumentation von Herrschaft und Gesellschaft, für die Erforschung der lokalen Verhältnisse, von Wirtschafts- und Lebensweisen deutlich. Darüber hinaus kommt einigen Beständen aufgrund der Stellung der Rittergutsbesitzer zentrale Bedeutung in der Landes-, Personen- und Kulturgeschichtsforschung zu.

Die Ausübung privater Gerichtsbarkeit mit dem doppelten Kompetenzbereich Rechtsprechung und Verwaltung endete in Sachsen mit dem Übergang zum bürgerlichen Staatswesen mit nur wenigen Ausnahmen zwischen 1833 und 1856.

---

1 Axel Flügel: Bürgerliche Rittergüter. Sozialer Wandel und politische Reform in Kursachsen (1680-1844) (Bürgertum. Beiträge zur europäischen Gesellschaftsgeschichte, Bd. 16), Göttingen 2000, hier v. a. 86 ff.

Als Herrschafts- und Wirtschaftsgebilde mit eingeschränkten öffentlich-rechtlichen Befugnissen bestanden die Rittergüter bis 1945 fort.
Im Zuge der sukzessiven Abtretung der Gerichtsbarkeit an den Staat wurden auch die dazugehörigen Gerichtsakten bis 1856 durch die staatlichen Behörden (Justizämter und Königlichen Gerichte) übernommen und in deren Registraturen eingegliedert. In der zweiten Hälfte des 19. Jahrhunderts gelangten sie – teils bereits durch Kassationen dezimiert – als Vorakten in die zwischen 1874 und 1879 gebildeten Amtshauptmannschaften und Amtsgerichte. Zusammen mit Übernahmen aus den Behörden und Gerichten gelangten Abgaben der Patrimonialgerichte an das Hauptstaatsarchiv in Dresden. Diese eine Komponente der Rittergutsbestände befand sich 1945 also bereits in den staatlicher Verwahrung. Mengenmäßig bilden die Gerichtsakten heute innerhalb der Gruppe der Rittergutsbestände meist den größten, oft sogar den einzigen Teilbestand.

In den Gutsarchiven lagerten bis 1945 weiterhin die Archivalien, die die verbliebenen obrigkeitlichen Funktionen der Rittergüter widerspiegelten,[2] die Unterlagen zur ökonomischen Seite des Landwirtschafts-, Forstwirtschafts- oder Gewerbebetriebes sowie Familienschriftgut.
Teil der ab September 1945 in der sowjetischen Besatzungszone (SBZ) durchgeführten Bodenreform war die entschädigungslose Enteignung von landwirtschaftlichem Grundbesitz „mit allen Bauten, lebendem und totem Inventar, allen Nebenbetrieben und sämtlichem landwirtschaftlichen Vermögen". Rechtsgrundlage war in Sachsen die Verordnung der Landesverwaltung über die landwirtschaftliche Bodenreform vom 10. September 1945.[3] Die Enteignung erfolgte zugunsten des Landes, in dem sich die Mobilien und Immobilien befanden. In den Monaten September und Oktober 1945 wurde unter einem enormen Zeitdruck eine erste Bestandsaufnahme für Kunst- und Kulturgut durchgeführt. Als wissenschaftliche Leitstelle für Archivfragen fungierte das Hauptstaatsarchiv in Dresden. Eine Regelung der rechtlichen Fragen der Verwaltung und Verfügung über kulturelle Werte folgte in Sachsen später als in den anderen Ländern der SBZ. Am 17. Mai 1946 wurde die „Anordnung über die Sicherstellung und Verwertung des nichtlandwirtschaftlichen Inventars der durch die Bodenreform enteigneten Guts-

---

2 Gerhard Schmidt: Die Staatsreform in Sachsen in der ersten Hälfte des 19. Jahrhunderts, Weimar 1966, 313.
3 Verordnung über die landwirtschaftliche Bodenreform der Landesverwaltung Sachsen vom 10. September 1945, Art. 2, Nr. 3, in: Amtliche Nachrichten der Landesverwaltung Sachsen Nr. 5 (1945) vom 24.9.1945.

häuser" durch die Landesverwaltung Sachsen erlassen.[4] Darunter fielen sowohl Kunstgegenstände als auch Bibliotheken und Archive. Die Sicherung und Erfassung dieses Inventars und seine Übernahme in die Archive oder geeignete Depots – dafür wurde zeitgenössisch der Begriff „Schlossbergung" geprägt – war Aufgabe der Bodenkommissionen auf Gemeinde-, Kreis- und Landesebene, der Kulturämter der Kommunen und Landkreise und spezieller Beauftragter der Landesregierung.
Aus den verwahrenden Museen, Bibliotheken und Sammlungen sind die Archivalien im Wesentlichen zwischen 1946 und 1949 an die zuständigen Archive gelangt.[5] An eindeutigen Übergabeprotokollen mangelte es häufig, beinhalteten diese Fonds doch nicht selten frühneuzeitliche Quellen zur Rechtsqualität der Güter oder Teile aus der landwirtschaftlichen Buchführung vergangener Jahrhunderte, was an die Lesbarkeit der Unterlagen höchste Ansprüche stellte.

Zur gleichen Zeit strömten große Mengen von Altakten der 1945 bzw. 1952 aufgelösten Gerichte und Verwaltungsbehörden (Amtsgerichte und Amtshauptmannschaften) in die Staatsarchive. Dabei handelte es sich – wie oben bereits dargelegt – um Mischbestände, die die im 19. Jahrhundert verstaatlichten Gerichtsakten der Patrimonialgewalten des 16. bis 19. Jahrhunderts mit einschlossen. Im Zuge der provenienzgerechten Bestandsbildung sind sukzessive die staatlichen, kommunalen und privaten Herrschaftsträger der kursächsischen Lokalverwaltung in den sächsischen Staatsarchiven rekonstruiert worden. Aus archivfachlichen Erwägungen heraus sind die zwei Teile, das Gutsarchiv aus der Bodenreform und das Patrimonialgerichtsarchiv aus Abgaben staatlicher Stellen, zusammengeführt worden. Die heutigen Rittergutsbestände setzen sich demnach bestandsgeschichtlich aus diesen beiden Komponenten zusammen. In ihrer Gliederung folgen sie funktionsbezogen der klassischen Dreiteilung in Patrimonialherrschaftsarchiv, Gutswirtschaftsarchiv und Familienarchiv. Sie ist im Ergebnis der archivarischen

---

4 Anordnung über die Sicherstellung und Verwertung des nichtlandwirtschaftlichen Inventars der durch die Bodenreform enteigneten Gutshäuser, in: Amtliche Bekanntmachungen der Landesverwaltung Sachsen Nr. 14 (1946) vom 28. Mai 1946, 183.
5 Anna Miksch: Die Sicherung und Nutzung kultureller Werte der ehemaligen Herrensitze des Großgrundbesitzes in Sachsen (Herbst 1945 bis Ende 1949). Ein Beitrag zum Problemkreis des Kulturerbes in der antifaschistischen-demokratischen Umwälzung (Dissertation zur Promotion A), Karl-Marx-Universität Leipzig 1979.

Fachdiskussion in der DDR entstanden (Berent Schwineköper[6] und Lieselott Enders[7]) und wurde in der Vergangenheit insbesondere von Enders beschrieben.

Im sächsischen Archivwesen entstanden so rund 850 Rittergutsfonds, von denen etwa ein Drittel Unterlagen enthält, die in Folge der Bodenreform in die Staatsarchive gelangten. Die Bestände waren durch die entsprechenden Rechtsvorschriften[8] in den ‚Staatlichen Archivfonds' der DDR integriert und unterliegen heute den Bestimmungen des Sächsischen Archivgesetzes von 1993.[9]

2. Grundlagen für die Rückübereignung

Im Ergebnis des Einigungsvertrages von 1990 waren vermögensrechtliche Ansprüche aus den Folgen der Bodenreform ursprünglich ausgeschlossen gewesen. Die bis dahin angestrebten Restitutionen wurden nach dem „Gesetz zur Regelung offener Vermögensfragen" (VermG) sowohl für Grundbesitz als auch für bewegliche Sachen, die im Zuge der Bodenreform enteignet worden waren, abgelehnt.[10] Eine neue Situation für die Archive der neuen Bundesländer trat mit der Verabschiedung des „Gesetzes über staatliche Ausgleichsleistungen für Enteignungen auf besatzungsrechtlicher oder besatzungshoheitlicher Grundlage, die nicht mehr rückgängig gemacht werden können (AusglLeistG)" ein, das am 1. Dezember 1994 in Kraft trat.[11] Dieses Gesetz, das verfahrensrechtlich auf das Vermögensgesetz Bezug nimmt, erlaubt u. a. die Rückgabe von Kulturgut unter bestimmten Bedingungen an die früheren Eigentümer. Die Durchsetzung der vermögensrechtlichen Ansprüche erfordert ein Verwaltungsverfahren, für das die Ämter zur Regelung offener Vermögensfragen zuständig sind.

Infolge dieses Gesetzes wurden bereits Ende 1994 an die sächsischen Staatsarchive eine Reihe von Anfragen nach dem Vorhandensein von Gutsarchiven

---

6 Berent Schwineköper: „Das ‚Gutsarchiv' als Archivtypus", in: Archivar und Historiker. Festschrift für H. O. Meißner, Berlin 1965, 72-88.
7 Lieselott Enders: „Ordnungsprobleme bei Guts- und Familienarchiven im Brandenburgischen Landeshauptarchiv Potsdam", in: Archivmitteilungen 3 (1960), 96-106.
8 Verordnung über das staatliche Archivwesen der DDR vom 17.6.1965 (Gesetzblatt der DDR 1965, Teil II, Nr. 75) und Verordnung über das staatliche Archivwesen vom 11.3.1976 (Gesetzblatt der DDR 1976, Teil I, 165).
9 Archivgesetz für den Freistaat Sachsen (SächsArchivG) vom 17.5.1993, § 17 (2).
10 Neubekanntmachung des Vermögensgesetzes vom 23.9.1990, § 1 Abs. 8 Buchst. A (Bundesgesetzblatt II, 889, 1159).
11 Ausgleichsleistungsgesetz vom 27.9.1994 (Bundesgesetzblatt I, 2624).

ehemaliger Rittergüter sowohl von Seiten der Antragsteller (frühere Besitzer oder deren Erben und Beauftragte) als auch von den Vermögensämtern der Landratsämter und des Landes Sachsen gestellt, deren Tragweite für das Schicksal der Bestände ursprünglich nicht abzusehen war. Aufgrund der Beständelage sind in Sachsen im Wesentlichen das Hauptstaatsarchiv Dresden (einschließlich Staatsfilialarchiv Bautzen) und das Staatsarchiv Leipzig von Restitutionsansprüchen betroffen. Inzwischen sind bzw. waren in Sachsen 16 Verfahren zur Rückübereignung von Rittergutsarchiven anhängig,[12] von denen zwischenzeitlich lediglich drei abgeschlossen werden konnten. Da in den Vermögensämtern noch nicht alle Anträge erfasst worden sind und eine große Anzahl von Vorgängen noch gar nicht in Bearbeitung ist, kann ein Fazit zu den Rückübereignungen z. Zt. noch nicht gezogen werden.

Nun zum Inhalt des Gesetzes:[13] Das AusglLeistG zielt auf staatliche Wiedergutmachung für entschädigungslose Enteignungen unter der Besatzungsmacht im näher im Einigungsvertrag definierten Beitrittsgebiet im Sinne einer *finanziellen* Entschädigung. Jedoch wird in § 5 Abs. 1 Satz 1 festgelegt: „Bewegliche, nicht in einen Einheitswert einbezogene Sachen sind zurückzuübertragen."
Dass es sich bei den Gutsarchiven um bewegliche Güter (im Gegensatz zu Grundstücken und Grundstücksbestandteilen) handelt, ist unstrittig. Differenzierter ist die zweite Voraussetzung für eine Rückgabe zu bewerten. Zum Einheitswert eines land- und forstwirtschaftlichen Betriebes könnte neben dem Inventar (Geräte, Mobiliar) auch die landwirtschaftliche Buchführung gerechnet werden, die sich in den Rittergutsbeständen im Teil Gutswirtschaft widerspiegelt. In Frage kämen insbesondere aktuelle Unterlagen zur Wirtschaftsführung, deren Aufbewahrungsfristen zum Zeitpunkt der Enteignung aus steuerlicher Sicht noch nicht abgelaufen waren. In Sachsen ist im Jahre 1997 vom Landwirtschaftsministerium eine entsprechende Stellungnahme erarbeitet worden, die zum Ergebnis kam, dass eine Einbeziehung der Gutsarchive in das landwirtschaftliche Vermögen in der Regel nicht in Frage kommt, da eine klare Abgrenzung zwischen landwirtschaftlichem und nichtlandwirtschaftlichem Vermögen (Guts- und Familienarchive) ohnehin schwierig ist und den Archiven eher kulturhistorischer denn praktischer

---

12 Stand September 2001.
13 In der Auslegung einzelner Bestimmungen gibt es in den neuen Bundesländern leicht abweichende Auffassungen, zuletzt zusammenfassend dargelegt in der gemeinsamen Auslegungshilfe zu § 5 AusglLeistG vom 19.6.1996. Der Beitrag bezieht sich auf die Verwaltungspraxis im Freistaat Sachsen, die offensichtlich mit der Mehrzahl der anderen betroffenen Bundesländer übereinstimmt.

Wert zukommt. Das bedeutet für die Verfahren, dass der Ausschlussgrund „Einbeziehung in den Einheitswert" für die Rittergutsbestände in der Regel nicht greift.[14]

Entscheidende Voraussetzung für eine Rückgabe ist die Enteignung auf besatzungsrechtlicher oder besatzungshoheitlicher Grundlage. D. h. eine Rückgabe kann nur für diejenigen Archivalien erfolgen, die sich zum Zeitpunkt der Bodenreform tatsächlich in den Gutsarchiven befunden hatten. Damit beginnt das größte praktische Problem für die Verfügungsberechtigten, die Archivare. Die heute vorliegenden Rittergutsbestände sind – wie eingangs beschrieben – archivfachlich bearbeitet worden, d. h. Einheitsbestände sind gebildet worden von aus Enteignungen der Bodenreform und aus Abgaben staatlicher Stellen stammender Unterlagen. Frühere unterschiedliche Eigentumsverhältnisse gehen aus der Gliederung der Bestände nicht unmittelbar hervor.

Ziel der Verfahren bei den Vermögensämtern ist aber, Rechtssicherheit für die Beteiligten herzustellen. In den Feststellungsbescheiden der Vermögensämter sind die Akten, die in das Eigentum des früheren Besitzers übergehen, einzeln zu benennen. Dieses konkrete Vorgehen ermöglicht nicht nur die tatsächliche Inbesitznahme durch den Eigentümer, sondern bedeutet auch für das verwahrende Archiv Planungssicherheit. Lassen sich doch nur durch die eigentumsrechtliche Zuordnung einzelner Archivaliensignaturen Maßnahmen der Beständebearbeitung, Lagerung, Erhaltung usw. effektiv konzipieren und finanzieren.

Im Einzelfall bedeutet die Ermittlung der durch die Bodenreform enteigneten Archivalien, umfangreiche bestandsgeschichtliche Recherchen vorzunehmen. In den entsprechenden Unterlagen der Bodenkommissionen sind zwar häufig Listen der beschlagnahmten Kunstgegenstände, selten aber Verzeichnisse der Archivalien aufgeführt. Detaillierte Abgabelisten sind am ehesten beim Abtransport aus den Schlössern und Gutshäusern oder bei der späteren Übergabe an das Archiv entstanden.[15] Diesbezügliche Nachweise finden sich teilweise in den Geschäftsakten der Staatsarchive. Nach der Ermittlung eines Aktenverzeichnisses wird der Abgleich mit den heutigen Signaturen erforderlich. Fehlt eine entsprechende Konkordanz, müssen die Archivalien mühsam im Hinblick auf Inhalt, Datierung oder

---

14 Die in Frage kommenden Bestände enthalten in der Regel entsprechende Unterlagen nur marginal. Es ist davon auszugehen, dass diese Teile der landwirtschaftlichen Registratur, die für die Weiternutzung der Landwirtschaftsbetriebe von Bedeutung gewesen sein könnten, gar nicht im Rahmen der Bodenreform in die Archive gelangten.
15 Vgl. Miksch (wie Anm. 5).

Urheber/Verfasser geprüft werden, worauf der Archivar mit einiger Sicherheit auf den Registraturzusammenhang schließen kann.[16] Im Übrigen hilft nur die Autopsie des Originals, um dort anhand äußerer Merkmale (Aktenbildung, Registraturvermerke aus dem Gutsarchiv, Abgabenummern aus der Schlossbergungsaktion) die Herkunft aus dem Gutsarchiv oder aus staatlichen Abgaben festzustellen. Es ist deutlich geworden, dass die Ermittlung der relevanten Akten archivwissenschaftliche Kenntnisse, archivpraktische Erfahrung und einen gewissen Spürsinn erforderlich macht. Die umfangreichen, zeitaufwändigen Recherchen sind auch *ein* Grund dafür, dass sich die Verfahren über einen längeren Zeitraum hinziehen. Es konnten in meinem Verantwortungsbereich im Sächsischen Staatsarchiv Leipzig mit der geschilderten Methode enteignete Archivalien nicht hundertprozentig, aber doch in einer außerordentlich hohen Quote identifiziert werden.

Im Verwaltungsverfahren sind Antragsteller und Verfügungsberechtigte zu einer gütlichen Einigung über den Besitz angehalten. Meist wird dazu nach Erlass eines Feststellungsbescheides des Vermögensamtes, in dem die Restitution begründet wird, das Verfahren für eine Einigung ausgesetzt. Es beginnt eine weitere, sehr aktive und sich meist über einige Jahre hinziehende Phase, in der Regelungen über den Verbleib der Archivalien getroffen werden müssen. Spätestens jetzt sind die Partner zu gemeinsamen Verhandlungen gezwungen. Es zeigt sich, dass ein frühzeitiger, fachlich-sachlicher Kontakt zu den neuen Eigentümern der Gutsarchive für den Fortgang der Verhandlungen von großem Vorteil ist. Er dient dazu, Interessen und Probleme auf beiden Seiten zu erkennen und ein gewisses Vertrauensverhältnis aufzubauen.

Wie bereits dargelegt, zielen die Bestimmungen des AusglLeistG auf die *Rückgabe* beweglicher Vermögenswerte. Das Abweichen von diesem Grundsatz kann nur unter bestimmten Bedingungen erfolgen. Aufgrund der eingangs geschilderten Bedeutung der Rittergüter für die Historiographie sind die Archive selbstredend bestrebt, die betroffenen Unterlagen weiter für die öffentliche Benutzung bereit

---

16 Auf das Problem des neuerlichen Erwerbs von Patrimonialgerichtsakten, die durch Aussonderungen der Behörden und Gerichte in der zweiten Hälfte des 19. Jahrhunderts öffentlich angeboten worden sind, durch die Rittergutsbesitzer, sei hier nur hingewiesen. In vielen Fällen behindern darüber hinaus Mängel in der Ordnung und Verzeichnung der Bestände, die überwiegend aus den 1960er Jahren stammt die eindeutige Bestimmung der Akten. Für Einzelschriftstücke, die bei der Bestandsbearbeitung aus ihrem Registraturzusammenhang entfernt wurden, ist darüber hinaus eine Provenienzbestimmung oft nicht möglich.

zu halten. Die Ziele der neuen Eigentümer können nach den bisherigen Erfahrungen von der körperlichen Inbesitznahme des ihnen zugesprochenen Bestands oder Teilbestands, dem Herauslösen für die Familie wichtiger Einzeldokumente bis zur kompletten Überlassung der Unterlagen an das Archiv gehen. Jede dieser Möglichkeiten ist in Sachsen bereits aufgetreten.

In der Phase der gütlichen Einigung verfügen die Verhandlungspartner über vielfältige Möglichkeiten. Sie sind nicht an bestimmte Vertragsformen gebunden. Im Ergebnis sollte bestimmt werden, welche Archivalien ggf. unmittelbar zurückgegeben werden, welche evtl. im Besitz des Staatsarchivs verbleiben oder sogar in Landeseigentum übergehen oder für welche Archivalien eine weitere Nutzung unter Inanspruchnahme des Nießbrauchs beantragt wird. Der Inhalt einer solchen Vereinbarung kann vom Vermögensamt zusätzlich beschieden werden.[17] Scheitert die gütliche Einigung, so entscheidet die Behörde nach Aktenlage über die strittigen Punkte, dazu ist es in Sachsen noch nicht gekommen.

3. Möglichkeiten für die Archive

a) Die günstigste Vereinbarung aus Sicht der Archive (und letztendlich auch für die Archivalien) würde die *Schenkung* darstellen. In einem entsprechenden Vertrag[18] würde der Eigentumsübergang an den Freistaat geregelt, spezielle Vereinbarungen zur Verwahrung, Benutzung, zu Rechten des bisherigen Eigentümers sind hierbei möglich. Zudem kann eine derartigen Schenkung in steuerlicher Sicht geltend gemacht werden. Zu einer Schenkung ganzer restituierter Archivbestände ist es in Sachsen bisher nicht gekommen, was aufgrund der entgegengesetzten Zielsetzung des AusglLeistG auch nachzuvollziehen ist.

b) Beabsichtigt der Eigentümer, die Unterlagen körperlich im Archiv zu belassen, aber seinen Eigentumsanspruch zu wahren, kann dies in Form einer (oben beschriebenen) Vereinbarung erfolgen. In Sachsen wird aber der Abschluss eines *Archiv- (oder Deposital-) Vertrages*[19] bevorzugt, in dem auch eine Reihe archivpraktischer Fragen geregelt werden sollten wie: Kosten, Benutzung (durch Eigentümer und Dritte), Laufzeit und Vertragsauflösung usw. Für diese Art der gütlichen Einigung gibt es in Sachsen einen Fall, bei dem die Vertragsverhandlungen fast abgeschlossen sind.

---

17 Vgl. VermG (wie Anm. 10) § 31 (5).
18 Vgl. SächsArchivG (wie Anm. 9) § 4 (4).
19 Ebd., § 7.

c) Sind die Interessen des Eigentümers auf die körperliche Inbesitznahme der Archivalien gerichtet, so sind die Unterlagen nach Buchstabe und Geist des AusglLeistG in der Regel herauszugeben. Das verwahrende Archiv kann sich mit dem Eigentümer über eine Verfilmung der Unterlagen und deren Nutzung sowie ein späteres Vorkaufsrecht einigen. Selbstverständlich sollten ebenso Empfehlungen zur konservatorischen Behandlung der Originale sein.

Im Verlauf der Verhandlungen könnte noch versucht werden, den Kreis der zu restituierenden Unterlagen einzuengen. In Sachsen ist im vergangenen Jahr eine Vereinbarung geschlossen worden, bei der ein Teil der Archivalien vom Eigentümer im Original übernommen worden ist, ein anderer Teil dafür aber unentgeltlich in das Eigentum des Freistaates übergegangen ist. Einer solchen Regelung ist nach Abwägung verschiedener Möglichkeiten im Interesse der Rechtssicherheit und dem Auftrag der Archive zur Archivierung auf Dauer zugestimmt worden. Vor der Vereinbarung über eine Rückgabe muss im Archiv eingehend geprüft werden, welche Folgen ein derartiger Verlust für das Beständeprofil auf Archiv-, Landes- oder Bundesebene mit sich brächte. Es ist beispielsweise zu klären, ob die betreffende Herrschaft aufgrund ihrer Bedeutung sich von anderen Rittergütern heraushebt, der Archivbestand aufgrund seiner Vollständigkeit oder Besonderheiten in der Überlieferung eine herausragende Bedeutung besitzt oder die in Rede stehenden Unterlagen aus anderen Gründen (Stichwort: intrinsischer Wert) im Original im Archiv vorgehalten werden müssen. Die fachliche, archivübergreifende Diskussion zu derartigen Kriterien steht m. E. noch am Anfang.

Für den Fall, dass eine Herausgabe von Unterlagen an den Eigentümer nicht in Frage kommt, sieht das AusglLeistG in § 5 (Abs. 2) für Kulturgüter den öffentlichen Nießbrauch vor: „Zur Ausstellung für die Öffentlichkeit bestimmtes Kulturgut bleibt für die Dauer von 20 Jahren unentgeltlich den Zwecken der Nutzung seitens der Öffentlichkeit oder der Forschung gewidmet (unentgeltlicher öffentlicher Nießbrauch)".[20] Der Gesetzgeber sieht also eine Übergangsfrist von 20 Jahren vor, die nach überwiegender Auffassung der Länder mit Inkrafttreten des Gesetzes 1994 begann und am 1. Dezember 2014 endet.[21] Danach kann der Nießbrauchsberechtigte „gegen angemessenes Entgelt" die Fortsetzung des Nießbrauchs verlangen.[22] Voraussetzung für diese Sonderregelung sind die Eigenschaf-

---

20 AusglLeistG (wie Anm. 11) § 5 (2), Satz 1.
21 Außer in Sachsen-Anhalt, wo die Nießbrauchsdauer mit dem Erlass der Feststellungsbescheide berechnet wird.
22 AusglLeistG (wie Anm. 11) § 5 (2), Satz 2.

ten, dass es sich um „Kulturgut" handelt und es „zur Ausstellung für die Öffentlichkeit bestimmt" ist, was bei Archivgut nach allgemeiner Einschätzung vorliegt.

So günstig diese Bestimmung auch auf den ersten Blick für die verwahrenden Archive wirkt, so problematisch ist sie doch in ihrer Anwendung. Sie stellt für einen gewissen Zeitraum das Recht der öffentlichen Nutzung höher als die tatsächliche Verfügungsbefugnis des Eigentümers an seinen Gegenständen. Dieser Passus warf bereits mehrfach unter Juristen die Frage nach der Vereinbarkeit mit dem Grundgesetz (z. B. Artikel 14 oder 3) auf.
Durch die Vermögensämter wird im konkreten Einzelfall festgestellt, ob die Rückgabe mit einem Nießbrauch belastet ist oder nicht. Da dies für die tatsächliche Eigentumsübernahme von entscheidender Bedeutung ist, bedarf es für die Nutzung des Nießbrauchsrechts starker Argumente, die ggf. einer gerichtlichen Nachprüfung standhalten. Die Inanspruchnahme des Nießbrauchs muss durch die Archive ausreichend begründet werden. Es ist (neben den gesetzlichen Voraussetzungen „Kulturguteigenschaft" und „zur Ausstellung für die Öffentlichkeit bestimmt") insbesondere zu prüfen, ob die Archivalien eine nicht nur untergeordnete Bedeutung haben und ein breiter Interessentenkreis in der Öffentlichkeit vermutet werden kann. Es kommt hier zur Abwägung von unterschiedlichen Interessen – in diesem Zusammenhang soll auf den juristischen Grundsatz der Verhältnismäßigkeit zwischen öffentlichem und Individualinteresse hingewiesen werden.

Noch problematischer stellt sich die Fortsetzung des Nießbrauchs nach der Übergangsfrist von 20 Jahren dar. Die Bestimmung: „Der Nießbrauchsberechtigte kann die Fortsetzung des Nießbrauchs gegen angemessenes Entgelt verlangen"[23] war ursprünglich so interpretiert worden, dass es auch nach dem Jahr 2014 einen Rechtsanspruch auf Fortsetzung des Nießbrauchs gibt – gegen die Zahlung eines Entgelts. Selbst die letzte Bedingung (was ist „angemessenes Entgelt" für Archivgut, welche Haushaltmittel stehen dem Archivwesen 2014 zur Verfügung?) stellen die Archivverwaltungen vor schwer lösbare Probleme. Dazu kommen inzwischen verfassungsrechtliche Bedenken, die zu einer neuerlichen Prüfung des Paragraphen 5 AusglLeistG vor dem Bundesverfassungsgericht geführt haben.[24] In seinem Urteil vom 22. November 2000 wird die Verfassungsbeschwerde zwar grundsätzlich abgewiesen, gleichzeitig aber für die Auslegung der Bestimmung

---

23 Ebd.
24 Vgl. Mathias Hellmann: „Die EALG-Entscheidung des Bundesverfassungsgerichts und die Rückgabe von Kulturgut nach § 5 AusglLeistG", in: VIZ 6 (2001), 293-296.

nach der Verlängerung des Nießbrauchs eine neue Richtung gewiesen. Demnach kann die öffentliche Nutzung nur dann fortgesetzt werden, wenn sich der Eigentümer damit *und* mit der Höhe der Entschädigung einverstanden erklärt. Anders ausgedrückt: Aus dem Anspruch auf Fortsetzung des Nießbrauchs wird lediglich ein Anspruch auf Aufnahme von Verhandlungen.[25]

Es ist deutlich geworden, dass die Bestimmungen des Gesetzes zur Inanspruchnahme des öffentlichen Nießbrauchs für die Situation der Archive kein Allheilmittel bilden können. Sie sind in erster Linie im Hinblick auf die Ausstellungen der Museen entstanden und dort auch sinnvoller anzuwenden. Für die Archive mit ihrem gesetzlichen Auftrag der dauernden Sicherung von Kulturgut stehen sie im Gegensatz zu dem Übergangscharakter, auf den die Vorschrift zielt. Trotzdem kann im Einzelfall die Beantragung von Nießbrauch der richtige Weg sein, wenn eine gütliche Einigung nicht möglich war, es sich aber um eine herausragende Überlieferung handelt. Auch dieser Weg wird z. Zt. in Sachsen in einem laufenden Verfahren beschritten. Im Rahmen einer Rückübereignung sind Archivalien mit dem unentgeltlichen öffentlichen Nießbrauch belastet worden, der am 1. Dezember 2014 endet. Bis dahin sollten die fachlichen und organisatorischen Fragestellungen, die die Zukunft der Unterlagen betreffen, im Kontakt mit den Eigentümern abschließend geklärt werden.

Mit diesem Beitrag sollten die erste Erfahrungen – auch offene Fragen – im Zusammenhang mit der Rückübereignung von Archivalien aus der Sicht der sächsischen Staatsarchive dargelegt werden und gleichzeitig einige juristische Aspekte angeschnitten werden. Leider ist unter den Archivaren noch kein länderübergreifender Dialog dazu zustande gekommen. Es liegen bisher keine Erfahrungswerte über Verwaltungsentscheidungen oder Urteile aus anderen Bundesländern vor. Parallel zur juristischen Diskussion über die Interpretation des AusglLeistG sollten die Archivare in den Fachgremien ihre Fragestellungen äußern. Dieser Meinungsaustausch innerhalb des 72. Deutschen Archivtages in Cottbus soll helfen, sie in Gang zu bringen.

---

25 Ebd., 295.

Sektion IV:
Archive und Wiedergutmachung

Gabriele Viertel
Einleitung

Archive sind nicht nur direkt durch politische Rahmenbedingungen in vielfacher Weise von dem Thema unseres diesjährigen Archivtages betroffen, sondern müssen sich auch mit den Folgen politischer Herrschaft auseinander setzen. Insbesondere die Opfer, die ihre Ansprüche auf Rehabilitierung und Wiedergutmachung durchzusetzen versuchen, sind mit Hilfe der in den Archiven vorhandenen Quellen zu unterstützen. Die letzten zehn Jahre nach der Wende haben das in vielfältiger Weise deutlich gemacht. Waren es zunächst vor allem für die Archive in den neuen Ländern die Anträge auf Eigentumsrückgabe und politische Rehabilitierung, die uns arbeitsmäßig sehr stark forderten, so sind es jetzt die der Zwangsarbeiter. Fast alle Archive beteiligen sich bei der Aufarbeitung. Wir alle bemühen uns darum, in jedem Falle termingerecht und vollständig zu recherchieren. Unseren Anteil haben wir auch bei den Problemen der Rückerstattung jüdischen Kulturgutes zu leisten.

Die Anmeldungen für unsere Sektionssitzung weisen diese Aufgabenvielfalt aus. Ich möchte mich bei all denen bedanken, die hier einen Beitrag leisten wollten, die ich aber leider nicht mehr in die Liste der Referenten aufnehmen konnte. Ich hoffe deswegen auf eine sehr lebhafte Diskussion und bitte all diejenigen schon vorab um ihre Wortmeldungen.

Wir haben unsere Sektionssitzung, wie Sie dem Programm bereits entnehmen konnten, in zwei Teile gegliedert: Im ersten Teil werden wir uns relevanten Beständen bzw. Aktengruppen zuwenden, so Einzelfallakten über die Behandlung „feindlichen" bzw. jüdischen Vermögens und auch Wiedergutmachungsakten sowie der Nutzung der Akten des Staatssicherheitsdienstes der DDR. Im zweiten Teil, und das bietet sich aufgrund der aktuellen Problematik an, wenden wir uns vielfältigen Belangen der Entschädigung von Zwangsarbeitern zu.

Ich darf Ihnen nun die Referenten vorstellen: Herr Ulrich Roeske meldete sich sehr bald an, wofür ich ihm herzlich danke. Er wird uns über relevante Bestände im Bundesarchiv mit Einzelfallakten über die Behandlung „feindlichen" bzw.

jüdischen Vermögens im „Zweiten Weltkrieg" informieren. Herr Roeske gehört zu den langjährig tätigen Archivaren; er ist fast vierzig Jahre im Beruf. Das spricht für eine lange und kontinuierliche Erfahrung, die er zuerst im Zentralen Staatsarchiv in Potsdam und dann, ab 1990, im Bundesarchiv gewonnen hat. Er betreut als Referent die Abteilung Reich und spezialisierte sich auf die Bereiche Post, Verkehr und Statistik. Ulrich Roeske veröffentlichte darüber bereits. Zu seinem heutigen Referat veranlasste ihn sicher nicht zuletzt die Tatsache, dass er sechs Jahre lang Anfragen auf diesem Gebiet beantwortet hat.

Herr Dr. Frank M. Bischoff wird über Bewertung, Erschließung und Benutzung von Wiedergutmachungsakten sprechen, die er im Laufe seiner Tätigkeit im Staatsarchiv Münster bearbeitet hat. Herr Bischoff studierte Geschichte, Evangelische Theologie und Erziehungswissenschaften in Mainz, Marburg und Paris. Er promovierte in Historischen Hilfswissenschaften in Marburg, befand sich zwischen 1994 und 1996 in der Archivreferendarsausbildung im Staatsarchiv Detmold und an der Archivschule Marburg. Seit 1996 ist er Dezernent im Nordrhein-Westfälischen Staatsarchiv Münster und seit 1999 Abteilungsleiter der Abteilung I im Staatsarchiv für das nördliche Westfalen.

Herr Wolfgang Brunner, Historiker, hat bis 1984 an der Humboldt-Universität studiert und arbeitete dann in der Universitätsverwaltung/Ausländerstudium. Herr Brunner, nun tätig in der Gauck-Behörde, studierte von 1999 bis kürzlich an der Fachhochschule Potsdam. Er referiert zum Thema „Nutzung der Akten des Staatssicherheitsdienstes der ehemaligen DDR zur Rehabilitierung von Betroffenen, Vermissten und Verstorbenen".

Herr Professor Horst A. Wessel ist Leiter des Mannesmann-Archivs in Mülheim an der Ruhr und Professor für Wirtschaftsgeschichte an der Heinrich-Heine-Universität in Düsseldorf. Herr Wessel wird uns darüber informieren, welchen Beitrag die Wirtschaftsarchive zur Entschädigung von Zwangsarbeitern leisten.

Herr Dr. Jürgen Treffeisen spricht über „Bewertung, Übernahme und Nutzung von Unterlagen der Allgemeinen Ortskrankenkassen zu Zwangs- und Fremdarbeitern durch die Staatsarchive in Baden-Württemberg". Herr Treffeisen studierte Geschichte und Germanistik in Freiburg und promovierte 1988. Seit 1989 belegte er einen wissenschaftlichen Kurs an der Archivschule Marburg, den er bis 1991 absolvierte. Seit dieser Zeit ist Herr Treffeisen als Referent an verschiedenen Archiven, z. B. am Generallandesarchiv Karlsruhe, im Staatsarchiv Sigmaringen und seit 1999 bei der Landesarchivdirektion Stuttgart tätig.

Herr Dr. Michael Häusler berichtet über die Rolle der Kirchenarchive bei der Erforschung der Zwangsarbeit in den Kirchen.

Herr Häusler studierte Geschichte und Evangelische Theologie in Münster, Tübingen und in den USA. 1995 promovierte er in Münster und absolvierte gleichzeitig die Archivschule in Marburg. Seit 1996 ist Herr Dr. Häusler Leiter des Archivs und der Historischen Bibliothek des Diakonischen Werkes der EKD in Berlin.

Ulrich Roeske
Bundesarchiv-Bestände mit Einzelfallakten über die Behandlung feindlichen bzw. jüdischen Vermögens im Zweiten Weltkrieg

1. Einführung

Aus Vereinfachungsgründen und weil vorausgesetzt werden kann, dass Kollegen mit historischer Vorbildung diesen Beitrag lesen, werden im Folgenden die Begriffe „Feind" und „Jude" ohne Anführungszeichen und ohne den Vorsatz „so genannt" benutzt. Wenn von „Vermögen" die Rede ist, so wird darunter die gesamte Bandbreite aller möglichen Vermögenswerte, also Grundstücke, Gebäude, Betriebe und Beteiligungen an Unternehmen, gewerbliche Schutzrechte, Forderungen gegen Schuldner, Wertpapiere, Edelmetalle und Schmuck, Zahlungsmittel, Kontoguthaben und bewegliche Sachen, verstanden, soweit der Vermögensbegriff nicht in bestimmten Zusammenhängen eingeschränkt wird.

Die Teilung Deutschlands und die unterschiedliche staatliche, wirtschaftliche und gesellschaftliche Entwicklung in beiden deutschen Staaten hatten zu Hunderttausenden von ungeklärten Vermögensverhältnissen geführt. Im Zuge der Wiedervereinigung wurden die grundlegenden Rechtsnormen zur Klärung der offenen Vermögensfragen festgelegt. Da in der DDR keine ausreichenden Regelungen zur Wiedergutmachung nationalsozialistischen Unrechts geschaffen worden waren, gelten das Vermögensgesetz vom 3. August 1992 sowie das Entschädigungsgesetz und das Ausgleichsleistungsgesetz in den neuen Bundesländern auch für vermögensrechtliche Ansprüche von Bürgern und Vereinigungen, die zwischen 1933 und 1945 aus rassischen, politischen, religiösen oder weltanschaulichen Gründen verfolgt wurden und deshalb ihr Vermögen durch Zwangsverkäufe, Enteignung oder auf andere Weise verloren haben. Hiervon ist – wie bekannt – in besonders hohem Maße jüdisches Eigentum betroffen.

Ansprüche auf die Rückgabe von Vermögenswerten waren grundsätzlich bis Ende 1992, bei beweglichen Sachen bis 30. Juni 1993 von den Geschädigten oder deren Erben anzumelden. Nach einer vorliegenden Statistik des Bundesamts zur Regelung offener Vermögensfragen wurden insgesamt rund 2.140.000 Anträge auf Rückübertragung von Grundstücken und rund 205.000 Anträge auf Restitution von Unternehmen gestellt. Die Bewältigung dieser Aufgabe bedeutete eine große Herausforderung, denn es mussten bekanntlich in den neuen Bundesländern nicht nur von Grund auf neue Verwaltungsstrukturen geschaffen werden, sondern es war auch eine völlig neue Rechtsmaterie in die Praxis umzusetzen. Die große Herausforderung betraf im Grunde alle Archive in den neuen Bundesländern, denn Opfer und deren Erben, die Restitutionsansprüche durchzusetzen versuchen, sind auf Quellen in Archiven angewiesen. Die Folge war und ist eine außerordentlich große Flut von Anfragen in Vermögensangelegenheiten. Ich kann hier nur für das Bundesarchiv sprechen. Hier hat die Anzahl solcher Anfragen bis 1997 um das Zwölffache zugenommen und ist auch seitdem nicht zurückgegangen! Von Januar bis Juni 2001 gingen immer noch mehr als 1.300 Anfragen dieser Art ein. Hauptnutzer sind mehr als 80 Landesämter und Ämter zur Regelung offener Vermögensfragen, die Jewish Claims Conference als Anspruchsberechtigte für erbenloses Vermögen jüdischer Verfolgter sowie etwa 70 Rechtsanwälte und Notare, deren Mandanten als Überlebende des Holocaust Erben des Vermögens sind. Es wird in der Regel nur für die Vermögensämter gemäß §27 Vermögensgesetz kostenlos Amtshilfe geleistet; für die anderen Nutzer gilt die Bundesarchiv-Kostenverordnung.

2. Was war feindliches Vermögen?

Die Haager Landkriegsordnung von 1907, die noch heute Bestandteil des geltenden Völkerrechts ist, legte in ihrem Artikel 46 fest, dass im Krieg das Privateigentum unverletzlich sei und verbot die Zerstörung oder Wegnahme feindlichen Eigentums. Im Ersten Weltkrieg hatten dann trotzdem nahezu alle Krieg führenden Staaten, auch Deutschland, feindliches Privateigentum liquidiert. Mit dem Versailler Vertrag musste das Deutsche Reich schließlich den ausländischen Eigentümern das Vermögen zurückerstatten oder sie entschädigen und verlor nahezu sein gesamtes Auslandsvermögen. In der Zeit zwischen den Weltkriegen stiegen die weltweiten Auslandsinvestitionen aber wieder stark an. Gerade in Deutschland wurde viel ausländisches, in erster Linie US-Kapital investiert, auch und besonders in Industriebetrieben.

Dieser Tatbestand legte den Gedanken nahe, nach Beginn des Krieges 1939 feindliches Vermögen nicht zu liquidieren, da man entsprechende Folgen für das deutsche Auslandsvermögen in den Feindstaaten befürchten musste. Noch bis in das vierte Kriegsjahr gab es in den deutschen Reichsbehörden eine endlose und z. T. widersprüchliche Diskussion über den Begriff „Feind" und in der Folge „feindlicher Einfluss", „Feindstaat" und „feindliches Vermögen". Dies hat zu einer Vielzahl von Rechtsnormen geführt, von denen ich hier nur die für mein Thema wesentlichsten nenne. Als erste wurde am 11. Oktober 1939 die Verordnung über die *Abwesenheitspflegschaft* erlassen.[1] Sie schuf die Möglichkeit für abwesende Angehörige von Feindstaaten, die sich nach Kriegsausbruch nicht um ihre Vermögensangelegenheiten in Deutschland kümmern konnten, einen sog. Abwesenheitspfleger zu bestellen. Die Abwesenheitspflegschaft – sie gibt es auch heute noch im BGB – kam in der Regel nur bei Grundstücken oder für Unternehmen in Frage, die weder ihren Sitz noch eine Niederlassung in Deutschland hatten.

Von zentraler Bedeutung für das Feindvermögen war die „*Verordnung über die Behandlung feindlichen Vermögens*" (im Folgenden: FeindVermVO) vom 15. Januar 1940.[2] Die Verordnung galt für das Gebiet des Deutschen Reiches einschließlich der eingegliederten Ostgebiete. Für das Generalgouvernement sind entsprechende Verordnungen erlassen worden und auch für die übrigen besetzten Gebiete ist von den Militärbefehlshabern, Reichskommissaren oder Chefs der Zivilverwaltungen eine den Reichsvorschriften im Wesentlichen entsprechende Feindvermögensgesetzgebung geschaffen worden. Eine Ausnahme bildeten nur die Untersteiermark, Kärnten und Krain, weil sich dort nur sehr wenig Feindvermögen befand, für das im Allgemeinen die Vorschriften über die Abwesenheitspflegschaft (s. o.) genügten: In diesen drei Gebieten sind nur für das amerikanische Vermögen in Anlehnung an die reichsrechtlichen Vorschriften besondere Anmelde- und Sperrverordnungen erlassen worden.

§ 2 der FeindVermVO und mehrere Durchführungsbestimmungen zählten folgende Staaten als feindliche Staaten namentlich auf: Großbritannien mit allen seinen Dominions und überseeischen Besitzungen, Frankreich einschließlich seiner Kolonien, Protektorate und Mandatsgebiete, Ägypten, Sudan, Irak, Monaco (1940-1944), die UdSSR (seit 1941) und die USA (erst seit 1942!). Bemerkenswert ist, dass bis zum Kriegsende *nur diese* Länder im Sinne der FeindVermVO als Feindstaaten galten. Nicht zu den feindlichen Staaten im Sinne der VO gehörten z. B. Polen, Norwegen, Dänemark, die Niederlande, Belgien, Serbien, Irland und die süd- und mittelamerikanischen Staaten, und zwar auch dann nicht, als tatsächlich zwischen ihnen und dem Deutschen Reich der *Kriegszustand* herrschte.[3] Dieser scheinbare Widerspruch erklärt sich vermutlich aus zwei Gründen: Zum einen hatten die genannten Länder ihrerseits keine Maßnahmen gegen das deutsche Vermögen ergriffen und zum anderen handelte es sich entweder um von Deutschland

---

1 RGBl I 1939, 2026.
2 RGBl I 1940, 191. Sie trat erst im Juni 1940 in Kraft.
3 Krieger-Hefermehl: Behandlung des feindlichen Vermögens. Kommentar, München-Berlin 1942, § 2 A I,3.

besetzte Staaten, in denen – wie soeben ausgeführt – entsprechende Bestimmungen erlassen wurden oder um solche, die in Bezug auf ihr Vermögen oder das ihrer Bürger im Deutschen Reich eine untergeordnete Rolle spielten.

Nach der FeindVermVO galt als Feind ohne Rücksicht auf seine Staatsangehörigkeit jede natürliche Person, die im Gebiet eines feindlichen Staates wohnte. Als Feind zählte darüber hinaus jeder feindliche Staatsangehörige, egal, ob er in einem Feindstaat, in einem neutralen Staat oder im Inland wohnte. Für sog. Volksdeutsche mit feindlicher Staatsangehörigkeit, die in den besetzten Gebieten lebten und sich zu ihrem Deutschtum bekannten, konnte der Reichsminister der Justiz Ausnahmen vom Feindbegriff zulassen, d. h. sie unterlagen dann nicht mehr den Beschränkungen der FeindVermVO.

Feinde waren ebenfalls juristische Personen, wenn sie ihren Sitz oder ihre Hauptniederlassung im Gebiet eines feindlichen Staates hatten. Dazu gehörte eine Unzahl von Betrieben und Konzernen, wie z. B. die Adam-Opel-AG, die sich bereits seit 1929 zu hundert Prozent in den Händen des US-Konzerns General Motors befand, oder die Ford-Werke AG mit damals schon 52 Prozent US-Kapital, AEG und Siemens mit nicht unbedeutenden Minderheitsbeteiligungen, Kodak, Unilever u. v .a. Diese Konzerne spielten eine wichtige Rolle in der deutschen Kriegswirtschaft, machten große Gewinne und beschäftigten wie rein deutsche Betriebe sehr oft auch Zwangsarbeiter, Kriegsgefangene und KZ-Häftlinge.

Alle im Inland befindlichen selbständigen Unternehmen wurden in der FeindVermVO schlichtweg zu deutschen Unternehmen erklärt, auch wenn an ihnen feindliches Kapital beteiligt war. Anders dagegen musste verfahren werden bei Unternehmen, die *„unter maßgebendem feindlichen Einfluss"* standen wie Opel oder Ford. Darunter verstand man nach § 12 FeindVermVO im Wesentlichen
a) unselbständige Niederlassungen von Feinden,
b) Gewerbebetriebe von natürlichen Personen, die als Feinde anzusehen waren,
c) Vermögensmassen, die feindlichen Staaten gehörten und
d) im Übrigen solche Unternehmen, an denen Feinde mit mindestens der Hälfte des Gesamtkapitals beteiligt waren.
In der Masse handelte es sich Betriebe der letztgenannten Kategorie. In solchen Unternehmen wurden in der Regel *Verwalter* eingesetzt. Sie hatten die Aufgabe, diese Betriebe wertmäßig zu erhalten und zu sichern; das Vermögen war pfleglich zu behandeln, es sollte also nicht liquidiert oder konfisziert werden, sondern es wurde für die Dauer des Krieges unter treuhänderische Zwangsverwaltung gestellt. Auf die Verwalter wird kurz im letzten Abschnitt zurückzukommen sein.

Der Schutz der Vermögenskategorien unter maßgebendem feindlichen Einfluss mag für den kritischen Leser überraschend klingen, sind doch gerade aus dem Zweiten Weltkrieg viele gegenteilige Fakten über Raubzüge mit Gewaltmaßnahmen gegenüber fremdem Eigentum bekannt. Aber es kann festgestellt werden, dass die Festlegungen der FeindVermVO *im Altreich* im Wesentlichen eingehalten und sogar kontrolliert wurden. Dagegen sah die Praxis in den eingegliederten Ostgebieten und in den besetzten Gebieten ganz anders aus: Im Generalgouvernement wurde das polnische Vermögen von der Haupttreuhandstelle Ost und vom Reichskommissar für die Festigung des deutschen Volkstums rücksichtslos „verwertet", also enteignet; die Nazis wollten das polnische Volk bekanntlich zu Arbeitssklaven degradieren. Im Reichsprotektorat Böhmen und Mähren, wo die FeindVermVO zwar formal auch galt, führten die Gestapo und die deutschen Stellen rigoros Enteignungen von Feindbesitz durch.

Rigoros ging die NS-Verwaltung auch mit sog. *staats- und volksfeindlichem* Vermögen um, das im Rahmen dieses Beitrages nur kurz gestreift werden kann. Diese Vermögensart muss von dem feindlichen Vermögen im Sinne der FeindVermVO, das in den Quellen auch *reichsfeindliches* Vermögen genannt wird, unterschieden werden. Von „Volks- und Staatsfeinden" war in der nationalsozialistischen Ideologie bekanntlich schon lange vorher und in Rechtsnormen bereits 1933 die Rede gewesen. Es soll hier nur das „Gesetz über die Einziehung volks- und staatsfeindlichen Vermögens" vom 14. Juli 1933 genannt werden, das sich auf kommunistisches und sozialdemokratisches Vermögen bezog. Für Repressivmaßnahmen gegen sog. Volks- und Staatsfeinde und damit auch für die verbrecherische Einziehung von deren Vermögen waren Gestapo, SD und SS zuständig.

3. Die Behandlung jüdischen Vermögens.

Als Volks- und Staatsfeinde Nr. 1 galten nach der nationalsozialistischen Rassenideologie bekanntlich Juden. Im Titel des Beitrages ist bewusst von feindlichem *bzw.* jüdischem Vermögen die Rede, weil hier – wie noch zu zeigen sein wird – differenziert werden muss.

Die Verdrängung der Juden aus der deutschen Wirtschaft begann schon 1933 und fand einen Höhepunkt in den Gesetzen von 1938: Die „Verordnung zur Ausschaltung der Juden" vom 12. November, ihre Durchführungsverordnung vom 23. November und die „Verordnung über den Einsatz des jüdischen Vermögens" vom 3. Dezember 1938 verfolgten den Zweck, den „jüdischen Einfluss" auf die deutsche Wirtschaft völlig zu brechen und damit die „Judenfrage" auf wirtschaftlichem Gebiet endgültig zu lösen. Zu Beginn des Zweiten Weltkrieges war die „Ausschaltung" der Juden aus der deutschen Wirtschaft schon weitgehend abgeschlossen. Bei den gegen Juden gerichteten Maßnahmen sollten keine Sonderbestimmungen zugunsten von Juden mit fremder Staatsangehörigkeit erlassen und sie primär als Juden und in zweiter Linie als Ausländer behandelt werden. In der Praxis nahm man aber aus außenpolitischen Gründen zunächst sehr wohl auf die Staatsangehörigkeit Rücksicht, vor allem bei Ländern, die sich energisch für ihre Angehörigen einsetzten. Auch die Verordnungen von 1938 betrafen grundsätzlich nur Juden deutscher Staatsangehörigkeit. Gleichzeitig bemühte sich das Reichssicherheitshauptamt, die Ausbürgerung deutscher Juden und die damit verbundene Einziehung ihres Vermögens zu forcieren.

Das war so bis 1941. Geradezu verheerende Folgen für das Eigentum deutscher Juden hatte die *11. Verordnung zum Reichsbürgergesetz* vom 25. November 1941.[4] Sie bestimmte, dass ein Jude, der seinen gewöhnlichen Aufenthalt im Ausland hatte oder nahm, die deutsche Staatsangehörigkeit verlor. Das Vermögen des Juden, der die deutsche Staatsangehörigkeit verlor, wurde eingezogen, es verfiel dem Reich. Die Verwaltung und „Verwertung" des verfallenen Vermögens oblag zwischen 1941 und 1943 dem Oberfinanzpräsidenten Berlin-Brandenburg (OFP) zentral für das gesamte Deutsche Reich.[5] Die Feststellung, ob die Voraussetzungen des Vermögensverfalls vorlagen, trafen in jedem Fall nicht Finanzbehörden, hierfür war hingegen allein der Chef der Sicherheitspolizei und des SD zuständig.

Das Vermögen eines Juden dagegen, der eine feindliche Staatsangehörigkeit – gegebenenfalls auch neben der ihm aberkannten deutschen – besaß, wurde als feindliches Vermögen behandelt. Es konnte nicht als dem Reiche verfallen erklärt werden. Bei der Verwaltung der Vermögenswerte wurde kein Unterschied gemacht, ob es sich um einen feindlichen Juden oder um einen Nichtjuden handelte. In einer Amtsverfügung des OFP Berlin-Brandenburg vom 7. Oktober 1944 – also mehr als zwei Jahre nach der berüchtigten Wannseekonferenz zur sog. Endlösung der Judenfrage – hieß es: „Es ist grundsätzlich davon auszugehen, dass Juden unbekannter Staatsangehörigkeit und Personen, bei denen es zweifelhaft ist, ob es sich um Juden handelt, stets als *Feinde* anzusehen sind". Damit traf für sie die FeindVermVO zu, d. h. ihr Vermögen sollte geschützt werden. Die Nazis wussten sehr wohl, dass es im Ausland keine Rassenideologie gab, dass dort Juden und

---

4 RBGl I 1941, 722.
5 Dazu ausführlicher im nächsten Abschnitt.

Nichtjuden in der Regel rechtlich gleichgestellt waren. Es musste also damit gerechnet werden, dass die Feindstaaten Maßnahmen gegen ihre Staatsangehörigen jüdischer Herkunft als gegen sich gerichtet betrachten würden und zum Anlass nehmen würden, Gegenmaßnahmen an deutschem Vermögen in ihren Staaten zu ergreifen. Solche Gegenmaßnahmen sind später im feindlichen Ausland in unterschiedlichem Ausmaß getroffen worden, jedoch kann hier nicht näher darauf eingegangen werden.

Das Eigentum deutscher Juden, die im feindlichen Ausland lebten, ist also durch die 11. Verordnung zum Reichsbürgergesetz aus dem Geltungsbereich der Feind-VermVO herausgenommen worden. Juden mit fremder Staatsangehörigkeit wurden nach der FeindVermVO behandelt. Falls es sich um Unternehmen, Grundstücke oder Gebäude handelte, setzte man Verwalter ein. Später beschränkte sich der Schutz des Vermögens allerdings nur noch auf britische und amerikanische Juden, das Vermögen von Juden unterworfener Staaten wurde liquidiert, soweit sie noch im Deutschen Reich lebten. Auch bei Juden aus neutralen und verbündeten Staaten, die Vermögen im Deutschen Reich besaßen, geschah dies ab Spätsommer 1943.

Es bleibt festzuhalten, dass das Vermögen von Juden mit feindlicher Staatsangehörigkeit nur in dem Maß von deutschen Zwangsmaßnahmen betroffen war wie das feindliche Vermögen im Allgemeinen. Da das feindliche Vermögen im Reich in der Regel nicht liquidiert oder konfisziert wurde, galt dies auch für das feindliche jüdische Vermögen. So wurden in einem Krieg, den die Nazis gerade auch mit starker Agitation gegen das „internationale Judentum" und mit dem Verbrechen des Völkermords an den europäischen Juden verbanden, jüdische Vermögenskategorien trotzdem pfleglich verwaltet und waren demnach selbst von Martin Bormann und Heinrich Himmler zu schützen!

Zum Schluss dieses Abschnitts soll nur noch die 13. Verordnung zum Reichsbürgergesetz vom 1. Juni 1943[6] angeführt werden, die lakonisch bestimmte: „Nach dem Tode eines Juden verfällt sein Vermögen dem Reich." Ein Ausgleich wurde nur *nicht*jüdischen Erbberechtigten und Unterhaltspflichtigen gewährt.

---

6   RGBl I 1943, 372.

4. Personenbezogene Quellen zu NS-Opfern im Bundesarchiv

Die wichtigsten Bundesarchiv-Bestände zum Thema sind die *Außenstelle für feindliches Vermögen des Oberfinanzpräsidenten Berlin-Brandenburg* (R 2107) und der *Reichskommissar für die Behandlung feindlichen Vermögens* (R 87). Sie enthalten eine Fülle von aussagekräftigen Dokumenten über den Vermögensentzug von Personen und die Arisierung von Unternehmen. Daneben müssen für Nachweise des Besitzstandes von Firmen 1933 bis 1945 eine ganze Reihe anderer Bestände herangezogen werden.

Die FeindVermVO hatte festgelegt, dass das feindliche Vermögen anzumelden war und kündigte zum Verfahren nähere Bestimmungen an. Solche wurden veröffentlicht in der „Verordnung über die *Anmeldung* feindlichen Vermögens" vom 5. März 1940[7] und vielen weiteren Durchführungsbestimmungen. Stichtag für die Anmeldung war im Allgemeinen der 31. Dezember 1939, später wurden für US-amerikanisches Vermögen, das mit Abstand von allen Feindvermögen die größte Rolle spielte, außerdem noch Veränderungsmeldungen nach dem Stand vom 30. September 1940 und 30. Juni 1941 vorgeschrieben. Anzumelden war Vermögen mit einem Gesamtwert von mehr als 500,- RM. Das galt allerdings nicht für Guthaben von Feinden bei Kreditinstituten, hier mussten auch kleinste Summen gemeldet werden, so dass nicht wenige Dokumente überliefert sind, auf denen nur geringe Reichsmark-Beträge nachgewiesen sind.

Die Anmeldung hatte formularmäßig auf sog. Anmeldebogen (im Umfang von z. T. acht Seiten) zu erfolgen. Hiervon sind etwa 700.000 Stück überliefert, die zusammen mit anliegenden Vermögensaufstellungen und Schriftwechseln heute den Hauptinhalt des Bestandes Außenstelle für feindliches Vermögen des OFP Berlin-Brandenburg bilden. Er gehört mit rund 700 lfd.m Akten zu den größten Beständen im Bundesarchiv.

Es gab fünf verschiedene Anmeldebogen, die von fünf unterschiedlichen Kategorien von Anmeldepflichtigen (z. B. persönlich anwesende Angehörige feindlicher Staaten, Verwalter, Schuldner, Beteiligte an Vermögen) auszufüllen und bei den örtlich zuständigen Finanzämtern abzugeben waren. Von dort gelangten die Formulare nach Überprüfung unmittelbar an die Außenstelle des OFP Berlin-Brandenburg. Nach Erlass der 11. Verordnung zum Reichsbürgergesetz wurde sie ab

---

7 RGBl I 1940, 483 ff.

Ende 1941 auch zuständig für die Verwaltung der nun anfallenden Vermögensmassen im *gesamten* Deutschen Reich. An dieser Stelle muss betont werden, dass die Außenstelle nur für die Entgegennahme, statistische Erfassung und Weiterleitung der Anmeldebogen zuständig war. Das bedeutet, dass Vorgänge, die die unmittelbare Vermögensbeschlagnahme, z. B. im Zuge der Deportation der Juden in die Vernichtungslager, belegen, im Bundesarchiv nicht zu erwarten sind. Hierfür waren andere, meist regionale Organe zuständig und dementsprechend sind solche Akten heute in Landes- bzw. kommunalen Archiven zu finden.

Die Außenstelle führte eine spezielle Kartei, die im Umfang von rund 150 lfd.m heute als Findmittel zum Bestand dient. Sie ist streng alphabetisch nach Personen- und Firmennamen geordnet. Zu einem Namen können z. T. Dutzende von Signaturen überliefert sein, die jeweils auf einen Einzelvorgang, d. h. einen konkreten Anmeldebogen, verweisen, so dass der Rechercheaufwand oft sehr hoch ist.

Trotz des hohen Arbeitsaufwandes und der immens hohen Zahl an überlieferten Anmeldebogen konnten und können nur in zehn bis zwanzig Prozent aller Anfragen positive Auskünfte erteilt werden, und zwar aus folgenden Gründen:
1. sind die Unterlagen trotz der Masse lückenhaft überliefert,
2. befinden sich wesentliche Teile der Überlieferung aus den unterschiedlichsten Gründen heute in anderen Archiven: Die Vermögensverwertungsstelle, an welche die Anmeldebogen in der Regel weitergeleitet wurden, und die Devisenstelle des OFP Berlin-Brandenburg werden im Brandenburgischen Landeshauptarchiv in Potsdam aufbewahrt, und auch in der Altregistratur der heutigen Oberfinanzdirektion Berlin liegen noch Unterlagen der Außenstelle;
3. verlor der OFP Berlin-Brandenburg 1943 wieder seine Zuständigkeit für das gesamte Deutsche Reich und seine Aufgaben auf dem Gebiet des Feindvermögens wurden an die regional zuständigen Oberfinanzdirektionen delegiert;
4. werden von den Fragestellern häufig unzureichende Angaben über das verlorene Vermögen gemacht.[8] Es kann aber nicht Aufgabe des Archivs sein, zu klären, über *welches* Vermögen der Antragsteller bzw. seine Vorfahren verfügt hatten, sondern das Archiv kann nur bei der Offenlegung von Vermögensverlusten *helfen*.

---

8 Dabei gibt es auch Kuriosa wie z. B. Folgendes: Eine 82-jährige Australierin konnte lediglich angeben, dass ihr Großvater einmal ein „weißes Haus" neben einer „roten Kirche" in Berlin besessen hätte!

Dokumente über reguläre Käufe bzw. Verkäufe von Vermögenswerten, d. h. normale Eigentumswechsel ohne Zwangsanwendung, sind in den Archivalien nicht zu erwarten, weil mit solchen zivilrechtlichen Vorgängen in der Regel keine Behörden befasst waren.

Seit August 1940 war auch deutsches Vermögen im feindlichen Ausland nach bestimmten Kategorien anzumelden.[9] Auch hierzu finden sich aussagekräftige Quellen im Bestand. In diesem Zusammenhang hat der OFP Berlin-Brandenburg ausgerechnet, dass der Wert des Feindvermögens in Deutschland einschließlich der eingegliederten Ostgebiete um mehr als das Doppelte höher war als der Wert des deutschen Vermögens im feindlichen Ausland.[10]

Der bereits erwähnte zweitwichtigste Bestand mit personenbezogenen Quellen zum Vermögen von NS-Opfern ist der Reichskommissar für die Behandlung des feindlichen Vermögens. Diese Behörde wurde durch einen Erlass des Reichsjustizministers im Januar 1940 geschaffen und stand verwaltungsmäßig auf der gleichen Stufe wie die Oberlandesgerichte. Der Reichskommissar war im Wesentlichen zuständig für die Verwalter in den Unternehmen und Grundstücken, die unter maßgebendem feindlichen Einfluss standen, d. h. er beaufsichtigte die laufende Tätigkeit dieser Verwalter. In seiner Funktion waren in der Regel die Befugnisse aller Organe des Unternehmens – Vorstand, Aufsichtsrat, Generalversammlung u. a. – zusammengefasst. Eine Verwaltung konnte zwar nur auf Antrag des Reichskommissars eingerichtet werden, aber die Bestellung des treuhänderischen Verwalters oblag dem Oberlandesgericht, in dessen Bezirk das Unternehmen seinen Sitz hatte. Kompetenzeinschränkungen erfuhr der Reichskommissar vor allem gegenüber den Behörden im Protektorat, gegenüber der Haupttreuhandstelle Ost und gegenüber dem Reichskommissar für die Festigung deutschen Volkstums. Die Zahl der unter Verwaltung stehenden Unternehmen stieg von 182 im Jahre 1940 auf 789 im September 1944. Findmittel zu dem etwa 90 lfd.m umfassenden Bestand sind ein Findbuch und zwei Karteien im Gesamtumfang von 20 Kästen.

Zum Schluss sollen zwei Hinweise angefügt werden: Zum Bestand R 2107 Außenstelle des OFP Berlin-Brandenburg gehören nicht nur Einzelfallakten, die Gegenstand dieses Beitrags waren, sondern auch Generalia. Hierin sind nicht nur Richtlinien und Anleitungen über die Erfassung des Vermögens, sondern auch

---

9 RGBl I 1940, 1079.
10 Laut Erlass des Reichsfinanzministers Kr 4001 S – 36 V.

Unterlagen über das Gesamtvermögen einzelner Feindstaaten in Deutschland und Übersichten über das deutsche Vermögen im Ausland überliefert.

Der zweite Hinweis soll eine Anregung sein: Es wäre m. E. sinnvoll, einmal das immense Ausmaß der Anfragenbearbeitung zu Vermögensfragen und die damit verbundene Belastung der betroffenen Archive, die nun schon ein Jahrzehnt lang andauert, konkret in geeigneter Form zusammenzustellen. Vielleicht könnte der Verband deutscher Archivarinnen und Archivare oder die Archivreferentenkonferenz der Länder dieses Thema in Form einer Umfrage oder auf andere Weise aufgreifen.

Frank M. Bischoff
**Bewertung, Erschließung und Benutzung
von Wiedergutmachungsakten**

Unter dem Oberbegriff *Wiedergutmachung* werden verschiedene Maßnahmen von Bund und Ländern zusammengefasst, die natürlichen oder juristischen Personen, die unter nationalsozialistischem Unrecht zu leiden hatten, zugute kommen sollten. Die verschiedenen, nach innen gerichteten Wiedergutmachungsmaßnahmen fußen auf Landes- und Bundesgesetzen, die im Wesentlichen zwischen 1947 und 1957 verabschiedet wurden, denen aber zumeist erste Regelungen unter alliierter Besatzung seit 1945 vorausgingen. In der zweiten Hälfte der sechziger Jahre war das Gros der Maßnahmen abgewickelt, d. h. die überwiegende Mehrheit der anspruchsberechtigten Personen hatte im Sinne der Gesetze Wiedergutmachungsleistungen erhalten. In der Folgezeit wurden durch den Bundestag noch verschiedene Sonderfonds bereitgestellt, z. B. zur Entschädigung von Sinti und Roma. Auf diese relativ späten Maßnahmen soll hier aber ebenso wenig eingegangen werden, wie auf zwischenstaatliche Abkommen zur Wiedergutmachung nationalsozialistischen Unrechts, die Entschädigung für die Opfer des Faschismus in der DDR oder die gerade gestartete Zwangsarbeiterentschädigung.

1. Bereiche der Wiedergutmachung

Die beiden großen Komplexe der Wiedergutmachung sind mit den Begriffen *Entschädigung* und *Rückerstattung* umschrieben. In Nordrhein-Westfalen gehen die ersten Regelungen im Bereich der Entschädigung nationalsozialistischen Unrechts auf die Initiative der britischen Militärregierung zurück. Auf deren Anordnung wurden Ende Dezember 1945 in sämtlichen Kreisen Kreissonderhilfsausschüsse eingerichtet.[1] Deren Hauptbetätigungsfeld war die Bearbeitung von Sonderhilfen für ehemalige KZ-Insassen in Form von Wohnungs- und Lebensmittelzuweisungen, vorzugsweiser Zuteilung von Arbeit, finanziellen Hilfen, Heil- und Erholungsfürsorge. Vergleichbare Maßnahmen waren auch in den anderen Zonen

---

1   Handbuch der Wiedergutmachung in Deutschland – Loseblattsammlung, hg. v. Marcel Frenkel, Koblenz o. D., s. Gliederungspunkt G-T BritZo. (Anweisung der brit. Mil.-Reg. über Hilfeleistung vom 11.12.1945).

ergriffen worden. In direkter Folge schließt sich daran die Gesetzgebung der Länder seit 1947 an.[2]
Bundesgesetzliche Regelungen zur Entschädigung ergingen seit den fünfziger Jahren und umfassen im Wesentlichen folgende Bereiche:
– Entschädigung in der Sozialversicherung (1949),
– Wiedergutmachung nationalsozialistischen Unrechts für Angehörige des öffentlichen Dienstes vom 11. Mai 1951,
– Entschädigung für Opfer der nationalsozialistischen Verfolgung.
Der inhaltlich wie auch mengenmäßig bedeutendste Bereich ist die zuletzt genannte Entschädigung für Opfer der nationalsozialistischen Verfolgung nach Bundesentschädigungsgesetz. Anspruch auf Entschädigung billigte der Gesetzgeber Opfern zu, die „aus Gründen politischer Gegnerschaft gegen den Nationalsozialismus oder aus Gründen der Rasse, des Glaubens oder der Weltanschauung durch nationalsozialistische Gewaltmaßnahmen verfolgt worden" sind „und hierdurch Schaden an Leben, Körper, Gesundheit, Freiheit, Eigentum, Vermögen, in ihrem beruflichen oder in ihrem wirtschaftlichen Fortkommen erlitten" haben.[3]
Allerdings musste der Verfolgte 1952 bzw. 1937 seinen Wohnsitz oder dauernden Aufenthaltsort in der Bundesrepublik Deutschland bzw. im Deutschen Reich haben oder Heimkehrer, Vertriebener oder Flüchtling sein. Gehörte der Verfolgte dem deutschen Sprach- und Kulturkreis an, konnte er auch mit einem Wohnsitz außerhalb der genannten Grenzen Anspruch auf Entschädigung geltend machen. Für Displaced Persons galten Sonderregelungen, die unter bestimmten Bedingungen einen Entschädigungsanspruch begründeten.[4]

Im Bereich der Rückerstattung blieben die zwischen 1947 und 1949 erlassenen Gesetze und Verordnungen der alliierten Militärregierungen maßgeblich. Die Rückerstattungsgesetze wollten in möglichst großem Umfang beschleunigt die Rückerstattung feststellbarer Vermögensgegenstände an natürliche und juristische Personen bewirken. Es handelte sich um Vermögensgegenstände, die den Ge-

---

2   An nordrhein-westfälischen Landesgesetzen erwähnenswert sind das „Gesetz über die Gewährung von Unfall- und Hinterbliebenenrenten an die Opfer der Naziunterdrückung" vom 5.3.1947, das „Gesetz über die Entschädigung für Freiheitsentziehung aus politischen, rassischen und religiösen Gründen" vom 11.2.1949 und das „Gesetz über die Anerkennung der Verfolgten und Geschädigten der NS-Gewaltherrschaft" vom 4.3.1952 (GVBl. NW 1947, 225 ff.; 1949, 63 f.; 1952, 39 ff.)
3   § 1 Abs. 1 BEG.
4   Aufenthalt in einem DP-Lager in der BRD am 1.1.1947; vgl. § 4 Abs. 1,2 u. Abs. 3 BEG.

schädigten zwischen dem 30. Januar 1933 und dem 8. Mai 1945 aus Gründen der Rasse, Religion, Nationalität, der politischen Auffassung oder der politischen Gegnerschaft gegen den Nationalsozialismus ungerechtfertigt entzogen wurden.[5] Die alliierten Gesetze ließen allerdings offen, wie mit den gegen das Deutsche Reich gerichteten Ansprüchen umzugehen sei. In den Pariser Verträgen wurde die Bundesrepublik 1955 zu einer Regelung dieser Frage verpflichtet. Das 1957 verabschiedete Bundesrückerstattungsgesetz bezieht sich ausschließlich auf Rückerstattungsfälle, in denen der Bund Verpflichteter sein könnte. Betroffen sind Ansprüche gegen das Deutsche Reich, die Deutsche Reichsbahn, die Reichspost, das Land Preußen, das Unternehmen Reichsautobahnen, nationalsozialistische Organisationen, Verbände und Einrichtungen, die Reichsvereinigung der Juden in Deutschland, den Auswanderungsfonds Böhmen und Mähren oder ein Land.

An dieser Stelle sei kurz auf eine weitere Überlieferung verwiesen, obwohl diese nicht unmittelbar dem Bereich der Wiedergutmachung zuzuzählen ist. Es handelt sich um die Vermögenskontrolle, die noch vor Kriegsende von den Alliierten eingeführt wurde. Das Gesetz Nr. 52 der westlichen Militärregierungen regelt die vorübergehende Sperre und Kontrolle bestimmter Vermögen.[6] Die Vermögen wurden in zehn Kategorien aufgeteilt. Die vom Schriftgutumfang her bedeutendsten Kategorien sind die Vermögen der NSDAP, ihrer Mitglieder[7] und Organisationen (Kategorie C) sowie die Vermögen, die innerhalb Deutschlands zwangsweise entzogen wurden (Kategorie G). Über 80 Prozent des Schriftguts der Vermögenskontrolle entfallen auf diese beiden Kategorien, die zugleich Berührungs-

---

5 Vgl. Gesetz Nr. 59 der britischen Militärregierung vom 12.5.1949, Art. 1 Abs. 1, 1.
6 Art. I MRG 52 führt folgende Vermögen auf: Vermögen des Reichs und der Länder; Vermögen der mit Deutschland verbündet gewesenen Staaten bzw. deren Staatsangehörigen oder Einwohnern; Vermögen der NSDAP, ihrer Gliederungen oder angeschlossenen bzw. betreuten Verbände einschließlich des Vermögens der Funktionäre, leitender Mitglieder und Anhänger; Vermögen der von der Militärregierung inhaftierten oder verwahrten Personen; Vermögen der von der Militärregierung verbotenen oder aufgelösten Organisationen; Vermögen von Eigentümern, die sich außerhalb Deutschlands aufhielten; Vermögen der Mitgliedsstaaten der Vereinten Nationen und neutraler Staaten bzw. ihrer Staatsangehörigen; Vermögen aller sonst von den Militärregierungen namentlich bezeichneten Personen; Vermögen, das unter Zwang entzogen oder geplündert wurde. Durch Titel 17 MRG 52 wurde das Vermögen zehn Kategorien zugeordnet.
7 Die bisherigen Analysen der Bestände legen den Schluss nahe, dass mit der Kategorisierung der Vermögen der NS-Mitglieder nicht einheitlich verfahren wurde. Zum Teil werden diese auch der Kategorie E „Black Listed Persons" zugeordnet.

punkte zu anderen Überlieferungen aufweisen, nämlich zu den Entnazifizierungsakten und vor allem zu den Rückerstattungsakten.

2. Forschungsinteresse und Quellenwert

Die Erforschung der nationalsozialistischen Verfolgung und Unterdrückung, aber auch des Umgangs damit in der frühen Bundesrepublik, erfährt in den letzten Jahren einen beachtlichen Aufschwung. Zeithistorische und juristische Arbeiten wenden sich in diesem Zusammenhang besonders der Wiedergutmachungsüberlieferung zu. In Bayern, Hessen, Niedersachsen oder Nordrhein-Westfalen sind oder werden Forschungsprojekte aufgestellt, an denen zum Teil auch die Archive partizipieren.

Zu den Themen zählen einerseits etwa die Rolle einzelner Ressorts, Behörden und ihrer Beamten bei den nationalsozialistischen Unterdrückungs- und Verfolgungsmaßnahmen, die Maßnahmen gegenüber bestimmten politisch, rassisch oder religiös definierten Verfolgtengruppen oder die wirtschaftlichen Auswirkungen bestimmter Verfolgungsmaßnahmen. Häufig handelt es sich auch um regional- und lokalhistorische Untersuchungen von Verfolgungs- und Unterdrückungsmaßnahmen, die auch abseits der universitären Forschung in Geschichtswerkstätten und -vereinen betrieben werden. Wiedergutmachungsakten werden in diesen Fällen als Ersatzüberlieferung genutzt.

Andererseits wird aber auch nach dem Stellenwert und der Praxis der Wiedergutmachung in der jungen bundesrepublikanischen Gesellschaft gefragt. Zu den Untersuchungsgegenständen zählen etwa die Rechtsprechung von Richtern, das Entscheidungsverhalten von Wiedergutmachungsbehörden bzw. ihrer Sachbearbeiter oder die Stellung bestimmter Verfolgtengruppen, etwa Kommunisten, Sinti und Roma oder religiöse Sondergruppen. Hier bilden die Wiedergutmachungsakten die authentische Überlieferung, um über politische Ideen und gesetzgeberische Vorgaben hinaus den Blick für das praktische Handeln und die konkrete Umsetzung der Wiedergutmachung zu öffnen.

Auf dem 68. Deutschen Archivtag in Ulm 1997 hat Volker Eichler vor dem Hintergrund weitgehender Verluste der originären Überlieferung des NS-Staates auf den hervorragenden Wert der Entschädigungsakten als Ersatzüberlieferung hingewiesen.[8] Bei der Geltendmachung von Ansprüchen oblag es den Anspruch

---

8 Volker Eichler: „Entschädigungsakten: Zeitgeschichtliche Bedeutung und Möglichkeiten archivischer Erschließung", in: Vom Findbuch zum Internet. Erschließung von

stellern, ihre Ansprüche zu begründen und die erforderlichen Beweise zu benennen. Die Entschädigungsbehörden waren ihrerseits verpflichtet, die für eine Entscheidung benötigten Tatsachen und Beweismittel zu erheben. Die Akten enthalten zum Teil detaillierte Schilderungen der Verfolgungs- und Unterdrückungsmaßnahmen, geben oft minutiösen Einblick in die Viten der Verfolgten, über ihre Verstecke bei Freunden, Bekannten und Fremden oder ihr Leben in der Emigration. Sie sind nicht selten angereichert mit Originaldokumenten, wie Fotos, Pässe, Arbeitsbücher oder Gerichtsurteile.
Ähnliches gilt für die Rückerstattungsakten, die ebenfalls häufig detaillierte Informationen über die Vermögensentziehung enthalten, darunter auch Kontoblätter der Finanzämter oder Banken zu Judenvermögensabgaben, Kaufverträge, Zeugenaussagen, Schilderungen der Betroffenen oder Fotos von Gebäuden vor und nach dem Krieg. In manchen Fällen, wie etwa bei den Rückerstattungsakten der Oberfinanzdirektionen Köln und München, ist in die Akten eine umfangreiche Überlieferung der Finanzbehörden aus der Zeit vor 1945 eingeflossen.

Vor diesem Hintergrund muss die Wiedergutmachungsüberlieferung sowohl für die Geschichte des Widerstandes und der Verfolgung als auch für den offiziellen Umgang der Bundesrepublik mit der Entschädigung von Verfolgten als eine unentbehrliche Quelle eingestuft werden.
Neben den inhaltlichen Gründen für das Interesse der historischen Forschung an der Wiedergutmachungsüberlieferung sind auch rechtliche Aspekte zu beachten, die den Zugang erleichtern, und die im Folgenden anhand der Entschädigungsakten der Bezirksregierung Arnsberg erläutert seien. Ende der sechziger Jahre wurde die bis dahin auf die sechs Bezirksregierungen verteilte Bearbeitung der Entschädigungsansprüche in einer Behörde zusammengefasst, da das Gros der Akten bereits geschlossen war. Archivrechtlich bedeutet das, dass die 30-jährige Sperrfrist für die 1976 an das Staatsarchiv Münster ausgesonderten Entschädigungsakten der Bezirksregierung Arnsberg Ende der neunziger Jahre abgelaufen war.
Als personenbezogene Akten unterliegen die Entschädigungsakten allerdings auch den persönlichkeitsschutzrechtlichen Bestimmungen der Archivgesetze. In Nordrhein-Westfalen sind personenbezogene Akten frühestens zehn Jahre nach dem Tod oder – soweit das Todesdatum nicht feststellbar ist – 90 Jahre nach Geburt der betreffenden Person frei zugänglich.

Archivgut vor neuen Herausforderungen. Referate des 68. Deutschen Archivtags, 23.-26. September 1997 in Ulm, Siegburg 1998 (Der Archivar, Beibd. 3), 221-229.

Unter Berücksichtigung der Sperrfristen sind zur Zeit bereits rund 70 Prozent der Entschädigungsakten uneingeschränkt benutzbar. Die Zahl der ungesperrten Akten nimmt in den nächsten Jahren schnell zu, wobei aber die zu beachtenden Fristen noch bis zum Jahr 2030, im einzelnen Fällen sogar bis 2050 reichen können, wenn man bei strenger Auslegung des Archivgesetzes auch den Schutz der Rechtsnachfolger im Blick hat (vgl. Abb.).

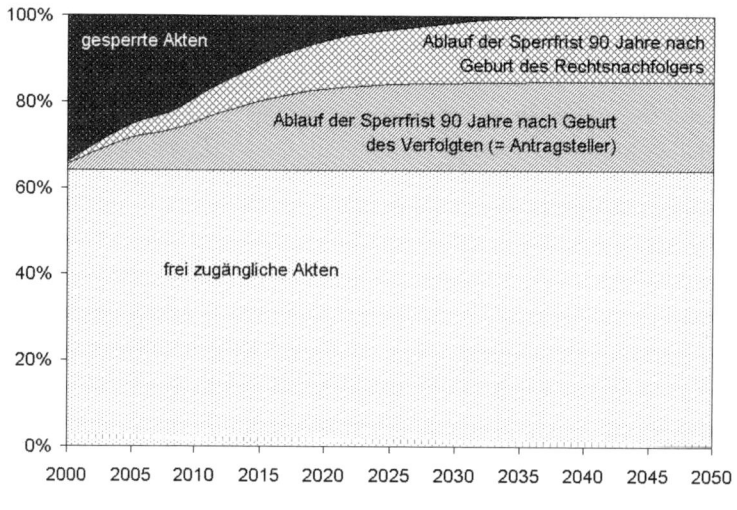

Ablauf der Sperrfristen von Entschädigungsakten am Beispiel der Überlieferung der Bezirksregierung Arnsberg

In diesen Zahlen spiegelt sich die einfache Tatsache wider, dass die verfolgte Generation im Aussterben begriffen ist. Nach über 50 Jahren gerinnt auch die nationalsozialistische Unterdrückung und Verfolgung allmählich zu einer Geschichte ohne lebende Zeitzeugen. Für die Archive bedeutet das, dass sie mit vermehrten Aussonderungen und mit berechtigten Benutzerinteressen in diesem Bereich konfrontiert sind.

3. Archivische Herausforderungen

Die grundsätzlich positive Beurteilung des Wertes der Wiedergutmachungsüberlieferung geht einher mit erheblichen Herausforderungen für die Archive. Denn es handelt sich um eine Massenüberlieferung die von den Archiven technisch und inhaltlich gesichert, aufbereitet und für die Benutzung zur Verfügung gestellt werden muss.

Allein die Entschädigungsüberlieferung dürfte bundesweit annäherungsweise 1,5 Mio. Einzelfallakten mit einem Umfang von 45 lfd. km umfassen. Diese Akten müssen nach erfolgter Aussonderung an die Archive in geeigneter Weise konservatorisch behandelt und verpackt, erschlossen und zur Benutzung bereitgestellt werden. Legt man nur schon einen Minimalwert von zehn Minuten Erschließungsdauer pro Akte zugrunde – und dabei ist es fraglich, ob der historischen Forschung mit einer derartigen Minimalerschließung überhaupt geholfen wäre –, so belaufen sich die Aufwände auf 160 Personenjahre reine Verzeichnungszeit oder näherungsweise 20 Mio. DM zzgl. knapp 30 Mio. DM für Übernahme und archivgerechte Verpackung. Hinzu kommen Sonderaufwände im Bereich der konservatorischen Maßnahmen. Da Wiedergutmachungsakten wie andere Bestände des 20. Jahrhunderts auf übersäuertem Papier überliefert sind, hat man entweder an Entsäuerungsmaßnahmen oder an Ersatzreprographie zu denken, die – bei Kosten in der Größenordnung von mindestens 1.500 DM pro lfd. m – bundesweit mit 80 Mio. DM zu Buche schlügen.[9] Damit beziffern sich die Gesamtkosten auf 130 Mio. DM zzgl. jährlicher Lagerungskosten in der Größenordnung von knapp 2 Mio. DM.

Es gibt demnach gute Gründe, die einzelnen Stränge der Wiedergutmachungsüberlieferung genauer auf ihren bleibenden Wert hin zu untersuchen und zu differenzierten Bewertungsmodellen, aber – angesichts des hohen Aufwands – auch zu abgewogenen Erschließungsmodellen zu gelangen.

Diesen Auftrag hat die Archivreferentenkonferenz des Bundes und der Länder auf ihrer 86. Sitzung im Frühjahr 1998 einer zu diesem Zweck eingerichteten Arbeitsgruppe erteilt. Aufgabe der Arbeitsgruppe ist es, Richtlinien für die Bewertung und Erschließung von Wiedergutmachungsakten auszuarbeiten. Vertreten sind das Bundesarchiv sowie die staatlichen Archive der Länder Baden-Württemberg, Bayern, Berlin, Bremen, Hamburg, Hessen, Niedersachsen, Nordrhein-Westfalen und Rheinland-Pfalz. Da die Arbeiten noch nicht abgeschlossen sind, sondern sich weitgehend im – zum Teil aber bereits abgestimmten

---

9   Vgl. die Kostenangaben bei Hartmut Weber: „Bewertung im Kontext der archivischen Fachaufgaben", in: Bilanz und Perspektiven archivischer Bewertung. Beiträge eines archivwissenschaftlichen Kolloquiums, hg. v. Andrea Wettmann, Marburg 1994 (Veröffentlichungen der Archivschule Marburg, 21), 74. In den staatlichen Archiven des Landes Nordrhein-Westfalen werden aufgrund jüngster Erhebungen folgende Eckwerte zugrundegelegt: 1 lfd.m = 60 Akten oder 50 Bücher; Massenentsäuerung pro lfd.m 1800,- DM; Entsäuern und Festigen 2700,- DM; Laminieren 1400,- DM; Papierspalten 3600,- DM.

– Entwurfsstadium befinden, sind die nachfolgenden Ausführungen eher als Überlegungen und nicht als Ergebnisse zu verstehen.

4. Überlegungen zur Bewertung

An den Verfahren zur Entschädigung nach Bundesentschädigungsgesetz und zur Rückerstattung waren jeweils verschiedene Behörden mit jeweils unterschiedlichen Zuständigkeiten beteiligt. Eine bundeseinheitliche Regelung existierte nicht, wie allein schon ein Blick auf die unterschiedliche Ressortierung der Entschädigung in den einzelnen Bundesländern erkennen lässt.

Baden-Württemberg	Justizminister
Bayern	Finanzminister
Berlin	Innensenator
Bremen	Arbeitssenator
Hamburg	Senator für Sozialwesen
Hessen	zunächst Innenminister, seit 1970 Sozialminister
Niedersachsen	Innenminister
Nordrhein-Westfalen	Innenminister
Rheinland-Pfalz	Finanzminister
Saarland	Finanzminister
Schleswig-Holstein	zunächst Innenminister, seit 1968 Finanzminister

Tab.: Ressortierung der Entschädigung nach BEG in den Bundesländern

Bei grundsätzlich gegebener Archivwürdigkeit der Wiedergutmachungsüberlieferung kann das leitende Prinzip von Bewertungsmodellen zunächst nur darin bestehen, eine Doppelüberlieferung oder inhaltlich gleichartige Parallelüberlieferung zu vermeiden und eventuell vorhandene Unterlagen ohne Aussagekraft bzw. Unterlagen zu nicht wiedergutmachungsfähigen Bagatellschäden herauszufiltern. Im Vergleich verschiedener sich überlappender Überlieferungsstränge ist dabei der inhaltlich vollständigsten, zugleich aber auch nach Möglichkeit kompaktesten Überlieferung Priorität einzuräumen. Ein gewichtiges Kriterium für eine positive Werteinschätzung stellt das Vorhandensein aussagekräftiger behördlicher, ggf. aber auch privater Unterlagen aus der Zeit vor 1945 in einer Wiedergutmachungsüberlieferung dar. Negativ zu bewerten sind dagegen Unterlagen zum Abwicklungsgeschäft eines Wiedergutmachungsvorgangs, seien es Rentenanpassungsmitteilungen, Zuweisungen von diversen Heilverfahren oder die verschiedenen Etappen der Erfüllung einer Rückerstattung. Darüber hinaus müssen die Kriterien, nach denen eine Unterscheidung zwischen archivwürdigem und kassablem

Schriftgut getroffen wird, rein organisatorisch und mit angemessenem Zeitaufwand handhabbar sein und eine präzise Scheidung zwischen wertvollen und minderwertigen Unterlagen zulassen. Schließlich muss auch die Aussagekraft einer Überlieferungsschicht in einem vertretbaren Verhältnis zu den Aufwendungen stehen, die eine dauernde Archivierung mit sich bringt. Gerade bei Massenüberlieferungen vollziehen Archivare hier notwendigerweise eine undankbare Gratwanderung.
Im Folgenden sollen einige Beispiele die Umsetzung der Bewertungsprinzipien jeweils für die Entschädigungs- und die Rückerstattungsüberlieferung illustrieren.

5. Entschädigung nach BEG

Anhand der mit Aufgaben im Bereich der Entschädigung nationalsozialistischen Unrechts betrauten Behörden in Nordrhein-Westfalen können die verschiedenen Überlieferungsstränge exemplarisch aufgezeigt werden.[10] Die Durchführung des Bundesentschädigungsgesetzes ressortierte beim Innenministerium, das u. a. für die Entscheidung in Zuständigkeitsfragen oder über Härtefonds-Leistungen unmittelbar zuständig war. Als Anmeldestellen wurden in Nordrhein-Westfalen Ämter für Wiedergutmachung in den Landkreisen und kreisfreien Städten eingerichtet[11] und mit Ermittlungsarbeiten vor Ort beauftragt.[12] Die federführende Bearbeitung und Entscheidung der Entschädigungsanträge fand durch die regional

---

10 Vgl. hierzu Frank M. Bischoff/Hans-Jürgen Höötmann: „Wiedergutmachung – Erschließung von Entschädigungsakten im Staatsarchiv Münster", in: Der Archivar 51 (1998), 425-439.

11 Während in den anderen Bundesländern unter der obersten Landesbehörde Entschädigungsbehörden gebildet wurden, die zumeist auf der Mittelstufe angesiedelt waren, hat Nordrhein-Westfalen als einziges Bundesland einen mehrstufigen Verwaltungsaufbau zur Bearbeitung der Entschädigungsverfahren gewählt. Vgl. Otto Gnirs: „Die Entschädigungsbehörden", in: Die Wiedergutmachung nationalsozialistischen Unrechts durch die Bundesrepublik Deutschland, hg. v. Bundesministerium der Finanzen in Zusammenarbeit mit Walter Schwarz, Bd. 6: Entschädigungsverfahren und sondergesetzliche Entschädigungsregelungen, München 1987, 6 f.

12 Ausgenommen davon waren die Ermittlungsarbeiten für Schäden im beruflichen Fortkommen bei Angehörigen des öffentlichen Dienstes. Hier wurden die Anträge ohne weitere Bearbeitung durch die Kreisämter an die zuständigen Regierungspräsidenten weitergeleitet. GVBl. NW 1953, 377 (Verordnung über die Errichtung der nach dem BErgG zuständigen Entschädigungsbehörden) und GVBl. NW 1956, 331 (Zuständigkeitsverordnung-BEG).

zuständigen Regierungspräsidenten statt.[13] Verschiedene Sonderzuständigkeiten des Landes Nordrhein-Westfalen wurden zunächst dem Regierungspräsidenten in Köln übertragen.[14] Als Entschädigungsgerichte sind Entschädigungskammern und -senate bei den für den Sitz der jeweiligen Entschädigungsbehörde zuständigen Landgerichten und Oberlandesgerichten eingerichtet worden. Die Prozessvertretung des Landes oblag der für die Entscheidung zuständigen Behörde.

Im Zuge verschiedener Verwaltungsreformen wurden die Aufgaben der Mittelbehörden mehrfach umverteilt, worauf aber hier nicht näher einzugehen ist.[15] Fasst

---

13 GVBl. NW 1953, 377 und GVBl. NW 1956, 331 f.
14 Sonderzuständigkeiten für vor dem 31.12.1952 Ausgewanderte, Deportierte oder Ausgewiesene mit letztem Wohnsitz a) in der sowjetisch besetzten Zone: Niedersachsen, b) im sowjetisch besetzten Sektor von Berlin: Berlin, c) in Vertreibungsgebieten: bei jetzigem europäischen Wohnsitz: Nordrhein-Westfalen, bei außereuropäischem Wohnsitz: Rheinland-Pfalz; diese Sonderzuständigkeit gilt auch in allen anderen, durch das BEG nicht anderweitig eindeutig geregelten Fällen. – Der Regierungspräsident in Köln war auch zuständig für alle übrigen, durch die Bestimmungen des BEG nicht eindeutig einem Bundesland zugewiesenen Fälle. Vgl. dazu § 185 Abs. 2 BEG sowie § 2 b der Zuständigkeits- und Verfahrensordnung zum BEG des Landes Nordrhein-Westfalen (ZVO-BEG) vom 6.11.1956.
15 1958 wurde mit der Landesrentenbehörde eine obere Entschädigungsbehörde eingerichtet. Sie war mit bestimmten zentralen Zuständigkeiten ausgestattet, führte das zuvor beim Statistischen Landesamt angesiedelte Bundeszentralregister und entschied über Anträge wegen Schäden an Leben, Körper und Gesundheit. Hier finden sich auch die Abwicklungsunterlagen über Rentenzahlungen, Heilverfahren, Umschulungsbeihilfen usw., die im Allgemeinen als nicht archivwürdig eingestuft werden. GVBl. 1958, 107 (Verordnung zur Änderung der Zuständigkeitsverordnung-BEG); zu Entwicklung und Aufgabenbereich der Landesrentenbehörde vgl. auch Horst Romeyk: Kleine Verwaltungsgeschichte Nordrhein-Westfalens, Siegburg 1988 (Veröffentlichungen der staatlichen Archive des Landes Nordrhein-Westfalen, Reihe C, Bd. 25), 79 f. Gegen Ende der 1960er Jahre setzte aufgrund der rückläufigen Arbeitslast ein Konzentrationsprozess ein, in dessen Verlauf zwischen 1968 und 1970 die Zuständigkeiten der Entschädigungsbehörden Aachen, Münster, Arnsberg, Detmold und Düsseldorf auf den Regierungspräsidenten Köln übergingen: Aachen zum 1.4.1968, Münster zum 1.6.1968 (GVBl. NW 1968, 66 f.), Detmold zum 1.1.1969, Arnsberg zum 1.7.1969 und Düsseldorf zum 1.1.1970 (GVBl. NW 1968, 384). Die bei den Kommunen ansässigen Ämter für Wiedergutmachung wurden 1979 aufgelöst (GVBl. NW 1979, 120) und 1985 gleichfalls die Entschädigungsbehörde beim Regierungspräsidenten Köln (GVBl. NW 1985, 340 f.). Als einzige Entschädigungsbehörde verblieb zunächst die Landesrentenbehörde in Düsseldorf, die aber 1994 ebenfalls aufgelöst

man die verschiedenen Instanzen der Justiz zusammen, so bleiben immerhin noch vier Verwaltungsebenen, auf denen zu einem Entschädigungsantrag Akten entstanden sind oder entstehen konnten. Die letztlich archivwürdige Überlieferung findet sich jeweils bei den Behörden, die für die Feststellung der Voraussetzungen und die Entscheidung in den Entschädigungsverfahren zuständig waren und in deren Akten alle Erhebungen, Beweismittel und Entscheide Eingang gefunden haben. In Nordrhein-Westfalen sind das die Bezirksregierungen bzw. deren Nachfolgebehörden. Doch lassen sich auch hier noch Überlieferungsteile ausmachen, denen kein bleibender Wert zugesprochen werden kann. Dazu zählen etwa

— die meist zur Fristenwahrung vorgenommenen Anmeldungen von Ansprüchen, denen kein behördliches Entschädigungsverfahren folgte, weil die Schäden nicht unter die Entschädigungsgesetzgebung fielen,
— Akten oder eindeutig abgrenzbare Aktenteile, die sich allein auf die Abwicklung der ergangenen Bescheide beziehen[16] und
— in separaten Serien abgelegte Röntgenaufnahmen, die bei Gesundheitsschäden oft Bestandteile der den Akten beigefügten medizinischen Gutachten bildeten. Sie sind in den Gutachten ausgewertet, so dass ihr Aussagewert in Relation zu dem hohen, mit einer Archivierung verbundenen Konservierungsaufwand in keinem vertretbaren Verhältnis steht.
— Schließlich können auch schematische Antrags- und Bescheidverfahren, deren inhaltliche Informationen über Verfolgung und Verfolgungsmaßnahmen nicht wesentlich über die Auskünfte des Internationalen Suchdienstes in Bad Arolsen hinausgehen, ggf. lediglich in Auswahl archiviert werden, sofern solche Akten rein organisatorisch mit überschaubarem Aufwand herausgefiltert werden können. Derartige Akten finden sich zum Teil für Displaced Persons.

Als archivwürdig müssen in jedem Fall die Härtefall- und Fonds-Akten bei den oberen oder obersten Landes- oder Bundesbehörden gelten, da diese Vorgänge in der Überlieferung der Entschädigungsbehörden keinen Niederschlag finden.

---

wurde. Als Abwicklungsbehörde wurde beim Regierungspräsidenten in Düsseldorf eine Abteilung Wiedergutmachung errichtet (GVBl. NW 1994, 728 f.)
16 Es handelt sich um Leistungsakten zu Heilverfahren und Krankenversorgung, Fürsorge, Renten und Darlehen. Sofern die Aktenführung eine eindeutige Unterscheidung zwischen substanziellen und abwicklungsbezogenen Unterlagen zulässt, können auch Aktenteile vernichtet werden, die lediglich das Abwicklungsgeschäft enthalten.

Als nicht archivwürdig oder allenfalls zur Verfahrensdokumentation in Auswahl archivwürdig sind
- die im Rahmen der Dienst- und Fachaufsicht bei oberen oder obersten Landesbehörden entstandenen Unterlagen einzustufen sowie
- Unterlagen von Anmeldestellen und Gerichten, deren substanzielle Überlieferung sich in den Akten der zuständigen Entschädigungsbehörden niedergeschlagen hat.

Es versteht sich von selbst, dass, soweit es sich bei den Anmeldestellen um kommunale Behörden handelt, die Bewertungsentscheidung bei den Kommunalarchiven liegt.

6. Rückerstattung

Rückerstattungsansprüche waren je nach Besatzungszone bzw. Bundesland bei zentralen Anmeldestellen, örtlichen Bürgermeistern oder Restitutionskammern anzumelden, die das jeweils zuständige Wiedergutmachungsamt ermittelten und die Anmeldungen dorthin weiterleiteten. Das galt auch für neubegründete Ansprüche bzw. erneute Anmeldungen von Ansprüchen nach dem Bundesrückerstattungsgesetz.[17] Mit der Prüfung und Bescheidung der Rückerstattungsansprüche nach alliiertem Recht und seit 1957 nach Bundesrückerstattungsgesetz waren in den Besatzungszonen bzw. in den Bundesländern Behörden oder entsprechende Stellen bei Gerichten betraut (Wiedergutmachungsämter, Schlichter für Wiedergutmachungssachen, Restitutionskammern). In Streitfällen waren die Wiedergutmachungskammern der jeweiligen Landgerichte, im Instanzenzug die Wiedergutmachungssenate bei den Oberlandesgerichten sowie die obersten Rückerstattungsgerichte der Besatzungsmächte bzw. des Bundes zuständig (z. B. US Court of Restitution Appeals of the Allied High Commission for Germany, Board of Review, Bundesgerichtshof). Die Rückerstattung ist durch die Überlieferung dieser Behörden und Gerichte vollständig dokumentiert. In Nordrhein-Westfalen sind die bei den Wiedergutmachungsämtern, -senaten und -kammern zu einem Rückerstattungsfall entstandenen Unterlagen in einer bei den Wiedergutmachungsämtern geführten Akte zusammengeflossen.

Das Bundesrückerstattungsgesetz von 1957 betraute die Oberfinanzdirektionen mit der Vertretung des Rückerstattungspflichtigen in den Fällen, in denen der Bund Verpflichteter sein könnte, weil es um Ansprüche gegen das Deutsche

---

17 § 27, 28 und 29 Bundesrückerstattungsgesetz (BRüG).

Reich, die Deutsche Reichsbahn usw. ging. Im Gegensatz zu den Verfahrensakten der Wiedergutmachungsbehörden handelt es sich hier folglich um Parteiakten der pflichtigen Seite in einem Rückerstattungsverfahren.

Die Oberfinanzdirektionen erteilten den Berechtigten Bescheide über die zu befriedigenden rückerstattungsrechtlichen Ansprüche.[18] Ob ein Anspruch auf Rückerstattung bestand, war zuvor aber bereits von den nach alliierter Rückerstattungsgesetzgebung[19] zuständigen Rückerstattungsbehörden festgestellt worden. Lediglich Anträge auf Härteausgleich[20] wurden allein von den Oberfinanzdirektionen entschieden. Diese Anträge geben Aufschluss über die wirtschaftliche Situation der Berechtigten in den fünfziger Jahren, bieten aber keine zusätzlichen Informationen über den Vermögensentzug bis 1945 oder die Entscheidung über rückerstattungsrechtliche Ansprüche durch die Wiedergutmachungsbehörden seit 1947. Die gesondert gebildeten Erfüllungsverfahrensakten beinhalten das Abwicklungsgeschäft der Rückerstattungsverfahren.

Da die Partei- und Erfüllungsverfahrensakten der Oberfinanzdirektionen gegenüber der behördlichen und gerichtlichen Überlieferung im Allgemeinen keine wesentlichen Zusatzinformationen zum Rückerstattungsverfahren enthalten, können sie als nicht archivwürdig eingestuft werden. Eine Auswahlarchivierung sollte allerdings erwogen werden, insbesondere um die Härtefonds-Verfahren in der Überlieferung zu dokumentieren.

Unter bestimmten Umständen kann die Bewertung der Rückerstattungsakten der Oberfinanzdirektionen jedoch positiv ausfallen, nämlich
— wenn die Überlieferung der Rückerstattungsbehörden und -gerichte unvollständig oder in Teilen oder in Gänze bereits vernichtet ist,
— wenn in die Parteiakten der Oberfinanzdirektionen Unterlagen der Finanzbehörden zur Entziehung, Verwaltung und Verwertung von Vermögen aus der Zeit vor 1945 eingeflossen sind (z. B. Oberfinanzdirektionen Köln und München), oder
— wenn in erheblichem Maße anderweitige, inhaltlich relevante Unterlagen aus der Zeit vor 1945 eingeflossen sind, die keinen Niederschlag in der Überlieferung der Rückerstattungsbehörden und -gerichte bzw. in der archivwürdigen Überlieferung sonstiger Behörden gefunden haben (z. B. Volksgerichtshofsurteile, Zeugenaussagen oder eidesstattliche Erklärungen, wie etwa in der Oberfinanzdirektion Karlsruhe, Außenstelle Stuttgart).

---

18 § 38 BRüG.
19 Vgl. auch § 11 BRüG.
20 § 44 BRüG.

Auch hier sei nochmals ein kurzer Blick auf einen Ausschnitt der Überlieferung zur Vermögenskontrolle geworfen. Insbesondere der bedeutende Anteil von Akten zu Vermögen, die innerhalb Deutschlands zwangsweise entzogen wurden, wird regelmäßig in Rückerstattungsverfahren behandelt, so dass die Gruppe dieser Vermögenskontrollakten ohne erkennbare Gefahr inhaltlicher Verluste als nicht archivwürdig eingestuft werden kann.

7. Überlegungen zur Erschließung

Die Überlegungen der Arbeitsgruppe zur Erschließung von Wiedergutmachungsakten kreisen im Wesentlichen um zwei Grundanforderungen. Die Erschließung
- muss die archivische Verwaltung der Bestände gewährleisten und unterstützen und
- sollte den Benutzern mindestens einen gezielten Zugriff auf Einzelfälle ermöglichen, wobei die Vollständigkeit der Erschließung einer großen Zahl von Einzelfallakten der historischen Forschung im Idealfall auch wichtige Impulse geben könnte.

Zur Illustration sei auch hier wieder das Beispiel der Entschädigungsüberlieferung angeführt. Da eine wie auch immer geartete Erschließungstiefe unabhängig von den Möglichkeiten eines konkreten Archivs kaum sinnvoll empfohlen werden kann, werden drei Erschließungsstufen differenziert:
- Die Grunderschließung ermöglicht die Verwaltung des Bestands, indem sie die Identifikation der Einheit und des Verfolgten leistet und die Prüfung des Ablaufs von Schutzfristen anhand der Findmittel erlaubt. Bei den Entschädigungsakten nach Bundesentschädigungsgesetz sollen u. a. alle Namen eines Geschädigten sowie seine Lebensdaten erfasst werden.
- Die Standarderschließung erlaubt einen gezielten Zugriff auf bestimmte Personengruppen innerhalb des Bestands. Erfasst werden sollten bei Entschädigungsakten das Geschlecht des Verfolgten, als lokales Bezugsmerkmal der Wohnort am Stichtag, außerdem der Sterbeort mit Land, sofern der Verfolgte während der Verfolgungszeit verstorben ist, und schließlich die Bezeichnung der Verfolgtengruppe, der der Verfolgte zuzuzählen ist (z. B. SPD, KPD, Jude, Zigeuner usw.).
- Die erweiterte Erschließung soll der Forschung Hinweise über die im Aktenbestand dokumentierten Sachverhalte geben. Hierbei ist die Liste der möglichen Fragestellungen grundsätzlich unbegrenzt, so dass sich an dieser Stelle Beispiele erübrigen.

Im Interesse einer halbwegs zufriedenstellenden Benutzbarkeit der Wiedergutmachungsakten wäre es wünschenswert, wenn in allen Archiven mindestens das

Niveau der Standarderschließung erreicht würde. Allerdings sind bereits damit erhebliche Anforderungen für die Archive verbunden.

8. Ausblick

Bei der Aufnahme ihrer Arbeit hat die von der Archivreferentenkonferenz eingesetzte Arbeitsgruppe zunächst damit begonnen, die gesamte zu behandelnde Überlieferung zusammenzustellen und nach einem festen Raster zu analysieren. Es handelt sich hier sowohl um die bereits in die Archive gelangten als auch um die noch in den Behörden befindlichen Unterlagen. Zu den erfassten Merkmalen zählen u. a. Angaben zur Behördengeschichte, rechtliche Grundlagen und sachliche Zuständigkeit der Behörde, Umfang und Zusammensetzung des Bestandes, Aktenstruktur, Hinweise auf Parallelüberlieferung und ggf. bereits gefällte Bewertungsentscheidungen.

Der Aufwand für diese Dokumentation ist beträchtlich und führt zwangsläufig zu zeitlichen Verzögerungen, ist aber angesichts des sensiblen Materials notwendig, um zu fundierten Bewertungsempfehlungen zu gelangen und um die im Einzelnen getroffenen Bewertungsentscheidungen transparent zu machen. Ein Nebennutzen dieser Dokumentation mag einmal darin bestehen, dass sie für den Bund und die beteiligten Länder einen umfassenden Überblick über die Wiedergutmachungsüberlieferung bietet.

Wolfgang Brunner
Nutzung der Akten des Staatssicherheitsdienstes der DDR zur Rehabilitierung von Betroffenen, Vermissten und Verstorbenen

Die Bundesbeauftragte für die Unterlagen des Staatssicherheitsdienstes der ehemaligen DDR (BStU) stellt auf private Antragstellung wie auf Ersuchen von Stellen Unterlagen für die Rehabilitierung im strafrechtlichen und beruflichen Bereich, für Zwecke der Regelung offener Vermögensfragen und für die Suche nach Vermissten und Verstorbenen bereit. Die Nutzung der Unterlagen des Staatssicherheitsdienstes für diese Zwecke begann 1990 auf der Grundlage des Einigungsvertrages und des Rehabilitierungsgesetzes der DDR, des Vermögensgesetzes und des Häftlingshilfegesetzes (HHG) sowie der vorläufigen Benutzerordnung des Sonderbeauftragten für die Unterlagen des Staatssicherheitsdienstes. Ab 1992 erfolgte die Auskunftserteilung zu Zwecken der Rehabilitierung und Wiedergutmachung nach den Vorgaben der §§ 20/21 (1) Nr. 1 Fall 1-3, Nr. 3 sowie nach § 24 Stasi-Unterlagen-Gesetz (StUG). An der Vielfalt der konkreten Zwecke und Verfahrensweisen bemessen sind die Bestimmungen im StUG und in den zugehörigen Richtlinien sehr knapp. § 19 (3) StUG spricht im Hinblick auf den Verwendungszweck lediglich von den *erforderlichen* Unterlagen. In § 24 StUG fehlt eine ausdrückliche Regelung, die es erlaubt, Justizakten auch an Verwaltungsstellen herauszugeben. Von daher bedurfte es verschiedener Grundsatz- und Einzelfallentscheidungen, an denen sich die Aufgabenerledigung ausrichten konnte. Die wichtigste war, dass die Ersuchen von Verwaltungsstellen zu Zwecken der Rehabilitierung und Wiedergutmachung, sofern es um Justizunterlagen geht, behandelt werden, als handle es sich um Ersuchen von Gerichten oder Staatsanwaltschaften. Die bestehende Regelungslücke im Wortlaut des § 24 StUG wurde hier also im Interesse der Betroffenen sehr bald und sehr unbürokratisch durch eine behördeninterne Weisung ausgefüllt.[1]
Ersuchende Stellen waren anfangs neben den Rehabilitierungskammern der Gerichte vor allem die Vermögensämter, dann zunehmend die Stiftung für ehemalige politische Häftlinge, das Landesamt für Zentrale Soziale Aufgaben Berlin, der Suchdienst des Deutschen Roten Kreuzes, später die in den neuen Bundesländern eingerichteten Rehabilitierungsämter und die Ordnungs- und Flüchtlingsämter im Westen Deutschlands, ab Ende 1995 auch die kleineren Sozialämter im Osten.

---

[1] Siehe dazu: Hansjörg Geiger/Heinz Klinghardt: Stasi-Unterlagen-Gesetz mit Erläuterungen für die Praxis, Köln 1993, Rn 6 im Kommentar zu § 24 StUG, 118.

Seltener ersuchten uns die Finanzämter, gelegentlich gab es Anfragen zu Vermissten und Verstorbenen oder von bestallten Beauftragten in Adoptionsangelegenheiten. In einer geringen Anzahl von Fällen ging es um Stellen und um Betroffene aus dem Ausland, so aus Österreich, dem Baltikum und der Russischen Förderation. Hier war es den Vorgaben des StUG entsprechend nötig, regelmäßig Gerichte einzuschalten.

Die Gesamtzahl der bislang eingegangenen und erledigten Ersuchen in der Zentralstelle der BStU beläuft sich bis heute auf 4,5 Millionen, die Zahl für Rehabilitierung und Wiedergutmachung in der entsprechenden Spalte der Statistik auf 342.000. Den Erledigungszahlen nach entfallen somit auf Rehabilitierung und Wiedergutmachung weniger als zehn Prozent der Aufgabenerledigung der BStU überhaupt. Die Zahlen allein liefern für solch einen Vergleich allerdings noch kein zutreffendes Bild. Die Recherchen für diese Zwecke gestalten sich mitunter sehr aufwändig und schwierig, worauf ich noch eingehen werde. Es trifft zu, dass innerhalb des Bereichs Rehabilitierung über die Jahre die nach Zehntausenden zählenden Ersuchen nach dem Strafrechtlichen Rehabilitierungsgesetz anteilmäßig vorn lagen. Ab Mitte 1994 kamen die ersten Ersuchen nach dem zweiten SED-Unrechtsbereinigungsgesetz hinzu, ab 1995 auch die zu Zwecken der Wiedergutmachung nach dem Vertriebenenzuwendungsgesetz. Die behördeninterne Statistik weist Rehabilitierung und Wiedergutmachung nur zusammen und teilweise an die Ersuchen zur Strafverfolgung gekoppelt aus. Genauere Aussagen zu bestimmten Eingangs- und Erledigungszahlen sind daher nur für einzelne Zeitpunkte und Sachgebiete möglich. Nimmt man die Angaben zu den Rehabilitierungen von Verurteilten sowjetischer Militärtribunale zum Vergleich, die nach der Wende auf direkten Antrag der Betroffenen durch russische Stellen erfolgten, so lag die Zahl im Mai 1995 bei 3.000 erfolgten Rehabilitierungen von rund 6.000 Antragstellungen.[2] Zu diesem Zeitpunkt, als die Antragstermine für Eingliederungshilfen nach dem HHG in Deutschland gerade ausgelaufen waren, hatte die Zentralstelle der BStU gut 2.050 Ersuchen nach diesem Gesetz bearbeitet. Der Vergleich ist insofern zulässig, als es beim Anerkennungsverfahren nach dem HHG vorrangig um Gewahrsamszeiten ging, zu denen keine Verurteilung deutscher Gerichte vorlag. 1997 ging die Zahl der letzten Ersuchen nach dem HHG bis auf einige wenige im Monat zurück. Dafür kam von da an eine größere Zahl

---

2 Siehe: Leonid Pawlowitsch Kopalin: „Die Rehabilitierung Deutscher Opfer sowjetischer politischer Verfolgung", in: Forschungsinstitut der Friedrich-Ebert-Stiftung (Hg.): Gesprächskreis Geschichte 10 (1995), 24.

Ersuchen für Zwecke der Rentenberechnung nach dem Bundesversorgungsgesetz für Zeiten bei der Wehrmacht, vorrangig für Hinterbliebene. Auch einzelne Ersuchen nach dem Erlass zur Rehabilitierung wegen Wehrkraftzersetzung, Wehrdienstverweigerung und zu den wegen Fahnenflucht Verurteilten gingen in dieser Zeit ein. Die Breite der Zwecke reichte schließlich von der strafrechtlichen, beruflichen und vermögensrechtlichen Rehabilitierung über die Gewährung von Entschädigungsrenten für Verfolgte des Nationalsozialismus und die Aufklärung des Schicksals Vermisster und Verstorbener bis zu etwas ausgefalleneren Anliegen, wie einem Seligsprechungsverfahren der Kirche, das wir der Rehabilitierung zugeordnet haben.

Ich möchte mich nun zu den Betroffenen, zur Art der Überlieferung und zur Herangehensweise an die Recherche und Auskunftserteilung äußern. In den ersten Jahren nach der Wende handelte es sich bei vielen Auskunftspersonen bzw. Antragstellern auf private Akteneinsicht um die von sowjetischen Stellen Internierten und Verurteilten, jene Menschen also, die von den Wirren des Krieges und der Nachkriegszeit buchstäblich verschlungen wurden. Als nächstes sind die Betroffenen der sozialistischen Umgestaltung in Industrie und Landwirtschaft und im Handwerk und Gewerbe zu nennen. Unter ihnen sind die Zwangsausgesiedelten an der innerdeutschen Grenze besonders hervorzuheben. Dann ging es um die große Gruppe der Inhaftierten, die während der Zeit des Stalinismus und späterhin Opfer des Missbrauchs des Strafrechts zur Verfolgung politisch Andersdenkender in der DDR wurden. Hierzu zählen auch all jene, die aus der Haft heraus ohne entsprechende rechtliche Grundlage gegen das Geld des *Klassenfeindes* in den Westen verkauft wurden. Eng damit zusammen steht ein besonders trauriges Kapitel deutscher Nachkriegsgeschichte, die Toten und Verwundeten an den Minensperren entlang der innerdeutschen Grenze und im Mauerstreifen in Berlin. Als eine weitere große Gruppe nenne ich die Personen mit politisch motivierter beruflicher Benachteiligung, dem vielgestaltigen Eingriff in den Lebenslauf, von der Schule über das Studium bis zur beruflichen Zurücksetzung kurz vor der Rente. Zu all diesen Personen hat die BStU personenbezogene Unterlagen im Bestand, angefangen bei bloßen Karteikartenvermerken über die Strafnachrichten zu den sowjetisch Internierten, die Transportlisten der heimgekehrten Kriegsgefangenen, die meist sehr umfangreichen Untersuchungsvorgänge oder die Haftakten mit den Nachweisen zu den Tätigkeiten in der Haft und mit den oftmals nicht weitergeleiteten Briefen an die Angehörigen. Im Bestand befinden sich auch die abgelehnten Gnadengesuche der zum Tode Verurteilten, dazu die Protokolle der Hinrichtungen oder die zu den Akten genommenen Beweisstücke für den Tod von Flüchtlingen, wie die tödlichen Splitter aus den Selbstschussanlagen der Sperren an der innerdeutschen Grenze. Von der Unterlagenentstehung her geht es in den Fällen der strafrechtlichen Rehabilitierung in der Regel um das Schriftgut und die speziellen Informationsträger der Hauptabteilung IX (Untersuchungsorgan), die Unterlagen der Abteilung XIV (Sicherung des Strafvollzugs im MfS – Haftkrankenhaus, Untersuchungshaftanstalten) und natürlich um die Ablagen der Abteilung XII (Zentrale Auskunft/Speicher). Der Bestandsübersicht nach finden sich die benötigten Informationen vor allem in der Operativen Hauptablage, in den Akten der Gerichte und Staatsanwaltschaften, in der Sonderkartei über gelöschte und verfilmte Strafnachrichten und in der Allgemeinen Sachablage. Die Allgemeine Sachablage umfasst archivierte Sachakten aller MfS-Hauptabteilungen aus den Jahren 1948 bis 1989, also auch die von den Vorläufern des MfS.[3]

In der Anfangszeit wurden neben Anklageschrift und Urteil vor allem die kompletten archivierten Untersuchungsvorgänge aus dem Teilbestand Akten der Gerichte und Staatsanwaltschaften herausgegeben. Parallel waren stets die zugehörigen Ermittlungsakten zu sichten, die während der DDR voraussetzend zu den Verfahrensakten der Justiz vom MfS in seiner Eigenschaft als Untersuchungsorgan gemäß DDR-Strafprozessordnung angelegt worden waren. Diese Sichtung war erforderlich, weil zusätzlich zu der generellen Entscheidung über die Rechtsstaatlichkeit und die Höhe des Strafmaßes auch die Ermittlungstätigkeit des MfS hinterfragt werden musste. Es gab immer wieder Fälle, wo die wirklichen Geschehnisse bis in die Verhandlung vor Gericht verfälscht dargestellt wurden. Ein typisches Beispiel hierzu sind die von westdeutschem auf tschechischen Boden zurückgeführten DDR-Flüchtlinge, ein Umstand, den das MfS selbst dem Richter gegenüber verschwieg.

Parallel zur eigentlichen strafrechtlichen Rehabilitierung nahmen mit den Jahren die Ersuchen zu Zwecken der Gewährung sozialer Ausgleichsleistungen für eine zu Unrecht erlittene Haft stark zu, wo neben Strafnachrichten und Entlassungsscheinen und Belegen für Tätigkeiten in der Haft auch Hinweise zum Gesundheitszustand recherchiert werden mussten. Auch die ersten Folgeersuchen von Gerichten wegen angefochtener abschlägiger Bescheide von Verwaltungsstellen gingen nun ein, in größerer Zahl aber auch Folgeersuchen von den Verwaltungsstellen selbst wegen der Novellierung einzelner Rehabilitierungsgesetze. So muss z. B. nach der heute gültigen Fassung des Vermögensgesetzes für bewegliche

---

3 Vgl. das Findbuch zum „Archivbestand 2: Allgemeine Sachablage" des Ministeriums für Staatssicherheit der DDR, angefertigt von einer Arbeitsgruppe der Abteilung Archivbestände unter Leitung von Marlies Lemcke, Birgit Schuldt und Monika Wucherpfennig unter Berücksichtigung zahlreicher Hinweise von Ralf Sehl (Archiv zur DDR-Staatssicherheit, Bd. 4), Münster u. a. 2001.

Vermögenswerte kein Verwertungsnachweis mehr beigebracht werden. Es genügt jetzt der Nachweis über den Vermögenseinzug, der sich vielfach in den MfS-Unterlagen anfindet.

Für den Gesamtbereich Rehabilitierung und Wiedergutmachung konnte die BStU über die Jahre in mehr als 60 Prozent der Anfragen zur Rehabilitierung und Wiedergutmachung relevante Informationen zur Verfügung stellen. Das ist beachtlich, und ich möchte an dieser Stelle kurz auf die Herangehensweise im Auffinden der Informationen eingehen: Was die Recherche der relevanten Informationen betrifft, so müssen sich die Bearbeiter oftmals in einen viele Bände umfassenden personenbezogenen Vorgang einlesen, auch vertraut sein mit der Struktur und den Aufgaben der ehemaligen Diensteinheiten und den MfS-internen Informationsflüssen. Sie müssen die Mitzeichnung und die Zusatzvermerke genau beachten, teilweise auch die von außerhalb eingeholten Informationen, wie die vom Ministerium des Innern oder einer Stelle im örtlichen Staatsapparat. Viele Sachverhalte lassen sich nur über den Umweg von Recherchen zu Personen im Umfeld der Auskunftsperson ermitteln. Das gilt besonders im Bereich der beruflichen Rehabilitierung, wo staatliche Stellen und betriebliche Kaderabteilungen Entscheidungen getroffen haben, von denen das MfS lediglich Kenntnis erhielt. Sofern man also nicht direkt über die angefragte Person zum Ziel gelangt, ist es stets erforderlich, eine einzelfallbezogene Recherchestrategie zu entwickeln. Besonders schwierig wird es beim Nachweis psychischer Haftschäden, denn dazu ist an aussagekräftigen Belegen wenig überliefert, kaum Gesundheitsunterlagen mit stichhaltigen Hinweisen, die mit heutigen Gutachten verglichen werden könnten. Die Untersuchungsvorgänge bieten hier wenig, was die konkreten Begleitumstände und die Auswirkungen der Vernehmungstätigkeit angeht. Mitunter lässt sich aus den Angaben zur Dauer und zu den Abständen der Vernehmungen und dem Vermerk, ob eine Pause gemacht wurde oder ein Kaffee oder eine Zigarette gereicht oder das Licht der Tischlampe aus dem Gesicht des Betroffenen gedreht wurde eher auf die psychischen Belastungen schließen als aus dem eigentlichen Text des Vernehmungsprotokolls. Auch Einschätzungen aus der Hand des Zentralen Medizinischen Dienstes des MfS geben nur selten hinreichend Aufschluss, selbst in Fällen mit langjähriger Vorgeschichte. Es ist leider so, dass uns zu den ehemaligen hauptamtlichen Mitarbeitern eine weitaus aussagefähigere Dokumentation des Gesundheitszustandes vorliegt als zu den ehemaligen politischen Untersuchungshäftlingen.

Ich komme nun auf einige konkrete Beispiele zu sprechen: Zu einer in den ersten Tagen der Tätigkeit des MfS im Februar 1950 zugeführten, vermissten Person haben wir z. B. nur einen knappen Vermerk auf der Rückseite der F 16-Karteikarte vorgefunden, ohne jede weitere Information, weder zu ihr noch zu einem der

Hinterbliebenen. Dort steht lediglich, dass die Person gemäß einer damals geltenden *Richtlinie Nr. 4* den *Freunden*, sowjetischen Stellen also, übergeben wurde. Wir haben die entsprechende Richtlinie recherchiert und der erteilten Auskunft in Kopie beigefügt. Das hat in der ersuchenden Stelle für die positive Entscheidung des Antrags der Hinterbliebenen auf Rehabilitierung ausgereicht.

Ein anderer Fall betrifft die berufliche Rehabilitierung: Wir hatten eine Anfrage zu einer Person, die im Index eines 13 Bände umfassenden Vorgangs mitregistriert war und sehr intensiv *bearbeitet* wurde; hier wurde u. a. das Telefon am Arbeitsplatz und zu Hause wiederholt über kurze Zeiträume abgehört. Die Person lebte unangepasst, beteiligte sich auf der Arbeit nicht an den Zivilverteidigungsübungen und verdiente sich ein Zubrot mittels Herstellung von Konvertern für den Empfang des ZDF, durch Schwarzarbeit also. Der Mann galt bei Vorgesetzten und im MfS als politisch unsicherer Kantonist, und man wollte ihn aus überzogenen Sicherheitsbedürfnissen heraus aus seiner Stelle bei der Deutschen Post hinausdrängen. Man legte ihm diesen Schritt durch inoffizielle Mitarbeiter nahe, machte ihm die berufliche Veränderung im trauten Gespräch unter vier Augen schmackhaft. Schließlich vollzog er den vom MfS gewünschten Wechsel in die Selbständigkeit. Die zuständige Stelle für den Rehabilitierungsantrag hat nun eine Anerkennung als beruflich Benachteiligter abgelehnt, weil der Mann sich in letzter Konsequenz aus eigenem Antrieb heraus für diesem Schritt entschied. Der Vorsatz ist im Wortlaut in Abhörprotokollen zu Telefonaten überliefert, die er mit seiner Schwester führte. Aus der Sicht der Stelle hatte der Mann damals *die Flinte ins Korn geworfen*, was für ihn heute deutliche Einbußen bei der Rente mit sich bringt. Die Herausgabe der Unterlagen zu dieser Person liegt schon etwas zurück und ist den zuständigen Bearbeitern nicht leicht gefallen. Sie ist vom StUG insofern gedeckt, als § 5 (1) StUG das besondere Verwendungsverbot von Unterlagen zum Nachteil von Betroffenen für jene Fälle der Rehabilitierung und Wiedergutmachung aufhebt, wo sich die Angaben des Betroffenen als unzutreffend erweisen. Der nachträglich ins Gesetz eingefügte § 46a StUG erfüllt in diesem Zusammenhang das Zitiergebot des GG und weist, was die Verwendung der Abhörprotokolle angeht, auf die Grundrechtseinschränkung zu Artikel 10 GG (das Brief-, Post- und Fernmeldegeheimnis betreffend) ausdrücklich hin.

Aufwändig zu recherchieren sind Fälle von Ermittlungen durch die Kriminalpolizei, wo das MfS lediglich Kenntnis hatte und intern Informationen aus früherer Zeit heranzog, die in einem anderen Zusammenhang angesammelt wurden. Zu einem Kaufmann in einer ostdeutschen Großstadt fanden sich mehrere Vorgänge aus den sechziger, siebziger und achtziger Jahren an. Er machte über viele Jahre Geschäfte mit Partieware aus der volkseigenen Produktion, ließ u. a. von vietnamesischen Arbeitskräften in der DDR im großen Stile Jeans gegen Bezahlung nähen, die er in seinen Läden verkaufte. Er fiel wiederholt wegen Steuerhinterziehung auf und wurde von der Steuerfahndung zu Nachzahlungen veranlagt. Die Staatssicherheit erhielt davon Kenntnis und beobachtete dies über Jahre, ohne direkt einzugreifen. Sie veranlasste lediglich eine Prüfung der Ergebnisse der Steuerfahndung durch eine zusätzliche Ermittlung seitens des Kommissariats 1 der Kriminalpolizei. Erst als sich der Kaufmann 1986 öffentlich kritisch im Sinne der Perestroika zu äußern begann, führte ihn das MfS zu und begann mit eigenständigen Ermittlungen als politische Polizei. Das Ermittlungsergebnis lieferte am Ende keine hinreichenden Haftgründe. Trotzdem ließ das MfS den Mann erst gegen Anerkennung einer deutlich überhöhten Steuerschuld, über eine Million Mark, frei. Die zuständige Sachbearbeiterin im Auskunftsbereich der BStU konnte die Zusammenhänge in diesem Fall minutiös nachweisen, weil die Steuerbescheide aus diesen Jahren in den Unterlagen noch vorhanden sind und die Juristen der Behörde einer Herausgabe zustimmten.

Noch ein Wort zur Wiedergutmachung, zu einer besonderen Regelung – den Versagungsgründen für die Leistungsgewährung: In verschiedenen gesetzlichen Bestimmungen für die Wiedergutmachung sind Ausschlussgründe formuliert, Tatbestände, nach denen die Gewährung sozialer Ausgleichsleistungen versagt werden kann. Solche Einzelfallprüfungen haben u. a. der Schwere einer Vorschubleistung für ein totalitäres System nachzugehen. Hier kommen MfS-Belastungen in Betracht, aber auch solche aus der NS-Zeit. Antragsteller im Versorgungsamt werden darauf hingewiesen, dass man eine solche Prüfung vornimmt, wenn in der Untersuchungshaft oder im Strafvollzug einem Mithäftling durch ihr Verhalten Nachteile entstanden sind. In der Regel finden sich die entsprechenden Vermerke zur Denunziation oder die handschriftlichen Berichte in den Unterlagen an, z. B. in den archivierten Vorgängen zu Zelleninformatoren des MfS. Auf ausdrückliche Anforderung der ersuchenden Stelle werden solche Belege, sofern die Heranziehung gesetzlich bestimmt ist, durch die zuständigen Bearbeiter der BStU herausgegeben. Dazu zwei Beispiele: Das MfS hat gegenüber Abtrünnigen in den eigenen Reihen ebenso hart entschieden, wie gegenüber politisch missliebigen Betroffenen. Ein für das MfS verdeckt hauptamtlich Tätiger, der für eine Diensteinheit über Jahre im so genannten *Operationsgebiet*, der Bundesrepublik, tätig war und dort das Einsickern von *Schläfern*, von in Wartestellung befindlichen *Kundschaftern*, besorgt hatte, fiel in Ungnade, wurde zu einer langjährigen Haft verurteilt und kam erst in der Wende frei. Er wurde selbstverständlich rehabilitiert, musste aber bei der Entscheidung über die Gewährung von Ausgleichsleistungen sein Vorleben offen legen und sich gefallen lassen, dass seine langjährige MfS-Tätigkeit hinterfragt wurde.

Ein Prüfgebot vorab der Leistungsgewährung gibt es auch für NS-Belastete, bei denen es über die Zugehörigkeit zur gewöhnlichen SS oder Waffen-SS hinaus um eine besondere Vorschubleistung gegenüber dem herrschenden System oder eine Schädigung Dritter geht.[4] In einem Fall war für die ersuchende Stelle von Belang, wie oft eine sowjetisch Internierte, die 18-jährig im Jahre 1945 Arbeiten im Außenlager eines KZ beaufsichtigte, auf Häftlinge eingeschlagen hat, in welchem Zusammenhang dies geschah und ob sie sich eigens dazu eine Rute gefertigt hatte oder lediglich einen herumliegenden Stock zur Hand nahm. Zu der durch sowjetische Stellen zu einer langjährigen Freiheitsstrafe Verurteilten hatte das MfS in den sechziger Jahren für eigene Ermittlungen verschiedene, sehr widersprüchliche Zeugenaussagen aus Protokollen ost- und westdeutscher Polizeidienststellen der Jahre 1946 bis 1948 herangezogen. Die Protokolle wurden von der BStU auf Ersuchen des zuständigen Versorgungsamtes für die dortige Entscheidungsfindung herausgegeben.

Ich möchte nun noch kurz auf den Wert der Unterlagen des Staatssicherheitsdienstes für Forschungen zur Rehabilitierung eingehen: Neben zahlreichen Publikationen in Auswertung der privaten Akteneinsichten gibt es heute verschiedene sehr ausgereifte Darstellungen zur politischen Verfolgung in der Ulbrichtzeit wie auch in den Jahren unter Honecker, die sich vorrangig oder punktuell auf Unterlagen des MfS stützen. Ich nenne stellvertretend die Forscher Karl Wilhelm Fricke, Falco Werkentin und Clemens Vollnhals, der den Einzelfall Robert Havemann aufgearbeitet hat. Dann gibt es von dem in Amsterdam tätigen Professor Christiaan Frederik Rüter eine sehr interessante vergleichende Forschung zur Ahndung der NS-Diktatur in beiden deutschen Staaten, eingeschlossen die ostdeutschen Strafurteile im Verhältnis zur Rehabilitierungsrechtsprechung seit 1991, hier teilweise auch ohne Einrechnung der berüchtigten Waldheimverfahren. Verwendet wurden dazu die MfS-Vorgänge zu den Rechtshilfeersuchen der bundesdeutschen Stellen an die DDR und die vorhandenen Unterlagen zur NS-Zeit. Eine Auswertung zu den Verfahrensübersichten ist seit längerem ins Internet eingestellt und auch von der Homepage der BStU aus über den Link *Justiz und NS-Verbrechen* abrufbar.[5]

---

4 Es handelt sich hierbei um Geschehnisse unterhalb der Strafrechtsrelevanz. Unter strafrechtlichen Gesichtspunkten wurden die Unterlagen der BStU bereits Mitte der 1990er Jahre durch Mitarbeiter der Zentralstelle der Landesjustizverwaltungen zur Aufklärung nationalsozialistischer Verbrechen in Ludwigsburg gesichtet und ausgewertet.
5 Vgl. http://www.bstu/link/index3.htm und C.F. Rüter: „Justiz und NS-Verbrechen. Eine Verfahrensübersicht", in: http://www.jur.uva.nl/junsv/index.htm (9/2001).

Seit 1991 gibt es sehr intime Einblicke zum Häftlingsfreikauf auf der Basis westdeutscher Quellen.[6] Die erfolgreichen Bemühungen wie die gescheiterten Versuche lassen sich heute auch anhand der Akten der Staatssicherheit nachvollziehen. Hierzu eignen sich am ehesten die Unterlagen der Zentralen Koordinierungsgruppe und insbesondere die Vermerke zu Gesprächen des Rechtsanwalts Wolfgang Vogel mit den zuständigen Unterhändlern auf westdeutscher und westberliner Seite. Die vorgetragenen Verhandlungspositionen beider Seiten liegen dort im Detail offen bis zu den Äußerungen und Motiven einzelner Politiker, ob es nun direkt um den Häftlingsfreikauf oder um die Familienzusammenführung oder um ein Randproblem, wie den parallelen Austausch enttarnter, *verbrannter* Agenten geht. Ersichtlich wird, dass die DDR den Freikauf stets im Zusammenhang mit der Kreditgewährung und dem innerdeutschen Handel betrachtete. Die Erkenntnisse reichen jedoch weiter, über den Kreis der Opfer bzw. der unmittelbar Betroffenen hinaus bis zur MfS-Tätigkeit im Westen, der Bundesrepublik, und hier bis zur Mitarbeit einzelner Verwaltungsbeamter in den Flüchtlingsstellen und Aufnahmeheimen. Ein bereits publiziertes Beispiel ist der Inoffizielle Mitarbeiter mit dem Decknamen *Dr. Lutter*, einer der ehemaligen Leiter im Aufnahmelager Berlin-Marienfelde. Er hat über Jahrzehnte die vorstellig gewordenen Besucher aus der DDR mit immer gleicher Schreibmaschinentype aufgelistet und zusammen mit seinen Berichten, die viele Aktenbände füllen, einzeln Woche für Woche in leere Bierdosen eingesteckt und vom Westen aus über die Mauer geworfen, wo sie vom MfS abgeholt wurden.

Die Vorstellungen und Anschauungen darüber, was man von den Unterlagen für die Forschung künftiger Generationen auf Dauer aufbewahren will und was aus den Archivbeständen der BStU einmal kassiert werden sollte, reifen noch. In den Unterlagen der Hauptabteilung IX/11 befinden sich u. a. 38 Akteneinheiten mit den eingangs genannten Gnadengesuchen. Die Gnadengesuche der Angehörigen von Verurteilten sowjetischer Militärtribunale aus den fünfziger Jahren werden als historisch bedeutsam eingestuft. Diese Gnadengesuche sind teilweise auf den in dieser Zeit gebräuchlichen holzhaltigen Papieren bzw. auf Durchschlagpapier geschrieben. Der pH-Wert dieser Papiere liegt im sauren Bereich, sie neigen zu Vergilbung und sind mechanisch geschädigt. Um sie der Nachwelt möglichst lange zu erhalten, werden sie konservatorisch behandelt. Im Rahmen der Behandlung wird je nach Bedarf entsäuert, gefestigt und es werden Fehlstellen ergänzt. Abweichend von der beim MfS üblichen und von der BStU zwangsläufig übernomme-

---

6 Vgl. Ludwig Rehlinger: Freikauf – Die Geschäfte der DDR mit politisch Verfolgten 1963-1989, Menschen und ihre Freiheit gegen Geld, Berlin-Frankfurt/Main 1991.

nen stehenden Aufbewahrung der Unterlagen werden die Gnadengesuche liegend verwahrt.

Ich möchte meinen Beitrag zur Rehabilitierung mit dem Hinweis auf eine Wahrnehmung schließen, wie ich sie wiederholt in meiner Arbeit im Auskunftsbereich und auch in Begegnungen gelegentlich der Betreuung von Ausstellungen der BStU im Ständehaus in Karlsruhe oder in der Paulskirche in Frankfurt hatte. Sie betrifft die strafrechtliche Rehabilitierung, die sich in der Erinnerung der Westdeutschen stets mit der Moskaureise Konrad Adenauers im Jahre 1955 und den besonderen Bemühungen der Bundesregierung im humanitären Bereich verbindet. Was den Osten angeht, so muss man dazu den Blick auf die Wendezeit und die ersten Monate des Jahres 1992 lenken, als die Akten sich auch für jene öffneten, die keine direkt auf ihre Person gerichtete Hilfe aus dem Westen ereilt hatte. Diese Männer und Frauen, die nach der Haftverbüßung in die Gesellschaft der DDR zurückkehrten, sahen von da an erstmals, was ihnen über Jahre oder Jahrzehnte vorenthalten worden war: Anklageschrift und Urteil. Sie fanden im Lesen der Akten ihre ersten öffentlichen Worte für die in ihrem Innern vergrabenen Geschehnisse, über die zu sprechen in der DDR ein Tabu war. Erst von da an eröffnete sich ihnen eine Möglichkeit, ihre Würde öffentlich wiederherzustellen. Das war m. E. das für den Bereich der Rehabilitierung wirklich Entscheidende und das historisch Bedeutsame der MfS-Aktenöffnung. Ich spreche hier sehr bewusst von einer Möglichkeit, denn zur Wiedererlangung der eigenen Würde gehört mehr, als ein Blatt Papier aus einem Archiv oder der Beschluss eines Rehabilitierungssenats in einem rechtsstaatlichen Verfahren. Dazu gehört auch, dass wir, die Gesellschaft, uns diesen Personen gegenüber auf Dauer öffnen und ihnen zuhören, wenn sie sich uns mitteilen wollen.

Horst A. Wessel
Der Beitrag der Wirtschaftsarchive zur Entschädigung von Zwangsarbeitern

Die Wirtschaftsarchive, insbesondere die Unternehmensarchive, haben bei der Beschaffung des für die Entschädigung von Zwangsarbeitern erforderlichen Nachweises eine wesentliche, nicht selten sogar eine entscheidende Rolle gespielt. Dem Ergebnis einer telefonischen Umfrage zufolge sind von rund 40 Archiven, die die Bestände von Unternehmen, die bereits vor 1945 bestanden haben, verwahren, bisher insgesamt rund 25.000 Beschäftigungsverhältnisse überprüft worden – alleine das Mannesmann-Archiv hat für mehr als 60 Konzernwerke rund 3.500 Einzelanfragen bearbeitet. In vielen, zu vielen Fällen war das Ergebnis der Überprüfung negativ; für viele Anfragen jedoch war das Unternehmensarchiv die einzige Einrichtung, die hatte helfen können.

Ich will dies durch einige provenienzrelevante Beispiele aus dem Mannesmann-Archiv verdeutlichen. Allerdings sollte man dabei nicht übersehen, dass die Quellenlage im Mannesmann-Archiv vergleichsweise außerordentlich gut ist – es gibt nur wenige Wirtschaftsarchive, die eine derartig dichte Überlieferung vorzuweisen haben. Man muss jedoch auch im Falle Mannesmann differenzieren: Als der Konzernvorstand den Leiter des Mannesmann-Archivs beauftragte, alle Anfragen, die die Tätigkeit ausländischer Arbeitskräfte während des Zweiten Weltkrieges betreffen, für sämtliche – ehemalige und neue – Konzernwerke zu bearbeiten, befanden sich im Mannesmann-Archiv relevante Unterlagen vor allem der ehemaligen Mannesmann-, Poensgen- und Thyssenröhren-Werke sowie der Demag. Die bei den Konzerngesellschaften geführten Filialarchive, von Sachs, Boge, Rexroth, Krauss-Maffei u. a., wiesen im Hinblick auf Zwangsarbeiter große Lücken auf, die allerdings nun zum Teil durch das Wiederauffinden von verloren geglaubten Unterlagen und/oder durch die Befragung von Zeitzeugen z. T. geschlossen werden konnten. Das Mannesmann-Archiv war von Anfang an auch für die Bearbeitung von Zwangsarbeiterfragen zugänglich. Bezeichnenderweise hat Ulrich Herbert, der sich als erster dieses Themas wissenschaftlich angenommen hat, im Mannesmann-Archiv forschen können.

Da die Werke – nicht das Unternehmen mit seinen zentralen Verwaltungsstellen – für die Personalbeschaffung und Personalverwaltung zuständig waren und dafür auch Verantwortung trugen, haben diese ihren Arbeitskräftebedarf beim zuständigen Arbeitsamt oder später beim Gauwirtschaftsamt gemeldet. Lagen kriegswichtige Aufträge vor und waren Unterbringungsmöglichkeiten vorhanden, so wurden – zumindest in den ersten Jahren – Arbeitskräfte zugeteilt, ohne die Unternehmensleitung darüber im Einzelnen in Kenntnis zu setzen.

Wer also Beschäftigungsverhältnisse überprüfen will, benötigt die Überlieferungen der Werke und Betriebe. Von Bedeutung sind – immer soweit vorhanden – die Unterlagen der Personal- und Sozialverwaltungen. Die personenrelevante Dokumentation beginnt mit den Reiselisten, die auf die bevorstehende Ankunft der ausländischen Arbeitskräfte aufmerksam machten und die Personen des jeweiligen Transportes namentlich aufführten (Anlage 1).

In den Werken wurden ohne Ausnahme alle Neueintretenden vom Arzt untersucht. Schwer kranke oder aus anderen Gründen nicht arbeitsfähige Personen wurden nicht eingestellt, sondern in ein Krankenlager eingewiesen oder in die Heimat entlassen. Davon wurde dem Arbeitsamt und der Werksleitung unter Nennung des Namens und der Personalnummer Mitteilung gemacht (Anlage 2). Mit der Einstellung wurde eine Arbeiterstammkarte angelegt, die Angaben über Name, Geburtsort und -datum, Staatsangehörigkeit, Heimatadresse, erlernten Beruf, Ein- und Austrittsdatum, Art der Beschäftigung und Betrieb, manchmal auch über Schulbildung bzw. Anlern- und Weiterbildungsmaßnahmen im neuen Betrieb enthält (Anlage 3). Werksausweise und Arbeitskarten dürften, insbesondere in den chaotischen Wochen vor Ende des Krieges, nur in wenigen Fällen von den ausländischen Arbeitskräften zurückgegeben worden sein, aber auszuschließen ist selbst das nicht, wie die Beispiele belegen (Anlage 4).

Der Lohn wurde in der Regel alle vierzehn Tage ausgezahlt. Jeden Monat erhielt jede(r) Erwerbstätige eine detaillierte Lohnabrechnung. Diese weist den Namen des/der Beschäftigten sowie dessen/deren Arbeitsnummer aus; ferner wird das Werk bzw. die Abteilung, in der diese(r) tätig war, genannt. Außerdem entnehmen wir dem vorliegenden Beispiel (Anlage 5), dass Iwan Powaltschuk einen Sozialversicherungsbeitrag geleistet hat und im Ledigenwohnheim des Werkes untergebracht war. Während Name und Arbeitsnummer eine rasche Durchsicht der Arbeiterstammbücher bzw. der Personalkartei gestatten, ermöglichen die Angaben über die Abrechnungszeitabschnitte eine zeitliche Fixierung der für die Gewährung einer Entschädigung erforderlichen Beschäftigungsdauer. Die Abzüge für die Sozialversicherung belegen nicht nur rentenrelevante Leistungen, sondern verweisen zugleich auf zwei weitere wichtige Quellen im bzw. außerhalb des Unternehmens: die Krankenkassen (im Falle Mannesmann und der Deutsche Röhrenwerke AG waren dies die Betriebskrankenkassen, die über ihre Mitglieder, deren Beiträge sowie von ihnen in Anspruch genommene bzw. ihnen gewährte Leistungen Buch führten) und die Arbeiter- bzw. Angestellten-Versicherung. Ich komme darauf zurück.

Für die Berichterstattung an die Werks- und Konzernleitung wurden manchmal Lohnvergleiche angestellt, die gleichfalls die für den gewünschten Nachweis benötigten Angaben enthalten (Anlage 6). Gleiches gilt für die Verdienst- und Steuerabzug-Nachweiskarten, die für jeweils ein Jahr geführt wurden (Anlage 7). Die Nachweise für die Versicherungsbeiträge nennen die Krankenkasse, an die die Beiträge abgeführt wurden – in den vorliegenden Fällen die AOK in Budweis und die Betriebskrankenkasse der Deutsche Röhrenwerke AG, Düsseldorf-Lierenfeld (Anlage 8). Auf dieser Grundlage lassen sich gezielt Nachforschungen anstellen. Durchaus mit Erfolg, wie der aufgrund noch vorhandener Unterlagen nachträglich durch die Bundesknappschaft für einen polnischen Bergmann ausgestellte Versicherungsnachweis belegt (Anlage 9). Selbst das Ausscheiden aus dem Beschäftigungsverhältnis wurde – trotz der meist chaotischen Verhältnisse am Ende des Krieges und auch später noch – bescheinigt (Anlage 10).

In einem Falle haben wir eine Quelle mit Erfolg nutzen können, an die wir zunächst nicht gedacht hatten, die sich jedoch, weil für die ausländische Belegschaft dieses Werkes andere verwertbare Dokumente nicht mehr zur Verfügung standen, als unverzichtbar erwies. Es waren die so genannten „Verbandbücher". Dabei handelt es sich nicht etwa um die Mitgliederlisten von Verbänden der Wirtschaft, sondern um die Tagebücher der Sanitätsstelle des jeweiligen Werkes. Hier wurde jeder Einsatz der Werkssanitäter und des Werksarztes festgehalten – jedes verabreichte Pflaster und jeder angelegte Verband, jede Überweisung ins Krankenhaus nach schwereren Verletzungen. Da in einem Röhrenwalzbetrieb, in dem auf engem Raum schwere Materialien bewegt werden, kleine Verletzungen, insbesondere bei ungeübten Belegschaftsmitgliedern, damals häufiger auftraten, sind diese Aufzeichnungen entsprechend umfangreich – kaum ein Arbeiter, der im Laufe der Zeit nicht wenigstens einmal die Hilfe des Sanitätspersonals in Anspruch genommen hätte. Für die Ostarbeiter wurden separate Verbandbücher, die sog. „Russenbücher", geführt. Zunächst wurde nur die Arbeitsnummer, später auch der Name des Verletzten notiert, so dass wir nicht nur einen Nachweis für die Anwesenheit einer bestimmten Person, sondern auch für einen längeren Zeitraum erhalten (Anlage 11). Allerdings ist die Nutzung dieser Quellen sehr zeitaufwändig.

Die Leistungen, die von den Betriebskrankenkassen für die Belegschaftsmitglieder und deren Familienangehörigen erbracht wurden, sind meist dokumentiert worden und können daher, soweit erhalten, gleichfalls mit Gewinn herangezogen werden; z. B. das Verzeichnis der Ostarbeiterinnen bzw. der Ostarbeiter, für deren Ehefrauen die Entbindungskosten übernommen wurden oder die zur Kräftigung bis zur Entbindung Milch erhalten sollten (Anlage 12). Im gegebenen Zusammenhang ist auch die Liste der Ostarbeiterinnen zu beachten, die Mutterschutzurlaub erhalten haben (Anlage 13). Auch andere Kontakte der ausländischen Mitarbeiter mit den Werksärzten haben in den Akten Niederschlag gefunden; in vielen Fällen werden diese auch namentlich genannt. Das gilt für Arbeitskräfte, die vorübergehend oder dauernd einen anderen Arbeitsplatz erhalten sollten (Anlage 14). Einen Sonderfall dürfte das Gesuch des Ostarbeiters Komartschük darstellen, dem sowohl von Seiten des Arztes wie auch der Lagerverwaltung entsprochen wurde (Anlage 15).

Unfälle im Betrieb mussten grundsätzlich der Berufsgenossenschaft gemeldet werden, und zwar auf einem entsprechenden Formblatt, das Angaben u. a. von Name, Geburtstag, Geburtsort, Eintrittsdatum, Wohnung, Betriebsleiter und Meister verlangte (Anlage 16).

Bei der Beschaffung von Kleidung reichte es nicht immer, die Zahl der Ostarbeiter/innen anzugeben. Um Bezugsscheine für Schuhe zu erhalten, hat die Leitung des Röhrenwerkes Thyssen in Mülheim an der Ruhr 1943 neben den Arbeitsnummern auch die Namen der elf „Zivil-Russinnen" genannt (Anlage 17).

Selbstverständlich wurden auch Personen, die gegen die Lagerordnung verstoßen hatten, aktenkundig (Anlage 18). Selbst Personen, die nicht im eigenen Unternehmen, sondern in fremden Betrieben tätig waren, können u. U. namentlich nachgewiesen werden, z. B. wenn sie Waren im Lagerkasino erworben hatten, deren Wert ihrem Lohnkonto belastet wurde (Anlage 19).

Selbst in Fällen, in denen keine namentlichen Nachweise – weder im Werk, noch in der Kommunalverwaltung und auch nicht bei der Krankenkasse – mehr vorhanden waren, haben wir wiederholt durch die Ausstellung einer Plausibilitätserklärung helfen können. Wenn konkrete Angaben, z. B. über die ausgeübte Tätigkeit, über Kollegen bzw. Kolleginnen, Vorgesetzte, Unterbringung und Lagerverwalter, besondere Werksereignisse etc. gemacht werden konnten, waren wir in der Lage, auf der Grundlage, z. B. zeitgenössischer Werkspläne, Werkstelefonbücher, Organigramme und Berichte über Luftangriffe, die Richtigkeit der Angaben zu überprüfen und ggf. die Plausibilität des Arbeitseinsatzes zu klären (Anlage 20). Nicht selten sind wir um Unterstützung in Fällen gebeten worden, die unser Unternehmen bzw. die nach dem Krieg übernommenen Gesellschaften nicht betrafen. Hier haben wir häufig aufgrund unserer speziellen Kenntnisse die benötigten Hinweise auf das infrage kommende Werk bzw. Unternehmen machen und das Verfahren vor dem vorzeitigen Scheitern bewahren können (Anlage 21).

Zusammenfassend darf ich feststellen, dass die Wirtschaftsarchive, insbesondere die Unternehmensarchive, in dieser – auch für das Ansehen Deutschlands – so wichtigen Wiedergutmachungsaktion einen kaum zu überschätzenden Beitrag geleistet haben – meist sogar ohne entsprechende Personalverstärkung. Umfangreiche Tagesarbeit musste dafür zurückgestellt werden. Zwar ist die Zahl der bearbeiteten Fälle inzwischen stark zurückgegangen, jedoch ist ein Ende noch keineswegs abzusehen. Und andere Vorgänge, die sich gleichfalls dem Bereich „Wiedergutmachung" zuordnen lassen, liegen bereits vor und sind in ihrem endgültigen Umfang noch gar nicht abzuschätzen: ich denke z. B. an die Entschädigung von Altaktionären und an Arisierungsopfer. Auch in diesen Fällen wird eine Klärung ohne die Wirtschaftsarchive nicht möglich sein.

Anlagen

Anlage 1a:

ZWEIGSTELLE KAMNITZ A/L.
ÚŘAD PRÁCE TÁBOR
POBOČKA KAMENICE N/L.

Reiseliste. - Cestovní seznam.

Arbeitsamt ....T a b o r........ Namen der Reisebegleiter:
Úřad práce Jména cestovních průvodců:

Aufnahmearbeitsamt
Přijímací úřad práce

Landesarbeitsamt
Zemský úřad práce

Im Wege der Anwerbung für den Auftrag Nr. 201 / RAM Nr XXVII/2 sind am Reisetag,
den 19.1.1944 von Kamnitz a.d.L. (Abfahrtsort), um früh (Abfahrtzeit), nach
.... (Reiseziel) Villingen dort eintreffend am
.... um (Ankunftszeit) .... für die Firma (Firmenbezeichnung und
Anschrift) Fa Künzle - Villingen /Schwarzwald/

die unten angeführten Arbeiter in Marsch gesetzt worden; Verpflegungspakete im Wert von .... K
wurden ausgegeben.

Při najímání na objednávku čís. 201 / RAM Nr. odjeli dne
z .... (místo odjezdu) .... (doba
odjezdu) do .... (cíl cesty) dole uvedení dělníci, kteří tam dojedou
dne .... o .... (doba příjezdu)
pro firmu (označení firmy a její bližší adresa) ....

Potravinové balíčky v ceně .... K byly jim vydány.

Lfde. Nr. Běž. čís.	Tag der Anwerbung Den najmutí	Familien- und Vorname Rodné a křestní jméno	Geboren am Narozen dne	Fam. Stand Stav	St.-Angehör. Státní přísluš.	Wohnort Bydliště	Angeworben als Najat jako	Unterschrift Podpis
						Von Station: Kamnitz an der Linde:		
1	7.1 1944	Jarešová Vl.	7.8.	led.	P.	Wltschetinets 9	Umschulerin	1A2e
2	,,	Čejková Blaža	1.10.	led.	P.	Hribitsch 16	,,	23a
3	,,	Sepekářová M.	5.1.	,,	P.	Tschernewitz 154	,,	23a
4	,,	Sterclová Jar.	12.4	,,	P.	Kamnitz a/L.92	,,	1A2e
5	,,	Šimalová Fr.	8.11	,,	P.	Rehowka 4	,,	22a
6	,,	Svejdová Dr.	21.2	,,	P.	Ober Zerekwe 40	,,	25a
7	,,	Frühbauerová J.	16.10	,,	P.	Bukowka 7	,,	1A2e
8	,,	Jirková Siden.	23.6	,,	P.	AltPestiechow 27	,,	1A2e
9	,,	Stejskalová V.	1924	,,	P.	Resitschka 30	,,	1A2e
10	,,	Zelinková Els.	19.9	,,	P.	Lidmanka 22	,,	1A2e
11	,,	Štanglová M.	23.5	,,	P.	Lheta 6	,,	1A2e
12	,,	Bílá Zdenka	13.1	,,	P.	Tschernewitz 243	,,	14a
13	,,	Kostková Jana	21.8	,,	P.	Kamnitz a/L.34	,,	5z6
14	,,	Keclíková R.	30.3	,,	P.	Ober Zerekwe 262	,,	25a
15	,,	Váňová Beatr.	30.9	,,	P.	Ober Zerekwe 178	,,	14a
16	,,	Kopalová Beatr.	23.3	,,	P.	Biedental 24	,,	23a
17	,,	Stachová Marie	14.8	,,	P.	Hojowitz 12	,,	1A2e
18	,,	Marečková Věra	4.10	,,	P.	Mirotek	,,	22a
19	,,	Tomanová Jar.	12.2	,,	P.	Leopoldshöhe 24	,,	1A2e
20	,,	Vyhnálek Jar.	28.11	,,	P.	Beneschau 13	,,	1A2e

Anlage 1b:

```
                    Transportliste
der 200 Kr.Gef. Russen, die am 4.9.41 vom Stalag VI/C (Bahnhof
Gross Rigge) zu den Deutschen Röhrenwerke A.G. Werk Thyssen
in Mülheim - Ruhr in Marsch gesetzt werden, unter gleichzeitiger
Kommandierung zum Stalag VI/F
```

R26029

Lfd.Nr.	Krg.Nr.		Name und Vorname	
1	31006	VI/C	Litwin	Jeofim
2	31010	"	Niemanko	Sergiej
3	31012	"	Kusilij	Onesko
4	31016	"	Kupczak	Chris
5	31034	"	Miklowski	Michal
6	31036	"	Iskiewicz	Iwan
7	31039	"	Kudlinok	Iwan
8	31040	"	Sarawacki	Mikolaj
9	31045	"	Szawczuk	Iwan
10	31056	"	Melnik	Fek
11	31061	"	Jakowlow	Wladimir
12	31062	"	Oprisko	Piotr
13	31064	"	Kurko	Jakob
14	31070	"	Marecki	August
15	31075	"	Jarstewski	Mikolaj
16	31080	"	Kotel	Michal
17	31088	"	Najka	Aleksander
18	31092	"	Litwinenko	Piotr
19	31095	"	Kuzniecow	Aleksander
20	31803	"	Punak	Piotr
21	31104	"	Imaec	Iwan
22	31106	"	Lisenko	Andrej
23	31108	"	Smijan	Dmitri
24	31110	"	Czerwiak	Aleksander
25	31112	"	Jaremiak	Wasil
26	31116	"	Humeniuk	Mikolaj
27	31121	"	Hawrilenko	Michal
28	31122	"	Siczkasuch	Iwan
29	31124	"	Sawicki	Boleslaw
30	31129	"	Sarak	Iwan
31	31131	"	Hanocki	Iwan
32	31134	"	Lapkiew	Wasil
33	31139	"	Pawlow	Jedanij
34	31141	"	Fedorowicz	Pawel
35	31145	"	Krutko	Filip
36	31151	"	Wlasow	Aleksander
37	31156	"	Karpan	Iwan
38	31157	"	Honczarenko	Portiri
39	31160	"	Bodnar	Piotr
40	31161	"	Melniczenko	Maksim
41	31166	"	Zinczenko	Aleksiej
42	31167	"	Hotiujew	Michal
43	31189	"	Pietrow	Ilia
44	31203	"	Kosenko	Ignat
45	31219	"	Mastrenko	Konstantin
46	31234	"	Pohodin	Aleksiej
47	31228	"	Rewolik	Mikolaj
48	31244	"	Sudorma	Wasil
49	31250	"	Kolesnik	Dmitri
50	31266	"	Jarmolenko	Wladimir
51	31294	"	Sigida	Pawel
52	31298	"	Lezonbenko	Gregor
53	31320	"	Stepanenko	Mikolaj
54	31321	"	Buslakow	Fedor
55	31322	"	Zeltuchin	Mikolaj

Anlage 2:

Grossenbaum, den 11. April 1944

Herrn H i l l i n g m e i e r !

Sanuschki, Andre, 4341 ist heute von mir untersucht worden.
Er leidet an hochgradiger allgemeiner Körperschwäche. Grösse
173 cm, Gewicht 47 kg. S. ist seit längerer Zeit nicht mehr
einsatzfähig und es steht auch nicht zu erwarten, dass er jemals
wieder zur Arbeit verwandt werden kann. Somit schlage ich vor,
beim Arbeitsamt den Rücktransport zu beantragen.

Betriebsarzt.

An das
Arbeitsamt Duisburg
Ausländerstelle
D u i s b u r g
Ruhrorter Strasse

Einlage 28

Betriebswirtschaft

Hi/St.   57   den 8.6.44

Betr.: Ostarbeiter.

Gemäß Ihrer Anweisung wurde der Ostarbeiter Nr. 4341 Andrei Samuschkin
geb. 1893 in Masaligi-Mogilew am 8.6.44 dem Krankenlager überwiesen und
scheidet damit aus unserem Arbeitseinsatz aus.

Mannesmannröhren-Werke
Abt. Grossenbaum
Arbeitseinsatz

Ddr.: Herrn Claessen
"   Conrad
"   Knaup
"   Adam

Anlage 3a:

Anlage 3b:

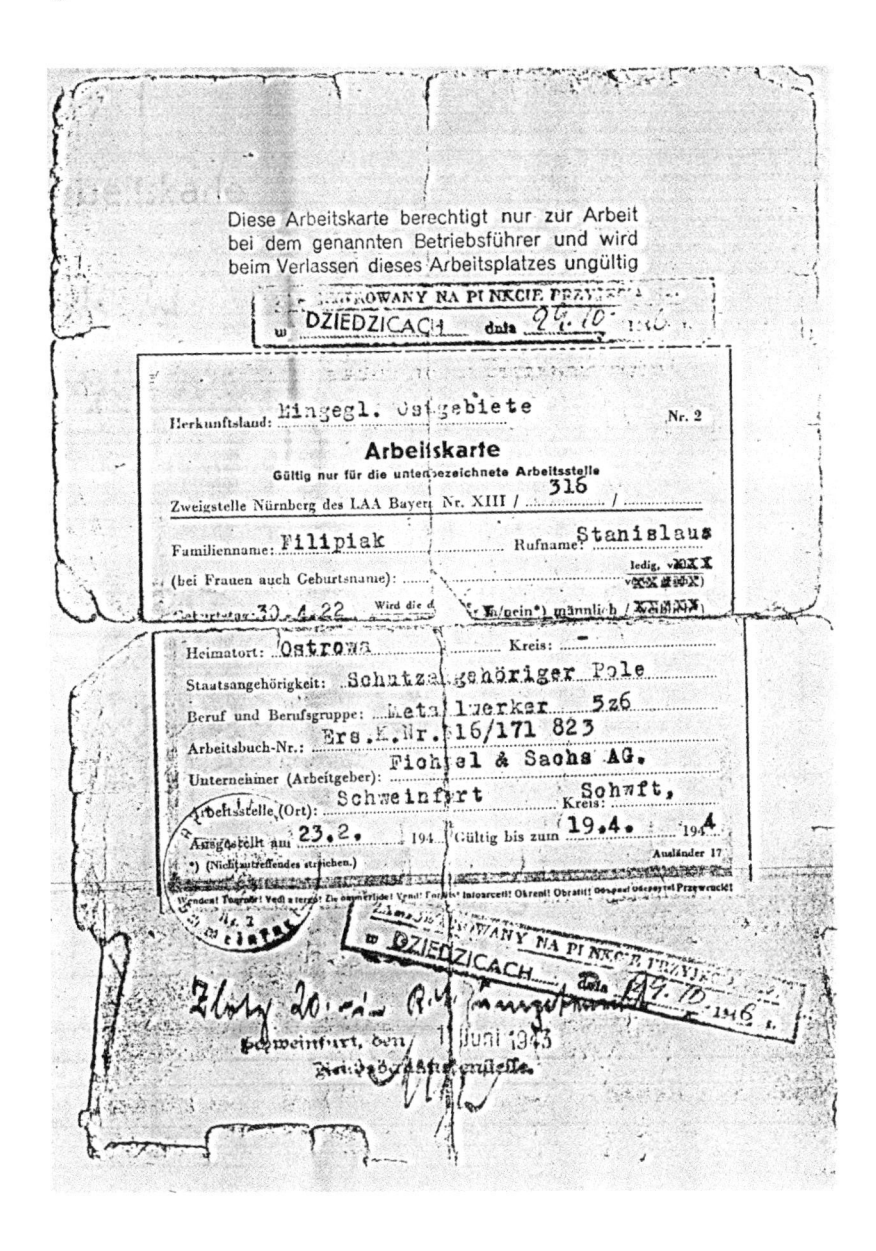

> Diese Arbeitskarte berechtigt nur zur Arbeit bei dem genannten Betriebsführer und wird beim Verlassen dieses Arbeitsplatzes ungültig
>
> ...ROWANY NA PINKCIE PRZY...
> w DZIEDZICACH data 29.10. 1946
>
> Herkunftsland: Eingegl. Ostgebiete   Nr. 2
>
> **Arbeitskarte**
> Gültig nur für die unterzeichnete Arbeitsstelle 316
>
> Zweigstelle Nürnberg des LAA Bayern Nr. XIII / .... /
>
> Familienname: Filipiak   Rufname: Stanislaus
> (bei Frauen auch Geburtsname): ....   ledig, xxx
> Geburtstag: 30.4.22   ... männlich / xxxxx
>
> Heimatort: Ostrowa   Kreis: ....
> Staatsangehörigkeit: Schutzangehöriger Pole
> Beruf und Berufsgruppe: Metallwerker 5 z 6
> Arbeitsbuch-Nr.: Ers.K.Nr. 16/171 823
> Unternehmer (Arbeitgeber): Fichtel & Sachs AG.
> Arbeitsstelle (Ort): Schweinfurt   Kreis: Schwft.
> Ausgestellt am 23.2. 194. Gültig bis zum 19.4. 1944
> (Nichtzutreffendes streichen.)   Ausländer 17
>
> w DZIEDZICACH data 29.10. 1946
>
> Zloty 20.- ...
> Schweinfurt, den 1. Juni 1943

Anlage 3c:

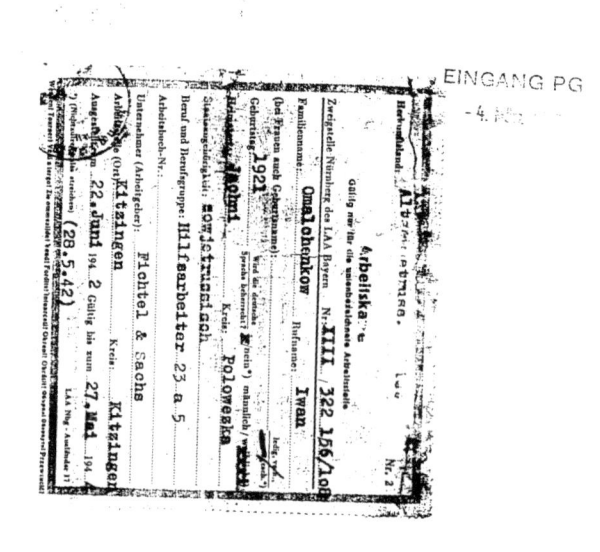

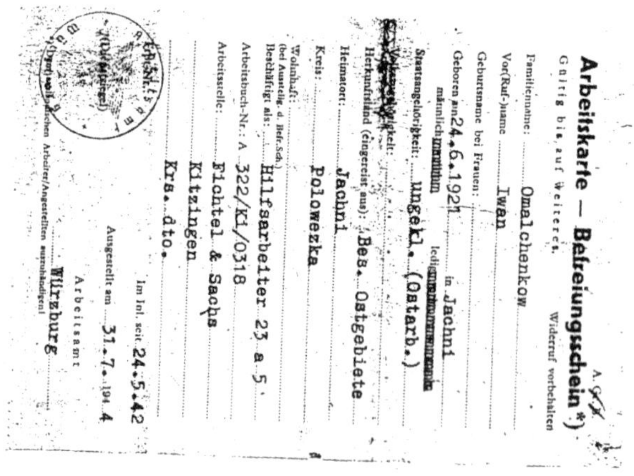

Wessel, Wirtschaftsarchive und die Entschädigung von Zwangsarbeitern 273

Anlage 3d:

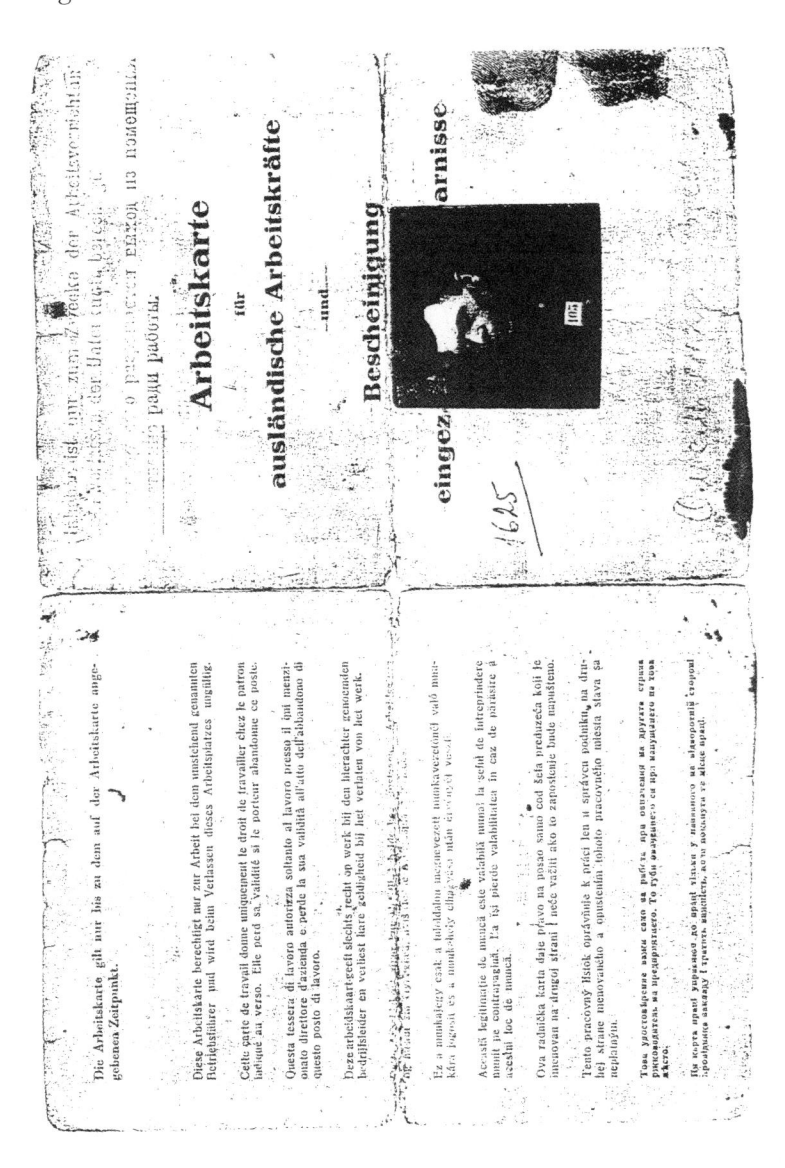

Anlage 4a:

Anlage 4b:

Anlage 4c:

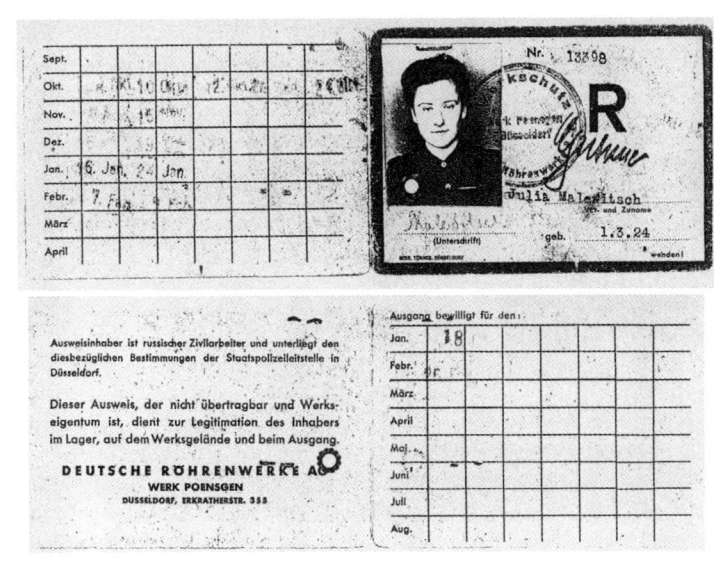

Anlage 4d:

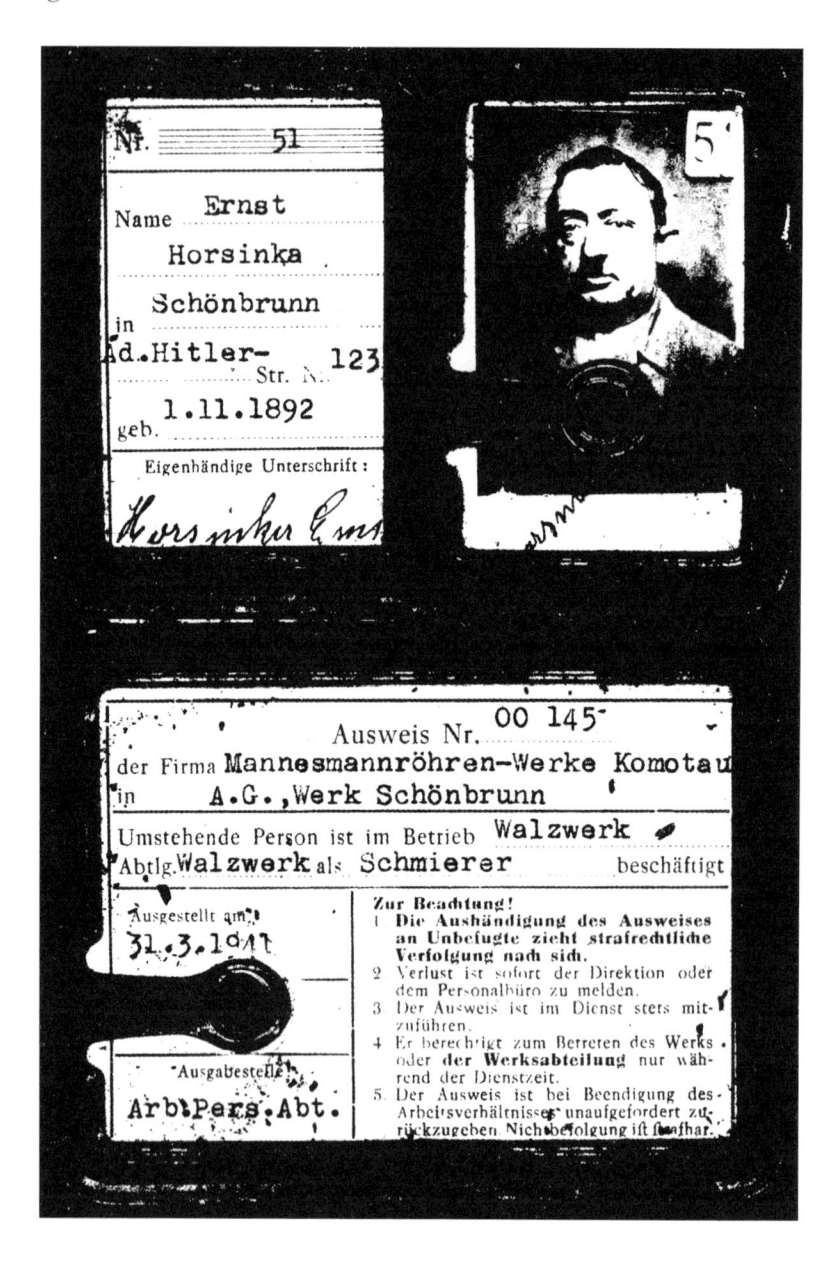

Nr.	51
Name	Ernst Horsinka
in	Schönbrunn
	Ad.Hitler-Str. N. 123
geb.	1.11.1892

Eigenhändige Unterschrift:

Horsinka Ernst

Ausweis Nr. 00 145

der Firma **Mannesmannröhren-Werke Komotau** in **A.G., Werk Schönbrunn**

Umstehende Person ist im Betrieb **Walzwerk** Abtlg. **Walzwerk** als **Schmierer** beschäftigt

Ausgestellt am: 31.3.1941

Ausgestellt: Arb.Pers.Abt.

Zur Beachtung!
1. Die Aushändigung des Ausweises an Unbefugte zieht strafrechtliche Verfolgung nach sich.
2. Verlust ist sofort der Direktion oder dem Personalbüro zu melden.
3. Der Ausweis ist im Dienst stets mitzuführen.
4. Er berechtigt zum Betreten des Werks oder der Werksabteilung nur während der Dienstzeit.
5. Der Ausweis ist bei Beendigung des Arbeitsverhältnisses unaufgefordert zurückzugeben. Nichtbefolgung ist strafbar.

Anlage 5a:

Mannesmannröhren-Werke Abt. Großenbaum Duisburg-Großenbaum	Lohnabrechnung		Mannesmannröhren-Werke Abt. Großenbaum Duisburg-Großenbaum	Lohnabrechnung	
	Monat	Nr. und Name		Monat	Nr. und Name
Ostarbeiter	April 44	4067 Stahonschy, Andrei	*Untertarter*	November 1944	4000 Kowalchuk, Iwan
1 Lohnstunden		1	1 Lohnstunden		1
2 Akkordstunden		2 303 3/4	2 Akkordstunden		2 256
3 Vergütungsstunden		3 1/4	3 Vergütungsstunden		3
4 Feiertagsstunden		4	4 Feiertagsstunden		4
5 Urlaubsstunden		5	5 Urlaubsstunden		5
6		6	6		6
7 **Verdienst** Lohnstunden		7	7 **Verdienst** Lohnstunden		7
8 Akkordstunden		8 260.35	8 Akkordstunden		8 217.60
9 Mehrarbeitszuschlag		9 30.45	9 Mehrarbeitszuschlag		9 15.30
10 Vergütungsstunden		10 -,20	10 Vergütungsstunden		10
11 Prämie		11	11 Prämie		11
12 Nachzahlung		12	12 Nachzahlung		12
13 Feiertagsbezahlung		13	13 Feiertagsbezahlung		13 20,00
14 Urlaubsvergütung		14	14 Urlaubsvergütung		14
15 Frauen- und Kindergeld		15	15 Frauen- und Kindergeld		15
16		16	16		16
17 Gesamt-Verdienst		17 291.50	17 Gesamt-Verdienst		17 252.90
18 **Abzüge** Sozialvers.-Beitrag		18 27,-	18 **Abzüge** Sozialvers.-Beitrag		18 20,08
19 Lohnsteuer		19 85.63	19 Lohnsteuer		19 42.52
20 Arbeitsfront		20	20 Arbeitsfront		20 3,40
21 Winterhilfe		21	21 Winterhilfe		21
22 Pfändungen		22	22 Pfändungen		22
23 Buße		23	23 Buße		23
24		24	24		24
25 Vorschuß		25	25 Vorschuß		25
26 Miete		26	26 Miete		26
27 Sterbegeld-Umlage		27	27 Sterbegeld-Umlage		27
28 Volkswohlbund-Versicherung		28	28 Volkswohlbund-Versicherung		28
29 Kartoffelvorschuß		29	29 Kartoffelvorschuß		29
30 Ledigenheim		30 48,-	30 Ledigenheim		30 48,-
31 Kohlen		31	31 Kohlen		31
32 Siedlungsdarlehen		32	32 Siedlungsdarlehen		32
33 Handverkauf		33	33 Handverkauf		33 8.07
34 Fahrgeld		34	34 Fahrgeld		34
35 Betriebssport-Gem.		35	35 Betriebssport-Gem.		35
36 Aufrundung		36	36 Aufrundung		36 -,31
37 Eisernes Sparkonto		37	37 Eisernes Sparkonto		37
38		38	38		38
39		39	39		39
40		40	40		40
41 Restbetrag		41 130.87	41 Restbetrag		41 125.52
42 Aufrundung		42 -,13	42 Aufrundung		42 4,48
43		43	43		43
Bleiben zu zahlen:		135,-	Bleiben zu zahlen:		130,-

Anlage 5b:

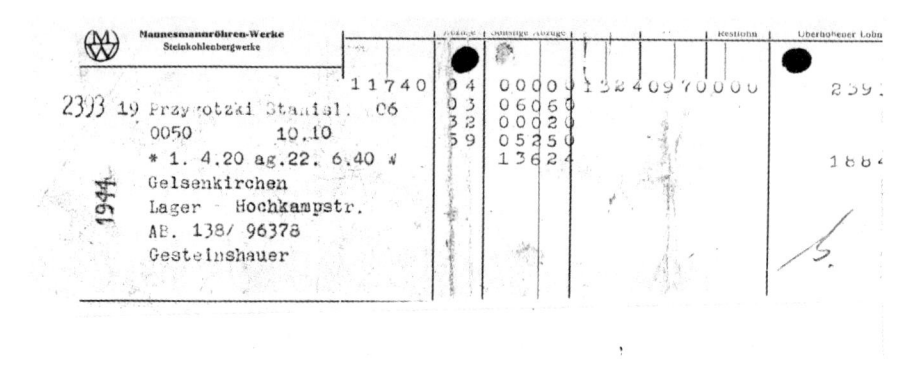

[Scanned wage card from Mannesmannröhren-Werke, Steinkohlenbergwerke:]

2393 19 Przygotzki Stanisl. 06
0050   10.10
* 1. 4.20 ag.22. 6.40
Gelsenkirchen
Lager – Hochkampstr.
AB. 138/ 96378
Gesteinshauer

1944

11740 04 0000 132409 70000   259.
       03 06060
       32 00020
       59 05250
           13624   188.

Anlage 6:

```
Monat August 1944
M.Nr. 5402 Nikituck Mikola, geb. am 20.12.24    (Ostarbeiter)
     Hauerlohn      RM  7,76
Leistungseinstufung  90 % = RM 6,98 x 29 Schichten =     RM  202,42
weiterer Abzug als ungelernter Gedingearbeiter v.10 %     "    20,24  +
                                                              182,18
           Mehrarbeitszuschlag                                  6,75
           Zuschläge für Überschichten                          6,98
                                         Bruttolohn     RM  195,91
Abzüge:
     Knappschaft         RM  18,10
     Steuern einschl.     "  42,38
     Sozialausgleichs-
     abgabe
     K.D.F.               "   -,20
     D.A.F.               "   3,40
     Verpflegung          "  54,25       RM  118,33
                                         Nettolohn    RM   77,58

M.Nr. 5164 Opalka Mieclaw, geb. am 21.7.21   ( P.Pole )
     Hauerlohn      RM  9,12
Leistungseinstufung  95 % = RM 8,66 x 29 Schichten =     RM  251,14
weiterer Abzug als ungelernter Gedingearbeiter v. 5 %     "    12,56  +
                                                         RM  238,58
           Mehrarbeitszuschlag                            "     6,75
           Zuschläge für Überschichten                    "     8,66
                                         Bruttolohn     RM  253,99
Abzüge:
     Knappschaft         RM  22,60
     Steuern einschl.
     Sozialausgleichs-
     abgabe               "  63,18
     K.D.F.               "   -,20
     Verpflegung          "  54,25       RM  140,23
                                         Nettolohn    RM  113,76

     Zu obigen Nettolöhnen kommt, wenn der Arbeiter verheiratet
     ist, ein Trennungsgeld in Höhe von RM 1,- je Kalendertag,
     das sind im Monat August 1944 RM 31,- je Monat.

+ Dieser Abzug wurde ab Oktober v.J. nicht mehr vorgenommen.
```

Anlage 7a:

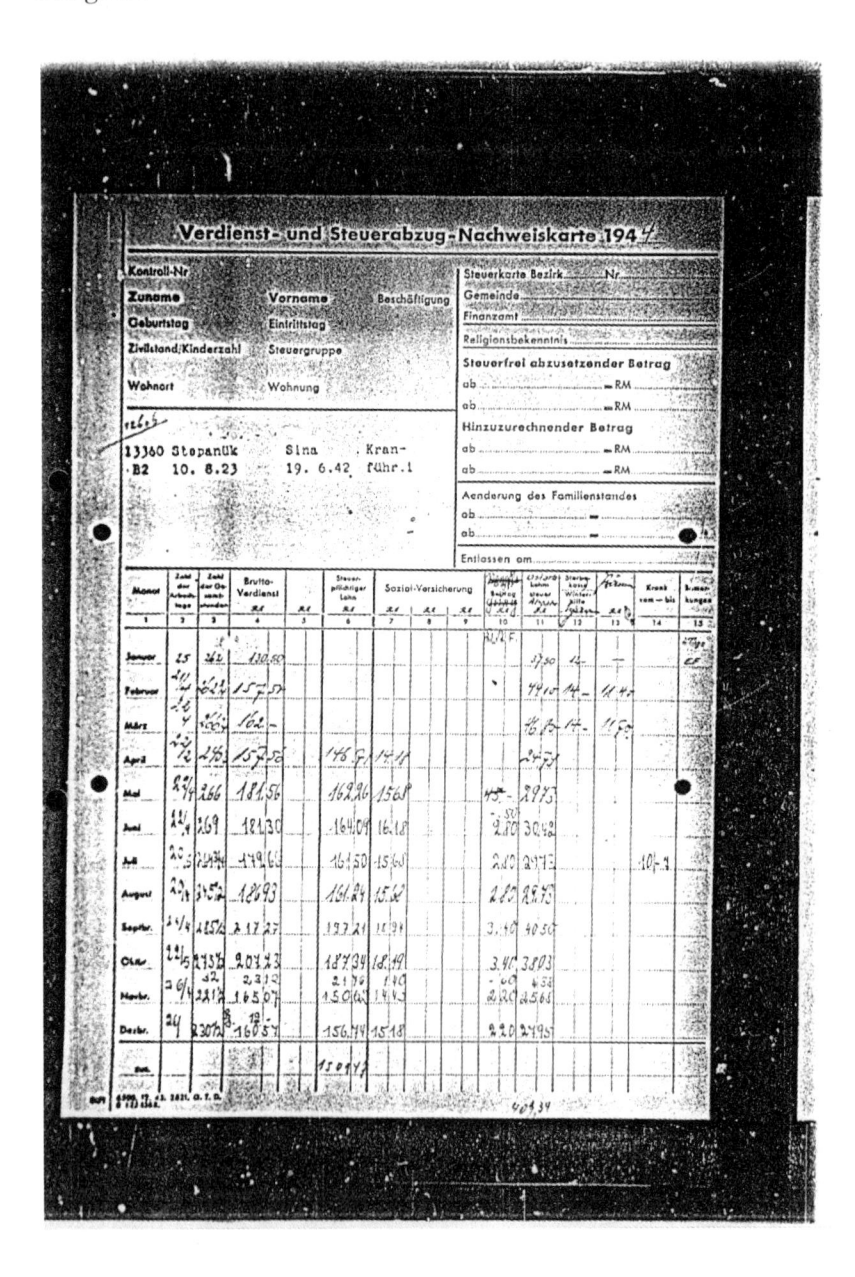

Anlage 7b:

Verdienst- und Steuerabzug-Nachweiskarte 1944

Kontroll-Nr				Steuerkarte Bezirk ... Nr ...
Zuname	Vorname		Beschäftigung	Gemeinde ...
Geburtstag	Eintrittstag			Finanzamt ...
Zivilstand/Kinderzahl	Steuergruppe			Religionsbekenntnis ...
Wohnort	Wohnung			Steuerfrei abzusetzender Betrag
				ab ... = RM
				ab ... = RM
13398 Malewitsch	Julia	Kran-		Hinzuzurechnender Betrag
1.3.24	23.8.44	Führ.1		ab ... = RM
1d.				ab ... = RM
				Aenderung des Familienstandes
				ab ... =
				ab ... =
				Entlassen am

Monat	Zahl der Arbeitstage	Zahl der Ges.-stunden	Brutto-Verdienst	Steuer-pflichtiger Lohn	Sozial-Versicherung			D.A.F. Beitrag	Lohn-steuer	Sterbe-kasse Winter-hilfe		Krank vom — bis	Bemerkungen
1	2	3	4	5	6	7	8	9	10	11	12	13	14	15
Januar													
Februar													
März													
April													
Mai													
Juni													
Juli													
August	4/1	66¾	37.4		36.05	3.57							
Septbr.	24/4	287¾	153.62		175.53	16.37		2.80					
Oktbr.	23/5	287½	195.91		175.38	16.94		2.80	3.34				
Novbr.	26/4	251¾	172.12		153.57	14.93		2.20	20.43				
Dezbr.	24/4	265¾	S. 12.— 146.72		162.11	15.68		2.80	24.73				
zus.				702.64									

Anlage 7c:

Verdienst- und Steuerabzug-Nachweiskarte 1944

Kontroll-Nr		Steuerkarte Bezirk... Nr...	
Zuname	Vorname	Beschäftigung	Gemeinde...
Geburtstag	Eintrittstag		Finanzamt...
Zivilstand/Kinderzahl	Steuergruppe		Religionsbekenntnis...
Wohnort	Wohnung		Steuerfrei abzusetzender Betrag
			ab............ = RM
			ab............ = RM
12+3 Kotowa	Tonja	Steuer-	Hinzuzurechnender Betrag
B2 16.8.22	28.10.42	mann	ab............ = RM
			ab............ = RM
			Aenderung des Familienstandes
			ab............
			ab............
			Entlassen am........

Monat	Zahl der Arbeitstage	Zahl der Gesamtstunden	Brutto-Verdienst RM		Steuerpflichtiger Lohn RM	Sozial-Versicherung			DAF. Beitrag RM	Lohnsteuer RM	Sterbekasse Winterhilfe RM		Krank vom–bis	Bemerkungen
1	2	3	4	5	6	7	8	9	10	11	12	13	14	15
Januar	22	219	122.-							18.75	9.-		1.5.	
Februar	27	247	135.-								4.57	12.-		
März	20	263	144.-								4.57	13.-		
April	27	216	120.-		118.13	11.42					6.-			
Mai	17	162	96.40		89.10	8.66					8.41		21.31.	15.6.
Juni	16	189	82.99		81.95	8.-				50 1.50	12.96			17.6.
Juli	26	171	105.85		105.85	10.16				1.50	12.85			
August	26	204	112.20		118.20	10.91				1.50	14.50			
Septbr.	26	225	126.83		124.16	11.92				2.20	17.83			
Oktbr.	26	232	131.87		128.43	12.42				2.20	19.16			
Novbr.	26	227	127.91		125.26	12.17					15.57			
Dezbr.	24	203	118.92		115.23	11.17				1 Vor. 2.20 1.80	15.41			
zus.			1000.88											

Anlage 7d:

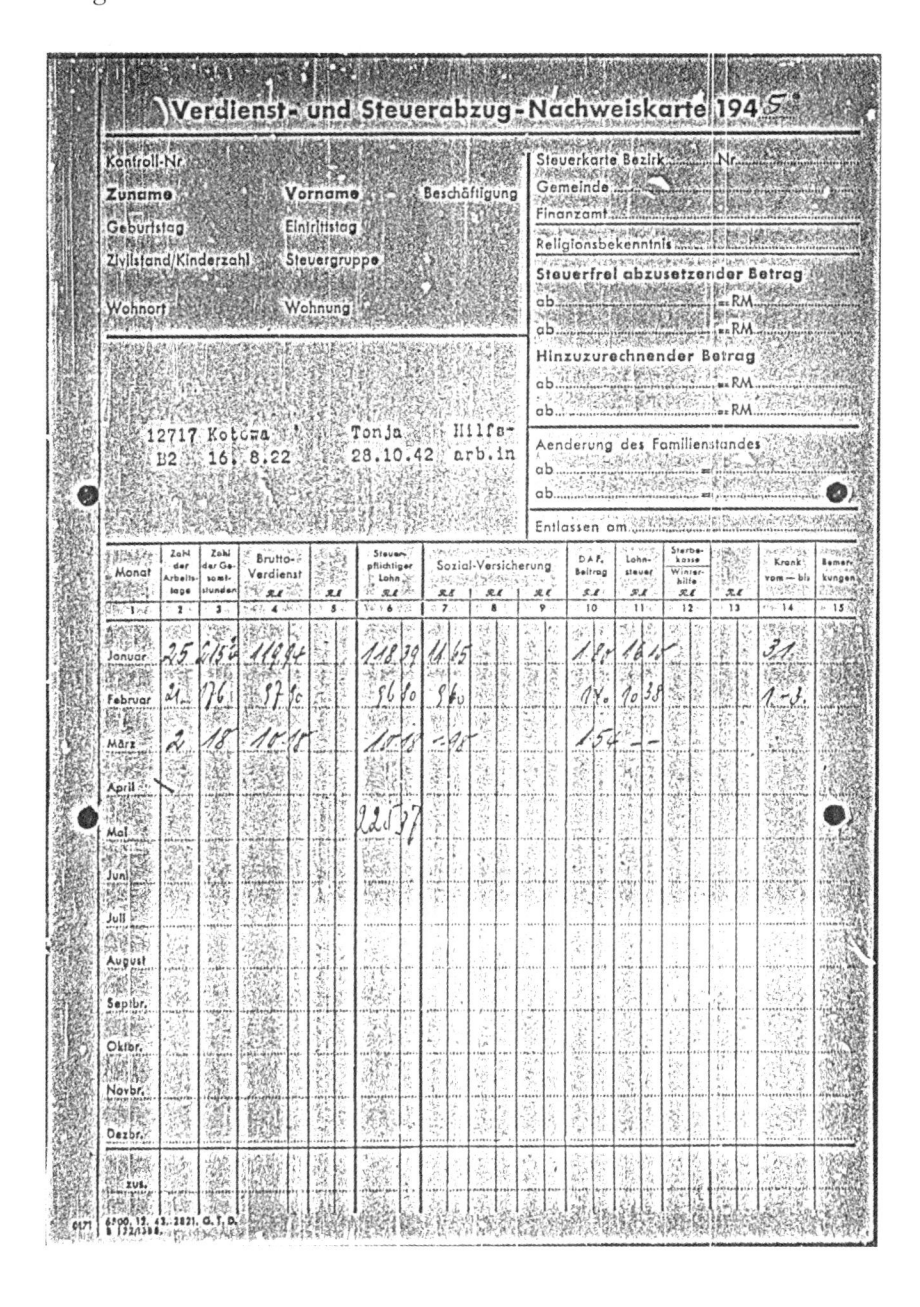

Verdienst- und Steuerabzug-Nachweiskarte 1945

Kontroll-Nr.				Steuerkarte Bezirk Nr.
Zuname	Vorname		Beschäftigung	Gemeinde
				Finanzamt
Geburtstag	Eintrittstag			Religionsbekenntnis
Zivilstand/Kinderzahl	Steuergruppe			Steuerfrei abzusetzender Betrag
				ab .... = RM
Wohnort	Wohnung			ab .... = RM
				Hinzuzurechnender Betrag
				ab .... = RM
				ab .... = RM
12717 Kotowa	Tonja		Hilfs-	Aenderung des Familienstandes
B2 16.8.22	28.10.42		arb.in	ab ....
				ab ....
				Entlassen am

Monat	Zahl der Arbeits- tage	Zahl der Ge- samt- stunden	Brutto- Verdienst RM		Steuer- pflichtiger Lohn RM		Sozial-Versicherung RM			DAF. Beitrag RM	Lohn- steuer RM	Sterbe- kasse Winter- hilfe RM		Krank vom — bis	Bemer- kungen
1	2	3	4		5	6	7	8	9	10	11	12	13	14	15
Januar	25	215	1184			118,39	14,65				18	16,4		31.	
Februar	21	76	57,40			56,80	8,40				1%	10,38		1-3.	
März	2	18	10,18			10,18	-,95				1,54	—			
April															
Mai						225,37									
Juni															
Juli															
August															
Septbr.															
Oktbr.															
Novbr.															
Dezbr.															
zus.															

Anlage 8a:

Anlage 8b:

```
                    INVALIDENVERSICHERUNG
Landesversicherungsanstalt: ............... Rheinprovinz ...............
(in deren Bezirk der Versicherte bei Ausstellung der Karte Nr. 1 beschäftigt ist; jede folgende Karte
ist mit demselben Namen zu versehen)
Ausgabestelle: Betr.-Krk. Deutsche Röhrenwerke A.-G., Werk Lierenfeld
               Düsseldorf    Kreis (Amt)
Ausstellungstag: ...............................................  1.4.44
Umtausch: Binnen 3 Jahren nach dem Tage der Ausstellung.
```

Quittungskarte Nr. 1 für

Sorokina, Walentina

ledig / verheiratet / verwitwet / geschieden (Nichtzutreffendes streichen)

(Vor- und Zuname, bei Frauen auch Geburtsname, bei mehreren Vornamen Rufname zu unterstreichen)

Wohnort (Wohnung): Düsseldorf
Beschäftigungsart: Arbeiterin
geboren am 10. 12. 1925
in Woronesch Kreis (Amt)

Aufrechnung nur der Beitragsmarken
Anzahl der Beitragswochen in Klasse

II	III	IV	V	VI	VII	VIII	IX	X
nachgewiesener		vom		bis einschließlich		vom		bis einschließlich
Reichsarbeits- dienst								
Wehrdienst								

Durch die Landesversicherungsanstalt Rheinprovinz hergestellte Ablichtung
09. MAI 2000

Dienstsiegel der Ausgabestelle

(Ort und Tag)
(Ausgabestelle)
(Unterschrift)

Die Karte darf nur die gesetzlich vorgeschriebenen Angaben enthalten und keine besonderen Merkmale tragen; vor allem darf aus ihr nichts über Führung oder Leistungen des Inhabers zu entnehmen sein. Niemand, außer den zuständigen Stellen, darf eine Versicherungskarte wider den Willen des Inhabers zurückbehalten (vgl. hierzu §§ 1424, 1425 der Reichsversicherungsordnung).
Wer Versicherungskarten mit unzulässigen Eintragungen oder mit besonderen Merkmalen versieht, verfälscht, fälschlich ausfüllt oder wissentlich eine solche Karte gebraucht, wird bestraft (§ 1495 der Reichsversicherungsordnung).

Anlage 8c:

Beschäftigt gen Entgelt von	bis	Arbeitsverdienst (Barbezüge und Wert der Sachbezüge) für die Beschäftigungszeit RM	Rpf	Name und Sitz der Krankenkasse, an die die Beiträge abgeführt sind	Firmenstempel, Anschrift und Unterschrift des Arbeitgebers
194**4**		1063	85	Betriebskrankenkasse Deutsche Röhrenwerke A.-G. Werk Lierenfeld Düsseldorf	Deutsche Röhrenwerke A.-G., Werk Pösengen Düsseldorf i/A Jattler
4.	31.12.				
194**5**		325	33	Betriebskrankenkasse Deutsche Röhrenwerke A.-G. Werk Lierenfeld Düsseldorf	Deutsche Röhrenwerke A.-G. Werk Pösengen Düsseldorf i/A Jattler
1.1.	30.4.				
194				Durch die Landesversicherungsanstalt Rheinprovinz hergestellte Ablichtung 0 9 MAI 2000	

B. Für die übrigen Versicherten und für die Höherversicherung *

Die Marke ist mit dem letzten Tag des Zeitraumes zu entwerten, für den sie gilt

* Beitragsmarken sind nur zu verwenden für

1. freiwillig Versicherte (Weiterversicherte, Selbstversicherte),

2. Pflichtversicherte, die höhere als ihrem Entgelt entsprechende Beiträge entrichten, jedoch nur für den Beitrag zur Höher- oder Ueberversicherung,

3. unständig Beschäftigte, deren Beschäftigung auf weniger als eine Woche beschränkt ist,

4. Teilbeschäftigte, das heißt für Personen, die regelmäßig bei mehreren Arbeitgebern beschäftigt werden. Werden sie bei einem Arbeitgeber überwiegend beschäftigt, sind Beitragsmarken aber nur für die Nebenbeschäftigung zu verwenden. Pflichtversicherte, die in der Beitragswoche ihren ständigen Arbeitgeber wechseln, zählen nicht zu den Teilbeschäftigten,

5. Selbständige, die der Versicherungspflicht in der Invalidenversicherung unterliegen.

Die Marke ist mit dem letzten Tag des Zeitraumes zu entwerten, für den sie gilt

Anlage 9a:

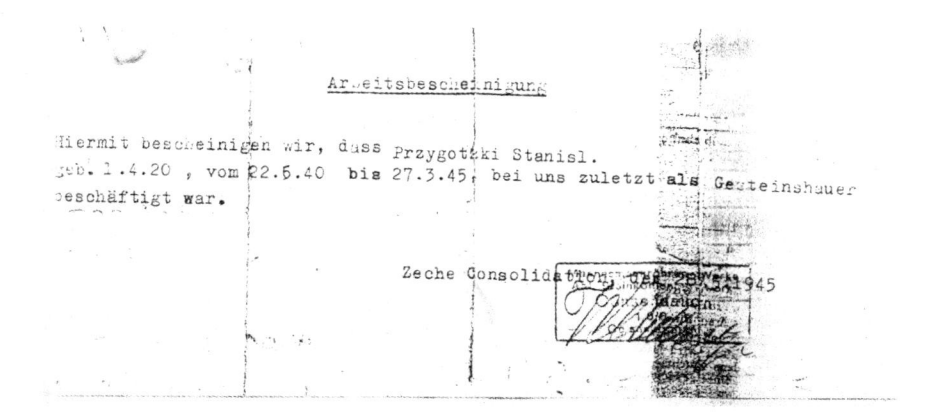

<u>Arbeitsbescheinigung</u>

Hiermit bescheinigen wir, dass Przygotzki Stanisl. geb. 1.4.20, vom 22.5.40 bis 27.3.45, bei uns zuletzt als Gesteinshauer beschäftigt war.

Zeche Consolidation, den 28.5.1945

Anlage 9b:

| Kontr.-Nr. 3687 | | | | **Stammrolle** |

Vorname: Jakow Zuname: Antipow geb. 9 10 26
zu Narjiwka Kreis Russland led. / verh. / Kinder
Eintritt: 18 | 11 | 43 als: Abt.:
Letzte Beschäftigung:
Zuletzt versichert:
Wohnung:
Abgelieferte Papiere: Reichs-Arbeitsbuch Steuerkarte 19 Militär
Arbeitsfrontbuch Quittungskarte Nr.
Beitragswochen: 9 8 7 6 5 4 3 2 1
Ich bestätige die Richtigkeit obiger Angaben:
Düsseldorf-Benrath, den 18/11.43 194
Unterschrift: Antipow Jakow
2369 a 882 2000. 1.40. 30. A 6

Entlassung: 15/3.45 ende. Wehr-Arbeits-Dienst
Austritt am: Letzte Beschäftigung: vom bis
Entlassungsgrund: „ „
  „ „

Ausgehändigte Papiere:

1 Entlassungsschein, Steuerkarte 19 Arbeitsfrontbuch
1 Reichsarbeitsbuch Nr. / Berufsgruppe Berufsart.
Arbeitsbescheinigung für das Arbeitsamt ausgehändigt nicht verlangt
Quittungskarte Nr.
Versicherungsanstalt:
Beitragswochen: 9 8 7 6 5 4 3 2 1
RM.: Restlöhnung und oben
angeführte Papiere habe ich erhalten und erkläre, keine Forderung mehr zu haben.
Düsseldorf-Benrath, den 19 Unterschrift:

Anlage 10a:

MANNESMANN-HÜTTENWERKE
AKTIENGESELLSCHAFT
WERK HUCKINGEN

Bescheinigung

Wunschgemäß bescheinigen wir hierdurch, daß

Herr ___Frau Selden, geb. Kapowska___ geb. ___2.8.25___

wohnhaft ___Düsseldorf, in der Lohr 5___

vom ___13.9.42___ bis ___5.3.45___ hier beschäftigt war / ~~ist~~

Frau Selden war 72 Jahr in der Kleiderkammer des Lagers und dann als Bürogehilfin und Dolmetscherin

/erdienstangaben aus der Zeit vor 1944 können nicht mehr gemacht werden, da alle alten Lohnunterlagen durch Bombentreffer vernichtet wurden.

Der Stundenlohn betrug 1937/39 etwa _____ RM bei _____ Std./Monat.

Duisburg-Huckingen, den ___29.10.___ 19 ___52___

MANNESMANN-HÜTTENWERKE
Aktiengesellschaft

V/39

Anlage 10b:

Anlage 11:

Anlage 12a:

Verzeichnis der Ostarbeiterinnen, sowie Ostarbeiter für deren Ehefrauen Entbindungskosten übernommen worden sind.

Lfd. Nr.	Kontr. Nr.	Name	Vorname	Tag der Niederkunft	Bemerkungen
			1943		
1	660	Erochin	Jan	13.11.43	Ehefrau
2	1078	Agibalowa	Kirjuta Maria	30.11.43	
			1944		
3	1121	Kusina	Warware	20.1.44	
4	1192	Gusejew	Olga	11.2.44	
5	1160	Lackx	Maria	26.2.44	
6	1120	Samolenko	Sascha	18.3.44	
7	1009	Bagatirowa	Jardolija	25.3.44	
8	1003	Lelzewa	Maria	14.4.44	
9	1435	Siwerien	Srika	16.4.44	
10	1195	Gawrilkina	Maria	25.4.44	
11	1426	Schichka	Nastasia	25.4.44	
12	1301	Gawulick	Alexandra	24.4.44	
13	1165	Kislijak	Maria	10.3.44	
14	1041	Djatschuck	Charetina	4.5.44	
15	1272	Matschotscheck	Olga	11.5.44	
16	1486	Grewoschena	Josefinie	13.5.44	
17	1007	Tschugienowa	Maria	17.5.44	
18	1182	Nasarenko	Alexandra	20.5.44	
19	1142	Grau	Anna	20.5.44	
20	1299	Schatabora	Lydia	21.5.44	
21	1144	Hordimko	Katharina	31.5.44	
22	1284	Dankowa	Elisabeth	11.6.44	
23	1386	Iwaschona	Djekawia	29.7.44	
24	1394	Schernowa	Mielanie	13.8.44	
25	1076	Nesterowa	Nadeschda	1.8.44	
26	1548	Pakowich	Palagega	7.9.44	
27	1185	Ziganock	Nina	11.9.44	
28	1012	Fatina	Maria	21.9.44	
29	1190	Bogatschowa	Anna	8.10.44	
30	1259	Finajewa	Lydia	10.10.44	
31	1924	Jonak	Katja	30.10.44	ab
32	1431	Burmeka	Ewdikia	13.11.44	
33	1932	Dukatschowa	Olga	29.12.44	
34	1868	Rjatschibowa	Anna	17.12.44	ab
35	1819	Rusakowitsch	Maria	18.12.44	ab

Mülheim - Ruhr, den 19. März 1946.

Anlage 12b:

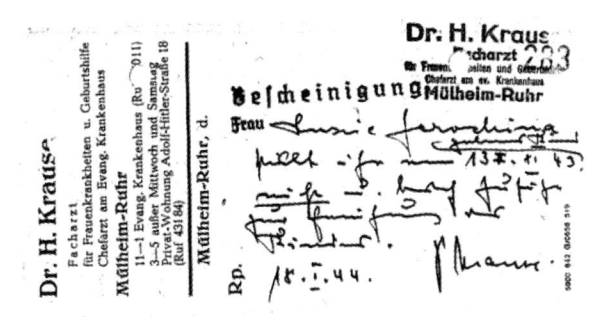

[Bescheinigung von Dr. H. Kraus, Facharzt für Frauenkrankheiten u. Geburtshilfe, Chefarzt am Evang. Krankenhaus, Mülheim-Ruhr, handschriftlich ausgefüllt, datiert 13.1.43, Rp. 15.1.44]

Mülheim - Ruhr, den 9.2.1944

Herrn
N o b e l
Verwaltung.

Von unserem Lagerarzt Herrn Dr. D u p i n wird angeregt, für nach stehend aufgeführte Ostarbeiterinnen bis zur Wiederherstellung ihrer Gesundheit bezw. bis zum Tage der Entbindung täglich etwas Milch zu verabreichen. Da wir für diese Fälle keine Zuteilung erhalten, bitten wir, beim Ernährungsamt einen diesbezgl. Antrag zu stellen.

Leonowa   Daria,   Kontr.-Nr. 1668. Lungenentzündung,
Harlatschowa Nina,   "   1711. Lungenentzündung,
Bagatirewa   Jewdokija,   "   1002. im 9. Schwangerschaftsmonat
Gawrilkina   Maria,   "   1195,   " 8.   "   "
Lagwin   Maria,   "   1165,   " 7.   "   "

Ausländer-Lager Zehntweg
Der Lagerleiter

Anlage 13:

- 33 -

eingestellt und nach der Entbindung wieder aufgenommen worden ist.

Kontr. Nr.	Name	Vorname	Tag der Niederk.	nicht gearbeitet vom:	bis:
1577	Brochin	Lucie	13.11.43	2.11.43	15. 1.44
1078	Agibalowa	Kirjuta Maria	30.11.43	26. 6.43	14. 2.44
1121	Kusina	Warware	20. 1.44	3.12.43	25. 2.44
1192	Gusejew	Olga	11. 2.44	1. 2.44	20. 4.44
1160	Lackx	Maria	26. 2.44	1. 2.44	24. 4.44
1120	Samolenko	Sascha	18. 3.44	1. 2.44	1. 5.44
1009	Bagatirowa	Jardolija	25. 3.44	16. 1.44	1. 5.44
1003	Leizewa	Maria	14. 4.44	1. 1.44	26. 7.44
1435	Siworien	Srika	16. 4.44	20. 2.44	31. 8.44
1195	Gawrilkina	Maira	25. 4.44	1. 4.44	nicht wieder angefangen
1426	Schichka	Nastasia	25. 4.44	18. 1.44	1. 9.44
1301	Gawulick	Alexandra	24. 4.44	23. 1.44	1. 7.44
1165	Kislijak	Maria	10. 3.44	4. 2.44	25. 7.44
1041	Djatschuck	Charetina	4. 5.44	19. 3.44	25. 7.44
1272	Matschotscheck	Olga	11. 5.44	5. 2.44	1. 9.44
1486	Growoschena	Josefinie	13. 5.44	20. 3.44	5. 6.44
1007	Tschugienowa	Mara	nicht mehr feststellbar		
1182	Nasarenko	Alexandra	20. 5.44	nicht mehr feststel.	
1142	Grau	Anna	20. 5.44	11. 3.44	nicht wieder angefangen
1299	Schatabora	Lydia	21. 5.44	1. 3.44	11. 9.44
1144	Kordimko	Katharina	31. 5.44	1. 3.44	1. 8.44
1284	Dankowa	Elisabeth	11. 6.44	nicht mehr feststell	
1385	Iwaschona	Djekawia	29. 7.44	2. 7.44	25.12.44
1394	Schernowa	Mitlanie	13. 8.44	1. 8.44	15.10.44
1076	Nesterowa	Nadeschda	1. 8.44	nicht mehr feststell	
1548	Pakowich	Palagega	7. 9.44	15. 6.44	27.10.44
1185	Ziganock	Nina	11. 9.44	17. 7.44	28.10.44
1012	Fatina	Maria	21. 9.44	1. 8.44	25.11.44
1190	Bogatschowa	Anna	8.10.44	10. 8.44	20.11.44
1259	Finajewa	Lydia	10.10.44	15. 9.44	15.12.44
1924	Jonak	Katja	30.10.44	?	26.12.44
1431	Burmeka	Ewdikia	13.11.44	5. 9.44	31. 1.45
1932	Dukatschowa	Olga	29.12.44	nicht mehr feststell	
1868	Rjatschibowa	Olga	17.12.44	7.12.44	nicht wieder angefangen
1819	Ruskowitsch	Maria	18.12.44	10. 6.44	" "

Die bei der Geburt erforderlichen Medikamente, wie Tücher, Watte usw. wurden vom Werk zur Verfügung gestellt. Außerdem erhielten die Säuglinge Wäsche, und zwar die gleichen Pakete wie sie deutsche Belegschaftsmitglieder bekamen. In diesen Paketen war enthalten:

    4 Jäckchen,
    4 Hemdchen,
    8 Windeln,
    1 Moltontuch,
    1 Nabelbändchen,
    1 Waschlappen.

- 34 -

Anlage 14:

Herrn P e l z e r

Betr.: Einsatz des franz. Kgf. Nr. 33 374 Allamandy.

Nach ärztlicher Bescheinigung ist der Kgf. Allamandy wegen einer vor kurzem vorgenommenen Bruchopperation vorläufig nicht mehr für die schwere Arbeit als Putzer einsatzfähig. Ich schlage vor, A. als Kranführer etc. zu beschäftigen und daß der Maschinenbetrieb dem Stahlwerk einen Italiener für die Putzerei als Ersatz abgibt.

Betriebswirtschaft, den 27.7.44

Ddr.: Herrn Pettweis

Herrn R u h r m a n n

4296

Auf ärztliche Anordnung muß die Ostarbeiterin Boblowa ihren bisherigen Arbeitsplatz aufgeben. Sie kann in Zukunft nur noch für Lagerarbeiten eingesetzt werden. Wenn notwendig, wird Ihnen eine andere Ostarbeiterin als Ersatz zugewiesen.

Betriebswirtschaft, den 22.2.45

Ddr.: Herrn Ohliger
  "   Nolte

Anlage 15a:

> EINWERFEN IN DEN VORSCHLAGSKASTEN
>
> Herr schef!
>
> Ich, arbeiter Komortschjük Michail spreche Ihnen, was ich schon habe 55 Jahre, und drei platz schmerzzen:
>
> 1. Pulmonum schmerzen (wospalenie legkich).
> 2. Trippus.
> 3. Rewmatismus.
>
> Bitte, herr schef! Ich kann nicht arbeiten, 2-3 tage frei, andere tage arbeite. Ich bin viel krank. Ich kann nicht arbeiten. Sie müss sprechen arzt, was ich kann nicht arbeiten. Komortschjük
>
> 16.1.43.

Anlage 15b:

[handschriftlich:] V. Obliger. Arbeit im Lager beschäftigen

Herrn P[...] /Schröer/

Betr.: Ostarbeiter Nr.: 4195 Michael Komartschuk.

Nach dem Untersuchungsergebnis des Herrn Dr. Meier ist der Ostarbeiter Nr. 4195 Michael Komartschuk wegen allgemeiner Schwäche und chronischer Bronchitis nicht voll einsatzfähig.
Ich bitte um Mitteilung, ob Sie ihn für leichtere Arbeiten einsetzen können. Wenn es nicht möglich sein sollte, will ich den Mann innerhalb des Lagers für die Lagerpflege und Reinigung verwenden.

Betriebswirtschaft, den 25.1.1943

[handschriftliche Notiz:] Der Gesundheitszustand des obigen Ostarbeiters ist mir bekannt, einer leichteren Beschäftigung möglichst in der Bekleidung nicht entgegen. 26/I.43 [Unterschrift]

[Formular:]
Arbeitgeber: Mannesmann Max Meyer, Duisburg

Ärztliche Verordnung für das Mitglied: Komartschuk, Mich. (Nachname) (Vorname)
Wohnung: Lager Ostarbeiter
Taxe Brutto | Netto: 54 Jahre alt, wegen allgemeiner Schwäche und chronischer Bronchitis nicht voll einsatzfähig.

_____, den 22.1.43 19__
[Unterschrift des Arztes]

Anlage 16a:

Hütten- und Walzwerks-Berufsgenossenschaft, Sektion 1, Essen

Unternehmer: Deutsche Röhrenwerke Aktiengesellschaft, Werk Thyssen, Mülheim-Ruhr

Unfallanzeige

1. Diese Unfallanzeige ist nur zu erstatten bei tödlichen Arbeitsunfällen und bei Arbeitsunfällen, die voraussichtlich eine mehr als dreitägige (völlige oder teilweise) Arbeitsunfähigkeit zur Folge haben. Als Arbeitsunfälle gelten auch Unfälle auf einem mit der Beschäftigung in dem Unternehmen zusammenhängenden Weg und und von der Arbeits- und Ausbildungsstätte, ferner Unfälle bei einer mit der Beschäftigung im Unternehmen zusammenhängenden Verwahrung, Beförderung, Instandhaltung und Erneuerung des Arbeitsgeräts.
   Für jede getötete oder verletzte Person ist eine besondere Unfallanzeige auszufüllen.

2. Die Anzeige ist zu senden:
   a) in allen Fällen in doppelter Ausfertigung an den Träger der Unfallversicherung (z. B. Berufsgenossenschaft, oder deren Sektion oder Bezirksverwaltung.)
   b) falls das Unternehmen zu einer Berufsgenossenschaft der allgemeinen Unfallversicherung gehört; in einfacher Ausfertigung an das Gewerbeaufsichtsamt (oder die untere Bergbehörde, soweit es (sie) zuständig ist).
   c) falls der Verletzte infolge des Unfalls stirbt: in einfacher Ausfertigung an die Ortspolizeibehörde des Unfallortes.
   außerdem
3. Die Unfallanzeige ist binnen 3 Tagen bei Vermeidung einer Geldstrafe (§ 1556 der Reichsversicherungsordnung), durch den Betriebsunternehmer oder seinen Stellvertreter zu erstatten.
4. Todesfälle, andere schwere Unfälle und Massenunfälle sind außerdem sofort fernmündlich oder telegraphisch der zuständigen Berufsgenossenschaft zu melden.
5. Bei Berufskrankheiten ist ein besonderes (grünes) Formblatt zu verwenden.

1. a) Wochentag, Datum, Jahr des Unfalls (Erster Tag der Woche: Sonntag) — Montag, den 28ten August 1944
   b) Beginn der Arbeitszeit des Verletzten, Unfallstunde (24-Stundenzeit) — Arbeitsbeginn 6 Uhr 00 Min. Unfallzeitpunkt 7 Uhr 30 Min. Lfd Stunde in der Schicht
   c) Bei Unfällen auf dem Wege von der Arbeitsstätte: Ende der Arbeitszeit des Verletzten am Unfalltage. — Ende 10 Uhr 00 Min.

2. a) In welchem Teil (Betrieb) des Werkes ist der Verletzte ständig tätig? — Luft-Arbeiter Leg. Isolierung
   Betriebsleiter und Meister — Betriebsleiter: Nobel Meister: Hoffmann
   b) Betrieb oder Ort, wo sich der Unfall ereignete — in der Küche
   c) Unfallstelle zu b) z. B. Kran. Bei Wegeunfällen Straße und Hausnummer.

3. a) Familien- u. Vorname, Wohnort und Wohnung des Verletzten — Fabr.-Nr. 346
   Name: Kuzmjol Vorname: Iwan Geschlecht: männlich
   Wohnort: Mülheim R. Wohnung: Lager Isolierung
   b) Bei Minderjährigen, Entmündigten oder unter Pflegschaft Stehenden: Vor- und Familienname, Wohnung des gesetzlichen Vertreters (Vater, Mutter, Vormund oder Pfleger)
   c) Erlernter Beruf
   d) Beschäftigt als — Eisendreher
   seit Monaten — 12 Monaten
   e) Tag, Monat, Jahr und Ort der Geburt — geboren am 3. August 25 in Dnepropetrowsk Kreis: Dnepropetrowsk Amt:
   f) Staatsangehörigkeit — Ukraine
   g) Ledig, verheiratet, verwitwet, geschieden, Kinder unter 18 Jahren — nein Kinder unter 18 Jahren: nein

4. a) Ist der Verunglückte tot? — nein
   b) I. Welche Körperteile sind verletzt? — I. linker Fuß
      II. Welcher Art ist die Verletzung? — II. Brandw. II.°
   c) Hat der Verletzte die Arbeit sofort eingestellt? — Ja, sofort – Nein, am 28.9.44 um 17.30 Uhr
   d) Hat der Verletzte die Arbeit inzwischen wieder aufgenommen u. wann? — ja am 8.9.44

Anlage 16b:

Anlage 17:

DEUTSCHE RÖHRENWERKE AKTIENGESELLSCHAFT
Werk Thyssen

| Ihre Zeichen | Ihre Nachricht vom | Unser Hausruf 2336 | Unsere Abt. u. Zeichen No/v.K. | Mülheim (Ruhr) Engelbertusstr. 108 6.8.42 |

Betreff

Im Anschluss an unsere telefonische Unterredung bitten wir, uns für nachstehend aufgeführte, bei uns beschäftigte, elf Zivil-Russinnen Bezugscheine 2a für Schuhe ausstellen zu wollen.
Nr. 1009, 1012, 1013, 1014, 1037, 1042, 1049, 1050, 1055, 1038, 1039.

Deutsche Röhrenwerke
Aktiengesellschaft.

An das
Wirtschaftsamt
Mülheim-Ruhr.

1009	Bogatirjova	Iwdokija	1.2.20
1012	Fadina	Maria	21.12.16
1013	Padocka	Nina	
1014	Tochtamisch		
1037	Kusnowa	Maria	
1042	Ostrowskja		13.12.21
1049			2.10.19
1050	Schipolenko		
1055	geb.	Olga	22.6.
1038	Solomina	Maria	5.5.10
1039	Solomina		

Anlage 18:

Mülheim-Ruhr, den 30.9.1942
P.

Herrn Klapp
" Nobel
" Völker

Betr.: **Ostarbeiterinnen**

Die Ostarbeiterin Olga Gluschko geb. Chartschewina, Lager-Nr. 1055 hat sich am 29.9.42 um 21½ Uhr vom neuen Russenlager entfernt und ist erst am 30.9. morgens 5 Uhr wieder zurückgekehrt.
Sie wurde mit 24 Stunden Arrest bestraft, der sofort verbüßt wird.

Deutsche Röhrenwerke A.-G.
Werk Thyssen Mülheim-Ruhr
Werkswehr

Anlage 19:

```
            SAUERSTOFFWERK MÜLHEIM-RUHR    4.8.42   K1

Nr.     Name              Rauchwaren      Waschmittel     Verpfl.

345   Turtschanik Stefan    RM 3.03        RM 0.84        RM 45.--
346   Kusnesow Llji         "  3.03        "  0.84        "  45.--
347   Nitschwoloda Whadimir" 3.03          "  0.84        "  45.--
348   Tschoryi Michael      "  3.03        "  0.84        "  45.--
350   Wolhich Alexander     "  3.03        "  0.84        "  45.--
354   Schutschenko Nokolgy  "  3.03        "  0.84        "  45.--
358   Tschibisor Alexander  "  3.03        "  0.84        "  45.--
361   Iwanschtschenko Sansly" 3.03         "  0.84        "  45.--
                            RM 24.24       RM 6.72        RM 360.--
                            ==========     =========      ==========
```

Diese Beträge sind dem Sauerstoffwerk in Rechnung zu stellen.

4/VIII 42
Ullrich

R 2 5106

Anlage 20a:

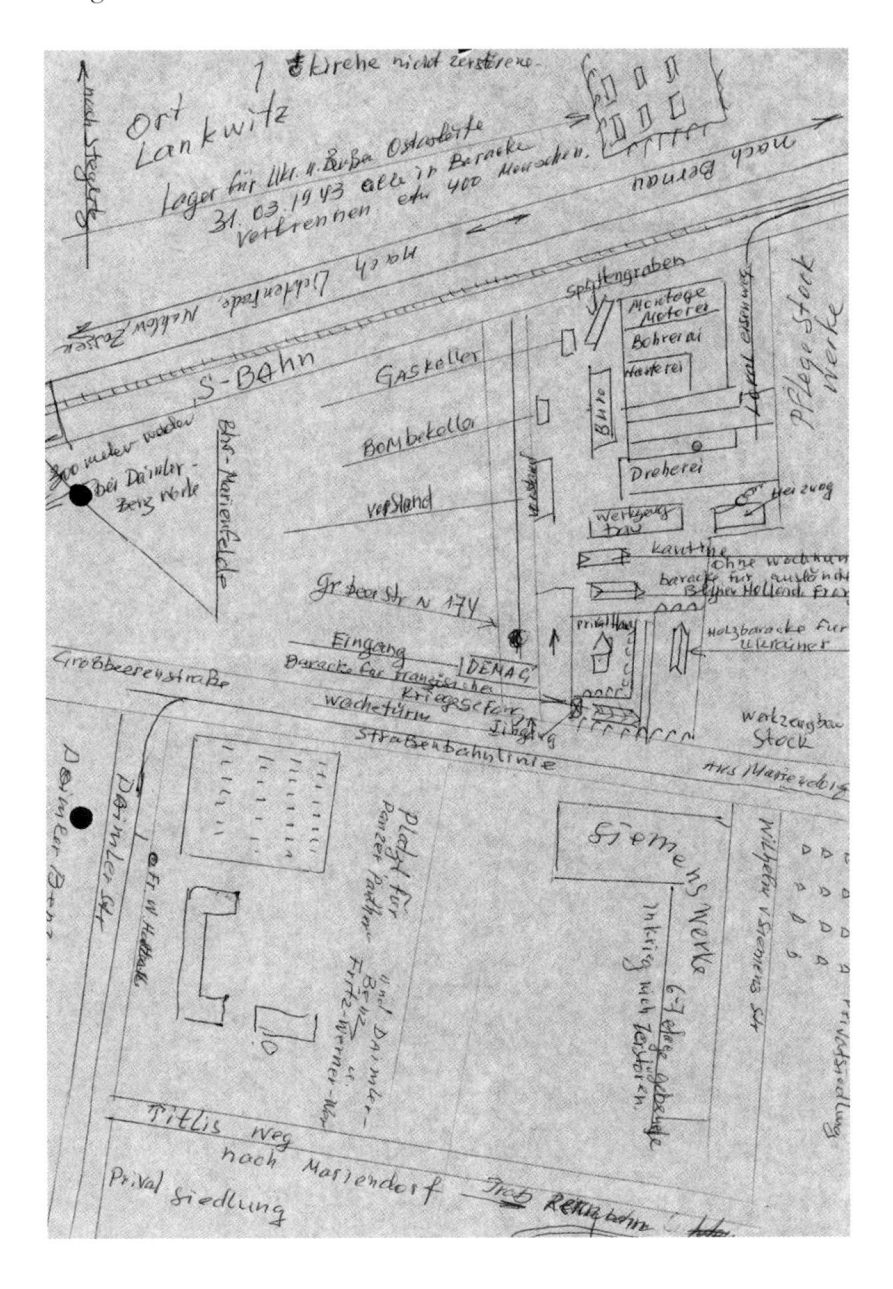

Anlage 20b:

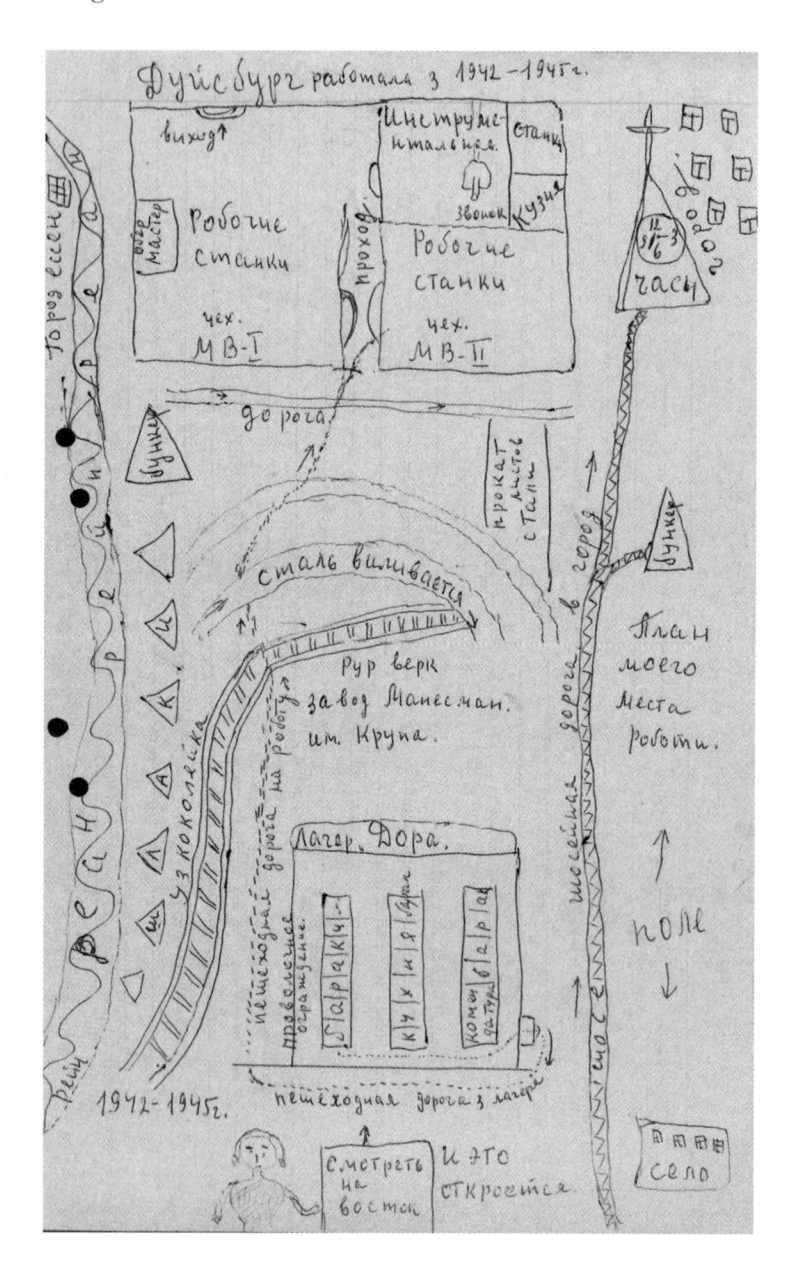

Anlage 20c:

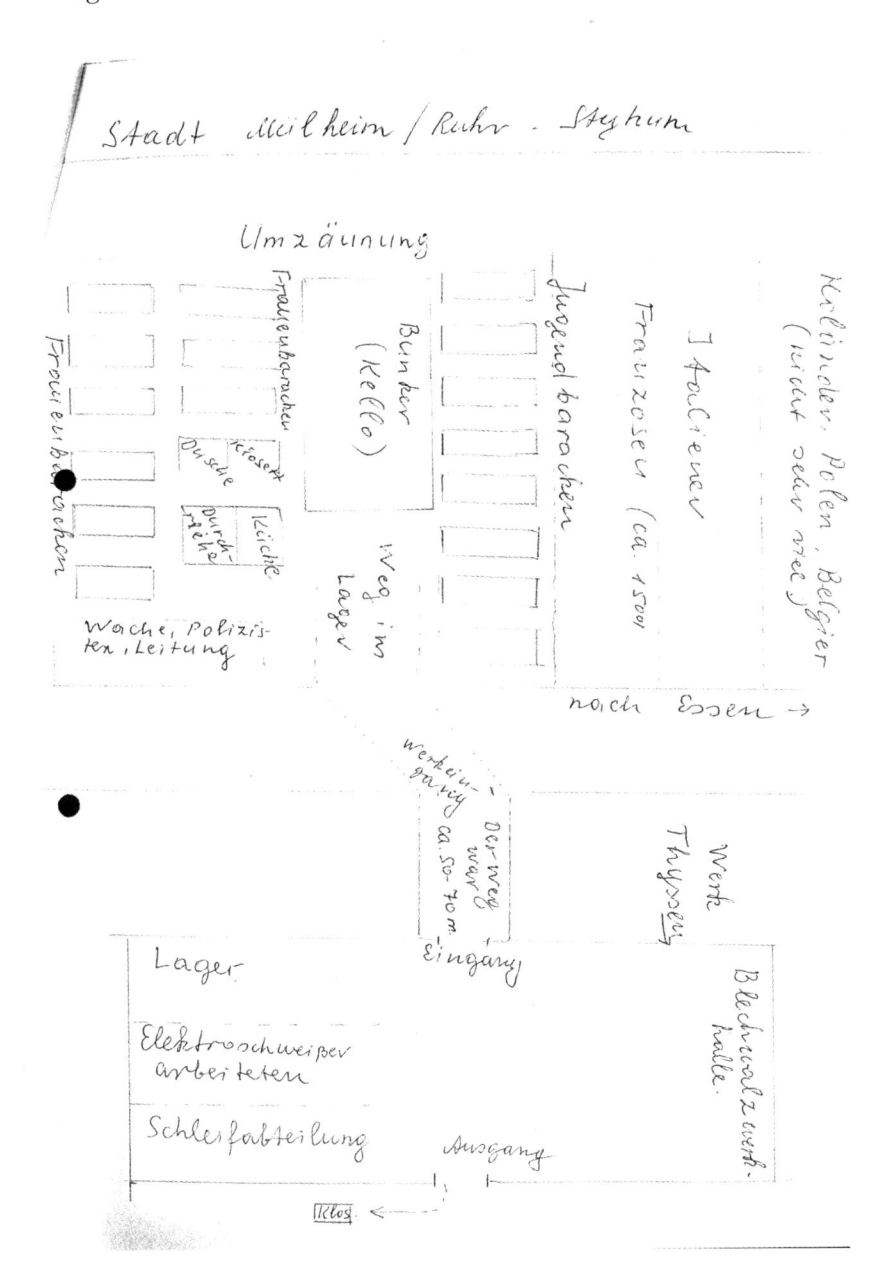

[Handgezeichneter Lageplan:]

Stadt Mülheim/Ruhr - Styrum

Umzäunung

Frauenbaracken — Frauenbaracken — Bunker (Keller) — Jugendbaracken — Archiver — Franzosen (ca. 1500) — Holländer, Polen, Belgier (nicht sehr viel)

Kloset, Dusche, Durchreihe, Küche

Wache, Polizisten, Leitung

Weg im Lager

nach Essen →

Werkseingang / Der weg war ca. 50-70 m / Eingang

Werke Thyssen

Lager
Elektroschweißer arbeiteten
Schleifabteilung

Ausgang

Klos ←

Blechwalzwerkhalle

Anlage 20d:

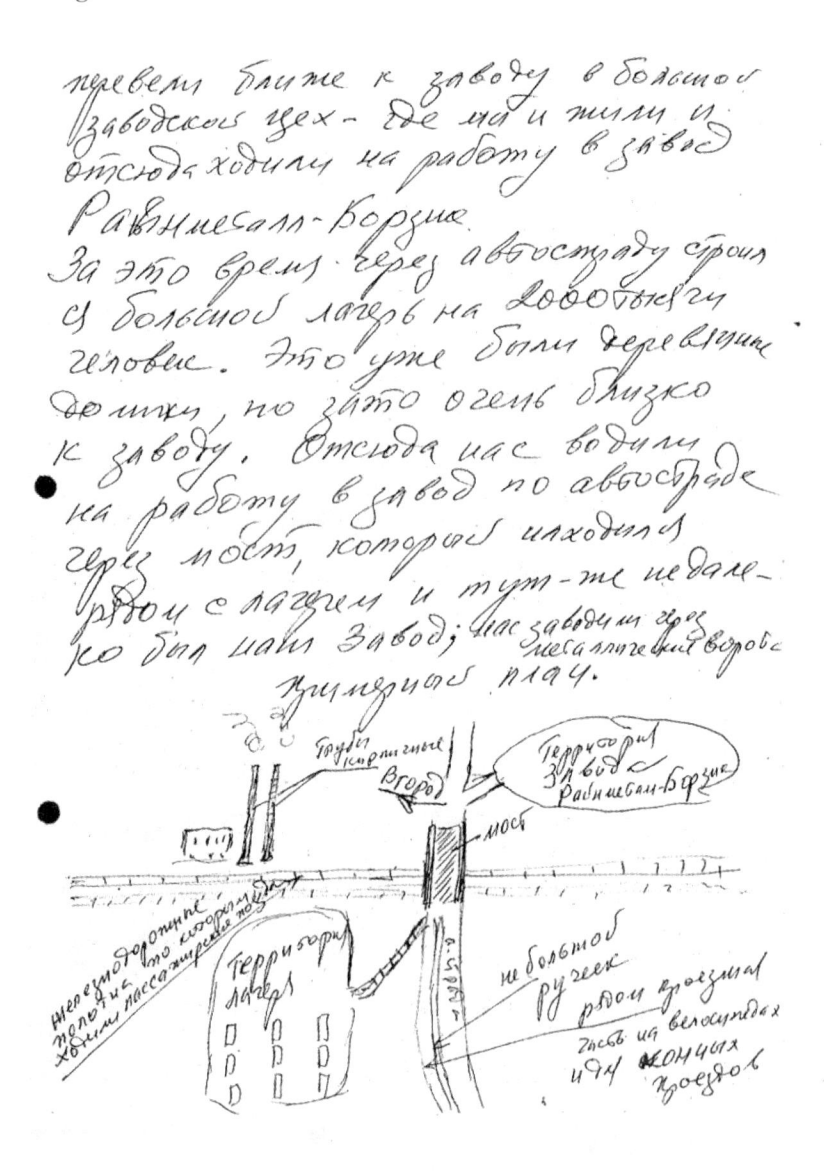

перевели ближе к заводу в большой заводской цех - где мы и жили и отсюда ходили на работу в завод Равинисали-Борзиг.
За это время через автостраду строили большой лагерь на 2000 тыс. человек. Это уже были деревянные домики, но зато очень близко к заводу. Отсюда нас водили на работу в завод по автостраде через мост, который находился рядом с лагерем и тут-же недалеко был наш завод; нас заводили через лагерные ворота примерно плач.

[рукописный план с подписями: трубы кирпичные, Вторая, Территория завода Равинисали-Борзиг, мост, небольшой ручеек, рядом проезжал часть на велосипедах или конных повозок, Территория лагеря, железнодорожные пути по которым ходили пассажирские поезда]

Anlage 20e:

~~Gechrter~~ Herr-Direktor
von Fabrik „Mannesmann"

[Stempel: Sekret... Braun / Eing.: 20. FEB. 199. / Nr.:]

Entschuldigen Sie, daß ich störe. Ich schreibe Ihnen aus der Ukraine. Ich bin die gewesene Gefangene 1942–1944 Jahre, die seit der Zeit in der Fabrik bei Ihnen als der Schweißer gearbeitet hat. Damals fabrizierten wir die Tonnen. Ich und ein Bürschchen haben die Endvignetten auf den Tonnen gemacht. Zu der Zeit arbeitete Franz St. in der Fabrik als der Meister. Ich erinnerte mich nicht genau. Ein alter Deutsche lehrte mich. Er hatte von mir Achtung und nannte mich Luzi. Ich arbeitete dort in der Fabrik zu derselben Bombenangriff, und später arbeitete ich in der Küche. Dort war der große Bunker, wo wir uns während des Bombenangriffes verstecken haben. Am 16. Januar 1997 Jahre wurden die Vertreter zum Kijew aus jeder Stadt

Anlage 20f:

Tschapajewka, den 16.06.2000

Sehr geehrter Herr Bürgermeister!

Entschuldigen Sie bitte, dass ich Sie störe, aber ich habe eine Bitte an Sie und hoffe und glaube, dass Sie mir helfen können. Ich bin ehemalige Ostarbeiterin. Mein Name ist Ponomarenko, mein Vorname Wassilissa, mein Vatersname ist Wladimirowna. Mein Mädchenname war Birjukowa. Man nannte mich im Deutschland Anna Birjukowa. Das war mein Tarnname während der Kriegszeit.

Ich bin am 8. März 1926 im Dorf Snamenko (genauer Bolschaja Snamjanka) Gebiet Saporoshje in Ukraine geboren.

Am 19. August 1943 wurde ich gewaltsam nach Deutschland getrieben.

Man brachte uns ins Dorf Labens (oder Labes, oder Labenz). Wir, Ostarbeiter, lasen Kartoffeln und weiße Rübe. Nach 2-3 Monat wurden wir nach Düsseldorf übergeführt. Ich war im Düsseldorf in einem Rüstungsbetrieb beschäftigt. Das Werk befand sich in einem Bunker unter dem Grund. Ich arbeitete an 6 Werkbänken. Wir stellten das Schießpulver her. Das Werk wurde vor der Kriegsende zerbomt. Und wir, Zwangsarbeiter wurden zuerst nach Brandenburg und später nach Teschendorf gebracht. Dort arbeitete ich bei dem Bauer.

Anlage 20g:

Leider habe ich keine Bestätigung über meine Arbeit im Rüstungsbetrieb in Düsseldorf.

Sehr geehrter Herr Bürgermeister!

Ich bitte Sie Ihre Archivunterlagen bezügl. meines Aufenthaltes auf Zwangsarbeit in der Stadt Düsseldorf bei dem Rüstungswerk zu überprüfen. Wenn solche Unterlagen bei Ihrem Anstalt fehlen, richten Sie bitte meine Anfrage weiter: an die Krankenkasse oder Versicherungsamt. Sie wissen das besser.

Ich danke Ihnen im voraus und warte auf baldige, positive Antwort.

Mit freundlichen Grüßen

Wassilissa Ponomarenko

Meine Adresse: Wassilissa Ponomarenko
Pobedastraße, 31
70625 Dorf Tschapajewka
Gebiet Saporoshje
Ukraine

LVA : ∅
FA ∅
Lagerdatei:
Anfrage Rheinmetall ∅
auch unter dem Tarnname
MF Nr. 536 ∅

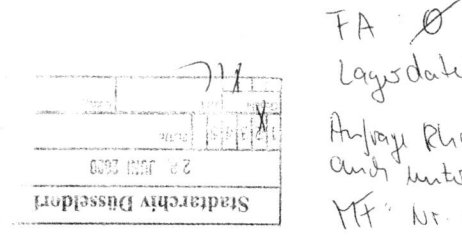

Anlage 21:

Marianna Sikorska
imię i nazwisko (obecne)
Grabostów 40
adres
97-425 Zelów
woj. Łódź
Polska

Grabostów dnia 26.07.2001 r.

An: Mannesmann A.G.
(adres instytucji) Mannesmann - Archiv
Postfach 003641
40027 Düsseldorf

Betreff: Beschäftigungsnachweis

Sehr geehrte Damen und Herren,

ich bitte Sie höflich um die Ausstellung der beglaubigten Bestätigung,

daß ich Marianna Kaluinek
(imię/imiona i nazwisko używane w okresie wojny)

Mädchenname Kaluinek geb. 21.03.14 in Grabostów
(nazwisko panieńskie) (data urodzenia) (miejsce urodzenia)

in der Landwirtschaft/im Betrieb* von Gerhard Otter
(w gospodarstwie/zakładzie) (imię i nazwisko pracodawcy)

Ort Hohnenkirch in der Zeit von 03.43 r. bis 05.1945
(miejscowość) (w czasie od) (do)
powiat Grevenbroich województwo Düsseldorf
als Zwangsarbeiter/in beschäftigt war.

Die Bestätigung ist mir notwendig um die finanzielle Hilfe bei der Stiftung
„Polnisch-Deutsche Aussöhnung" in Warschau erhalten zu können.

In Erwartung Ihrer baldigen Antwort verbleibe ich

mit freundlichen Grüßen

Marianna Sikorska
(podpis)

* niepotrzebne skreślić

(Alle Anlagen Mannesmann-Archiv M 12.820.1)

Jürgen Treffeisen
Bewertung, Übernahme und Nutzung von Unterlagen zu Zwangs- und Fremdarbeitern der Allgemeinen Ortskrankenkasse durch die Staatsarchive in Baden-Württemberg

1. Die Bedeutung der Zwangsarbeiteranfragen für die Stellung der Archive in der Gesellschaft

Zwangsarbeiter und insbesondere die Erbringung der Nachweise für ihren Einsatz im nationalsozialistischen Deutschland beschäftigten in den Jahren 2000 bis 2003 die Archive aller Sparten.[1] Diesen aufwändigen Recherchetätigkeiten dürfen und haben sich die Archive nicht entzogen. Je nach Vorarbeiten und Überlieferungssituation war der Aufwand für die Beantwortung einzelner Anfragen unterschiedlich ausgeprägt. Diese Aktivitäten sind jedoch nicht nur Bürde, sondern zugleich auch Chance für das deutsche Archivwesen. Kann man sich doch durch die erfolgreiche Bewältigung dieser Aufgabe zugleich als unabdingbaren Teil unserer heutigen Informations- und Wissensgesellschaft präsentieren. Die Bedeutung der Archive außerhalb des Kultursektors kann hier beispielhaft aufgezeigt werden. Denn ohne Archive waren die meisten Zwangsarbeiternachweise nicht zu erbringen. Aber auch außerhalb der Archive gibt es Institutionen, die über die Möglichkeit der Erbringung von Zwangsarbeiternachweisen verfügen. In erster Linie ist hier an die Allgemeinen Ortskrankenkassen (AOK) zu denken, da hier die Zwangsarbeiter registriert waren.[2] Möglichkeiten der Kooperationen mit diesen, heutzutage nach wirtschaftlichen Kriterien geführten Körperschaften des öffentlichen Rechts in Baden-Württemberg in der Frage der Überlieferungssicherung sollen im Folgenden vorgestellt werden. Da die Verhandlungen mit der AOK parallel zur politischen Diskussion um die Zwangsarbeiter und insbesondere um die Umsetzung des Zwangsarbeiterstiftungsfonds verliefen, waren sie spür-

---

1 Zuletzt, zum Zeitpunkt der Fertigstellung des Manuskripts im Dezember 2001: Wilfried Reininghaus/Norbert Reimann (Hg.): Zwangsarbeit in Deutschland 1939-1945. Archiv- und Sammlungsgut, Topographie und Erschließungsstrategie, Bielefeld 2001; hier fehlt ein Beitrag zur Überlieferung der AOK.
2 Jürgen Bohmbach: „Die regionale Überlieferung der Allgemeinen Ortskrankenkassen. Probleme der archivischen Sicherung", in: Archivpflege in Westfalen und Lippe 55 (2001), 27-30.

bar von der aktuellen öffentlichen und politischen Diskussion geprägt. Das Auf und Ab spiegelt sich auch hier wieder.

2. Erste Kontakte

Den Stein ins Rollen brachte zu Anfang des Jahres 1999 ein Geschichtsstudent, der für seine Studien zu Zwangsarbeitern Unterlagen einer AOK-Bezirksdirektion einsehen wollte.[3] Zahlreiche AOK-Bezirksdirektion verwahren noch Unterlagen zu Zwangsarbeitern, obwohl deren Aufbewahrungsfrist von 30 Jahren schon abgelaufen war. Denn immer wieder waren Anfragen von Versicherten eingetroffen, die für Rentenansprüche Nachweise über ihre Versichertenzeiten benötigten. Die AOK verweigerte dem Geschichtsstudenten, und wie sich später herausstellte: zu Recht, die Einsicht in diese Unterlagen. Als Schiedsrichter wurde der Datenschutzbeauftragte des Landes Baden-Württemberg eingeschaltet, dessen Votum die Presse wie folgt zitierte: „Der [Datenschützer] gibt der AOK eigentlich recht – solange die Akten noch bei der Krankenkasse sind. Doch es gibt ein Landesarchivgesetz. Dieses verpflichtet alle Körperschaften des öffentlichen Rechts dazu, alte Akten dem zuständigen Staatsarchiv anzubieten. Genau dies empfiehlt der Landesdatenschutzbeauftragte der Krankenkasse". Mit dieser Aussage suggerierte der Landesdatenschutzbeauftragte bzw. dessen Zitat in der Presse, dass durch eine Abgabe an die Archive auch eine Nutzung dieser Unterlagen für jedermann möglich sei. Dass dem nicht so war, wurde erst später thematisiert. Durch den Vorstoß des Datenschützers stand die Staatliche Archivverwaltung Baden-Württemberg in der Pflicht, denn hier wurde expressis verbis die Abgabe an die Staatsarchive empfohlen.

Die Rechtsgrundlage für eine Übernahme der Unterlagen der AOK bildet § 8 des baden-württembergischen Landesarchivgesetzes (LArchG).[4] Demzufolge können Körperschaften, Anstalten und Stiftungen des öffentlichen Rechts – hierzu gehört die AOK –, die der Aufsicht des Landes unterstehen und über kein eigenes Archiv verfügen, das archivfachlichen Ansprüchen genügt, Unterlagen den Staats-

---

3 Das Folgende nach Schwäbische Zeitung Biberach vom 2.2.1999 sowie aufgrund mündlicher Informationen.
4 Abgedruckt in: Gesetzblatt Baden-Württemberg 1987, 230; 1990, 89; Der Archivar 41 (1988), 393-398; aktuelle Fassung in: Hermann Bannasch (Hg.): Zeitgeschichte in den Schranken des Archivrechts. Beiträge eines Symposiums zu Ehren von Prof. Dr. Gregor Richter am 29. und 30. Januar 1992 in Stuttgart (Werkhefte der Staatlichen Archivverwaltung Baden-Württemberg A 4), Stuttgart 1995, 150-155.

archiven anbieten. Aufgrund dieser rechtlichen Basis konnte die staatliche Archivverwaltung aktiv werden, sie musste es jedoch nicht.[5] Im Rahmen des Konzepts *Überlieferungsbildung im Verbund*[6] regte die Landesarchivdirektion zunächst die

---

5 Dr. Udo Schäfer, damals zuständiger Referent für Archivrecht bei der Landesarchivdirektion, interpretierte die Frage der Übernahmepflicht der Unterlagen von Körperschaften des öffentlichen Rechts wie folgt: „Fraglich ist, ob ein Staatsarchiv verpflichtet ist, Unterlagen zu übernehmen, die von einer juristischen Person des öffentlichen Rechts angeboten werden und bleibenden Wert besitzen. Nach § 8 Abs. 1 Satz 4 Landesarchivgesetz ‚kann‘ ein Staatsarchiv Unterlagen ‚übernehmen‘, die von einer juristischen Person des öffentlichen Rechts angeboten worden sind. Aus der Verwendung des modalen Hilfsverb ‚können‘ ist zu entnehmen, dass der Gesetzgeber den Staatsarchiven einen Ermessensspielraum einräumt. Das Ermessen bezieht sich auf die Rechtsfolge, nicht aber auf den Tatbestand. Bevor das Staatsarchiv sein Ermessen ausüben darf, muss der Tatbestand erfüllt sein. Nach § 2 Abs. 4, 2 Satz 2 LArchG liegt der Tatbestand in der Feststellung des bleibenden Wertes. Die Ausübung des Ermessens setzt deshalb voraus, dass die Unterlagen, über deren Übernahme zu entscheiden ist, bleibenden Wert besitzen. Aus dem Wortlaut des § 8 Abs. 1 Satz 4 LArchG ergibt sich also, dass die Feststellung des bleibenden Wertes keine Verpflichtung zur Übernahme begründet. Auch der folgende Satz aus der Begründung der Landesregierung zum Entwurf des Landesarchivgesetzes lässt keine andere Auslegung zu: ‚Das Staatsarchiv kann die angebotenen Unterlagen übernehmen, soweit ihnen bleibender Wert zukommt‘. Die Ergebnisse der grammatikalischen und der genetischen Auslegung werden durch die systematische Auslegung bestätigt: 1. Die Kompetenz des Staatsarchivs, den bleibenden Wert der Unterlagen, die von einer juristischen Person des öffentlichen Rechts angeboten werden, festzustellen, ergibt sich bereits aus den §§ 8 Abs. 1 Satz 6, 3 Abs. 2 Satz 1 LArchG. 2. Aus dem Aufbau des § 8 Abs. 1 LArchG wird im Vergleich mit dem Aufbau des § 3 Abs. 1 und 2 deutlich, dass der § 8 Abs. 1 Satz 4 LArchG eine Regelung trifft, die es bei der Anbietung von Unterlagen staatlicher Stellen nicht gibt. 3. Der § 2 Abs. 4 LArchG, der den Staatsarchiven die Aufgabe überträgt, auch bei anderen als den in § 2 Abs. 2 Satz 2 Hs. 1 genannten öffentlichen Stellen eine historische Überlieferung zu bilden, verwendet ebenfalls des modale Hilfsverb ‚können‘. Ein Staatsarchiv ist also nicht verpflichtet, Unterlagen zu übernehmen, die von einer juristischen Person des öffentlichen Rechts angeboten werden und bleibenden Wert besitzen". Zitiert nach Dienstakte LAD 7511.2/9, Aktenvermerk vom 26.5.2000.

6 Siehe hierzu Robert Kretzschmar: „Historische Gesamtdokumentation? Überlieferungsbildung im Verbund?", in: Christoph J. Drüppel/Volker Rödel (Hg.): Überlieferungssicherung in der pluralen Gesellschaft. Verhandlungen des 57. Südwestdeutschen Archivtags am 10. Mai 1997 in Aschaffenburg (Werkhefte der Staatlichen Archivverwaltung Baden-Württemberg A 11), Stuttgart 1998, 53-69.

Einrichtung eines eigenen, hauptamtlich betreuten Archivs an. Hierzu sah sich die AOK Baden-Württemberg jedoch nicht in der Lage.

In einer ersten Reaktion nach Pressemitteilung, Votum des Landesdatenschutzbeauftragten sowie ersten telefonischen Kontakten mit Vertretern der staatlichen Archivverwaltung informierte die AOK-Hauptstelle in Stuttgart – bei der dortigen Stelle für Datenschutz war die Zwangsarbeiterproblematik und die Frage der Archivierung der Unterlagen angesiedelt – die 38 Bezirksdirektionen über die aktuelle Situation. Insbesondere wurde darauf hingewiesen, dass die Unterlagen nicht vernichtet werden dürften. Damit war den Belangen der ehemaligen Zwangsarbeiter Rechnung getragen. Eine Benutzung sei nur nach Sozialgesetzbuch (SGB) X § 84 möglich. Zudem wurde eine erste Bestandsaufnahme eingefordert. Die Bezirksdirektionen sollten die bei ihnen vorhandenen Unterlagen über Fremd- und Zwangsarbeiter in Listen grob erfassen. Gegliedert nach den einzelnen Bezirksdirektionen wurde die Art der Unterlagen (Hebeliste, Mitgliederkartei) eruiert, das Entstehungsjahr der ältesten Unterlagen sowie das Medium (Papier, Microfiche, Microfilm) ermittelt. Auf die Erfassung einer Umfangsangabe wurde leider verzichtet, was sich im Nachhinein als hinderlich erwies.

Bei einem Treffen zwischen Vertretern der Landesarchivdirektion Baden-Württemberg und der AOK-Hauptverwaltung im Juni 1999 wurden erste Meinungen ausgetauscht. Auf Wunsch der AOK waren die Gespräche über das weitere Vorgehen zwischen der AOK-Hauptstelle und der Landesarchivdirektion zu führen. Bilaterale Verhandlungen zwischen den einzelnen Bezirksdirektionen sowie den zuständigen Staatsarchiven sind erst nach Abschluss vertraglicher Regelungen sinnvoll. Vorab war der allgemeine Rahmen einer möglichen Überlieferungsbildung abzustecken. Natürlich konnte dies nur in enger Kooperation mit den Staatsarchiven geschehen. Die einvernehmlich zwischen AOK und Landesarchivdirektion vereinbarten Grundlagen für das gemeinsame Vorgehen sahen wie folgt aus: Die AOK ist grundsätzlich bereit, Unterlagen über Zwangs- und Fremdarbeiter, insofern diesen von archivischer Seite bleibender Wert zugesprochen wurde, unter Verzicht auf den Eigentumsvorbehalt an die Staatsarchive abzugeben. Der Verzicht auf den Eigentumsvorbehalt war insofern von Bedeutung, als nur dann eine kostenfreie Aufbewahrung in den Staatsarchiven möglich ist.[7] Bevor jedoch

---

7 Zu den Gebühren im Rahmen der Übernahme von Unterlagen von bleibendem Wert durch die Staatsarchive nach § 8 Landesarchivgesetz siehe die „Richtlinien für die Erhebung von Gebühren durch die Staatsarchive nach § 8 Landesarchivgesetz", abgedruckt in: Überlieferungssicherung (wie Anm. 6), 153.

über weitere Details gesprochen werden konnte, mussten sich die Archivare einen Überblick über das zu bewertende Material verschaffen. Denn bislang waren die Zwangsarbeiter betreffenden Unterlagen der AOK noch nicht nach archivwissenschaftlichen Kriterien analysiert und bewertet worden. In den folgenden Wochen galt es, zusammen mit der AOK sowie den Staatsarchiven die angebotenen Unterlagen mit archivischen Werkzeugen zu analysieren und zu bewerten.

3. Die relevanten Unterlagen und ihr Quellenwert

Es handelt sich bei den für die Belange der Zwangsarbeiteranfragen sowie späteren Zwangsarbeiterforschungen relevanten Quellen in erster Linie um so genannte Hebelisten. Jede AOK-Stelle führte die Hebelisten der betreffenden Jahre mehr oder weniger autonom, so dass insbesondere unterschiedliche Formate möglich sind. Die Inhalte sind natürlich grundsätzlich identisch, wenn auch von Bezirksdirektion zu Bezirksdirektion unterschiedlich angeordnet. Die Hebelisten weisen die Krankenversicherung und seit 1942 auch die Renten- und Arbeitslosenversicherung nach. Sie sind in der Regel zunächst nach Orten und nach Jahrgängen geordnet und innerhalb dessen alphabetisch nach Arbeitgebern. Es fanden sich allerdings auch rein alphabetische Ordnungen (nach Betrieben) auf der ersten Ebene und erst auf der zweiten Ebene eine chronologische Reihung. Manchmal gab es auch so genannte Hebelisten-Ersatzkarten, wobei dann, vor allem bei Kleinbetrieben, auf einer einzigen Karteikarte pro Betrieb alle wesentlichen Angaben vermerkt waren. Auch diese sind alphabetisch nach Arbeitgebern angelegt. Bei größeren Arbeitgebern firmieren Hebelisten auch unter dem Begriff „Mitgliederlisten", beinhalten jedoch grundsätzlich die gleichen Informationen. Folgende Informationen sind den Hebelisten in der Regel zu entnehmen: Vor- und Zuname, Geburtstag des Versicherten, Beschäftigungsart, Eintritt in das Versicherungsverhältnis, Austritt bzw. Abmeldung, Lohnstufe, Beitragsgruppe, auch Arbeitsunfähigkeitszeiten oder Wehrdienst sowie die Beitragsberechnung (monatlich oder zweimonatlich). Die Angabe des Wohnorts des Versicherten fand sich nicht in allen Hebelisten. Zwangs- und Fremdarbeiter sind natürlich nicht mit diesen modernen, heute gebräuchlichen Termini ausgewiesen. Dieser Personenkreis ist hingegen innerhalb der einzelnen Hebeliste durch vielfach auch rot hervorgehobene Stempelaufdrucke oder Notizen, wie zum Beispiel „Zivilrussen", „Ostarbeiter (Russe)", „poln[ischer] Landarb[eiter]", „Pole, Polin" oder einfach nur „Ost" markiert. Der Umfang der erhaltenen Hebelisten variiert stark. Folgende Umfänge konnten ermittelt werden: AOK Biberach: 2 lfd.m.; AOK Karlsruhe: 3 lfd.m. Hebelisten-Ersatzkarten, 7-10 lfd.m. Hebelisten mittelständischer Unternehmen und Institutionen; AOK Stuttgart: 0,5 lfd.m. gebundene Hebelisten, 1,5 lfd.m.

Hebelisten in Leitz-Ordnern; AOK Tübingen: 5 lfd.m. Hebelisten.[8] Bei weiteren AOK-Bezirksdirektionen wurde der Umfang nicht eruiert. Darüber hinaus gibt es auch mehrere AOK-Bezirksstellen, bei denen infolge von Kassationen keine Hebelisten mehr vorhanden sind. Der Gesamtumfang der bei den AOK-Bezirksstellen insgesamt vorhandenen Hebelisten konnte bislang nicht recherchiert werden, da man diese Daten bei der AOK-Umfrage 1999 nicht erhoben hatte. Doch lässt sich der zu erwartende Umfang zumindest grob abschätzen. Laut Umfrage bei den insgesamt 38 AOK-Bezirkstellen, einschließlich deren Außenstellen, werden bei insgesamt 19 Stellen Hebelisten aus dem relevanten Zeitraum aufbewahrt. Legt man die per Augenschein erhobenen, oben genannten Daten zugrunde, so ist pro AOK-Bezirksdirektion im Durchschnitt wohl mit fünf bis sechs lfd.m. Hebelisten zu rechnen. Diese Größenordnung gilt natürlich nur für die AOK-Bezirksdirektionen, bei denen diese Unterlagen nicht vernichtet wurden. Insgesamt dürften demnach wohl noch maximal 100 lfd.m. Hebelisten in Baden-Württemberg vorhanden sein. Dies sind nur grobe Schätzungen, die jedoch den ungefähren Größenumfang widerspiegeln dürften.

Mit den Hebelisten ist es aufgrund der darin enthaltenen Informationen möglich, konkrete Einzelnachweise für Zwangsarbeiter zu erbringen. Man muss allerdings, aufgrund der in der Regel vorgegebenen Ordnung (alphabetisch nach Arbeitgebern), vielfach einen entsprechend hohen zeitlichen Aufwand in die Recherche investieren. Damit ist aber noch nicht der bleibende Wert dieser Unterlagen archivfachlich festgestellt. Denn die bis zum Ablauf der Zwangsarbeiterbeschäftigung unumstritten notwendige Aufbewahrung für Zwangsarbeiteranfragen rechtfertigt allein nicht die Archivwürdigkeit dieser Unterlagen. Daher war als Nächstes der bleibende Wert im Kreis der baden-württembergischen Staatsarchivare zu diskutieren.

Im Rahmen der seit zwei Jahrzehnten bewährten Arbeitsgruppe Überlieferungsbildung (AGÜ)[9] – früher Aktenaussonderungsbesprechung (AAB) genannt – wurde diese Frage eingehend mit folgendem Ergebnis diskutiert: Derzeit laufen in Baden-Württemberg zahlreiche lokale Initiativen zur Einrichtung von Gedenk-

---

8   Alle Angaben sind per Augenschein bei Besuchen vor Ort geschätzt.
9   Vgl. hierzu Robert Kretzschmar: „Aktenaussonderung und Bewertung in Baden-Württemberg. Rechtsgrundlagen, Organisationsrahmen, Arbeitsmethoden", in: Ders. (Hg.): Historische Überlieferung aus Verwaltungsunterlagen. Zur Praxis der archivischen Bewertung in Baden-Württemberg (Werkhefte der Staatlichen Archivverwaltung Baden-Württemberg A 7), Stuttgart 1997, 19-33.

stätten im Zusammenhang mit Konzentrationslagern. In den einzelnen Gemeinden wird zudem die Rolle des Gemeinwesens, der Verwaltung und ihrer Bediensteten sowie der einzelnen Bürger und der dort ansässigen Betriebe in der Zeit des Nationalsozialismus systematisch und mit hohem Engagement aufgearbeitet. Die Geschichte der jüdischen Bevölkerung und der Konzentrationslager stand hierbei bislang im Mittelpunkt zahlreicher Initiativen. Eine Aufarbeitung der Fremd- und Zwangsarbeiterschicksale in den einzelnen Gemeinden rückt erst langsam in den Mittelpunkt des Interesses und kann, aufgrund der gesetzlich vorgeschriebenen Sperrfristen, bislang auch nur eingeschränkt betrieben werden.[10] Mittel- vielleicht sogar kurzfristig ist jedoch mit einem verstärkten Interesse der lokalen und regionalen Forschung an den Zwangsarbeitern zu rechnen. Dabei werden dann aber auch, wie bei der Aufarbeitung des Unrechts gegen die jüdische Bevölkerung, ganz gezielt Fragen nach Einzelschicksalen gestellt: Wer hatte Zwangsarbeiter beschäftigt? Wie hießen „unsere" Zwangsarbeiter und wo kamen sie her? Leben sie noch? Dann wird man versuchen, Überlebende einzuladen. Zum Teil geschieht dies bereits im Rahmen der Wiedergutmachung. Zahlreiche Zwangsarbeiter sind jedoch namentlich nur über die AOK-Unterlagen greifbar. Damit kommt diesen Unterlagen gemäß Landesarchivgesetz § 3 Abs. 2 „historischer Wert" zu. Sie haben bleibenden Wert und sind archivwürdig. Wenn die Anfragen der einzelnen Zwangsarbeiter jedoch zu Ende des Jahres 2003 weitgehend erledigt sein werden, so besteht für die AOK keinerlei Verpflichtung mehr, diese Unterlagen dauernd aufzubewahren. Archive müssen dann aufgrund ihres Auftrags dieses Archivgut übernehmen. In Baden-Württemberg werden sich die Staatsarchive dieser Verantwortung nicht entziehen.[11]

In wenigen Fällen sind so genannte UNRRA-Listen erhalten. Die für die Rückführung in ihre Heimatländer nach Kriegsende vorgesehenen Fremd- und Zwangsarbeiter wurden hier listenmäßig erfasst. Natürlich kommt diesen Listen, in denen zudem relativ komfortabel recherchiert werden kann, gleichfalls bleibender Wert zu.
Während die bislang vorgestellten Quellen Arbeitgeber- oder lokalbezogen waren, gibt es bei den AOK-Bezirksdirektionen zudem so genannte Mitglieder- und Leistungskarteien. Hier wurde für jedes einzelne Mitglied eine eigene Karteikarte angelegt und alphabetisch nach Familiennamen sortiert. Die aufgenommenen Angaben umfassen Name, Geburtsdatum, Geburtsort, Eintrittsdatum, Austritts-

---

10 Zu den Nutzungsbestimmungen siehe das folgende Kapitel 6 „Fragen der Nutzung".
11 Vgl. zu einer anderen Lösung in Niedersachen: Bohmbach (wie Anm. 2).

datum und Beitragsgruppe. Auf den ersten Blick ein perfektes␣Rechercheinstrument. Doch der Schein trügt, da die Fremd- und Zwangsarbeiter hier nicht bzw. nicht grundsätzlich integriert worden waren. Zumindest ergaben Stichproben von in den Hebelisten gefundenen Zwangsarbeitern keine Treffer in dazugehörenden Mitgliederkarteien. Dies kann mehrere Gründe haben. Zum einen wurden bei einzelnen AOK-Bezirksdirektionen offensichtlich auf Wunsch der Besatzungsmächte die Zwangsarbeiter aus diesen Karteien aussortiert und eigene Zwangsarbeiterkarteien angelegt. In einigen wenigen Fällen sind diese sogar noch erhalten. Dann liegt eine optimale Quelle für Zwangsarbeiterrecherchen und -forschungen für einen regional begrenzten Raum vor. In Baden-Württemberg sind nach dem derzeitigen Kenntnisstand derartige Zwangsarbeiterkarteien nur für Karlsruhe, Tauberbischofsheim und Stuttgart erhalten. In Tübingen soll es eine solche gegeben haben, die aber – so das Gerücht – an die Franzosen abgegeben worden sei. Zum zweiten ist bei jeder Recherche nach Zwangsarbeitern immer mit *Verballhornungen* in der deutschen Schreibweise zu rechnen. Die Namen der einzelnen Zwangsarbeiter wurden von Deutschen wohl in der Regel nach Gehör notiert.

Die Frage lautete nun: Wie ist mit diesen Mitglieder- und Leistungskarteien umzugehen? Vorab einige Angaben zur Größenordnung. Diese Karteien wurden in der Regel bei den AOK-Bezirksdirektionen nicht kassiert, sondern aufgrund der oben geschilderten Recherchen nach Rentennachweisen grundsätzlich aufbewahrt. In manchen Fällen überführte man die Karteikarten in Mikroformen. Zum Teil reichen diese Karteien bis in die Anfänge des 20. Jahrhunderts zurück. Die älteste aufgefundene Mitgliederkartei beginnt 1905. Welch immense Massen hier zu bewältigen sind, verdeutlicht das Beispiel der AOK Tübingen. Die dortigen Mitglieder- und Leistungsdaten wurden auf Karten im DIN A5 Format geführt. Die Kartei hat eine Laufzeit von zirka 1920 bis 1960, ist alphabetisch, getrennt nach weiblich und männlichen Versicherten gegliedert und hat einen Gesamtumfang von rund 110 lfd.m. Diese Umfangsangabe ist beeindruckend und führt, bei einer Hochrechnung auf 38 Bezirksdirektionen, zu einem geradezu Furcht einflößenden Ergebnis. Dies gilt auch dann, wenn ein Teil dieser Meter auf Mikrofilm oder -fiche verfilmt ist. Eine komplette Übernahme dieser Karteien schied also schon allein aus Platzgründen aus. Es war Konsens, dass nur den Karteikarten der Zwangsarbeiter bleibender Wert zukam, den übrigen Mitglieder- und Leistungskarteien jedoch nicht.[12]

---

12 Zu einer anderen Bewertungsentscheidung gelangte Niedersachsen; vgl. Bohmbach (wie Anm. 2).

4. Verhandlungen mit der AOK und die Formulierung der Übernahmemodalitäten

Nachdem die Charakterisierung und Strukturanalyse der infrage kommenden Unterlagen abgeschlossen war, konnten im Oktober 1999 und im Januar 2000 die Gespräche mit der AOK konkretisiert werden. Als erste Bewertungstendenz wurde Folgendes vereinbart: 1. Übernahme aller arbeitgeberbezogenen Mitgliederverzeichnisse bis einschließlich 1948/49; 2. Übernahme aller eigenständig geführten Zwangsarbeiterkarteien; 3. Freigabe zur Kassation aller übrigen Mitglieder- und Leistungskarteien, insofern diese für Fremd- und Zwangsarbeiteranfragen sowie für Anfragen von Versicherten nicht mehr benötigt werden; 4. Freigabe zur Kassation aller nach 1948/49 entstandenen arbeitgeberbezogenen Unterlagen, insofern diese für Anfragen von Versicherten nicht mehr benötigt werden. Zudem sollten alle Hebelisten per EDV mit folgenden Angaben erfasst werden: Lfd.Nr. (die abzugebenden Unterlagen sind fortlaufend zu nummerieren), Arbeitgebername, Sitz des Arbeitgebers, Branche, Laufzeit. Damit würde eine Datenbank entstehen, die zum einen rasche Recherchen bei Zwangsarbeiteranfragen zuließ, zum anderen aber auch als Findmittel für künftige wissenschaftliche Forschungen zu Zwangsarbeitern vielfältige Fragemöglichkeiten eröffnete. Mit dieser vorläufigen Vereinbarung zwischen den Vertretern der AOK und der Landesarchivdirektion gingen beide Seiten in die Diskussion und Abstimmung innerhalb ihrer Verwaltungen.

5. Zeitpunkt der Abgabe – Möglichst bald oder erst nach Abschluss der Zwangsarbeiterrecherchen?

Die vorgeschlagene Bewertungsentscheidung wurde von den Staatsarchiven positiv aufgenommen. Als nächstes stellte sich jedoch die Frage, zu welchem Zeitpunkt diese Unterlagen in die Staatsarchive übernommen werden. Rekapitulieren wir kurz unseren Kenntnisstand zum Zeitpunkt Januar/Februar 2000. Der Landesdatenschutzbeauftragte hatte die Übernahme der Hebelisten in die Staatsarchive angeregt, da diese dann dort – so war es zumindest von der Zeitung interpretiert worden – genutzt werden könnten. Eine Übernahme zum jetzigen Zeitpunkt der noch laufenden, ja erst noch anlaufenden Zwangsarbeiteranfragen würde vermutlich zu einer großen Arbeitsbelastung innerhalb der baden-württembergischen Staatsarchive führen. Andererseits könnte man sich, wie bereits einleitend bemerkt, innerhalb der modernen Informations- und Wissensgesellschaft als Kompetenzzentrum profilieren. Das Bild der Archive vom reinen Verwahrer von Kulturgut könnte erheblich modifiziert werden. Für die staatliche Archivverwaltung

Baden-Württemberg war die Nutzung dieser Unterlagen für wissenschaftliche Zwecke von großer Bedeutung. Doch hier bestand Dissens mit der AOK.

Mit Schreiben vom 22. März 2000 informierte die Landesarchivdirektion die betroffenen Staatsarchive über die Problematik und forderte mit folgender Formulierung zur Stellungnahme auf: „Es besteht noch ein Dissens zwischen der Landesarchivdirektion und der AOK hinsichtlich der Nutzung der arbeitgeberbezogenen Hebelisten und -karteien. Aus der Sicht der AOK ist eine Nutzung durch Dritte – also durch die wissenschaftliche Forschung – erst nach Ablauf der 80-jährigen Schutzfrist möglich. Sollte sich diese Sichtweise auch im Gespräch mit dem Landesbeauftragten für den Datenschutz durchsetzen, so würde sich die Nutzung in den Staatsarchiven bis zum Jahr 2028 allein auf die Auskunftstätigkeiten für ehemalige Zwangs- und Fremdarbeiter beschränken". Die auf dieses Schreiben eintreffenden Stellungnahmen waren sehr heterogen. Zwei Archive stimmten für die sofortige Übernahme, zwei andere hingegen lehnten dies aufgrund der für die Staatsarchive damit verbundenen Arbeitsbelastung infolge der aktuellen Zwangsarbeiteranfragen kategorisch ab. Die Befürworter einer sofortigen Übernahme argumentierten wie folgt:[13]

– „Sollte mit der Übernahme bis 2028 gewartet werden, bedeutet dies für die AOK: Schon ab 2005/2006 wird in den dortigen Registraturen Platz für Material gebraucht, das im laufenden Geschäftsgang gar nicht mehr benötigt wird. Konservatorische Aspekte werden daher in den dortigen Altregistraturen für diese Unterlagen wohl keine vorrangige Berücksichtigung finden.

– Es ist abzusehen, dass in einem Zeitraum von über 20 Jahren bei der AOK die Zuständigkeiten und die Betreuer für diese Unterlagen mehrfach gewechselt haben werden. Wissen innerhalb der AOK wird verloren gehen, Kontinuität und verlässliche Ansprechpartner werden für das Staatsarchiv nicht zu erwarten sein.

– Aufgrund der dezentralen Organisation der AOK werden die […] genannten problematischen Prozesse von den Staatsarchiven an mehreren Stellen permanent zu beobachten sein.

– Die Archive haben der AOK gegenüber keinen Rechtsanspruch wie gegenüber staatlichen Behörden, um die archivischen Interessen gebührend einzubringen.

– In Anbetracht der zur Zeit noch sehr ausgeprägten Kooperationsbereitschaft der AOK-Verwaltung ist, ungeachtet der noch offen Sperrfristenregelung,

---

13 Zitiert nach Dienstakte LAD: AZ 7511.3-V0.2/2.

eine möglichst rasche Übernahme der arbeitgeberbezogenen Hebelisten und -karteien anzustreben".

Die Befürworter einer sofortigen Übernahme hielten die verzögerte Übernahme dieser Unterlagen erst nach einem Zeitraum von über 20 Jahren für problematisch. Es bestand aus deren Sicht die Gefahr, dass die Unterlagen von bleibendem Wert im Laufe der Zeit in Vergessenheit geraten würden. Die große Bedeutung dieser Unterlagen (derzeit politisch, künftig wissenschaftlich) muss dazu führen, dass die Archive die Sicherung dieser Unterlagen vorrangig betreiben. Als weitere, unterstützende Argumentation wurde angeführt:

— „Der Umfang der zusätzlichen Archivrecherchen bei Anfragen von Zwangsarbeiterinnen und -arbeitern ist genau umgrenzt: Es ist zur Ermittlung eines Beschäftigungsnachweises in den von den AOKs mitgelieferten Auszügen der Versichertenlisten nachzusehen oder – sofern keine separaten Listen für Zwangsarbeiter geführt und entsprechend an das Archiv abgegeben wurden – per Rückfrage bei den AOKs nach einem Vermerk in den dortigen Versichertenlisten zu fragen.
— In circa fünf Jahren wird die Auskunftserteilung an ehemalige Zwangsarbeiterinnen und -arbeiter abgeschlossen sein. Die zu erwartende Mehrarbeit ist dadurch eindeutig befristet.
— Eine zügige Übernahme der Materialien in die Staatsarchive würde dazu führen, dass alle noch verfügbaren Unterlagen zum Komplex der Zwangsarbeit in Archiven oder wenigen zentralen Institutionen erreichbar sind. Das ist sowohl aktuell bei den Anfragen der Zwangsarbeiterinnen und -arbeiter als auch bei wissenschaftlichen Aufarbeitungen sinnvoll.
— Für die Archive fällt die Mehrarbeit bei der Beobachtung der Bestände in den Altregistraturen der AOKs weg.
— In der politischen Diskussion um die Entschädigung der ehemaligen Zwangsarbeiterinnen und -arbeiter können sich die Archive als unentbehrliche Sachverwalter der historischen Unterlagen präsentieren".

Dieser Argumentation der Befürworter einer sofortigen Übernahme schloss sich die Landesarchivdirektion an, zumal berechtigte Hoffnung bestand, dass sich der Landesbeauftragte für den Datenschutz der archivischen Argumentation zur sofortigen Nutzung dieser Unterlagen anschließen würde.

6. Fragen der Nutzung – Die Entscheidung

Die Abgabe der AOK-Unterlagen an die Staatsarchive war zunächst vom Landesdatenschutzbeauftragten initiiert worden. Doch welche Sperrfristen lagen nun auf diesen Unterlagen? Schneller als vermutet, wurde das Problem an einem konkreten Fall virulent. Eine Stadt war an die AOK herangetreten, um in die Hebelisten der dort ansässigen Firmen Einsicht zu nehmen. Ziel war es, die bei den einzelnen Firmen beschäftigten Zwangsarbeiter zu ermitteln. Dieses Ansuchen lehnte die AOK ab, da nach ihrem Verständnis nur die betroffene Firma die eigenen Hebeliste einsehen darf oder hieraus an einen einzelnen Arbeitnehmer Auskünfte zu seinem eigenen Arbeitsverhältnis erteilt werden darf. Die Landesarchivdirektion vertrat hier eine andere Auffassung. Damit wurde auch deutlich, dass, falls sich die Meinung der AOK durchsetzen würde, die ursprüngliche Intention der Abgabe dieser Unterlagen – nämlich eine sofortige Nutzung in den Lesesälen der Staatsarchive für wissenschaftliche Forschungen – damit nicht mehr möglich wäre. Die Landesarchivdirektion vertrat folgende Ansicht:[14] „Die AOK ist ein Leistungsträger im Sinne des § 21 SGB I. Daher unterliegen die Unterlagen, die Einzelangaben über persönliche oder sachliche Verhältnisse einer bestimmten oder bestimmbaren natürlichen Person oder Betriebs- und Geschäftsgeheimnisse natürlicher oder juristischer Personen enthalten und von der AOK zur Erfüllung der Aufgaben nach dem Sozialgesetzbuch verwahrt werden, dem Sozialgeheimnis nach § 35 Abs. 1 Satz 1 SGB I. Die §§ 71 Abs. 1 Satz 3 SGB X, 6a Abs. 2 LArchG ermächtigen die AOK, diese Unterlagen dem zuständigen öffentlichen Archiv zur Übernahme anzubieten, wenn sie zur Erfüllung der Aufgaben nicht mehr benötigt werden. Die §§ 8 Abs. 1 Sätze 1 und 6, 3 Abs. 1 Sätze 3 und 4 LArchG verpflichten die AOK, die Unterlagen dem zuständigen öffentlichen Archiv zur Übernahme anzubieten. § 84 Abs. 6 SGB X stellt klar, dass das gesetzliche Vernichtungsgebot, das sich aus § 84 Abs. 2 Satz 2 SGB X ergibt, hinter der gesetzlichen Pflicht zur Anbietung zurücktritt. Das das Sozialgeheimnis begründende Erste Buch des Sozialgesetzbuchs ist am 1. Januar 1976 in Kraft getreten, während die angebotenen Unterlagen spätestens 1948 geschlossen worden sind. Allerdings sind die in diesen Unterlagen enthaltenen Daten auch nach 1975 noch von der AOK ‚verarbeitet' worden. Eine Verarbeitung liegt nach § 67 Abs. 6 Satz 1 SGB X bereits in der Speicherung der Daten. Die Verarbeitung erfolgt jedoch

---

14 Das Nachfolgende wurde ebenfalls von Udo Schäfer, damals in der Landesarchivdirektion zuständiger Referent für Rechts- und Nutzungsfragen, in einem Aktenvermerk vom 1.2.2000 festgehalten (AZ: 7511.3-V.02/2/Schä).

nicht zur Erfüllung der Aufgaben der AOK nach dem Sozialgesetzbuch. Daher unterliegen die angebotenen Unterlagen nicht dem Sozialgeheimnis. Die angebotenen Verzeichnisse der Versicherten sind nach Arbeitgebern angelegt. Deshalb können die Unterlagen Betriebs- und Geschäftsgeheimnisse enthalten. Wer unbefugt ein Betriebs- oder Geschäftsgeheimnis offenbart, das ihm als Amtsträger anvertraut oder sonst bekannt geworden ist, wird gemäß § 203 Abs. 2 Satz 1 Nr. 1 StGB mit Freiheitsstrafen bis zu einem Jahr oder mit Geldstrafen bestraft. Ein Betriebs- oder Geschäftsgeheimnis stellt jede Tatsache des betrieblichen oder geschäftlichen Lebens dar, die lediglich einem begrenzten Personenkreis bekannt und anderen Personen nicht ohne weiteres zugänglich ist. Außerdem ist der Wille und das berechtigte wirtschaftliche Interesse des Inhabers erforderlich, die Tatsache geheim zu halten. Bei § 203 Strafgesetzbuch (StGB) handelt es sich um eine Rechtsvorschrift des Bundes über Geheimhaltung im Sinne des § 11 Bundesarchivgesetz (BArchG). Der Bund besitzt auch gemäß Art. 74 Abs. 1 Nr. 12 Grundgesetz (GG) die Gesetzgebungszuständigkeit, um den vorliegenden Lebenssachverhalt zu regeln. Die AOK wird durch die §§ 11 BArchG, 6 a Abs. 2 LArchG ermächtigt und durch die §§ 8 Abs. 1 Sätze 1 und 6, 3 Abs. 1 Sätze 3 und 4 LArchG verpflichtet, dem zuständigen öffentlichen Archiv auch solche Unterlagen zur Übernahme anzubieten, die Betriebs- und Geschäftsgeheimnisse enthalten. Die Möglichkeit, dass Unterlagen Betriebs- und Geschäftsgeheimnisse enthalten, ist nur dann in Betracht zu ziehen, wenn sich die Unterlagen auf ein bestehendes Unternehmen beziehen. Da die angebotenen Verzeichnisse der Versicherten vor mehr als 50 Jahren entstanden sind, kann ein Unternehmen aber ein ‚wirtschaftliches' Interesse an der Geheimhaltung nicht mehr geltend machen, es sei denn, die Verzeichnisse enthalten Angaben über Fremd- und Zwangsarbeiter. In diesem Fall fehlt es jedoch an einem ‚berechtigten' wirtschaftlichen Interesse an der Geheimhaltung. Die Kenntnis des Einsatzes von Fremd- und Zwangsarbeitern während des Zweiten Weltkrieges kann zu Entschädigungsforderungen gegen das Unternehmen führen. Deshalb könnte das Unternehmen ein wirtschaftliches Interesse an der Geheimhaltung geltend machen. Allerdings wäre ein solches Interesse nicht berechtigt, weil der Einsatz von Fremd- und Zwangsarbeitern und der Vermögensvorteil, der sich aus diesem Einsatz für das Unternehmen ergab, jeder Rechtfertigung entbehrt. Die angebotenen Unterlagen enthalten daher keine Betriebs- und Geschäftsgeheimnisse. Da die angebotenen Unterlagen weder dem Sozialgeheimnis unterliegen noch Betriebs- und Geheimnisse enthalten, wird die AOK durch § 8 Abs. 1 Satz 1 LArchG erm… verpflichtet, Unterlagen dem zuständigen öffentlichen Archiv … ne anzu… Nach den §§ 8 Abs. 1 Satz 4, 6 Abs. 2 Sätze 1 un… Archivgut übernommenen Unterlagen 1. die allge…

nach Entstehung der Unterlagen und 2. die personenbezogenen Sperrfristen a) von 10 Jahren nach dem Tod des Betroffenen oder b) von 90 Jahren nach der Geburt des Betroffenen, wenn das Todesdatum nicht feststellbar oder nicht mit vertretbarem Aufwand feststellbar ist, anzuwenden. Innerhalb der Sperrfristen kann die Landesarchivdirektion gemäß § 6 Abs. 4 Sätze 2 und 3 LArchG Ausnahmen genehmigen, wenn schutzwürdige Interessen Betroffener nicht entgegenstehen. Da es sich bei den Verzeichnissen der Versicherten um personenbezogene Unterlagen handelt, darf eine Ausnahme nur zu wissenschaftlichen Zwecken oder zur Wahrung berechtigter Interessen genehmigt werden".

Dem konnte sich die AOK nicht anschließen. Sie vertrat hingegen die Ansicht, dass es sich bei den Unterlagen, die auch Daten von Fremd- und Zwangsarbeitern enthalten, eindeutig um Sozialdaten handelt.[15] „Sozialdaten sind gemäß § 67 Abs. 1 SGB X Einzelangaben über persönliche oder sachliche Verhältnisse einer bestimmten oder bestimmbaren natürlichen Person (Betroffener), die von einer in § 35 SGB I genannten Stelle im Hinblick auf ihre Aufgaben nach diesem Gesetzbuch erhoben, verarbeitet oder genutzt werden. § 84 Abs. 2 SGB X verpflichtet und berechtigt Sozialleistungsträger zur Löschung von Sozialdaten nur dann, wenn kein Grund zu der Annahme besteht, dass durch die Löschung schutzwürdige Interessen des Betroffenen beeinträchtigt werden. Diese Berücksichtigung schutzwürdiger Belange ist klar und eindeutig bei der Aufbewahrung von Sozialdaten hinsichtlich der Versicherungszeiten (Tätigkeitsnachweis für Rentenversicherung, Entschädigung Zwangsarbeiter etc.) zu beachten. Auf die Löschung der darüber hinaus vorhandenen Sozialdaten kann gemäß Abs. 3 deshalb verzichtet werden, weil eine Löschung wegen der besonderen Art der Speicherung (z. B. Mikrofilm, Mikrofiche) nicht oder nicht mit angemessenem Aufwand möglich ist. Bei den AOK-Bezirksdirektionen der AOK Baden-Württemberg erfolgen schon seit Jahren regelmäßig Anfragen zu diesen Alt-Unterlagen durch Betroffene selbst oder deren Bevollmächtigte (z. B. Migrant Service Publication). Insofern kann festgestellt werden, dass es sich bei den Zwangsarbeiter-Daten enthaltenden Unterlagen um Sozialdaten handelt". Zur Frage des Betriebs- und Geschäftsgeheimnisses nahm die AOK wie folgt Stellung: „Entsprechend der aufgezeigten Rechtslage, die Unterlagen über Zwangsarbeiter bei der AOK eindeutig als Sozialdaten definiert, sind die betriebsbezogenen Daten aus Sicht des Unterzeichners als Betriebs- und Geschäftsgeheimnisse zu bewerten. Dies wird deutlich durch die Defi-

Folgende ist zitiert nach der schriftlichen Stellungnahme des Datenschutzbeauf- AOK Baden-Württemberg Hauptverwaltung vom 29.2.2000, Dienstakte 1.3-V.02/2.

nition der Betriebs- und Geschäftsgeheimnisse in § 67 Abs. 1 SGB X. Demnach sind Betriebs- und Geschäftsgeheimnisse alle betriebs- oder geschäftsbezogenen Daten, auch von juristischen Personen, die Geheimnischarakter haben. Die vorgenannten Regelungen zu den Sozialdaten gelten im Rahmen des Gleichstellungsgrundsatzes gemäß § 35 Abs. 4 SGB I auch für Betriebs- und Geschäftsgeheimnisse. Zusammenfassend ist festzustellen, dass die in den Registraturen der AOK-Bezirksdirektionen vorhandenen Unterlagen über Zwangsarbeiter bei der AOK sowohl Sozialdaten als auch Betriebs- und Geschäftsgeheimnisse beinhalten".
Damit war erneut der Landesbeauftragte für den Datenschutz Baden-Württemberg gefragt. Mit Schreiben vom 20. Juni 2000 nahm er wie folgt Stellung:[16] „Nach Auffassung der Landesarchivdirektion spricht gegen die Unterwerfung der Zwangsarbeiterunterlagen unter das Sozialgeheimnis, dass § 35 Abs. 1 SGB I erst im Jahre 1976 in Kraft getreten ist, die Unterlagen aber bereits spätestens im Jahre 1948 geschlossen worden seien. Ab diesem Zeitpunkt erfolge die Speicherung nicht mehr zur Erfüllung von Aufgaben der AOK. Dieser Auffassung folgen wir nicht. Richtig ist, dass es ein – heute in § 35 Abs. 1 Satz 1 SGB I geregeltes – Sozialgeheimnis in der Zeit vor dem In-Kraft-Treten des Sozialgesetzbuches Erstes Buch formal nicht gab. Richtig ist auch, dass die AOK die damals erhobenen Daten über Zwangsarbeiter für die Erfüllung ihrer primären Aufgaben, nämlich Leistungen der Krankenversicherung zur Verfügung zu stellen, nicht mehr braucht. […] Gleichwohl sind die persönlichen Daten der Versicherten aus der Zeit vor dem In-Kraft-Treten des Sozialgesetzbuches als Sozialdaten im Sinne des § 67 Abs. 1 SGB X zu behandeln, die der besonderen Geheimhaltung nach § 35 Abs. 1 Satz 1 SGB I unterliegen.
Zweifellos hatte die AOK die hier maßgeblichen Daten ursprünglich für Zwecke der Gesetzlichen Krankenversicherung erhoben. Wie heute erfolgten auch damals die Angaben durch die Betroffenen nicht freiwillig im eigentlichen Sinne, sondern zumindest auch aus der Erkenntnis heraus, dass eine Verweigerung den Leistungsausschluss zur Folge haben würde. Bei Zwangsarbeitern kann darüber hinaus sogar unterstellt werden, dass nicht einmal die theoretische Möglichkeit einer Auskunftsverweigerung bestanden hatte. Für den Gesetzgeber war dieser faktische Zwang, öffentlichen Stellen selbst sensibelste Daten offenbaren zu müssen, Grund, diese unter einen besonderen Schutz zu stellen und diejenigen, die bei den Sozialleistungsträgern mit solchen Daten umgehen, zur Geheimhaltung zu verpflichten. Dieser faktische Zwang bestand vor wie nach der Schaffung des Sozialgeheimnisses gleichermaßen. Insofern wäre es der Öffentlichkeit kaum vermittel-

---

16 Diensttakte LAD, AZ: 7511.3-V.02/2.

bar und angesichts der Sensibilität der betroffenen Daten (Hinweis auf Artikel 8 der EG-Datenschutzrichtlinien) auch bedenklich, den Grad des Schutzes der bei Krankenkassen vorhandenen personenbezogenen Daten rein formal danach zu bestimmen, ob diese Daten vor oder nach dem In-Kraft-Treten des Sozialgesetzbuches entstanden sind. Vielmehr ist es so – und muss auch so sein –, dass sich das Sozialgeheimnis im Zeitpunkt des In-Kraft-Tretens des § 35 Abs.1 Satz 1 SGB I in seiner heutigen Form auf alle bis dahin bei den Sozialleistungsträgern befindlichen personenbezogenen Daten der Versicherten, die inhaltlich die Kriterien für Sozialdaten erfüllen, erstreckt hat.

Auch der Wortlaut des Gesetzes spricht dafür, das Sozialgeheimnis auf die damals von den Krankenkassen für Zwecke der Gesetzlichen Krankenversicherung über Zwangsarbeiter erhobenen und heute noch gespeicherten Daten zu erstrecken. Nach § 35 Abs. 1 Satz 1 SGB I erstreckt sich das Sozialgeheimnis auf ‚Sozialdaten' im Sinne des § 67 Abs. 1 SGB X. Nach § 67 Abs. 1 Satz SGB X sind Sozialdaten alle personenbezogenen Daten, die die Krankenkasse im Hinblick auf ihre Aufgaben als Leistungsträger in der Gesetzlichen Krankenversicherung (u. a.) speichert. Werden sie zur Erfüllung dieser Aufgaben nicht mehr benötigt, sind sie nach § 84 Abs. 2 Satz 2 SGB X gleichwohl weiterhin zu speichern, wenn durch die Löschung schutzwürdiger Interessen des Betroffenen beeinträchtigt würden. In diesem Fall sind die Daten allerdings nach § 84 Abs. 3 Nr. 2 SGB X zu sperren. § 84 Abs. 4 SGB X bezeichnet auch diese allein im Interesse der Betroffenen weiterhin gespeicherten (und gesperrten) Daten als Sozialdaten, nämlich als ‚gesperrte Sozialdaten'. Sozialdaten bleiben also Sozialdaten, solange sie sich jedenfalls im Gewahrsam eines Sozialleistungsträgers befinden. Sie verlieren diese Eigenschaft nicht allein deshalb, weil der Leistungsträger sie für die Erfüllung seiner originären Aufgaben nicht mehr braucht. Im Falle des § 84 Abs. 3 SGB X, insbesondere der dortigen Nummer 2, ist es vielmehr so, dass auch die Speicherung der Daten im Interesse der Betroffenen als (sekundäre) Aufgabe der Krankenkasse gesehen werden muss, die an die Stelle der ursprünglichen Aufgabe tritt und sie ersetzt. Wenn aber § 35 Abs. 1 Satz 1 SGB I formal ‚alle' Sozialdaten im Sinne des SGB X dem Sozialgeheimnis unterwirft, muss dies demnach auch für die nach § 85 Abs. 3 Nr. 2 SGB X gesperrten Sozialdaten gelten.

Ob die Krankenkasse verpflichtet ist, dem Staatsarchiv Unterlagen anzubieten, die Sozialdaten enthalten, richtet sich nach § 8 Abs. 1 Satz 1 des Landesarchivgesetzes (LArchG). Eine wesentliche Voraussetzung für die Andienungspflicht ist danach, dass die Krankenkasse die Unterlagen zur Erfüllung ihrer Aufgaben nicht mehr benötigt. Nach der hier vertretenen Auffassung, dass auch die Speicherung der nach § 84 Abs. 3 Nr. 2 SGB X gesperrten Sozialdaten noch zu den Aufgaben der Krankenkassen gehört, besteht demnach ‚keine' Andienungspflicht. Ungeachtet dessen ist die Krankenkasse aber jedenfalls ‚berechtigt', dem Staatsarchiv die Zwangsarbeiterunterlagen anzubieten. Voraussetzung hierfür wäre allerdings, dass sich das Archiv verpflichtet, im Falle der Übernahme eventuellen Auskunftsersuchen der ehemaligen Versicherten, derentwegen bisher eine Löschung unterblieben ist, Rechnung zu tragen.

Übernimmt das Staatsarchiv die ihm von der Krankenkasse (freiwillig) angebotenen Zwangsarbeiterunterlagen, gilt hinsichtlich der Sperrfrist folgendes: Die Berechtigung der Krankenkassen, nach § 84 Abs. 3 SGB X gesperrte Sozialdaten abweichend von § 84 Abs. 4 SGB X dem Staatsarchiv anzubieten und zu übermitteln, ergibt sich aus § 84 Abs. 6 und § 71 Abs. 1 Satz 3 SGB X. Voraussetzung für die Übermittlung ist nach § 71 Abs. 1 Satz 3 SGB X, dass das Landesarchivgesetz die Schutzfristen des Bundesarchivgesetzes (BArchG) nicht unterschreitet. Dies ist hier sichergestellt. Archivakten, die dem Sozialgeheimnis unterliegen (§ 4 Abs. 2 Satz 1 Nr. 1 BArchG), dürfen nach § 5 Abs. 3 BArchG erst 80 Jahre nach Entstehung benutzt werden. Mit § 6a Abs. 2 LArchG hat der Landesgesetzgeber diese Sperrfrist auch auf dem Sozialgeheimnis unterliegende Unterlagen erstreckt, die dem Staatsarchiv von einer landesunmittelbaren Krankenkasse angeboten wurden. Eine Verkürzung der Sperrfrist sieht das Bundesarchivgesetz nicht vor. Allerdings hat der Bundesrat am 19. Mai 2000 beschlossen, einen Gesetzentwurf beim Deutschen Bundestag einzubringen, wonach eine Verkürzung der Sperrfrist in diesen Fällen um 30 Jahre ermöglicht werden soll. Ob und gegebenenfalls wann dieses Gesetz in Kraft treten wird, ist noch offen".[17]

Die vom Landesdatenschutzbeauftragten angedeutete Lösung des Problems bezog sich auf einen Gesetzentwurf des Bundesrates zur Änderung des Bundesarchivgesetzes vom 6. Juli 2000.[18] Mit dieser vorgeschlagenen Gesetzesänderung sollte die Zugänglichkeit zu Archivgut, das bundesrechtlichen Geheimhaltungsvorschriften und deswegen der überaus langen Schutzfrist von 80 Jahren unterliegt, erleichtert werden. Die bisher nicht vorhandene Möglichkeit zur Verkürzung dieser Frist vor allem für wissenschaftliche Zwecke sollte eröffnet werden. Angestrebt wird eine Verkürzungsmöglichkeit um 30 Jahre, also von 80 auf 50 Jahre. Die Bundesregierung schlug stattdessen vor, folgenden Passus dem § 5 Abs. 3 BArchG anzufügen: „Diese Schutzfrist gilt nicht für Unterlagen aus der Zeit vor

---

17 Aufgrund der grundsätzlichen Bedeutung der Nutzungsfrage dieser Unterlagen für die wissenschaftliche Forschung wurden die hierzu abgegebenen Stellungnahmen weitestgehend im Wortlaut wiedergegeben.
18 Drucksache 14/3830 Deutscher Bundestag – 14. Wahlperiode.

dem 23. Mai 1949, deren Benutzung für die Durchführung bestimmter wissenschaftlicher Forschungsarbeiten oder zur Wahrnehmung berechtigter Belange erforderlich ist".[19] Die geltende Schutzfrist von 80 Jahren könne dann bestehen bleiben, da unabhängig davon Forschungen zum Nationalsozialismus realisierbar wären.[20] In beiden Fällen wäre eine sofortige Nutzung der Hebelisten für die Forschung möglich, insofern eine entsprechende Gesetzesänderung vorgenommen wird. Damit stand eigentlich einer Übernahme der Unterlagen in die Staatsarchive nichts mehr im Wege. Doch es gab neue Probleme.

7. Nochmals: Die Frage des Zeitpunkts der Übernahme der Unterlagen durch die Staatsarchive

Nach der eindeutigen Stellungnahme des Datenschützers war klar, dass eine Nutzung der AOK-Unterlagen derzeit (im Jahr 2001) für die Forschung nicht möglich ist. Die Unterlagen unterliegen einer 80-jährigen Sperrfrist. Obwohl sich ein Ausweg durch die Bundesratsinitiative abzeichnete, war der Zeitpunkt des In-Kraft-Tretens nicht abzusehen. Damit stellte sich die Frage des Zeitpunkts der Übernahme neu. Erinnern wir uns nochmals: Es hatte bereits einige Monate zuvor eine intensive Diskussion innerhalb der Staatlichen Archivverwaltung über den Termin der Übernahme stattgefunden. Damals war die Übernahme im Jahr 2001 aufgrund der damit verbundenen Zwangsarbeiterrecherchen von der Hälfte der Staatsarchive als bedenklich eingestuft worden. Da man damals jedoch noch davon ausging, dass die wissenschaftliche Forschung diese Unterlagen sofort nutzen dürfe, priorisierte die Staatliche Archivverwaltung Baden-Württemberg die unmittelbare Übernahme dieser Unterlagen. Nun war aber eine neue Situation eingetreten. Die sofortige Nutzung dieser Unterlagen für wissenschaftliche Zwecke war aufgrund des Votums des Landesdatenschutzbeauftragten nun nicht mehr möglich.

Über diesen Sachstand informierte die Landesarchivdirektion die vier betroffenen Staatsarchive mit der Bitte, zur Frage des Zeitpunkts der Übernahme dieser Unterlagen erneut Stellung zu beziehen. Mit Schreiben vom 20. Juli 2000 wies sie darauf hin, dass „der Bundesrat am 19. Mai 2000, worauf der Landesbeauftragte für den Datenschutz ausdrücklich hinweist, beschlossen [hat], einen Gesetzent-

---

19 Anlage 2 „Stellungnahme der Bundesregierung" der Drucksache 14/3830 Deutscher Bundestag – 14. Wahlperiode.
20 Letztendlich wurde die Schutzfrist von 80 auf 60 Jahre herabgesetzt, allerdings ohne jegliche Verkürzungsmöglichkeit.

wurf beim Deutschen Bundestag einzubringen, wonach eine Verkürzung der Sperrfrist in diesen Fällen um 30 Jahre ermöglicht wird". Als Fazit wurde daher von der Landesarchivdirektion – auch der Alternativvorschlag der Bundesregierung ermöglicht ja eine unverzügliche Nutzung – formuliert: „Die Landesarchivdirektion schlägt daher vor, die Unterlagen der AOK zu Fremd- und Zwangsarbeitern möglichst bald zu übernehmen, da ein entsprechendes, die Nutzung ermöglichendes Gesetz abzusehen ist". Es wurde an der ursprünglichen Intention der Übernahme zum frühestmöglichen Zeitpunkt festgehalten.

8. Aufbau einer Datenbank als Recherchemittel für die Zwangsarbeiteranfragen

Nun galt es, die Gespräche mit der AOK auf neuer Grundlage fortzusetzen, um die genauen Abgabemodalitäten zu regeln. Zeitnahe Recherchen durch Archivmitarbeiter in den AOK-Unterlagen, dies war den Archivaren klar, wären nur möglich, wenn die Abgabeverzeichnisse entsprechend EDV-technisch aufbereitet sind. Die zu übernehmenden Unterlagen müssen daher durch die abgebenden AOK-Bezirksdirektionen in einer Datenbank erfasst werden. In einem weiteren Gespräch mit der AOK einigte man sich auf die Erstellung einer Access-Datenbank. Nach Prüfung durch die Staatsarchive wurden die einzelnen Datenfelder in die folgende Fassung leicht verändert:

– Lfd.Nr., Signatur: Hier ist zunächst die einzeln zu vergebende laufende Nummer der Archivalieneinheit einzutragen. Hier kann aber auch, falls zwischen AOK-Bezirksdirektion und dem zuständigen Sprengelarchiv vereinbart, bereits die Archivsignatur eingetragen werden.
– Arbeitgebername(n): Zu größeren Betrieben und Firmen bestehen einzelne Hebelisten. In diesem Fall wird hier der Arbeitgebername eingetragen. Vielfach ist jedoch eine Hebeliste zu einer Stadt oder Region vorhanden, in der mehrere Arbeitgeber vermerkt sind. In diesem Fall sind die Arbeitsgebernamen einzeln aufzunehmen. Diese Forderung wurde erst nach Prüfung durch die Staatsarchive aufgenommen. In der ersten Fassung war auf eine Einzelaufnahme der Arbeitgeber noch verzichtet worden.
– Sitz des/r Arbeitgeber/s: Hier ist der Sitz des Arbeitgebers einzutragen bzw. die Stadt oder Region, die die einzelnen Hebelisten betrifft.
– Branche: Falls eine Hebeliste zu einer Firma existiert, kann hier die Branche eingetragen werden.
– Laufzeit: Laufzeit der Hebeliste.
– Bemerkungsfeld: Hier können Bemerkungen jeder Art vermerkt werden (z. B. Hinweise auf besondere Fälle in der Hebeliste).

– Provenienz: Hier wird die AOK-Stelle eingetragen, bei der die Unterlagen entstanden sind, d. h. nicht die abliefernde AOK.

Die einzelnen Datenbanken sollten dann zusammengespielt werden, um größere, landesweite Recherchen im Rahmen der Zwangsarbeiteranfragen zu ermöglichen.

Genauer mit der AOK abzustimmen war, welche Informationen in die Datenfelder Arbeitgebername, Sitz des Arbeitgebers und Branche einzuarbeiten sind. Diese Informationen mussten so umfangreich sein, dass die Staatsarchive in kürzester Zeit Zwangsarbeiteranfragen der Betroffenen beantworten könnten. Diese dürften keinesfalls monatelang liegen bleiben. Andererseits musste die AOK verständlicherweise genau abwägen, ob nicht doch die bislang gebräuchliche Praxis der Beantwortung der Zwangsarbeiteranfragen durch eingearbeitete Mitarbeiter rationeller sei, als die für eine sofortige Abgabe an die Staatsarchive notwendige detaillierte Erfassung. Diese Problematik verschärfte sich noch durch ein unvorhergesehenes Ereignis, das eine neue Intention ins Spiel brachten.

9. Der Datenschutz schaltet sich erneut ein

Im 21. Tätigkeitsbericht des Landesbeauftragten für den Datenschutz in Baden-Württemberg vom Jahr 2000 fand sich überraschenderweise die geplante Abgabe der AOK-Unterlagen an die Staatsarchive thematisiert. Erinnern wir uns noch einmal: Die ganze Aktion war durch den Landesbeauftragten für den Datenschutz forciert worden, der 1999 eine Abgabe der AOK-Unterlagen an die Staatsarchive geradezu gefordert hatte. Nun kamen von dieser Seite plötzlich ganz andere, neue Tendenzen: „Das Landesarchivgesetz verpflichtet die Krankenkassen im Lande, alle Unterlagen, die sie zur Erfüllung ihrer Aufgaben nicht mehr benötigen, dem für sie zuständigen Staatsarchiv anzubieten, es sei denn, sie verfügen über ein eigenes, archivfachlichen Ansprüchen genügendes Archiv. Letzteres ist aber, soweit ich weiß, nirgendwo der Fall. Nun benötigt aber eine Krankenkasse die in ihrem Besitz befindlichen Unterlagen über die Zwangsarbeiter ganz sicher nicht mehr zur Gewährung von Leistungen, so dass der Fall auf den ersten Blick eigentlich klar sein müsste. Geht man der Fragestellung aber genauer auf den Grund, zeigt sich, dass sich die Krankenkassen dieser Unterlagen keineswegs so ohne weiteres, sei es durch Abgabe an das Archiv oder aber durch ihre Vernichtung, entledigen dürfen. Denn das Sozialgesetzbuch geht davon aus, dass Angaben über Versicherte, auch wenn die Krankenkasse sie zur Erbringung von Versichertenleistungen nicht mehr benötigt, dann nicht gelöscht werden dürfen, wenn Grund zur Annahme besteht, dass durch die Löschung schutzwürdige Interessen der Betroffenen beeinträchtigt werden. Genau dies wäre aber bei einer Vernichtung der

Unterlagen über Zwangsarbeiter der Fall: Sie könnten nämlich bei einer Vernichtung unter Umständen nicht mehr nachweisen, dass sie in der NS-Zeit zur Zwangsarbeit eingesetzt worden waren. Hat diese Regelung zur Folge, dass die Unterlagen bis zum Sankt-Nimmerleins-Tag oder jedenfalls so lange, bis angenommen werden kann, dass alle ehemaligen Zwangsarbeiter gestorben sind, bei den Krankenkassen gelagert werden müssen? Mitnichten. Eine Abgabe an das Staatsarchiv kann vielmehr dann erfolgen, wenn dieses sich jeweils gegenüber der Krankenkasse verpflichtet, Auskunftsersuchen von Zwangsarbeitern in gleicher Weise zu entsprechen, wie dies die Krankenkasse selbst tun würde".[21] Damit war die Abgabe an die Archive an ganz konkrete Bedingungen geknüpft, nämlich an eine vage formulierte Arbeitsweise. Den Staatsarchiven wurde auferlegt, „Auskunftsersuchen von Zwangsarbeitern in gleicher Weise zu entsprechen, wie dies die Krankenkasse selbst tun würde".[22]

Auch ohne den Hinweis des Datenschutzbeauftragten war allen Beteiligten – AOK und staatlicher Archivverwaltung – klar, dass das zügige Beantworten der Zwangsarbeiteranfragen absolute Priorität genießen würde. Alles andere müsste hinter dem zurückstehen.

10. Das Problem – Die Lösung

Die AOK war nun gefragt. Kann sie die Datenbank mit aus ihrer Sicht vertretbarem Aufwand füllen? Oder ist eine andere Lösung zu favorisieren. Die AOK war der Meinung, dass die bislang betriebenen Recherchen mit hauseigenen, eingearbeiteten Kräften ökonomischer seien, als die Erfassung der gewünschten Daten in einer Datei. Damit schied eine sofortige Abgabe an die Staatsarchive aus. Diese Entscheidung mussten und haben wir akzeptiert. Denn die Belange der aktuellen Zwangsarbeiterrecherchen hatten absolute Priorität.

Wann sollen nun aber diese Unterlagen in die Staatsarchive gelangen? Diese Frage war schnell beantwortet. Anfang 2003, so wurde einvernehmlich vereinbart, kann die Abgabe dieser Unterlagen von bleibendem Wert beginnen. Dann sind die Zwangsarbeiterrecherchen beendet und die Hebelisten können in deutlich verein-

---

21   21. Tätigkeitsbericht des Landesbeauftragten für den Datenschutz in Baden-Württemberg, 2000, 108-110.
22   Ebd.

fachter Form in einer Datenbank erfasst werden. Die Aufnahme der einzelnen Arbeitgeber und deren Gewerbe ist dann nicht mehr notwendig.

Beide Seiten, AOK und Staatliche Archivverwaltung, sind mit dieser Lösung zufrieden, werden doch damit alle mit diesen Unterlagen verbundenen Interessen befriedigt. Die Zwangsarbeiteranfragen werden weiterhin durch die AOK rasch und zügig beantwortet. Die Archive sind von dieser zusätzlichen Last befreit. Trotzdem werden diese Unterlagen baldmöglichst in die Archive kommen und können – da das Bundesarchivgesetz entsprechend geändert wurde – der wissenschaftlichen Nutzung zugeführt werden.

11. Schlussfolgerung

Das Beispiel der Verhandlungen zwischen AOK und Staatlicher Archivverwaltung Baden-Württemberg belegt, wie wichtig es für Archive ist, aktiv und entschlossen, aber offen für sinnvolle und praktikable Lösungen die archivischen Interessen zu verfolgen. Passives Abwarten hätte hier nicht zu der aus unserer Sicht optimalen Lösung geführt. Nur indem wir mögliche Alternativen von Anfang an mitgeführt haben, waren wir flexibel und konnten im Sinne der Sache Unvorhergesehenes lenken und leiten. Wir agierten und mussten nicht reagieren, bzw.: Wir konnten mit großem Handlungsspielraum reagieren und haben die Initiative nie verloren. So haben wir aus archivischer Sicht eine sinnvolle Lösung für die baden-württembergischen Staatsarchive und ihre Nutzer erreicht.

Michael Häusler
Die Rolle der Kirchenarchive für die Erforschung der Zwangsarbeit in den Kirchen

Kirche – Kirchenarchive – Zwangsarbeit – Erforschung – Entschädigung: Das ist die Matrix der verschiedenen Begriffe, in dem sich die Tätigkeit der kirchlichen Archive und dieser Beitrag bewegt. Dieses Kräftefeld ist – mehr noch als im Bereich der Wirtschaft oder der öffentlichen Verwaltung – ethisch-moralisch hoch sensibel; ein Umstand, der von den Verantwortlichen und den Forschenden in ihrer Arbeit berücksichtigt werden muss.

Dabei interessiert zuerst das Verhältnis von Erforschung und Entschädigung. Das Thema dieses Beitrags ist die Erforschung der Zwangsarbeit im kirchlich-karitativen Raum. Diese kann aber nicht ohne die Diskussion und das Bemühen um eine Entschädigung der Opfer erfolgen und begriffen werden. Die Entschädigung ist sowohl Hintergrund und Auslöser der Forschung als auch ihr Ziel. Sie ist aber nicht das einzige Ziel der Forschung. Im Hinblick auf die ermittelten Personen schließen sich vielerorts Schritte einer aktiven Begegnungs- und Versöhnungsarbeit an. Daneben dient die Erforschung der Zwangsarbeit im kirchlichen Raum aber auch der öffentlichen Rechenschaftslegung der Kirchen für ihr Verhalten in der NS-Zeit. Und nicht zuletzt fördert sie die historisch-wissenschaftliche Erkenntnis, indem die bislang stark unterbelichtete kirchliche Alltags- und Sozialgeschichte im Zweiten Weltkrieg in den Blick kommt.

1. Die Stellung der Kirchen zur Entschädigung von NS-Zwangsarbeiter/innen

Die Kirchen haben frühzeitig öffentlich auf die Notwendigkeit einer raschen Entschädigung hingewiesen.[1] Damit nahmen sie in der Öffentlichkeit die Funktion eines Anwalts der Opfer wahr. Als der Entschädigungsfonds der Bundesstiftung im Frühsommer 2000 eingerichtet wurde, haben sich die Evangelische Kirche in

---

1 Vergessene Opfer – Kirchliche Stimmen zu den unerledigten Fragen der Wiedergutmachung an Opfern nationalsozialistischer Verfolgung (EKD-Texte 21), Hannover 1987; Klaus-Dieter Kaiser: „Beteiligung der evangelischen Kirche an der Entschädigung von Zwangsarbeitern", in: Klaus Barwig/Dieter R. Bauer/Karl-Joseph Hummel (Hg.): Zwangsarbeit in der Kirche. Entschädigung, Versöhnung und historische Aufarbeitung (Hohenheimer Protokolle, 56), Stuttgart 2001, 95-106.

Deutschland und ihre Diakonie daran durch eine Zustiftung in Höhe von zehn Millionen DM beteiligt. Dies geschah in erster Linie als Ausdruck ihrer gesamtgesellschaftlichen Verantwortung und als Ansporn für weitere Zustiftungen.[2]

Nachdem die Tatsache ins Bewusstsein gedrungen war, dass die Kirchen auch selbst Zwangsarbeiter beschäftigt oder von der Arbeitsleistung von Zwangsarbeitern profitiert hatten, wurden kirchliche Forschungsprojekte auf lokaler, regionaler und zentraler Ebene initiiert, die den Umfang und die Bedingungen der Zwangsarbeit im kirchlichen Raum ermitteln sollen. Das zentrale Forschungsprojekt der evangelischen Kirche, das die Einzelergebnisse bündeln und in eine historisch fundierte Gesamtbetrachtung kirchlichen Organisationshandelns im Krieg einordnen soll, ist an der Universität Marburg angesiedelt und steht unter der Leitung von Professor Jochen-Christoph Kaiser.[3] Auf katholischer Seite geschieht diese wissenschaftliche Zusammenfassung durch ein entsprechendes Projekt der Kommission für Zeitgeschichte.[4]

Die katholische Kirche hat zur Entschädigung von Zwangsarbeitern im kirchlichen Einsatz einen eigenen Entschädigungsfonds geschaffen, der bereits erste Auszahlungen vorgenommen hat. Davon sind fünf Millionen DM für die unmittelbare Auszahlung an die Betroffenen vorgesehen und noch einmal die gleiche Summe für Projekte der Begegnungs- und Versöhnungsarbeit.[5] Verbunden ist dies mit der Selbstverpflichtung zur Ermittlung aller noch lebenden Anspruchsberech-

---

2 „Die Erinnerung wach halten – gemeinsam Verantwortung übernehmen. Erklärung zur Beteiligung der evangelischen Kirche und ihrer Diakonie an der Stiftung zur Entschädigung von Zwangsarbeitern" (Pressemitteilung vom 12.7.2000), in: Verletzte Menschenwürde. NS-Zwangsarbeiter in der Diakonie: Hintergründe – Teilergebnisse – Forschungsperspektiven (Diakonie Korrespondenz 07/00), Stuttgart 2000, Anhang.
3 Jochen-Christoph Kaiser: „Das Marburger Projekt zur Erforschung der Zwangsarbeit in Kirche und Diakonie, 1939-1945", in: Mitteilungen der Evangelischen Arbeitsgemeinschaft für Kirchliche Zeitgeschichte 1 (2001), 79-83.
4 Karl-Joseph Hummel: „Zwangsarbeit in der katholischen Kirche – Entschädigung, Versöhnung und historische Aufarbeitung: Eine Projektskizze der Kommission für Zeitgeschichte Bonn", in: Zwangsarbeit in der Kirche (wie Anm. 1), 257-270; Hans Günter Hockerts: „Ausblick: Kirche im Krieg. Aspekte eines Forschungsfeldes", in: Peter Pfister (Hg.): Katholische Kirche und Zwangsarbeit. Stand und Perspektiven der Forschung (Schr. d. Archivs d. Erzbistums München u. Freising, 1), Regensburg 2001, 47-55.
5 Rainer Ilgner: „Der Entschädigungsfonds und der Versöhnungsfonds der katholischen Kirche", in: Zwangsarbeit in der Kirche (wie Anm. 1), 79-87.

tigten, so dass sämtliche Bistumsarchive im kirchlichen Auftrag aktive Nachforschungen betreiben. Die Einrichtung eines eigenen katholischen Entschädigungsfonds geschah auch vor dem Hintergrund der Tatsache, dass die wenigsten Zwangsarbeiter im kirchlichen Einsatz zu den beiden im Entschädigungsgesetz definierten Hauptopferkategorien gehören und deshalb bei der Auszahlung der Mittel aus dem Bundesfonds nur nachrangig berücksichtigt werden. Um daraus möglicherweise entstehende Härten zu vermeiden, hat die evangelische Kirche alle kirchlich-diakonischen Einrichtungen zu rascher, unbürokratischer Hilfe gegenüber Zwangsarbeitern im kirchlichen Einsatz aufgerufen.[6]

2. Kirchlich-karitative Arbeitsfelder mit Bezug zur Zwangsarbeit

Grundsätzlich gilt: Die Erforschung der Zwangsarbeit im kirchlichen Raum stützt sich auf die gleichen Quellenarten wie in anderen Bereichen der Arbeitswelt. Das heißt auch: Die Geschichte der Zwangsarbeit in den Kirchen muss in wesentlichen Teilen auf der Grundlage nicht-kirchlichen Archivguts geschrieben werden. Zu nennen sind hier vor allem die Überlieferungen der Behörden der Sozialversicherung, des Gesundheitswesens, der Polizei und der Gewerbeaufsicht in staatlichen und kommunalen Archiven.[7]

Bei der Recherche nach spezifisch kirchlichem Archivgut ist die Frage nach den Einsatzfeldern der Zwangsarbeitenden von zentraler Bedeutung. Allgemeiner gefragt: Wo begegnen uns im kirchlichen Raum ausländische Arbeitskräfte? Drei Gruppen lassen sich dabei unterscheiden: Sie begegnen als eigene kirchliche Arbeitskräfte, als Arbeitskräfte dritter Stellen und als Klienten, also als das Gegenüber kirchlichen Hilfehandelns.

2.1. Einsatz von Zwangsarbeiter/innen in kirchlichen Arbeitsfeldern

Viele Klöster, Bistümer und ländliche Kirchengemeinden besaßen und besitzen ausgedehnte Ländereien mit land- und forstwirtschaftlicher Nutzung. Ein Teil

---

6   Klaus-Dieter Kaiser (wie Anm. 1), 105.
7   Zur Quellenlage grundsätzlich siehe: Ulrich Helbach: „Quellen in Registraturen und Archiven der katholischen Kirche zur Erforschung der Zwangsarbeit in Deutschland 1939-1945", in: Wilfried Reininghaus/Norbert Reimann (Hg.): Zwangsarbeit in Deutschland. Archiv- und Sammlungsgut, Topographie und Erschließungsstrategien, Bielefeld 2001, 161-174; Michael Häusler: „Kirchlich-diakonische Quellen zur Erforschung der Zwangsarbeit im Raum der evangelischen Kirche", in: ebd., 156-160.

davon war verpachtet, doch teilweise wurden die kirchlichen Güter auch mit eigenen Kräften bewirtschaftet. Weiterhin betrieben große diakonisch-karitative Einrichtungen, insbesondere Erziehungsanstalten, Arbeiterkolonien sowie Heil- und Pflegeanstalten, eigene landwirtschaftliche Güter. In diesen landwirtschaftlichen Bereichen wurden überwiegend männliche Zwangsarbeiter eingesetzt. Da die Unterlagen der Höfe fast nie erhalten sind, lässt sich der Zwangsarbeitereinsatz häufig aus dem Schriftverkehr dieser Teileinrichtungen mit der Gesamtanstaltsleitung nachweisen.[8]

Ein mit der Landwirtschaft verwandter kirchlicher Arbeitsbereich, der in hohem Maß den Einsatz von Hilfskräften erforderte, war die Friedhofsverwaltung. Für die Stadt Berlin ist die Existenz einer „Friedhofs-AG" belegt, zu der sich 37 evangelische und drei katholische Friedhöfe sowie ein kommunaler Friedhof zusammengeschlossen hatten. Dieser kirchliche Zweckverband betrieb ein eigenes Lager für etwa einhundert „Ostarbeiter", dessen Insassen täglich an ihre in der ganzen Stadt verteilten Arbeitsplätze gebracht wurden.[9] Bei diesem kirchlichen Zwangsarbeiterlager handelte es sich allerdings um eine Ausnahme: Etwas Vergleichbares hat sich in anderen Großstädten nicht nachweisen lassen. Grundsätzlich aber gilt, dass Friedhofsakten der Kirchengemeinden einschlägige Quellen darstellen.

Neben der Landwirtschaft war die Hauswirtschaft das Haupteinsatzfeld ausländischer Arbeitskräfte im kirchlichen Raum. Die meisten von ihnen arbeiteten in Heil- und Pflegeanstalten sowie in Erziehungsheimen. Deren Träger waren durchgängig nicht die Amtskirchen, sondern die katholischen Orden und die evangelische Innere Mission. Dabei unterschied sich der Dienstbetrieb konfessioneller Krankenhäuser kaum von dem in kommunalen oder staatlichen Häusern. Hier ließen sich in vielen Fällen v. a. weibliche ausländische Hilfskräfte in Küche, Wäscherei und Stationsdienst nachweisen. Während westeuropäische Ausländerinnen nicht selten auch in der Pflege eingesetzt wurden, war dies bei Ostarbeiterinnen verboten. Männliche Arbeitskräfte finden sich als Heizer, Hausmeister und Kran-

---

8 Exemplarisch für den Arbeitseinsatz von Ausländern in Klöstern siehe den gut dokumentierten Fall: Laurentius Koch: „‚Ein erträgliches, unerträgliches Leben'. Kloster Ettal und die ‚Zwangsarbeiter' im II. Weltkrieg", in: Zwangsarbeit in der Kirche (wie Anm. 1), 163-170.
9 Lorenz Wilkens: „Auf gute Zusammenarbeit. Berliner Gemeinden organisierten Zwangsarbeiterlager", in: Archivbericht [der Ev. Kirche in Berlin-Brandenburg] 12/13 (2000), 5 f.

kenträger.[10] Ausländische Hauswirtschaftskräfte in Pfarrhaushalten wurden nur in Ausnahmefällen nachgewiesen und beschränken sich auf evangelische Pfarrhäuser, da die Zuweisung einer ausländischen Hausgehilfin zugunsten kinderreicher Haushalte geschah.[11]

2.2. Fremdbeschäftigte Zwangsarbeiter in kirchlichen Einrichtungen

Formal betrachtet können nur solche Personen als Zwangsarbeiterinnen und Zwangsarbeiter im kirchlich-diakonischen Dienst angesehen werden, die als ausländische Zivilarbeitskräfte unmittelbar in kirchlichen Einrichtungen beschäftigt waren. Die Nachforschungen der verschiedenen kirchlichen Forschungsprojekte richten sich aber auch jene an ausländischen Arbeitskräfte, die im kirchlichen Umfeld in Erscheinung traten, ohne in einem kirchlichen Beschäftigungsverhältnis gestanden zu haben.

Dazu zählen zum einen die Kriegsgefangenen, die in den genannten Arbeitsfeldern in kirchlichen und diakonischen Einrichtungen arbeiten mussten. Die Betrachtung dieser Personengruppe ist auch deshalb besonders wichtig, weil bei bestimmten Nationalitäten bekanntlich ein fließender Übergang zwischen dem Status als Kriegsgefangener und als Zivilarbeiter festzustellen ist.

Zum anderen gibt es Fälle, in denen Kirche als Leistungsempfänger von Zwangsarbeit in Erscheinung tritt, ohne selbst Beschäftigungsträger zu sein. Vor allem bei Aufräumarbeiten nach Bombenangriffen wurden staatlich oder kommunal beschäftigte Fremdarbeiterkolonnen in kirchlich-diakonische Einrichtungen entsandt, was Sachakten teilweise belegen.[12]

---

10 Aus dem Bereich der konfessionellen karitativen Anstalten erschien bereits eine große Zahl von Berichten meist vorläufiger Natur. Als abgeschlossene Publikation über eine Einrichtung der Inneren Mission sei exemplarisch genannt: Ulrike Winkler: Lebenswirklichkeiten – Menschen unter Menschen. Der Einsatz von Zwangsarbeitskräften in den Einrichtungen der kreuznacher diakonie von 1940-1945. Bad Kreuznach 2002.
11 Siehe dazu Kap. 3.2.3. der umfangreichen und in Darstellungs- und Reflexionstiefe vorbildlichen Regionalstudie von Uwe Kaminsky: Dienen unter Zwang. Studien zu ausländischen Arbeitskräften in Evangelischer Kirche und Diakonie im Rheinland während des Zweiten Weltkriegs (Schr. d. Vereins f. Rheinische Kirchengeschichte, 155), Köln 2002, 116-124.
12 So z. B. der in den Medien diskutierte Fall von Aufräumarbeiten am beschädigten Kölner Dom oder die Aufräum- und Wiederaufbauarbeiten durch KZ-Häftlinge im

Drittens ist die Unterbringung von Zwangsarbeitern in kirchlichen Einrichtungen zu erwähnen. Ein Großteil der konfessionell-karitativen Einrichtungen wurde im Krieg teilweise oder ganz für staatliche Zwecke requiriert, was zum Teil durch Beschlagnahmung, zum Teil durch Anmietung erfolgte. Die Räumlichkeiten dienten zur Unterbringung von Reservelazaretten, Übersiedlerheimen der Volksdeutschen Mittelstelle oder eben als Zwangsarbeiterunterkünfte. Mit Fortschreiten des Krieges kamen kirchliche Gemeindehäuser hinzu. Der umfangreiche Schriftverkehr mit den gebäudenutzenden Behörden ist relativ gut überliefert.[13]

Schließlich ist als besonderer Aspekt die Pflege von Zwangsarbeiterinnen und Zwangsarbeitern in kirchlich-karitativen Einrichtungen zu nennen. Konfessionelle Heil- und Pflegeanstalten nahmen – wie die nichtkonfessionellen – kranke ausländische Zivilarbeiter auf, für die besondere „Ausländerbaracken" vorgesehen waren. Zum Teil wurden auch Fremdarbeiter als Pflegehilfspersonal eingesetzt. Dies ist in den Anstaltsakten – soweit diese insgesamt überliefert sind – in der Regel recht gut dokumentiert. Zwangsarbeiter, die aufgrund psychischer Erkrankungen eingeliefert wurden, unterlagen in gesteigertem Maß der Gefahr, Opfer der NS-Krankenmordaktionen zu werden, von denen auch konfessionelle Anstalten stark betroffen waren.[14]

2.3. Kirchlich-diakonische Betreuung von Zwangsarbeitern

Die Kirchen haben nicht nur von der Arbeitsleistung ausländischer Arbeitskräfte profitiert, sondern sich auch um die geistlichen und sozialen Belange von Zwangsarbeitern während des Krieges und nach Kriegsende gekümmert.
Das betrifft vorrangig die Seelsorge, wobei sich deutliche konfessionelle Unterschiede zeigen, da sich die aktiven Seelsorgebemühungen der Kirchen fast ausschließlich auf die Angehörigen der eigenen Konfession richteten. Die wenigen Protestanten unter den ausländischen Zivilarbeitskräften stammten vorwiegend aus den Benelux-Staaten und Frankreich, und ihnen war die Teilnahme an Gottesdiensten ohnehin gestattet. Hingegen galt für die (überwiegend orthodoxen) Ostarbeiter ein Seelsorgeverbot außerhalb der Lager. Somit blieben die seelsorgeri-

---

kath. Karl-Joseph-Haus in Köln. Zu Letzterem siehe Ulriche Helbach/Joachim Oepen: Einsatz von Zwangsarbeitern in kirchlichen Einrichtungen im Bereich des Erzbistums Köln. Ein Werkstattbericht (PEK-Skript), Köln 2000, 30 f.
13 Dazu – bezogen auf das evangelische Rheinland – Kaminsky (wie Anm. 11), 133-154.
14 Dazu ebd., 155-192, mit einem Beitrag von Ulrike Winkler: Die „Ostarbeiterkrankenbaracke" bei den Diakonie-Anstalten Bad Kreuznach 1943-1948.

schen Bemühungen der evangelischen Kirche marginal. Der katholischen Kirche hingegen stellte sich ein Seelsorgeauftrag an den katholischen polnischen, französischen und südeuropäischen Arbeitern, der auch auf die unierten ukrainischen ausgedehnt wurde. Verkündigungsbücher und Unterlagen über Sakramentsspendungen dokumentieren diese breit angelegte Tätigkeit. Als die Betreuung der polnischen Katholiken durch staatliche Erlasse zunehmend behindert wurde, gerieten etliche Priester in Konflikt mit dem nationalsozialistischen Verfolgungsapparat.[15]

Nach der Kapitulation wurden viele kirchliche Amtshandlungen, wie Trauungen und Taufen, nachgeholt, die zuvor nicht möglich gewesen waren. Hinzu kam die soziale Hilfe für ehemalige Zwangsarbeiter, die vielfach in konfessionellen Anstalten Unterkunft fanden und die auch für Ausgebombte, Flüchtlinge und andere obdachlose Menschen zum Sammelort nach dem Krieg wurden. Auch wenn die Überlieferung dazu oftmals dürftig ist, lässt sich in manchen Fällen die Beschäftigung von Zwangsarbeitern in kirchlich-diakonischen Einrichtungen erst aus solchen nach Kriegsende entstandenen Unterlagen belegen.

Mit Kriegsende wurden die in Deutschland verbliebenen ausländischen Zivilarbeitskräfte zu „Heimatlosen Ausländern". All jene, für die weder die Rückkehr in ihr Herkunftsland noch die Auswanderung in Frage kam, lebten in Lagern für Displaced Persons (DPs), deren Betrieb für die Besatzungsbehörden bald zu einem schwer wiegenden sozialen Problem wurde. Im karitativen Sektor besaßen der Caritasverband und das 1945 gegründete Evangelische Hilfswerk aufgrund ihrer Flüchtlings- und Vertriebenenhilfe Erfahrungen in der Lagerbetreuung. Als 1950 die DP-Lager in deutsche Verwaltungszuständigkeit überführt wurden, erhielten die kirchlichen Wohlfahrtsverbände wesentliche Aufgaben bei der sozialen Betreuung heimatloser Ausländer.[16] Diese Arbeitsbereiche sind in den Überlieferungen dieser Organisationen im Archiv des Diakonischen Werkes der EKD in Berlin und im Archiv des Deutschen Caritasverbandes in Freiburg umfangreich belegt.

---

15 Heinz Hürten: „Seelsorge an Zwangsarbeitern als Problem der Kirche", in: Pfister (wie Anm. 4), 24-27.
16 Zur Betreuung ehemaliger Zwangsarbeiter durch das Evangelische Hilfswerk im Rheinland siehe Kaminsky (wie Anm. 11), 228-249.

3. Die Quellenlage in kirchlichen Archiven

Einzelne Hinweise auf vorhandene Quellen in kirchlichen Archiven habe ich bereits gegeben. Überblickt man die Gesamtquellenlage, so ist zwischen der Überlieferung zentraler und regionaler Stellen einerseits und der Überlieferung lokaler Stellen andererseits zu unterscheiden.

Zentrale Anforderungen von Zwangsarbeitern durch kirchliche Behörden wurden ebenso wenig festgestellt wie zentrale Anweisungen zum Umgang mit ihnen, die über die Weiterleitung der staatlichen Verordnungen hinaus gehen. Da von Fremdarbeitern keine Kirchensteuer erhoben wurden, sind auch keine Steuerunterlagen bei kirchlichen Ämtern vorhanden. Rundschreiben, in denen auf die Einhaltung der Nicht-Veranlagung von ausländischen Zivilarbeitern zur Kirchensteuer gedrungen wird, deuten allerdings darauf hin, dass diese Vorschrift in Einzelfällen missachtet worden ist.

Die Auswertung statistischer Unterlagen hat bislang wenige Ergebnisse erbracht. Mehrfach wurden im Krieg zentrale Erhebungen zur Mitarbeiterschaft kirchlich-karitativer Einrichtungen durchgeführt, die in erster Linie der Aktivierung verfügbarer Arbeitskräfte für den Kriegseinsatz dienten. Die Amtskirchen wurden als Körperschaften öffentlichen Rechts zusammen mit der öffentlichen Verwaltung in die staatliche Kräftebilanz einbezogen. Für die konfessionellen Wohlfahrtsverbände wurde Anfang 1943 eine Erhebung der Gefolgschaftsmitglieder durchgeführt, deren Ergebnisse aber bislang nur im Rheinland vollständig nachgewiesen werden konnten.[17] Angaben zu ausländischen Arbeitskräften im kirchlichen Dienst sind darin ohnehin sehr ungenau, weil den Arbeitgebern vielfach nicht klar war, ob diese mit erfasst werden sollten oder nicht. Mitarbeiterstatistiken können allerdings zu Vergleichszwecken herangezogen werden, wenn der Anteil ausländischer Arbeitskräfte an der Gesamtmitarbeiterschaft ermittelt wird.

Besondere Aufmerksamkeit verdient schließlich die Überlieferung kirchlicher Verkündigung aus der Kriegszeit, also Predigtmanuskripte, die sich vielfach in Nachlässen leitender Geistlicher befinden, sowie im Bereich der katholischen Kirche die bischöflichen Hirtenworte, die vereinzelt zu menschenwürdiger Behandlung der Fremden aufriefen.[18]

---

17 Ebd., 44-53.
18 Dazu Helbach: „Quellen in Registraturen und Archiven" (wie Anm. 7), 162 f. – Dort

Auf der lokalen Ebene, also in Pfarreien, Orden und diakonischen Anstalten, sind Angaben über einzelne beschäftigte Zwangsarbeiter zu finden. Die Suche wird zuerst bei den Personalunterlagen ansetzen, die in ihrer Struktur keine Unterschiede zu nicht-kirchlichen Betrieben aufweisen. Einzel-Personalakten wurden bislang fast nie nachgewiesen, verschiedentlich sind hingegen Sammelakten zum Fremdarbeitereinsatz in Einrichtungen vorhanden. Wo die Lohnbuchhaltung überliefert ist, lassen sich Namen und vielfach auch Geburtsdaten der ausländischen Arbeitskräfte ermitteln. Ersatzweise können die Hauptbücher der Kasse herangezogen werden, in denen verschiedentlich Personalausgaben für ausländische Hilfskräfte verzeichnet sind.

Soweit erhalten, stellt die Korrespondenz mit Polizei- und Gesundheitsbehörden eine wichtige Quelle dar. Im Hinblick auf spezifische Gebäudenutzungen als Fremdarbeiterunterkunft sind Bauakten und Unterlagen der Hausverwaltung heranzuziehen. In größeren Anstaltskomplexen, in denen ein geregelter Verwaltungsverkehr zwischen den Filialen und der Zentrale bestand, sind Situationsberichte an die übergeordneten Stellen zu erwarten.

4. Aufgaben kirchlicher Archive im Bereich der Zwangsarbeits-Forschung

Die kirchlichen Archive sind in die Erforschung der Zwangsarbeit im kirchlichen Raum in doppelter Hinsicht eingebunden: indem sie die verfügbaren Quellen bereitstellen und indem sie selbst eine aktive Rolle bei deren Auswertung übernehmen.

4.1. Aufgaben bei der Bereitstellung von Quellen

Die Archive der Landeskirchen und Bistümer, des Deutschen Caritasverbandes und des Diakonischen Werkes der EKD erhielten durch ihre jeweiligen Träger den Auftrag, Quellen im eigenen Haus zu ermitteln und bereitzustellen.[19] Vielfach

---

auch eine ausführliche Liste kirchlicher Quellenarten zur Zwangsarbeit, die sich mit leichten Differenzierungen auf den evangelischen Bereich übertragen lässt.
19 Zum Verlauf der Forschungsinitiativen im evangelischen Bereich siehe Jürgen Gohde: „Verletzte Menschenwürde. Zwangsarbeiterinnen und Zwangsarbeiter in Einrichtungen der Inneren Mission", in: Diakonie Korrespondenz 07/00 (wie Anm. 2), 3-6. – Im Bereich der Katholischen Kirche setzten die Recherchen auf Bitten des Vorsitzenden der Deutschen Bischofskonferenz im Juli 2000 ein. Nach dem Beschluss der Deutschen Bischofskonferenz zur Einrichtung eines eigenen Entschädigungs- und

sollen sie auch weitere kirchliche Quellen in ihrem regionalen Zuständigkeitsgebiet ermitteln. Dabei stellt schon die intensive Recherche nach den genannten heterogenen Quellen zur Zwangsarbeit im eigenen Archiv neben dem laufenden Betrieb eine große Herausforderung dar. Das gilt nicht nur für den damit verbundenen zeitlichen Aufwand, der in einigen Archiven durch die Schaffung befristeter Projektstellen kompensiert werden konnte, sondern insbesondere für den logistischen Aufwand – zeigt sich doch, dass gerade Quellenarten, wie Statistiken, Finanz- und Wirtschaftsunterlagen, vielerorts zu den Archivaliengruppen mit der geringsten Verzeichnungstiefe zählen. Hingegen stehen die Archivarinnen und Archivare bei der Ermittlung weiterer kirchlicher Quellen in ihrer Region, für die sie nicht unmittelbar zuständig sind, vor dem Problem, dass sie zumeist nicht in Archiven, sondern in kaum geordneten Altregistraturen recherchieren müssen. Ein nicht zu unterschätzender positiver Nebeneffekt ist dabei die Möglichkeit der Erfassung archivwürdigen Schriftguts, dessen spätere Überführung in das Archiv vor Ort vorbereitet werden kann.[20]

Die große öffentliche Aufmerksamkeit und die politische Bedeutung der Zwangsarbeiterforschung führen auch im kirchlichen Bereich zu einer stärkeren Stellung der Archive. Gerade selbständigen kirchlichen Trägern, wie Vereine und diakonische Einrichtungen, deren Archivgut stets potenziell gefährdet ist, wird durch die Notwendigkeit der Quellenermittlung die Bedeutung eines eigenen, betreuten Archivs deutlich vor Augen geführt.

Die Hemmschwelle für unprofessionelle Aktenkassationen älteren Schriftguts dürfte sich erhöht haben. Das gilt insbesondere für den vorarchivischen Bereich und hier vor allem für die selbständigen kirchlichen Einrichtungen, bei denen keine Abgabepflicht geltend gemacht werden kann.

Und schließlich lässt sich bereits jetzt feststellen, dass die Erfahrungen aus den Nachforschungen nach Zwangsarbeit im kirchlichen Raum in ein Plädoyer für die Professionalität des kirchlichen Archivpersonals münden: Denn nicht selten konnten die archivarisch und historisch qualifizierten Projektmitarbeiter in kleinen kirchlichen Archiven einschlägige Unterlagen finden, die zuvor von dem zuständi-

---

eines Versöhnungsfonds wurde für jedes Bistum ein Beauftragter ernannt, der die Nachforschungen koordiniert. Vgl. Ilgner (wie Anm. 5), 79 f.
20 So auch Helbach: „Quellen in Registraturen und Archiven" (wie Anm. 7), 166.

gen, aber fachlich nicht geschulten Personal nicht ermittelt worden waren. Sie stellten damit die Notwendigkeit von Fachpersonal unter Beweis.

4.2. Archive als Agenturen historischer Forschung

Ein Teil der Kirchenarchive ist nicht nur mit der Ermittlung von einschlägigem Quellenmaterial, sondern auch mit dessen Auswertung unmittelbar beauftragt worden. Das gilt vor allem für kleinere Kirchenarchive und geschah insbesondere dort, wo aus Sicht der Archivträger die historiographische Funktion der Archive deren verwaltungsbezogene Funktion überwiegt; in vielen dieser Fälle sind die kirchlichen Archive dann auch organisatorisch dem Bereich der Öffentlichkeitsarbeit zugeordnet.

In den Archiven der Bistümer und Landeskirchen wurden vielfach regionalkirchliche Forschungsprojekte beim Archiv angesiedelt. Hier nehmen die Archive mit der geschäftsführenden Projektleitung auch wesentliche Koordinierungsfunktionen in ihrer Region wahr. Ihre Rolle als zentrale Informationsstelle für kirchliches Archivgut in ihrer Region wird durch die neu gewonnenen Erkenntnisse der Projektmitarbeiter über Registratur- und Archivbestände zusätzlich gestärkt. Nicht selten erscheinen die Zwischenberichte und abschließenden Ergebnispublikationen der Projekte in Veröffentlichungsreihen des Archivs oder eines mit dem Archiv verbundenen Vereins für Regionalkirchengeschichte.

Die Vorteile, die die kirchlichen Archive aus dieser Entwicklung ziehen, überwiegen bei weitem die Nachteile. In sehr vielen Fällen selbst durchgeführter oder beim Archiv angesiedelter Forschungsprojekte wurden zusätzliche Personalmittel bereitgestellt. Damit wurden – wenn auch befristet – eine Reihe kompetenter Mitarbeiter gewonnen, deren durch den Auftrag gewecktes Interesse an der kirchlichen Zeitgeschichte den Archiven auch über den Ablauf des Projekts zugute kommen dürfte. So traten anfänglich vernehmbare einzelne Klagen über die zusätzliche Arbeitsbelastung der Archive schon bald in den Hintergrund und wichen der allgemeinen Erkenntnis, dass die Nachforschung nach Zwangsarbeit im Raum der Kirchen den kirchlichen Archiven Gelegenheit gibt, ihre zeitgeschichtliche Kompetenz gegenüber der allgemeinen und der innerkirchlichen Öffentlichkeit kurzfristig unter Beweis zu stellen.

Stefanie Unger
Zusammenfassung

In ihrer Einführung begrüßte Frau Viertel die Teilnehmer der Sitzung. Die Sektionsleiterin betonte den engen Zusammenhang zwischen der archivischen Arbeit und den Folgen politischer Herrschaft, wie z. B. die Ansprüche der Opfer politischer Herrschaft auf Rehabilitierung und Wiedergutmachung. Seit der Wende seien v. a. die Archive in den neuen Bundesländern mit Anträgen auf Eigentumsrückgabe und Rehabilitierung befasst gewesen. In der jüngsten Zeit komme den Archiven aller Bundesländer und der unterschiedlichsten Sparten bei der Zwangsarbeiterentschädigung und der Rückerstattung jüdischen Kulturgutes eine wichtige Rolle zu. Frau Viertel unterstrich das große Interesse der Archivarinnen und Archivare an dieser Thematik, welches sich nicht zuletzt an der großen Teilnehmerzahl der Sitzung zeige.

Die Vorträge des ersten Teils der Sektionssitzung befassten sich mit relevanten Beständen und Aktengruppen zum Thema Wiedergutmachung.
Herr Roeske (Bundesarchiv Berlin-Lichterfelde) stellte die Unterlagen der Außenstelle für feindliches Vermögen des Oberfinanzpräsidenten Berlin-Brandenburg (R 2107) und des Reichskommissars für die Behandlung feindlichen Vermögens (R 87) vor. Die von dem Referenten vorgenommene Präzisierung des nationalsozialistischen Feindbegriffs machte deutlich, dass diese Bestände auch den Umgang mit jüdischen Vermögenswerten während des Zweiten Weltkriegs erhellen. Weiterhin regte Roeske eine Dokumentation der durch die Archive bearbeiteten Anfragen an.
Herr Dr. Bischoff (Nordrhein-Westfälisches Staatsarchiv Münster) gab einen Überblick über die bisherigen Ergebnisse einer von der Archivreferentenkonferenz ins Leben gerufenen Arbeitsgruppe, deren Aufgabe in der Ausarbeitung von Empfehlungen für die Bewertung, Erschließung und Archivierung der massenhaft angefallenen Wiedergutmachungsüberlieferung besteht. Diese Überlieferung wurde von der Arbeitsgruppe in die Bereiche Entschädigung und Rückerstattung aufgeteilt. Am Beispiel der Entschädigungsüberlieferung erläuterte der Referent einige archivfachliche Probleme am Beispiel der Entschädigungsüberlieferung.
Herr Brunner (Die Bundesbeauftragte für die Unterlagen des Staatssicherheitsdienstes der ehemaligen Deutschen Demokratischen Republik, BStU) betonte die Relevanz der Unterlagen der BStU sowohl für die strafrechtliche als auch für die berufliche und vermögensrechtliche Rehabilitierung und Wiedergutmachung. Er legte die Rechtsgrundlage für die Nutzung der Unterlagen dar, stellte ihre Zusam-

menhänge mit anderen Beständen her und ordnete ihre Nutzung zum Zwecke der Rehabilitierung und Wiedergutmachung in das Gesamtspektrum der Aufgabenerledigung der BStU ein.

Die Vorträge im zweiten Teil der Sektionssitzung hatten die Entschädigung von Zwangsarbeitern sowie die Erforschung der Zwangsarbeit zum Thema.
Herr Professor Wessel (Mannesmann-Archiv) beleuchtete die wichtige Rolle, welche den Wirtschaftsarchiven, insbesondere den Unternehmensarchiven, bei der Erbringung von Nachweisen für die Entschädigung von Zwangsarbeitern zukommt. Anhand einer Fülle von Beispielen belegte Wessel, wie die Unternehmensarchive entweder einen direkten Nachweis der Beschäftigung erbringen oder zumindest eine Plausibilitätsentscheidung ermöglichen können.
Herr Dr. Treffeisen (Landesarchivdirektion Baden-Württemberg) stellte die verschiedenen Stadien der Verhandlungen zwischen der AOK und der Landesarchivdirektion Baden-Württemberg über die Abgabe der Hebelisten und -karteien der AOKs an die Staatsarchive dar und beleuchtete die dabei aufgetretenen Fragen der Archivwürdigkeit, des Abgabezeitpunktes und der Möglichkeiten einer wissenschaftlichen Nutzung der Unterlagen. Abschließend stellte er die erzielte Lösung dar, welche eine Abgabe der Hebelisten und -karteien an die Staatsarchive und deren Erfassung in einer Datenbank im Jahr 2003 vorsieht.
Herr Dr. Häusler (Archiv des Diakonischen Werkes der EKD) gab in seinem Vortrag einen weitgespannten Überblick über die Haltung der Kirchen zur Entschädigung von NS-Zwangsarbeitern, den Einsatz von Zwangsarbeitern in kirchlichen Arbeitsgebieten und Einrichtungen, die Überlieferungslage in den kirchlichen Archiven und die Rolle der kirchlichen Archive bei der Erforschung der NS-Zwangsarbeit.

In der Diskussion präzisierte Herr Roeske auf Nachfrage, dass die Möglichkeit eines regionalen Zugriffs auf die von ihm vorgestellten Aktenbestände des Bundesarchivs nicht existiere. Diese seien rein alphabetisch nach Personen- und Firmennamen geordnet (Frage von Herrn Ahrens, Stadtarchiv Oldenburg).
Ob eine Benutzung der Akten des Reichskommissars für feindliches Vermögen, dessen Tätigkeit bis 1948/49 andauerte, auch durch die bundesrepublikanischen Behörden erfolgte, konnte nicht mit Sicherheit beantwortet werden. Allerdings seien sie von den Wiedergutmachungsbehörden herangezogen worden (Nachfrage von Herrn Heuss, Claims Conference Nachfolgeorganisation, Frankfurt/Main).
Ausgehend von Roeskes Vortrag wies Professor Wessel auf eine spezifische Problematik bezüglich des ehemaligen Aktienbesitzes jüdischer Familien hin. Die betroffenen Familien verlangten häufig einen Aktienumtausch. Das Bundesamt für

offene Vermögensfragen habe zwar den entsprechenden Geldwert dieser Aktien erhalten, berufe sich aber auf den Ablauf der Frist für Anträge zur Rückerstattung und verweise stattdessen an die Unternehmen. Die Unternehmen ihrerseits beriefen sich jedoch auf ihren bereits geleisteten Beitrag. Die Frage von Wessel, ob eine neue Welle von Forderungen auf die Unternehmen zukomme, konnte nicht beantwortet werden.

Ergänzend zu seinem Vortrag führte Wessel aus, dass die Krankenakten der Zwangsarbeiter in den Unternehmensarchiven in der Regel keine vollständige Überlieferung darstellten, da kleinere Verletzungen u. Ä. zwar im Werk behandelt wurden, schwerwiegendere Fälle aber in die Lager überstellt worden seien (Nachfrage von Herrn Aders-Albert, Historisches Archiv der Stadt Köln). Grundsätzlich merkte Wessel an, dass Mannesmann über eine breite Überlieferung verfüge, während es um die Überlieferung in den kleineren, von dem Unternehmen übernommenen Werken sehr viel schlechter bestellt sei. Hier reichten die bloße Angabe des Werkes und des Beschäftigungszeitraumes für einen Nachweis oft nicht aus.

Auf Nachfrage von Herrn Targiel (Stadtarchiv Frankfurt/Oder) bezüglich des Nachweises von Geburten machte Professor Wessel darauf aufmerksam, dass diese nicht zwangsläufig in die Melderegister eingingen, sondern häufig beim Standesamt, zuweilen sogar direkt bei Bürgermeister angezeigt worden. Aufgrund des häufig sehr nachlässigen Umgangs der Kommunen mit den entsprechenden Unterlagen sei jedoch von deren Vollständigkeit nicht auszugehen.

Dr. Treffeisen bemerkte auf Rückfrage von Herrn Faust (Stadtarchiv Hürth), dass ihm derzeit keine weiteren Modelle wie das von ihm vorgestellte bekannt seien. Er habe lediglich erfahren, dass in Hessen etwas Ähnliches geplant sei.

Auf die Bemerkung von Professor Wessel, dass die Wirtschaftsunternehmen bevorzugt auf die Betriebskrankenkassen zurückgriffen, da die AOK-Bezirksdirektionen ihre Unterlagen häufig in großem Umfang vernichtet hätten, betonte Treffeisen, dass aufgrund der Zusammenhänge zwischen den Unterlagen von Betriebskrankenkassen und AOKs auf jeden Fall ein Blick in beide Überlieferungen (soweit vorhanden) lohne.

Den Schluss der Diskussion bildete eine einhellige Kritik an der Arbeit des Internationalen Suchdienstes in Bad Arolsen. Herr Heuss (Claims Conference Nachfolgeorganisation, Frankfurt/Main) bemerkte, dass viele Kommunen ihre Unterlagen nach Bad Arolsen überstellt hätten, ohne dass man dort der Fülle von Anfragen auch nur ansatzweise gewachsen sei. Herr Möller (Stadtarchiv Harsewinkel) äußerte, dass die zentrale Namensdatei des Suchdienstes, mit der eine Trefferquote von 30 bis 40 Prozent erzielt werde, auf EDV verfügbar sei. Die nach Kreisen sortierte Kriegs- und Nachkriegsregistratur von rund 400 lfd.m sei mikroverfilmt. Mit etwas gutem Willen aus Bad Arolsen könnten diese Hilfsmittel also ohne weiteres den Kreisarchiven zur Verfügung gestellt werden, was allerdings nicht abzusehen sei.

Am Ende der Sektionssitzung dankte Frau Viertel allen Vortragenden und unterstütze nachdrücklich den Vorschlag von Herrn Roeske, eine Dokumentation der von den Archiven vorgenommenen Anfragenbearbeitung zu Vermögensfragen zu erstellen.

Gemeinsame Arbeitssitzung:
Archive und Öffentlichkeit

Ulrich S. Soénius
Einleitung

Zum Ende des offiziellen Archivtagsprogramms fand eine gemeinsame Arbeitssitzung statt, die nicht unmittelbar auf das Tagungsthema Bezug nahm. Aber dennoch fand die Veranstaltung großen Zulauf, da das Thema anscheinend auch bei vielen Teilnehmern persönliche Betroffenheit hervorrief. Besucherorganisation in Form des Tages der Archive, Sponsoring der Archivarbeit und Internetangebot gehören heute zu den Alltagsobliegenheiten der Archivare. Daher entschloss sich der VdA-Vorstand bei der Programmgestaltung, dieses Themenspektrum mit anzubieten, um auch aktuellen Gesprächswünschen nachzukommen.

Alle drei Themen drehen sich im weitesten Sinne um archivische Öffentlichkeitsarbeit. Mit unterschiedlichen Formen machen heute Archive Nichtarchivare mit ihren Anliegen vertraut. Noch vor wenigen Jahren gab es harte Auseinandersetzungen in der Zunft der Archivare über den Stellenwert der Öffentlichkeitsarbeit im archivischen Alltag. Beschwor die eine Fraktion die archivischen Kernaufgaben als ausreichend für die Tätigkeit des Archivars, beschränkte die andere Fraktion die klassischen Archivaufgaben auf ein Minimum und wollte stattdessen die Öffentlichkeitsarbeit als Allheilmittel einsetzen. Wie so oft, liegt der richtige Weg in der Mitte, und die Praxis hat in der vergangenen Periode archivischer Aufgabendefinition gezeigt, dass ohne die Einwerbung von Freunden des Archivs auch die beste Verzeichnung nichts nützt. Umgekehrt kann man schlecht mit einer Verpackung werben, ohne einen Inhalt zu verkaufen. Nur Öffentlichkeit schaffen um der Aufmerksamkeit willen, nützt letztendlich auch nichts. Daher sind Bewertung und Verzeichnung nach wie vor die klassischen Grundlagen moderner Archivarbeit. Die Öffentlichkeitsarbeit gehört mit zu den klassischen Kernaufgaben bzw. zum Archivmanagement.

Hervorgerufen wurde eine solche Bewusstseinsänderung häufig durch die Kürzung von Finanzmitteln, die die Archivare vor völlig neue Anforderungen stellte. Doch sollte uns die Reaktion zu denken geben, wir sollten viel besser selbst agieren. Archive sind Teil der kulturellen Landschaft unseres Landes, sie beherbergen als moderne Wissensspeicher Daten in Hülle und Fülle und sind daher auch selbstbewusste Teilnehmer im Reigen kultureller Institutionen. Archivare treten heute als Informations- und Kulturmanager auf. Dies ist keine neue Entwicklung, nur haben frühere Generationen diesen Teil ihrer Arbeit nicht entsprechend gewürdigt oder gar nur mit Missmut angenommen. Dabei ist falsche Bescheidenheit fehl am Platz. Wer heute die Gazetten oder TV-Sender einer medienverwöhnten und teilweise auch dadurch fehlgeleiteten Nation zur Kenntnis nimmt, findet immer wieder Protagonisten, denen die Archivare eine Menge entgegenzusetzen haben. Unser Wissen, unsere Informationsverwaltung und -beschaffung können sich nicht nur sehen lassen, sondern sind erstrangig. Gesellschaftlich gesehen erweckt unser Berufsstand Vertrauen und Sicherheit. Wir können auch durch öffentliches Auftreten einen enormen Prestigegewinn verbuchen – wenn wir denn wollen. Museumsdirektoren verschaffen sich durch künstlich gesteigerte Besucherzahlen eine Masse im Rücken, Bibliothekare finden im Konzert der Kürzungsbedrohten schnell Gehör und Historiker sind inzwischen von den Feuilletonseiten geistreicher Tages- oder Wochenzeitungen auf die Talkshows, die moderne Form der Gladiatorenkämpfe, ausgewichen. Warum eigentlich spielen Archivare nicht in dem Konzert mit? Es kann schlechterdings nicht nur an den anderen liegen. Wer sich nicht einbringt, wer seine Erfolge nicht auf dem Markt der Möglichkeiten zur Schau stellt, der wird auch nicht wahrgenommen. Selbstverständlich sind Archive Teil jeder Kulturpolitik und es liegt an ihnen, dieses auch zu formulieren.

Daher war auch der erste Tag der Archive, über den Volker Wahl berichtet, ein wesentlicher Kristallisationspunkt der neuen Öffentlichkeitsarbeit, in der sich viele Archive und Archivare schon befinden. Kollege Wahl hat eindrucksvolle Zahlen vorgestellt, die erkennen lassen, dass sich viele Kolleginnen und Kollegen schon bewusst sind, dass wir unsere Tore weit öffnen müssen. Freunde schaffen – Clemens Rehm referierte darüber – heißt auch, wenn man langfristig Interessierte an sich bindet, ihnen Identifikation und auch eine Heimat in einer Kultureinrichtung bietet, die für viele Menschen noch immer den Geruch des Geheimnisvollen umgibt. Dabei sind wir längst fort von dem Image des Staub fressenden Archivars. Dies belegt auch die hohe Zahl von Archiven, die sich schon seit Jahren im Internet befinden und dort „ihre" Öffentlichkeit finden. Der Beitrag von Karl-Ernst Lupprian und Lothar Saupe macht noch einmal klar, wie ein solcher Auftritt auch für kleinere Archive zu leisten ist.

Die Öffentlichkeitsarbeit wird auch in Zukunft die Archivare beschäftigen. Langfristig werden wir nicht umhinkommen, auch professionelle Dienstleister mit der Vermittlung unseres Stellenwertes und unserer Anliegen im Interesse der Kulturnation zu beschäftigen. Doch wie die drei Beiträge zeigen, sind wir selbst auch schon auf dem besten Wege!

Volker Wahl
Der Tag der Archive 2001 – Ein Erfahrungsbericht

Auf den im Januar 2001 ergangenen Aufruf des Vorstandes des VdA an alle Archive in der Bundesrepublik Deutschland, sich am 19. Mai 2001 an der Ausrichtung und Gestaltung eines bundesweiten TAGES DER ARCHIVE zu beteiligen und sich zu diesem Zweck bei der Geschäftsstelle anzumelden, haben sich im Vorfeld dieses Tages insgesamt 561 Archive – von Aachen bis Zittau – gemeldet. Vertreten waren alle Archivsparten, wie sie in unseren acht Fachgruppen vorkommen. Jedes dieser Archive könnte hier stehen und einen Erfahrungsbericht abgeben. Ich möchte allerdings über die Erfahrungen des VdA bei der Vorbereitung und Durchführung dieser öffentlichen Aktion berichten, was sowohl Statistik als auch Analyse, vor allem aber kritische Sicht, Wertung und Schlussfolgerung einbezieht.

Bleiben wir zunächst bei den Zahlen. Wir gehen im Allgemeinen davon aus, dass wir in Deutschland etwa 2.200 Archive besitzen. Demnach hätte sich bei der gemeldeten Anzahl von 561 nur ein Viertel aller Archive am 19. Mai 2001 am TAG DER ARCHIVE beteiligt. Diese Bilanz wäre eher entmutigend. Wir wollen aber annehmen, dass mehr als die auf der Homepage des VdA aufgelisteten Archive an diesem Tag für die Öffentlichkeit zugänglich waren. Ich muss weiterhin außer Acht lassen, dass es zu anderen Zeiten von hier nicht erfassten Archiven im Verlauf des Jahres ähnliche Aktivitäten gegeben hat und möglicherweise noch geben wird. Eine Kritik des VdA an diesen Zahlen ist unangemessen. Im Gegenteil. Der Vorstand, der diesen TAG DER ARCHIVE seit 1999 propagiert und projektiert, ihn als unser gemeinsames Anliegen im Interesse des gesamten Archivwesens gefördert hat, ist allen Archiven – und nun sage ich von Aachen bis Zwickau – dankbar, die dem Aufruf gefolgt sind und sich an dieser bisher einmaligen bundesweiten öffentlichen Präsentation der Archive beteiligt haben.

Ich wiederhole an dieser Stelle gern, was der VdA-Vorsitzende, Dr. Norbert Reimann, unmittelbar nach diesem Tag in der Mitteilung an alle Archive in der Bundesrepublik Deutschland als Dank formuliert hat: „Ich möchte Ihnen und allen Kolleginnen und Kollegen Ihres Hauses recht herzlich danken, dass Sie diese erste gemeinsame ‚PR-Aktion' des VdA bzw. der deutschen Archive so bereitwillig und engagiert mitgetragen haben. Ich bin sicher, dass sich unsere gemeinsamen Anstrengungen positiv für die Arbeit der Archive auswirken werden." Aus meiner unmittelbaren Verantwortung für diese Maßnahme im bisherigen geschäftsführenden Vorstand heraus kann ich mich diesen Dankesworten nur anschließen. Es wird der Beschlussfassung des neuen Vorstandes obliegen, wann wieder zu einem TAG DER ARCHIVE aufgerufen wird. Vorträge und Diskussion der heutigen Gemeinsamen Arbeitssitzung sind Bestandteil der Meinungsbildung darüber.

Nach den vom Vorstand des VdA ausgehenden Anregungen für einen bundesweiten TAG DER ARCHIVE, die erstmals öffentlich in der Mitgliederversammlung auf dem 70. Deutschen Archivtag 1999 in Weimar diskutiert wurden, konnte dieser erstmalig am 19. Mai 2001 als eine besondere Form der Informationstätigkeit und Öffentlichkeitsarbeit der Archive durchgeführt werden. Der VdA hat mit einer kleinen Arbeitsgruppe des Vorstandes sowie durch den Geschäftsführenden Vorstand und die Geschäftsstelle organisatorisch und inhaltlich vorbereitende Arbeiten geleistet. Er hat seine Beweggründe für eine solche Veranstaltung und die mit ihr verbundene Zielstellung offensiv vertreten. Das begann mit einem ersten allgemeinen Aufruf im Juli 2000 in unserer Fachzeitschrift „Der Archivar"[1] und setzte sich mit dem großen Aufruf im Heft 1 (2001) fort.[2] Er hat verbandsintern auf den Deutschen Archivtagen 1999 und 2000 darüber diskutiert. 1999 war es die nicht widerspruchsfrei aufgenommene Mitteilung, bereits im folgenden Jahr einen solchen bundesweiten Tag der offenen Tür veranstalten zu wollen, der in der Vorbereitung darauf nur wenig Zeit gelassen hätte und außerdem mit bereits individuell geplanten Terminen kollidiert wäre. Deshalb war die Entscheidung für 2001 sehr gerechtfertigt.

Auf dem Deutschen Archivtag in Nürnberg diente das dort veranstaltete Werkstattgespräch am 10. Oktober 2000 mit seinen Vorträgen und Diskussionen der weiteren Vorbereitung und Ausgestaltung eines solchen Vorhabens, das anders als die Deutschen Archivtage, die mit ihnen verbundene Fachmesse ARCHIVISTICA oder sonstige Fachveranstaltungen im VdA nicht den Veranstalter vor Ort haben konnte. Das konnten und können nur die Archive selbst sein. Über die Absichten des VdA und die Ergebnisse des Werkstattgesprächs habe ich nach unserer langen Satzungsdiskussion kurz in der Mitgliederversammlung in Nürnberg berichten können.

Der Vorstand hat öffentlichkeitswirksam in Pressemitteilungen und anderen Informationsangeboten sowie mit verschiedenen Hilfsmitteln (Plakat, Flyer, schrift-

---

1 Vgl. Der Archivar 3 (2000), 273 f.
2 Vgl. Der Archivar 1 (2001), 3.

liche Handreichungen) die Archive als örtliche Veranstalter unterstützt. Es kam auf die Archive selbst an, die spezifische Veranstaltungsform für eine erfolgversprechende Gestaltung und Durchführung des TAGES DER ARCHIVE zu finden. Das haben zahlreiche Archive, sicher mehr als die gemeldeten 561, als Einzelveranstalter, in lokalen oder regionalen Verbünden, in Kooperation mit anderen kulturellen und wissenschaftlichen Einrichtungen getan. Der VdA mit seinem Vorstand war unzweifelhaft Anreger, er war nur bedingt Koordinator, er konnte aber nicht Organisator im konkreten Fall sein. Er hat individuelle Erfahrungen seiner Vorstandsmitglieder und weiterer Personen einfließen lassen, er hat dabei gelernt und wird mit neuen Einsichten und Überzeugungen auch weitere TAGE DER ARCHIVE auf den Weg bringen. Und das Sprichwort „Allen Menschen recht getan, ist eine Kunst, die niemand kann", hat sich auch wieder einmal bewahrheitet.

Der TAG DER ARCHIVE im Jahr 2001 hat seinen beabsichtigten Zweck erfüllt. Ob er künftig regelmäßig neben die bisherigen traditionellen Veranstaltungsformen des VdA – Fachkongress DEUTSCHER ARCHIVTAG und Fachmesse ARCHIVISTICA – treten wird, ist nach sorgfältiger Auswertung der Fragebogenaktion des VdA und erneuter Bewertung von Zielstellung und Funktion einer solchen öffentlichkeitswirksamen Veranstaltung zu beantworten. Dazu wird neben der Mitgliederversammlung heute und hier in dieser Gemeinsamen Arbeitssitzung Gelegenheit gegeben sein. Da die Meinungsäußerung allerdings erst nach der Mitgliederversammlung stattfindet, können wir keine bindenden Beschlüsse fassen. Der neue Vorstand wird sich aber sehr sorgfältig mit den Vorträgen und Wortmeldungen befassen. Das gilt dann auch für die Ergebnisse der Fragebogenaktion, die in den zurückliegenden Monaten durchgeführt wurde. Die Auswertung der eingegangenen Antworten und die Diskussion im Plenum werden sicher nur ein Stimmungsbild abgeben, können jedoch Tendenz und Richtung deutlich machen. Auch wenn diese nicht als Abstimmung zu werten sind, sollte am Schluss der Arbeitssitzung ein grundsätzliches Votum für oder gegen den TAG DER ARCHIVE ausgesprochen werden, das für den neuen Vorstand des VdA richtungsweisend ist.

Die Fragenkomplexe des VdA-Fragebogens konzentrierten sich auf Statistik und Bewertung der Aktivitäten der Archive selbst sowie auf die Unterstützung des VdA. Abschließend wurde von den Archiven die grundsätzliche Beurteilung aus den Erfahrungen des diesjährigen TAGES DER ARCHIVE erbeten. Bis vergangene Woche und damit nach dem angegebenen Einsendeschluss sind etwas mehr als 300 ausgefüllte Fragebögen eingegangen. Schließlich waren es exakt 300, die in die Auswertung einbezogen wurden, nachdem die anonymen Antwortbögen ausgeschieden waren. Ich möchte davon ausgehen, dass damit mindestens die Hälfte der potenziellen Veranstalter auf die Fragen des VdA zwecks Auswertung des TAGES DER ARCHIVE geantwortet hat. Über die Qualität des Fragebogens will ich an dieser Stelle nur sagen, dass er verbesserungsfähig ist. Auch über die Qualität der Antworten muss nicht lange geredet werden. Es ließe sich durchaus eine Unterhaltungssendung nach dem Motte „Die witzigsten Antworten der Archive" – eine andere Prädikatisierung werde ich nicht wagen – gestalten. Auch Form- und Stilfragen sollen weiter keine Rolle spielen. Meine Sekretärin, welche die Antworten in eine Datenbank eingegeben hat, war jedenfalls über die großen Niveauunterschiede bei den Archivaren mehr als verwundert. Eine Schlussfolgerung möchte ich wagen, beim nächsten Mal – wenn überhaupt eine solche Fragebogenerfassung erneut als notwendig erachtet wird – konsequent die Form der elektronischen Erfassung und Abstimmung zu versuchen. Das erfordert sicher präzisere Fragen, zwingt aber auch zu konkreteren Antworten, die eindeutiger gewertet werden können.

Dass die „Rückmeldung" bei Hunderten von Veranstaltern am TAG DER ARCHIVE notwendig ist, bedarf wohl keiner größeren Begründung, will man in der internen oder öffentlichen Auswertung nicht bei Allgemeinplätzen stehen bleiben oder nur vage Schätzungen anbieten. Für eine Bewertung der Gesamtveranstaltung kann die Einzelstimme, auch die vereinzelte Wortmeldung in einer solchen Veranstaltung, immer nur die begrenzte lokale Sicht wiedergeben. Die Zahlen sind da sicher exakter und eignen sich auch besser für Hochrechnungen. Die schriftlichen Antworten mit wertenden und ergänzenden Bemerkungen zeigen jedoch die große Bandbreite individueller Erfahrungen und Sichtweisen. Ich werde dazu Beispiele bringen.

Ich möchte Ihnen nun das ermittelte Zahlenwerk auf der Grundlage von 300 ausgewerteten Fragebögen interpretierend unterbreiten, wobei ich jedoch nicht in der Reihenfolge der Fragen bleiben werde. Drei Zahlen habe ich Ihnen schon genannt, die noch einmal ins Gedächtnis gerufen werden sollen. Etwa 2.200 Archive zählen wir in Deutschland, zur Beteiligung am ersten bundesweiten TAG DER ARCHIVE haben sich davon 561 bei der Geschäftsstelle registrieren lassen, von den veranstaltenden Archiven liegen 300 Antworten zur Auswertung vor. Ist das ein Erfolg, ist das ermutigend? Es ist sicher ein Anfang gewesen.

300 Archive haben die Anzahl der Besucher gemeldet, insgesamt 38.686, was einem Durchschnitt von 129 Besuchern pro Archiv entspricht. Das ist sicher sehr

interpretationsfähig. Ich will Ihnen weder eine „Siegerliste" mit den ersten drei Plätzen noch die hinteren Ränge nennen, weil bei der Bewertung der Besucherzahlen die Unterschiedlichkeit der Rahmenbedingungen einbezogen werden müsste. Wenn am 19. Mai 2001 mehr als 70.000 Menschen – das ergäbe die Hochrechnung der durchschnittlichen Besucherzahl auf 561 beteiligte Archive – das Archiv, das unbekannte Wesen, mit der Neugier des Wissbegierigen aufgesucht haben, so sollten wir leicht optimistisch sein. Gelockt haben eben nicht der Amüsierbetrieb oder die Spannung populärer Volksveranstaltungen. Trotzdem gehe ich davon aus, dass in den Archiven nicht nur knochentrockene Belehrung geboten wurde.

Gefragt haben wir auch nach der Verweildauer, wobei bei den gemachten Angaben eine längere Aufenthaltsdauer für den Archivbesuch mit 65 Prozent überwiegt, 30 Prozent der befragten Archive sogar als Verweilzeit „lange", aber nur fünf Prozent „kürzer" angeben haben. Das mag ursächlich damit zusammenhängen, dass die gewählten Veranstaltungsformen von vornherein einen längeren Aufenthalt bedingten. Nur einmal vorbeischauen, vielleicht sogar zwischen zwei Einkaufstouren, geht im Archiv nicht. Ich habe andererseits persönlich erlebt, dass in Weimar, wo zur gleichen Zeit die „Lange Nacht der Museen" stattfand, die Frequenz außerordentlich unterschiedlich war, im Archiv mit insgesamt kleineren Besucherzahlen, aber längerer Aufenthaltsdauer, im Museum (hier in den Kunstsammlungen) mit größeren Besuchermassen, denen nichts Besonderes geboten wurde, die mehr oder weniger schnell durch die Räume an den Gemälden vorbei flanierten, wobei offenbar der kostenlose Eintritt in das Museum anziehend gewirkt hat.

Was wurde nun den Besuchern in den Archiven geboten? Hier ist eine Rangfolge möglich, die keineswegs überrascht. Natürlich stehen die archivspezifischen Vermittlungsformen an der Spitze: Führungen mit 263, Ausstellungen mit 234; oder anders gesagt: Zu 88 Prozent haben die Archive Führungen, zu 78 Prozent Ausstellungen angeboten. 89 Archive haben Filmvorführungen veranstaltet, also 30 Prozent, was ich ebenfalls für bemerkenswert halte. Schließlich wurden 68 Mal Vorträge bzw. Lesungen aus Archivdokumenten angeboten, was 23 Prozent entspricht. Alle diese Veranstaltungen wurden weitaus überwiegend gut angenommen. Lediglich die Sonderform Filmvorführung zeigt mit den Zahlen 41 Mal sehr gut, 30 Mal zufriedenstellend und 19 Mal weniger angenommen ein differenzierteres Bild.

Von Formen auflockernden oder unterhaltenden Charakters haben die Archive ebenfalls, aber deutlich weniger Gebrauch gemacht. Archivquiz als Wissenswettbewerb wurde 25 Mal (8%) genannt. Die eigene Erfahrung in meinem Archiv im Hinblick auf die Beteiligung legt für mich den Schluss nahe, dass trotz lockender Preise die Scheu vor dem Intelligenztest möglicherweise überwiegt. Das spiegelt sich auch in den nachgefragten Bewertungen wider, die überwiegend nur zufriedenstellend ausgefallen sind. 63 Archive geben an, ihren Gästen Bewirtung geboten zu haben, also 21 Prozent. Darüber, ob das „Lockfutter" für den Besucher „Lohn der Mühe" nach überstandenem Gang durch das Archiv oder abschließendes Dessert nach bloßer Wissensanfütterung war, will ich nicht spekulieren. Immerhin überwiegen bei der Bewertung zahlenmäßig die Antworten, dass die Bewirtung sehr gut angenommen wurde (37, gegenüber 11 zufriedenstellend und 9 weniger angenommen).

Verkauf von Publikationen auf speziellen Büchertischen, auch andere Formen des Verkaufs, aber auch der Verteilung bzw. Schenkung waren ebenfalls Programmpunkte des TAGES DER ARCHIVE. 140 Archive haben Publikationen zum Verkauf angeboten, fast die Hälfte (66) haben geantwortet, dass dies weniger, und eine große Zahl (50), dass dies nur zufriedenstellend angenommen wurde. Selbst in der Rubrik der Schenkung zeigt sich mit 22 weniger angenommen und 26 zufriedenstellend ein ähnliches Zahlenverhältnis. Die Zahlen, die hier von sehr guten Erfolgen künden, bleiben entsprechend darunter.

Bleibt die Frage nach den sonstigen Angeboten, die in den Antworten den großen Einfallsreichtum der Archive zeigen. Ich kann hier nur Einzelbeispiele nennen und bei der Selbstbewertung die überwiegend sehr gute Aufnahme solcher Programmpunkte anführen. Dazu gehören u. a. Vorführungen von alten Rundfunkapparaten, Schallplatten- und Tonbandabspielen, Beratungen in heraldischen und genealogischen Fragen, Handschriftentranskriptionen, Restaurierungs- und Konservierungstipps, Scannen historischer Fotos, der Ausdruck von „Geburtstagszeitungen", Internet- und Datenbankpräsentationen, die Vorstellung von neuen Publikationen bzw. von CD-Editionen, szenische Darstellungen bzw. Theateraufführungen auf der Grundlage archivalischer Quellen, Musikdarbietungen, „Kindertag im Archiv" mit unterschiedlichen Angeboten, antiquarischer Buchverkauf. Dass unter „Sonstiges" auch allgemeine und spezielle Beratungen durch Archivare, Restauratoren, Fotografen immer im Zusammenhang mit Archivgut erwähnt wurden, muss nicht besonders betont werden

Ein nächster Fragenkomplex befasste sich mit der gewährten Unterstützung durch die Archivträger und die Möglichkeiten der Kooperation. „Hat die Politik bzw. der Archivträger die Veranstaltungen zur Kenntnis genommen?" lautete konkret die Frage. Immerhin wurde diese Frage von 78 Prozent mit der Aussage „unterstützend" bejaht, 21 Prozent haben dies verneint, ein Prozent (so die Antwort von vier Archiven) fühlte sich dagegen sogar behindert.

Kooperation ist bei solchen Ereignissen kein Fremdwort, wenn am Ort selbst mehrere Archive oder andere wissenschaftliche oder kulturelle Einrichtungen vorhanden sind. So haben 161 Archive geantwortet, dass sie mit anderen kooperiert haben. Gemeinsame Plakate, Veranstaltungsprogramme und Prospekte zeugen von dieser öffentlichkeitswirksamen Zusammenarbeit. Mein Vortrag kann die dabei gesammelten Erfahrungen nicht weitergeben. Ich rege deshalb an, dass Erfahrungsberichte aus den für den TAG DER ARCHIVE 2001 entstandenen Archivverbünden im „Archivar" publiziert werden sollten, um Beispiele öffentlichkeitswirksamer Darstellung des Archivwesens in der Gesellschaft als Anregungen weiterzugeben. Das gilt durchaus auch für die erfolgte Kooperation mit anderen Einrichtungen, wenn hier nachahmenswerte Formen des Austausches und der Zusammenarbeit entstanden sind. 67 Archive haben nämlich angegeben, mit anderen örtlichen Einrichtungen kooperiert zu haben.

Zum Zeitpunkt und zur Form der Medienberichterstattung liegen ebenfalls Antworten vor. Ich muss aber eher davon ausgehen, dass sich die Zusammenarbeit mit Presse, Rundfunk, Fernsehen auf der Basis traditioneller und bereits vorhandener Beziehungen vollzogen hat. Nicht erstaunlich ist, dass 287 Archive Berichte im Vorfeld gemeldet, aber immerhin noch 233 auch die Berichterstattung nach den Veranstaltungen genannt haben. An erster Stelle steht dabei die Presse mit 294, dann folgen der Rundfunk mit 97 und das Fernsehen mit 47 Nennungen. Die Berichterstattung wird mit 62 Prozent, also zu fast zwei Dritteln, als gut, mit 27 Prozent als zufriedenstellend und zu 11 Prozent als unzureichend (von 32 Archiven) bewertet. Das ist das Ergebnis der von den Archiven getroffenen Bewertung der Berichterstattung in den Medien.

Es lässt sich offenbar leichter über die Tätigkeit anderer urteilen, als seine eigenen Arbeitsergebnisse kritisch zu hinterfragen. Kommen wir zur Bewertung der Planung und Unterstützung durch den VdA, wie sie von den befragten Archiven gesehen wird. „Früher, schneller, effizienter", lautet eine Einschätzung. Das ist gut formuliert und trifft sicher auch zu. Abgesehen davon, dass der VdA mit seinen Leitungsgremien in dieser Angelegenheit auch Lernender war und Schlussfolgerungen aus nicht gelungenen und kritisch beurteilten Maßnahmen ziehen wird, muss hier einfach festgestellt werden, dass die Bemühungen beim Vorstand, bei der Geschäftsstelle und bei der für die Organisation des TAGES DER ARCHIVE eingesetzten Arbeitsgruppe vorhanden waren, die bestmögliche Unterstützung zu geben. Gegenüber einem professionellen Management müssen natürlich die zwangsläufig sporadischen Einsätze von ehrenamtlich arbeitenden Vorstandsmitgliedern und einer nur mit einer halben Stelle ausgestatteten Geschäftsstelle abfallen. Doch es gab von vornherein keinen Gedanken daran, unter Einsatz eines hohen finanziellen Betrages eine Agentur mit der Ausrichtung zu betrauen. Ich gehe davon aus, dass sich der neue Vorstand aufgrund der Kassenlage auch künftig nicht für ein anderes Vorgehen entscheiden wird. Die ständige Besetzung der Geschäftsstelle kann allerdings hier bereits günstigere Bedingungen schaffen, um in dieser Angelegenheit früher und schneller mit den Archiven zu kommunizieren. Als illusionär muss man aber sicher den Wunsch ansehen, wenn ein Archiv schreibt: „Ideal, wenn Plakate bereits bedruckt bestellt werden könnten." Das muss sicher auch weiterhin noch Wunschvorstellung bleiben. Von Idealen können und wollen wir uns jedoch leiten lassen. Bei der Umsetzung ist allerdings Idealismus notwendig, den nach meiner Meinung auch viele Archive bei unserer gemeinsamen Aktion aufgebracht haben.

Der Kostenfaktor ist immer zu bedenken. Der Schatzmeister hat bisher keine Zahlen in seinem Rechenschaftsbericht genannt. Sie werden erst mit der Jahresrechnung 2001 vorliegen. Allein die Herstellung und Versendung von Rundbriefen, der Handreichungen und der Plakate und Flyer erfordern hohe Kosten. Leider ist das elektronische Kommunizieren noch nicht mit allen Archiven möglich. Aber zunehmend werden wir dadurch effizienter arbeiten können. Also: „Früher, schneller, effizienter" ist als olympischer Gedanke des Archivwesens durchaus am richtigen Platz. Ich möchte dann aber doch auch andere mit den Fragebogenantworten übermittelte Beurteilungen hinterfragen. Wenn im Hinblick auf die „Handreichungen" von „Allgemeinplätzen" gesprochen wird und diese als „wohl eher für Berufsanfänger nützlich" charakterisiert werden, dann sollten doch die Kritiker und erfahrenen Praktiker mit ihrer Meinung, „Vieles dort Gesagte war banal und wird in unserer Öffentlichkeitsarbeit seit vielen Jahren praktiziert", zur Kenntnis nehmen, dass der VdA bei einem solchen von Praktikern erarbeiteten Papier sowohl die sehr unterschiedliche Alters- und Ausbildungsstruktur als auch nicht zuletzt Status und Größe eines Archivs und der dort tätigen Archivare berücksichtigen muss. Deshalb muss eben manches verallgemeinernd ausgedrückt werden, andererseits kann und muss die Forderung, „Selbstverständlichkeiten weglassen", nicht immer richtig sein. Nachzudenken ist über die Forderung nach konkreten Vorschlägen und didaktischen Hinweisen. Der geäußerte Wunsch nach einem konkreteren Zuschnitt für unterschiedliche Archivtypen ruft die Fachgruppen und deren Vorstände auf den Plan, eventuell fachgruppenspezifische Handreichungen zu entwickeln. Auch darüber wird bei der weiteren Auswertung im Vorstand des VdA zu sprechen sein.

Ich nenne nunmehr Zahlen zum Komplex Planung und Unterstützung durch den VdA aus der Zusammenfassung der Fragebögen, wobei in der Gesamtsumme nicht immer 300 herauskommen, weil nicht jede Frage beantwortet wurde. Die Unterstützung des VdA für die Archive wurde 131 Mal als gut (47%), 116 Mal (41%) als zufriedenstellend und nur 35 Mal (12%) als unzureichend gewertet. Das ist nicht entmutigend, schließt aber das Streben nach Verbesserungen ein. Die Internetangebote des VdA wurden von 159 Archiven genutzt, also von der Hälfte der an der Fragebogenaktion beteiligten Archive. Es mag dies das gegenwärtige Verhältnis zwischen Archiven mit und ohne Internetanschluss bzw. -zugriff sein. Die dort gegebenen Informationen wurden von 80 Prozent als nützlich empfunden. Das gilt auch für die im Internet veröffentlichte Liste der beteiligten Archive. Kritisch wird die überregionale Pressearbeit des VdA gesehen, wenn nur 41 Archive sie als positive Auswirkung für ihre Aktionen erkennen, 186 dies verneinen. Das hat aber nichts mit der Qualität der Argumente in den vom VdA herausgegebenen Presseverlautbarungen zu tun. Der Vorstand sieht es selbst als kritisch an, dass eine mit der Senatsverwaltung von Berlin und dem Bundesarchiv organisierte Pressekonferenz im Vorfeld des TAGES DER ARCHIVE bei der Zielgruppe – Presseorgane und Presseagenturen – nicht die erwünschte Resonanz hatte. Auch an dieser Stelle muss noch einmal nachgedacht werden, wie der richtige Weg über die Medien an die Öffentlichkeit ist. Eine Sensationsmeldung war die Ankündigung des TAGES DER ARCHIVE für die Medienvertreter gewiss nicht. Demzufolge blieb die Resonanz bei ihnen gering.

Zur Kritik an den „Handreichungen" habe ich bereits etwas gesagt. Immerhin wurden die dort gegebenen Anregungen von mehr als der Hälfte der Befragten (161 Mal = 54%) als nützlich eingeschätzt. Das vom VdA herausgegebene Plakat, das sowohl unter Nützlichkeitsaspekten zu sehen ist, als auch ästhetischen Bewertungskategorien unterlag, bietet in der Beurteilung das ganze Spektrum von zustimmend bis ablehnend. Die Fragebogenbewertungen wiederholen die Bandbreite der Meinungen, wie sie bereits im Werkstattgespräch auf dem Deutschen Archivtag in Nürnberg 2000 gegenüber ersten Ideenskizzen auftraten und wie sie in mehreren Vorstandssitzungen des VdA bei der Diskussion einer weiterentwickelten Entwurfsfolge deutlich wurden. Die für 2001 gefundene Lösung wurde 73

Mal (28%) als sehr gut, 134 Mal (51%) als gut und 56 Mal (21%) als weniger gut bewertet. Von 300 Archiven haben es 221 (74%) eingesetzt, wobei die Zahl der verwendeten Plakate die Größenordnung von 6.000 erreicht. Das ist aber natürlich nicht die Gesamtzahl der für den TAG DER ARCHIVE eingesetzten Plakate.

Auf Anregung des Vorstandes wurde das Motiv auch für einen Flyer-Vordruck verwendet, der mehr noch als das Plakat mit eigenen Informationen versehen und gestaltet werden konnte. 73 Archive haben gemeldet, dass sie diese Vordrucke von der Geschäftsstelle bezogen und eingesetzt haben. Die dafür bekannte Zahl ist 28.872. Zum Plakatmotiv, das unterschiedlich bewertet wurde, will ich ganz unkommentiert die unterschiedlichsten Stimmen zu Gehör bringen: „Motivwahl zu sehr auf klassisches Archiv ausgerichtet"; „moderneres bzw. der Zeit angepasstes Design"; „zu dunkel, wenig auffällig"; „durch die Abbildung von Siegeln und Urkunden führte das Plakat optisch ins Mittelalter, Archive mit zeitgeschichtlichen Unterlagen brauchen einen neutralen Hintergrund"; „Wahl eines für alle Archive anwendbaren neutralen Motivs"; „Plakat überladen, Darstellung zu sehr auf Bundesebene ausgerichtet"; „Motiv sollte entweder ganz vom Archivgut abstrahieren oder repräsentativen Querschnitt zeigen"; „Eignung für Archive unterschiedlicher Art muß gewährleistet sein". Auch zu große Schriftlastigkeit des Plakates wurde moniert, wobei ich allerdings die Bezugsebene bei dieser Aussage nicht kenne. Im Hinblick auf die notwendigen Grundinformationen (Anlass: TAG DER AR CHIVE; Zeitpunkt: 19. Mai 2001; Träger: VdA – Verband deutscher Archivarinnen und Archivare, mit Logo; und Sponsor für den Plakatdruck als Firmenname mit Logo) kann ich das nicht sehen, denn weniger geht nicht. Wenn man aber einen Sponsor hat, der Geld dafür gibt, dann muss er genannt werden. Über das Problem, dass er dann auch noch über den Platz auf dem Plakat entscheidet, ja überhaupt seine Zustimmung zur Gestaltung geltend macht, will ich gar nicht sprechen.

Sicher wird die Gestaltung und der Einsatz eines zentralen Plakates noch einmal im Vorstand diskutiert werden müssen. Ich glaube sogar, dass grundsätzlich noch einmal darüber nachgedacht werden muss, was wir damit erreichen wollen. Soll das Plakat die Botschaft sein, dass bundesweit ein TAG DER ARCHIVE stattfindet, oder soll es vorrangig der Informationsträger für die lokalen Veranstaltungen sein. Für den diesjährigen TAG DER ARCHIVE haben wir einen Spagat versucht und beides miteinander verbinden wollen. Das geht wahrscheinlich nicht, denn die zahlreichen Forderungen, mehr Raum für individuelle Eindrucke zu schaffen, stößt an Grenzen der zu erreichenden Gesamtaussage und an solche der ästhetischen Gestaltung. Ich persönlich vertrete die Meinung, für den TAG DER

ARCHIVE mit einem zentralen Plakat des VdA zu werben, das die Botschaft von der Existenz von Archiven als Teil des kulturellen Gerüstes unserer Gesellschaft vermittelt, jedoch nicht mit einem Informations- und Veranstaltungsplakat, wie es von Agenturen und Konzert- und Gastspieldirektionen verwendet wird. Die Kombination von beiden mit ausreichendem Platz für individuelle Eindrucke innerhalb des künstlerisch besetzten Gestaltungsraumes ist wohl nicht zur Zufriedenheit aller zu lösen. Das diesjährige Plakat ist keine Lösung ein- für allemal, bei dem nur das Datum und der Sponsor ausgewechselt werden müsste. Es kann der Auftakt einer Serie werden, wenn der TAG DER ARCHIVE künftig eine Traditionsveranstaltung des VdA werden soll, zu deren Gelingen viele Archivarinnen und Archivare vor Ort beitragen müssen.

Ich will Ihnen die grundsätzliche Beurteilung zum TAG DER ARCHIVE anhand der Fragebogenerhebung nicht vorenthalten. Nach den ausgewerteten 300 Fragebogen haben 259 Archive (86%) diese Aktion als erfolgreich eingeschätzt. 273 (91%) von 300 stimmten für eine Wiederholung, 90 (30%) im nächsten, 180 (60%) im übernächsten Jahr. Daraus sind vom Vorstand des VdA Schlussfolgerungen zu ziehen. Diese müssen sich nicht an einem Umfrageergebnis orientieren, das auf der Grundlage einer minderen Beteiligung entstanden ist. Aber es zeigt eine Tendenz, wegen des besonderen Aufwandes, der in kleinen Archiven ungleich größer ist und nur auf wenigen Personen lastet, die Frequenz eher zu vergrößern, also nicht in jedem Jahr einen TAG DER ARCHIVE zu haben – ich präzisiere: einen vom VdA bundesweit ausgerufenen TAG DER ARCHIVE, denn es bleibt den Archiven die Freiheit, jährlich einmal oder auch mehrmals einen Tag der offenen Tür zu veranstalten.

Dagegen war die Frage nach dem Termin im Hinblick auf Jahreszeit und Wochentag zwar richtig gestellt, die Meinungsbildung ist aber hier weitaus schwieriger. Bezüglich des Wochentags gibt es gleich viel Stimmen, die für den Samstag wie für den Sonntag plädieren, wobei im Vordergrund die Einschätzung für den Publikumszuspruch steht. Aber auch eine solche Stimme war zu hören: „Sonntag trifft auf Widerspruch im Kollegenkreis". Das ist konkret, in einem solchen Kollegenkreis hat man es schwer sich durchzusetzen. Die vorbereitende Arbeitsgruppe des VdA war nach reiflicher Überlegung auf den Samstag als günstigsten Wochenendtermin gekommen. Ich persönlich würde auch daran festhalten wollen. Auch bei der Jahreszeit mit der Festlegung auf einen besonderen Monat werden Frühling, Herbst und Winter zu gleichen Anteilen genannt. „Kein Termin während der Bade- oder Glatteissaison" wird gewarnt. Termin sollte „jedoch nie in die Pfingstferien fallen", war zu lesen, oder „Mai birgt die Gefahr des zu schönen Wetters".

„Herbst oder Winter als die Archivzeit scheint mir geeigneter", lautet ein Hinweis. Ich habe bisher angenommen, dass Archivare keine Saisonarbeiter sind und zu allen Jahreszeiten Archivzeit ist. Als ich dann aber in einem Fragebogen las, „es wird immer Imponderabilien geben", war meine Archivwelt wieder in Ordnung.

Trotz alledem, der Vorstand des VdA wird nochmals Für und Wider der Terminwahl erörtern müssen. Dabei wird er auch ein Argument ins Feld führen, das kein Archiv vor Ort heranzuziehen hat. Egal wie groß der organisatorische Anteil des VdA am Zustandekommen des TAGES DER ARCHIVE ist. Vorstand und Geschäftsstelle sind in den Monaten vor dem Deutschen Archivtag und der Archivmesse mehr als ausgelastet mit organisatorischer Arbeit für diese zentralen Veranstaltungen des VdA, so dass aus dieser Sicht ein Frühjahrstermin weitaus günstiger ist. Sehr bedenkenswert ist folgender Hinweis: „Wichtig ist, nicht dauernd zu wechseln, wenn es eine dauerhafte Vorstellung werden soll". An dieser Stelle soll das Problem nur benannt werden, ohne von mir aus präjudizierend zu werden. Die diesjährige Nähe des TAGES DER ARCHIVE am 19. Mai zum Internationalen Museumstag am 20. Mai war übrigens reiner Zufall. In Weimar haben wir diesen Zufall genutzt, den TAG DER ARCHIVE in die „Lange Nacht der Museen" übergehen zu lassen, dem Publikum ein Kulturwochenende geboten, dass dankbar angenommen wurde und von keiner der beteiligten Institutionen als Konkurrenzveranstaltung begriffen wurde. Aber da mag es bei einer solchen Konstellation durchaus anderswo Erfahrungen, Befindlichkeiten und Hindernisse für die Archive geben, die zu anderen Schlussfolgerungen führen. Im Gespräch mit unseren ausländischen Gästen am Dienstag haben wir übrigens gehört, dass am 19. Mai auch in Polen, Kroatien und Ungarn ein „Tag der Archive" stattgefunden hat.

Die Ergebnisse der Auswertung zu den einzelnen Fragen wurden statistisch (zahlenmäßig oder prozentual) aufbereitet und werden nach dieser ersten öffentlichen Behandlung dem Vorstand für weitere Überlegungen zur Verfügung stehen. Unabhängig von den im Fragebogen formulierten Fragestellungen sind für die Weiterverfolgung einer solchen besonderen Veranstaltungsform Antworten zu weiteren Problemen zu geben, die ich bereits in dem vorbereiteten Thesenpapier formuliert habe.

1. Zielstellung und Funktion des TAGES DER ARCHIVE
Darüber muss nicht neu nachgedacht werden, denn vom ersten Aufruf an war klar, was der VdA gemeinsam mit den Archiven mit einer solchen besonderen öffentlichen Veranstaltung bezweckt. Wir sollten aber noch einmal überdenken, wel-

che spezifische Funktion damit verfolgt wird. Bleiben wir bei einer archivspezifischen Informationsveranstaltung, bei der Wissen und Kenntnisse über die Arbeit von Archiven und Archivaren vermittelt werden sollen? Favorisieren wir eine Ereignis- oder Schauveranstaltung, bei der das Archiv nur Ort und Rahmen eines so genannten Events bildet?

Dass wir eine Veranstaltung für die Allgemeinheit möchten, wird wohl nicht bezweifelt werden. Den TAG DER ARCHIVE nur für spezifische Zielgruppen zu gestalten, mag im Einzelfall nicht verfehlt sein, geht aber im Grunde an den Intentionen einer Aktion, die bundesweit auf die Archive und auf unsere Arbeit aufmerksam machen soll, vorbei.

2. Funktion des VdA
Was sind die Organe des VdA bei der Organisation und Gestaltung des TAGES DER ARCHIVE: der Geschäftsführende Vorstand mit der Geschäftsstelle, der Vorstand und die Arbeitsgruppe, die aus dem Vorstand heraus gebildet wurde? Anreger, Koordinator, zentraler Veranstalter (wo es doch bisher keine zentrale Auftaktveranstaltung gibt)? Sollte nicht vom VdA eine gemeinsame Trägerschaft mit einem Partnerbundesland (wechselnd) angestrebt werden?

3. Zentrale Aktivitäten des VdA
Es gab am 9. Mai 2001 eine Pressekonferenz in Berlin zum TAG DER ARCHIVE, die gemeinsam mit der Senatsverwaltung und dem Bundesarchiv als zentrales Ereignis dieser Aktion anzusehen ist. Auch wenn die Resonanz unter den Medienvertretern nicht befriedigt, in Frage zu stellen ist eine solche Veranstaltung nicht. Nachgedacht werden sollte allerdings über eine besondere Auftaktveranstaltung in einem Archiv.

4. Thematik
Wenn der TAG DER ARCHIVE ein Tag der offenen Tür ist, dann kann man kaum ein Thema vorgeben, sondern muss den Archiven vor Ort die Freiheit lassen, die Veranstaltungen ohne inhaltliche Vorgaben zu gestalten. Dass sich aus archivfachlicher Sicht bei vielen Archiven mit Restaurierungseinrichtungen das Thema „Papierzerfall" und Rettung davor für Besichtigung und Vorführung anbot, ist andererseits kein Zufall. Über ein zu wählendes historisches oder archivfachliches gemeinsames Rahmenthema sollte durchaus einmal nachgedacht werden. Würde nach 2002 wieder ein TAG DER ARCHIVE stattfinden, böte sich gewiss für viele Archive an, angesichts der Einführung des Euros das Thema Zahlungsmittel im Wandel der Zeiten zu thematisieren.

5. Schirmherrschaft
Es sollte vom Vorstand des VdA nachgedacht werden, ob zentral durch eine wissenschafts- bzw. kulturpolitische Persönlichkeit die Schirmherrschaft über den TAG DER ARCHIVE übernommen werden sollte. Das hängt dann konsequenterweise mit einer besonderen Auftaktveranstaltung zusammen, denn nur ein veröffentlichtes Grußwort in unserer Fachzeitschrift ist da wohl zu wenig. Aber die Frage nach der „Schirmherrschaft" gilt auch für den regionalen Bereich etwa auf Landesebene und sicher auch für lokale Verhältnisse.

6. Identifikationsmuster (sprachlich und bildlich)
Die Bezeichnung TAG DER ARCHIVE ist eindeutig und sollte nicht gleich geändert werden. Nach dem Beispiel des „Tages des offenen Denkmals" einen „Tag der offenen Akte" zu veranstalten, kann allerdings nur im Scherz gefordert werden. Aber sollte man nicht noch einmal über ein Motto nachdenken. Die Kreativität der Archivare ist groß, wenn man die eingereichten Dokumentationen durchsieht: „Fenster in die Vergangenheit", „Geheime Blicke", „Zwischen Geheimnis und Wissenschaft" u. a. m. Ich glaube, dass der Fantasie der Archivare keine Grenzen gesetzt werden sollten. Schließlich sollten wir über ein spezielles Logo als grafische Erkennungsmarke nachdenken. Dass wir auch künftig ein zentrales Plakat oder Poster haben sollten, möchte ich wohl annehmen. Es sollte den Archiven helfen, aus ihrem Schattendasein herauszutreten und auf sich aufmerksam zu machen. Ich spreche dabei nicht von den Informations- und Veranstaltungsplakat vor Ort.

7. Kooperation über das Archivwesen hinaus
Der Zufall der zeitlichen Nähe vom TAG DER ARCHIVE und dem „Internationalen Museumstag" kann aufgehoben oder erneut gesucht werden. Das ist aber nicht das Problem. Es ist vor Ort immer wieder die Frage zu stellen, ob die Kooperation mit anderen Kultur- und Wissenschaftseinrichtungen zweckmäßig ist. Hierbei kann der VdA keine Vorgaben machen.

8. Frequenz
Es ist wohl nicht zu verkraften, jährlich wie der Deutsche Archivtag im Herbst in einem gewissen zeitlichen Abstand davon einen TAG DER ARCHIVE zu veranstalten. Aber die Regelmäßigkeit in größeren Abständen (von zwei oder mehreren Jahren) sollte angestrebt werden. Ihn unregelmäßig, d. h. nur aus besonderen Anlässen, auszurufen, ist sicher auf die Dauer ohne Effekt.

9. Zeitpunkt

Prämissen für die Wahl der Jahreszeit und des Wochenendtages sind bereits genannt worden und sollen hier nicht noch einmal wiederholt werden. Der VdA als zentraler Veranstalter oder aber auch nur als Anreger oder Koordinator muss eine solche Aktion in sein Jahresprogramm einpassen, das traditionell mit dem Deutschen Archivtag auf den Herbst ausgerichtet ist und für das Frühjahr eher den Raum für den TAG DER ARCHIVE lässt.

10. Internationale Kooperation

Das Stichwort „Europäischer Tag der Archive" sollte verfolgt werden. Inwieweit eine solches internationales Ereignis noch zeitlichen Spielraum für die Berücksichtigung lokaler und regionaler Besonderheiten zulässt, steht auf einem anderen Blatt.

Mit den hier zusammengestellten Problemkreisen soll die Diskussion darüber angeregt werden. Die aufgeworfenen Fragen sind nur teilweise eindeutig zu beantworten. Die Antworten werden aus der Sicht eines jeden Archivs und seiner bisherigen Erfahrungen und künftigen Möglichkeiten unterschiedlich ausfallen. Als Grundkonsens kann sicher schon jetzt festgehalten werden, dass ein bundesweiter TAG DER ARCHIVE geeignet ist, den Stellenwert der Archive in der Gesellschaft bei der Bewahrung von Kulturgut für die Erforschung der Vergangenheit und das Verständnis für die Gegenwart stärker zu verdeutlichen. Er wird allerdings immer vom Engagement der Archive vor Ort, von deren personellen und materiellen Möglichkeiten sowie von der Akzeptanz der angebotenen Veranstaltungen durch die Besucher leben. In diesem Sinne wird sich der neue Vorstand des VdA sicher weiterhin Gedanken über den TAG DER ARCHIVE machen.

Epilog

Inzwischen hat der Vorstand des VdA über die erneute Durchführung eines bundesweiten TAGES DER ARCHIVE beraten und hat nach reiflicher Überlegung entschieden, erst wieder für den Herbst 2004 dazu aufzurufen. Da wegen des Internationalen Archivkongresses in Wien in diesem Jahr kein Deutscher Archivtag stattfinden wird, ergeben sich bessere organisatorische Möglichkeiten für die Vorbereitung und Durchführung des TAGES DER ARCHIVE, der dann – ohne Bindung an den Herbsttermin – in einem zweijährigen Turnus fortgesetzt werden soll. Der Aufruf zum TAG DER ARCHIVE im Jahr 2004 wird wieder in der Fachzeitschrift „Der Archivar" stehen und auch auf der Homepage des VdA zu lesen sein.

Clemens Rehm
Vom Haushaltstropf zur Sponsorenquelle:
Spenden – Freunde – Fördervereine

Prolog

Von einem traditionsreichen Archiv wird eine Tagung in einer alten, im Mittelalter bedeutenden Stadt organisiert, die auch heute noch den Charme ihres historischen Zentrums bewahrt hat. Die örtliche Sparkasse wird schriftlich um Unterstützung zu den 10.000 € Tagungskosten gebeten. Sie sagt freudig zu: 250 €, den Routinebeitrag, den auch jede Ausgabe der örtlichen Schülerzeitung erhält ...– Da ist einiges falsch gelaufen, aber was?

1. Der Lockruf des Geldes

Knappe(re) öffentliche Gelder
Seit Jahrzehnten beginnen Artikel und Beiträge zur Handlungsfähigkeit nicht nur des Archivwesens mit dem Hinweis auf reduzierte Ressourcen bei wachsenden Aufgaben: Ein Generaltopos, dessen dauernde Beschwörung an der Tatsache selber nichts ändert und dem Unternehmen der Wirtschaft mit Kreativität und Produktivitätssteigerung begegnen müssen, um ihre Existenzberechtigung nachzuweisen. Diese Urängste sind Archivaren fremd, der Bestand ihrer Institution ist durch Gesetz oder Satzung gesichert – aber für viele Projekte reicht das nicht mehr aus.

Schlüsselwort *Fundraising*
Unvoreingenommen neue Wege ausprobieren, hieß und heißt für Archivare, sich vorsichtig dem Spendenmarkt zu nähern. Ein Brief wird geschrieben – wie im Eingangsbeispiel – und man freut sich bei aller Enttäuschung über die kleine Summe, die mit wenig Aufwand eingetrieben wurde. Eine vorsichtige Anfrage anlässlich eines Empfangs bei örtlichen Wirtschaftsgrößen oder Firmen, die im Kontakt mit dem Archiv stehen. Brosamen fallen da allemal ab. Eine der den Kulturtreibenden und natürlich auch den Archivaren kaum bewusste Tatsache ist, dass sowohl der Bereich Fundraising – also das Einwerben von Mitteln – als auch Spenden und Sponsoring – also das Einsetzen von Mitteln – heute ein professionell bearbeiteter Wirtschaftssektor ist. Wenn von Fundraising bei so genannten Non-Profit-Organisationen, zu denen auch die Kultureinrichtungen wie Archive zählen, die Rede ist, denkt jeder unwillkürlich an soziale und karitative Einrichtungen. Ein Blick in die Literatur und die Fachzeitschriften zeigt, dass die intensive Diskussion zum Fundraising in Deutschland in den neunziger Jahren unter den

drei Fundraising-K *Kinder, Kirche, Katastrophen* eingesetzt hat. Systematisches Einwerben von Drittmitteln für Kulturinstitutionen ist erst in den letzten Jahren in den Blick geraten. Angesichts der Gelder, die im deutschen Spenden- und Sponsorentopf zur Verfügung stehen, kann man sich nur wundern, warum das nicht eher geschehen ist. Allein von der Industrie standen für kulturelles Sponsoring 2000 je nach Quelle 600 bis 650 Mio. DM zur Verfügung – Tendenz steigend.[1]

Konsequenz 1: Erwartungshaltung: *Fundraising*
Die Fakten über das Volumen der Sponsorenmittel sind aber sehr wohl den politischen Entscheidungsträgern bekannt. Die politische Diskussion um die Privatisierung öffentlicher Aufgaben lässt sie bei jeder passenden und unpassenden Gelegenheit nach der Möglichkeit der Auslagerung bzw. nach der Chance der Finanzierung durch Fremdmittel fragen. Mit diesen Erwartungen müssen sich die Archivare auseinander setzen – ob sie es wollen oder nicht.

Konsequenz 2: *Fundraising* als Thema für Archive
Vorträge in Fachgruppen der Archivtage in Dresden zum Komplex „Förderverein" und über „Sponsoring" in Nürnberg zeigen den Beginn der Diskussion. Im Fundraising Magazin, einer seit 1996 erscheinenden Zweimonatszeitschrift für Non-Profit-Organisationen tauchen erst 1999 und 2000 regelmäßig Beiträge zum kulturellen Sponsoring auf, beginnend mit dem ersten Kongress in Köln 1999.[2] Hier haben vor allem Museen und Kunstsammlungen mit ihren Ideen und Vorstellungen Erwartungen bei den Geldgebern geweckt, die nicht unbedingt mit Zielen der Archive übereinstimmen: Zum Beispiel scheint die Behauptung, Sponsoren dürften und müssten bei Projekten ihre Ideen einbringen und mitreden,[3] zumindest auf den ersten Blick bei Projekten zu Kernfunktionen der Archive pro-

---

1 Nach Astrid Müller-Katzenburg: Rechtliche Aspekte des Kunst- und Kultursponsorings, in: Kunst und Kultur: Sponsoring, Essen [1998], 4-7, hier 7 Anm. 1; Sponsoring 2000: Zahlen, Daten, Fakten, Trends in: Fundraising Magazin 3 (2000), 22 (nach Peter Strahlendorf: Jahrbuch Sponsoring 2000): Sponsoringmittel in 1999 Gesamtvolumen 4,4 Mrd. – Kultur 600 Mio.; in 2000 Gesamtvolumen 4,9 Mrd. – Kultur 600 Mio.; in 2002 Gesamtvolumen 5,4 Mrd. – Kultur 700 Mio.; 1989 80,3 Mio. von 1,53 Mrd., Dirk Notheis: Ansatzpunkte und Strategien zur Akquisition von Unternehmensspenden, Stuttgart 1995, 13.
2 Wilfried Fromm: „Kultur und Fundraising rücken zusammen", in: Fundraising Magazin 6 (1999), 32 f. (Quelle: BSM-Online-Info 20).
3 So Dr. Susanne Anna, Direktorin des Kölner Museums für angewandte Kunst nach: Fromm (wie Anm. 2), 33.

blematisch. Für diese Diskussion müssen die Archive ihre Position entwickeln und einbringen.

2. Erste Abenteuer

In den USA, wo Zuwendungen von Privat an Kulturträger eine lange Tradition haben und damit auch ihrerseits das dortige Finanzierungssystem geprägt haben, wurde einem Mäzen die Frage gestellt, warum er sich nicht an Projekten für Archive engagiere. Die Antwort lautete so lapidar wie entlarvend: „Ich bin nicht gefragt worden."[4] Die Ursache für den späten Einstieg der Archivare in das Sponsorengeschäft ist im Selbstbild der Archivare und der – vermeintlichen – allgegenwärtigen Wertschätzung ihrer Arbeit zu suchen. Wer die ehemalige „juristische Rüstkammer" der Herrschaft verwaltet, wer Zugang zu sämtlichen Unterlagen seiner Verwaltung hat, wer sich zu den Zentralfunktionen des Staates oder der Stadtverwaltung zählt, verlässt sich erst einmal auf die Pflicht der öffentlichen Organisation, diese archivischen Aufgaben auch zu bezahlen. Das Angehen der neuen Finanzierungswege beschränkte sich auf kleine Schritte.

Geld ...
Die ersten erfolgreichen Versuche von Sponsoring gelangen in der Regel für Publikationen. Ein überschaubares Budget war in einer klar definierten Zeit zusammenzubringen und dem Sponsor bzw. den Sponsoren konnte ein fertiges Produkt in die Hand gegeben werden. Letztlich war der den Historikern aus der Buchherstellung vertraute Gedanke der Subskription ein wenig weiter entwickelt worden.

Sachleistungen ...
Wer etwas flexibler dachte, fragte bei Ausstellungen oder Präsentationen eine Firma, ob sie nicht ihre eigene Arbeitsleistung unentgeltlich oder zumindest verbilligt einbringen könnte: Die Druckerei lieferte die Einladungskarten zur Ausstellungseröffnung, ein Transportunternehmen ließ beim Archivtag einen Exkursionsbus auf eigene Kosten laufen. In den meisten Fällen wurde allein durch das Logo der Firma, ein Texthinweis oder eine Anzeige der Sponsoren im gesponserten Objekt die finanzielle Beziehung dokumentiert. Mit diesem Ereignis war die Beziehung erst einmal beendet.

---

4 Judy P. Hohmann: „Money Talk. Antroduction to Private Sector Fund Raising for Archives", in: Elsie Freeman Finch, Advocating Archives. An Introduction to Public Relations for Archives, Metuchen/N.J-London 1994, 23-37, 24.

Projektbezogene Aktivitäten
Alle Initiativen dieser Art fielen und fallen in die Kategorie punktueller, projektbezogener Ereignisse, die einen Arbeitsaufwand erfordern, der bei jeder neuen Aktion stets wieder bei Null beginnt. Diese Art der Mittelbeschaffung wird heutzutage zunehmend schwieriger, weil sich die Professionalisierung des Spendenmarktes weit herumgesprochen hat und inzwischen auch den üblicherweise angesprochenen mittelständischen, regional operierenden Firmen diese kurzfristige Werbung zu wenig „nachhaltig" ist.

3. Die Finanzverwaltung schlägt zurück

Wer sich auf Expeditionen begibt, benötigt zu Hause weniger. Wer sich mit Sponsorengeldern oder Drittmitteln dieser Art schmückt, muss eine Reaktion der regulären Geldgeber gewärtigen: Auf der einen Seite hat sich der Einwerber von Parlamenten und Haushaltsexperten Lob verdient, weil er sich erfolgreich genauso verhalten hat, wie die Sparkommissare es von ihm erwartet haben. Auf der anderen Seite ist das der willkommene Anlass, die regulären Etatmittel zu kürzen.

Minderung der öffentlichen Mittel
Es wird in der gesamten Diskussion um Sponsorengelder in der Tat immer wieder darum gehen, den Spagat zu schaffen: neue Wege der Finanzierung zu gehen und dennoch gleichzeitig die Verwaltung nicht aus ihrer Pflicht und Verantwortung der Grundfinanzierung archivischer Aufgaben zu entlassen. Dieser Fluchtversuch der Finanzverwaltung kann bei Archiven gelingen, weil unsere Institutionen nicht so sehr im Blickfeld der Öffentlichkeit stehen und dementsprechend öffentliche Diskussionen nach Mittelkürzungen meist ausbleiben. Museen und Bibliotheken – man denke an die Abschaffung des freien Eintritts in baden-württembergischen Landesmuseen – haben es aufgrund des erheblich intensiveren Publikumsverkehrs deutlich einfacher. Zudem bietet sich dort alle paar Wochen bzw. Monate die Gelegenheit bei einer Ausstellungseröffnung dem Kulturbürgermeister oder Staatssekretär die eigene Position vor geladenen Gästen zu verdeutlichen.

Belohnung für erfolgreiches Sponsoring
In die Diskussion sollte vielmehr die in einigen Bibliotheken geübte Praxis eingebracht werden, dass erfolgreiches Einwerben von Fremdmitteln mit zusätzlichen Mitteln belohnt wird. Das verlangt Umdenken in der zuständigen Finanzverwaltung.

Mittelfreigabe nach Einwerbung von Komplementärgeldern
Problematisch wird dies erst, wenn die Freigabe der regulären Mittel an die Erbringung von komplementären Sponsorenmitteln (Matching) gekoppelt wird.

Sündenfall – als Chance
Den mit erfolgreichem Sponsoring begründeten Rückzug öffentlicher Stellen aus der Finanzierung von Kernbereichen unserer Arbeitsfelder habe ich noch vor drei Jahren – vehement von Bibliotheks- und Archivvertretern unterstützt – als nicht hinnehmbar bezeichnet.[5] Dieser absehbare und teilweise begonnene Rückzug bedeutet, dass sich die Gesellschaft ihres Auftrags und ihrer Verantwortung für diesen Kulturbereich entzieht. Die Zeit ist über die Position – man mag das bedauern – hinweggefegt. Längst ist die Finanzierung von Ankäufen in Museen, aber inzwischen auch die Finanzierung von Restaurierungsmaßnahmen in Archiven durch Sponsoren an der Tagesordnung. Der Förderverein des Generallandesarchivs Karlsruhe hat es jahrelang vermieden, Archivalienrestaurierung zu finanzieren: Nur für die Sicherung des Bibliotheksgutes wurden Buchpatenschaften angenommen. Als im Jahr 2001 aber ein Sparkassenvorsitzender in den Ruhestand verabschiedet wurde, wurden die 5.000 DM für die Restaurierung eines badischen Lehenbuches angenommen. Die reine Lehre, für archivische Kernaufgaben nur reguläre Haushaltsmittel zu verwenden, ist heute nicht mehr durchzuhalten. Für die Archive heißt dies, die neue Herausforderung anzunehmen und sich den veränderten Bedingungen zu stellen.

4. Die Fallen

Selbst wenn nun diese Klippen in der Finanzverwaltung umschifft wurden, Sponsoring-Erfolge erzielt wurden und der Jubel über die ersten Mittel verklungen ist, sollte die Nüchternheit überwiegen, denn manches Gold könnte sich schnell als Danaergeschenk erweisen. Nicht zu übersehen sind die Fallen, in die man – ohne böse Absicht – unbedarft stolpern kann.[6]
Einige Beispiele aus der Museumswelt, die aber leicht auf das Archivwesen übertragbar sind:

---

5 Clemens Rehm: „Die Sponsoring-Falle und der Förderverein: Anmerkungen zur Problematik der Fremdfinanzierung von Kulturinstitutionen öffentlicher Hand", in: Dagmar Jank (Hg.): Fundraising für Hochschulbibliotheken und Hochschularchive, Wiesbaden 1999, 31-44, 38.
6 Ebd., 33-38.

Direkte Einflussnahme des Sponsors

Die erste Falle ist so banal – dass man sich fast nicht traut, sie zu nennen: der massive Versuch der Geldgeber, eigene Interessen durchzusetzen. Bei der Barbie-Ausstellung in Bruchsal wirkt allein schon die Einladung wie eine einzige Werbeanzeige von Mattel. Genannt seien auch einige mit Firmenanzeigen finanzierte Publikationen zur Lokalgeschichte, in denen dann als Gegenleistung in den Abschnitten zu den Firmengeschichten bestimmte historische Zeiträume ausgespart werden sollten.[7] Wie sehr auch in der Öffentlichkeit diese möglichen Verquickungen wahrgenommen werden, zeigte die Debatte im baden-württembergischen Landtag über den Antrag, Ministern und Staatssekretären die Annahme von Spenden zu untersagen: „Es gelte schon den Anschein zu vermeiden, man könne mit Honoraren oder Spenden Einfluss auf das Handeln von Ministern oder Staatssekretären nehmen."[8]

Vorauseilender Gehorsam

Selbstverständlich gehört es inzwischen zum guten Ton, ja es ist ein wesentliches Element des Imagegewinns eines Sponsors, nach außen hin dem Geförderten freie Hand zu lassen. Überprüfbar ist dies letztlich nicht. Immerhin hat die „Tabakzeitung" bei der Rezension der Ausstellung „Tabak ABC" des Badischen Landesmuseums angemerkt, dass bei der Geschichte der Firma Roth-Händle, Lahr, deren Arisierung nicht erwähnt worden sei.[9] Nur vergessen oder bewusst verschwiegen...? – Zumindest Fragen bleiben, weil die Nicht-Einflussnahme grundsätzlich nicht bewiesen werden kann.

Vereinnahmung durch „Umarmung"

Fast unbemerkt bleibt in der Regel, dass bei einer gesponserten Kooperation Personal- und Infrastruktur einer Institution gebunden werden und andere Themen nicht mehr bearbeitet werden können. Die Ausstellung „100 Jahre elektrisierte Gesellschaft" wurde gesponsert durch das Energieunternehmen En-BW zu deren 100-jährigem Jubiläum. Wer sponsert 25 Jahre erfolgreiche Verhinderung des Kernkraftwerks Wyhl? Ein Sponsor bindet aufgrund des Einsatzes seiner ökonomischer Mittel Teile der öffentlichen Infrastruktur und beeinflusst letztlich im historisch-archivischen Raum die Dokumentation der Erinnerung.

---

7   Dank an Dr. Exner für den Hinweis aus Baden-Württemberg.
8   Nach: Ulmer Südwestpresse, 12.11.1998.
9   Die Tabakzeitung, 15.11.1996.

5. Den Claim abstecken

Fundraising ist Marketing
Es ist also blauäugig, Fundraising als ertragversprechendes Hobby von engagierten Archivaren zu betrachten. Fundraiser ist ein inzwischen stark gesuchter eigenständiger Beruf. Die professionellen Wurzeln dieses Sektors werden bewusst, wenn man sich den Namen des Vereins vor Augen hält, in dem sich die Organisationen im Non-Profit-Bereich organisiert haben: *Gesellschaft für Soziales Marketing*. Es geht beim Fundraising für Archive wie im Marketing darum, ein Produkt zu beschreiben – eine Restaurierungs- oder Verpackungsmaßnahme –, es auf dem Markt den potenziellen Spendern zu platzieren, Zielgruppen anzusprechen und deren Mittel zu gewinnen. Fundraising ist „weder Betteln noch Geldeintreiben",[10] sondern Marketing.

Profil, Ziele und Leitbild
Archivische Leitbilder sind für andere keine Selbstverständlichkeit. Dabei sind nicht Formulierungen über das Befinden gefragt nach dem Motto „Wir arbeiten gern", sondern präzise Formulierungen der inhaltlichen Grundausrichtungen unserer Arbeit und unserer Besonderheiten. Unser Profil, unsere Unverwechselbarkeit ist verlangt. Dies ist die unverzichtbare Grundlage, potenzielle Sponsoren anzusprechen: Die Region, die Überlieferungsbildung im Land A, die Bestandserhaltung für die Archivalien der Stadt B. Dabei kommt den Archiven zugute, dass sie eine Monopolstellung innehaben, die ihnen niemand streitig machen kann – im Vergleich zu Museen oder Theatern ein unschätzbarer Vorteil.

Öffentlichkeitsarbeit intensivieren
Mit diesem Pfund muss seitens der Archive aber auch gewuchert werden. Rund 40 Prozent der bundesdeutschen Bevölkerung sind nach Umfragen von Emnid 1998/1999 grundsätzlich spendenwillig, aber 45 Prozent fühlen sich von den Spendenempfängern nicht ausreichend informiert.[11] Voraussetzung für jedes Einwerben von Mitteln ist und bleibt, sich und andere von der Bedeutung der eigenen Archivarbeit immer wieder zu überzeugen. Der Öffentlichkeitsarbeit der Archive wächst damit eine zusätzliche Dimension zu, die sich konkret in Zahlen niederschlagen kann. Also sollte versucht werden, neben der Darstellung von archivischen Höhepunkten, wie Ausstellungseröffnungen, Buchpräsentationen und spektakulären Ankäufen, auch die so genannten Kernaufgaben in den Medien

---

10 Dr. Müllerleile (BSM) nach Fromm (wie Anm. 2), 33.
11 Emnid 1998: 39%; Fundraising Magazin 1 (1999), 23.

unterzubringen, z. B. Aktenaussonderungen. Gefördert wird nur Interessantes oder interessant Präsentiertes – und die Präsentation liegt in unserer Hand.

Fundraising-Konzeptionen
Was aber können Archive „verkaufen"? – Wie bei allen anderen Projekten hängt der Erfolg von der Entwicklung eines überzeugenden Fundraising-Konzeptes ab. Dabei sind zwei Fragen vorrangig zu beachten: a) Für welche Arbeitsbereiche sollen die Konzepte erstellt werden?; b) welche Zielgruppen sollen angesprochen werden?
Die Aufstellung solcher Konzepte wird in den wenigsten Archiven *en passant* im Dienstbetrieb zu leisten sein.[12] Ein Beispiel: In Stadtbibliothek und Stadtarchiv Trier wurden die Restaurierungskosten von 46.000 Not leidenden Bänden des historischen Bestands auf 20 Mio. DM geschätzt. Ein im Sommer 1998 gegründeter Förderverein, entwickelte mit der Universität, Lehrstuhl für Betriebswirtschaftslehre, und einer professionellen Beratungsgesellschaft bis Mai 1999 eine „Konzeption zur Ermöglichung von Buchrestaurationen auf Basis von Spenden- und Sponsorengeldern sowie anderer Alternativen".[13] Die dabei entwickelten Maßnahmen zielen darauf, Sponsoren und Einzelspender durch speziell auf sie zugeschnittene Angebote anzusprechen.

Langer Atem
Wie langfristig bei Konzeption und Durchführung von größeren Fundraising-Projekten gedacht werden muss, wird offenkundig, wenn man feststellt, dass der Spendenstand für das o. g. Projekt im September 2001 bei 50.000 DM lag.

6. Gemeinsam die Goldader suchen – *Do-ut-des*-Sponsoring

„Bei der Planung aller Aktivitäten", so die Trierer, „steht immer die Austauschbeziehung zwischen Förderer und Gefördertem im Zentrum des Interesses. Leistung und Gegenleistung definieren diese Beziehung."[14] In allen Fällen von Sponsoring gilt, dass die Geldgeber mit ihrem Geld – berechtigterweise und vertraglich

---

12 Vgl. Peter-Claus Burens: Der Spendenknigge. Erfolgreiches Fundraising für Kultur, Sport, Wissenschaft, Umwelt und Soziales, München 1998; Michael Urselmann: Fundraising. Erfolgreiche Strategien führender Nonprofit-Organisationen, Bern-Stuttgart-Wien 1998, 2. erw. Aufl. 1999.
13 www.trierer-buecher.de
14 Zukunft für Vergangenheit (so auch der Projektname), in: Fundraising Magazin 1 (2000), 8 f.

abgesichert – auch Interessen einfließen lassen. Im Stadtarchiv Trier tauchte der Wunsch auf, statt einer Handschrift, Akten der NS-Zeit restaurieren zu lassen – ein Wunsch, dem stattgegeben wurde.

Wer Geld an Projekte von Institutionen vergibt, die sich mit Geschichte befassen, beeinflusst – bewusst oder unbewusst – das kollektive historische Gedächtnis der Gesellschaft: Das ist das *do ut des*[15] des Sponsoring. Wesentlich ist der zwischen Archiv und Geldgebern zu erreichende Interessensausgleich. Möchte ein Sponsor nur sein Image aufpolieren?[16] Wie reagiert ein Archiv, wenn eine große Versicherungsgesellschaft die Erschließung von Akten zur Zwangsarbeit unterstützen will? Besser wäre selber aktiv zu werden: Mitarbeiter im Archiv sollten die Initiative ergreifen und überlegen, sobald ein entsprechendes Projekt vorliegt, wessen Profil am ehesten eine Unterstützung verspricht. Orientierung bieten da Ergebnisse aus der IfO-Studie von 1995[17] zu Motiven,[18] Aktivitätsfeldern[19] und Schwerpunkten[20] des Sponsorings. Grundsätzlich werden bei solchen Sponsoringbeziehungen über die gegenseitig zu erbringenden Leistungen Verträge abgeschlossen.

---

15 So überschrieb auch Dr. Johannes Brümmer (En-BW, Energie Baden-Württemberg) seinen Beitrag über die Wünsche von Sponsoren bei der Tagung der AG „Archivpädagogik und historische Bildungsarbeit" im VdA, Karlsruhe 22.6.2001.
16 „Werben Sie da, wo Sie jeder sieht, auf der Spieler-Brust!", so die Werbung von Werder Bremen im Handelsblatt, April 2001; Opel rechnete den Werbewert in der Berichterstattung der Printmedien über Opel/Bayern allein im Oktober 2000 auf 4 Mio. DM. Aber: „Wie immer solche Zahlenspiele zustande kommen, ob sich das Sponsoring tatsächlich außerhalb des Bayern-Milieus in hinreichend vielen verkauften Autos niederschlägt, darf bezweifelt werden"; Hermannus Pfeiffer: „Sponsoren der Fußball-Bundesliga gehen in die Defensive", in: Frankfurter Rundschau, 21.7.2001.
17 Marlies Hummel: Kulturfinanzierung durch Unternehmen in Zeiten verschärfter ökonomischer Sachzwänge (ifo Studien zu kultur und wirtschaft 16), München 1995; Kirsten Marie Fehring: Kultursponsoring – Bindeglied zwischen Kunst und Wirtschaft?, Freiburg 1998; Angela Scheibe-Jaeger: Fit für Fundraising, ein praxisorientierter Kompaktkurs. Fundraising-Erfolge durch marktorientiertes Denken und professionelles Handeln (nonprofit Schriftenreihe 6), Bietigheim-Bissingen 1999; Detlef Luthe: „Spenden gibt es nicht umsonst – Strategische und praktische Impulse für ein beziehungsorientiertes Fundraising", in: Jank (wie Anm. 5), 9-22; vgl. zu den rechtlichen Aspekten grundsätzlich Gabriele Berger: „Rechtsfragen beim Fundraising", in: ebd., 23-30.
18 Marlies Hummel: „Kultursponsoring – Nutzen Bibliotheken ihre Chancen zu wenig?", in: Rüdiger Schmidt (Hg.): Kolloquium aus Anlass der Verabschiedung von Dr. Gerhard Römer, Karlsruhe 1994, 96, Abb. 1.
19 Ebd., 97, Abb. 2.
20 Ebd., 98, Abb. 3.

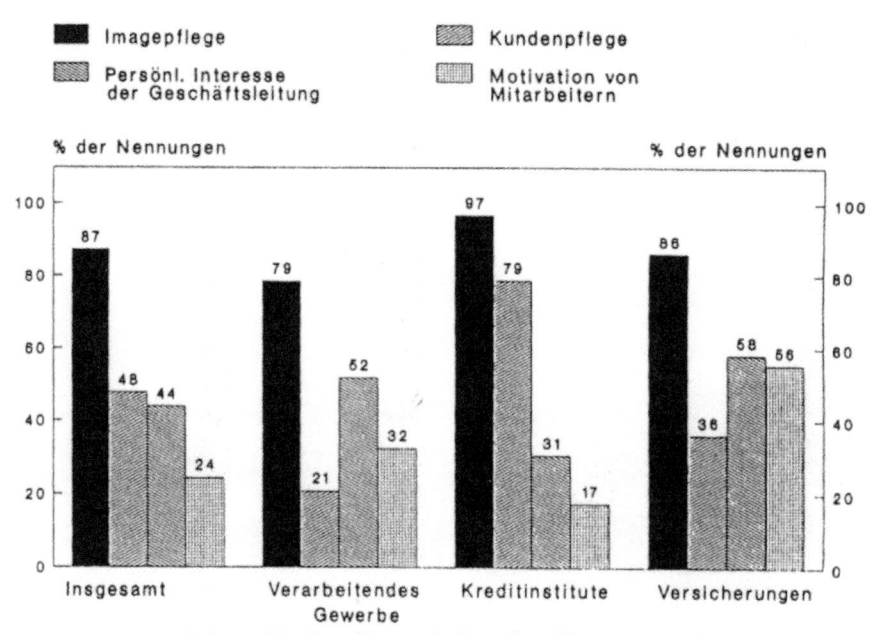

Abb. 1: Motive für ein kulturelles Engagement
nach Wirtschaftsbereichen

Großfirmen: Regionale Akzente
Archive als regionale oder lokale Institutionen sind für große Firmen, die meist bundesweit oder international agieren, nicht unbedingt eine erste Adresse. Diese Firmen entwickeln in eigenen Abteilungen Fundraising-Konzepte gekoppelt an ihr Produkt: Eine im süddeutschen Raum angesiedelte Reifenfirma konzentriert sich, z. B. bei der Unterstützung von Projekten, auf solche, die sich mit *Mobilität* beschäftigen. Allerdings sollte nicht vergessen werden, dass auch diese Firmen nicht zuletzt mit Rücksicht auf ihre Mitarbeiter eine Verbundenheit mit der Region entwickeln, die sich mit historischen Aspekten gut in Einklang bringen lässt.

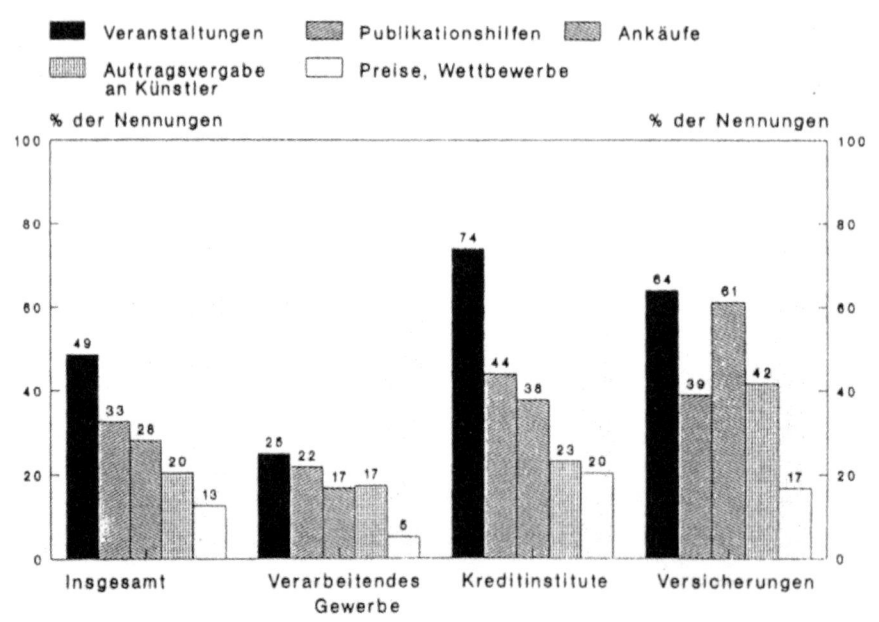

■ Veranstaltungen ▨ Publikationshilfen ▨ Ankäufe
▨ Auftragsvergabe an Künstler ☐ Preise, Wettbewerbe

Abb. 2: Aktivitätsfelder des kulturellen Engagements nach Wirtschaftsbereichen

Mittelstand: Lokale Verankerung
Grundsätzlich gilt bei Spenden von kleineren Firmen, dass die Entscheidung, wer unterstützt wird, zu 90 Prozent von den Firmenleitungen abhängt.[21] Deren Vorlieben sind zu ermitteln. Dabei gilt: Je kleiner die Firma, desto weniger Arbeitskraft kann für die Planung von (Kultur-) Sponsoring ausgegeben werden, desto öfter entscheidet der Firmeninhaber oder Geschäftsführer aufgrund von ihm persönlich vorgetragenen Konzepten. Ist der Archivar auf kommunalem Parkett zwischen politischen und Wirtschaftsrepräsentanten rutschfest, hat er hier gute Chancen, im direkten Gespräch Wirkung zu entfalten.
Aber auch hier gilt: Der Archivar steht in intensiver Konkurrenz nicht zuletzt mit der eigenen Verwaltungsspitze. Bürgermeister und Oberbürgermeister denken ja auch an die nächste Wiederwahl und da wirkt ein Klettergerüst im Kindergarten erst einmal zugkräftiger als ein Erschließungsprojekt. Den Gegenbeweis haben Archivare im Gespräch anzutreten und hinterher in Form einer Broschüre für jeden Gemeinderat oder im Internet den Bürgerinnen und Bürgern vorzulegen.

---

21 Notheis (wie Anm. 1), 135 f., 157-164.

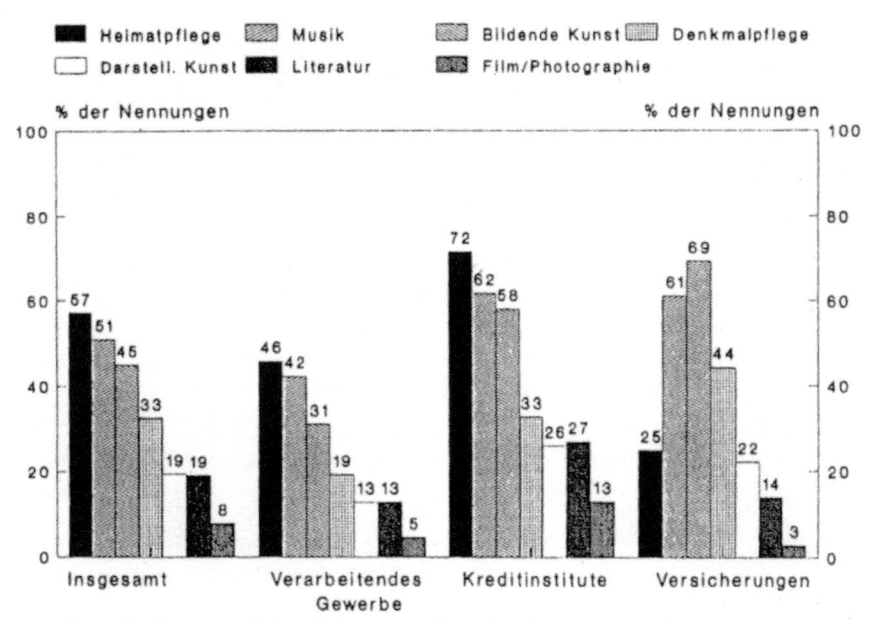

Legende: Heimatpflege, Musik, Bildende Kunst, Denkmalpflege, Darstell. Kunst, Literatur, Film/Photographie

% der Nennungen

Insgesamt: 67, 51, 45, 33, 19, 19, 8
Verarbeitendes Gewerbe: 46, 42, 31, 19, 13, 13, 5
Kreditinstitute: 72, 62, 58, 33, 26, 27, 13
Versicherungen: 25, 61, 69, 44, 22, 14, 3

Abb. 3: Ausgewählte Schwerpunkte des kulturellen Engagements nach Wirtschaftsbereichen

Die Chancen der Archive stehen nicht schlecht, weil insbesondere der in diesen Kreisen bisher beliebte Sportsektor teilweise gesättigt zu sein bzw. durch die Dopingaffären nicht mehr auf die werbewirksame Akzeptanz zu treffen scheint[22]. Nicht zu vergessen: Sponsoring-Entscheidungen werden in Firmen durch Menschen getroffen, zu denen der Kontakt nicht abreißen darf.

7. Freunde gewinnen

Spenden
Angefangen haben die Archive das Spendengeschäft mit kleinen Summen, die letztlich einem mäzenatischen Geist der Spender entsprangen. Für den Start reichte eine einfache Spendendose, wie sie auf den Theken von Bäckereien zu stehen pflegt. Aber die Fundraising-Konzepte zielen selbstverständlich auf die

---

22 Ebd., 188.

Verstetigung solcher Kleinspenden von Einzelpersonen. Die Frage heißt dann: Wie gewinne ich private Förderer?[23] Der Fachbegriff lautet *Friendraising*.

Jederfrau/Jedermann
„Zu den wichtigsten Forderungen der Konzeption gehört", so die Trierer, „die in den Kellern des Stadtarchivs schlummernden Schätze für eine breite Öffentlichkeit zugänglich und somit ‚erlebbar' zu machen." Zu denken ist an die 40 Prozent der spendenbereiten Bundesbürger. Es sollte angestrebt werden, dass Spender sich „gut fühlen", wenn deren Leistung z. B. auf Internetseiten dokumentiert wird. Paten einer Restaurierung finden sich auf einem *ex libris* vor dem reparierten Objekt verewigt. Für die Freunde des Archivs können Spezialprogramme mit dem Hauch der Exklusivität angeboten werden: Den „Förderern des Archivs" werden die gesponserten Ankäufe vor dem offiziellen Pressetermin vorgestellt. Im Rahmen der Eventkultur sind den Ideen keine Grenzen gesetzt; es dürfte sich lohnen. Erfahrungsgemäß kostet es deutlich weniger Einsatz einen Spender zum Wiederholungstäter zu machen, als einen Spender neu zu gewinnen.

VIPs
Glaubwürdige Zugpferde im Rahmen von Spendenaufrufen einzusetzen, dürfte sich lohnen; diverse Lesungen in Archiven im Rahmen von Tagen der offenen Tür oder als separate Nachtaktionen beweisen die Attraktivität solcher VIPs auch im Archiv.

Volunteer
Darüber hinaus kann versucht werden, Personen, die den Zielen des Archivs nahe stehen, so zu überzeugen, dass sie nicht Geld, sondern sich selber einbringen. Es können aus Spendern „Freiwillige Helfer" (*Volunteers*) werden. In der Umweltbewegung, aber auch auf dem kulturellen Sektor finden Sie weltweit diese Ehrenamtlichen. Zuvorderst sind es natürlich ehemalige Mitarbeiter, aber eben auch die Personen, die über Spendenaktionen und Veranstaltungen Nähe zum Archivwesen gefunden haben und etwas Sinnvolles zu tun suchen. Ihnen muss die Gelegenheit gegeben werden, je nach ihren Fähigkeiten bei der Verzeichnung oder Restaurierung einen Beitrag zu leisten und sich „wertvoll zu fühlen". Wenn dann die Leistung über Jahre erbracht wird und so großartig ist, dass es die Verleihung

---

23 Bernd Jaenicke: „Wie gewinne ich neue Förderer?", in: Fundraising Magazin 5 (1999), 4 f.

des Bundesverdienstkreuzes rechtfertigt, wird aus dem ehrenamtlichen Helfer ein Botschafter des Archivs.

Eine besondere Form der Ehrenamtlichen, die in Amerika längst üblich ist, sind die „angestellten Freiwilligen" (*employee volunteering*). Erstmals in Deutschland hat die Firma Nike in Berlin im September 1999 Beschäftigte für die Mitarbeit in drei sozialen Projekten für 2,5 Stunden pro Woche unter Beibehaltung ihrer Bezüge freigestellt[24] – eine Verknüpfung von persönlichem Engagement und Sponsorentätigkeit einer Firma, die sich bei entsprechend vorbereiteten Projekten auch im Archivwesen vorstellen lässt.

8. Förderverein

Als Organisationsformen, all diese Menschen und Ideen für das Archiv zu gewinnen, bietet sich ein Freundeskreis oder Förderverein an[25].

Lobby
Der Verein ist Lobby für das Archiv, weil der Verein als Institution und die Mitglieder in ihren Wirkungskreisen für die Interessen des Archivs wirken können.

Kontinuität
Die zusätzliche Institutionalisierung der Archivinteressen in einem Verein ermöglicht eine Kontinuität und Gleichmäßigkeit, bei Fundraising-Konzepten langfristige Planungen und Verlässlichkeit unabhängig von Etatmitteln.

Beratungsstelle für Sponsoring
Der Verein wird zur Beratungsstelle in Sachen Kultursponsoring für Mittelstand und kleinere Betriebe, die in der Regel keine Konzepte ausarbeiten können, aber gerne bereit sind, vorgedachte Konzepte zu diskutieren.[26]

Steuervorteile, Bußgelder
Ein Förderverein ist in der Lage, nicht projektgebundene Mittel einzunehmen. Er ist berechtigt Spendenbescheinigungen auszustellen und Bußgelder anzunehmen. Früher wurde es etwas unter der Decke gehalten, aber heute finden sich in den

---

24 Fundraising Magazin 6 (2000), 18.
25 Vgl. Rehm (wie Anm. 5), 38–43.
26 Vgl. Notheis (wie Anm. 1).

einschlägigen Informationsblättern genug Hinweise zur Beantragung von Zuwendungen von Gerichten: Warum sollen nur Sportvereine oder Hilfswerke davon profitieren, wenn ein Raser für die Einstellung seines Verfahrens ein Bußgeld zu zahlen hat?[27]

Finanzfeuerwehr
Bei finanziellen Transaktionen, vor allem bei Ankäufen, kann über einen Verein schneller reagiert werden als über einen regulären Haushalt mit z. T. ein bis zwei Jahren Vorlaufzeit. Über den Verein können Kombinationsfinanzierungen mit Sponsoren durchgeführt werden: Ein Sponsor gibt die Summe X an die Institution. Sobald diese selber Spenden in Höhe von X auftreibt, ergänzt der Sponsor den Betrag noch ein zweites Mal um die Summe X.[28] Reguläre Haushaltsmittel etc. dürfen dabei vonseiten der Institution nicht in das Modell eingebracht werden.

Förderverein versus Historischer Verein
Die Fundraising-Aktivitäten von Archiven sollten aus den in der Regel bestehenden Historischen Vereinen herausgehalten und in eigenen Organisationsformen betrieben werden. Selbstverständlich stehen die Mitglieder Historischer Vereine dem Archiv nahe, aber ein Förderverein hat andere Zwecke, und bei professioneller Handhabung ist in Form und Inhalt eine völlig andere Pflege seiner Mitgliederkontakte gefragt als bei Historischen Vereinen. Unterschiedliche Programme und Zielgruppen lassen beide Vereinstypen problemlos nebeneinander existieren. Die personelle Überschneidung hält sich in Grenzen – meist sind die Archivmitarbeiter Mitglied in beiden Organisationen.

„Gewissen"
Ein Förderverein ist für die öffentliche Hand das institutionalisierte schlechte Gewissen. Ein Förderverein dokumentiert die als permanente Wunde empfundenen Haushaltslöcher und mit jeder Spende wird aufs Neue Salz hinein gerieben. Dieser kulturpolitische Aspekt ist in der öffentlichen Funktion nicht zu unterschätzen.

---

27 „Bußgeldmarketing", in: Fundraising Magazin 3 (1999), 36f.; Klaus M. Dietrich: „Geldauflagen und Bußgelder richtig akquirieren", in: Fundraising Magazin 6 (2000), 28.
28 „Neue Wege in der Kulturförderung (Modell des Bankhauses Metzler in Frankfurt)", in: Fundraising Magazin 1 (2000), 10; u.a. erhält das Historische Museum in Frankfurt 25.000/50.000 DM für die Modernisierung der Dauerausstellung (Volumen 500.000).

9. Fundraising und Friendraising: Zukunftsaufgabe der Archive

Es ist nicht zu leugnen, dass sich aufgrund der in Zukunft vermehrt zur Verfügung stehenden Sponsorenmittel einerseits und den geringer werdenden öffentlichen Mitteln andererseits das Kultursponsoring zu einem Finanzierungs- und auch Steuerungsinstrument des öffentlichen Kulturlebens entwickeln wird. Der mögliche Rückzug öffentlicher Mittel aus dem Kultursektor wirft ein – noch offenes – gesellschaftliches Grundsatzproblem auf. Es scheint, als würde die Gesellschaft die Gestaltung von Kulturarbeit dem freien Spiel des Marktes überlassen. Die Archivwelt ist recht spät in den Bereich Fund- und Friendraising eingestiegen; von systematischer Beackerung dieses Feldes kann in den wenigsten Fällen gesprochen werden. Damit sind natürlich auch die Chancen gesunken, die Spielregeln im Kultursponsoring mitzubestimmen. „Fundraising" muss in Arbeitsfelder der Archive und in die Ausbildung von Archivarinnen und Archivaren stärker eingebaut werden.

Um erfolgreich Fund- und Friendraising zu betreiben, müssen von den Archiven Ziele und Forderungen über die eigenen Verwaltung hinaus offensiv in den gesellschaftlichen Raum hinein formuliert werden. Die zum Komplex Fundraising bestehenden Informationssysteme müssen zur Darstellung der archivischen Interessen genutzt werden. Darauf aufbauend benötigen wir möglichst bald langfristig angelegte, auf die Aufgaben der Archive abgestimmte Fundraising-Konzepte und Sachkompetenz als Basis für eine erfolgreiche Mittelbeschaffung. Ein mühsamer aber vielversprechender Weg vom Haushaltstropf zum Spendentopf.

Karl-Ernst Lupprian und Lothar Saupe
Internetauftritte als Form archivischer Öffentlichkeitsarbeit

„Quod non est in rete, non est in mundo – was nicht im Web steht, gibt es nicht". Diese Abwandlung des alten Spruchs „Quod non est in actis, non est in mundo" möchte man für zutreffend halten, wenn man die fieberhaften Bemühungen von Organisationen und Firmen bis hin zu Einzelpersonen betrachtet, sich im Internet zu präsentieren. Es scheint, dass man automatisch für hoffnungslos rückständig erachtet wird, wenn man dort nicht vertreten ist – auch wenn man wenig oder gar nichts mitzuteilen hat. Inhalte scheinen von sekundärer Bedeutung zu sein; was zählt, ist die Art des Auftritts. Möglichst poppige Bilder, am besten animiert und mit ohrenbetäubendem Ton unterlegt, sollen den Besucher festhalten. Was hinter der tollen Startseite wartet, ist häufig enttäuschend, oft verwirrend und eher selten von durchgehender inhaltlicher und darstellerischer Qualität.

Einen starken Einfluss übt die allmähliche Änderung des Verständnisses der Öffentlichkeitsarbeit bei vielen Archiven aus, die von der Vermarktung der Archive, von der Werbung für die Archive oder jedenfalls von der Notwendigkeit einer zunehmend aggressiven Darstellungsweise ausgehen, um neue „Kundenkreise" anzuwerben. In den englischsprachigen Ländern hat diese Entwicklung bereits früher eingesetzt und ist weiter fortgeschritten. Bei uns ist sie nun auch zu beobachten. Es scheint, dass immer mehr Archive befürchten, dass ihnen ohne Selbstdarstellung nach Art eines Wirtschaftsunternehmens die Geldquellen abgedreht werden.

Den bunten Internet-Werbekatalogen stehen manche Informationsangebote von hoher inhaltlicher Qualität gegenüber. Man findet sie vor allem im naturwissenschaftlichen und technischen Bereich, aber auch z. B. bei führenden Softwareproduzenten. Sie sehen völlig anders aus: Schlicht aufgemachte Texte mit einfachen Strichzeichnungen, jedoch hervorragend strukturiert und die Möglichkeiten der Hypertextverknüpfungen geschickt nutzend. Nicht zu vergessen das Datum der letzten Aktualisierung – eine immens wichtige Information, die viel zu oft leider nicht gegeben wird. Dann mag der Surfer rätseln, ob er es mit Neuigkeiten oder Informationsschrott zu tun hat.

Und noch etwas fällt an einigen der wissenschaftlichen Angebote auf – sie verweisen doch tatsächlich nicht nur auf andere, thematisch bedeutsame Webseiten, sondern auch auf Bücher und Aufsätze, die nur auf Papier zu haben sind und somit den Besuch einer Bibliothek unerlässlich machen!

In einer ähnlichen Lage wie diese Informationsanbieter sind auch Archive. Denn die Masse ihrer Inhalte erschließt sich nur dem, der das Archiv corporaliter et in loco besucht und dort fleißig arbeitet. Die Vorstellung, eines Tages die kompletten Bestände eines oder gar aller Archive über das Internet benützen zu können, scheint uns ebenso unrealistisch wie der Versuch, die Inhalte des Internets selbst zu archivieren.[1]

Diese Feststellung soll nicht die Bedeutung archivischer Internetauftritte herabwürdigen. Nur sollte man sich sorgfältig überlegen, was solche Auftritte leisten können und was nicht – und gleichzeitig sollte man erkunden, ob und wie man sich einen solchen Auftritt selbst leisten kann.

Von den Standortvoraussetzungen her sind große Archive bzw. Archivverwaltungen naturgemäß im Vorteil. Sie verfügen eher über hinreichende Ressourcen und eigenes technisches Fachwissen als das mit einem oder zwei Leuten besetzte kleine Archiv, das im Gerangel um die Aufmerksamkeit der Surfergemeinde allenfalls einen Triangel leise erklingen lassen kann, während die großen Brüder Pauken, Trommeln und Posaunen dröhnen lassen.

Welcher Weg ist also einzuschlagen, damit auch ein kleines Archiv zu einer inhaltlich wie optisch befriedigenden Selbstdarstellung kommen kann? Das nachstehende Vorgehensmodell versucht, eine grundsätzlich empfehlenswerte, im konkreten Einzelfall den jeweiligen Gegebenheiten anzupassende Abfolge von Maßnahmen zu umreißen.

1. Man sollte Grundwissen über das Internet erwerben

Man muss nicht selbst Seiten in HTML schreiben können, um sein Archiv gut zu präsentieren; denn dafür gibt es gegen entsprechende Bezahlung Fachleute. Doch ohne einige – auch praktische – Kenntnisse über Arbeitsweise und Möglichkeiten des World Wide Web sollte man sich solchen Projekten nicht nähern. Man sollte wissen, wie das Internet aufgebaut ist, von wem und wie es verwaltet wird

---

1 Vgl. http://www.archive.org.

(ICANN, DENIC), wie Informationen transportiert werden und was technisch hinter einem „Internet-Anschluss" steckt.
Fehlt dem Archivar die Zeit, sich dieses Wissen anzueignen, so benötigt er eine vertrauenswürdige Fachkraft, die sein Internetprojekt begleitet und gleichsam den „Dolmetscher" zwischen den IT-Spezialisten und dem Archivar spielt. Bekanntermaßen scheitern viele Projekte im IT-Bereich oder führen zu unbefriedigenden Ergebnissen, weil sich Auftraggeber und Auftragnehmer missverstanden haben.

Die Beobachtung der Szene zeigt aber auch, dass viele Archive nur eine Starthilfe bei einem gewerblichen Web-Designer, meist für die so genannte Begrüßungsseite (Welcome-Page) in Anspruch nehmen, und die folgenden Seiten selbst mit Hilfe eines der marktgängigen HTML-Editoren schreiben und pflegen. Unter diesen und sogar jenen, die nach einer gewissen Einarbeitung alles selber schreiben, sind einige der inhaltsreichsten, übersichtlichsten und ästhetischsten Angebote im Internet.

2. Was soll der Internetauftritt leisten?

Von Basisinformationen (Adresse, Öffnungszeiten usw.) über eine Bestände-übersicht, Zugang zu einzelnen Findmitteln (vgl. MIDOSA-Online oder Faust-iServer) bis hin zum virtuellen Archivladen ist alles technisch möglich, wie auch die Vorstellung von Abbildungen besonders beeindruckender Archivalien oder Interaktionsmöglichkeiten für den Surfer. Was man hiervon realisieren kann, hängt zum einen von den Ressourcen ab, zum anderen aber und vor allem vom Erschließungszustand des Archivs und seinen vorgegebenen Schwerpunkten.
E-Commerce ist zur Zeit in aller Munde. Den virtuellen Laden kann man kaufen oder mieten. Doch Geld verdienen wird man damit wegen der hohen Einstiegskosten erst ab einem bestimmten Umsatz. Wer fünf Buchtitel, zehn Siegelabgüsse und zwanzig Postkarten anzubieten hat, dürfte mit einer simplen Liste seines Angebots und einem einfachen Bestellformular besser bedient sein.

3. Nach Ressourcen für die Umsetzung des Web-Auftritts suchen

Welche organisatorischen und technischen Möglichkeiten (EDV-Abteilung, evtl. eigener Webserver) bietet der Archivträger? Die meisten Kommunen sind bereits im Web präsent. Es bietet sich dann an, das Archiv dort zu platzieren – aber dann doch so, dass man nicht von der Touristik, den Hotelangeboten oder dem Stadttheater an den unscheinbarsten Platz geschoben wird.

Was kostet der Auftritt bei einem kommerziellen Internetprovider? Zwischen dem Investitionsbedarf für die Erstellung des Webauftritts und den regelmäßig anfallenden Betriebskosten (Miete des Serverplatzes, Kosten für Aktualisierungen des Informationsangebots) ist sorgfältig zu unterscheiden. Auch die Qualität des Providers spielt eine große Rolle. Wenn dessen Anbindung an das Web nicht über leistungsfähige Leitungsverbindungen erfolgt, dann muss der Surfer Wartezeiten in Kauf nehmen, wenn er auf den Server zugreift (und der Surfer wird nur einmal längere Zeit warten, ein zweites Mal wird er nicht mehr kommen).

Wenn ein Archivportal existiert – wie z. B. bereits für einige Bundesländer – ist die Einbindung des eigenen Archivs unbedingt zu empfehlen. Ein eigenständiger Webauftritt mit eigener Adresse ist dadurch nicht verbaut.

Keineswegs zu empfehlen ist es, selbst einen Computer als Webserver aufzusetzen und zu betreiben. Das ist ohne spezialisiertes Fachpersonal schlichtweg unmöglich, von den Kosten ganz zu schweigen. Oder sind Sie als Archivar so gut drauf, dass Sie das wirklich alles können? Warum sind Sie dann noch ein vergleichsweise schlecht bezahlter Archivar?

4. Planung und Qualitätskontrolle

Die Gestaltung des Webauftritts kann nicht sorgfältig genug geplant werden! Mit der einmaligen Erstellung eines Pflichtenhefts ist es nicht getan; eine Projektbegleitung des Erstellers der Webseiten durch den Auftraggeber ist unerlässlich. Die Qualität des Ergebnisses darf nicht nur am optischen Eindruck gemessen werden; es sind auch technische Details wie die Navigation innerhalb des Angebots, seine „Genießbarkeit" unter diversen Bildschirmauflösungen und Browsern zu prüfen, ferner die Sicherheit der Seiten gegen willkürliche Manipulationen durch Dritte (Datenschutz und Datensicherheit beim Internetprovider).

Das Informationsangebot soll von der Serverplattform und proprietären Softwareprodukten unabhängig sein, um einen jederzeitigen Wechsel des Providers zu erlauben. Das bedeutet zum einen Unabhängigkeit vom Serverbetriebssystem (derzeit Windows NT/Windows 2000 und die UNIX-Familie, in der die Open-Source-Produkte BSD-Unix und Linux besonders zu nennen sind). Zum anderen bedeutet das auch, dass die zum Betrieb des Webangebots benötigten Werkzeuge, wie z. B. Datenbanksysteme offen gelegt sind, also der Quellcode verfügbar sein muss, um notfalls auf eine andere Plattform wechseln zu können.

Nehmen wir einmal an, unser Serviceprovider macht Pleite. Das ist in der IT-Branche keineswegs selten. Wenn man sich nicht vertraglich ausbedungen hat, dass in einem solchen Fall nicht nur die Inhalte des Webangebots, sondern auch sämtliche zu dessen Betrieb notwendigen Werkzeuge mit Quellcode und Dokumentation ausgehändigt werden, dann steht man nicht nur für längere Zeit ohne Webangebot da, sondern muss viel Geld in einen Neuaufbau investieren. Wenn man auf einen kommerziellen Serviceprovider angewiesen ist, sollte dieser im Idealfall auch das Webangebot erstellen können, so dass man alle Leistungen aus einer Hand erhält.

Den zahleichen Selbststrickern ihrer Webseiten ist anzuraten, nicht ganz als Einzelkämpfer anzufangen und nach ersten Erfolgen fortzufahren. Eine Gegenkontrolle von Layout und Inhalten vor der Veröffentlichung ist von unschätzbarem Wert. Bei größeren Archiven besteht hier meist faktisch eine Art Internet-Redaktion, die ad hoc bei Änderungsbedarf der Seiten zusammentritt. In jenen Fällen, in denen keine zwei Archivare in einem kleinen Archiv in der Lage sind, sich hierbei zu ergänzen, hilft etwa bei einem kleinen Stadtarchiv eine lose Allianz mit den Kollegen der Stadtbücherei oder des Kulturamts weiter – ohne dass man deren Standards übernehmen muss. Dies hilft auch dabei, sich im Rahmen der Corporate Identity ein wenig nach dem übergeordneten Erscheinungsbild seines Archivträgers auszurichten.

5. Fallstricke und Fußangeln vermeiden

Über gutes und schlechtes Webdesign ist viel geschrieben worden; und im Web stehen noch größere Mengen an Informationen zur Verfügung. Niemand kann vom Archivar verlangen, dass er all dieses liest. Zu nennen sind jedoch das HTML-Lehrbuch von Stefan Münz (auch online verfügbar) und das Webangebot von Dr. Web (www.ideenreich.com). Es gibt jedoch einige grundsätzliche Vorgaben, auf deren Beachtung ein Webdesigner verpflichtet werden sollte, und deren Erfüllung die oben genannte vertrauenswürdige Fachkraft überprüfen sollte:

– Bei der HTML-Programmierung sind nur die in der Spezifikation 3.2 zugelassenen Elemente zu verwenden (kanonisches HTML), browserspezifische Eigenheiten sind zu vermeiden.
– Java-Applets sind erlaubt, aber auf keinen Fall Javascript und Active-X. Javascript als Navigationshilfsmittel führt zu Instabilitäten, die dem Surfer den Besuch des Angebots gründlich verleiden können. Zum anderen muss jeder Surfer wissen, dass die Aktivierung von Javascript und Active-X in seinem Browser Computerviren, bösartigen Scripts und anderen Eindringlingen Tür und Tor öffnet! Wer es nicht glauben will, der lese die Warnhinweise des Bundesamts für Sicherheit in der Informationstechnik.

– Auf Plugins (wie z. B. Flash oder Shockwave) sollte verzichtet werden, denn viele Surfer lehnen es ab, diese auf ihren Rechner zu laden bzw. können auf älteren Rechnern diese Plugins nicht einsetzen.
– Insgesamt sollten die Seiten nicht mit Grafik oder Layout-Elementen überladen werden. Jeder von uns ist oft genug ausgestiegen, wenn der Ladevorgang der Seiten einer bestimmten Stelle zu lange dauerte. Gehäufte Frames haben häufig eine ähnliche Wirkung.
– Geradezu entsetzlich wirken Seiten mit schwarzem Hintergrund und Texten in roter oder gelber Schrift. Solchen Augentötern wird sich kein Surfer lange aussetzen.

Einfache Möglichkeiten für kontinuierliche Aktualisierungen sind von Anfang an einzuplanen. Bei häufigen inhaltlichen Veränderungen bietet sich ein modularer Aufbau der Seiten nach einem Baukastenprinzip an, bei dem Einzelseiten schnell durch neue, namensgleiche Seiten mit gleichen Links aber anderen Inhalten ausgetauscht werden können. Dies ist wohl das letzte Rückzugsgebiet, für das Frames mit Navigationsknöpfen empfohlen werden können, in denen nur die eingeblendeten Textseiten erneuert werden müssen. Man kann die Darstellung dynamisch aus einer leicht zu ergänzenden Web-Datenbank erzeugen, was Zeit und, abgesehen von der Erstinvestition, Kosten spart.

Es gibt zwar inzwischen sogar veröffentlichte Pflichtenhefte der Grundbestandteile einer Webseite.[2] Praktisch besteht aber ein weiter Spielraum bezüglich der Muss-Bestandteile. Wer noch ausschließlich Papierrepertorien hat, der wird nicht warten, bis diese über Sondermittel schließlich elektronisch erfasst sind, ehe er eine Homepage anbietet. Diese sollte aber – einige wenige schüchterne Kleinarchive bieten wirklich kaum mehr – nicht nur Namen und Anschrift enthalten. Man weiß nämlich manchmal nicht, ob man wirklich bei der offiziellen Archivseite gelandet ist oder auf der privaten Seite eines Dritten, wie sie z. B. für Familienforscher oder Studenten einer Universität existieren. Mindestens als schlagwortartige Inhaltsangabe sollte auf Art und Umfang der Bestände sowie die Benutzungsmodalitäten hingewiesen werden.

---

2 Vgl. Mario Glauert, Anforderungen an eine Online-Beständeübersicht und eine archivische Homepage, http://www.uni-marburg.de/archivschule/glauert.html.

6. Die Gestaltung des Informationsangebots sollte dem Inhalt entsprechen

Archive bieten Informationen, die zeitlos gültig sind, und keine modischen Eintagsfliegen. Dementsprechend sollte die Gestaltung der Webseiten eher schlicht und klar als knallbunt und überladen sein. Vom mit schreienden Farben und nervendem Sound werbenden Kommerz können sich Archive wohltuend abheben, indem sie auf derartige Gestaltungsmittel verzichten. Bilder sollte man sparsam einsetzen; kurze Texte mit viel Struktur sind lesbarer als endlos erscheinende Fließtexte. Ein Streifzug durch die inzwischen zahlreichen Web-Angebote von Stadt- und Regionalarchiven, wie er etwa mit Hilfe des UNESCO-Archivportals möglich ist, zeigt, dass gerade technisch fortschrittliche Archivverwaltungen, die zu grellen Blitzen technisch in der Lage wären, klar lesbare Texte auf einfarbigem Hintergrund anbieten.

7. Schluss

Wie ein Archiv seine Internetseiten im Einzelnen gestaltet, ob aufwändig oder schlicht, hängt von den bereits zur Verfügung stehenden Daten und vom persönlichen Geschmack ab. Schließlich ist auch die Internet-Darstellung letztendlich ein Teil der persönlichen Selbstdarstellung einer Institution, und die Vielfalt des Angebots macht auch das Archivsurfen interessant. Das Internet ist ein Bestandteil von eher noch wachsender Bedeutung bei der zunehmenden Notwendigkeit, ein Archiv erfolgreich in der Öffentlichkeit zu vermarkten. Es eignet sich hervorragend als Werbeinstrument für Archive, aber für diese ist es eben keine kommerzielle Verkaufsplattform, sondern es werden vor Ort einzusehende Informationsangebote einer breiten Öffentlichkeit bekannt gemacht. Dabei rangieren die Inhalte an Bedeutung weit vor einer bunten Gestaltung.

Ein Blick durch die vielen inzwischen angebotenen Archivauftritte vermittelt den beruhigenden Eindruck, dass ein Großteil gerade der kleineren Archive bislang ihre Ressourcen vernünftig einsetzt und dem künftigen Benutzer zielführende Angaben vermittelt. Man kann also hoffen, dass viele Archive auch in Zukunft dem Spieltrieb auf dem Bildschirm und Angeboten von beruflichen Web-Designern, die wie bei ihren privaten Firmenkunden nur an die Werbewirksamkeit denken, widerstehen werden.

Andrea Süchting-Hänger
Zusammenfassung

Herr Professor Volker Wahl (Thüringisches Hauptstaatsarchiv Weimar) erstattete im ersten Vortrag der Gemeinsamen Arbeitssitzung zum Thema „Archive und Öffentlichkeit" unter der Leitung von Herrn Dr. Ulrich S. Soénius (Stiftung Rheinisch-Westfälisches Wirtschaftsarchiv zu Köln) einen Erfahrungsbericht zum Tag der Archive 2001, in dem er das Ergebnis einer Fragebogenaktion des VdA präsentierte. Die Evaluierung der Veranstaltung sollte einer erneuten Bewertung von Zielstellung und Funktion des Tags der Archive dienen, um entscheiden zu können, ob dieser Tag künftig regelmäßig als Veranstaltung des VdA durchgeführt werden soll.
Die Aktivitäten der teilnehmenden Institutionen waren so vielfältig wie das deutsche Archivwesen und reichten von Ausstellungen über Magazinführungen, genealogische Beratungen und Büchertische bis zu einem Archivquiz. Die Archive zeigten sich mit der Resonanz des ersten Tags der Archive im Großen und Ganzen zufrieden, auch wenn das Medieninteresse lokal sehr unterschiedlich war. Insgesamt positiv wurde die Unterstützung durch den VdA bewertet, wobei hier vor allem die Pressearbeit im Vorfeld noch als verbesserungsfähig angemerkt wurde. Kooperationen auf allen Ebenen sind noch ausbaufähig. Die Fragebögen ergaben vor allem einen Diskussionsbedarf bei der Frage des Termins. Aus der Sicht des VdA erscheint eine regelmäßige Veranstaltung alle zwei Jahre im Frühjahr sinnvoll. Als Konsens lässt sich festhalten, dass der Tag der Archive ein geeignetes Instrument ist, den Stellenwert der Archive in der Gesellschaft und ihre Aufgaben in der Öffentlichkeit bewusster zu machen, dass aber der Erfolg eines solchen Tags immer vom Engagement der Archive vor Ort abhängen wird.

Die anschließende Diskussion konzentrierte sich auf die Frage, ob der Tag der Archive in Zukunft weiterhin an einem Tag stattfinden oder ob nur ein Zeitraum vorgegeben werden sollte, in dem dann die einzelnen Archive in Abhängigkeit von lokalen Kulturereignissen den Termin selbst bestimmen könnten.
Professor Battenberg (Hessisches Staatsarchiv Darmstadt), Herr Kühnel (Vereinigung deutscher Ordensoberen, Bamberg) und Herr Eberhardt (Stadtarchiv Hameln) sprachen sich für eine flexiblere Handhabung des Termins aus, um im Rahmen größerer lokaler Veranstaltungen, wie zum Beispiel Kulturtagen, Kooperationschancen nutzen und von Mobilisierungseffekten profitieren zu können. Frau Jung (Stadtarchiv Wetzlar) und Herr Dr. Soénius plädierten für die Beibehaltung eines bestimmten Tages, um eine stärkere Öffentlichwirksamkeit durch die

Bündelung des Medieninteresses zu erreichen. Sie verwiesen auf den inzwischen überaus großen Erfolg des Tags des offenen Denkmals, der sich auch erst etablieren musste. Herr Dr. Wahl regte abschließend an, auf der Homepage des VdA die Teilnehmerliste des Tags der Archive zu veröffentlichen sowie einen Veranstaltungskalender mit allen örtlichen Terminen einzurichten. Dazu wurden die einzelnen Archive aufgefordert, ihre Veranstaltungen dem VdA regelmäßig bekannt zu geben.

Der zweite Vortrag von Herrn Dr. Clemens Rehm (Generallandesarchiv Karlsruhe) hatte das Thema „Vom Haushaltstropf zur Sponsorenquelle. Spenden – Freunde – Fördervereine". Der Beitrag beschäftigte sich mit der Frage, wie die Archive in Zeiten knapper Haushaltsmittel andere Geldquellen für sich nutzbar machen können. Um auch für diese Mittel Planungssicherheit zu erreichen, müssen zunächst konkrete Konzepte erarbeitet werden. Dazu ist eine grundsätzliche Analyse der Wechselbeziehung zwischen Archiv und Sponsor und eine Klärung der jeweiligen Interessen und Ziele dringend geboten. Eine besonders effektive Möglichkeit, Spendengelder zu verstetigen, liegt in der Schaffung von Netzwerken, dem so genannten „Friendraising". Durch Gründung von Freundes- oder Fördervereinen können sich die Archive einen Kreis von Förderern schaffen, die persönlich an das Archiv gebunden und für ihre Unterstützung mit einem „Hauch von Exklusivität", zum Beispiel durch die Vorab-Präsentation von Publikationen oder restaurierter Stücke, belohnt werden.
Insgesamt ist von den Archiven Kreativität gefragt, um ihre geplanten Vorhaben auch bei knappen Kassen realisieren zu können.
In der anschließenden Diskussion verwies Frau Professor Nienhaus (Frauenforschungs-, Bildungs- und Informationszentrum, Berlin) zunächst auf die größere Erfahrung der Spendeneinwerbung bei privaten Archiven, kritisierte aber zugleich den VdA und die größeren Archive, die weniger die Einwerbung privater Unterstützung als das Bemühen um staatliche Ressourcen professionalisieren sollten, um einen Rückzug des Staates zu verhindern und diesen nicht aus der Verantwortung zu entlassen.
Professor Battenberg wies auf die Relevanz persönlicher Netzwerke hin, die durch die Wahrnehmung eines politischen Mandates noch verstärkt werde könnten. Er gab zudem den Hinweis, dass Sachspenden, wie zum Beispiel die Übernahme von Catering-Leistungen bei Veranstaltungen, einfacher einzuwerben seien als Geldspenden, und machte auf die Möglichkeit von ehrenamtlicher Arbeit oder Rehabilitationsleistungen, bei der Straftäter ihre Buße durch soziale Arbeit ableisten, aufmerksam. In diesem Zusammenhang wies Herr Aders (Historisches Archiv der Stadt Köln) auf die Schwierigkeiten hin, die bei ehrenamtlicher Arbeit durch den

BAT auftreten können. Angesichts der begrenzten (finanziellen) Möglichkeiten von Fördervereinen regte Herr Dr. Nieß (Stadtarchiv Mannheim) die Gründung von Stiftungen nach dem Beispiel von Museen sowie das Angebot von zu vergütenden Dienstleistungen nach außen an. Herr Dr. Antweiler (Stadtarchiv Hilden) führte als weitere Möglichkeit des Fundraisings an, dass sich die Archive für die steigende Zahl der Erblasser, die keine Erben haben, ins Gespräch bringen könnten.
Abschließend betonte Herr Dr. Rehm, dass der reguläre Weg der Etaterhöhung natürlich weiterhin von Bedeutung sei, die Archive in der heutigen Situation realistisch jedoch höchstens ihre Etats halten könnten, und daher neue Wege der Finanzierung suchen müssten. Er verwies nochmals vor allem auf die Bedeutung des „Friendraising", von dem die Archive in hohem Maße profitieren könnten.

Der letzte Vortrag von Herrn Dr. Karl-Ernst Lupprian (Generaldirektion der staatlichen Archive Bayerns, München), vorgetragen von Herrn Dr. Lothar Saupe (Bayerisches Hauptstaatsarchiv, München) beschäftigte sich mit dem „Internet als Form archivischer Öffentlichkeit". Der Beitrag zeigte Wege auf, wie auch kleine Archive zu einer optisch und inhaltlich qualitativen Selbstdarstellung im Internet als wichtigem Teil ihrer Öffentlichkeitsarbeit kommen können. In technischer Hinsicht sollten Investitions- und Betriebskosten abgeschätzt, Abhängigkeiten von einzelnen Providern und proprietären Softwareprodukten vermieden sowie die einfache Aktualisierungsmöglichkeit der Webseiten gewährleistet sein. Inhaltlich ist ein genaues Konzept notwendig, was der Internetauftritt leisten soll, welche Informationen unbedingt angegeben werden müssen und welche zusätzlichen Angebote wie Onlineverfügbarkeit der Findmittel technisch und finanziell realisierbar sind.

Arbeitskreis »Archivpädagogik und Historische Bildungsarbeit«: Quellen zwischen Authentizität und Instrumentalisierung. Archive und ihre Historische Bildungsarbeit

Günther Rohdenburg
Einleitung

Erst eine Woche ist es her, dass am Dienstag, den 11. September, die fürchterlichen terroristischen Attentate unseren Atem zum Stocken brachten. Noch heute wagen wir kaum, die horrenden Zahlen der Getöteten und Vermissten zu nennen, die Dimensionen sind so unglaublich wie zunächst die Ereignisse selbst. Zugleich lässt das Maß der Solidarität und des Mitgefühls hoffen, dass die gemeinsamen Anstrengungen zur Überwindung auch dieser Herausforderungen für die demokratischen Gesellschaften letztlich erfolgreich sein werden. Der Blick richtet sich mit wachsendem Abstand von den Attentaten zunehmend auf die Zukunft; dem Schrecken der ersten Stunden folgt damit hoffentlich die besonnene Planung notwendiger Schritte zur Sicherung des friedlichen Zusammenlebens in einer globalisierten Welt.

Hektik und Hass, Zorn und Vergeltung waren noch nie die besseren Ratgeber – erinnernd an Gustav Heinemann möchte auch ich darauf verweisen, dass die Hand, die auf den oder die Schuldigen weist, zugleich mit mehreren Fingern zurückweist auf die eigene Person. Auch so gesehen sind wir wieder selbst in der Verantwortung, mit den Möglichkeiten, über die wir privat und vor allem – und darum kann es hier nur gehen – beruflich verfügen, beizutragen zu besonnenen Entscheidungen, die historische Erfahrungen angemessen einbeziehen. Kurzfristig können Archive, können wir dazu sicherlich nur sehr wenig konkret beitragen, langfristig gesehen bietet aber gerade die Historische Bildungsarbeit an und mit den Archiven die Chance, hinzuführen zum besseren Verständnis der Gegenwart durch Aufarbeitung der Vergangenheit.

Die Veranstaltungen des Arbeitskreises „Archivpädagogik und Historische Bildungsarbeit" haben nun schon fast Tradition, es ist das dritte Mal, dass der 1998 offiziell eingerichtete Arbeitskreis in dieser Form mit einer eigenen Veranstaltung auf dem Archivtag in Erscheinung tritt. 1999 war es der Archivtag in Weimar, bei dem der Arbeitskreis unter dem Motto: „In Zusammenarbeit mit ... Archive und ihre Kooperationspartner in der historischen Bildungsarbeit" mit einer eigenen

Veranstaltung erstmals den Archivtag sozusagen inoffiziell eröffnete, auf dem letzten Archivtag 2000 in Nürnberg fand die Veranstaltung zum Thema: „Lernort Archiv? Möglichkeiten der Vermittlung von Geschichte" statt.

Wir sind damals ein großes Risiko eingegangen, vor dem offiziellen Beginn des Archivtages Veranstaltungen anzubieten, die nicht nur für eine gezielte Teilnehmergruppe, sondern für alle Archivtagsteilnehmer offen stehen – wir freuen uns umso mehr, dass die Veranstaltung auch dieses Jahr wieder eine große Resonanz gefunden hat!

Das Thema unserer heutigen Vorträge ist: „Quellen zwischen Authentizität und Instrumentalisierung. Archive und ihre Historische Bildungsarbeit" – es passt sich ein in den Gesamtrahmen des Archivtages, der unter der Thematik „Archive und Herrschaft" steht. Wir werden dazu drei Vorträge hören, zu denen anschließend ausreichend Zeit für Diskussion und Gespräche sein wird, da leider einer unserer Vortragenden kurzfristig abgesagt hat. Ich begrüße dazu ganz herzlich Frau Diplom-Archivarin Heide Donner von der Außenstelle Rostock der Bundesbeauftragten für die Unterlagen des Staatssicherheitsdienstes der ehemaligen DDR, Herrn Professor Dr. Friedrich Kahlenberg, ehemals Präsident des Bundesarchivs, sowie Herrn Joachim Pieper, Oberstudienrat und Archivpädagoge am Nordrhein-Westfälischen Hauptstaatsarchiv in Düsseldorf. Ich freue mich besonders, dass mit den Referenten nicht nur unterschiedliche Erfahrungshintergründe erfasst, sondern auch die Spannbreite der Generationen und damit sicher auch differierende Ansätze und Schwerpunktsetzungen vorgestellt werden können.

Erlauben Sie mir einen kurzen Hinweis zur Entstehung des Themas und zu den Überlegungen des Arbeitskreises. Seit längerem beschäftigte sich der Arbeitskreis mit den Chancen und Risiken der Historischen Bildungsarbeit insbesondere unter inhaltlichen Gesichtspunkten. Die Überlegungen dazu verfestigten sich zu der Notwendigkeit, das Thema aufzugreifen durch die Debatte um die Ausstellung „Vernichtungskrieg. Verbrechen der Wehrmacht 1941 bis 1944". In diesem Umfeld wurde besonders die Frage der Authentizität der Fotos aufgegriffen, was schließlich dazu führte, die eigentliche Zielsetzung der Ausstellung, nämlich ein wirklichkeitsnäheres Bild der Wehrmacht und ihrer Rolle bei der Vernichtung von Menschen zu zeichnen, in den Hintergrund treten zu lassen. Die Authentizität der Dokumente ist ein Pfund, mit dem Archive wuchern können, wenn hier gepfuscht wird, steht viel auf dem Spiel – die Seriosität der Archive in den Augen der Öffentlichkeit ist da noch das geringste Problem. Authentizität gerät aber nicht nur durch falsche Zuordnung ins Wanken, auch durch die Auswahl des Kontextes, in den die Dokumente gestellt werden, kann ein an sich authentisches Dokument instrumentalisiert werden. Dies sind keine theoretischen Fragen oder Probleme, die nur beim Erstellen von Ausstellungen entstehen, sondern diese Fragen begleiten die alltägliche historische Bildungsarbeit. Lehrer können diesem Problem schon gar nicht ausweichen, da sie gezwungen sind zu elementarisieren – was nichts anderes bedeutet, als Sachverhalte auf ihren Kern zu reduzieren und exemplarisch für viele andere Sachverhalte den Schülerinnen und Schülern zu vermitteln. Da ist kein Raum, den Kontext ausführlich darzustellen, da ist hohe Verantwortung gefragt, z. B. bei der Eindampfung wissenschaftlicher Literatur auf einen kurzen Arbeitstext, der im Rahmen des klassischen Unterrichtsrhythmus von 45 Minuten abzuarbeiten ist. Das Risiko der Instrumentalisierung ist damit immer gegeben.

Wie gehen wir mit diesen Fragen bei der Historischen Bildungsarbeit im Archiv um? Liegt hier nicht schon vorher, nämlich bei der Bewertungsentscheidung der Archivare, ein Hauptgefahrenpotenzial der Instrumentalisierung? Anders als bei wissenschaftlichen Forschungsprojekten muss in der Historischen Bildungsarbeit der Kontext verkürzt, teilweise ausgeblendet werden – eigentlich ein dem Archivar widerstrebendes Verfahren, möchte er doch gerne immer alles vollständig ausgewertet wissen. Allein dies sind schon Ansätze genug, sich dem Thema Authentizität und Instrumentalisierung im größeren Rahmen zu nähern.

Die Festlegung des Mottos „Archive und Herrschaft" für diesen Archivtag kam uns sehr entgegen, so dass wir unser vorgesehenes Thema gut in den Gesamtrahmen einpassen konnten. Zudem hat es zusätzlich Aktualität gewonnen, z. B. durch die Auseinandersetzung des ehemaligen Bundeskanzlers Kohl um seine Stasiakten, aber auch durch jüngste Untersuchungen ganz anderer Art: Unter der Überschrift „Abschied von der Oberflächlichkeit" wurde am 14. September 2001 in der Frankfurter Rundschau berichtet: Eine Münchener Trendforscherin prognostiziert den Abschied von der „Spaßgesellschaft": In den nächsten Jahren werde das private Glück als Maßstab aller Dinge durch eine Renaissance von Tiefe, Werten und Sinn abgelöst. „Ehrlichkeit und Authentizität erhielten in einer zunehmend virtuellen Welt einen neuen Stellenwert." Da eröffnen sich große Möglichkeiten für die Archive …

Zur Struktur der Veranstaltung ist Folgendes gedacht: Zunächst wird Herr Professor Kahlenberg ein ausführlicheres Referat zum soziokulturellen Auftrag der Archive aus seiner Sicht halten, direkt im Anschluss daran nehmen wir uns Zeit für eine Aussprache zu den vorgetragenen Thesen. Im Anschluss daran werden

Herr Pieper und Frau Donner in einem Block ihre etwas kürzeren Vorträge halten, danach wird dann wieder Gelegenheit zur Aussprache sein. Ich freue mich schon auf die Vorträge und die anschließenden Diskussionen und darf nun Herrn Professor Kahlenberg bitten, mit seinen Vortrag zum Thema „Vom soziokulturellen Auftrag der Archive – Geschichtliche Erinnerung in der Gegenwart" zu beginnen.

Friedrich P. Kahlenberg
Vom soziokulturellen Auftrag der Archive – Zur geschichtlichen Erinnerung in der Gegenwart

Für die Gelegenheit der Teilnahme an der Veranstaltung Ihres Ende des Jahres 1998 unter dem Dach des Vereins deutscher Archivare gegründeten „Arbeitskreises für historische Bildungsarbeit und Öffentlichkeitsarbeit der Archive" im Rahmen dieses 72. Deutschen Archivtags danke ich. Meinen folgenden Beitrag gliedere ich in drei Abschnitte: Einleitend werfe ich einen Blick auf das Verhältnis der Archivare zur wissenschaftlichen Forschung in der Gegenwart; an zweiter Stelle steht die knappe Orientierung über traditionelle und neue Formen der archivischen Öffentlichkeitsarbeit; schließlich frage ich nach dem gesellschaftlichen Auftrag der Archive in Gegenwart und Zukunft. Ihr Verständnis erbitte ich für die Subjektivität meiner Äußerungen. Ohne meine Erinnerung an die vor knapp zwei Jahren beendete Dienstzeit zu verdrängen, spreche ich heute aus der Position eines älter gewordenen Historikers, der während seiner aktiven Berufsjahre als Archivar arbeitete. Wenn ich in meinem Beitrag von Archiven spreche, meine ich ausschließlich öffentliche Archive, d. h. die staatlichen Archiveinrichtungen der Länder wie des Bundes und die kommunalen Archive der Städte, der Kreise, der Landschaftsverbände.

1.

Die staatlichen Archive der Länder und die großen Stadtarchive sind in Deutschland wie in zahlreichen europäischen Ländern in einer seit dem frühen 19. Jahrhundert gewachsenen Tradition aufs engste mit der geschichtswissenschaftlichen Forschung verbunden. Vielfach bestehen personelle Verflechtungen mit den historischen Kommissionen, den landeskundlichen Institutionen, den Geschichts- und Altertumsvereinen in den Ländern, in den Städten. Für die Ausbildung und Pflege des Geschichtsbewusstseins der breiten Öffentlichkeit hatten die Archive bis weit ins 20. Jahrhundert hinein eine zentrale, eine tragende Funktion. Die gerade für Mitteleuropa charakteristische überaus reiche Vielfalt landes-, regional- und ortsgeschichtlicher Zeitschriften kündet noch in der Gegenwart von der lange Zeit ganz selbstverständlichen wissenschaftlichen Auswertung der Quellenüberlieferungen durch Archivare. Am Tagungsort Cottbus bietet sich an, den wissenschaftlichen Rang der Veröffentlichungen der preußischen Archivverwaltung seit dem ausgehenden 19. Jahrhundert zu erinnern ebenso wie den schwerlich zu überschätzenden Beitrag von deren leitenden Persönlichkeiten an der institutionel-

len Organisation der Geschichtswissenschaft in Deutschland bis weit ins 20. Jahrhundert hinein.
Viele Faktoren trugen seit der Mitte des 20. Jahrhunderts dazu bei, dass das traditionelle, das wissenschaftliche Engagement der Archivare einschließende Aufgabenverständnis in einem unaufhaltsam voranschreitenden Prozess erodierte, jedenfalls an eindeutiger Gültigkeit verloren hat. Von den Archivaren in den öffentlichen Archiven wird erwartet, dass sie sich auf die Kernaufgaben konzentrieren – die Sicherung, Bewertung und Erschließung der archivalischen Überlieferung und auf die Auskunfterteilung. Keine Frage, dass die Anforderungen in allen genannten Bereichen qualitativ und vor allem quantitativ in einem bis zur Mitte des 20. Jahrhunderts schwerlich voraussehbaren Umfang gewachsen sind. Sie forderten die Archivare in bislang kaum gekannter Intensität. Unter dem Eindruck der Herausforderungen in der Nachkriegszeit drohte die wissenschaftliche Auswertung des Archivgutes in eigener Zuständigkeit den Rang eines gleichwertigen Aufgabenfeldes zu verlieren. Diesem Prozess unterwarfen sich die Archivare vor allem der älteren Generationen nicht immer freiwillig, doch bei allen Auswegen im Einzelfall blieb die generelle Dichotomie des Berufsbildes unübersehbar. Die Tendenz der Abwertung eines parallelen geschichtswissenschaftlichen Engagements steigerte sich noch einmal während der beiden letzten Jahrzehnte des vorigen Jahrhunderts. Eine in den 1960er und 1970er Jahren in den Archiven und bei deren Dienstherren noch als Auszeichnung empfundene Berufung eines Archivars zu einer akademischen Lehrtätigkeit verfiel in jüngster Zeit eher einer Abwertung im Sinne einer im Grundsatz zu vermeidenden Ablenkung von den eigentlichen Aufgaben.
In gegenläufigem Sinne ist an die Veränderungen zu erinnern, die sich bei den Anforderungen der Geschichtswissenschaften an die Archive ergeben haben. Diese betreffen durchaus auch die Kernaufgaben, richten sich auf die Komprimierung der Überlieferungen aus den verschiedenen Tätigkeitsbereichen der öffentlichen Verwaltungen, auf die Präzisierung archivischer Bewertungskriterien, auf die Verkürzung von Sperrfristen für die Benutzung, auf zusätzliche Dokumentationsvorhaben. Bereits vor einem Jahrzehnt hatte Wolfgang J. Mommsen auf dem 62. Deutschen Archivtag in Aachen das wachsende Interesse der Forschung an „den Tiefenstrukturen bzw. den Alltagsverhältnissen geschichtlicher Wirklichkeit, die von dem jeweiligen politischen Geschehen nicht mehr oder doch nur mittelbar berührt werden" unterstrichen.[1] Entsprechende Folgerungen für die archivarische Praxis vermögen nur Kollegen abzuwägen und mit Bedacht umzusetzen, die die

---

1 Vgl. Der Archivar 45 (1991), 19-28, hier 26.

entsprechenden Fragestellungen in der wissenschaftlichen Forschung nicht nur beobachten sondern mittel- und längerfristig auch durch die eigene Arbeit begleiten. Als Beispiele neuer Interessenfelder nannte Mommsen „Energieversorgung, Wohnungsbau und Wohnungsverhältnisse, ökologische Lebensbedingungen, Freizeitgestaltung, Massenkultur",[2] doch ist die Reihe beliebig zu verlängern. Ich nenne hier nur die Innovationen betriebswirtschaftlichen Handelns und die daraus resultierenden Folgen in der Wirtschaft, in der Industrieproduktion, in Handel und Gewerbe, die Sozialpolitik in ihren weiten Ausfächerungen des Arbeitsmarktes, des Gesundheitswesens, der Fürsorge und der Sozialhilfe, der Familien-, Jugend- und Seniorenpolitik, des Bildungswesens, das weite Feld der Finanzpolitik, des Bankenwesens – eine offene Reihe, die jeder von Ihnen vor dem Hintergrund seiner archivarischen Erfahrungen fortzusetzen vermag.

Zu unterstreichen ist an dieser Stelle: Die Teilnahme an den Diskussionen der wissenschaftlichen Forschung ist für den Archivar nach wie vor eine unverzichtbare Voraussetzung seiner fachlichen Qualifikation. Nur so bleibt er in der Lage, die Unabhängigkeit seiner Urteilsbildung in Bewertungs-, in Dokumentationsfragen zu behaupten. Der Archivar darf nicht auf seine Unabhängigkeit verzichten, die durch seine Kompetenz im Dialog mit den Vertretern der wissenschaftlichen Öffentlichkeit fundiert ist. Die Alternative wäre die Gefahr, nur noch als Spezialist eines archivischen Informations-Managements gesehen zu werden. Dann aber müsste er sich seines ‚aufrechten Ganges' gegenüber der Öffentlichkeit, der Forschung, aber auch gegenüber der Verwaltung und nicht zuletzt gegenüber den Trägern der archivischen Institutionen begeben. Meine Position sollte keinesfalls als Negierung oder auch nur Relativierung der Herausforderungen des Informationszeitalters an die Archivare missverstanden werden. Natürlich gibt es keine auch nur im Ansatz gültige Alternative zur konstruktiven Mitarbeit und Mitentwicklung der Reformen der Verwaltungsarbeit, der neuen Formen der Informationsverarbeitung. Rationalisierung der Verfahren, die Implementierung neuer Technologien sind selbstverständliche Daueraufgaben bestehender Institutionen. Die konstruktive Mitarbeit der Archivare bei der Entwicklung von Standards und Richtlinien für den administrativen Gebrauch informationstechnischer Verfahren, bei der Digitalisierung von Arbeitsabläufen, von Datenbeständen, bei der Realisierung papierloser Büroarbeit liegt im vitalen Interesse der archivischen Institutionen. Doch darf bei diesen neuen Herausforderungen die Teilnahme an den Diskussionen wissenschaftlicher Fragestellungen ebensowenig vernachlässigt werden wie die eigenständige Auswertung der archivalischen Über-

---

2 Ebd.

lieferungen, sie bleiben unveräußerliches Element des archivarischen Berufsbildes auch im 21. Jahrhundert.

2.

Traditionell kennzeichnen Verzeichnisse ihrer Veröffentlichungen in erster Linie die Öffentlichkeitsarbeit der Archive. Die von diesen betreuten und herausgegebenen Quellen-Editionen, Schriftenreihen und Periodika haben vermehrt in der zweiten Hälfte des vorigen Jahrhunderts durch Beständeübersichten, Archivführer, Findbücher zu Einzelbeständen oder Bestandsgruppen und sachthematische Inventare gewichtige Ergänzungen erfahren. Die in jüngster Zeit rasch vermehrte Einstellung von Basisinformationen über die Archive und deren Bestände in das Internet wie die digitalen Veröffentlichungsformen dürfen der traditionellen Öffentlichkeitsarbeit zugerechnet werden. Die technische Vermittlungsform veränderte sich nach den in den sechziger Jahren entwickelten fotografischen Mikroformen noch einmal in zum Teil als revolutionär empfundener Vielfalt und bringt noch immer erhebliche Verbesserungen mit sich, doch bleiben Motive und Inhalte der archivischen Publikationstätigkeit im Prinzip die gleichen. Diese dient der Vermittlung von Informationen über die archivalischen Überlieferungen als Voraussetzung für deren gezielte Benutzung durch die Öffentlichkeit wie der Bereitstellung zentraler Quellen in Editionen. Dieser Aufgabenstellung trugen die Gesetzgeber in den Ländern wie im Bund Rechnung: In den seit Mitte der achtziger Jahre verabschiedeten Archivgesetzen ist in aller Regel der Auftrag der wissenschaftlichen Auswertung des Archivgutes durch die archivischen Institutionen ausdrücklich erteilt.

Am Tagungsort Cottbus bietet sich an, auf die gerade in den neuen Ländern seit der Einigung in erfreulichem Umfang neu belebten oder neugegründeten Veröffentlichungsreihen der Archive hinzuweisen. Im Grunde haben die Staatsarchive mit der Wiedererrichtung der Länder im Gebiet der ehemaligen DDR die Wiedergeburt ihres originären historisch gewachsenen Selbstverständnisses erfahren. Wo die frühere Staatliche Archivverwaltung im Ministerium des Innern der DDR mit ihrem Reglementierungs- und Kontrollanspruch die eigenständige Veröffentlichungstätigkeit in erheblichem Maß eingeengt oder auch ganz verhindert hatte, blüht seit 1990 die traditionell von Archivaren mitgeleistete Erforschung der Landes-, Regional- und Ortsgeschichte wieder auf. In Brandenburg erfuhren die „Veröffentlichungen des Landeshauptarchivs" eine eindrucksvoll vermehrte Fortsetzung; zusätzlich wurde im Jahre 1994 die Reihe „Quellen, Findbücher und Inventare des Brandenburgischen Landeshauptarchivs" neu begründet, ebenso die in Verbindung mit der Historischen Kommission zu Berlin seit

1998 herausgegebene „Bibliothek der Brandenburgischen und preußischen Geschichte". In Mecklenburg-Vorpommern erscheinen die vom Landeshauptarchiv in Schwerin neu begründeten Reihen „Quellen und Studien aus den Landesarchiven Mecklenburg-Vorpommerns" und „Findbücher, Inventare und Kleine Schriften des Landeshauptarchivs Schwerin" sowie eine entsprechende vom Landesarchiv Greifswald herausgegebene Reihe. – Zwei Reihen erscheinen auch in Sachsen: „Archivverzeichnisse, Editionen und Fachbeiträge" sowie „Kleine Schriften", beide vom Archivreferat im Sächsischen Staatsministerium des Innern herausgeben. Das Staatsarchiv in Leipzig veröffentlicht seit dem Jahre 1991 eine eigene Findbuchreihe. Die Reihe „Quellen zur Geschichte des Landes Sachsen-Anhalt" firmiert seit 1995 als „Veröffentlichungen der Staatlichen Archivverwaltung des Landes Sachsen-Anhalt", zu der ebenfalls eine weitere Reihe „Kleine Schriften" korrespondiert. In Thüringen veröffentlichen das Hauptstaatsarchiv in Weimar und die Staatsarchive in Meiningen und Rudolstadt eigene Findbuch- und Schriftenreihen, während die Archivverwaltung seit 1996 „Veröffentlichungen der Thüringischen Staatsarchive" herausgibt. Die Vitalität des breiten landesgeschichtlichen Interesses wird auch durch die Vielfalt von Veröffentlichungen aus besonderem Anlass, wie Tagungsberichten, Ausstellungskatalogen etc. belegt, die in allen neuen Ländern hinzukommen. Sämtliche neue Initiativen wurden in einer Zeit ergriffen, in der der Archivalltag durch die mannigfaltigen Veränderungen im Zuge der Einigung Deutschlands geprägt war. Neben den aktuellen Aufgaben der Erfassung und Sicherung der Überlieferungen aufgelöster Institutionen traten die in großer Flut hereinbrechenden Anfragen zu Rehabilitierungs- und Restitutionsfragen der Bürger, die zudem binnen kürzester Fristen zu beantworten waren. Umso mehr verdient die parallel initiierte wissenschaftliche Auswertung der Bestände Anerkennung.
Ein weiteres Feld der Öffentlichkeitsarbeit der Archive wird von den regelmäßig veranstalteten Ausstellungen zu historischen Themen bestellt. Themenvielfalt und Qualität der Präsentationsformen haben während der zurückliegenden zwei Jahrzehnte eine erstaunliche Entwicklung erfahren. Doch ist nicht zu übersehen, dass die durch Stellenabbau und generelle Sparmaßnahmen eingeengten Kapazitäten der öffentlichen Archive kaum noch ausreichen, Archivausstellungen so zu realisieren, dass sie den gewachsenen Ansprüchen des Publikums entsprechen. Wenn die Einwerbung von Sondermitteln nicht gelingt, kann nur das Zusammenwirken mit benachbarten Kultureinrichtungen neue Chancen bieten. Den traditionellen Formen archivischer Öffentlichkeitsarbeit sind die vielerorts in Verbindung mit historischen Vereinen oder Freundeskreisen veranstalteten Vortragsreihen zuzurechnen. Deren Themenwahl spiegelt das ganze Spektrum geschichtlichen Interesses der lebenden Generationen und deckt oft auch alle geschichtlichen

Zeitepochen ab. In vielen Fällen liegen den Vortragsgegenständen Forschungen zugrunde, zu denen Archivalien der jeweils veranstaltenden Archive herangezogen wurden. Meine Beobachtung ist vermutlich nicht repräsentativ, doch die bis in die siebziger Jahre des vorigen Jahrhunderts übliche Heranziehung jüngerer Kollegen zu solchen Vorträgen ist gegenüber der Einladung auswärtiger Wissenschaftler zurückgetreten. Anstelle der Präsentation eigener Forschungsergebnisse oder der Vorstellung des Reichtums neu erschlossener Bestände durch den Archivar überwiegt in vielen Vortragsreihen die Behandlung von Einzelthemen durch Universitätsangehörige und andere auswärtige Gelehrte. Gewiss findet deren Vorstellung neuer methodischer Ansätze oder Forschungen in der Regel den Beifall des Publikums, sie mögen auch für die Fortbildung und Information der Archivare selbst nützlich sein, aber die stark dominierende Einladungspraxis an Auswärtige schränkt die Förderung des eigenen archivarischen Nachwuchses ein und bleibt nicht ohne Folgen für die Motivation der jüngeren Kollegen.

Mit Freude registriere ich unter den Mitgliedern dieses Arbeitskreises die seit den achtziger Jahren vermehrte Zahl der Archivpädagogen. Günther Rohdenburg hat vor Jahresfrist einen Überblick über die in den Ländern seit Mitte des neunten Jahrzehnts des 20. Jahrhunderts bei staatlichen Archiven abgeordneten Lehrkräfte gegeben.[3] Beurteile ich es aus der eigenen Beobachtung nicht falsch, so hat der Eintritt der Schulpädagogen in die Archive im Vergleich zu Frankreich, zu den Benelux-Staaten, zum Vereinigten Königreich in Deutschland mit einer Verzögerung von zwei Jahrzehnten stattgefunden. Über die Legitimität der Arbeit der Archivpädagogen als ideale Mittler archivalischer Überlieferungen, der Auswertungsmöglichkeiten wie der Nutzung von Quellen im Geschichtsunterricht der Schulen kann es keinen Zweifel geben. Den Archivpädagogen ist die differenzierte, auf unterschiedliche Alters- und Interessengruppen eingehende Konzeption von Unterrichtungen in den Archiven, die Gestaltung von Führungen in den Archiven wie in Archiv-Ausstellungen zu danken. Sie bieten vielfältige Chancen der Zusammenarbeit mit weiteren Einrichtungen der Jugend- und Erwachsenenbildung und repräsentieren eine der wichtigsten neuen Kommunikationsform der Archive mit einer breiten Öffentlichkeit. Zu den Perspektiven der archivpädagogischen Arbeit äußerte sich jüngst auch Clemens Rehm.[4] Zu Recht wird auf die

---

3 Günther Rohdenburg: „‚...sowohl historisch als auch pädagogisch, didaktisch und archivarisch qualifiziert...' Zur Geschichte der ‚Archivpädagogen' als Mitarbeiter der historischen Bildungsarbeit an Archiven", in: Der Archivar 53 (2000), 225-229.
4 Clemens Rehm: „‚Nicht nur für Gymnasiasten'. Grundsatzüberlegungen zu Zielgruppen archivpädagogischer Arbeit" (www.lad-bw.de/srfrag.htm) sowie ders:„‚Zauberwort Archivpädagogik" (www.archivpaedagogen.de/allgemein/dmaster.htm).

erweiterte Mitwirkung der Archivpädagogen in der Öffentlichkeitsarbeit der Archive gesetzt; ihren Stellenwert in der archivischen Praxis wird die künftige Entwicklung stetig erhöhen.
Das um die Wende vom 20. zum 21. Jahrhundert vielbeschriebene Informationszeitalter der Gegenwart hat neue Techniken der Wissensvermittlung, der gesellschaftlichen Kommunikation bereitgestellt. Diese seitens der Archive zu nutzen, ist selbstverständlich, es liegt in deren Interesse wie es auch von Politik, Regierung und Verwaltung eingefordert wird. Seit den frühen achtziger Jahren unterrichten die Archivverwaltungen der Länder in eigenen Mitteilungen regelmäßig über neu erschlossene, erworbene oder zugänglich gewordene archivalische Überlieferungen, berichten über wichtige organisatorische Neuerungen, über die Veröffentlichungen der einzelnen Archive, über Ausstellungsaktivitäten und Sonderveranstaltungen. Konventionell betrachtet erfüllen diese Mitteilungen die Funktion von Pressediensten, doch ist deren Wirkung schwerlich zu überschätzen, nachdem ihre Einstellung ins Internet die Möglichkeit der raschen Aktualisierung und des erheblich erweiterten Kreises von Nutzern eröffnete. Über den Kreis der traditionellen Ansprechpartner der Archive hinaus können auch auf diesem Wege neue Interessenten geworben werden, die archivischen Institutionen können so z. B. auch einen aktiven Part im Kulturangebot der Freizeitgesellschaft übernehmen. Über die Vielfalt neuer Möglichkeiten informiert repräsentativ Robert Kretzschmar.[5]

3.

Über die in den Archivgesetzen der Länder wie des Bundes aus den achtziger Jahren kodifizierten Aufgaben der Sicherung, Bewahrung, Erschließung, Auswertung und Bereitstellung der archivalischen Überlieferungen für die Benutzung durch Jedermann hinaus bleibt an die kulturpolitische Funktion der Archive zu erinnern, die ich als soziokulturellen Auftrag begreife.
In der öffentlichen Wahrnehmung geschichtlicher Erinnerung dominieren unübersehbar die Katastrophen des 20. Jahrhunderts, eine zentrale Rolle nimmt im Gedächtnishaushalt nicht nur Deutschlands die Zeit der nationalsozialistischen Gewaltherrschaft ein, die während des Zweiten Weltkriegs sämtliche von der Wehrmacht okkupierten europäischen Nachbarländer in Mitleidenschaft zog. Bis

---

5 Robert Kretzschmar: „Neue Aufgaben, neue Erwartungen, neue Kunden – staatliche Archive in der Veränderung", in: 25 Jahre Landesarchivdirektion, Archivverwaltungen im Systemvergleich – gerüstet für die Zukunft (www.lad-bw.de).

auf weiteres manifestieren die Verbrechen der NS-Zeit einen Fluchtpunkt in der kollektiven Erinnerung der jüngeren Vergangenheit, das Gedenken an die Opfer von Verfolgung und Widerstand gehört gerade in Deutschland unverzichtbar zur geschichtlichen Erinnerung. Es wird durch eine große Zahl in der Nachkriegszeit errichteter Mahnmäler und Gedenkstätten unterstützt. Vorzugsweise fanden sie ihren Platz an den Orten des Geschehens, in ehemaligen Konzentrationslagern, an Folter- und Hinrichtungsstätten der Gestapo, der Justiz, in Gefangenenlagern für Angehörige der alliierten Streitkräfte, in Heilstätten an Orten der Euthanasie-Verbrechen, aber auch an Orten während der Diktatur zerstörter Synagogen oder an Sammelstellen für jüdische Mitbürger vor deren Transport in die Vernichtungslager während des Krieges. Zu den bekanntesten Gedenkstätten zählen jene in Bergen-Belsen, Buchenwald, Dachau und Sachsenhausen, die in Dokumentensammlungen, Ausstellungen und Fachbibliotheken zusätzliche Informationen für Besucher bereithalten und regelmäßige Veranstaltungen anbieten. Auf die vorzügliche Dokumentation der Bundeszentrale für politische Bildung „Gedenkstätten für die Opfer des Nationalsozialismus" ist hinzuweisen,[6] sie bedarf in besonderem Maße einer ständigen Aktualisierung. Während des zurückliegenden Jahrzehnts sind – in den neuen Ländern nicht selten an den identischen Orten – Gedenkstätten für die Opfer stalinistischer Verfolgung hinzugekommen. Obgleich die Erinnerung an die Opfer und an die Leiden bei Häftlingen und deren Angehörigen viel jünger sind, im öffentlichen Gedächtnis nehmen sie bislang nur einen Nebenraum ein. Übermächtig wirkt die Erinnerung an die Shoa, an den Holocaust fort, die inzwischen ins Geschichtsbewusstsein eines großen Teils der Menschheit eingegangen ist – auch dies ein Phänomen der „Globalisierung". Die in der zweiten Hälfte der 1990er Jahre international geführten Debatten um das „Nazi-Gold", um die Entschädigung von Opfern der Arisierung wie von Zwangsarbeitern, aber auch die Diskussion um die Gestaltung und Widmung eines Mahnmals zur Erinnerung an die Opfer des Holocaust in Berlin belegen die ausgeprägte Sensibilität der Öffentlichkeit für die Zeit der NS-Gewaltherrschaft.

Vor diesem Hintergrund haben Erinnerungsorte anderer geschichtlicher Epochen einen schwierigeren Stand zumindest in Deutschland. Die Tradition der ersten freiheitlich-demokratischen Revolution der Jahre 1848 und 1849 wie jene des mit der Nationalversammlung in der Paulskirche in Frankfurt am Main ersten frei gewählten Parlaments ist zwar durch die Intensität und Breite der Veranstaltungen aus Anlass des 150-jährigen Jubiläums neu akzentuiert worden, ob sie damit aber längerfristig ihren Platz im kollektiven Gedächtnis der lebenden Generationen in

---

6 Bd. 1 (1987) 1995, Bd. 2 1999.

ähnlich emotionaler Wirkung behaupten kann, wie sie von der Erinnerung an die NS-Zeit ausgelöst wird, bleibt eine offene Frage. Eine überregionale Wahrnehmung der Arbeit der auf Initiative von Bundespräsident Gustav Heinemann im Jahre 1974 begründeten „Erinnerungsstätte für die Freiheitsbewegungen in der deutschen Geschichte" in Rastatt ist zum Beispiel keineswegs selbstverständlich. Für die Pflege demokratischer Traditionslinien in der geschichtlichen Erinnerung der Gegenwart kommt den Gedenkstiftungen für einzelne Persönlichkeiten der jüngeren und jüngsten Geschichte besondere Bedeutung zu. Für diese hat der Bundesgesetzgeber in parteiübergreifendem Konsens seit den siebziger Jahren die Grundlagen geschaffen. Nacheinander entstanden seitdem die Stiftung Bundeskanzler-Adenauer-Haus in Rhöndorf bei Bonn, die Stiftung Reichspräsident-Friedrich-Ebert-Gedenkstätte in Heidelberg, die Stiftung Bundespräsident-Theodor-Heuss-Haus in Stuttgart, die Bundeskanzler-Willy-Brandt Stiftung in Berlin und schließlich die Otto-von-Bismarck-Stiftung in Friedrichsruh. Sämtliche dieser Einrichtungen pflegen das Erbe ihrer Namensgeber durch Dauerausstellungen, durch Editions- und Forschungstätigkeit in Auswertung der Nachlässe sowie amtlicher und privater Überlieferungen, durch Kolloquien, Seminare, Vortragsreihen etc. Sie ziehen alljährlich eine erstaunliche Zahl von Besuchern an und sind damit zu wichtigen Trägern der politischen Bildungsarbeit wie zu Faktoren der geschichtlichen Erinnerung geworden. Mit verwandter Zielsetzung bei eigener Organisationsstruktur ist die durch Beschluss des Deutschen Bundestags vom 17. Juni 1998 begründete Stiftung zur Aufarbeitung der SED-Diktatur in Berlin tätig. Sie unterstützt Arbeitsvorhaben, Veranstaltungen usw. zahlreicher aus der Friedens- und Bürgerbewegung in der DDR hervorgegangener privater Archive, gesellschaftlicher Aufarbeitungsinitiativen und Opferverbände.

Das in früheren Jahren viel zitierte Diktum von Novalis aus dem Beginn des 19. Jahrhunderts „Archive sind das Gedächtnis der Nation" ist den seit den achtziger Jahren des 20. Jahrhunderts handelnden Politikern und Funktionären der Kulturpolitik nicht mehr vertraut oder ohne inhaltliches Gewicht. Nur wenige unter ihnen scheinen bereit, die früher selbstverständliche Sicht zu akzeptieren, in den die archivalischen Überlieferungen verwahrenden Institutionen die in langer Zeit gewachsenen eigentlichen „Häuser der Geschichte" zu sehen. Offenbar ist das Vertrauen in die Archive, von diesen einen eigenständigen Beitrag zur Pflege des Geschichtsbewusstseins in der breiten Öffentlichkeit erwarten zu können, geschwunden oder doch zumindest erheblich geschmälert. Die Frage ist müßig, welche Gründe dazu führten, inwieweit die Archivare ihrerseits dazu beigetragen haben könnten, doch kann nicht übersehen werden, dass die Archive bei der Thematisierung geschichtlicher Themen in der breiten Öffentlichkeit wie in der Präsenz der Medien Terrain eingebüßt haben. Nur so kann die Entwicklung der

Häuser der Geschichte in den Ländern und auf der Ebene des Bundes verstanden werden. Mit Gesetz über die Errichtung einer Stiftung „Haus der Geschichte der Bundesrepublik Deutschland" von Februar 1990 beginnt die Erfolgsgeschichte des Geschichtsmuseums in Bonn. In einem großzügigen Neubau wird seit dem Jahre 1994 eine Dauerausstellung präsentiert, die seitdem von einer noch immer steigenden Zahl von Besuchern aus dem In- und Ausland „erlebt" wird. „Erlebnis Geschichte" ist auch der Titel des Katalogs zur Dauerausstellung. Als Außenstelle eröffnete des Haus der Geschichte der Bundesrepublik Deutschland im November 1999 eine weitere Dauerausstellung zur inneren Entwicklung der DDR in Leipzig. Begleitende Veranstaltungen zu zeitnahen Themen, Symposien und Konferenzen in Bonn und Leipzig finden stets Resonanz in den überregionalen publizistischen wie elektronischen Medien.

Entsprechend der gewachsenen föderalen Tradition in Deutschland haben auch einzelne Länder Häuser der Geschichte errichtet oder planen solche. Von Mai 1985 datiert die Verordnung, die zur Gründung der Bayerischen Geschichte führte, von September 1989 das Organisationsstatut des Hauses der Geschichte Baden-Württembergs, am 17. August 2001 eröffnete das Haus der Brandenburgisch-Preußischen Geschichte seine erste Ausstellung in Potsdam. Die Häuser der Geschichte in den Ländern bereiten nicht zuletzt Wanderausstellungen vor, die in den Regionen mit dem Ziel gezeigt werden, das Geschichtsbewusstsein der im Lande Lebenden zu pflegen und zur Identitätsstiftung eines gemeinsamen Landesbewusstseins beizutragen. Neben die Ausstellungstätigkeit tritt die Veröffentlichung von Hilfsmitteln zur Geschichte des jeweiligen Landes, wobei die Ausstrahlung der Landeshäuser auf die aktuelle öffentliche Diskussion über historische Voraussetzungen von Problemen der Gegenwart nicht unterschätzt werden sollte.

Gewiss zielen Aufgaben und Tätigkeit der Häuser der Geschichte in den Ländern wie im Bund vorrangig auf die Erweiterung und Intensivierung der politischen Bildungsarbeit. Die neuen Institutionen finden in aller Regel die bereitwillige Unterstützung durch die Vertreter der geschichtswissenschaftlichen Disziplinen wie deren aufmerksame kritische Begleitung bei ihren Veranstaltungen. Unverkennbar leisten die Häuser der Geschichte einen wichtigen Beitrag zur Aufbereitung von Ergebnissen der geschichts-, sozial- und kulturwissenschaftlichen Forschung, der Zeitgeschichte wie der geschichtlichen Landeskunde für ein breites Publikum und diese Funktion wird sich künftig vermutlich noch verstärken. Dass die Archive in diesen Feldern nur in jeweils bescheidenem Umfang tätig sein können, liegt im Blick auf deren Kapazitäten auf der Hand. Auf deren Erweiterung sollte nicht gesetzt werden, die heute tätigen Politiker neigen eher zur Begründung neuer Institutionen als zum Ausbau vorhandener Einrichtungen, die Investition in „neue

Wege" erscheint offenbar attraktiver oder verspricht raschere und breitere Resonanz. Vor diesem Hintergrund ergibt sich für die Archive das Gebot, die Zusammenarbeit mit den neuen Institutionen aktiv zu suchen, die Ziele der eigenen Öffentlichkeitsarbeit in gemeinsamen Arbeitsprojekten zu verfolgen. Die Voraussetzung für kooperative Projekte können nur positiv bewertet werden, denn mit der Bereitstellung von Informationen wie Materialien tragen die Archive wesentlich zur erfolgreichen Arbeit der Gedenkstätten, der Gedenk-Stiftungen, der Historischen Museen und nicht zuletzt auch der Häuser der Geschichte bei. De facto ist im weiten Feld der politischen Bildung wie der historischen Erinnerung die Aufgabenverflechtung zwischen den genannten Einrichtungen gegeben. Auch unter den neuerdings veränderten Formen des geschichtlichen Erinnerns bleiben die Kernaufgaben der Archive ohne institutionelle Alternative.

Zum soziokulturellen Auftrag der Archiv gehört an vornehmster Stelle die sensible, intensive Wahrnehmung gesellschaftlicher Veränderungen in der Gegenwart mit dem Ziel ihrer Einbeziehung in die Überlieferungsbildung. Längst nicht alle Dokumentationsaufgaben können von den Archiven aus eigener Kraft geleistet werden, die Erwartungen seitens der Wissenschaft, die eingangs bezeichnet wurden, haben sich um aktuelle neue Fragestellungen an die Erfahrungen seit der Einigung gerade auch unter dem Aspekt der Mentalitätsgeschichte noch einmal vermehrt. Auch deshalb bleibt eine engere Zusammenarbeit mit den neuen Trägern historischer Bildungsarbeit wichtig. Die Chancen der Verabredung arbeitsteiliger Projekte und Verfahren sollten vermehrt geprüft und wo immer sinnvoll auch genutzt werden. Dass ich dafür nicht zuletzt auf dem weiten Feld der Geschichte der Medien konkrete Aufgaben sehe, will ich an dieser Stelle zumindest andeuten.

Die deutsche Archivgeschichte lehrt, dass bei der Inangriffnahme innovativer Dokumentationsaufgaben die kommunalen Archive immer wieder eine Vorreiterrolle übernommen haben. Dies könnte womöglich in nicht allzu ferner Zukunft auch einmal über das Bestreben gesagt werden, unterschiedliche Institutionen der Stadtgeschichte organisatorisch in einem Verbund zusammenzufassen, Museen der Stadtgeschichte, Sondersammlungen, bibliothekarische Dokumentationsstellen und archivische Institutionen haben eng verflochtene Aufgabenstellungen. Zu Beginn der neunziger Jahre rief die Entscheidung der Stadt Frankfurt am Main, das auf eine lange und ehrwürdige Tradition gegründete Stadtarchiv in ein Institut für Stadtgeschichte umzuwandeln und ihm vermehrte Kompetenzen zu übertragen, noch vielfachen Protest unter Archivaren hervor. Inzwischen gibt es eine Reihe von Beispielen der engeren organisatorischen Zusammenführung von stadtgeschichtlichen Einrichtungen, deren gute Erfahrungen ermutigen. Von ihnen lese und höre ich, z. B. aus Münster i. W., aus Karlsruhe.

Die Diskussion über das Selbstverständnis von Archivaren und über ihr Verhältnis zur gesellschaftlichen Umwelt, zur Wissenschaft, zur Verwaltung, zu den Medien wie über die Ziele und Prioritäten ihrer Arbeit bleibt eine Daueraufgabe, der sich jede Generation neu zu stellen hat. Der fortgesetzte kritische Diskurs mit den benachbarten Kultur-Einrichtungen, die sich aus der aktuellen Justierung der Möglichkeiten des Handelns ergebenden Chancen zur Zusammenarbeit, die Diskussion über die bestmögliche Umsetzung der jeweiligen Aufgaben zugunsten der Öffentlichkeit kennzeichnen die Gemeinschaft mündiger Bürger in der Demokratie. Sie bleiben für die Archivare ein selbstverständliches Gebot. Am 24. Mai 2000 hielt der damalige Staatsminister und Beauftragter für Angelegenheiten der Kultur und der Medien Michael Naumann in der unmittelbaren Nachbarschaft zum hiesigen Tagungsort an der Viadrina-Universität in Frankfurt an der Oder eine Vorlesung, in der er unter der Fragestellung „Was ist Kultur? Über gesellschaftliche Selbstvergewisserung in Zeiten der Moderne" reflektierte. Darin sagte er: „Der liberale Staat ist nicht per se schon ein ‚Kulturstaat'. Ein kultivierter und kultivierender Staat kann er deswegen trotzdem sein ... Sinnbildung ist nicht Sache der Politik, sondern Sache der öffentlich räsonierenden Gesellschaft." Dieser gehören die Archivare an, dessen müssen wir uns gewiss bleiben.

Joachim Pieper
Die Akten der Geheimen Staatspolizei Düsseldorf als Zeugnisse des nationalsozialistischen Unrechtsstaates. Methodische und didaktische Ideen zur Sensibilisierung Jugendlicher für staatliches Unrecht und gegen rechte Gewalt in unserer Zeit

Vorgestellt werden in aller Kürze einige didaktische und methodische Ideen zur Sensibilisierung Jugendlicher für staatliches Unrecht und gegen rechte Gewalt in unserer Zeit – Möglichkeiten archivpädagogischen Handelns, die ohne weiteres auch auf weitere Themen in Archiven als außerschulische Lernorte[1] übertragbar sind.

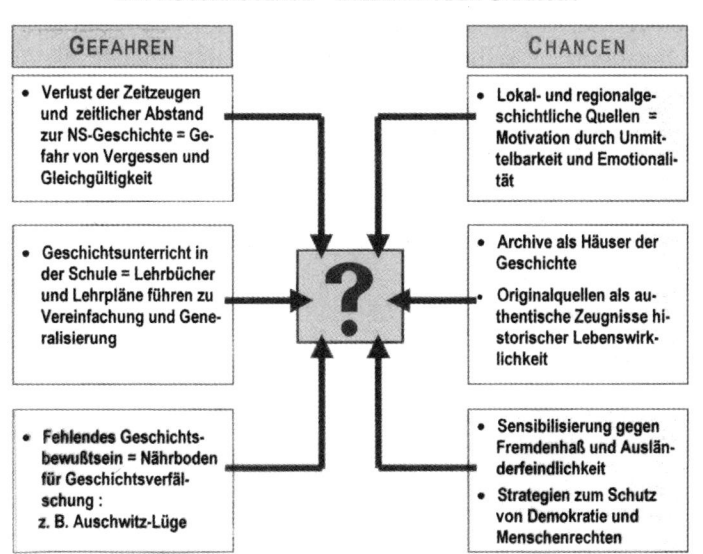

1. Die Ausgangslage

DIE AUSGANGSLAGE – DILEMMA ODER CHANCE?

GEFAHREN	CHANCEN
• Verlust der Zeitzeugen und zeitlicher Abstand zur NS-Geschichte = Gefahr von Vergessen und Gleichgültigkeit	• Lokal- und regionalgeschichtliche Quellen = Motivation durch Unmittelbarkeit und Emotionalität
• Geschichtsunterricht in der Schule = Lehrbücher und Lehrpläne führen zu Vereinfachung und Generalisierung	• Archive als Häuser der Geschichte • Originalquellen als authentische Zeugnisse historischer Lebenswirklichkeit
• Fehlendes Geschichtsbewußtsein = Nährboden für Geschichtsverfälschung: z. B. Auschwitz-Lüge	• Sensibilisierung gegen Fremdenhaß und Ausländerfeindlichkeit • Strategien zum Schutz von Demokratie und Menschenrechten

Folie 1 - Die Ausgangslage - Die Akten der Gestapo Düsseldorf

Die historischen Kenntnisse vieler Jugendlicher sind häufig gekennzeichnet von Ahnungslosigkeit und Lückenhaftigkeit. Desinteresse an der eigenen Vergangenheit und fehlendes Geschichtsbewusstsein bereiten häufig das Feld für falsche Propheten aus der rechtsradikalen Szene, die diese Unkenntnis für ihre Zwecke leider oft erfolgreich nutzen. Geschickt bedienen sie sich dabei der modernen Technologien wie des Internets, das nicht nur junge Menschen fasziniert.

Der immer größere Abstand zur nationalsozialistischen Vergangenheit verstärkt die Gefahr des Vergessens, aber auch der Gleichgültigkeit: Die Eltern heutiger Schülerinnen und Schüler haben dieses dunkle Kapitel deutscher Geschichte selbst nicht miterlebt. Viele der Großeltern, die als Zeitzeugen in ihren Erzählungen den nationalsozialistischen Alltag veranschaulichen konnten, sind inzwischen verstorben. Auch können Schülerinnen und Schüler, die mit den Methoden der „Oral History" das Unrecht des NS-Staates aufarbeiten, immer weniger die überlebenden Opfer von nationalsozialistischem Terror und Unmenschlichkeit befragen.

Sehr häufig helfen die Lehrbücher im Fach Geschichte nicht weiter. Wichtige Fragestellungen, die die Bürokratie der Verfolgung, des Terrors, des Leids thematisieren, geben meist nur sehr allgemeine und somit unbefriedigende Antworten. Typische Beispiele zur Rolle der Geheimen Staatspolizei sind hierfür jeweils aus einem Lehrbuch der Sekundarstufe I für die 10. Klasse und der Sekundarstufe II für die gymnasiale Oberstufe entnommen:

> Zitat Sek I: Die schwarz uniformierte SS (Schutzstaffel) und die Geheime Staatspolizei (Gestapo) wurden nach der Entmachtung der SA die wichtigsten Instrumente der Einschüchterung und des Terrors. (Aus: Geschichte und Geschehen A 4, Klett Stuttgart 1997, 81)

> Zitat Sek II: Als Himmler 1936 auch noch Chef der deutschen Polizei wurde, erlaubte ihm die Verschmelzung von Partei- und Staatsamt den Terror mit Unterabteilungen der SS zu bürokratisieren: Die Gestapo (Geheime Staatspolizei) mit Reinhard Heydrich an der Spitze übernahm die Bespitzelung und Verfolgung aller „Staatsfeinde" [...]. (Aus: Epochen und Strukturen. Grundzüge einer Universalgeschichte für die Oberstufe, Bd. 2, Diesterweg Frankfurt/M. 1996, 340)

---

1   Vgl. Ministerium für Schule und Weiterbildung, Wissenschaft und Forschung des Landes Nordrhein-Westfalen (Hg.): Richtlinien und Lehrpläne für die Sekundarstufe II – Gymnasium/Gesamtschule in Nordrhein-Westfalen, Geschichte, Düsseldorf 1999, 66 ff.

Zudem erfolgt in der Regel kein regional- oder lokalgeschichtlicher Bezug.²

An dieser Stelle eröffnen sich die Chancen der Archive als außerschulische Lernorte. In ihrer Funktion als Häuser der Geschichte bieten sie die Möglichkeit, lokal- und regionalgeschichtliche Quellen für die konkrete Erfahrung historischer Lebenswirklichkeit zu nutzen. Historisches Lernen im Archiv wird einen Zuwachs an Lernerfolg dann erfahren, je konkreter die Archivalien vergangene Lebenswirklichkeit vermitteln, je weniger es einer Erklärung bedarf. Das Authentische einer Archivale, hier der Gestapoakte, fördert den individuellen Interpretationsrahmen, der immer Ziel selbstbestimmten, entdeckenden und forschenden Lernens im Sinne der Handlungsorientiertheit sein sollte.³ Eine Gestapoakte in den Händen zu halten, nicht nur über Schutzhaft zu sprechen, sondern das Original eines Schutzhaftbefehls zu sehen, ein Menschenschicksal in den Mühlen der NS-Bürokratie zu begreifen, womöglich aus der eigenen Stadt, dem Stadtteil, vielleicht aus der unmittelbaren Nachbarschaft der Schülerinnen und Schüler, diese Unmittelbarkeit macht somit betroffen, weckt Emotionen, aber auch Neugier, die Hintergründe zu klären und diesen „persönlichen Fall"⁴ weiter zu verfolgen. Eine solche Betroffenheit, aber auch diese Konkretheit staatlichen Unrechts kann helfen, persönliche Strategien zum Schutz der demokratisch-freiheitlichen Grundordnung zu entwickeln, gegen Fremdenhass und Ausländerfeindlichkeit Stellung zu beziehen.

2. Die Zieldimension

Zu unterscheiden ist zwischen Inhalten, Methoden und Strategien, die bei der konkreten Arbeit im Archiv mit den Originalquellen in den Arbeitsergebnissen der Schülerinnen und Schüler ihren Niederschlag finden sollten.

---

2   Vgl. ebd., 29 f., 67, zur Bedeutung von Regional- und Ortsgeschichte im Geschichtsunterricht der Sekundarstufe II.
3   Vgl. Thomas Lange: „Zwischen Zimelien und Zensuren", in: Geschichte in Wissenschaft und Unterricht 50 (1999), 44. Lange verweist zu Recht auf den Reiz der Ganzheitlichkeit, aber auch Rätselhaftigkeit des Originaldokuments, das in einer von den modernen Medien bestimmten Zeit dem langweiligen Charakter einer Schulbuchquelle entgegensteht.
4   Vgl. Stephan Lipski: „Der ‚persönliche Fall'. Abiturienten sichten Gestapoakten im Hauptstaatsarchiv", in: Geschichte, Politik und ihre Didaktik 26 (1998), 101-106.

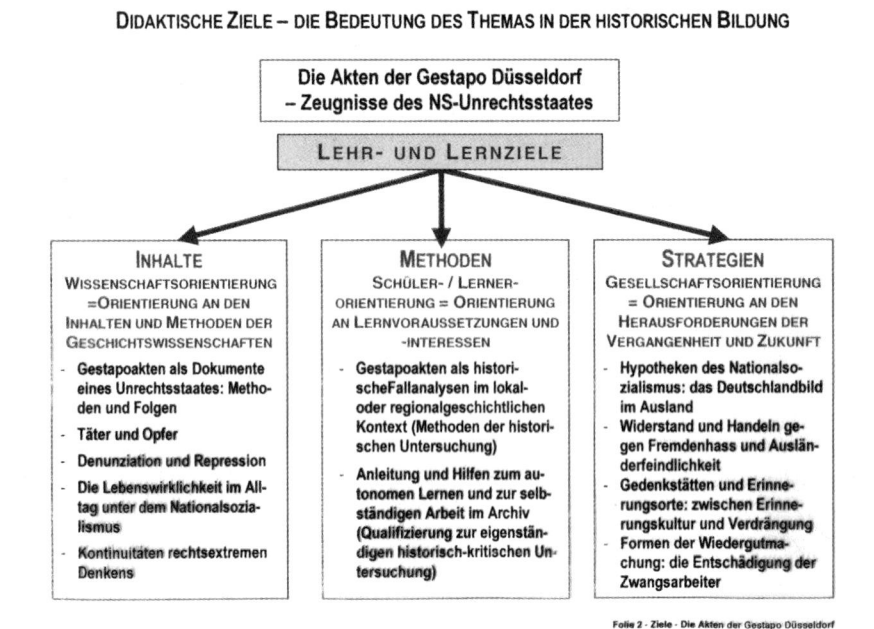

DIDAKTISCHE ZIELE – DIE BEDEUTUNG DES THEMAS IN DER HISTORISCHEN BILDUNG

Die Akten der Gestapo Düsseldorf
– Zeugnisse des NS-Unrechtsstaates

LEHR- UND LERNZIELE

INHALTE	METHODEN	STRATEGIEN
WISSENSCHAFTSORIENTIERUNG = ORIENTIERUNG AN DEN INHALTEN UND METHODEN DER GESCHICHTSWISSENSCHAFTEN	SCHÜLER-/ LERNER- ORIENTIERUNG = ORIENTIERUNG AN LERNVORAUSSETZUNGEN UND -INTERESSEN	GESELLSCHAFTSORIENTIERUNG = ORIENTIERUNG AN DEN HERAUSFORDERUNGEN DER VERGANGENHEIT UND ZUKUNFT
- Gestapoakten als Dokumente eines Unrechtsstaates: Methoden und Folgen - Täter und Opfer - Denunziation und Repression - Die Lebenswirklichkeit im Alltag unter dem Nationalsozialismus - Kontinuitäten rechtsextremen Denkens	- Gestapoakten als historische Fallanalysen im lokal- oder regionalgeschichtlichen Kontext (Methoden der historischen Untersuchung) - Anleitung und Hilfen zum autonomen Lernen und zur selbständigen Arbeit im Archiv (Qualifizierung zur eigenständigen historisch-kritischen Untersuchung)	- Hypotheken des Nationalsozialismus: das Deutschlandbild im Ausland - Widerstand und Handeln gegen Fremdenhass und Ausländerfeindlichkeit - Gedenkstätten und Erinnerungsorte: zwischen Erinnerungskultur und Verdrängung - Formen der Wiedergutmachung: die Entschädigung der Zwangsarbeiter

Folie 2 · Ziele · Die Akten der Gestapo Düsseldorf

a) Die Inhalte orientieren sich an den historischen Fakten und Prozessen, bei den Gestapoakten zum Beispiel den Methoden der Geheimen Staatspolizei konkret der Leitstelle in Düsseldorf, der Täter-Opfer-Problematik, Denunziation und Repression, die das Alltagsleben unter dem Nationalsozialismus[5] definieren. Schon hier müssen in der Planung mögliche negative Kontinuitäten in der historischen Entwicklung von Nachkriegsdeutschland und in der unmittelbaren Erfahrung heutiger Jugendlicher in ihrer Lebenswirklichkeit[6] Beachtung finden.

---

5 Vgl. Hans Mommsen/Susanne Willems (Hg.): Herrschaftsalltag im Dritten Reich. Studien und Texte, Düsseldorf 1988.
6 Vgl. hier vor allem zahlreiche Beispiele zum Rechtsextremismus unserer Zeit in neueren Schulbüchern, u. a. in Hans-Otto Regenhardt/Claudia Tatsch (Hg.): Forum Geschichte, Bd. 4, Berlin 2002, 120-123.

b) Methodisch bietet es sich an, mit Hilfe der Gestapoakten Fallanalysen durchzuführen: Diese können sich auf einen einzelnen Ort, wie z. B. Duisburg, oder auf eine Region, wie das Ruhrgebiet, beziehen.[7] Die rund 72.000 im Hauptstaatsarchiv verwahrten Personenakten der Gestapo Düsseldorf[8] erlauben aber auch die Untersuchung verschiedener Opfergruppen wie zum Beispiel der Juden, Vertreter der Kirchen, der politischen Parteien. Wann, wo und warum die Geheime Staatspolizei in das Leben eines Menschen eingriff, der Anlass, das vermeintliche „Delikt", wie der Verstoß gegen das „Heimtückegesetz",[9] kann ein anderer Schwerpunkt sein.

Darüber hinaus können für die eigentliche, meist individuelle Arbeit im Archiv Lernfortschritte erzielt werden. Neben der Qualifizierung zur eigenständigen historisch-kritischen Untersuchung steht das autonome Lernen im Focus des methodischen Interesses:[10] Das Authentische einer Gestapoakte fördert das individuelle Untersuchungsinteresse, das immer Ziel selbstbestimmten, entdeckenden und forschenden Lernens und Lehrens ist. Den Schülerinnen und Schülern im Archiv wird somit die Möglichkeit eröffnet, selbständig zu eigenen Ergebnissen zu finden, autonome Bewertungen vorzunehmen und in der Konsequenz persönliche Strategien zu ihrer individuellen gesellschaftlichen Standortbestimmung zu entwickeln. Gleichzeitig lernen die Schülerinnen und Schüler ihre Arbeit in einem Archiv eigenständig zu organisieren, um es allein zu besuchen und dort arbeiten zu können.

c) Natürlich muss die Zieldimension der Untersuchung von Gestapoakten mitbestimmt sein von Strategien gegen rechtsradikale Erscheinungen in unserer Zeit: Die Hypotheken des NS-Staates für die Deutschen, Widerstand und Aktionen gegen Ausländerfeindlichkeit[11] sind die Herausforderungen moderner Geschichtsvermittlung für die Zukunft.

---

7 Vgl. Holger Berschel: Bürokratie und Terror, Essen 2001, 18.
8 Vgl. Gisela Vollmer: „Der Bestand Gestapoleitstelle Düsseldorf im Hauptstaatsarchiv Düsseldorf. Zur Erschließung von Personenakten", in: Der Archivar 16 (1963), 287-294.
9 Vgl. Bernward Dörner: „Heimtücke": Das Gesetz als Waffe. Kontrolle, Abschreckung und Verfolgung in Deutschland 1933-1945, Paderborn 1998.
10 Vgl. Richtlinien und Lehrpläne für die Sekundarstufe II (wie Anm. 1), XII.
11 Vgl. ebd., 33, 47.

3. Unterricht im Archiv – ein Beispiel

ZUR METHODIK – EIN REALISIERBARES BEISPIEL

Sequenz	Inhalte	Arbeitsformen	Medien	Zeit
I. Planung	- Termin festlegen - über die Lerngruppe informieren - historische Fragestellung eingrenzen - Aufgabenverteilung zwischen Lehrer und Archivar absprechen - Pausen festlegen (!!)	Beratungsgespräch	Beständeübersicht, Findbuch	1:00
II. Organisation	- General- und Personenakten ziehen (Sperrvermerke beachten!!) - Unterrichtsraum reservieren - Medien beschaffen	Absprachen mit - Kollegen - Verwaltung		2:00
III. Durchführung				3:00
1. Einstieg	- Informationen über - die Organisation und Zuständigkeit der Gestapo Düsseldorf - die Aktenüberlieferung - Unterscheidung zwischen General-, Personal- und Personenakten	Vortrag durch Archivar und / oder Archivpädagogen	Folien oder Beamerpräsentation	0:15
2. Fragestellung	- Festlegung des Erkenntnisinteresses: Wer–was–wann–wo–wie–warum?	Diskussion	Folie (Flipchart) (Tafel)	0:15
3. Problemlösung	- Untersuchung von ausgewählten Personenakten der Gestapo Düsseldorf (Opferbiographien) - Parallelrecherche in den Generalakten der Gestapo - Nutzung von Hilfsmitteln	Einzel-, Partner- oder Gruppenarbeit	Gestapoakten	1:30
4. Präsentation	- Vorstellung der unterschiedlichen Opferbiographien	Schülervortrag	Folien	0:30
5. Wertung	- Be- und Verurteilung des NS-Unrechtsstaates - Entwicklung von Strategien gegen neofaschistische Ideen und Gewalt	Diskussion		0:30

Folie 3 - Methodik - Die Akten der Gestapo Düsseldorf.doc

Die Strukturskizze beinhaltet neben der Kennzeichnung jeder einzelnen Sequenz, die man auch anders bezeichnen könnte, vier Spalten, die grundsätzlich zu beachten und wichtig für die Unterrichtsplanung im Archiv sind: Neben den Inhalten und den Arbeitsformen, spielen vor allem die Medien und der Zeitfaktor eine nicht zu unterschätzende Rolle.

> **Checkliste Archivbesuch**
> Vorbereitung des Archivbesuchs:
> 7 Termin 6 bis 4 Wochen vorher vereinbaren
> 7 Art der Veranstaltung festlegen
> 7 historische Fragestellung absprechen
> 7 Alter, Lernstand und Interessen der Gruppe berücksichtigen
> 7 Gruppenstärke benennen
> 7 Arbeitsformen bestimmen
> 7 Arbeitsmedien auswählen
> 7 Aufgabenverteilung zuordnen

Für die Vorbereitung sind etwa drei Zeitstunden zu veranschlagen.

1) Zunächst muss mit der Lehrerin oder dem Lehrer ein Planungsgespräch geführt werden, in dem der Termin der Veranstaltung festgelegt wird, Informationen über die Lerngruppe vermittelt werden – ist es eine 10. Klasse oder sind es Grundkurs- oder Leistungskursschüler – und in dem die historische Fragestellung eingegrenzt wird. „Der Nationalsozialismus in Stadt X" ist als Thema kaum geeignet, eher wohl „Widerstand von Jugendlichen gegen den Nationalsozialismus in Stadt X". Auch sollte dabei schon überlegt werden, wie die Aufgabenverteilung zwischen Lehrer und Archivar aussehen soll: Teamteaching wäre hier das richtige Konzept – der Lehrer und der Archivar können sich beide als Historiker mit ihren jeweiligen Kenntnissen und Stärken ergänzen und unterstützen.

Dabei sollten bei der Planung die Ziele des Schulunterrichts und die Möglichkeiten des einzelnen Archivs immer im Auge behalten werden. Bei der gemeinsamen Vorbereitung ist auch daran zu denken, den Schülerinnen und Schülern Pausen zuzugestehen: Nur so kann eine durchgängige Konzentration erhalten bleiben, nur so werden später in den Präsentations- und Wertungsphasen nachhaltige Resultate erzielt werden. Die Vorteile, ein persönliches Beratungsgespräch im Archiv zu führen, liegen auf der Hand: Zur inhaltlichen Planung liegen die Findbücher direkt vor, auf die Bestände kann sofort zugegriffen werden, so können am Beispiel einer Gestapoakte ihre typischen Merkmale vorbesprochen werden – dies kann wichtig werden bei der Erstellung von Arbeitsblättern und der Formulierung von Arbeitsaufträgen.

2) Der zweite Teil liegt in der Organisation des Unterrichtsprojekts im Archiv. Die auf das festgelegte Thema bezogenen General- und Personenakten[12] der Gestapo Düsseldorf müssen gezogen werden; natürlich werden nur Akten vorgelegt, die nicht mehr gesperrt sind. Einer der beiden Unterrichtsräume im Nordrhein-Westfälischen Hauptstaatsarchiv in Düsseldorf muss reserviert und vorbereitet werden: Je nach Größe der Schülergruppe sind Arbeitsinseln und Tische zum Auslegen der Gestapoakten aufzubauen. Die notwendigen Medien wie ein Overheadprojektor, eine Tafel, eine Flipchart oder ein Beamer müssen beschafft werden. Für all das ist in größeren Archiven die Absprache mit den Kolleginnen und Kollegen, aber auch der Verwaltung notwendig.

3) Nach diesen Vorarbeiten beginnt der spannendste Teil – die Durchführung des Projekts, das den Zeitrahmen von etwa drei Stunden umfasst.

a) Nachdem sich alle zum vereinbarten Zeitpunkt hoffentlich pünktlich im Unterrichtsraum des Archivs versammelt haben, wird entweder der Archivar oder der Archivpädagoge die Schüler über die Organisation und Zuständigkeit der Gestapoleitstelle Düsseldorf[13] informieren, wie ihre Akten den Krieg überlebten und in das Nordrhein-Westfälische Hauptstaatsarchiv in Düsseldorf kamen und worin der Unterschied zwischen General-, Personal- und Personenakten besteht. Mit Hilfe einer Beamerpräsentation oder von Overheadfolien, die zum Beispiel den Geschäftsverteilungsplan der Düsseldorfer Gestapoleitstelle dokumentieren, kann dieser Vortrag veranschaulicht werden. Das alles sollte nicht länger als eine Viertelstunde dauern.

b) Anschließend wird im Plenum das Erkenntnisinteresse festgelegt. Das Wer-was-wann-wo-wie und Warum als inhaltliche Indikatoren zur Bearbeitung der Gestapoakten wird von der Lerngruppe[14] auf einer Folie, der Flipchart oder auf der Tafel als Bearbeitungsvorgabe für die Gestapoakten festgehalten, um jederzeit während der inhaltlichen Quellenarbeit abgerufen werden zu können. Auch hier genügt ein zeitlicher Rahmen von rund 15 Minuten.

c) Kernstück des Unterrichtsprojekts ist die Bearbeitung der zuvor festgelegten historischen Fragestellung. Methodisch wird hier der Schwerpunkt auf dem autonomen, dem selbständigen Lernen liegen.

---

12 Unter Berücksichtigung der in den Vorschriften des ArchivG NW vom 16.5.1989 festgelegten Sperrfristen und Benutzungsbeschränkungen.
13 Vgl. Berschel (wie Anm. 7), 71 ff.
14 Vgl. Richtlinien und Lehrpläne für die Sekundarstufe II (wie Anm. 1), 57.

> **Schülerarbeitsblatt (Fragen)**
>
> I. Beschreibung der Quelle 　　　II. Bewertung
> a) Umfang 　　　　　　　　　　　a) aus Sicht des NS-Staates
> b) Laufzeit 　　　　　　　　　　　b) aus unserer Sicht
> c) Inhalte
> – Ursache für die Aufnahme der Ermittlungen
> – Verlauf des Ermittlungsverfahrens
> – Beteiligte
> – Beweismittel
> – Ergebnis
> – Besonderheiten

Als Erstes nehmen sich die Schüler, allein, zu zweit oder als Gruppe – das hängt von der jeweiligen Lernkonstellation ab und wurde im Planungsgespräch vorab festgelegt – eine der ausgelegten Personenakten der Gestapo Düsseldorf. Zu vermeiden ist eine äußere Kennzeichnung und somit Klassifizierung nach Opfergruppen wie Juden, Sozialdemokraten, Kommunisten, Zeugen Jehovas o. Ä.; auch sollten Anlässe nicht kategorisiert werden wie Heimtücke, Hochverrat usw. Erreicht wird damit eine gleichmäßige Verteilung aller Akten ohne bestimmte Präferenzen, aber auch die unvorhergesehene Konfrontation mit Fällen, die die ganze Unmenschlichkeit der nationalsozialistischen Diktatur offenbaren: so der Fall des Essener Ehepaars Bernhard und Maria Kreulich, die aufgrund ihrer Kritik an Hitlers Kriegsführung und Politik denunziert, von der Gestapo verhaftet und schließlich vom Volksgerichtshof zum Tode verurteilt und am 17. und 19. März 1944 in Berlin-Plötzensee hingerichtet werden[15] oder das Schicksal des Kaplans Johannes Flintrop, dessen Predigten durch Gestapo und HJ bespitzelt werden. Mehrfach durch die Gestapo verhaftet und in langen Verhören gequält, wird er schließlich in das Konzentrationslager Dachau deportiert, wo er am 18. August 1942 ermordet wird.[16] Die Auswahl der historischen Dokumente sollte auch darauf abzielen, Lebensumstände unter der nationalsozialistischen Diktatur zu beschreiben, die bei heutigen Jugendlichen aus ihrer persönlichen Lebenserfah

---

15　Vgl. die Personenakten von Bernhard und Maria Kreulich in: HStAD RW 58-18693; RW 58-27478; dazu auch Helmut Moll (Hg.): Zeugen für Christus: das deutsche Martyrologium des 20. Jahrhunderts, Bd. 1, Paderborn-München-Wien-Zürich 1999, 175-180.

16　Vgl. die Personenakte von Johannes Flintrop in: HStAD RW 58-3728a.

rung Interesse wecken und persönliche Fragen evozieren. Ein aus der Sicht heutiger Schülerinnen und Schüler völlig normales Verhalten zeigen sieben junge Arbeiter aus Krefeld zwischen sechzehn und zwanzig Jahren, die aufgrund ihrer bündischen Kleidung und der von ihnen abends am Lagerfeuer gesungenen Fahrten- und Wanderlieder aus der Weimarer Republik von einer Polizeistreife festgenommen werden und nach einer Nacht in der Gestapoaußenstelle Mönchen-Gladbach noch einmal mit einer Verwarnung davonkommen.[17] Hier baut sich ein deutlicher Kontrast zum Alltag von Kindern und Jugendlichen in unserer Zeit auf. Die Quellen unterstreichen die These von der „verlorenen Jugend". Heute ist es für Schülerinnen und Schüler eines demokratischen, freiheitlichen Staates unvorstellbar gezwungen zu sein, ihre alltägliche Bewegungsfreiheit, ihr Denken, ihre Wünsche, schließlich auch ihre Lebensziele nicht nur einschränken, sondern teils aufgeben zu müssen.

Die Schicksale der Menschen, die in die Fänge der Gestapo geraten sind – meist aus Gründen, die in einem demokratischen Staat wie der Bundesrepublik nicht Anlass für polizeiliche Ermittlungen geben – lassen sich in Form einer Opferbiographie erforschen; die jeweilige Gestapoakte informiert über die Ursache der Ermittlungen, die Beteiligten wie Zeugen, über Beweismittel, das Ergebnis der Untersuchung,[18] das in der Regel nicht das Einstellen des Verfahrens, sondern die Überstellung an ein NS-Sondergericht, Zuchthaus, Konzentrationslager und oft den Tod des Opfers bedeutet.

Schnell stoßen die Schülerinnen und Schüler bei ihrer Arbeit auf Termini und Verfahrensmuster der Gestapo, die sich nicht so einfach aus dem Inhalt der zu bearbeitenden Personenakte erschließen lassen. Hilfe finden die Schüler in den Generalakten der Gestapo; hier wird zum Beispiel die in einer Personenakte vermerkte „verschärfte Vernehmung"[19] in den entsprechenden Erlassen definiert und die Personengruppen, bei denen sie besonders Anwendung finden soll, wie beispielsweise bei Kommunisten[20] benannt. Weitere Informationen finden sich auch noch

---

17 Vgl. HStAD RW 58-29356; Eric A. Johnson: Der nationalsozialistische Terror. Gestapo, Juden und gewöhnliche Deutsche, Berlin 2001, 295.
18 Vgl. Bernd Rusinek: „„Wir haben sehr schöne Methoden…'. Zur Interpretation von Vernehmungsprotokollen", in: Ders./Volker Ackermann/Jörg Engelbrecht (Hg.): Einführung in die Interpretation historischer Quellen. Schwerpunkt: Neuzeit, Paderborn 1992, 111-131.
19 Vgl. Erlass des Chefs der Sicherheitspolizei und des SD vom 12.06.1942 B.Nr. IV – 226/42 geh. Rs., in: HStAD RW 35-10, Bl. 25 ff.
20 Vgl. Auszug aus der Abwehrbesprechung im Gestapa Berlin am 19.10.1936, in:

in den politischen Tagesberichten der Regierung Düsseldorf,[21] die das Einzelschicksal in einer Personenakte in einen größeren historischen Kontext stellen, z. B. die Deportation jüdischer Männer ins Konzentrationslager Dachau,[22] die nach der Reichspogromnacht in Schutzhaft genommen worden waren. Natürlich dürfen die notwendigen Hilfsmittel zum Nachschlagen nicht fehlen, wie eine Geschichte des Dritten Reiches, ein Lexikon zum Nationalsozialismus und entsprechende Abkürzungsverzeichnisse. Diese Arbeitsphase mit den Gestapoakten wird ungefähr 90 Minuten dauern. Diese Zeit ist notwendig, da hier die Schülerinnen und Schüler nicht nur ein reines Aktenstudium betreiben, sondern auch die Präsentation ihres Falles, ihrer Opferbiographie im Plenum vorbereiten müssen.[23]

d) Die einzelnen Gruppen stellen jetzt in einem Kurzvortrag von etwa fünf Minuten ihren „persönlichen" Fall vor, bei in der Regel sechs Fallbeispielen sollten 30 Minuten in dieser Sequenz nicht überschritten werden. Unterstützt wird ihre Präsentation durch eine Folie, deren inhaltliche Struktur bei der Festlegung des Erkenntnisinteresses vereinbart worden war. Dadurch wird den Schülerinnen und Schülern ein Vergleich der individuell oder in Gruppen erarbeiteten Opferbiographien erleichtert, die anschließende Bewertungsdiskussion kann einfacher geführt werden.

e) In der das Unterrichtsprojekt im Archiv abschließenden Diskussion geht es darum, am Stellenwert der Personenakten der Geheimen Staatspolizei Düsseldorf den eigenen Standort zum bürokratisch verwalteten Terror nationalsozialistischer Gewalt definieren zu können. Hier eröffnet das Archiv als außerschulischer Lernort den Rahmen für weitere selbständige Lernprozesse: Ein Teil der Schülerinnen und Schüler wird weiterfragen, so zum Beispiel nach der Rolle der NS-Sondergerichte oder was aus den Tätern, den Richtern und Polizisten, nach dem Ende des NS-Staates geworden ist. Lernen und Lehren sollte aber auch handlungsorientiert sein: Die Wertungsdiskussion über die Gestapo Düsseldorf kann im Idealfall „produktives Tun" und „kommunikatives Handeln" dahin verstärken, dass die Schülerinnen und Schüler persönliche Strategien gegen neofaschistische Ideen und Gewalt von Rechts entwickeln.

HStAD RW 34-24, Bl. 15.
21 Vgl. HStAD Regierung Düsseldorf 30655a-e.
22 Vgl. Anselm Faust: Die Reichskristallnacht im Rheinland. Dokumente zum Judenpogrom im November 1938, Düsseldorf 1987, 120 ff., 140 f.
23 Vgl. Richtlinien und Lehrpläne für die Sekundarstufe II (wie Anm. 1), 55 f.

4. Unterricht im Archiv – Integration in die Richtlinienobligatorik

Im Mittelpunkt des Unterrichtsprojekts steht der in Sequenz 3b) von den Schülerinnen und Schülern erarbeitete Fragenkatalog zu den Gestapoakten mit einem Inhalts- und einem Bewertungsteil.
Als Beispiel soll ein Schutzhaftbefehl dienen, der sich in den für die Schülerinnen und Schüler herausgesuchten Gestapoakten befinden sollte.[24]

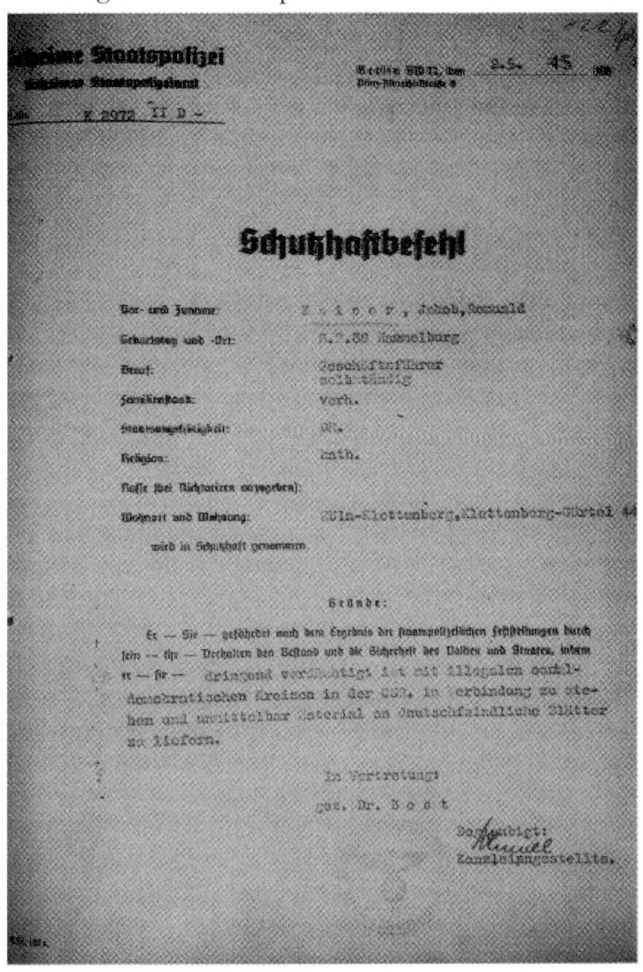

---

24 Vgl. als Beispiel die Personenakte Jakob Kaisers in: HStAD RW 58-3736, Bl. 2, 45.

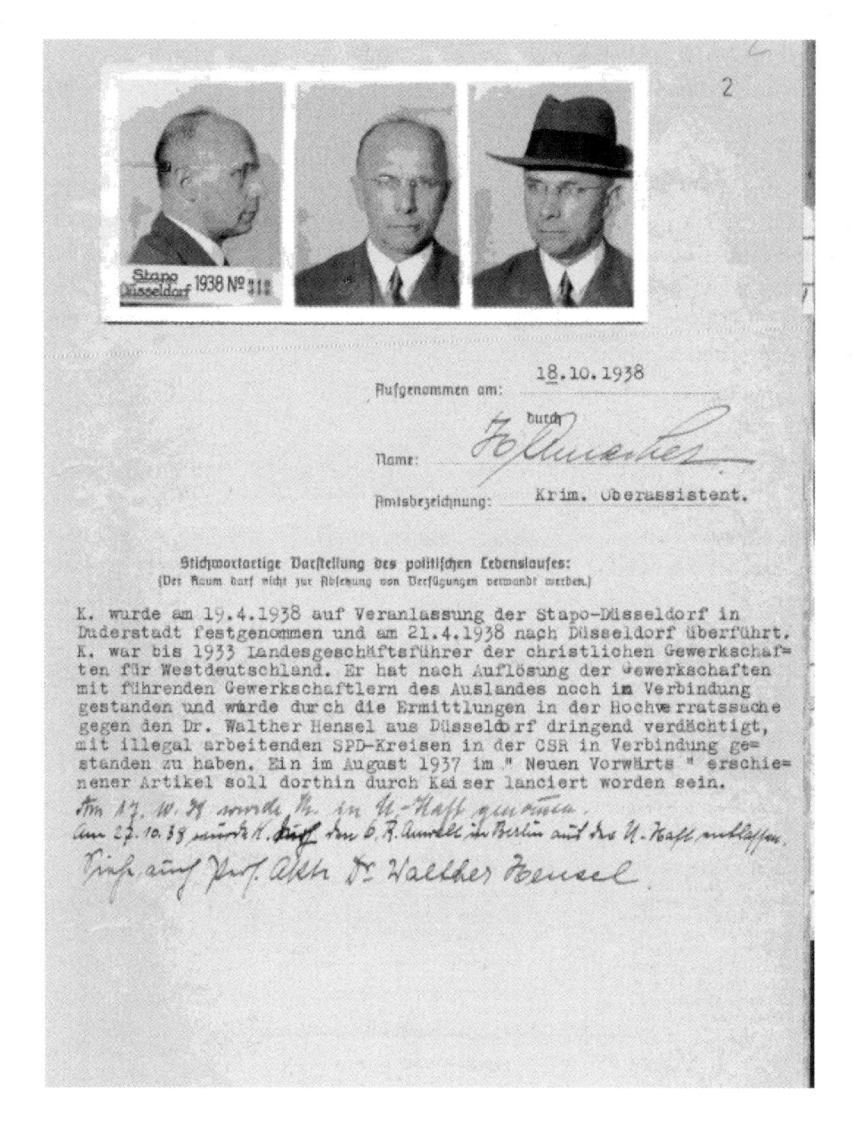

Pieper, Ideen zur Sensibilisierung Jugendlicher für Unrecht und Gewalt 421

Jeder Schutzhaftbefehl verweist in seiner Begründung auf § 1 der Verordnung des Reichspräsidenten zum Schutz von Volk und Staat vom 28. Februar 1933, dessen Inhalt und Bedeutung jedem Schüler im schulischen Geschichtsunterricht vermittelt wurde: Die NS-Herrschaft gehört nach den Richtlinien des Fachs Geschichte für die Sekundarstufe II in Nordrhein-Westfalen zu den unverzichtbaren historischen Gegenständen,[25] die alle Schülerinnen und Schüler kennen lernen und begreifen müssen. Kein Schulbuch, keine Quellensammlung wird daher auf Auszüge oder einen Abdruck dieser Notverordnung verzichten, die einen entscheidenden Eingriff in die Grundrechte, die Menschen- und Bürgerrechte, mithin in das Leben jedes einzelnen Menschen im nationalsozialistischen Unrechtsstaat war und der „braunen" Bürokratie ein Instrument verschaffte, ihre menschenverachtenden Methoden von Angst und Terror zu Bestandteilen des Alltagslebens von 1933 bis 1945 werden zu lassen. Der in den Personenakten der Gestapoleitstelle dokumentierte Formalismus als Ausdruck „deutscher Gründlichkeit" erleichtert den Lernern, das vielfältige Spektrum des Handelns der Geheimen Staatspolizei und ihrer unmenschlichen Methoden zu diskutieren und zu bewerten.

INHALTLICHE VERBINDUNGEN ZWISCHEN SCHULE UND ARCHIV – EIN BEISPIEL

NRW - RICHTLINIEN SEK II
GESCHICHTE

UNVERZICHTBARER HISTORISCHER GEGENSTAND
(S.33):
DIE NS-HERRSCHAFT

SCHULBUCH

Verordnung des Reichspräsidenten zum Schutz von Volk und Staat vom 28. Februar 1933:
„§ 1. Die Artikel 114, 115, 117, 118, 123, 124 und 153 der Verfassung des Deutschen Reiches werden bis auf weiteres außer Kraft gesetzt. Es sind daher Beschränkungen der persönlichen Freiheit, des Rechts der Meinungsäußerung einschließlich der Pressefreiheit ....."

SCHÜLERARBEITSBLATT

FRAGEN

I. Beschreibung der Quelle
   a) Umfang
   b) Laufzeit
   c) Inhalte
      - Ursache für die Aufnahme der Ermittlungen
      - Verlauf des Ermittlungsverfahrens
      - Beteiligte
      - Beweismittel
      - Ergebnis
      - Besonderheiten

II. Bewertung
   a) aus Sicht des NS-Staates
   b) aus unserer Sicht

GENERALAKTEN
DER GESTAPO DÜSSELDORF

SCHUTZHAFT   RW 35-24
SCHUTZHAFTANGELEGENHEITEN   RW 36-15

BEKÄMPFUNG OPPOSITIONELLER UND
STAATSFEINDLICHER UMTRIEBE   RW 36-12

AUS EINER PERSONENAKTE
DER GESTAPO Düsseldorf

Folie 4 – Ein Anwendungsbeispiel

---

25 Vgl. Richtlinien und Lehrpläne für die Sekundarstufe II (wie Anm. 1), 27, 30, 33.

Die Arbeit im Archiv ermöglicht den Schülerinnen und Schülern so, ihr historisches Wissen aus der Schule mit Hilfe der Originalakte weiterzuverfolgen: Hier finden sie zur Anwendung der Schutzhaftbefehle weiterführende Informationen in den Generalakten der Gestapo Düsseldorf zur „Bekämpfung oppositioneller und staatsfeindlicher Umtriebe",[26] zur „Schutzhaft"[27] im Allgemeinen und zu „Schutzhaftangelegenheiten"[28] im Speziellen, die ihnen die Beurteilung der Methoden der Gestapo als Verstoß gegen die Menschenwürde und die Menschenrechte ermöglichen.

5. Ausblick

Historisches Lernen im Archiv als außerschulischen Lernort mit dem hier vorgestellten Thema, das Jugendliche betrifft[29] und kaum an Aktualität verliert, bedeutet nicht nur für die Schülerinnen und Schüler, sondern auch für die Lehrerinnen und Lehrer, aber auch für die Archivarinnen und Archivare einen Zugewinn: Archive vermitteln so ihre bildungspolitische Aufgabe als „Häuser der Geschichte". Jugendlichen kann ihre „Schwellenangst" genommen werden, auch einmal allein im Archiv an einem historischen Thema zu arbeiten, sei es als Beitrag für den Geschichtswettbewerb des Bundespräsidenten[30] oder sei es als Facharbeit im Rahmen der Qualifikationsphase der Sekundarstufe II in Nordrhein-Westfalen.[31]
Archive leisten somit einen wichtigen Beitrag zur wissenschaftspropädeutischen, aber auch gesellschaftspolitischen Ausbildung von Jugendlichen.

---

26 Vgl. Generalakten der Gestapo Düsseldorf, in: HStAD, RW 36-12.
27 Vgl. ebd., in: HStAD RW 35-24.
28 Vgl. ebd.
29 Vgl. Richtlinien und Lehrpläne für die Sekundarstufe II (wie Anm. 1), 27.
30 Vgl. dazu die Hinweise unter www.geschichtswettbewerb.de.
31 Vgl. Richtlinien und Lehrpläne für die Sekundarstufe II (wie Anm. 1), 94 f.; vgl. Landesinstitut für Schule und Weiterbildung Nordrhein-Westfalen (Hg.): Empfehlungen und Hinweise zur Facharbeit in der gymnasialen Oberstufe, Soest 1999.

Heide Donner
Die Aufarbeitung von Zeugnissen der Diktatur am Beispiel der Bestände des Ministeriums für Staatssicherheit in der Außenstelle Rostock – Erfahrungswerte für die Gegenwart

Seit dem Jahr 1993 bin ich in der Außenstelle Rostock der Bundesbeauftragten für die Unterlagen des Staatssicherheitsdienstes der ehemaligen DDR als Archivarin tätig. Anders als der Titel es vielleicht vermuten lässt, möchte ich Ihnen kein Grundsatzreferat halten, sondern meine ganz praktischen, eigenen Erfahrungen im Umgang mit diesen Überlieferungen vorstellen.

Ich beschäftige mich täglich mit den Zeugnissen einer Diktatur. Trotzdem hat der Umgang mit diesen Überlieferungen nichts Alltägliches. Die Staatssicherheit arbeitete überwiegend personenbezogen, und so sind in den Beständen der BStU Einzelschicksale in einer enormen Ansammlung dokumentiert. In den Überlieferungen spiegelt sich das reale Leben in der DDR wider. Das Ministerium für Staatssicherheit war das ausführende Organ der SED-Diktatur. Es verfügte über ein großes Machtpotenzial. Aber auch der Staatssicherheitsdienst konnte die friedliche Revolution der DDR-Bürger im Herbst 1989 und den Untergang des Staates nicht verhindern.

Auf der Grundlage einer MfS-internen Anweisung „Aktion Reißwolf" wurde noch Ende November 1989 mit dem Vernichten von Aktenmaterial begonnen. Am 4. Dezember 1989 protestierten Rostocker Bürgerinnen und Bürger mit Transparenten am Haupteingang des Staatssicherheitsgebäudes. Sie forderten „Sicherheit für unsere Akten" und blockierten alle Zufahrten. Nach stundenlangen Verhandlungen konnte die Stasi-Zentrale durch einen Untersuchungsausschuss übernommen und mit der Sicherung der Beweismaterialien begonnen werden.

Die ehemalige Bezirksverwaltung Rostock und die dazugehörigen zehn Kreisdienststellen sowie die Objektdienststelle Kernkraftwerk Greifswald hinterließen reichlich 3.500 lfd.m, die sich aus rund 2.300 lfd.m vom MfS archivierten Ablagen, rund 1.000 lfd.m Unterlagen der Diensteinheiten und rund 16 lfd.m zerrissene Unterlagen zusammensetzen. Außerdem wurde eine große Anzahl von Sicherungs- und Arbeitsfilmen überliefert.

Ein Vergleich der Teilbestände einzelner Diensteinheiten macht die Unterschiedlichkeit der Überlieferungsdichte deutlich. Bei den Teilbeständen schwanken die Angaben über den Umfang von 0,1 lfd.m bis zu 200 lfd.m.

So wurde die Anweisung „Aktion Reißwolf" bei Diensteinheiten, wie z. B. der Abteilung Auslandsaufklärung/Spionage oder der Abteilung Terrorismusbekämpfung, so umgesetzt, dass im ersten Fall gerade ein halber laufender Meter und im zweiten Fall nichts mehr überliefert ist.

Die Außenstelle Rostock verfügt weiter über 44.000 Fotodokumente, etwa 840 Film-, Video/Tondokumente und 390 elektronische Datenträger. Etwa 71 Prozent der Unterlagen der Diensteinheiten sind inzwischen archivisch erschlossen und stehen für sachthematische Recherchen zur Verfügung. Für die Bearbeitung von Recherchen wurden neben den erschlossenen Unterlagen und den vom MfS archivierten Unterlagen in der Außenstelle Rostock MfS-Karteien und Findmittel der BStU genutzt, die insgesamt einen Umfang von 881.000 Karteikarten aufweisen.

Zu den Besonderheiten der Außenstelle Rostock gehört die 20 lfd.m umfassende, so genannte Seemannskartei. Fachlich korrekt bezeichnet handelt es sich hier um eine Arbeitskartei der Abteilung Hafen der MfS-Bezirksverwaltung Rostock. Jede Person, die zur See fahren wollte, wurde seit 1970 in dieser Kartei erfasst. Heute kann die Kartei zur Rehabilitierung bei Berufsverboten mit herangezogen werden, da häufig Zeitpunkt und Grund für die Löschung eines Sichtvermerkes und damit für den Entzug des Seefahrtsbuches festgehalten wurden.

Diese Zeugnisse der Diktatur werden für die Aufarbeitung der DDR-Vergangenheit sowie für die Erforschung der Tätigkeit des Staatssicherheitsdienstes unterschiedlich genutzt. Die gesetzliche Grundlage bildet das Stasi-Unterlagengesetz. Es wurde am 20. Dezember 1991 vom Bundestag verabschiedet. Insbesondere wird der Zugang der Betroffenen zu den Unterlagen des Staatssicherheitsdienstes der DDR geregelt. Dass Bürgerinnen und Bürger die Gelegenheit bekommen, in Unterlagen Einsicht zu nehmen, die ein Geheimdienst über sie angelegt hatte, ist im internationalen Vergleich ohne Beispiel. Unter anderem sollen die Überlieferungen des DDR-Geheimdienstes für die politische und historische Aufarbeitung der Tätigkeit des Staatssicherheitsdienstes durch Unterrichtung der Öffentlichkeit über Struktur, Methoden und Wirkungsweise genutzt werden. Das geschieht in verschiedenen Formen. Von enormem Vorteil für die Auswertung der MfS-Unterlagen ist, dass im Stasi-Unterlagengesetz die archivische Aufarbeitung und die Nutzung der Unterlagen ausdrücklich enthalten sind.

Im Gegensatz zu sonst üblichen Archivregelungen konnte mit dem StUG unter Wahrung schutzwürdiger Interessen erstmals sofort und noch zu Lebzeiten von Opfern und Tätern mit der schmerzhaften „Aufarbeitung" einer Diktatur begonnen werden. Nicht der nachwachsenden Generation wurde die notwendige Bürde der Auseinandersetzung mit der Vergangenheit auferlegt, sondern die Akteure selbst müssen sich dem eigenen Tun, den eigenen Schwächen und Stärken stellen. Durch die Verwendung unseres Archivgutes für die Öffentlichkeitsarbeit und durch den gesetzlichen Auftrag dazu konnte z. B. am 7. Dezember 1995 ein Informations- und Dokumentationszentrum in der Außenstelle Rostock eröffnet werden. Die jährlich stattfindenden Tage der offenen Tür sind ein weiterer Versuch, die Öffentlichkeit mit dem vertraut zu machen, was das MfS zusammengetragen hat.

Ein Schwerpunkt der aktuellen Nutzung der Stasi-Akten zu Zwecken der politischen Bildungs- und Öffentlichkeitsarbeit stellt in der Außenstelle Rostock die Dokumentations- und Gedenkstätte in der ehemaligen Untersuchungshaftanstalt der Staatssicherheit in Rostock dar. Zum zehnten Jahrestag der ersten großen Rostocker Demonstration im Jahr 1989 wurde diese Stätte im Oktober 1999 eröffnet. Damit zog die frühere ständige Ausstellung der Rostocker Außenstelle von Waldeck in die Stadtmitte um. Die Betreuung, der Betrieb und die Führungen liegen in den Händen von Kolleginnen und Kollegen der gesamten Außenstelle. Auch Archivare und Archivassistentinnen sind in diese ganz praktische Nutzung von Archivgut eingebunden.

Ich selbst habe rund ein halbes Jahr in dieser Gruppe mitgearbeitet. Die Arbeit erfolgt im einzigen authentischen Neubau eines Stasi-Gefängnisses im Norden der ehemaligen DDR. Dieser steht seitdem für die museale Präsentation und für die Bildungsarbeit in verschiedensten Formen der Öffentlichkeit zur Verfügung. Durch den direkten Zugang zu den Akten konnte die Ausstellung zur Struktur und u. a. zur Wirkungsweise des DDR-Geheimdienstes anhand von Einzelschicksalen erarbeitet werden. Außerdem werden Sachüberreste, Bilder und Tondokumente zur Geschichte und zum Wirken der Staatssicherheit präsentiert und tragen im großen Maße zur Anschaulichkeit und zur Attraktivität bei.

Die Methoden von Überwachung und Verfolgung werden für den Gesamtzeitraum ihres Wirkens bis hin zur Besetzung der Rostocker Bezirksverwaltung durch die Bürgerbewegung im Dezember 1989 verdeutlicht. So sind in der Ausstellung im ersten Stock des Gefängnistraktes z. B. Sachgegenstände der Abteilung Operative Technik zu sehen. Diese Diensteinheit war u. a. für die Beschaffung und Herstellung so genannter operativer Dokumente, wie z. B. Dienstausweise oder verschiedene Pässe zuständig. Sie stellte aber für konspirative Zwecke auch Fernsehkameras mit Videoaufzeichnungstechnik, Tontechnik, Foto- und Filmentwicklungstechnik und Kfz-Kennzeichnung zur Tarnung der eingesetzten Kraftfahrzeuge her.

Als Ausstellungsgegenstand ist u. a. eine Kühltasche zu sehen, deren Inhalt ein konspirativer Fotoapparat mit Auslösemechanismus ist. Die Arbeitsweise während der „operativen Aufgabenerfüllung" wird dadurch anschaulich dargestellt. Für Besucher der Ausstellung zeigt sich der Zellentrakt weitgehend unverändert. Weiterhin sind der frühere Freigang mit den „Laufbahnen" der Bewacher und die Dunkelzellen zu sehen.

Seit der Eröffnung im Oktober 1999 wurde die Dokumentations- und Gedenkstätte von mehr als 16.000 Besuchern besichtigt. Es fanden über 680 Führungen, vor allem mit Schülern, statt.
Eingebunden in das Dokumentationszentrum des Landes Mecklenburg-Vorpommern für die Opfer deutscher Diktaturen unter Federführung der Universität Rostock ist die Dokumentations- und Gedenkstätte auch ein Gastgeber für weitere Ausstellungen. Auch diese Ausstellungen werden oft erst durch die Auswertung der MfS-Unterlagen möglich. Von Mai bis Juni 2000 war die Wanderausstellung „Über die Ostsee in die Freiheit" vom gleichnamigen Verein in den Räumen der ehemaligen Untersuchungshaftanstalt zu Gast. Diese Ausstellung war durch die Sammlung selbstgebauter Fluchtapparate – wie Tauchgerät, Unterwasserfahrzeuge, Surfbretter usw. – eine wertvolle Ergänzung zu den angebotenen Informationen zur Seegrenze in der Dokumentations- und Gedenkstätte. Die Bezirksverwaltung Rostock hatte als einzige Bezirksverwaltung der DDR die Aufgabe, die Ostseegrenze an Land und auf See abzuschotten sowie das grenznahe Vorland zu überwachen. Nachdem die DDR im August 1961 die Mauer baute, versuchten viele DDR-Bürger über die Ostsee in die Freiheit zu gelangen. Über 6.500 Frauen, Männer und Kinder versuchten über den Seeweg die DDR zu verlassen. Das spiegelt sich in den Überlieferungen der ehemaligen BV Rostock wider.
In diesem Jahr waren resp. sind zwei weitere Gastausstellungen in der Dokumentations- und Gedenkstätte zu besichtigen. Vom 10. Juni bis 15. September 2001 war eine gemeinsame Ausstellung der Außenstelle Rostock der BStU und der Arbeitsgruppe „Fünfeichen" in Zusammenarbeit mit dem Regionalmuseum Neubrandenburg mit dem Thema „Das NKWD-Speziallager Nr. 9 Fünfeichen" zu sehen. Eine weitere Ausstellung kann vom 29. September bis 15. November 2001 besichtigt werden. Das Thema lautet: „Verurteilt am Demmlerplatz – Die sowjetischen Militärtribunale in Mecklenburg-Vorpommern".
Neben Fremdausstellungen führt die Außenstelle öffentliche Veranstaltungen, auch mit anderen Trägern politischer Bildung, durch. Besonders hervorzuheben sind gemeinsame Vortragsreihen mit der Universität Rostock. Auch für diese Zwecke werden selbstverständlich die Unterlagen des MfS ausgewertet bzw. bilden die unabdingbare Voraussetzung, um derartige Veranstaltungen überhaupt anbieten zu können.
Obwohl erst zwölf Jahre vergangen sind, kennen viele Heranwachsende die DDR nur noch durch die Schilderungen ihrer Eltern, Verwandten und Bekannten. Man kann beobachten, dass in diesen Erzählungen oft gesellschaftliche Bereiche sowie negative Seiten ausgespart werden und die DDR-Geschichte verklärt dargestellt wird. Von Jugendlichen ist zum Beispiel zu hören, dass es damals keine Arbeitslosen gab und eine 2-Raum-Wohnung mit 50 Ostmark zu bezahlen war. Ist aus

diesem Blickwinkel gesehen diese Gesellschaft für Heranwachsende als Diktatur erkennbar? Ich selbst hatte als Jugendliche Schilderungen aus der Zeit des Dritten Reiches von älteren Menschen erlebt, die diese für Deutschland furchtbare Zeit für einige Momente in ein gutes Licht stellten. Es war irritierend, aus einem selektiven Erinnern heraus nur einige Fakten zu hören, ohne den Hintergrund und die Zusammenhänge zu erfahren.

Die Außenstelle Rostock der BStU kann einen Beitrag leisten, dass Menschen verstehen, wie Diktaturen funktionieren. Nach den bisherigen Erfahrungen erscheint vor allem eine stärkere Arbeit mit Jugendlichen zur Ergänzung des Geschichts- und Sozialkundeunterrichtes an den Schulen als notwendig. Die konsequente Auseinandersetzung mit der DDR-Vergangenheit ist unerlässlich. Sie muss im Geschichtsunterricht der Schulen einen gebührenden Platz finden. Ignoranz und Angst, weil vielleicht Lehrer über ihre Rolle und ihr Dabeisein in einer Diktatur schweigen möchten, sind gerade in der Zeit autoritärer Verführungsversuche von rechts gefährlich.

Die Außenstelle Rostock, wie andere Außenstellen auch, versucht mit ihrer politischen Bildungsarbeit diese Defizite in der Schulbildung zu mildern. Eine Möglichkeit stellt dabei die Vergabe von Themen für Schülerprojekte und deren Betreuung durch die Bundesbeauftragte dar. Die Archivalien leben mit der Öffentlichkeitsarbeit. Anhand von Stasi-Material zu konkreten Schicksalen und regional bedeutsamen Themen können gerade Heranwachsende, welche die DDR nicht mehr bewusst miterlebten, mit dieser Zeit bekannt gemacht werden. So wurden in der Vergangenheit Projektarbeiten von Gymnasialschülern und das Schülerprojekt „Jugend und Widerstand" als Wettbewerb um den Preis des Bundespräsidenten unterstützt.

Die Quellen der Diktatur in einem besonderen und interessanten Archiv innerhalb Deutschlands weiter Archivlandschaft lassen das geschichtliche Erinnern für das Heute zu. Was würden auch mit großem Aufwand gesicherte, intensiv erschlossene und in Sicherheitstrakten gehortete Akten nutzen, wenn sie verschlossen blieben und statt einen Beitrag zur aktuellen Aufarbeitung der DDR-Geschichte zu leisten, nur Kosten verursachen und Misstrauen nähren würden?

Diskussionsbeiträge im Anschluss an die Vorträge[1]

1. Diskussion nach dem Beitrag von Professor Kahlenberg

Günther Rohdenburg (Bremen):
Von mir aus habe ich eine Frage an Sie, Herr Professor Kahlenberg, als „elder statesman" sozusagen, als Archivar, der auf seine Berufskarriere zurückschauen kann und vielleicht da auch selbstkritisch uns Tipps geben kann. Sie sprachen von der Bedeutung der Archive im Rahmen der kulturpolitischen Herausbildung von Geschichtsbewusstsein. Ich habe den Eindruck, dass die Archivare vor ihrer eigenen Courage zurückscheuen, dass sie selber eigenartig gehemmt sind, ihre Archive nach außen hin mit medialen Methoden, die heute nötig sind, um sich bekannt zu machen, überhaupt in Erscheinung treten zu lassen. Ich erlebe das selber bei mir im Staatsarchiv Bremen. Das Fernsehen kommt häufig, dreht bei uns mit erheblichem Aufwand, den wir betreiben müssen. Das Archiv taucht aber nie auf. Wir tun im Augenblick auch nichts dazu, dass das Archiv auftaucht. – Ich habe manchmal den Eindruck, dass Archivare in gewisser Weise davor zurückschrecken. Und an Sie die Frage: Ist diese Einschätzung richtig? Und was kann man gegebenenfalls tun, um das zu verhindern?

Friedrich P. Kahlenberg (Boppard):
Sie haben völlig recht. Ich hatte bei meinen ursprünglichen vorbereitenden Überlegungen der Versuchung zu widerstehen, über sehr persönliche Erfahrungen in dieser Richtung zu sprechen. Denn Ausstellungsaktivitäten, die auch in meinem unmittelbaren dienstlichen Verantwortungsbereich gelegentlich stattfanden, sind stets als Belastung empfunden worden, ja als eine „Abirrung vom Pfade der Tugend", als eine Anbiederung an eine Öffentlichkeit, die möglicherweise doch nicht zu unserem ganz ursprünglichen Auftrag gehört. Uns ist die Erhaltung, die Konservierung der archivalischen Überlieferung anvertraut. Aber wir sollten doch um Himmels Willen unsere Kraft nicht vergeuden, indem wir auf den „Markt der Eitelkeiten" ziehen. Dies ist in etwa die Zusammenfassung der Resonanz aus dem Kreis honoriger Kollegen. Ich denke, dass solches Denken legitim ist, ich fürchte aber, es entbehrt der Einsicht, dass die Spielregeln in einer demokratischen Gesellschaft andere sind als in dem für uns Archivare aufgrund der Quellennähe noch immer so vertrauten Obrigkeitsstaat. Ich fürchte, der Mentalitätswandel ist in

---

[1] Umschrift nach dem Tonbandmitschnitt, Autorenkorrektur im Teil Kahlenberg.

unserem beruflichen Umfeld noch immer nicht ganz auf den Weg gebracht. Es gibt da immer noch viel Scheu.

Lassen sie mich einfach noch ein Wort zu den Archivpädagogen sagen. Ich habe sie erstmals in Aktion erlebt 1967 im Archives Nationales in Paris und war begeistert. Ich war jung genug, um diese Begeisterung auch in den ehrwürdigen Kollegien des damaligen Bundesarchivs zu demonstrieren. Ich war 1970 im Public Record Office in England, im Scottish Record Office und habe überall dort eine Fülle von Dokumentenmappen gesehen, ich habe Archivpädagogen gesehen, wie sie Schulklassen unterschiedlichster Altersstufen betreuten, indem sie lebendig bemüht waren, den Reichtum der archivalischen Information aus vergangenen Epochen an jüngere Leute zu vermitteln, die von zu Hause aus nie auf die Idee gekommen wären, auch nur ein Archiv wahrzunehmen. Da wurde Öffentlichkeitsarbeit im besten Sinne geleistet, mit eben den entsprechenden Mitteln. Ich habe es bis zum Jahre 1999 nie geschafft, in dieser Richtung auch nur eine Stelle bewilligt zu bekommen. Das gilt für meine Amtszeit; dass meine Vorgänger entsprechende Entwicklungen zwar mit Sympathie wahrnehmen, sie aber auch nicht umzusetzen vermochten, muss ich leider einräumen. – Ich sprach bewusst von der Vorreiterrolle, die im kommunalen Bereich stattgefunden hat – auch bei einigen staatlichen Archiven –, aber in dieser Richtung sind die etablierten Kulturverwaltungen der Länder und des Bundes nach wie vor viel zu wenig einsichtig.

Roswitha Link (Münster):
Meine Bemerkung geht in eine ähnliche Richtung, wie das, was Herr Rohdenburg schon gesagt hat. Und zwar hat er ganz deutlich gemacht, dass in bestimmten Bereichen die archivischen Aufgaben nicht mehr wahrgenommen werden. Sie sagten sogar, dass Terrain eingebüßt worden ist. Ich frage mich natürlich auch: Woran liegt das? Berührungsängste der Archivarinnen und Archivare mit Öffentlichkeit? – Könnte sein! Andere Institutionen haben diese Aufgaben übernommen. Es hängt sicherlich auch damit zusammen, dass Archivarinnen und Archivare nicht wissen „wie"! Und in die Richtung geht also meine Frage, vielleicht auch Aufforderung: Müsste man nicht in dem Bereich, also Ausbildung, viel mehr investieren, damit Personen, die in den Archiven arbeiten, auch in die Lage versetzt werden, überhaupt in diesem Bereich tätig zu werden. Es wird ja sehr viel über die Aufgaben Übernehmen, Bewerten, Verzeichnen unterrichtet und gelehrt, aber gerade das didaktische Element, das eine wichtige Voraussetzung dafür wäre, fehlt.

Diskussion 431

Bettina Bouresh (Brauweiler):
Ich muss jetzt leider nochmal in die gleiche Kerbe hauen. Ich bin kein ausgebildeter Archivar oder Archivarin – richtig: einer dieser ungeliebten Quereinsteiger. Meine Erfahrungen, die nun auch etwas geprägt sind von dem Blick von außen, sind genau die: Ich habe den Eindruck, dass die Archivare ein Selbstverständnis haben, wo so etwas, wie die Vermittlung dessen, was die da betreuen, eigentlich nicht zu dem gehört, was sie selber als Kernaufgabe empfinden. Und insofern glaube ich, muss man sich auch nicht so sehr wundern, dass sozusagen die Öffentlichkeit dahingehend reagiert, dass sie dann diese Aufgaben auch Stück für Stück an andere Organisationen, Institutionen weitergibt – und die Archive heraushält, die sich da eben auch nicht mit Aktivitäten besonders hervortun. Ich selber komme von der Ausbildung her aus dem Museumsbereich. Da hat es ja nun die Diskussion um die so genannte Museumspädagogik lange, lange vorher schon gegeben. Ich war sehr erstaunt, als ich dann viele Jahre später in den Archivbereich einstieg und die Situation dort feststellte. Ich finde auch, es ist sehr sehr wichtig, dass in die Ausbildung so etwas wie Archivpädagogik hineingetragen wird, weil ich es eigentlich von der museumspädagogischen Diskussion her für nicht besonders glücklich halte, wenn man jetzt innerhalb der Archive, beispielsweise den Bereich Öffentlichkeitsarbeit/Pädagogik weit trennt von dem, was die so genannten echten Archivare tun. Ich finde, eigentlich wäre es sinnvoll, perspektivisch von vornherein beides zusammenzurücken und nicht zu sagen: Jetzt haben wir da ein paar Lehrer, die machen uns jetzt die Pädagogik. Das kann eigentlich das Ziel nicht sein. Das darf nicht getrennt sein, und man sollte a) dafür sorgen, dass dieser Bereich der Vermittlung im weitesten Sinne genuin zur Ausbildung gehört und b) dass dafür gesorgt wird, dass diese beiden Bereiche, auch von den Ausbildungsgängen und von der Tätigkeit her zusammengebunden werden. Das man das gemeinsam tut und nicht getrennt.

Ernst Böhme (Göttingen):
Ich möchte zunächst mal darauf hinweisen, dass ich glaube, wenn jetzt mehrfach gesagt worden ist, dass im Selbstverständnis der Archivare da noch ein „Anachronismus" herrscht, dass man das wahrscheinlich berufsständisch differenzieren muss. Im kommunalarchivischen Bereich ist das sicher viel, viel weniger der Fall, gerade weil da die sehr geliebten Quereinsteiger mittlerweile eine große Rolle spielen. Gleichzeitig, und das ist der zweite Punkt, spielen die Kommunalarchive zumindest in einer ganz anderen Liga, als sie Herr Kahlenberg es gesagt haben. Wenn da 350 Millionen genannt werden, die Stadt Göttingen hat Schulden von 660 Millionen – und ich einen Verwaltungshaushalt von 36.000 Mark. Dann ist das ein Widerspruch in sich selbst. Gerade in den Kommunalarchiven, wo die

Bereitschaft und häufig auch die Vorbildung eher da ist, sind die personellen und finanziellen Möglichkeiten so katastrophal schlecht, dass es häufig nicht daran liegt, dass man nicht will, sondern dass man nicht kann. Wenn ich in einem Ein-Personen-Archiv tätig bin, sind eben häufig die so genannten Kernaufgaben an erster Stelle wahrzunehmen und bleibt für den Rest wenig übrig – wobei man fragen muss: Warum gibt es die Kernaufgaben, wenn es den Rest nicht gibt? Also warum erhalte ich etwas und ordne es und verzeichne es, wenn ich es dann nicht präsentieren und auswerten kann? Das ist ein Widerspruch, in dem sich viele kleinere Kommunalarchive gerade bewegen.

Friedrich P. Kahlenberg (Boppard):
Ich verstehe gut, dass Sie als Mittel zum Abbau von Vorurteilen älterer Generationen die Ausbildungsfrage aufwerfen und dass Sie Archivpädagogik in das Ausbildungsprogramm für Archivare aufgenommen sehen möchten. Ich bin in dem Punkt viel weniger hoffnungsvoll und meine, es kommt immer darauf an, dass ein guter Mann sich einer Aufgabe annimmt und sie mit Energie durchzusetzen trachtet. Bestimmte Aufgaben muss man nicht erst studiert haben, bevor man sie aufgreift und durchzusetzen versucht. Da haben wir noch immer einen guten Vorlauf vor allen naturwissenschaftlich-technischen Bereichen, denn mit dem Kopf lässt sich vielmehr anstellen, als was uns Lehrer an Wissen beigebracht haben.
Nein, was ich aus dem Beispiel des Göttinger Kollegen für völlig richtig erachte: Wenn ich eben mit einer kleinen Kopfzahl und mit bescheidenen Mitteln tätig bin und dennoch in diesem Bereich etwas zu bewegen trachte, muss ich Partner haben. Ich habe Beispiele genannt, wo ich erfahren habe, dass diese partnerschaftliche Zusammenarbeit zwar nicht immer reibungslos verläuft und nicht immer von allen mitgetragen wird, sie aber gute Erfolge zeitigt. Und ich denke, das ist der Weg, wie man weiterkommt.
Man braucht seitens der Archive den Kontakt zu den Parlamentariern, zu den Mitgliedern jener Gremien, die über unsere Budgets, über bestimmte Summen reden. Vieles was ich in dem Überblick, von den politischen Gedenkstiftungen angefangen bis hin zu den Häusern der Geschichte, gesagt habe, ist nicht die Entscheidung von Kulturbürokratien in den Regierungen, sondern ist einzig und allein individuelle parlamentarische Initiative, individuelles Gestaltungsbedürfnis von Leuten mit durchlüftetem Kopf, die wissen, dass ich Identitätsstiftung, dass ich auch kulturelle Lebenswerte, Atmosphäre in Ballungszentren nur schaffe, indem ich solche Einrichtungen fördere. Ich behaupte, Archive, mit entsprechenden Personal- und Finanzmitteln ausgestattet, würden möglicherweise noch viel mehr auf die Beine stellen als die Häuser der Geschichte. Nur niemand kam auf die

Idee, je die Archive dazu aufzufordern. Und kaum ein Archivar war je in der Lage, dies öffentlich zu fordern. Ich darf subjektiv dies heute so sagen, weil ich etwas freier geworden bin.

2. Diskussion nach den Beiträgen von Pieper und Donner

Roswitha Link (Münster):
Zwei Gedanken, die mir bei diesen beiden Vorträgen gekommen sind: Einmal kann man ja nur die enorme Bedeutung unterstreichen, die enorme Wichtigkeit von historisch politischer Bildungsarbeit, gerade wenn solche Aktenschätze in den Beständen vorhanden sind. Mir scheint es dabei aber auch wichtig nicht zu vergessen, wie wichtig es ist, dass diese Schätze, die vorhanden sind, auch entsprechend aufbereitet werden, entsprechend differenziert je nach Zielgruppe, an wen man sich wendet, je nachdem ob es Oberstufenschüler sind, mit Vorkenntnissen. Es kann auch sein, dass – vielleicht nicht gerade zu dem Thema – ganz kleine Grundschüler in die Archive kommen. Also, mir scheint es wichtig und darauf wollte ich hinweisen, dass eine gekonnte didaktische Aufbereitung gezielt nach verschiedenen Ansprechpartnern und -gruppen erforderlich ist bei der Aufbereitung von Beständen in Archiven für Schülerinnen und Schüler.
Das zweite, was ich sagen wollte, ist, dass man nicht aus dem Blick verlieren sollte, und Herr Kahlenberg hat es ja auch schon in seinem Vortrag erwähnt, dass es sehr wichtige Themen auch aus den früheren Jahren und Jahrhunderten der Geschichte gibt, die – mir erscheint das im Moment, vielleicht aus aktuellem Anlass – etwas aus dem Blick geraten sind, dass man die doch auch nicht vergisst und sich bewusst macht, dass auch die – Herr Kahlenberg sprach von 1848 und auch anderen Zeiten, die sehr wichtig sind – in einer entsprechenden Form einer didaktischen Aufbereitung bedürften.

Günther Rohdenburg (Bremen):
Wenn es keine weiteren Fragen aus dem Auditorium gibt, hätte ich an die beiden Referenten noch eine Frage mit konkretem Bezug zum Thema „Instrumentalisierung": Beiden Themenbereichen liegt das Risiko inne, dass sie instrumentalisiert werden können oder dass der Vorwurf von außen an uns herangetragen wird, dass wir instrumentalisieren, etwa durch die Auswahl. Bei der BStU könnte ich mir das z. B. vorstellen durch die Auswahl der Quellen oder auch beim Thema von Herrn Pieper mit den Gestapoquellen. An Sie die Frage: Hat es solche Vorwürfe gegeben oder haben Sie selber ein Unwohlsein, ein Gefühl, dass man durch die Auswahl der Quellen in das Risiko gerät, zu instrumentalisieren?

Joachim Pieper (Düsseldorf):
Die Ängste, dass man instrumentalisiert oder manipuliert in diesem Fall, bestehen sicherlich immer wieder. Der Vorwurf besteht vonseiten der Schüler oder Lehrer wenig, weil die heilfroh sind, dass sie die Materialien im Original sehen und auch mit diesem Material im Original arbeiten können.
Aber selbst wenn man im Planungsgespräch mit der Kollegin oder dem Kollegen die entsprechenden Akten heraussucht, hat man schon manchmal das Gefühl, vergess ich vielleicht eine Gruppe oder betone ich eine Gruppe zu stark. Den Schülern wird dieses Problem eigentlich nicht so bewusst, weil ihnen dabei geholfen wird, sich nicht für eine bestimmte Gruppe zu entscheiden. Das habe ich ja schon im Vortrag gesagt, die Akten liegen da, ohne dass ihnen deutlich gemacht wird, dies ist die Akte eines jüdischen Mitbürgers, das ist die Akte eines SPD-Mitgliedes, oder hier geht es um dieses oder jenes vermeintliche Delikt. Deswegen soll das ja auch bewusst ausgespart werden. Sonst haben sie sehr schnell den Fall, dass natürlich, wenn es um den Stadtteil geht, alle Schüler sich besonders für die jüdischen Mitbürger interessieren und vielleicht diejenigen, die so am Rande liegen, vernachlässigen – weil es eine vermeintlich nicht so spannende Akte ist – die sieht auch schon so dünn aus, die nehm ich dann nicht.
Das wollen wir dadurch extra vermeiden, dass wir das nicht vorher kategorisieren. Aber dennoch hat man natürlich immer ein schlechtes Gefühl, weil man immer wieder auswählen muss, und man das nicht vorher mit der ganzen Gruppe diskutieren kann. Es muss immer eine Vorauswahl existieren. Das einzige, was man dann hinterher machen kann, wenn man den Unterricht mit den Schülern macht, dass man mit den Schülern bestimmte Arbeitsschwerpunkte im Vorfeld erarbeitet: Was will ich denn mit der Akte z. B. machen, wofür ist die gut, warum behandele ich die überhaupt oder warum arbeite ich überhaupt damit?

Heide Donner (Rostock):
Bei uns in der Außenstelle Rostock ist das so, dass Führungen abgesprochen werden, d. h. die Lehrer melden sich und wir fragen genau, ob es Projekte gibt, mit denen wir uns gerade beschäftigen. Und wir sind als Außenstelle Rostock sehr auf die Zusammenarbeit mit den Lehrern angewiesen. Es ist z. B. so, dass wir Archivführungen auch durchführen, um den Schülern auch zu zeigen, wie die Akten hier gelagert werden. Wir haben auch Musterakten da und es ist z. B. auch so, dass wir die Möglichkeiten haben, gerade in der Dokumentations- und Gedenkstätte, einen Video-Filmkatalog vorzuzeigen, wo die Lehrer sich im Vorgespräch schon einmal informieren können, welche Filme zeige ich den Schülern, und wie wir dann auch zielgerichtet dieses Projekt oder Thema bearbeiten.

Ich habe allerdings auch schon die Erfahrung gemacht, gerade in der Dokumentations- und Gedenkstätte, dass die DDR-Geschichte als Thema so wenig vorbereitet war, dass ich angefangen habe mit einer Führung und dann bemerke, dass ich erst einmal die DDR erklären musste, dass die Schüler noch nicht wussten, was die DDR war, und dass man erstmal bei den Grundsätzen anfangen musste. Ich möchte das nochmal sagen, dass es wichtig ist, sich mit DDR-Geschichte zu beschäftigen, denn – auch einige Kollegen von mir haben diese Erfahrung gemacht – die Schüler kommen in die Gedenkstätte und sind zu wenig vorbereitet, so dass wir merken, dass wir nun zuerst die DDR erklären müssten.

Forum Gehobener Dienst

Wolfgang Kramer
Einleitung

Dieses Forum Gehobener Dienst auf dem Deutschen Archivtag in Cottbus ist das siebte Forum, zu dem ich Sie ganz herzlich begrüße. Es freut mich, dass der Vorsitzende des Verbands deutscher Archivarinnen und Archivare ebenfalls an unserer Sitzung teilnimmt sowie auch andere Vertreter von Archivschulen und Archivverwaltungen.
Die Vorbereitungen zu diesem Forum Gehobener Archivdienst hat wie immer der Arbeitskreis Gehobener Archivdienst erledigt. Wir haben in letzter Zeit mehrfach getagt, um nicht nur dieses Forum vorzubereiten, sondern weiter am Berufsbild der Diplomarchivars zu „basteln". Das Berufsbild hat uns seit jeher beschäftigt. Es stand oftmals auf der Tagesordnung der vielen Sitzungen des Arbeitskreises in den letzten sieben Jahren. – Wie ist das Bild des Diplomarchivars in der Öffentlichkeit?
Auch haben wir mehrere Veröffentlichungen herausgegeben, wir haben Berichte veröffentlicht, u. a. im „Archivar". Und auch heute steht das Berufsbild auf der Tagesordnung des Forums. Doch trotzdem bleibt das Bild des Diplomarchivars in der Öffentlichkeit diffus. Woran liegt das? – Liegt es insgesamt am Bild des Archivars in der Öffentlichkeit? Liegt es an den Informationen, die u. a. von der Bundesanstalt für Arbeit weitergegeben werden? – Wir haben in den letzten Monaten zusammen mit der Bundesanstalt für Arbeit eine Präsentation des Diplomarchivars zusammengestellt, die in das Internet gestellt werden soll. Und auch die Internetseiten, die Dr. Uhde gemeinsam mit anderen Kolleginnen und Kollegen zusammengestellt hat, sollen dazu beitragen, das Bild des Diplomarchivars zu schärfen – ebenso wie die Vorträge, Analysen und Erfahrungsberichte der Referentinnen und Referenten unseres heutigen Forums.

Stefan Benning
**Bewerber, Bewerberauswahl und Berufsimage.
Die Besetzung von Ausbildungsplätzen im Gehobenen Archivdienst**

Die Sorge um einen qualifizierten beruflichen Nachwuchs gehört zu den vornehmen Pflichten eines jeden Berufsstandes. Nachwuchsarbeit darf dabei nicht zu einer lästigen Pflicht verkommen, sondern sollte stets ein besonderes Augenmerk besitzen, Qualitätsmerkmal eines Berufs sein. Nur wer angemessen in die Nachwuchsarbeit investiert, wird in der Lage sein, seinen Beruf für die Herausforderungen von morgen fit zu halten, ihn zukunfts- und konkurrenzfähig zu positionieren und die fachlichen und berufständischen Interessen vernehmlich und respektiert zu Gehör zu bringen.

Zu Recht steht in diesem Zusammenhang das Thema Ausbildung im Vordergrund der Diskussion. Lange, sehr lange, ist dieses Thema auf den Podien der Deutschen Archivtage allenfalls en passant behandelt worden. Erst in den letzten Jahren ist die Ausbildungsdiskussion stärker in den Vordergrund und in das Bewusstsein getreten – in Bezug auf die Diplomarchivare sicher nicht zuletzt ein Verdienst des „Arbeitskreises Gehobener Archivdienst".

Dabei gehören die ständige Reflexion der Berufsrealität, das Erkennen und die Annahme neuer Herausforderungen und deren Rückkopplung mit den Ausbildungsinhalten zum Instrumentarium für die Weiterentwicklung eines Berufes. Und nicht zufällig finden wichtige Theoriediskussionen an diesem beruflichen Scharnier statt.

An dieser Stelle soll es jedoch nicht um die Ausbildung gehen. Ich möchte noch einen Schritt weiter in das berufliche Vorfeld gehen. Es geht mir um die Fragen: Auf welche Weise werden eigentlich Ausbildungsplätze für Diplomarchivare besetzt? Wie wird auf die Ausbildungsstellen aufmerksam gemacht? Werden sie überhaupt beworben? Welches sind die maßgeblichen Kriterien, nach denen die Bewerber ausgewählt werden? Schließlich: Was könnte man ggf. anders oder besser machen?

Hintergrund für diese Betrachtung ist die Beobachtung, dass es in den letzten Jahren zunehmend schwieriger geworden zu sein scheint, Ausbildungsplätze mit geeigneten Bewerbern zu besetzen. Wie überall machen sich auch im Archivbereich demographische und konjunkturelle Auswirkungen ebenso bemerkbar wie der allenthalben beklagte Niveauverlust des Abiturs, das heute mehr durch punktuelles Spezialwissen als eine breite Bildungsgrundlage gekennzeichnet zu sein scheint.[1] – Soll man sich diesen allgemeinen Tendenzen nun schicksalhaft ergeben oder etwas dagegen unternehmen?

Mit Hilfe einer kleinen Umfrage bei den einstellenden Behörden für die behördeninterne Ausbildung zum Diplomarchivar habe ich versucht, als Basis für weitergehende konzeptionelle Überlegungen zunächst Auskunft über die Entwicklung der Verhältnisse in den letzten zehn bzw. elf Jahren zu erhalten. Einstellende Behörden sind im Wesentlichen die Archivverwaltungen der 16 Bundesländer sowie der Bund mit dem Bundesarchiv und dem Geheimen Staatsarchiv Preußischer Kulturbesitz. Für die freundliche Bereitschaft, diese Umfrage zügig und zum Teil sehr umfangreich zu beantworten, so insbesondere Nordrhein-Westfalen (NRW) und Baden-Württemberg (BW), möchte ich mich sehr herzlich bedanken. Nur Sachsen-Anhalt blieb eine Antwort schuldig.
Brandenburg, Thüringen und Hamburg verfügen über keine Ausbildungsplanstellen, für Mecklenburg-Vorpommern wurden mir keine Zahlen mitgeteilt. Bremen hat letztmals 1991 einen Ausbildungsplatz besetzt, Berlin 1993 und 1997 nur je einen. Diese Bundesländer fallen also wenigstens für Teile meiner Fragestellung aus. Aussagekräftig waren deshalb vor allem die Verhältnisse in den Bundesländern NRW, BW, Hessen, Rheinland-Pfalz/Saarland, Sachsen und Niedersachsen sowie beim Bund.

1. Ausbildungsplatz- und Bewerberzahlen

Alles in allem lässt sich sagen, dass diejenigen Interessenten, die sich in den vergangenen zehn Jahren um einen Ausbildungsplatz für den Gehobenen Archivdienst beworben haben, recht günstige Aussichten vorfanden, auch einen solchen zu erhalten. Um die bundesweit rund 23 Ausbildungsstellen pro Jahr bewarben sich je Stelle im Schnitt etwa sieben Interessenten, also insgesamt etwa 160 Bewerber pro Jahr. Besonders gute Chancen besaßen die Bewerber in Hessen und BW, wo auf jeden Ausbildungsplatz nur drei bis vier Bewerber kamen, in NRW und Rheinland-Pfalz/Saarland waren es immerhin doppelt so viele, beim Bund kamen auf eine Stelle gar 18 bzw. 34 Bewerber.[2]

---

1 Die im Dezember 2001 publizierten Ergebnisse der so genannten „Pisa-Studie" belegen diesen Eindruck aufs Traurigste.
2 Vgl. Tab. 1 im Anhang dieses Beitrags.

Auf der anderen Seite heißt das natürlich, dass damit die Auswahl für die einstellenden Behörden nicht gerade üppig war, ja teilweise kann man nicht einmal wirklich von Auswahl sprechen. 1996 bewarben sich etwa in Hessen (Darmstadt) nur ganze drei Interessenten um drei Ausbildungsplätze. Da erscheint es alles andere als verwunderlich, wenn bisweilen nicht alle Ausbildungsplätze besetzt wurden. Und das ist das Erste, was einem doch zu denken geben sollte!

Der Löwenanteil der zwischen 1991 und heute 249 Ausbildungsplätze entfallen auf BW (55) und NRW (49), wobei BW alle drei Jahre jeweils acht Plätze besetzt, NRW jährlich etwa fünf. Hessen und Rheinland-Pfalz/Saarland haben mit 36 bzw. 33 Ausbildungsplätzen auch noch eine größere Bedeutung. Die übrigen (Sachsen, Niedersachsen, Schleswig-Holstein, Berlin, Bremen und der Bund) bringen es demgegenüber zusammen gerade einmal auf 46 Plätze. Bayern hat seine 24 Stellen alle zwischen 1990 und 1993 besetzt und startet erst in diesem Jahr einen neuen Ausbildungsjahrgang mit fünf Auszubildenden.

Die wirtschaftliche Krise der frühen neunziger Jahre, die ja auch in die öffentlichen Haushalte massiv eingeschlagen hat, ging einher mit einem deutlichen Rückgang an Stellenangeboten auch für den Gehobenen Archivdienst. Ein Blick in die Ausgaben des „Archivar" aus der Mitte der neunziger Jahre macht dies überdeutlich. Um nicht über Bedarf auszubilden, reagierten BW und NRW mit einer Reduzierung der Ausbildungsstellen, während Hessen, Rheinland-Pfalz/Saarland und Niedersachsen den Status quo halten konnten. BW hatte von seinen elf Planstellen seit 1993 nur mehr acht besetzt. In NRW hatte sich seit 1992 die Zahl von acht auf drei bzw. vier halbiert. Bayern hat, wie gehört, eine Ausbildungspause eingelegt.

Nach der letzten Ausgabe des „Archivar" mit einer geradezu paradiesischen Überfülle an Stellenanzeigen wäre es eigentlich an der Zeit, die Ausbildungs-„Selbstbeschränkung" wieder aufzugeben. Die gegenwärtig stotternde Konjunktur wird aber wie immer mit leichter zeitlicher Verzögerung demnächst unweigerlich auch wieder die öffentlichen Haushalte erreichen. Und wenn BW berichtet, dass von den acht Anwärtern, die in diesen Tagen ihre Ausbildung abschließen, die Hälfte noch keine feste Stelle in Aussicht hat, mahnt auch das zur Vorsicht.
Andererseits schlummert, wie ich meine, in vielen staatlichen Archivverwaltungen noch immer ein erhebliches Stellenpotenzial für den Gehobenen Dienst, denn die Stellenstruktur stimmt hier in vielen Fällen zu Lasten des Gehobenen Dienstes nicht. Seiner Bestimmung nach sollte der Höhere Dienst auf Leitungsfunktionen, d. h. die Archivleitung und die Abteilungsleitung beschränkt bleiben. Die weitaus

meisten anderen Positionen, die mit Stellen des Höheren Dienstes besetzt sind, könnten ohne Qualitätseinbuße auch vom Gehobenen Dienst wahrgenommen werden.

Wenn man die Anzahl der Bewerbungen pro Stelle in ihrer Entwicklung betrachtet, ergibt sich kein einheitliches Bild und auch keine klare Tendenz. Von einem generellen Rückgang des Interesses kann jedenfalls nicht gesprochen werden. Während etwa in BW die Bewerberzahlen immer recht konstant bei rund drei auf eine Stelle blieben und sich im Jahre 2000 gar auf 6:1 verdoppelten, schwankten sie in Hessen und Bayern zwischen 1:1 und 5:1 und in Rheinland-Pfalz/Saarland zwischen 7:1 und 11:1, um dann im Jahre 2000 auf 4:1 zu fallen. Es sind also zwischen BW und Rheinland-Pfalz/Saarland ganz gegenläufige Tendenzen zu beobachten. Gewisse Parallen zu Rheinland-Pfalz/Saarland zeigen sich in NRW: Hier lagen die Schwankungen zwischen 11:1 und 5:1, letztere 1998 und 1999. Hier kann noch am ehesten von einem Rückgang des Interesses gesprochen werden. Bemerkenswert sind jedoch gerade in NRW noch andere Beobachtungen, die sehr nachdenklich machen: Nur ein Bruchteil der zum Vorstellungsgespräch Eingeladenen erschien überhaupt. Wenn die Hälfte der Eingeladenen kam, handelte es sich um einen hohen Prozentsatz. Im laufenden Jahr etwa hielten es von 19 Ausgewählten gerade einmal fünf für nötig, auch tatsächlich zum Vorstellungsgespräch zu erscheinen. Wie ist so etwas zu bewerten? Kein wirkliches Interesse an dem Beruf? Prüfungsangst? Hat man es heute einfach nicht mehr nötig? Ausdruck des allenthalben beklagten Verfalls gesellschaftlich-moralischer Grundwerte wie Höflichkeit und Zuverlässigkeit? Dazu passt, dass selbst diejenigen, die zum Vorbereitungsdienst zugelassen wurden, die Ausbildung noch lange nicht wirklich antraten.

So wird es dann verständlich, dass in NRW im Jahr 2001 zwar 22 Bewerbungen für vier vorhandene Stellen eingingen, man letztlich aber guten Gewissens doch nur zwei Ausbildungsplätze besetzen konnte. Und hier stellt sich dann schon die Existenzfrage: Kann man es sich auf Dauer überhaupt leisten, für nur zwei Auszubildende eine derart kostspielige Ausbildung durchzuführen?

Nun stehen die Archive hier aber nicht allein. Ähnliche Tendenzen sind in vielen anderen Berufen und nicht nur im Öffentlichen Dienst zu beobachten. Im Gehobenen Verwaltungsdienst in Baden-Württemberg etwa lag die Anzahl der Bewerbungen phasenweise bereits unter der Zahl der angebotenen Ausbildungsstellen.[3]

---

3 Freundliche Mitteilung von Herrn Rainer Schubert, Landesarchivdirektion Baden-Württemberg.

Dass ein großer Teil der Interessenten sich in mehreren Bundesländern bewarb, zeigt andererseits, dass es diesen Bewerbern wirklich um den Beruf des Archivars ging und nicht um irgendeinen Ausbildungsplatz. So kommen denn Parallelbewerbungen in anderen Ausbildungsberufen, etwa dem Gehobenen Verwaltungs- oder Finanzdienst, zwar vor, sind aber bei weitem nicht die Regel.
Ebenfalls bemerkenswert ist, dass die Quote der Ausbildungsabbrecher verschwindend gering ist. D. h. diejenigen, die die Ausbildung antreten, sind offenbar mit dem Beruf als solchem und auch mit der Ausbildung zufrieden. Anschließende Weiterqualifikationen entweder durch ein eigenständiges Studium oder ein berufsbegleitendes Fernstudium nehmen ebenfalls zu.

2. Konsequenzen

Zunächst einmal müsste m. E. die Zahl der ernsthaften Bewerbungen gesteigert werden, damit wirklich eine echte Auswahl besteht und alle Ausbildungsstellen auch besetzt werden können. Und hier gibt es m. E. mehrere Ansatzpunkte:

2.1. Sprachenkenntnisse

Neben dem Abitur als Einstellungsvoraussetzung sind es die Sprachenkenntnisse in Latein und Französisch, die für viele Interessenten eine fast unüberwindliche Eingangshürde darstellen, auch wenn, wie etwa in BW oder Niedersachsen, diese Vorbedingung nicht mehr ganz so rigoros gehandhabt wird und hier der Nachweis über Kenntnisse in der zweiten Fremdsprache auch noch während der Ausbildung geliefert werden kann. Die Fächerkombination von Latein und Französisch ist nun einmal in den Gymnasien eher selten anzutreffen, Latein generell auf dem Rückzug und an vielen Schulen beinahe nur noch in der Rolle eines Orchideenfachs. Und: Ist Englisch heutzutage, gerade auch in der Kommunikation mit Benutzern, nicht wesentlich wichtiger?

2.2. Werbung für die Ausbildung

Gerade in der heutigen von Werbung durchdrungenen Zeit ist doch eines vollkommen klar: Die Art und Weise, wie und wo für etwas geworben wird, entscheidet ganz maßgeblich über die Resonanz und die gesellschaftliche Wahrnehmung an sich. Mir war es deshalb in der Umfrage auch wichtig zu erfahren, wie und in welcher Form die Ausbildungsstellen überhaupt bekannt gemacht werden bzw. umgekehrt gesehen: wie potenzielle Interessenten überhaupt von den Ausbildungsstellen erfahren.[4]

Meistgenannte Form war hier die Ausschreibung im Staatsanzeiger und – am erfolgreichsten praktiziert – der Kontakt mit dem Arbeitsamt. Eigene Anzeigen in der Tagespresse schalteten nur Rheinland-Pfalz, Schleswig-Holstein und Bremen, das Bundesarchiv annoncierte gar in der Wochenzeitung „Die Zeit", dem, wenn man so will, Zentralorgan für Kulturstellen in Deutschland. Überall dort, wo in der Presse mit eigenen Anzeigen geworben wurde, war die Zahl der Bewerbungen denn auch mit mehr als zehn Interessenten für eine Stelle bedeutend höher. Im völligem Kontrast dazu werden in Niedersachsen hingegen die drei vorhandenen Ausbildungsplanstellen überhaupt nicht beworben. Hier sammelt man einfach die Initiativbewerbungen und trifft daraus eine Auswahl für das Einstellungsverfahren. Bisher sei man damit bestens gefahren. Aber kann dieses Zufallsverfahren auf Dauer bestehen?

Neuerdings gehören Stellenausschreibungen im Internet auf der Homepage der jeweiligen Archivverwaltungen ebenfalls zum Repertoire, so beim Bundesarchiv, in Sachsen und in NRW. Dieses Instrumentarium zur Bewerbung von Ausbildungsplätzen ist, so meine ich, alles in allem sehr hausbacken und bei weitem zu wenig. Dieses versteckte, ja schüchterne Auftreten, dieses archivtypische, eher passive Abwarten als aktiv in die Öffentlichkeit hinauszutreten, ist nicht nur nicht mehr zeitgemäß, es schadet auch dem Berufsbild als solchem. So wie die Archive selbst heute nicht mehr nur die passiven und öffentlichkeitsdesinteressierten Einrichtungen der Vergangenheit sind (und sein dürfen), sondern aktive, mit eigenen Angeboten in die Öffentlichkeit hineinwirkenden Kultureinrichtungen, genauso selbstbewusst sollten sie auch im Fall der Ausschreibung von Ausbildungsstellen auftreten. Auch Ausbildungsstellen sind ein Angebot!
Und nicht allein um die Bewerberzahl zu steigern, sondern schon aus Gründen des Berufsimages müssten derartige Ausbildungsstellen offensiv in der Tagespresse und in anderen Medien beworben werden, und zwar nicht in der – leider immer noch allzusehr gepflegten – biederen Verwaltungssprache des 19. Jahrhunderts, sondern in zeitgemäßer Sprache und Form, die diejenigen anspricht, um die es geht! Archive müssen sich zeigen, sich selbstbewusst in der Öffentlichkeit präsentieren, und dazu bieten auch Ausbildungsangebote eine gute Gelegenheit. Überall da, wo Berufe vorgestellt und Ausbildungsplätze angeboten werden,

---

4 Vgl. Tab. 2 im Anhang dieses Beitrags.

müssen ganz selbstverständlich auch die Archive präsent sein. Und: Die potenziellen Auszubildenden müssen da abgeholt werden, wo sie stehen, in einer Sprache, die sie verstehen, und mit Themen, die sie ansprechen:
a) Information ist die wichtigste Ressource der Zukunft und Information ist auch unser Rohstoff, ein Rohstoff, den wir mit eigenständigen Methoden und modernen Techniken verarbeiten, damit sie jedermann nutzen kann,
b) der reizvolle Gegensatz von Geschichte und moderner Technik,
c) die Aufgabe, Rolle und Verantwortung der Archive im modernen demokratischen Staat und seiner Gesellschaft, dargestellt ganz aktuell am Beispiel etwa des Themas Zwangsarbeiter,
d) die besonderen Herausforderungen der modernen Medien für die dauerhafte Erhaltung von Information.
All das sind Themen, die das Interesse wecken können.

Wenn man Interessenten nicht direkt ansprechen kann, muss man sich Multiplikatoren für seine Botschaft suchen und dies nicht nur für die momentan zu besetzenden Ausbildungsstellen. Hier gilt es, langfristige und stabile Kontakte zu suchen, aufzubauen und zu pflegen, d. h. die Multiplikatoren müssen regelmäßig mit Informationen nicht nur über den Beruf, sondern über das Archivwesen generell versorgt und Verbindungen auch außerhalb der Einstellungsphasen gesucht und gehalten werden. Insbesondere die Geschichtslehrer an den Gymnasien wären hier eine Vermittlergruppe erster Wahl. Schulbesuche von Archivaren oder Einladungen in ein Archiv mit Vorstellung der Tätigkeiten könnten den Maßnahmenkatalog ergänzen. Rundschreiben an Schulen werden heute etwa bereits in Rheinland-Pfalz praktiziert.

Hier ist es meines Erachtens unabdingbar, dies als Teil einer generellen Kampagne zur Verbesserung des Berufsimages zu begreifen. Wir müssen es erreichen, dass mit dem Beruf des Archivars endlich eine positive Assoziation verbunden wird, dann werden auch die Bewerbungen ganz von selbst kommen. Aber dazu bedarf es eines langen Atems. Jedes Wirken in die Öffentlichkeit hinein trägt dazu bei, das Image zu beeinflussen. Dessen sollte man sich, bei allem was man tut, immer bewusst sein. Man sollte jede Gelegenheit dazu nutzen.
Die Landesarchivdirektion Baden-Württemberg hat in den letzten beiden Jahren mit anderen Ausbildungsbehören des Gehobenen Dienstes, der Arbeitsverwaltung und in Kooperation mit dem Rundfunk Werbe- und Informationsveranstaltungen durchgeführt. Entsprach die Resonanz bei der beworbenen Zielgruppe auch nicht den vielleicht hohen Erwartungen, so hat sich gerade in BW im Jahre 2000 die Zahl der Bewerbungen gegenüber den vorangegangenen Jahren verdoppelt. Ein

Zeichen, dass sich derartige Anstrengungen eben doch lohnen, und ein Ansporn, hier mit den Anstrengungen nicht nachzulassen.

3. Auswahlkriterien

Sind mehr Bewerbungen als Ausbildungsstellen vorhanden, und das sollte die absolute Regel sein, so muss man notgedrungen unter den Bewerbern auswählen. Hauptkriterien, die hier in den vergangenen zehn Jahren zum Tragen kamen, waren die Qualität des Abiturzeugnisses, also der Notendurchschnitt (mit besonderem Blick natürlich auf die Noten in Geschichte und Deutsch) sowie der persönliche Eindruck beim Vorstellungsgespräch.[5] Der Bund, Hessen (bis 1999) und BW führten zusätzlich einen noch teilweise recht anspruchsvollen schriftlichen Eignungstest durch, der mit einem Fünftel (Bund), einem Drittel (BW) bzw. der Hälfte (Hessen) Gewicht in die Gesamtbeurteilung einfloss. Sachsen denkt über die Einführung eines solchen Tests nach. In Bayern werden die Bewerber für die Archivlaufbahn gemeinsam mit Bewerbern für andere Laufbahnen durch ein zentrales Auswahlverfahren für den Gehobenen Nichttechnischen Dienst ermittelt.

Insgesamt war die Gewichtung der Abiturnote recht unterschiedlich. Niedersachsen und Berlin messen ihr nur untergeordnete Bedeutung bei. In Sachsen fließt sie mit 20 Prozent, beim Bund, in Hessen und in BW mit gut 30 Prozent in die Gesamtbeurteilung ein, in NRW bestimmt sie immerhin zu 50 Prozent die Chancen. Wichtigstes und nahezu ausschließliches Kriterium für Niedersachsen und Berlin ist der persönliche Eindruck beim Vorstellungsgespräch. Hier soll in einem persönlichen Gespräch die Eignung des Bewerbers über dessen klare Vorstellungen vom Beruf, sein geschichtliches Interesse, seine Leistungsbereitschaft und Sozialkompetenz festgestellt werden. In Sachsen macht das Vorstellungsgespräch 60 Prozent, in NRW und in Hessen immerhin noch 50 Prozent der Entscheidung aus, während der Bund dem persönlichen Eindruck nur noch 40 Prozent Gewicht beimisst und Baden-Württemberg den Kriterien Abiturzeugnis, Eignungstest und dem persönlichen Eindruck den gleichen Rang von jeweils 33 Prozent einräumt.

In der Regel sind es aber heute nicht mehr nur Abiturienten, die sich um einen Ausbildungsplatz bemühen. Viele Bewerber drängen aus dem noch schwierigeren Akademikerarbeitsmarkt herein. Sie haben bereits ein Studium ganz oder teilweise absolviert, sind damit eigentlich überqualifiziert und deshalb potenziell schwierig

---

5   Vgl. Tab 3 im Anhang dieses Beitrags.

in Ausbildung und Laufbahn zu integrieren. In den meisten Bundesländern werden sie aus diesem Grunde von vornherein gar nicht oder nur in Ausnahmefällen für das Auswahlverfahren zugelassen. Bayern, Hessen, Niedersachsen und das Geheime Staatsarchiv Preußischer Kulturbesitz machen eine Entscheidung individuell vom Bewerber abhängig. Sachsen behandelt Schulabgänger immerhin vorrangig.

Der klassische Bewerber ist also der Abiturient, und je besser sein Abitur, desto größer seine Chancen. Aber weiß er wirklich, worauf er sich einlässt? In einigen Bundesländern wird ein vorheriges Archivpraktikum mit einem entsprechenden Bonus von bis zu 20 Prozent (Hessen und Sachsen) honoriert, fließt aber auch sonst positiv in die Gesamtentscheidung ein.
Zwar ist, wie erwähnt, der Anteil der Ausbildungsabbrecher und Berufswechsler gering, dennoch erscheint es mir nicht zuletzt für die Bewerber wichtig, vorab zu testen, ob das Tätigkeitsfeld überhaupt den eigenen Neigungen und Erwartungen entspricht. Eignung, Persönlichkeit und Qualifikationen des Bewerbers lassen sich aus Sicht der einstellenden Behörde mit einem qualifizierten Praktikum wesentlich sicherer beurteilen als in einem halbstündigen Vorstellungsgespräch. Deshalb möchte ich ein Vorpraktikum als zusätzliches Auswahlkriterium anregen. Die Aussagekraft von Abiturzeugnissen für derartige Entscheidungen halte ich ohnehin für nicht sehr hoch. So weit wie der Gehobene Wissenschaftliche Bibliotheksdienst in Baden-Württemberg möchte ich allerdings nicht gehen: Hier bestand nach einer ersten Vorauswahl das eigentliche Auswahlverfahren ausschließlich aus einem zweiwöchigen benoteten Probepraktikum.[6]

4. Zusammenfassung

Noch ist die Zahl der Bewerber um eine Ausbildungsstelle als Diplomarchivar höher als das Angebot an Ausbildungsstellen. In einigen Bundesländern ist aber bereits ein Grenzbereich erreicht, der dringend zum Handeln zwingt. Zunächst sollten die Sprachenvoraussetzungen in den Ausbildungsprüfungsordnungen überprüft und wenn möglich korrigiert werden.
Für die Ausbildungsplätze muss aktiv und in zeitgemäßer Form und Sprache in zielgruppennahen Medien geworben werden. D. h. dort, wo andere Berufe um ihren Nachwuchs werben, müssen ganz selbstverständlich auch Diplomarchivare

---

6   Freundliche Mitteilung von Herrn Rainer Schubert, Landesarchivdirektion Baden-Württemberg.

präsent sein: in Ausbildungsbörsen, Presse, Rundfunk, Fernsehen, Internet. Dies sollte auch als Teil einer Kampagne zur Verbesserung des Berufsimages verstanden werden. Präsenz zeigen und positive Assoziationen erzeugen – das ist die beste Werbung für einen Beruf.

Neben das Abiturzeugnis und einen Eignungstest sollte ein Vorpraktikum treten, das für beide Seiten zu einer leichteren Entscheidungsfindung beitragen kann. Natürlich ist der Aufwand für die genannten Verbesserungsvorschläge nicht gering. Aber wer eine berufliche Zukunft haben will, muss in seinen Nachwuchs investieren, und gute Nachwuchsarbeit ist ein maßgebliches Imagekriterium.

5. Anhang

Tab. 1: Ausbildungsplätze und Bewerbungen 1991 – 2001

	Zahl der Ausbildungsplätze	tatsächlich besetzte Ausbildungsstellen	Anzahl der Bewerbungen	Anzahl Bewerber pro Ausbildungsplatz
Bundesarchiv	9	9	163	18,11
Geh StA PK	9	8	ca. 305	33,8
Baden-Württemberg	55	44	201	3,6
Bayern[7]	29	29	159	5,48
Berlin	2	2	keine Angaben	-
Bremen[8]	1	1	18	18
Hamburg	keine Ausbildungsstellen			
Hessen 1 (Da)	26	9	90	3,46
Hessen 2 (Wie)	10	keine verwertbaren Angaben		
Mecklenburg-Vp.	keine Angaben	-	-	-
Niedersachsen	10	10	-	-
Nordrhein-Westfalen	49	44	372	7,59
Rheinland-P./Saarl.	33	30	251	7,60
Sachsen[9]	10	10	ca. 180	ca. 18
Sachsen-Anhalt	keine Angaben			
Schleswig-Holstein	6	6	69	11,5
Thüringen	keine Ausbildungsstellen			
Summe/Gesamt durchschnitt	249 (= ca. 23 pro Jahr)	202 (= 18 pro Jahr)	>1808	>7,26

---

7   1990/91, 1993 und 2001 ausgebildet.
8   Letztmals 1991 ausgebildet.
9   Erstmals 1997 ausgebildet.

Tab. 2: Bewerbung der Ausbildungsplätze

	1	2	3	4	5
Bundesarchiv			x (Die Zeit)	x	Internet (seit 2001)
Geh. StA PK	x			x	
Baden-Württemberg	x			x	Werbeveranstaltung mit anderen Ausbildungsbehörden des Gehobenen Dienstes und der Arbeitsverwaltung (BIZ)
Bayern	x				
Berlin	x			x	Ausschreibung in „Der Archivar"
Bremen			x		
Hamburg	-	-	-	-	-
Hessen (Da)	x			x	
Hessen (Wie)	x	x		x	Internet (über Arbeitsamt)
Mecklenburg-Vorpommern			x	x	- Stellenbörse Rundfunk - Internet
Niedersachsen					
Nordrhein-Westfalen				x	Internet (seit 2000)
Rheinland-Pfalz/ Saarland	x		x		Rundschreiben an Schulen
Sachsen	x			x	- Internet - Initiativbewerber werden gesondert angeschrieben - Ausschreibung in „Der Archivar"
Sachsen-Anhalt	keine Angaben				
Schleswig-Holstein			x	x	künftig Archivschule Marburg
Thüringen	-	-	-	-	-

1 Ausschreibung im Staatsanzeiger
2 Anzeige im Staatsanzeiger
3 Anzeige in der Tages-/Wochenpresse
4 Kontakt mit dem Arbeitsamt
5 Sonstiges

Tab. 3: Auswahlkriterien (Angaben in Prozent)

	1	2	3	4	5
Bundesarchiv	x[10]	x	x		ohne prozentuale Gewichtung
Geh. StA PK	30	20	40	10	
Baden-Württemberg	33	33	33	+	
Bayern	besonderes Auswahlverfahren für gehobenen nichttechnischen Dienst in Bayern				
Berlin			90		10 Bewerbungsschreiben und -unterlagen
Bremen	keine Angaben	keine Angaben	keine Angaben	keine Angaben	keine Angaben
Hamburg	-	-	-	-	-
Hessen (Da)	30[11]		50	20	
Hessen (Wie)	x	x	x		ohne prozentuale Gewichtung
Mecklenburg Vorpomern	20		80		
Niedersachsen			x		ohne prozentuale Gewichtung
Nordrhein-Westfalen	50		50	+	
Rheinland-Pfalz/Saarland	x	x	x		ohne prozentuale Gewichtung
Sachsen	20		60	20	
Sachsen-Anhalt	–	–	–	–	–
Schleswig-Holstein	keine Angaben	keine Angaben	keine Angaben	keine Angaben	keine Angaben
Thüringen	-	-	-	-	-

1 Notendurchschnitt des Abiturzeugnisses
2 Auswahltest
3 Vorstellungsgespräch
4 Archivpraktikum
5 Sonstiges

---

10 Nur bei der Vorauswahl (+ Note Leistungskurs Geschichte).
11 Ab 1999, vorher 50%. Bis 1999 wurde ein Auswahltest durchgeführt, der mit 50% gewichtet wurde.

Hartwig Walberg
Weiterbildungsmöglichkeiten mit Abschlüssen für ArchivarInnen an der Fachhochschule Potsdam

Die Fachhochschule Potsdam (FHP) hat am Fachbereich (FB) 5 (Informationswissenschaften, vormals ABD – Archiv, Bibliothek, Dokumentation) seit 1992 die folgenden Möglichkeiten der Ausbildung von Archivarinnen und Archivaren entwickelt:
1. Präsenzstudium zum Diplomarchivar (FH),
2. Fernweiterbildung zur Vorbereitung auf die Externenprüfung (Diplomarchivar FH),
3. Brückenkurse (abgeschlossen 1992-1995).

Die Absolventenzahlen im Studiengang Archiv des FB 5 sind auch durch die Brückenkurse und die Fernweiterbildungsaktivitäten in den ersten zehn Jahren des Bestehens des Fachbereichs zwischen 1992 und 2002 relativ schnell gestiegen, so dass bis 2002 nahezu 200 Absolventen bundesweit ein Diplom der FH Potsdam „Diplomarchivar (FH)" besitzen:
80 Absolventen Brückenkurse 1994-1996
67 Absolventen grundständiges Studium 1996-2001
35 Absolventen postgradual 2001
Eine Diplomarbeit gibt bereits über den Studentenverbleib, die Zufriedenheit und Wünsche etc. der Archivabsolventen Auskunft. Sie wurde auf der Grundlage einer Fragebogenaktion (Dörte Engmann, 2001) erarbeitet. Für den Studiengang Dokumentation ist eine ähnliche Studie in Arbeit.

Der Fachbereich Informationswissenschaften bietet ein achtsemestriges Vollzeitstudium in den Studiengängen Archiv, Bibliothek und Dokumentation an.[1] Das Grundstudium ist teilintegriert, das heißt, die Studierenden aller drei Studiengänge belegen in den ersten drei Semestern Veranstaltungen, in denen für A, B und D gemeinsames Grundlagenwissen (z. B. Einführung in die EDV, in das wissenschaftliche Arbeiten, in Grundlagen der Kommunikation und Präsentation, der Verwaltung, des Rechts, der Telekommunikation) vermittelt und darüber hinaus in sechs „Kernfächer" der einzelnen Studiengänge eingeführt wird. Um die Bedeutung dieser Kernfächer für alle Studierenden zu betonen, wird in diesen sechs

---

1 Folgendes aus dem Selbstreport des Fachbereichs 5 der FHP, Potsdam 2002, 11 f.

Kernfächern eine benotete Prüfungsleistung verlangt. Ebenfalls im Grundstudium wird eine Einführung in Fachenglisch für Informationsberufe angeboten. Der hohe Anteil von 42 Semesterwochenstunden an gemeinsamen Lehrveranstaltungen wird ergänzt durch rein studiengangsbezogene Veranstaltungen (Archivwissenschaft, Historische Hilfswissenschaften, Neueste Geschichte für den Studiengang Archiv; Bibliothekstypologie, Sach- und Formalerschließung, Bibliographie, Benutzung und Erwerbung für den Studiengang Bibliothek; Grundlagen der Dokumentation und von Informationssystemen und der Informationsmethodik, Informationstechnologien für den Studiengang Dokumentation).

Mit der Anmeldung zur Diplomvorprüfung entscheiden sich die Studierenden für ein Nebenfach, das sie zu ihrem Hauptfach im Hauptstudium (4.-8. Semester) belegen und damit zusätzliche Qualifikationen in einem ihrem Hauptfach verwandten Gebiet erhalten. Folgende Möglichkeiten bestehen: Hauptfach Archiv, Nebenfach Bibliothek oder Dokumentation, Hauptfach Bibliothek, Nebenfach Archiv oder Dokumentation, Hauptfach Dokumentation, Nebenfach Archiv oder Bibliothek. In den beiden letzten Jahren tauchte bei einigen Studierenden der Wunsch nach Belegung des Nebenfachs Kulturarbeit (Fachbereich Architektur und Städtebau) und Kommunikationsdesign (Fachbereich Design) auf, dem entsprochen wurde. Im Nebenfach nehmen die Studierenden an Veranstaltungen des Grund- oder Hauptstudiums teil, was sicherlich nicht unproblematisch ist, da bei den Gruppen ein unterschiedlicher Wissensstand vorausgesetzt werden muss.

Die Studierenden hatten wegen des starren Systems – bis auf vereinzelte Projektlehrveranstaltungen – bei der Planung und Durchführung des Lehrangebotes bisher wenig Mitwirkungsmöglichkeiten. In regelmäßigen Gesprächen zwischen Dekan und Studierendenrat wird allerdings versucht, die Studierenden so weit wie möglich einzubeziehen.

In den Veranstaltungen des Hauptstudiums wird das im Grundstudium Gelernte vertieft. Inhaltliche Überschneidungen bei Lehrveranstaltungen kommen vor, werden zunehmend jedoch durch stärkere Abstimmung und Absprachen minimiert.

Während des Studiums sind mehrere Praktika zu absolvieren: im Grundstudium ein achtwöchiges Praktikum im Hauptfach, im Hauptstudium ein Praxissemester (22 Wochen) im Hauptfach und ein achtwöchiges Praktikum im Nebenfach. In all diesen Praktika werden die Studierenden mit den Anforderungen der Praxis konfrontiert. Eine Auswertung der Praxiserfahrungen findet im sechsten Semester an der Hochschule statt, die Studierenden müssen überdies ausführliche Praxisberichte schreiben. Die Studierenden des Studiengangs Archiv müssen während des Praxissemesters zusätzlich eine Verzeichnungsarbeit erstellen.

Die Immatrikulation erfolgt jeweils zum Wintersemester mit derzeit 21 Archiv-Studienanfängern pro Jahr, d. h. mit 63 Studienanfängern am FB 5. Es gilt ein interner Numerus Clausus. Von insgesamt etwa 2.000 (grundständig) Studierenden an der Fachhochschule Potsdam stellt der FB 5 z. Zt. insgesamt 250 Studierende, davon etwa 80 im Studiengang Archiv.

In der hier vorzustellenden Fernweiterbildung am Fachbereich Informationswissenschaften der FHP sind die nachfolgend aufgeführten Kurse bereits abgeschlossen, laufen z. Zt. oder sind in Planung:
1. Postgradualer Distance-Learning-Kurs 1999-2001 (abgeschlossen),
1. Gradualer Distance-Learning- Kurs 2001-2004/5 (läuft),
2. Postgradualer Distance-Learrning-Kurs 2001-2003 (läuft),
3. Postgraduler Distance-Learrning-Kurs 2003-2005 (geplant für Oktober 2003).

Der erste postgraduale Distance-Learning-Kurs fand von 1999 bis 2001 statt. Über ihn ist im selben Forum von der Kursteilnehmerin Britta Leise auf der Grundlage einer Fragebogenaktion bei den TeilnehmerInnen berichtet worden (siehe den folgenden Beitrag in diesem Tagungsband). Grundvoraussetzungen für die Kursteilnahme waren vor allem ein erster akademischer Abschluss und die berufsbegleitende Teilnahme, d. h. Tätigkeit in einer Archiveinrichtung. Es handelte sich um einen Weiterbildungskurs, also im rechtlichen Sinne nicht um ein Studium. Dieser Kurs wurde aufgebaut in Analogie zur Diplomprüfungsordnung des FB 5, um im Anschluss daran ein Erfolg versprechendes Externenprüfungsverfahren gemäß § 34 der Diplomprüfungsordnung durchführen zu können. Bei diesem Prüfungsverfahren wurden Leistungen im Kurs nach Beschluss des Prüfungsausschusses des FB 5 anerkannt.

Der erste graduale Distance-Learning-Kurs 2001-2005 hat am 14. Mai 2001 begonnen. Er hat 28 TeilnehmerInnen, überwiegend aus öffentlichen Archiven. Das Kursprogramm umfasst insgesamt 24 Module, davon zwölf Grundmodule (jeweils drei in Allgemeinen Grundlagen, wie wissenschaftliches Arbeiten, Fachenglisch etc., in Geschichte/Historische Hilfswissenschaften und Methoden und in Institutionen, d. h. Archivsparten, Erschließung, Management und Informationstechnologie, sowie zwölf Aufbaumodule ähnlich dem Programm des postgradualen Kurses.

Der zweite postgraduale Distance-Learning-Kurs hat im Oktober 2001 begonnen, ein dritter ist für Oktober 2003 geplant. Die angebotenen Module umfassen die nachfolgend aufgeführten Lehrinhalte:

M2-01   Archivwissenschaft und Informationswissenschaft
M2-02   Archivorganisation, Strukturen des Archivwesens,
        Kommunales Archivwesen
M2-03   Historische Grundwissenschaften I: Paläographie
M2-04   Historische Bildungsarbeit und Archivpädagogik
M2-05   Erschließung und Retrieval von Informationen in Archiven
M2-06   Informations- und Kommunikationstechnologie, Webtechnologien
M2-07   Archivtechnik
M2-08   Records Management
M2-09   Digitale Edition
M2-11   Archiv- und Informationsrecht
M2-12   Bibliothekswesen und Bibliothekswissenschaft
M2-13   Informations- und Wissensmanagement
M2-S1   Deutsche Geschichte I-IV
M2-S2   Historische Grundwissenschaften II: Kleine Hilfswissenschaften
M2-S3   Aktenkunde
M2-S4   Verwaltungsgeschichte
M2-S5   Fachenglisch

Die Teilnehmer haben die Möglichkeit der Kombination von Pflichtmodulen, Wahlmodulen und Sondermodulen. Dadurch ist eine Flexibilisierung des Kursgeschehens und eine in gewissen Grenzen individuelle Zusammenstellung von Modulen möglich. Die Präsenztermine, die i. d. R. in der FH Potsdam, gelegentlich aber auch und an anderen Orten (Westfälisches Archivamt Münster) stattfinden, erfordern in dreimonatigem Abstand jeweils eine zweitägige Anwesenheit der Teilnehmer. Hier wird in die Themen der Module eingeführt, das Lehrmaterial (unterschiedlich von Modul zu Modul: Papier, CD, online-Zugriff auf die eLearning-Plattform der FH) besprochen, die Aufgabenstellung für die Hausarbeiten ausgegeben und bei der Ausführung der Module über Ergebnisse und Probleme diskutiert.

Die postgradualen Kurse sind gut bis zu stark ausgelastet. Die Nachfrage ist groß, so dass zum Oktober 2003 voraussichtlich ein weiterer postgradualer Kurs stattfinden wird. Der graduale Kurs wird in dieser Form (Fernweiterbildung) nicht mehr stattfinden, da geplant ist, eine Studien- und Prüfungsordnung für ein graduales Fernstudium im Frühjahr 2003 zu entwickeln, das die Fernweiterbildung im gradualen Modus ablösen wird.

Bewerbungen können geschickt werden an:

Fachhochschule Potsdam – FB 5 (Informationswissenschaften)
Frau Melitta Schönberg
Friedrich-Ebert-Str. 4
14467 Potsdam
Tel: 0331-580-1103, Fax: 0331-580-1599
E-Mail: schoenbg@fh-potsdam.de

Die folgenden Unterlagen sind erforderlich:
1. Bewerbungsschreiben
2. Lebenslauf
3. Hochschulzugangsberechtigung
4. Nachweis des Studienabschlusses (nur für postgradualen Kurs)
5. Nachweis der beruflichen Tätigkeit in einer Archiveinrichtung
6. E-Mail-Adresse

Als Ausblick auf die weiteren Ausbildungsaktivitäten des FB 5 ist auf neue Studiengänge und Abschlüsse hinzuweisen. Es sind bereits heute neue Fächerkombinationen mit dem Hauptfach Archiv plus Nebenfach Kulturarbeit, Europäische Medienwissenschaften, Design etc. möglich. Das grundständige Fernstudium zum Diplomarchivar/Diplomarchivarin (FH) (gradual) ist bereits oben in anderem Zusammenhang angesprochen worden. Die Promotion sehr guter Absolventen des FB 5 ist nach dem neuen Hochschulrecht möglich und wird von einigen Absolventen angestrebt. Hierbei ist zu beachten, dass der FB 5 eine Universität als Kooperationspartnerin braucht, deren Promotionsordnung das neue Hochschulrecht bereits umsetzt. Ein Masterstudiengang zum Master of Archival and Information Science (postgradual) ist bereits seit langem angedacht, braucht aber insbesondere wegen der hochschulweiten diesbezüglichen Aktivitäten und der Rückwirkungen auf das Curriculum des FB 5 noch einige Zeit bis zur Umsetzung.

Als Ausblicke sind festzuhalten die Promotion für FHP-Absolventen (nach dem Hochschulrahmengesetz 2000), die weitere Modularisierung der Lehrinhalte, der Einsatz neuer Medien in der Lehre (virtuelle Hochschule, eLearning-Plattform eLS), die angestrebte weitere europäische/internationale Kooperation, der Master of archival and information science (vgl. Masterstudiengang Archivwesen Uni Madrid) und last but not least in naher Zukunft auch Kooperationen zwischen der Hochschulausbildung von Archivaren an der FH Potsdam und der verwaltungsinternen Ausbildung an der Archivschule Marburg (?).

Britta Leise
Erfahrungen einer Studierenden in der postgradualen
Weiterbildung (Fernstudium) an der Fachhochschule Potsdam

Als ich gebeten wurde, hier vor diesem Forum einen persönlichen Erfahrungsbericht zu geben, erschien mir dies zu einseitig.[1] Also habe ich im Laufe der letzten Monate einen Fragebogen entworfen und an meine Kommilitonen des Fernstudiums verschickt mit der Bitte, einige Bewertungen und Kommentare zum Fernstudium abzugeben. Der folgende Erfahrungsbericht beruht also nicht nur auf meinen persönlichen Erfahrungen und Meinungen, sondern auch auf der Auswertung der Fragebögen, die mir insgesamt 18 Kollegen zurückgesandt haben. Der Bericht spiegelt damit in etwa das Meinungsbild von über der Hälfte der Teilnehmer wider, ist aber möglicherweise trotzdem nicht als repräsentativ zu werten.

Im Mai 1999 begannen insgesamt 30 Personen den postgradualen Studiengang an der Fachhochschule Potsdam. Alle Studierenden verfügten bereits über einen Hochschul- oder vergleichbaren Abschluss, viele, aber bei weitem nicht alle, sind Historiker. Die Studierenden sind in Archiven beschäftigt bzw. leiten diese. Bei den jeweiligen Arbeitgebern handelt es sich nicht nur um Kommunalarchive oder Staatsarchive, sondern auch um Universitätsarchive, Literaturarchive, die Gauck-Behörde, Archive kirchlicher Einrichtungen und Wirtschaftsarchive, um hier nur einige zu nennen. Insgesamt sind rund 15 verschiedene Archivsparten vertreten. Dies ist sicherlich nicht nur für die Dozenten der Fachhochschule, die immer wieder versichert haben, sie würden auch von uns lernen, interessant, sondern in erster Linie auch für die Studierenden, weil der fachliche Austausch unter Kollegen einen guten „Blick über den eigenen Tellerrand" ermöglicht.

Mit welchen Intentionen sind die Studierenden an dieses Studium herangegangen? In dieser Frage herrschte unter den Studierenden Einigkeit. Sie sehen in dieser

---

1 Die Referentin hat an der Ruhr-Universität Bochum Geschichte mit dem Schwerpunkt Sozial- Wirtschafts- und Technikgeschichte studiert und dieses Studium mit einem Magister abgeschlossen. Seit 1996 ist sie in einem Unternehmensarchiv, dem Hoesch-Archiv in Dortmund, das seit 1999 eine Außenstelle der Stiftung Westfälisches Wirtschaftsarchiv ist, beschäftigt. Seit Mai 1999 ist sie Teilnehmerin der postgradualen berufsbegleitenden wissenschaftlichen Weiterbildung zur Archivarin als Distance-Learning-Kurs an der Fachhochschule Potsdam und stand z. Zt. des Vortrags kurz vor der Beendigung dieses Studiums.

Ausbildung eine zusätzliche formale Qualifizierung für den Beruf, den sie zum Teil schon seit vielen Jahren als Quereinsteiger ausüben, und sie erwarteten eine Fundierung ihrer bereits erworbenen praktischen Kenntnisse durch die Vermittlung von theoretischem Wissen.

Das Studium wird in Analogie zur gültigen Studien- und Prüfungsordnung der Fachhochschule Potsdam für die Studiengänge Archiv, Bibliothek, Dokumentation durchgeführt. Die Dauer des Studiums war ursprünglich auf zwei Jahre mit einer Wochenarbeitszeit von 12 bis 16 Stunden angelegt. Semesterferien entfallen. Bei etwa der Hälfte der Studierenden wird sich jedoch der Zeitraum bis zum Abschluss auf bis zu drei Jahre hinziehen. Dies liegt in diversen unvorhergesehenen beruflichen und persönlichen Umständen der Studierenden begründet. Die Fachhochschule hat es daraufhin möglich gemacht, und das ist m. E. positiv anzumerken, dass die Termine zur Abschlussprüfung relativ flexibel gestaltet werden konnten bzw. eine individuelle Planung möglich war – was natürlich nicht bedeutet, dass ein Abschluss in der vorgegebenen Zeit von zwei Jahren grundsätzlich nicht möglich gewesen wäre.

Der Studiengang war ursprünglich in zwölf Module unterteilt. Nach einem kritischen Hinweis auf fehlende Lerninhalte in einer nach dem vierten Modul durchgeführten Evaluation wurden zwei Module kurzfristig geteilt und um die angemahnten Inhalte ergänzt. Insgesamt mussten also 14 prüfungsrelevante Leistungsscheine erbracht werden, die aufgrund einer das jeweilige Modul abschließenden Hausarbeit erteilt wurden. Es kann an dieser Stelle nicht auf jedes einzelne Modul speziell eingegangen werden, das würde den Rahmen dieses Vortrags sprengen, aber ich werde immer wieder einzelne Beispiele herausgreifen.

Wie haben Sie sich ein so genanntes Modul praktisch vorzustellen? – Ein Modul bestand aus einer ausführlichen Einführung durch die Dozenten in die jeweilige Thematik während eines Präsenztermins in Potsdam. Die Studierenden erhielten im Rahmen dieser Einführung einen Reader mit Fachaufsätzen und einen Lehrbrief als Lernmaterial. Während des darauf folgenden Präsenztermins – diese Termine fanden im Übrigen in einem Abstand von drei bis vier Monaten in Potsdam statt – erfolgte eine so genannte Ausführung aus dem Thema und eine Diskussion des bis dahin bearbeiteten Materials.

Gestatten Sie mit hier eine Zwischenbemerkung: Bei meinen folgenden Ausführungen werde ich bewusst auch einige kritische Töne anschlagen, da dies ein Erfahrungsbericht von uns Studierenden sein soll. Ich möchte aber betonen, dass ich dies keinesfalls als eine pauschale Verurteilung des Studienganges verstanden wissen will.

Die Leistungsanforderungen der verschiedenen Modulautoren an die abschließende Hausarbeit, dass muss kritisch angemerkt werden, waren sehr unausgeglichen. So wurde bei einigen Modulen eine Hausarbeit mit einem Umfang von fünf bis höchstens zehn Seiten verlangt, während andere Dozenten ihre Mindestanforderung bei 25 Seiten ansetzten. Stellenweise war das Pensum der Module so hoch angesetzt, dass die ursprünglich vorgesehene Bearbeitungszeit von sieben Wochen nicht eingehalten werden konnte. Als dieses Problem sichtbar wurde, war allerdings wiederum eine flexible Lösung durch Absprache mit den jeweiligen Dozenten möglich. Leider wurden die benoteten Hausarbeiten inklusive Scheine manchmal mit einer Verzögerung von bis zu einem Jahr zurückgegeben. Diese Praxis macht es dem Studierenden unmöglich, seine Leistung kritisch einzuschätzen. Darüber hinaus fehlte bei einigen Hausarbeiten ein Gutachten bzw. eine ausführliche Begründung der Bewertung, die eine persönliche Einschätzung erst möglich macht. Manche Hausarbeiten wurden gar nicht zurückgegeben, sondern es wurde uns nur der unkommentierte Leistungsschein zugeschickt.

Ursprünglich war geplant, die Lehrmaterialien nicht in Papierform, sondern im Internet bzw. auf CD-Rom zur Verfügung zu stellen. Dies wurde nur in zwei von insgesamt 14 Seminaren durchgeführt, tat der Qualität des Materials allerdings keinen Abbruch. Bis auf wenige Ausnahmen waren die Reader gut strukturiert und auf dem aktuellen Stand der entsprechenden Fachdiskussion, wobei hier anzumerken ist, dass bei einigen Readern sicherlich noch eine Konzentration aufs Wesentliche möglich gewesen wäre.

Zwei Module, nämlich digitale Edition und Bibliothekswissenschaft, wurden über das Internet permanent begleitet und bearbeitet. In diesen Modulen wurde keine abschließende Hausarbeit verlangt, sondern die Materialien und entsprechende Aufgaben mussten im wöchentlichen Rhythmus bearbeitet werden. Am Ende der Woche wurde eine zwei- bis dreiseitige Zusammenfassung des bearbeiteten Materials und die damit zusammenhängende Lösung der Aufgaben an den Dozenten gemailt und dort bewertet. Diese Art der Bearbeitung eines Moduls wurde von rund drei Vierteln der Studierenden aufgrund des festen Rhythmus, bei gleichzeitiger Berufstätigkeit, als sehr anstrengend und arbeitsintensiv empfunden, aber trotzdem als gut bewertet.

Schwerpunkte des Studiums lagen auf der Informationswissenschaft, Archivwissenschaft mit Archivrecht, Archivmanagement und Archivtechnik, Digitalisierung im Archiv, Historische Bildungsarbeit und Paläographie. Ebenso wurden Module zu den Bereichen Bibliothek und Dokumentation durchgeführt. Insgesamt fand eine starke Ausrichtung auf die neuen Technologien statt, was nicht immer auf ungeteilte Zustimmung der Studierenden stieß. Je nach Neigung der Teilnehmer wurden diese Module dann auch als „sehr gut" oder nur „befriedigend" bewertet. Theorie und Praxis klafften in der Realität leider nach wie vor allzu häufig auseinander. So möchte ich hier ein Beispiel aus dem Modulangebot anführen: Modul 9.2. von Herrn Patrick Sahle von der Universität Köln beinhaltete das Thema „Digitale Edition und Publikation". Dieses Modul schnitt bei der Befragung der Studierenden in der Ausführung als sehr gut ab. Bei der Beurteilung der Relevanz für die tägliche Arbeit sagte allerdings rund die Hälfte der Befragten, dass es für ihre praktische Arbeit nicht relevant wäre, weil digitale Editionsprojekte in ihrem Archiv nicht durchführbar wären, da z. B. die technische Ausstattung nicht vorhanden ist oder es nicht zu finanzieren wäre.

Positiv zu werten ist die Ausrichtung der Lerninhalte auf eine enge Verbindung zwischen Archiv, Bibliothek und Dokumentation. Die Übergänge zwischen diesen Bereichen sind so fließend geworden, dass eine Abgrenzung nur schwer möglich ist. Gerade für kleine Einrichtungen, in denen keine Ausrichtung auf ausschließliche Archivarbeit möglich ist, kann das Wissen über Bibliotheks- und Dokumentationsbelange nur von Nutzen sein.

Zur didaktischen Gestaltung der Module sollte festgehalten werden, dass sich im Laufe des Studiums zeigte, dass einige Modulautoren Defizite in der Erwachsenenbildung haben. Es sollte von den Dozenten berücksichtigt werden, dass es sich bei den Teilnehmern nicht um die „üblichen" Studenten, mehr oder weniger „frisch" von der Schule, mit einem Durchschnittsalter von 19 bis 23 Jahren handelt, sondern um Wissenschaftler, teilweise mit Promotion, die aus der Praxis kommen.

Zentrale Kritikpunkte der Studierenden waren die vorhandenen Kommunikationsdefizite zwischen Studierenden und Dozenten und eklatante Organisationsmängel, die sich vor allem in verspätet vorliegenden Lehrmaterialien niederschlugen. Andererseits muss hier auch berücksichtigt werden, dass mit einigen Schwierigkeiten zu rechnen war, weil ein Studium in dieser Form ja noch nie durchgeführt wurde. Diese eben angesprochene Kritik wurde von den Teilnehmern des Kurses schon während des Studium mehrfach der Studienleitung zur Kenntnis gebracht und die Mängel sind m. E. mittlerweile fast ausgeräumt worden.

Über diese Punkte hinaus wurden folgende Lerninhalte als fehlend kritisiert: Verwaltungsgeschichte und Verwaltungskunde; Praktische Übungen im Katalogisieren und in der Erschließung einer Bibliothek; Grundlagen der Restaurierung; Umgang mit nichtstaatlichem Archivgut. Zu letzterem wurde insbesondere ein Modul zu Wirtschaftsarchiven bzw. zum Umgang mit Wirtschaftsarchivgut gewünscht.
Diese grundlegenden Lerninhalte sollten m. E. und nach Meinung einiger meiner Kommilitonen dem Lehrplan noch hinzugefügt werden.

Lassen Sie mich abschließend sagen, dass ich trotz aller angeführten Kritik dieses Studium als breit gefächert, fundiert und praxisbezogen bewerten würde. Die Studienleitung hat sich als offen für jedwede Kritik erwiesen und war bemüht, vorhandene Defizite zu beseitigen. Ich halte das Studium für eine gute Möglichkeit, durch ein verwaltungsexternes Fachhochschulstudium einen formalen Abschluss als Diplom-Archivar bzw. Diplom-Archivarin auch berufsbegleitend zu erwerben, um so unter Umständen die Chancen am Arbeitsmarkt zu verbessern.
Ich persönlich habe diese Ausbildung gerne gemacht und kann sagen, ich würde sie auch jederzeit wieder machen. Für die Zukunft und für weitere Fernstudiengänge wünsche ich der Fachhochschule Potsdam alles Gute.

Wolfgang Kramer
Auf dem langen Marsch ... – DiplomarchivarInnen und der VdA: Versuch einer Bilanz und eines Ausblicks

Nach acht Jahren im Vorstand des VdA und nach sieben Jahren als Sprecher – zusammen mit Frau Laufhütte – des Arbeitskreises Gehobener Archivdienst erlauben Sie mir, meine sehr verehrten Damen und Herren, liebe Kolleginnen und Kollegen, ein kurzes Resümee unserer Arbeit. Frau Laufhütte und ich waren, weiß Gott, nicht die ersten Archivare des Gehobenen Dienstes im VdA-Vorstand. Mit dem Göppinger Archivoberamtmann Manfred Akermann brach 1969 ein Diplomarchivar in die Phalanx der akademischen Vorstandsmitglieder des VdA ein. Volker Buchholz, Walter Ziegler und Hans Georg Ruppel waren weitere, die neben ihrer Fachgruppe auch die Interessen des Gehobenen Archivdienstes im VdA-Vorstand vertraten – und dies ist wichtig.
Ich erinnere mich noch mit anhaltendem Entsetzen an eine Veranstaltung auf dem Deutschen Archivtag 1983 in Saarbrücken, wo die Initiative hinsichtlich der Möglichkeit zur Nachdiplomierung der Archivare des Gehobenen Dienstes diskutiert werden sollte und sich, auch nach wiederholter Aufforderung, keiner der anwesenden Diplomarchivare zu Wort meldete. Woran lag das? Desinteresse oder mangelnde Courage? Ich darf wohl sagen, dass diese Dinge uns und den Mitgliedern des Arbeitskreises Gehobener Archivdienst nicht vorgeworfen werden können. Wir haben uns zu Wort gemeldet und u. a. mit Nachdruck versucht, Vorschläge zu erarbeiten, um die Marburger Ausbildung zu aktualisieren. Wir haben versucht, die Lage der Archivare im Angestelltenverhältnis durch zwei Vorschläge zur Novellierung des BAT in diesem Bereich zu verbessern – die letzte Initiative läuft z. Zt. noch. Sie erinnern sich an das Referat von Dr. Paul in Nürnberg.[1] Unsere zweite Initiative zur Abänderung des BAT liegt leider seit Monaten in der VdA-Geschäftsstelle. Ich möchte an dieser Stelle Herrn Dr. Reimann, aber auch den „Incoming-Präsident", Herrn Dr. Wahl, bitten, dieses Papier den zuständigen Stellen weiterzuleiten. Die Diplomarchivare erwarten dies und der VdA – ich muss hier leider deutlich werden – ist es ihnen auch schuldig. Der VdA ist hier in der Pflicht.

---

1 Vgl. Hans-Holger Paul: „Eingruppierung von DiplomarchivarInnen nach dem BAT", in: Die Archive am Beginn des 3. Jahrtausends. Archivarbeit zwischen Rationalisierungsdruck und Serviceerwartungen. Referate des 71. Deutschen Archivtags 2000 in Nürnberg (Der Archivar, Beibd. 6), Siegburg 2002, 361-369.

Wir haben durch verschiedene Aktionen die Konturen des Berufs des Diplomarchivars in der Öffentlichkeit schärfer werden lassen, um ihn für Schulabgänger attraktiver zu machen. Wir haben diverse Vorschläge für die Satzungsreform des VdA erarbeitet, auf die ich später noch einmal zurückkomme. Wir haben Berichte über die Situation der deutschen Diplomarchivare verfasst, die im „Archivar" erschienen sind. Wir haben mit dem Forum Gehobener Dienst eine Plattform geschaffen, wo die Probleme, aber auch die Fähigkeiten und Leistungen dieser Archivarsgruppe vorgestellt und über sie diskutiert werden kann. Die Palette der auf dem Forum besprochenen Themen reicht von der „ewigen" BAT-Geschichte bis zum Aufstieg „durchs Nadelöhr" in den höheren Dienst, von der Publikationstätigkeit der Diplomarchivare bis zu den Referaten über die Praxistauglichkeit der Ausbildungen der verschiedenen Archivschulen. Wir haben uns auf dem Forum mit dem Mittleren Dienst beschäftigt und mit Archivaren und ihrer Ausbildung im Ausland. Und immer wieder war die Ausbildung Thema eines Forums. Es sind durchweg berufsständische Themen gewesen, die hier auf der Tagesordnung standen und immer vor einem erstaunlich großen Publikum ausgebreitet wurden. Das Forum Gehobener Dienst wurde gelobt wegen seines engen Bezugs zur praktischen Arbeit, seiner Erfahrungsberichte aus der Praxis und auch wegen seiner „Frische", wie es eine Kollegin einmal bezeichnete. Ich hoffe sehr, dass es auch künftig auf Deutschen Archivtagen ein Forum Gehobener Dienst geben wird. Eine solche Veranstaltung kann einen Fachkongress wie den Deutschen Archivtag nur bereichern.

Hat sich beim VdA nun etwas verändert hinsichtlich seines Verhältnisses zu den Diplomarchivaren in den letzten acht Jahren? Der Arbeitskreis wurde zur Kenntnis genommen, er wurde gefördert und unterstützt – er bekam sogar einen eigenen Haushaltstitel – und die Diplomarchivare wurden mehr in die Vorstandsarbeit bezogen (ein „Quoten-Diplomarchivar" – wurde häufig reklamiert).

Oder sah der VdA im Arbeitskreis und im Forum Gehobener Dienst nur Spielwiesen, auf denen sich die DiplomarchivarInnen austoben konnten, ohne die große Vereinspolitik zu stören? Ich glaube konstatieren zu können, dass eine Bemerkung in einer VdA-Vorstandssitzung heute wohl nicht mehr fallen würde, wie jene in der ersten, an der ich teilnahm, als aufgefordert wurde, beim Niveau der Referate auf einem Deutschen Archivtag doch auf die nun wesentlich größere Zahl von Diplomarchivaren und Angehörigen des Mittleren Dienstes Rücksicht zu nehmen, da sie sonst nicht folgen könnten. – Ich kam immer mit oder vielleicht habe ich es ja gar nicht bemerkt, dass ich nicht mitgekommen bin …

Manches ging nicht in Erfüllung, wie die nicht nur satzungsmäßige Ausrichtung des VdA zu einem Berufsverband. Doch egal ob es satzungsmäßig festgelegt ist oder nicht, der VdA muss sich noch stärker in berufsständischen Dingen engagieren, noch stärker auch bei der Ausbildung und Fortbildung der ArchivarInnen mitwirken und sich noch entschiedener in der Öffentlichkeit für ein Bild der ArchivarInnen einsetzen, das der Wirklichkeit entspricht. Der „Tag der Archive" war ein guter und wichtiger Schritt in diese Richtung, die Diplomarchivare erwarten hier vom VdA und vom neuen Vorstand deutliche Fortschritte.

Und die Diplomarchivare im VdA? Sie müssen sich couragiert und entschieden für ihre Belange im VdA einsetzen. Das ist oft nicht leicht und bringt manchmal herbe Enttäuschungen mit sich, doch es lohnt sich und wird von unseren KollegInnen – ob Mitglied oder nicht – erwartet. Wer setzt sich sonst für die vielen EinzelkämpferInnen in den zahlreichen kleinen Archiven ein, die offenkundig unterbezahlt sind und von ihrer nichtarchivischen Verwaltung oft nicht wahrgenommen, geschweige denn geschätzt werden? Deshalb gehörte zu meinem Amt als Sprecher des Arbeitskreises auch die Beratung vieler DiplomarchivarInnen in Fragen der Vergütung und Besoldung, des Aufstiegs und des Aufgabenfeldes und immer natürlich auch des BAT. Die VdA-Geschäftsstelle hat manche Frage und manchen Bittsteller an uns weiter verwiesen. Das war richtig, nicht nur, weil wir dem Vorsitzenden Arbeit abnahmen.

Wie geht es nun weiter mit der DiplomarchivarInnen im VdA? Drei Kandidaten in der Fachgruppe 1 und 2, nämlich Frau Beate Dördelmann (Staatsarchiv Münster), Frau Katharina Tiemann (Westfälisches Archivamt) und Stefan Benning (Stadtarchiv Bietigheim-Bissingen) stehen als Kandidaten bereit. Mir bleibt nur, Sie, meine sehr verehrten Damen und Herren, aufzufordern, diese Kandidaten zu wählen und zu unterstützen, wie Sie es bei Frau Laufhütte und mir getan haben. Gestern hat der Arbeitskreis beschlossen, nach dem Ausscheiden von Frau Laufhütte und mir weiterzumachen, und er will einen entsprechenden Antrag, wie es die neue VdA-Satzung verlangt, an den Vorstand stellen. Neue Mitglieder sind im Arbeitskreis willkommen. Arbeiten Sie mit im Arbeitskreis, Mitglieder, insbesondere aus den kleineren Fachgruppen, werden dringend gesucht. Der Arbeitskreis ist wichtig und notwendig (Herr Benning steht als Kontaktmann zur Verfügung).

Ich darf mich bei den Mitgliedern des Arbeitskreises herzlich bedanken für ihre Mitarbeit, ihre Ideen und Anregungen. Bei Ihnen, den Teilnehmern des Forums, sage ich danke für Ihr Interesse an den Themen der Diplomarchivare.

Referentinnen und Referenten

Adam, Thomas (Stadtarchiv Bruchsal)
Baier, Dr. Helmut (Landeskirchliches Archiv Nürnberg)
Benning M.A., Stefan (Stadtarchiv Bietigheim-Bissingen)
Bischoff, Dr. Frank M. (NW Staatsarchiv Münster)
Blecher, Jens (Universitätsarchiv Leipzig)
Bresan M.A., Annett (Sorbisches Institut e. V., Bautzen)
Brunner, Wolfgang (BStU, Berlin)
Buchstab, Dr. Günter (Archiv f. Christl.-Demokr. Politik, Sankt Augustin)
Dallmeier, Dr. Martin (Fürst Thurn u. Taxis Zentralarchiv, Regensburg)
Degreif, Dr. Diether (Hessisches Hauptstaatsarchiv Wiesbaden)
Donner, Heide (BStU, Außenstelle Rostock)
Eckert, Astrid M. (Freie Universität Berlin)
Frowein, Prof. Dr. Jochen (Max-Planck-Institut f. ausländisches öffentliches Recht u. Völkerkunde, Heidelberg)
Fruth, Margret (Stiftung Archiv d. Parteien u. Massenorganisationen d. DDR im Bundesarchiv, Berlin)
Gasterich, Franz-Josef (FAZ, Frankfurt a. M.)
Graßmann, Prof. Dr. Antjekathrin (Archiv d. Hansestadt Lübeck)
Häßler, Sigrid (Kreisarchiv Plauen)
Häusler, Dr. Michael (Archiv d. Diakonischen Werkes d. EKD, Berlin)
Henningsen, Dr. Lars N. (Studieafdelingen og Arkivet ved Dansk Centralbibliotek for Sydsleswig, Flensburg)
Herrmann, Dr. Matthias (Stadtarchiv Kamenz)
Hertrampl, Dr. Stefan (ZDF, Mainz)
Hetzer, Dr. Gerhard (Bayer. Hauptstaatsarchiv, München)
Hoffmann, Dr. Kay (Stuttgart)
Kahlenberg, Prof. Dr. Friedrich P. (Koblenz)
Kloosterhuis, Dr. Jürgen (Geheimes Staatsarchiv Preuß. Kulturbesitz, Berlin)
Kober, Steffen (Stadtarchiv Cottbus)
Krajewska, Dr. Hanna (Archiv d. polnischen Akademie d. Wissenschaften, Warschau)
Kramer, Wolfgang (Kreisarchiv Konstanz)
Kreter, Dr. Karl-Josef (Stadtarchiv Hannover)
Krogel, Dr. Wolfgang (Landeskirchl. Archiv d. Evangelischen Kirche Berlin-Brandenburg)
Kupferschmied, Jens (Universitätsrechenzentrum Leipzig)

Lange, Eckhard (Uelzen)
Leise M.A., Britta (Stiftung Westf. Wirtschaftsarchiv, Außenstelle Hoesch-Archiv, Dortmund)
Ludwig, Dr. Jörg (Sächs. Staatsministerium d. Innern, Dresden)
Lupprian, Dr. Karl-Ernst (Generaldirektion d. Staatl. Archive Bayerns, München)
Markner, Johannes (Archiv f. Christl.-Demokr. Politik, Sankt Augustin)
Matscha, Dr. Michael (Bistumsarchiv Erfurt)
Mertsching, Klaus (Archiv d. soz. Demokratie, Bonn-Bad Godesberg)
Musial, Dr. Torsten (Stiftung Archiv d. Akademie d. Künste, Berlin)
Neitmann, Dr. Klaus (Brandenburgisches Landeshauptarchiv, Potsdam)
Paul, Dr. Hans-Holger (Archiv d. soz. Demokratie, Bonn-Bad Godesberg)
Pieper M.A., Joachim (NW Hauptstaatsarchiv Düsseldorf)
Pilgrimowski, Hanneliese (Landtag Brandenburg, Potsdam)
Przigoda, Dr. Stefan (Bergbau-Archiv Bochum)
Rehm, Dr. Clemens (Generallandesarchiv Karlsruhe)
Reimann, Dr. Norbert (Vorsitzender des VdA, WAA Münster)
Richter, Birgit (Sächs. Staatsarchiv Leipzig)
Roeske, Ulrich (Bundesarchiv, Berlin)
Rohdenburg, Dr. Günther (Staatsarchiv Bremen)
Schmalfuß, Jörg (Dt. Technikmuseum Berlin, Hist. Archiv)
Schneider, Dr. Peter-Paul (Dt. Rundfunkarchiv, Berlin)
Schockenhoff, Prof. Dr. Volker (Fachhochschule Potsdam)
Schoebel, Dr. Martin (Landesarchiv Greifswald)
Schwabe, Dr. Klaus (Landeshauptarchiv Schwerin)
Silagi, PD Dr. Michael (Universität Göttingen, Institut f. Völkerrecht)
Soénius, Dr. Ulrich S. (Stiftung Rheinisch-Westfälisches Wirtschaftsarchiv zu Köln)
Steensen, Prof. Dr. Thomas (Nordfriisk Instituut, Bredstedt)
Tandecki, Prof. Janusz (Universität Thorn, Institut f. Geschichte u. Archivwissenschaft)
Treffeisen, Dr. Jürgen (Landesarchivdirektion Baden-Württemberg, Stuttgart)
Viertel, Gabriele (Stadtarchiv Chemnitz)
Wahl, Prof. Dr. Volker (Thüring. Hauptstaatsarchiv Weimar)
Walberg, Prof. Dr. Hartwig (Fachhochschule Potsdam)
Wessel, Prof. Dr. Horst A. (Mannesmann AG, Mülheim a. d. Ruhr)
Wiemers, Dr. Gerald (Universitätsarchiv Leipzig)
Witt, Prof. Dr. Reimer (Landesarchiv Schleswig-Holstein, Schleswig)
Zuber, Dr. Uwe (NW Hauptstaatsarchiv Düsseldorf)

Programm
72. Deutscher Archivtag „Archive und Herrschaft"
Cottbus, 18. bis 21. September 2001

DIENSTAG, 18. September 2001
9.00-16.00 Uhr	Bundeskonferenz der Kommunalarchive beim Deutschen Städtetag
9.00-16.00 Uhr	Konferenz der Archivreferenten bzw. Leiter der Archivverwaltungen des Bundes und der Länder
16.00-18.00 Uhr	Arbeitskreis »Archivpädagogik und Historische Bildungsarbeit«
16.00-18.00 Uhr	Arbeitsgespräch der ausländischen Archivtagsteilnehmer
18.00 Uhr	Empfang des Landes Brandenburg für die ausländischen Gäste
20.15 Uhr	Einführungsvortrag
	Steffen Kober (Cottbus): *Aus der Geschichte der Stadt Cottbus*

MITTWOCH, 19. September 2001, 10.00 Uhr
Eröffnungssitzung des 72. Deutschen Archivtages
Begrüßung durch den Vorsitzenden des VdA, Dr. Norbert Reimann (Münster)
Grußworte
    des Staatssekretärs des Ministeriums für Wissenschaft, Forschung und Kultur, Dr. Christoph Helm,
    des Oberbürgermeisters der Stadt Cottbus, Waldemar Kleinschmidt,
    des Präsidenten des Bundesarchivs, Prof. Dr. Hartmut Weber,
    der ausländischen Archivtagsteilnehmer
Eröffnungsvortrag
Prof. Dr. Jochen Frowein (Heidelberg): *Archive und Verfassungsordnung*

Sektionssitzungen
14.00-16.30 Uhr   Sektion I   Archive und Archivare im totalitären Staat
                      Leitung: Prof. Dr. Volker Schockenhoff (Potsdam)
                      Berichterstatter: Jörg Filthaut (Marburg)
Dr. Karl-Josef Kreter (Hannover): *Archivarische Lebensläufe-Nischenexistenzen zwischen populärer Ordnungsliebe und elitärer Öffnungsangst*
Dr. Matthias Herrmann (Kamenz): *Das Reichsarchiv in Potsdam 1933-1945*
Dr. Jörg Ludwig (Dresden): *Das Sächsische Hauptstaatsarchiv in der Zeit des Nationalsozialismus und der SBZ*
Dr. Klaus Schwabe (Schwerin): *SED-Archive zwischen Realität und Wunschdenken*
Dr. Torsten Musial (Berlin): *Deutsche Archivare im Osten 1941-1945*

MITTWOCH, 19. September 2001
14.00-16.30 Uhr   Sektion II Überlieferung von Minderheiten
                      Leitung: Prof. Dr. Reimer Witt (Schleswig)
                      Berichterstatterin: Renée Rößner
Prof. Dr. Thomas Steensen (Bredstedt): *Zwischen Archiv und Dokumentation. Zur Quellenüberlieferung der Friesen*
Dr. Lars N. Henningsen (Flensburg): *Das Archiv der dänischen Minderheit – zwischen Heimatland und Mutterland*

Annett Bresan M.A. (Bautzen): *Geschichte und Aufgaben des Sorbischen Kulturarchivs*
Dr. Hanna Krajewska (Warschau): *Protestantische Akten in polnischen Archiven*

14.00-17.00 Uhr **Sektion III Verlagert, vernichtet, geteilt, gesichert, zurückgeführt-Archivbestände unter den politischen und juristischen Folgen von Krieg und Herrschaftswechseln**
Leitung: Dr. Klaus Neitmann (Potsdam)
Berichterstatter: Dr. Michael Scholz (Potsdam)

PD Dr. Michael Silagi (Göttingen): *Die Zuordnung von Archiven bei Wechsel von Gebietshoheiten im Lichte der Staatennachfolgekonvention von 1983*
Dr. Martin Schoebel (Greifswald): *Verschollen, vernichtet, zerrissen, geteilt – die archivalische Überlieferung Pommerns nach dem II. Weltkrieg*
Dr. Jürgen Kloosterhuis (Berlin): *Gerettete Archive-gemeinsames Erbe. Ansprüche an das Archivgut aus den preußischen Ostprovinzen*
Astrid M. Eckert (Berlin): *Hinter den Kulissen der Rückgabe-Diplomatie. Interne Positionen der Briten und Amerikaner zur Rückgabe deutschen Schriftgutes in den 1950er Jahren*
Dr. Dagmar Unverhau (Berlin): *Zerreißen, vernichten, verlagern, verschwinden lassen – die Staatssicherheit und ihre Unterlagen und Akten während der »Wende« und der Auflösung*
Birgit Richter (Leipzig): *Zur Rückübereignung von Archivalien aus Rittergutsbeständen nach dem Ausgleichsleistungsgesetz*

14.00-16.30 Uhr **Sektion IV Archive und Wiedergutmachung**
Leitung: Gabriele Viertel (Chemnitz)
Berichterstatterin: Stefanie Unger

Ulrich Roeske (Berlin): *Bundesarchiv-Bestände mit Einzelfallakten über die Behandlung feindlichen bzw. jüdischen Vermögens im Zweiten Weltkrieg*
Dr. Frank M. Bischoff (Münster): *Bewertung, Erschließung und Benutzung von Wiedergutmachungsakten*
Wolfgang Brunner (Berlin): *Nutzung der Akten des Staatssicherheitsdienstes der ehemaligen DDR zur Rehabilitierung von Betroffenen, Vermissten und Verstorbenen*
Dr. Horst A. Wessel (Mülheim): *Der Beitrag der Wirtschaftsarchive zur Entschädigung v. Zwangsarbeitern*
Dr. Jürgen Treffeisen (Stuttgart): *Bewertung, Übernahme und Nutzung von Unterlagen zu Zwangs- und Fremdarbeitern der Allgemeinen Ortskrankenkasse durch die Staatsarchive in Baden-Württemberg*
Dr. Michael Häusler (Berlin): *Die Rolle der Kirchenarchive für die Erforschung der Zwangsarbeit in den Kirchen*

17.00-18.30 Uhr **Forum Gehobener Dienst** (siehe Abschnitt C des Programms)
18.30 Uhr **Empfang der Stadt Cottbus** für die Archivtagsteilnehmer und Gäste
20.00 Uhr **Begegnungs- und Gesprächsabend** der Archivtagsteilnehmer u. Gäste

DONNERSTAG, 20. September 2001
8.30-11.00 Uhr **Veranstaltungen der Fachgruppen** (siehe Abschnitt B des Programms)
11.15-13.00 Uhr **Mitgliederversammlung** des VdA   Tagesordnung:
1. Bericht des Vorsitzenden
2. Bericht des Schatzmeisters
3. Bericht der Rechnungsprüfer
4. Entlastung des Vorstandes
5. Bekanntgabe der Vorstandswahlen in den Fachgruppen
6. Neuwahl des Vorsitzenden
7. Wahl der Rechnungsprüfer
8. 73. Deutscher Archivtag 2002
9. Verschiedenes

Veranstaltungsverlauf des 72. Deutschen Archivtages 467

14.30-16.30 Uhr **Gemeinsame Arbeitssitzung „Archive und Öffentlichkeit"**
Leitung: Dr. Ulrich S. Soénius (Köln)
Berichterstatterin: Andrea Süchting-Hänger

Dr. habil. Volker Wahl (Weimar): *Der Tag der Archive 2001 – Ein Erfahrungsbericht*
Dr. Clemens Rehm (Karlsruhe): *Vom Haushaltstropf zur Sponsorenquelle: Spenden – Freunde – Fördervereine*
Dr. Karl-Ernst Lupprian (München): *Das Internet als Form archivischer Öffentlichkeitsarbeit*

DIENSTAG, 18. September 2001
9.00-12.30 Uhr **Fachgruppe 6: Archivare an Archiven der Parlamente, der politischen Parteien, Stiftungen und Verbände**
Leitung: Dr. Günter Buchstab (Sankt Augustin)

Hanneliese Pilgrimowski (Potsdam): *Vorstellung des Parlamentsinformationssystems des brandenburgischen Landtags*

15.00 Uhr Besuch des Deutschen Rundfunkarchivs (Babelsberg)
Dr. Peter-Paul Schneider, Leiter des Standorts Berlin

DONNERSTAG, 20. September 2001
8.30-11.00 Uhr **Fachgruppe 1: Archivare an staatlichen Archiven**
Leitung: Dr. Diether Degreif (Wiesbaden)
Probleme bei der Archivierung von Bahnunterlagen. Aktueller Stand und Ausblick

Dr. Uwe Zuber (Düsseldorf): *Fragen der Übernahme und Bewertung von Karten und Plänen der Bahn*
Dr. Gerhard Hetzer (München): *Die Bestände des ehem. Verkehrsarchiv Nürnberg der DB*
Prof. Janusz Tandecki (Thorn): *Mögliche Auswirkungen der deutsch-polnischen Kulturverhandlungen auf die Archive*
Wahl der Fachgruppenvertreter/innen in den VdA-Vorstand

8.30-11.00 Uhr **Fachgruppe 2: Archivare an Stadtarchiven und Archiven sonstiger Gebietskörperschaften**
Leitung: Prof. Dr. Antjekathrin Graßmann (Lübeck)

Thomas Adam (Bruchsal): *Der »Wiederaufbau« geschichtlicher Erinnerung: Das Stadtarchiv Bruchsal nach seiner Kriegszerstörung (1945-2000)*
Sigrid Häßler (Plauen): *Struktur und Aufgaben der sächsischen Kreisarchive nach Abschluss der Gebietsreform*
Gabriele Viertel (Chemnitz): *Anmerkungen zu einem lebenswichtigen Thema: Das Stadtarchiv und sein Umgang mit Förderern und Fördervereinen*
Wahl der Fachgruppenvertreter/innen in den VdA-Vorstand

8.30-11.00 Uhr **Fachgruppe 3: Archivare an kirchlichen Archiven**
Leitung: Dr. Helmut Baier (Nürnberg)

Dr. Michael Matscha (Erfurt): *Die zentrale Überlieferung der Katholischen Kirche in der DDR – Das Regionalarchiv Ordinarien Ost*
Dr. Wolfgang Krogel (Berlin): *Entwicklungslinien des neuzeitlichen Kirchenpatronats*
Wahl der Fachgruppenvertreter/innen in den VdA-Vorstand

19.00 Uhr Empfang der Fachgruppe 3 durch die Evang. Kirche in Berlin-Brandenburg und das Bistum Görlitz (auf besondere Einladung)

8.30-11.00 Uhr **Fachgruppe 4: Archivare an Herrschafts-, Familien- u. Hausarchiven**
Leitung: Dr. Martin Dallmeier (Regensburg)
Zur Situation der Privatarchive in der ehemaligen DDR
Kurzbeiträge, Diskussion

8.30-11.00 Uhr **Fachgruppe 5: Archivare an Archiven der Wirtschaft**
Leitung: Dr. Ulrich S. Soénius (Köln)
Filme in Wirtschaftsarchiven
Dr. Kay Hoffmann (Stuttgart): *Dokumentarische Qualitäten des Industriefilms in den dreißiger und vierziger Jahren*
Jörg Schmalfuß (Berlin): *Die AEG-Filme im Deutschen Technikmuseum – Ein Erfahrungsbericht*
Dr. Stefan Przigoda (Bochum): *Bergbau auf Zelluloid–Die Filmsammlung des Bergbau-Archivs Bochum*

9.00-10.30 Uhr **Fachgruppe 6: Archivare an Archiven der Parlamente, der politischen Parteien, Stiftungen und Verbände**
Leitung: Dr. Günter Buchstab (Sankt Augustin)
Gewerkschaftsakten in deutschen Archiven
Klaus Mertsching (Bonn): *Das DGB-Archiv im Archiv der sozialen Demokratie der Friedrich-Ebert-Stiftung*
Dr. Hans-Holger Paul (Bonn): *Bestände zur nationalen und internationalen Gewerkschaftsbewegung im Archiv der sozialen Demokratie der Friedrich-Ebert-Stiftung*
Margret Fruth (Berlin): *Das FDGB-Archiv in der Stiftung Archiv, Parteien und Massenorganisationen im Bundesarchiv*
Johannes Markner (Sankt Augustin): *Gewerkschaftsunterlagen im Archiv für Christlich-Demokratische Politik der Konrad-Adenauer-Stiftung*
Wahl der Fachgruppenvertreter/innen in den VdA-Vorstand

9.30-11.00 Uhr **Gemeinsame Sitzung der Fachgruppe 7 (Medienarchivare) und der Fachgruppe 8 (Archivare an Hochschularchiven und Archiven wissenschaftlicher Institutionen)**
Leitung: Eckhard Lange (Uelzen) und Dr. Gerald Wiemers (Leipzig)
Franz-Josef Gasterich (Frankfurt) / Dr. Stefan Hertrampl (Mainz): *Archivbestände in Online-Diensten-Online-Dokumente in Archiven. EinWechselspiel*
Jens Blecher (Leipzig) / Jens Kupferschmied (Leipzig): *Online-Zugriffe auf historische Archivbestände. Das Beispiel LEILiB und die Quästurkarten*

8.30-9.30 Uhr **Fachgruppe 8 (Archivare an Hochschularchiven und Archiven wissenschaftlicher Institutionen)**
Leitung: Dr. Gerald Wiemers (Leipzig)
Wahl der Fachgruppenvertreter/innen in den VdA-Vorstand

C. Arbeitskreise

DIENSTAG, 18. September 2001
16.00-18.00 Uhr **Arbeitskreis »Archivpädagogik und Historische Bildungsarbeit«**
Quellen zwischen Authentizität und Instrumentalisierung. Archive und ihre Historische Bildungsarbeit
Leitung: Dr. Günther Rohdenburg (Bremen)

Prof. Dr. Friedrich P. Kahlenberg (Koblenz): *Vom soziokulturellen Auftrag der Archive – Geschichtliche Erinnerung in der Gegenwart*
Joachim Pieper M.A. (Düsseldorf): *Die Akten der Geheimen Staatspolizei Düsseldorf als Zeugnisse des nationalsozialistischen Unrechtsstaates. Methodische und didaktische Ideen zur Sensibilisierung Jugendlicher für staatliches Unrecht und gegen rechte Gewalt in unserer Zeit*
Heide Donner (Rostock): *Die Aufarbeitung von Zeugnissen der Diktatur am Beispiel der Bestände des Ministeriums für Staatssicherheit. Erfahrungswerte für die Gegenwart*
Rainer Kohlisch (Chemnitz): *Unternehmen im Spiegel der Quellen – methodologische und methodische Überlegungen in einem Unternehmensarchiv*

MITTWOCH, 19. September 2001
17.00-18.30 Uhr   **Forum Gehobener Dienst**
                    Leitung: Wolfgang Kramer (Konstanz)
Stefan Benning M.A. (Bietigheim-Bissingen): Nachwuchsprobleme: Bewerber, Bewerberauswahl, Berufsimage
Dr. Karsten Uhde (Marburg): *Das Berufsbild des Dipolmarchivars – Eine Internetpräsentation*
Prof. Dr. Hartwig Walberg (Potsdam): *Es führen verschiedene Wege nach Rom – Weiterbildungsmöglichkeiten mit Abschlüssen an der FH Potsdam*
Britta Leise M.A. (Dortmund): *Erfahrungen einer Studierenden in der postgradualen Weiterbildung (Fernstudium)*
Wolfgang Kramer (Konstanz): *Auf dem langen Marsch ...-DiplomarchivarInnen und der VdA: Versuch einer Bilanz und eines Ausblicks*
Aktuelle Viertelstunde

D. 28. Tag der Landesgeschichte

DONNERSTAG, 20. September 2001
                    Außenbeziehungen deutscher Territorien und Kulturtransfer im Reich und in Europa
9.00-12.30 Uhr   **Erste Arbeitssitzung**
                    Leitung: Prof. Dr. Winfried Müller (Dresden)
Dr. Stephan Deutinger M.A. (München): *Politische Beziehungen und kultureller Austausch. Wandlungen im Verhältnis von Bayern und Österreich in der Frühen Neuzeit*
Prof. Dr. Jörg Engelbrecht (Düsseldorf): *Konfessionsbedingte Migrations- und Kommunikationsprozesse im niederrheinisch-niederländischen Raum im 16. bis 18. Jahrhundert: Köln, Antwerpen, Amsterdam*
Dr. Helmut Flachenecker (Göttingen): *Monastischer Austausch und Inkulturation in süddeutschen Territorien. Die Schottenklöster im Hoch- und Spätmittelalter*
14.00-15.00 Uhr   **Mitgliederversammlung des Gesamtvereins der deutschen Geschichts- und Altertumsvereine**
15.00-17.30 Uhr   **Zweite Arbeitssitzung**
                    Leitung: Prof. Dr. Ferdinand Kramer (Eichstätt)
Prof. Dr. Ernst Münch (Rostock): *Handel, Wissenschaft und Technologie: Mecklenburg im Ostseeraum*
Dr. Martina Schattkowsky (Potsdam/Dresden): *Reichspfennigmeister im ober- und niedersächsischen Reichskreis. Zur Kommunikation zwischen Kaiser und Reichsständen*
Vergleich und Zusammenfassung

MITTWOCH, 19. September 2001, 20.00 Uhr
Begegnungs- und Gesprächsabend der Archivtagsteilnehmer, Gäste und Aussteller